上海图书馆藏
人物文献选刊

上海圖書館 编

上海古籍出版社

图书在版编目（CIP）数据

上海图书馆藏人物文献选刊/ 上海图书馆编. -- 上海 :上海古籍出版社, 2015.11
ISBN 978-7-5325-7880-1
Ⅰ. ①上… Ⅱ. ①上… Ⅲ. ①历史人物—史料—中国 Ⅳ. ①K82

中国版本图书馆CIP数据核字(2015)第259603号

责任编辑：孙　晖
装帧设计：严克勤　耿莹祎
技术编辑：隗婷婷

上海图书馆藏人物文献选刊

上海图书馆 编

上海世纪出版股份有限公司 上海古籍出版社 出版
（上海瑞金二路272号　邮政编码 200020）
(1) 网　　址：www.guji.com.cn
(2) E-mail：guji1@guji.com.cn
(3) 易文网址：www.ewen.co

上海世纪出版股份有限公司发行中心发行经销
上海界龙艺术印刷有限公司印刷
开本 787×1092　1/8　印张 37　字数 400,000
2015年11月第1版　2015年11月第1次印刷
ISBN 978-7-5325-7880-1/J.527
定价：580.00元
如发生质量问题，请与承印公司联系

上海图书馆藏人物文献选刊
编纂委员会

目　录

年　谱

年　谱

上海图书馆藏年谱文献概述

吴建伟

一

年谱是按时间顺序记述谱主一生事迹的史书，实际上为一种特殊的人物传记。正如来新夏《清人年谱的初步研究（代序）》所说："年谱是史籍中的一种人物传记，但它和一般传记有所不同。它是以谱主为中心，以年月为经纬，比较全面细致地胪述谱主一生事迹的一种传记体裁。"[1]一般学界以往多认为年谱之作始于宋代，但从年谱体的主要特征看，宋以前实已有年谱之出现，至于宋代，出于时代的需要，文人经年纬月，整理前代文人的成就，年谱体史书开始成熟。

年谱自宋代开始大量编撰以来，历元、明、清以至近现代，编撰日渐增多，体例更趋完善。尤其是自清代以来，年谱体裁就备受重视，为章学诚、梁启超等大力推举，胡适、钱穆、缪钺、夏承焘、姜亮夫等更是编撰了相当数量的年谱。在他们的带动下，研究历史人物，治学由年谱始，得到了越来越多的学者认同，所以年谱的编撰正如雨后春笋般，显出勃勃生机。

据杨殿珣《中国历代年谱总录（增订本）》[2]收录年谱达4450种，反映谱主2396人。谢巍《中国历代年谱考录》[3]统计，截至1984年，所知见的年谱已达6259种，谱主4010人，还不包括待考的180余种在内。如果遍检古籍，一直统计到今天，那么古今所撰年谱，至少也在7000种以上。可以说，年谱在今天的应用，不仅延续了近千年来的辉煌，而且方兴未艾。

正因年谱具有如此价值，历年来对年谱的搜集整理工作，也渐成规模。影印者有《中国历代名人年谱集成》、《北京图书馆藏珍本年谱丛刊》等；2003年起，国家图书馆出版社又从中选辑了《明代名人年谱》、《宋明理学家年谱》、《宋明理学家年谱续编》、《明代名人年谱续编》等；整理者有《宋人年谱丛刊》等等。

二

上海图书馆作为国内公共图书馆中的佼佼者，庋藏年谱文献颇值一说。略而言之，约有如下数端。

一、稿抄本量多质高。上海图书馆经过几代有识之士的努力搜罗，所藏稿抄本数量和质量都属上乘，年谱亦不例外。据初步统计，稿抄本年谱数量约占馆藏年谱总数一半之强。这些稿抄本由于未经修饰，所以其中不乏稀见本、孤本，具有相当的史料价值，自然弥足珍贵。

二、收藏了一些年谱专家所撰之书。如黄瑞（1837—1889），字玉润，号子珍，一号蓝叔，别号述思斋主人，浙江临海人。精究金石，工诗古文，尤号聚乡邦文献。著有《留村文集》等。编撰有《金一所先生年谱》一卷、《宋太府卿王清叔先生年谱》一卷、《朱伯贤先生年谱》一卷、《明礼部右侍郎戚友菊先生年谱》一卷等，谱主均为其乡贤（台州）人士。又如秦翰才（1895—1968）亦是其中较为突出者。秦氏自署千谱楼主。郑逸梅《艺林散叶》称："秦翰才早有左癖，后有谱癖。所谓左癖者，搜集左宗棠史料。所谓谱癖者，搜集

[1] 《近三百年人物年谱知见录（增订本）》，中华书局2010年，第891页。

[2] 北京图书馆出版社1997年。

[3] 中华书局1992年。

古今各家年谱。”[4]馆藏秦氏编撰年谱有《杨凝式年谱》一卷、《岳武穆王世系》一卷、《袁忠节公年谱》一卷、《于🈚年谱初稿》一卷《附录》三卷、《岑西林先生传记长编》一卷、《尚絅堂诗年谱》一卷、《邵曾鉴年谱初稿》一卷、《阮南自述》一卷、《沈树镛毓庆父子金石书画年谱初稿》一卷、《乐农先生自订行年纪事续编》一卷、《高燮年谱》一卷、《李显谟的一生》一卷、《黄伯樵年谱稿》一卷等。又如廉建中（1896-1986），所编年谱有《南湖居士年谱》一卷、《顾子静先生年谱》一卷、《镇海丁方镇先生年谱》一卷、《卢绍陶医师年谱》一卷、《赵璧东医师年谱》一卷、《黄祥麟医师年谱》一卷、《黄琼石医师年谱》一卷、《成廷秀医师年谱》一卷、《区煜森医师年谱》一卷等。由此可见廉氏注重为医生一类职业编撰年谱。此外还有项士元（1887—1959），编撰有《王茂杨长史年谱》一卷、《王太玄年谱》一卷、《梁任公先生年谱》一卷、《王六潭先生年谱》一卷等。此类年谱有些虽然编撰时间离谱主活动年代间隔较长，但由于出自大家之手，且资料详尽，故而也具有较高的文献价值。

三、族谱中所收年谱也相当丰富。学者指出：“附刊在宗族中的年谱一直不甚被人注意，实则往往收有有用的年谱。”[5]“族谱中人物传记的一个特点，是就文体来说，多行状（行述）或自述、自订年谱。”[6]上海图书馆是国内收藏族谱最多的公共图书馆，所收族谱中不乏稀见年谱。这些年谱未有单行本流传，更显得弥足珍贵。对此王铁氏、叶晔氏已有所揭示[7]

三

年谱的价值，概而言之，约有二点：一是提供和补充了人物的资料，二是可与其他资料互证互补。兹以上海图书馆藏年谱为例，略举数例，加以说明。

（一）胡吉豫自撰抄本《四本堂自撰年谱》

谱主胡吉豫（1625—1695），初名文翰，字子藏，号墨园；改名相如，又改名吉豫，号立庵，浙江温州人。诸生。以游幕为生。著有《四六纂组》等。但是胡氏的生平、著述却少有人知。《四本堂自撰年谱》对此有详述。

《四本堂自撰年谱》：“胡吉豫，初名文翰，字子藏，号墨园，改名相如，复改今名，号立庵，以天启五年乙丑十月十三日卯时生于武林丰宁坊翁家巷之祖宅。”

《四本堂自撰年谱》：“六十五己巳……统计生平著述，授梓行世者，《浙闽疏草》四卷、《檄草》六卷，皆出刘公指授，而余捉刀者也，不敢掠美。自衔《四六纂组》十卷，业已问世。此外《金玉宫商传奇》四种，计八卷。……惟楚中骈牍二卷，尚与疏檄并存耳。”

《四本堂自撰年谱》：“七十一乙亥，元旦大雪积阴，雹霰，杜门著书。正月下浣，松江龚澹岩太守专差聘延请入幕，再携江倩同行。”卷末胡氏孙志濂跋曰：“岂期夏五归自云间，天降鞠凶，又遭大故……”松江又称云间，可见胡氏卒于乙亥之夏。由此胡氏卒年亦明。

（二）景本白自撰抄本《韬园周历》

谱主景本白（1876—？），浙江鄞县（今属宁波）人。清末任江宁劝业道总文案等。民国历任浙军都督府财政部盐政署秘书长等，创办久大精盐公司、大成汽车公司等。著有《盐务革命史》等。

有人认为：“景本白生于浙江仁和，长于浙江宁波。”[8]《韬园周历》：“清光绪二年丙子，一岁。生于宁波鄞县之城内老实巷。”可见景氏生于宁波鄞县。

又如：“光绪二十九年，浙省渔民组织渔业公所，愿照盐商所认原额 10 倍交纳渔盐税，自行解决渔盐，不受包商苛虐。本白时任渔业公所董事，自告奋勇代为渔民请愿。”又说：“清光绪二十九年夏，景本白

[4] 郑逸梅：《艺林散叶》，中华书局 2005 年，第 43 页。

[5] 《清人年谱的初步研究（代序）》，第 897 页。

[6] 王铁《浅谈旧族谱中人物传记的文献价值》，《历史文献研究》第 27 辑，华东师范大学出版社 2008 年，第 82 页。

[7] 叶晔《上海图书馆馆藏家谱中所录珍稀年谱十种述略》，《历史文献》第 13 辑，上海古籍出版社 2009 年，第 415—428 页。

[8] 张荣生《张謇与景本白》，《盐文化研究论丛》第 5 辑，巴蜀书社 2011 年，第 239 页。

往见张謇于上海。此行目的，是表示浙省回应南洋大臣奏准事项，沿海七省组织渔业公司，浙省渔船编列渔团，纳费领旗；作为交换条件，要求允许浙省由公司认缴渔盐税，自行购销渔业用盐。”[9]此说亦有误。《韬园周历》：“清光绪二十九年癸卯，二十八岁。正月十五日，长子震生，字雨辰。二月下旬，大病。梦中见本名与方积琳名单，告母妻，疑为天榜。事详《韬园随笔》。秋，应癸卯乡试，费恕皆妹丈顶替，入场第三场被同乡指出，架于公堂上，性命呼吸，余在场中联合五府生员具保，未释。场后奔走营救，得从轻减从军。以母老独子留养。是年中式第二十三名举人，方积琳中式第十四名，与梦中所见名次相同。”《韬园周历》：“清光绪三十年甲辰，二十九岁。春，赴开封会试（因庚子拳匪之乱，北京贡院被焚，改河南会试）报罢，赴定海开办酒捐。定海十余海岛，因渔盐由商包办，妨害二十万渔民生计，公举予为渔业公所总董，赴省请愿，照海蜇引课增加十倍，由渔民自已认课，呈文见清户部档案。巡抚已有允意。卒被苏五属引商破坏……秋，受方楚庄大令之聘，赴广东琼州乐会县办理文案。”可见光绪二十九年，景氏正忙于科考，何来任职渔业公所事？景氏任渔业公所总董是在光绪三十年。

又说：“当民国三年……随着大借款告成，盐务稽核总所成立于北京，政府聘任的洋会办兼顾问是英国人丁恩。……在丁恩就任洋顾问同时，盐务署聘景本白为华顾问。……本白认为盐务革命机会已至，即膺盐务署聘，就任华顾问……”[10]《韬园周历》：“民国二年癸丑，三十八岁……是年九月，盐务筹备处长姚煜聘予为盐务署顾问，为划一税率，改良盐质计，手定盐税条例、制盐特许条例，先后公布之。”可见，景氏受聘为盐务署顾问是在民国二年，而非民国三年。

（三）张国华自撰抄本《张菊圃自著年谱》

谱主张国华（1871—1943），原名树椿，字寿庭，后字菊圃，江苏吴县（今属苏州）人。清光绪间在广东鹤山、新会、海阳县令幕。后在荷兰、意大利使馆任书记。民国后任粤都督府秘书长。晚年任职学校。《张菊圃自著年谱》所记民国初年历史事件可备一说。

1、陈炯明征惠州。如丙辰条：“六月，邓铿等攻入博罗，请陈公往镇守，图攻惠州。予偕往。与惠州守将李嘉品战不利，邓铿先逃，陈公部下洪兆麟等屡败，众议退守河源。予持不可，曰：‘古不云乎，吾能往，寇亦能往。敌未至而先逃，非计也。宜坚守此城，以待时机。’其时，袁世凯已死，黎元洪继位，下令各地停战，陈公得保有洪兆麟兵力，则由于不退守也。”

2、邓铿攻闽。戊午条：“夏，陈公督师攻闽，委予代理政务，而以参谋长邓铿留守后方。陈公师次大埔，略有进展。邓铿率洪兆麟、罗绍雄在黄冈与北军战。偶失利，一日仓卒逃回，云：吾军败矣。北军且至矣。下令各部尽离汕，神色张皇，举止失措。予适在参谋室闻之，询其故，则曰：吾军仅有子弹数十发，而北军则各配子弹百余，以此论，吾军不能坚持三十分钟也。急退是为宜。催促觅船渡潮揭一带。予曰：我固无军事学识，第凡事可以理测。今陈公在前线，一切饷械赖汕接济。若遽弃汕，岂不陷陈公于绝地耶？吾以为可预备船只在河边守候，北军果来，必先炮击。吾等闻炮声可登船。若再闻枪声，即启碇未晚也。似不可先去以为民望。”邓铿默不语。予乃归整理沙田局事。次早六时到崎碌总部，则阒其无人。复往驻汕各机关，亦逃避一空。又往河滨，询问土人，佥云粤军人等昨夜已次第开船遁矣。后予果闻枪声，不得已挈眷渡海至角石暂避。次日闻汕头无敌兵，惟日本已派海军登陆。予遂回汕头察视。路遇罗司令绍雄，据云吾部兵非败也。洪兆麟部小挫耳。且前方之水涨，北军焉能飞渡耶？今惟患无饷。各饷到，则兵可复集。予乃偕至汕商会借饷三百元，给之，并回汕头组织新督办署。次日，逃者多来归，各机关亦次第恢复。予复加设督办署宪兵，以资镇慑。汕市复安。三日后，邓铿始由外赶回。盖彼逃时由陆路，一日夜行百余里。及闻予在汕组织一切，乃敢返汕。到汕时予见之，笑曰：别来无恙耶？邓铿惭甚，由是恨予矣。同时潮循道尹吕一夔亦弃职逃。予电省请委杨家骧代。邓铿迁怒于杨，拔枪拟之，杨避而免。不数日，吕一夔亦回，杨乃退职，因是吕亦恨予。……夫邓铿本军校出身，而偶败辄逃，既无勇无谋，而度量狭隘若此，真所谓程不识不信不义。乃后因贩鸦片，恨之者多，被暗杀，党人借以归罪于陈公，天下之无真，非不独一人为然。吾感于亲历之事，乃并记之，以垂信史焉。”

这里，张国华不仅记载了讨闽部队攻打惠州的战斗细节，还提供了邓铿之死的一个看法。关于邓铿被

[9] 张荣生《张謇与景本白》，《盐文化研究论丛》第5辑，巴蜀书社2011年，第240页。

[10] 张荣生《张謇与景本白》，《盐文化研究论丛》第5辑，巴蜀书社2011年，第246页。

刺杀一事，莫衷一是，迄未有定论，或言主谋为陈炯明，或称此事非陈氏所为。[11]在张国华看来，邓铿并非为陈炯明所杀，实乃为鸦片商所害。为邓铿之死提供了一种说法。

3、陈炯明攻粤。庚申条："……夏六月，陈公炯明回师攻粤。予为之卜易，得'其亡其亡，系于苞桑'之语，知其否极必泰。时莫荣新在粤，兵力颇盛。及八月，李福林、魏邦屏等以兵谏，在河南另组政府，人心皇皇。予又卜之，得'女承筐无实，士刲羊无血'之爻，予喜曰莫督必逃，羊城可不血刃而入矣。"

（四）顾次英自撰铅印本《顾冰一先生七十以前自述》

谱主顾次英（1872—？），字冰一，江苏南汇（今属上海）人。清末任职于《远东报》、《东方晓报》。民国初任都督府民政长署顾问、金陵省长署办外交事务、东省特别区行政长官顾问、吉林省长首席参议等。

1、在吉林负责讨论"二十一条"细节。《顾冰一先生七十以前自述》："中华民国四年，四十四岁。……五月九日，遂缔成二十一条新约。我在吉省署，以为中国对外失败半在条约，半在条约以外，俟约文正式颁布，应公同研究，以资补救万一。十一日，约文到吉。孟巡按征求意见，即日密派我及交涉特派员傅彊、政务厅长高翔每日在交涉司楼上会同研究。高只来两日，均由我与傅君切实讨论。时起争执，却无意见。每一条议毕，我即缮成文字。讨论凡月余，成《新约吉省善后条议》一册，除呈明政府外，由傅君赴京与外部接洽。乃招有关各部每日在外交大楼根据我原稿讨论十余次，大致均通过。时吉省以约文有警察法及课税应接洽之文，在省署召集有关各衙署组织委员会。我任委员会主任。所有吉省警察章制、课税规则一一修正。日方以为此事应由两政府会商。于是傅君电吉，请我至京办理。我因约中尚有不明了处，以吉省代表资格到京，赴部与陆部长商，陆甚满意，惟须与曹次长接头。我晤曹先谈南满范围，争持甚烈。谈一小时余，曹始谓姑照奉吉两省主张办理，俟彼交涉，再由部应付。我恐其空口白话，漫无依据，告以来一说帖，请即照批。彼亦允送到即批。于是始告一段落。至两政府会商事，旋均搁置不提，吉省委员会所办各项送部转日。"

2、在吉林亲历"九一八"事变。《顾冰一先生七十以前自述》："中华民国二十年，六十岁。……当九月初，军署接奉省东电，系转张学良津电，大致谓外交非常紧急，无论如何，均须忍耐。然张、万均在京津，张督又丁外艰，居锦州，且久不到吉，一切均由熙格民氏住持三省，全无准备。十九晨，忽接奉电，黎明前日军已进北大营，一面分兵来长南岭，吉军曾一度抵御，熙电嘱撤退二三十里。而日军来吉之说已炽。午后三四点钟日机飞吉，散发传单，有膺惩军阀之语。二十日，日军乘吉长车来吉之所，终日不绝，尚未实现。廿一日则已证实日军由长来吉，各站搜索前进，军行甚缓。省城冯团跃跃欲动，熙严令撤退，始仓促离城。入晚，日军进省城。城门暨各主要机关均分别把守。是夜日军有赴各家搜查者。廿二日，熙与日师团长多门会见，限吉军明午缴械。廿三午，熙又赴多门处，谓缴械若干余来不及。多门即将熙留两小时，始言省署要改组，熙乃回署，改省长公署为长官公署。事起后，我日赴省署探问消息。至十月初，我因国庆事知熙已游移不定……"

其余如民国六年至九年办理交涉中东铁路俄管路段之过程，文长不录。

（五）项士元自订稿本《项慈园自订年谱》

谱主项士元（1887—1959），原名元勋，号慈园，别号石楼，浙江临海人。创建临海私立高等小学校、赤城初级师范学校、临海县立图书馆，任教于浙江省立第六中学、浙江省第十一师范学校、上海仓圣明智大学等校，任《杭州国民新闻》总编、《之江日报》主笔。建国后任浙江省文史馆馆员等。著有《台州经籍志》等。

浙江临海市博物馆亦藏有项氏年谱，经标点整理以《项士元自订年谱》之名收入台州地区地方志办公室、临海市博物馆编《台州近代著名学者项士元》[12]一书中。但两者相较，上图本仍有其特色，略举数例。

1、"一八八九年（光绪十五年己丑）三岁"条，临海本作："妹莲香生。"[13]上图本作："妹莲香生。母亲以妹寄养他家，仍亲自育予。是年七月，临海大水，田庐淹没无算，禾稼不登。"

[11] 段云章、沈晓敏编著《孙文与陈炯明史事编年》，广东人民出版社 2003 年，第 468-475 页。

[12] 台州地区地方志办公室、临海市博物馆编，1990 年。

[13] 《台州近代著名学者项士元》，第 1 页。

2、“一八九〇年（光绪十六年庚寅）四岁”条，临海本无记载，而上图本作：“患疥疮。是年临海大饥，掠夺四起。”

3、“一八九二年（光绪十八年壬辰）六岁”条，临海本作：“是年弟家德生。”[14]上图本作：“是年弟家德生。予由祖母陈恭人鞠育。恭人信佛，每晚燃点三官灯，持诵《心经》甚虔。”

4、“一八九二年（光绪十八年壬辰）六岁”条，临海本作：“就学于丹桂连枝（地名）潘梓生茂才。是年八月，祖母陈恭人逝世。”[15]上图本作：“就学于丹桂连枝（地名）潘梓生茂才。晚间，父亲尝绘鹿及人物等小幅供予赏玩。有时钱柜发现古钱，并挑选给予，嘱好好保存。是年八月，祖母陈恭人逝世。祖母遗物有一竹签，记得签上有宁波鄞县雪窦庙保下信女陈氏等字，盖自宁波所带回也。又祖父云台公有刘坤一等委札，盖有蓝色长方官印。今皆无存。”

仅通过以上四例，即可显示出上图本之价值。

该年谱所记内容还有可说之处。如“一九四二年（民国三十一年壬午）五十六岁”条：“美飞机师斯密司因轰炸东京后，飞经南田，日暮遇大雨，触山机坠，被鱼民援救，送至恩泽医院医疗。近因痊愈，至回浦中学演讲，顺便来访。据云系自夏威夷起飞云。”据记载，包括斯密司（现一般作史密斯）所在的15号机组飞行员应邀在4月30日早晨到当时迁移在缙云壶镇的杭州安定中学初中部，由斯密司为全体师生作轰炸日本的报告。[16]而根据项氏年谱可知，斯密司还曾在位于临海的回浦中学发表过演说，并过访了项氏。这可能是之前少有人知的。

四

以上仅就年谱概念、年谱出版整理现状、上海图书馆藏年谱特点及其价值略作概述。限于篇幅，无法一一展开。上海图书馆藏年谱，大多是各具史料价值的文献。读者自可览而知之。

需要指出的是，年谱亦有误记。但数量尚不算多，其史料价值亦不可因之而低估。

最后需要交代一下凡例。年谱目录按谱主生年为序，生年相同则按卒年先后为序。生卒年均换算为公年纪年。人物小传主要包括谱名、编撰者、版本年代、谱主事迹等。

[14] 《台州近代著名学者项士元》，第1页。

[15] 《台州近代著名学者项士元》，第1页。

[16] 王国林《轰炸东京——中国救助美国飞行员纪实》，新华出版社2002年，第153页。

抄本《王六潭先生年谱》述略

吴建伟

王咏霓（1839—1916），字子裳，号六潭，浙江黄岩（今属台州）人。清光绪六年（1880）进士，授刑部主事，签分河南司行走。光绪十年（1884）许景澄任派驻法国、德国、意大利、荷兰、奥地利、匈牙利帝国公使兼摄比利时使务，王氏作为随员，随同出使。归国后，历任安徽凤阳知府、太平州知府、池州知府，安徽大学堂总教习，高等学堂、法政学堂编纂，皖政辑要局、存古学堂提调等。生平文字汇编为《函雅堂全集》。

上海图书馆藏有抄本《王六潭先生年谱》（以下简称《年谱》）二册，浙江临海人项士元（1887—1959）编。谱止于光绪十二年（1886）。该谱记载详实而全面，似仅取谱主日记纂辑而成。[1] 由此可对谱主一生事迹有充分了解。纵观此谱，大抵有两方面内容尤其值得叙述。

一、保留了王氏使德日记

晚清时期，随着诸大臣的不断出洋，涌现出了大量的星轺日记。这些星轺日记后来通过各种途径传播到社会上， 使人们了解到西方社会和文化。据尹德翔氏统计，晚清出使西方国家的外交使臣（包括特派公使、常驻公使及副使）及属员（包括领事、参赞、翻译、随员），有 22 人著有日记，共计三十余种（不同版本不计在内）。[2]

作为随许景澄出使欧洲的王咏霓，也有类似日记留存，如《道西斋日记》（尹氏已摘出）。此书详记王氏离开德国，途经英、美、日等国，回到国内的一路见闻。然而，王氏还有驻德期间的日记却长期未为所知。

王氏驻德日记包括光绪十一年（1885）、十二年（1886）两年，较为完整地保存于《年谱》中。

（一）王氏使德日记的内容

王氏使德日记对欧洲的自然风光、街市宫殿、社会风尚、欧洲社会经济、文化、科技、军事等发展概貌均有不同程度的纪述。

1、文化方面

1）考察博物馆、油画院等。

博物院如：

（光绪十一年五月）二十六日	偕许蕙芬至新博物院。院中陈设有中国、日本及各国器皿。有景泰窑大炉、嘉庆时绍兴大钟，与粤中雕刻、象牙器具。
（光绪十一年六月）十三日	同蕙芬、子云眷属至旧博物院。院在旧王宫之北，规制闳敞，楼凡三层，下层多古时石像，男女裸露，或剥蚀毁折，虽一手一足

[1] 黄秀文主编《中国年谱辞典》，百家出版社 1997 年，第 569 页。

[2] 尹德翔《东海西海之间：晚清使西日记中的文化观察、认证与选择》，北京大学出版社 2009 年，第 38—40 页。

	亦为藏弆。二层多古画，有槖笔其下描摹累月者。三层多古铜器及玉石古窑器之属，其石壁画象类有文字，字多象形，其篆不异中国，或似西藏唐古忒诸文，并有许多石棺、石椁，椁上或刻象亦有布漆，尸身僵卧不朽。
（光绪十一年）九月初三日	同韶甫、显甫往观考验身体之博物院。院中关于人体各胎、各种模象及一切杂产危险之事，莫不备具。

油画院如：

（光绪十一年十一月）十三日	偕金楷理过油画院。所藏多古名人画。院外列兽骨，大小各一，大者倍于象，云自地中掘得。
（光绪十二年四月）初三日	……偕诚之过派来豚突思忒来观油画。

2）关注西方风俗

王氏对西方风俗也略有观察。如：

（光绪十二年二月）初八日	是西人佳节。男女改装游行街市。或扮为神鬼，涂面歌舞，戴假罩长数寸或尺余以为乐。举国若狂。
（光绪十二年三月）十五日	是西人清明节。士女出郊踏青甚盛。
（光绪十二年三月）二十日	是日为耶稣忌日。西国辍音乐不食肉。二十二日，为耶稣复苏之日，西人以为佳节。士女出游，倾盖接轸，可数千辆。

2、军事方面

王氏随使德国，也参与采购船舰军火事宜，所以多有记载参观欧洲诸国船舰军火方面的见闻。如：

（光绪十一年十月）二十一日	晨，辰初抵爱生城外克虏伯厂。以车来迎，遂往驻焉。厂在城外，基址倍于城围。总办四五人出迎。一人引观各厂。据云厂内工匠一万人，合之他处，有万八千人。附设女工院，皆工匠之女来此学针黹者。又过一铺，亦厂主人所设。凡西国应用器具咸备。价似他处减十之二。店伙男女二百八十人，每岁售值四百万马克。
（光绪十二年十月）十三日	随星使拜法多郎提督克抗。其中军吕步华陪观船厂。厂中工匠五千人，有船台九座，炮台四，炮炮多尊，鱼雷船六。申刻往观船坞。坞宽三十迈当，长一百三十迈当。又观试雷处，历放三次，一偏右，二偏左，皆去的甚远。又观雷船及小雷船。又有布制小艇可折叠背负以行。二截合成，不及五十启罗之重。
（光绪十二年十月）十四日	观地中海船厂。厂能造甲船。又观造雷艇、拖船机器及鱼雷船坞。午后往廓尔尺尔船。又水师提督贝抗相迎。列队奏乐。……彼言炮台分四等，第一等有人有炮，五分时可放。第二等有炮无人，二日可放。第三等有台无人无炮，五日始可放。第四等并台亦无之，惟有基地，须十五日可成。此台为海口第一等云。
（光绪十二年十月）十五日辰刻	有陆路官来见。以四马车陪观山顶炮台。台高于海面六百迈当，下有小炮台及水池、营房、洗炮井，列炮三十二尊。陆路台大小十二以兹，台为大盖以防意大利也。午刻下山。未刻发多郎。十六日辰刻抵包多海市。

3、外交方面

王氏在欧期间，曾随大使参加一些重要外交活动。

1）参加德国阅兵：

（光绪十一年）四月初九日辰初	偕子云、韶甫、味笙、春舫、景周，随星使与小姐至克雷佩西观德国大阅。先期照会外部，取车票二纸，得入校场。当时德世子率眷属及各官咸至。步兵六千人、马兵一千五百，以五十马为一队，炮八十四尊、炮兵四十人为一队，每队炮四尊，驾以车马（炮车驾四马）。又军火车六十四辆（每两四马），步伐整齐，结队而行。凡历二转，初缓后疾，惟不放枪炮。又旗帜甚小且多破旧，无一鲜明者。官员宅眷来观者甚众。

2）受邀赴比利时王宫宴会：

（光绪十一年十一月）十二日戌初	随星使赴（比利时）王宫宴。朝官自宰相外部下至议员咸集。比主偕妃出见。先过中国钦使前寒暄数语，次遍及各官立谈。堂中灯烛千五百余枝，礼官请赴别馆入席。王与妃中坐，星使偕一命妇居右，庆参赞及外部次之。内部相偕一命妇居左，王之对席为一提督。余（六潭自称）坐其右，次为金楷理。其余各部官及议员依次分坐，共六十有八人。酒六行，肴馔盛腆，席中惟妃与二命妇，余皆朝官，饮酌间谈不拘礼数。席间仍至堂前立饮加非。王仍与各官立谈数语，妃亦自与诸大臣闲话。王表示深愿中国农工赴彼耕作，谈次屡以为言。亥正散归。

4、访古探幽

（光绪十一年三月）二十九日	孛拉托棱此两夫人约为帕司达姆之游。由火车换马车，历衢巷过旧王宫，入内游览。四壁咸以金银为饰，内有一厅，纯嵌各种石原质，如水晶、车渠、翡翠、玛瑙、绿松、青金、蜜蜡之属。旋登山坡，观一王公。宫外有池，蓄金鱼。下山行里许，复登一山，入宫周览，有中国瓷器（凡游人入宫，费数十分尼），见德世王子于宫外携眷步行，游女遇以折腰为礼。世子间一效之，以为笑乐。其地冈阜迤逦相属，林木交荫环抱，距柏林二十余里。世子王孙常避暑于此。……
（光绪十一年五月）十六日	蒲拉托与其友特濑派坡尔脱请为尼可思畎之游。赴之。其地在山顶，有礼拜堂，德皇之侄葬于堂下。入门有塔，与丽嫣等联而上。旋下山，循江岸而回。

5、娱乐活动

1）戏剧

（光绪十一年四月）十七日	邀春舫、味笙、韶甫，偕孛拉托夫妇、可赫脱赫丽嫣至梵尔奈戏园观剧。园中不设乐，有说白，无清唱，与德意志戏园同。然彼园所演，多愁苦事，此则杂以笑诨，皆欢场往迹。
（光绪十以年九月）初六日	偕可尔脱至空谷里野戏园观剧，内有翻筋斗、走索、弄丸、倒栽葱诸种表演。
（光绪十二年二月十七日）	亥初又同敬如陪星使至鸦佩赖戏园观剧。诸眷属与春舫、蔼堂先在。是园华丽宽敞，甲于欧土，工费二千万佛郎。入观者人取二十佛郎。厢房百二十佛郎。绅富有长年包定一屋者。妇女来观者多袒露盛服，斗靡争妍。

2）花会

（光绪十一年四月二十九日）	酉刻，偕赫丽嫣游梯尔皆登。是日为西人花会。都人士以花朵相

	投报。见中国人掷花盈车，随亦分散。
（光绪十一年七月）二十七日	至粤斯忒龙观群花会。园中遍植花卉，有铁房一座，上盖玻璃，置各种名花异卉，四时具备。瓜果之属尤多，异种皆移自远方。

（二）王氏使德日记的价值

王氏使德日记的最大价值就是记事较为详尽。王氏随侍的驻德大使许景澄也撰有《许文肃公日记》。试以两人共同参加的活动为例，比较彼此记载的详略。

1、"光绪十一年十月四月初九日"条，参观克虏伯工厂。王氏记载前文已引。而许氏仅记："赴厂。"[3]

2、"光绪十一年十月二十三日"条，王氏记："廿三日，礼拜停工。午刻，出观园林。四壁以铁作篱，松柏杉椶之属，多移自亚非。坡下叠石为假山，洞前对曲池，墙外有丛林。畜牧二百余，与孔雀、野鸡为伍。厩中有马二十八乘，各式车辆数亦如之。午后偕星使出游，晚归。"而许氏记："在克虏伯家。午后乘马车游近郊。"[4]

3、"光绪十一年十月二十日"条，王氏记："巳初，续观炮厂。是夕，克虏伯率子妇及宾客凡二十一人陪同晚餐。主人年七十余，精神矍铄，以小影及自作指南针等见赠。"而许氏日记则付诸阙如。

4、"光绪十一年十一月十二日"条，赴比利时王宫宴。王氏记载已如上述。而许氏记："接九月二十四日家信。晚赴王宫宴。"[5]对宴会具体场景不置一词。

5、"光绪十一年十一月十四日"条，王氏载："十四日，确克立耳厂遣人来迎。随星使往观，厂址宽广，工匠万人，初观造铁路、造火车汽锅轮船暗轮汽锅等件。炼次观西门子炼铜法。又次坐火车，盘上山顶，观炼铁。又次观开煤法，观用空气钻石法，观造飞轮法，据云比国有厂二百五十余，大厂三，此其一也。戌初，上火车。亥初，抵比都。"而许氏载："十四日，游钢铁厂。晚回伯鲁色尔。"[6]

限于篇幅，其余不一一赘列。仅从以上所列，王氏使德日记的价值已值得重视。

二、晚清人物活动的渊薮

王氏作为晚清政要、诗人、教育家，与当时各公卿名流过从甚密。《年谱》中大量保留了与晚清名流交往资料。今仅以近年来数种晚清名人年谱为例，以见王氏年谱价值之一斑。

（一）沈曾植

许全胜氏《沈曾植年谱长编》[7]多有缺载。今胪列如下：

（光绪十四年二月）十六日	看秋审第七册。得袁爽秋、沈子培、朱桂卿书。
（光绪十四年四月）初七	晋署晤艺圃、子培。
（光绪十四年四月）廿四日	……夕，越缦邀饮，偕弢夫往，书玉、敦夫、子培同坐。
（光绪十四年四月）廿九日	……夕赴濮子泉同年招，张仲㶏、王子庄、黄仲弢、沈子培、袁爽秋、钱辛甫同坐。
（光绪十四年五月）十六日	……过子培谈。
（光绪十四年五月）十九日	……赴广和居，子培、新甫招。
（光绪十四年五月）廿三日	偕沈子培、濮梓泉公饯黄漱兰，钱子密、弢夫、爽秋同坐。
（光绪十八年闰六月）初十日	……出城过黄又山、沈子培、吴佩葱三比部谈。……

[3]（清）许景澄撰、盛沅编《许文肃公日记》，收入《清代诗文集汇编》第758册，上海古籍出版社2010年，第561页。

[4]《许文肃公日记》，第561页。

[5]《许文肃公日记》，第561页。

[6]《许文肃公日记》，第561页。

[7]中华书局2007年。

（光绪十八年闰六月）十一日	……夕赴越缦招，张子中同年（行孚）及仲弢、叔容、子培、鹿门、弢夫同坐。
（光绪十八年闰六月）十七日	沈子培来。……
（光绪十八年闰六月）廿五日	……夕赴子培、子封招，叶菊仙、心云、仲弢、叔基同坐。
（光绪十八年七月）十八日	璧臣、子培来。午刻，弢夫邀集馆中左笏卿、蔡鹤卿、子培、又山、宝贞、鹿门、伯吹、李僧喜同坐。
（光绪十八年八月）二十日	……过越缦、叔基、子培、班侯（徐庆超——笔者）诸君。……
（光绪十八年八月）三十日	……午赴爽秋、子培、子封招，漱丈（黄体芳——笔者）、莼客、弢夫、旭庄、子修（吴庆坻——笔者）、仲弢同坐。
（光绪十八年九月）初三	……又赴费屺怀、江建霞招，旭庄、仲弢、子培、子封同坐。……
（光绪二十一年十月）初六日	……寄杨定夫、沈子培、朱叔基书。……
（光绪三十一年二月）初九日	致沈子培同年南昌书。

（二）陈三立

李开军氏《陈三立年谱长编》[8] 基本未记。今亦迻录如下：

（光绪十八年五月）廿四日	渡江访陈伯年吏部，不值。
（光绪十八年十一月）廿九日	……访陈伯严吏部，不值。
（光绪十八年十一月）三十日	叔侨、伯严、实甫邀集德华楼。楼临汉水，大别山积雪如画。席间同屠敬山、范仲霖、汪穰卿谈谯尽欢。亥刻始散。
（光绪三十年正月）十五日早	入城访陈伯严吏部、缪小山同年，不值。
（光绪三十年正月）十六日	伯严、小山过谈。闻日人陆战大胜，俄兵退至凤凰城。
（光绪三十二年三月）初九日	陈伯弢大令（锐）以《门存倡和诗钞》见诒。伯弢，武陵人，与陈伯严、易实甫、陶榘林、姚叔节诸人唱和首句用“门”字，结语用“存”字韵，故以名。作者六十二人，诗共五百八十首。伯弢诗语多奇警，伯严则神似山谷。

其余又如袁昶、张之洞、黄绍箕、杨晨、李凤苞等人各有疏密各异的记载。限于篇幅，不再赘录。

三、小结

以上粗略例举了《年谱》的史料价值。作为现存唯一一部王氏年谱，与其他王氏传记相比，由于取自其日记，故而记述最详，是研究王氏生平最需参考的史料。本文虽从文献学的角度阐明了它的价值，但未予深入揭示，有些问题完全未论及。实际上，《年谱》的价值是多方面的，它对研究晚清政治、文化、外交等方面也有一定的参考价值。总之，《年谱》不应沉寂于世。

[8] 中华书局 2014 年。

清末岭南学者李宗颢生平考补

——以上海图书馆藏抄本《煮石年谱》为中心

吴建伟

李宗颢，南海（今广东佛山）人，清末民初藏书家、金石学家、版本目录学家。由于史料缺失，目前学界对李氏生平、著述情况，语焉不详，且有阙误。上海图书馆藏有李宗颢自编《煮石年谱》（以下简称《年谱》）抄本一册，颇可纠正和补充李氏生平和著述。该抄本不分卷，绿格印纸，墨笔抄写，版心下镌“喜云楼”，封面、卷端题“煮石年谱”，纪事止于民国庚申（1920）。

一、李氏生卒年考辨

（一）李氏生年

马国权编《广东印人传》，广东省中山图书馆、广东省珠海市政协编《广东近现代人物词典》，谢晖《馆藏李宗颢著作述略》，《中国钱币大辞典》编纂委员会编《中国钱币大辞典·泉人著述编》，广州图书馆主编《李宗颢日记手稿·前言》，广州图书馆主编《南海李应鸿先生行述·前言》等均将李氏的生年直接标为“1862年”或“同治元年（1862）”。[1]李公明《广东美术史》仅作“同治元年”。[2]《年谱》自记生年为：“同治纪元壬戌十二月初五日寅时生。”此处为阴历，转化为阳历则为1863年1月23日。

（二）李氏卒年

目前学界对李氏卒年有三种说法。一是卢子枢在《禁毁书目韵编》护页上标为“煮石卒于民国十年辛酉年，六十岁”。[3]二是《金石痴——李煮石三十二芙蓉砚山》：“一九一三年冬，他从广州回故里，匪徒已侦知他的行踪，预先三三五五，埋伏在田间丛菁密林里，看他走进，扳机关枪将他击毙。”[4]三是《广东印人传》：“民国初年为土匪毙命于乡，年未六十，具体年份待考。”[5]《年谱》可为李氏卒年提供一些线索。《年谱》：“（民国）庚申。五十九岁。……二月二十日申时，第七女多异生。是日携五儿兆倪，孙之璇、之塅及姬人虞氏同游六榕寺，旧名净慧寺。……四月十八日，同邑方孝廉默谷题小影寺曰……”

[1] 马国权编《广东印人传》，香港南通图书公司1974年，此书笔者未能寓目，现据《李宗颢日记手稿》附录《李宗颢资料汇录》，广西师范大学出版社2013年，第166—167页。广东省中山图书馆、广东省珠海市政协编《广东近现代人物词典》，广东科技出版社1992年，第177页。谢晖《馆藏李宗颢著作述略》，《图书馆论坛》1997年第6期，第77页。《中国钱币大辞典》编纂委员会编《中国钱币大辞典·泉人著述编》，中华书局2007年，第71页。广州图书馆主编《李宗颢日记手稿·前言》，第1页。广州图书馆主编《南海李应鸿先生行述·前言》，广西师范大学出版社2013年，第2页。

[2] 李公明《广东美术史》，广东人民出版社1993年，第622页。

[3] 《李宗颢日记手稿》附录《李宗颢资料汇录》，第158页。

[4] 《新编古春风楼琐记》第四册，第270页。

[5] 《广东印人传》，第167页。

纪事止于此。据此，至少可排第二种说法。《广东印人传》则其辞模棱。至于第一种观点，在没有进一步资料证明的情况下，未敢遽断，但据《年谱》纪事截止年月来看，此说可能较为接近事实。

二、李氏生平辨误

（一）李氏随父游历长安辨误

汪兆镛《岭南画征略》、冼玉清《广东之鉴藏家》、高拜石《金石痴——李煮石三十二芙蓉砚山》、《广东印人传》、《中国钱币大辞典·泉人著述编》、《广东近现代人物词典》、梁基永《李文田》等都认为李氏曾随父李应鸿宦游长安。[6]《馆藏李宗颢著作述略》、黄般若《名书画集》“清李宗颢书生圹铭”条、未署名《煮石山人李宗颢》、《李宗颢日记手稿·前言》等文甚至认为李氏青少年时即随父宦游。[7]但是我们根据《年谱》梳理，李氏未曾随父游历过长安。以下逐年梳理李氏及其父踪迹。

（光绪）十三年丁亥，二十六岁。	……父赴陕西候补。仲兄随侍。叔兄与余留家奉母。（光绪）十四年戊子，二十七岁。与叔兄从游欧阳煇秋师。六月，父署陕西安康县事。
（光绪）十五年己丑，二十八岁。	与三水钱树东茂才昌瑜同往双门底经韵廔。六月，道试报罢。寻北行应顺天府乡试。寓京师城南米市胡同南海会馆观海堂之左。……十月，家仲约师主试浙江回都门。延课其子渊硕号孔曼，道号圆虚。移住绳匠胡同师宅。父补授陕西榆林县知县。
（光绪）十六年庚寅，二十九岁。	七月，考取会典馆正取第九名测算生。……
（光绪）十七年辛卯，三十岁。	仍住中约师宅，课孔曼。……十二月，中约师奉命督学顺天，延余分校试卷，随赴保定府。……六月回京师。
（光绪）二十年甲午，三十三岁。	六月二十日奉西安电赴，惊悉榆林君是月十九疾卒长安差次。

由上可知，在李应鸿赴任陕西期间，主要是仲兄宗颀随侍。而李氏一直在家乡南海、京师北京两地，并未随父赴任。李氏撰《南海李应鸿先生行述》也说：“不肖闻讣，孑身秦中，奔丧千里，……而不肖又不获奉侍汤药，稍尽一日之养。”[8]可见李氏是在其父病逝后才奔赴陕西的。因此，所谓李氏随父游历长安，很可能是子虚乌有。

那么究竟李氏是从何时开始大规模地旁搜博采、访求古人金石之文的呢？《年谱》亦有交代：“（光绪）二十一年乙未。三十四岁。榆林苦瘠，负债累累。日驰书戚旧，谋归骨焉。郁郁久羁，哀愤万状。每至无聊之极，辄随仲兄纵游，搜剔金石，以解牢落。（以下详列二十余种碑刻名称及刻石年代，从略）手自椎拓，命工装成，漫识简末。”可见李氏开始集中访碑是在光绪二十一年（1895）稽留秦中，百般无聊之时。

（二）李氏仕履辨误

《李宗颢日记手稿·前言》、高伯雨《李宗颢与灵璧石砚山》、《广东印人传》、《广东近现代人物词典》等都认为李氏曾任湖南衡州府经历。[9]但是我们根据《年谱》梳理，李氏仕宦并未履迹湖南。以下逐年梳理李氏仕履情况。

---

[6] 汪兆镛《岭南画征略》卷十，民国十七年（1928）铅印本。冼玉清《冼玉清文集》，中山大学出版社1995年，第24—25页。高拜石《新编古春风楼琐记》第四册，作家出版社2003年，第266—271页。《广东印人传》，第167页。《中国钱币大辞典·泉人著述编》，第71页。《广东近现代人物词典》，第177页。梁基永《李文田》，广东人民出版社2008年，第83—84页。

[7] 谢晖《馆藏李宗颢著作述略》，第77页。黄般若《黄般若美术文集》，人民美术出版社1997年，第96页。《南方都市报》，2012年4月24日。《李宗颢日记手稿·前言》，第1页。

[8] 李宗颢《南海李应鸿先生行述》，图版42页，释文43页。

[9] 《李宗颢日记手稿·前言》，第1页。高伯雨《听雨楼随笔》，辽宁教育出版社1998年，第293页。《广东印人传》，第167页。《广东近现代人物辞典》，第177页。

（光绪）十六年庚寅，二十九岁。	七月，考取会典馆正取第九名测算生。
（光绪）二十四年戊戌，三十七岁。	八月，再游京师。十月，南归。为兆侃长侄娶妇。妇同邑孔边乡方澄波上舍之女。十一月，奉北京邮函，悉会典馆舆图全书过半，议叙以县丞分省补用。经吏部核准，于十月十九日题覆：奉旨依议，钦此。
（光绪）二十五年己亥，三十八岁。	七月，与仲兄同行至沪渎。余携虞姬入都。仍住邑馆南院。八月二十八日，蒙钦派大臣验看。九月十一日，领照出京。十一月十八日到江苏省缴照。派苏差委赁盘门内小仓口黄宅为旅舍。
（光绪）二十六年庚子，三十九岁。	三月，到省三个月期满，应考臬台课吏，取列一等第一。奉委北路四段冬防保甲差。又应考苏省中西学堂，取列算学测量第一。调委齐门旱关稽查差。五月，奉委兼办苏省沙洲公所测量差，札赴丹阳县测量荡网永胜新洲外新洲四洲水影。回省绘图帖说上报，诸大府皆称善。十一月，奉委赴武进、阳湖二县测量堪估运河工程。十二月，事竣回省绘图册报，仍回沙洲测量差。
（光绪）二十七年辛丑，四十岁。	……是月（八月），沙洲公所因江渣盛涨，沙洲尽淹，遂裁撤。十月，奉委赴丹徒、丹阳二县测量运河工程，兼稽核土方水方事宜。全河分六段，设分局六，以同通州县分总之。局分五小段，段派佐贰监工一员。丹徒上三段沈委主之。丹阳下三段余主之。……十二月，奉委苏省派办处随办文案差。河工测量及核定土方水方事竣回省册报。二十六日，即到派办处文案差。
（光绪）二十九年癸卯，四十二岁。	……三月，奉饬派办处一年期满，给予超委署缺一次。……九月，奉委兼办房捐总局收支差。十一月，奉委农务局文案兼测量绘图差。派办处文案如故。
（光绪）三十年甲辰，四十三岁。	……六月，派办处裁撤，以经费不旉也。七月，农务局提调宗令能述册报不实，余不签押，自劾销差。朱竹石臬台之溱听宗提调谗言，余因并销房捐收支差。
（光绪）三十一年乙巳，四十四岁。	……八月朔，奉委署理江苏按察使司经历事。……十月，奉委兼充苏省冬漕海运省局差。十二月十六日卸署按经历事。海运省局差如故。
（光绪）三十二年丙午，四十五岁。	……（正月）初十，奉委江苏督练公所教练处文案差。……四月，奉委兼充参谋处文案差。……八月，奉委调充参谋处文案，销教练处文案。……十二月，假满回苏，并销参谋处文案差。
（光绪）三十四年戊申，四十七岁。	七月廿九日，奉藩司瑞饬知三十一年分冬漕海运出力，蒙两江总督瑞、江苏巡抚陈奏保请俟补缺，后以知县用。经吏部核准，于光绪三十四年二十三日覆奏奉旨依议，钦此。
（宣统）三年辛亥，五十岁。	四月，奉委上海货捐总局查验差。

以上空缺年份，为李氏家居和游历期。从以上梳理可知，李氏一生主要任府衙文案职，任职时间最长的是在江苏。除京、苏、沪三地外，李氏未有他任。至此，所谓任湖南衡州府经历一事就十分值得怀疑。

三、李氏名、字、别号考补

一般学界列举李氏字号为："字煮石，号邵斋，又号萧弇、夷白、愤石生，所居名廿三石室、木连理斋、思亮庐、煮石簃、愤石斋、灵璧山馆、米庵、芾山亭、三十二芙蓉山馆等……"[10] 根据《年谱》可知，李氏名、

[10] 《李宗颢日记手稿·前言》，第1页；《南海李应鸿先生行述·前言》，第2页。

字、别号尚不止以上所列，且多有变更。如：

同治纪元壬戌十二月初五日寅时生。父命名曰继鑫。

（光绪）三年丁丑，十六岁。	从游何达聪师（夹注略）。应童子试，易名曰崇义，号季驯。
（光绪）五年己卯，十六岁。	十一月，娶同邑大仙冈乡陈赉臣明府汝霖（夹注略）之长女陈采鸾为妻。……父字余曰绍乾。
（光绪）十二年丙戌，二十五岁。	八月，承父命易名曰宗颢。
（光绪）十六年庚寅，二十九岁。	……是年，寄名入罗浮酥醪观道，道号永颢，系十八传。
（民国）壬子，五十一岁。	……六月，尽将生平所作诗文瘗于亡妻陈恭人坟之左，并以齿发衣冠殉焉。易名煮石，号萧堪，又号铁潜，又号磊园。

民国壬子条提到的“铁潜”一号，历来诸家并未涉及。

由上可知，李氏一生多有名、字、别号，且因曾寄名道观而有道号。

《年谱》中还记载了某些李氏别号的来历。如邵斋。据光绪二十三年条：“八月，吾邑梁橙里上舍为余绘归舟载石图，并题识文，曰：……邵斋间关万里，辇载返粤，藏于尊甫榆林君之庙，而以所爱邵润之诔石嵌诸壁，遂名其斋曰邵斋，并因以为号焉。”邵润之诔石为唐徐峤撰，史惟则分书并撰额。可知李氏因特宝爱邵润之诔石，遂名其斋为“邵斋”。又如煮石簃。据光绪三十三年条：“正月……余杭鲁澂伯大令宝清亦至，出所餮《煮石簃记》见贶，记曰：……未几，李子入缅甸，再走京国，皆不遇。太夫人甘旨之奉或有匆继，乃喟然长太息曰：吾恨不能煮石而奉母也。因自署其定省之庐曰煮石簃。”可见李氏惟富金石之藏，家无余物，乃欲煮石为珍膳食以奉侍家人，故署庐曰“煮石簃”。

四、李氏著述考补

目前所知李氏现存或存目的著作，主要有以下若干种：

《谤书逆案》一卷、《出塞纪略》一卷、《历代名人年谱补遗》、《米海岳年谱初稿》、《米海岳年谱》、《入秦纪程》等不分卷、《李宗颢书画日记》、《南海李应鸿先生行述》一卷、《西游录注》一卷、《西使记注》一卷、《罗浮小记》、《禁毁书目韵编》五卷附一卷、《丁氏持静斋书目》一卷、《铁琴铜剑楼书目》一卷、《十二紫芝山馆所藏金石》、《金石摘藻》二卷、《金石镜》二卷、《萧堪金石录摘要》一卷、《西安府学碑林石刻录目》不分卷、《萧弇读碑校勘记》二卷、《寰宇访碑录校勘记》二卷补一卷、《汉碑异文考》一卷、《磊园语泉》一卷、《萧庵印存》、《经验良方》一卷、《冬心先生题画记》、《云林石谱》三卷附《咏石诗》一卷、《二十二子汇隽》二卷、《水经注拾唾》一卷、《选诗均（笔者案：同韵）编》五卷、《邵斋漫录》一卷、《连珠汇抄》不分卷、《仪礼萃精》不分卷。[11]

以上著录32种，其中《丁氏持静斋书目》一卷、《铁琴铜剑楼书目》一卷为李氏所抄，并非其著述，则实际30种。年谱中也记录了李氏著述及其成书时间，胪列如下：

（光绪）十六年庚寅，二十九岁。	……《选诗韵编》五卷辑成。
（光绪）十七年辛卯，三十岁。	《画镜》十卷辑成。
（光绪）十九年癸巳，三十二岁。	二月，元刘郁《西使记注》一卷成。十二月，《五朝椠本书目表》二十卷辑成。
（光绪）二十年甲午，三十三岁。	四月，《元秘史注表》一卷、《西域地理韵编》二卷辑成。
（光绪）二十一年乙未，三十四岁。	……寻于西安府东书肆得禁书目五种，以撰书人姓氏编韵，以便检索，间附考证，重见者删之，分为六卷，阅月二乘。续餮《广东金石录目》一卷，补入搜得诸石刻。十二月十八日，权厝先榆林君于行省大东门外番禺戙旗乡之谷围岭。撰先榆林君行述，征志圹之文。
（光绪）二十三年丁酉，三十六岁。	……九月，《金石摘藻》二卷、《南北史萃珍》二卷、《水经

[11] 《李宗颢日记手稿》附录《李宗颢著作目录》，第141—155页。

	注拾唾》一卷、《水经摘奇》一卷、《廿二子汇隽》二卷、《国语英华》一卷、《大戴腴言》一卷、《汉书咀隽》一卷、《元苞采奥》一卷、《呻吟喻言》一卷、《文选耳食》二卷、《文选异文》二卷辑成。
（光绪）二十八年壬寅，四十一岁。	……《汉刻异文考》一卷、《说文搜异》一卷辑成。
（光绪）三十一年乙巳，四十四岁。	簒《帖考》二卷成。……《国朝印人谱》一卷辑成，都百十有八人。
（光绪）三十四年戊申，四十七岁。	九月……《寰宇访碑续录》五卷、《金石镜》二卷簒成。
宣统改元己酉，四十八岁。	……十二月，《萧堪读碑校勘记》二卷录成。
（民国）甲寅，五十三岁。	十月，补注吴氏（夹注：荷屋）《历代名人年谱》，其讹误者并正之。
（民国）乙卯，五十四岁。	正月，簒《米海岳年谱》书。
（民国）丁巳，五十六岁。	……十月，簒先妣黄太恭人行述暨先三兄仲觉行述征志圹之文，并绘列祖妣父母墓图、坿以圹志、行述暨葬白云诸坟程途记，装成藏之先庙，俾后之子孙得以览焉。

民国丁巳李氏所簒文字，此处姑分列为3种著述：《先妣黄太恭人行述》、《先三兄仲觉行述》、《诸坟程途记》。两相对照，剔除重复者，可得李氏著述初稿20种，分别为：《画镜》十卷、《五朝椠本书目表》二十卷、《元秘史注表》一卷、《西域地理韵编》二卷、《广东金石录目》一卷、《南北史萃珍》二卷、《水经摘奇》一卷、《国语英华》一卷、《大戴腴言》一卷、《汉书咀隽》一卷、《元苞采奥》一卷、《呻吟喻言》一卷、《文选耳食》二卷、《文选异文》二卷、《说文搜异》一卷、《帖考》二卷、《国朝印人谱》一卷、《先妣黄太恭人行述》、《先三兄仲觉行述》、《诸坟程途记》。惜均未详所在，暂列为存目可也。

五、小结

以上依据《年谱》，就李氏生平的几个问题略作澄清和补充。事实上，《年谱》包含的有价值信息远不止于此。比如李氏从游李文田门下之时间、李氏晚年之生活等，均可在《年谱》中找到答案。总之，作为目前堪称最为详尽的李氏传记专著，《年谱》对了解李氏一生行实大有裨益。

濯缨先生年谱

（朝鲜）题三足公编，朝鲜李太王十一年刊本。1 册 2 卷。

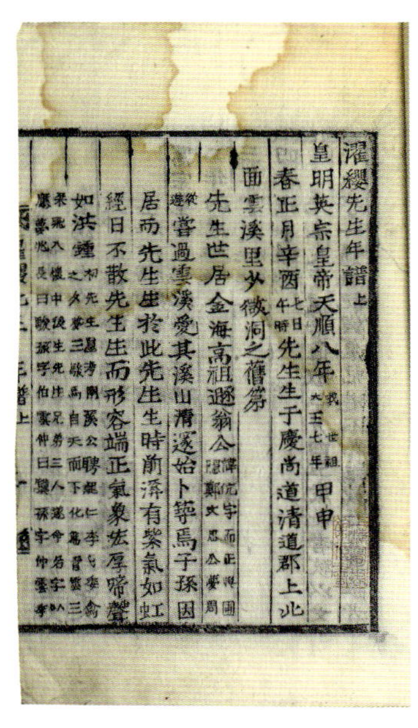

金馹孙（1464–1498），字季云，初字舜佑，号濯缨子、伊堂、云溪隐史、少微山人等，庆尚道清道郡（今属韩国广尚北道）人。历任弘文馆正字、承正院注书、司宪府监察、司谏院正言、校书馆博士、忠清道都事、吏曹佐郎、成均馆直请、吏曹正郎等。燕山君四年（1498）因修《成宗实录》而罹祸被诛。著有《濯缨先生文集》。

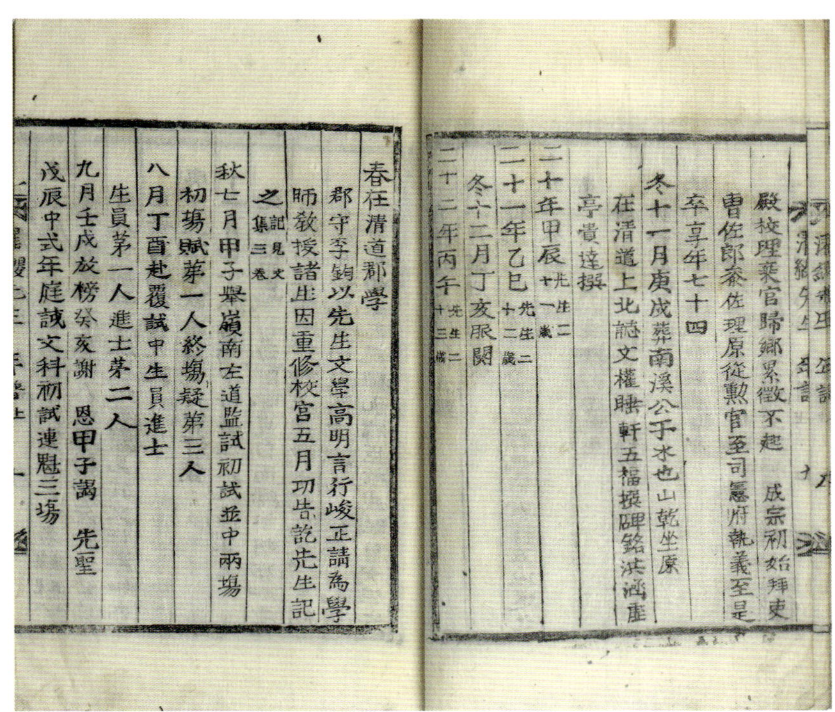

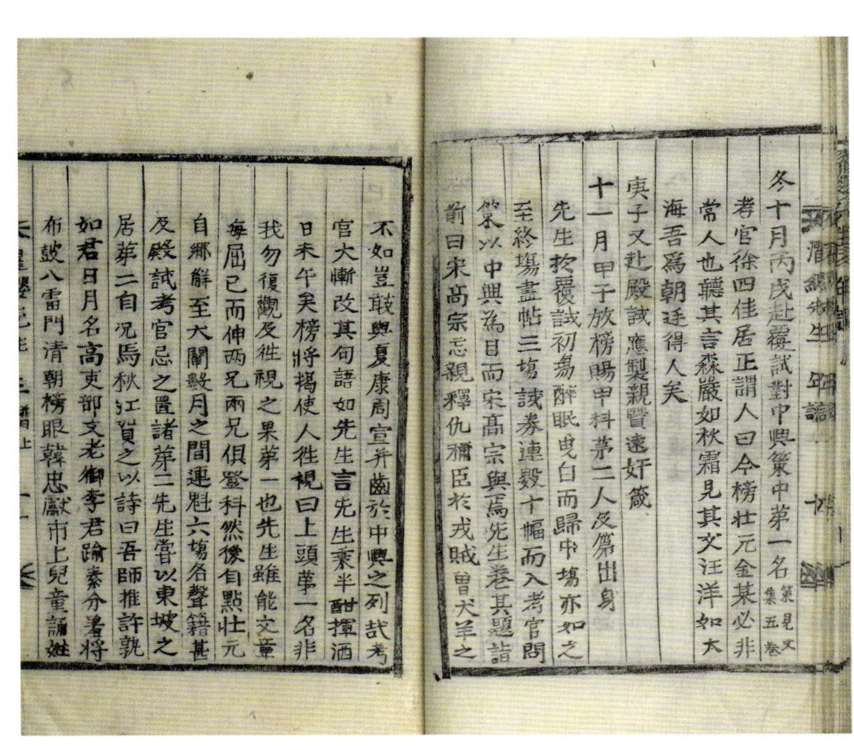

讖言歟嗚呼悲哉
丙申初五日以史事被逮
使命至清道先生時在咸陽大有馳至藍溪告
以故先生色不動言笑自若一盃適在座謂先
生曰士類之禍自此始矣先生曰此必克墩發
史事也吾其不還矣願伯勗為道自愛一盃曰
勿多言吾亦從此逝矣先生微笑不答已而都
事至示以拿命先生即就庭下北面四拜訖夷
然就道〇先是天順丁丑金先生以進士當
魯山遇害之時作弔義帝文　成廟命曹梅溪

偉撰集金先生所著文梅溪首錄其文以進先
生在史館亦載之於史草至是修　成廟實錄
克墩為堂上見先生史草書己惡甚悉欲因此
以報己怨遂亟持其文曰此文意指　光廟是
不敢作是不敢書俱大逆言於柳子光子光陰
險樂禍者也素銜金先生咸陽焚詩之事即大
喜遂與盧思愼尹弼商韓致亨等俱詣差備門
上變告先生以誣毀　光廟唯都承旨愼守勤
掌出納檢閱李思恭請見不許主使禁府經歷
洪士灝都事愼克成拿來又令掠隸騎能走馬

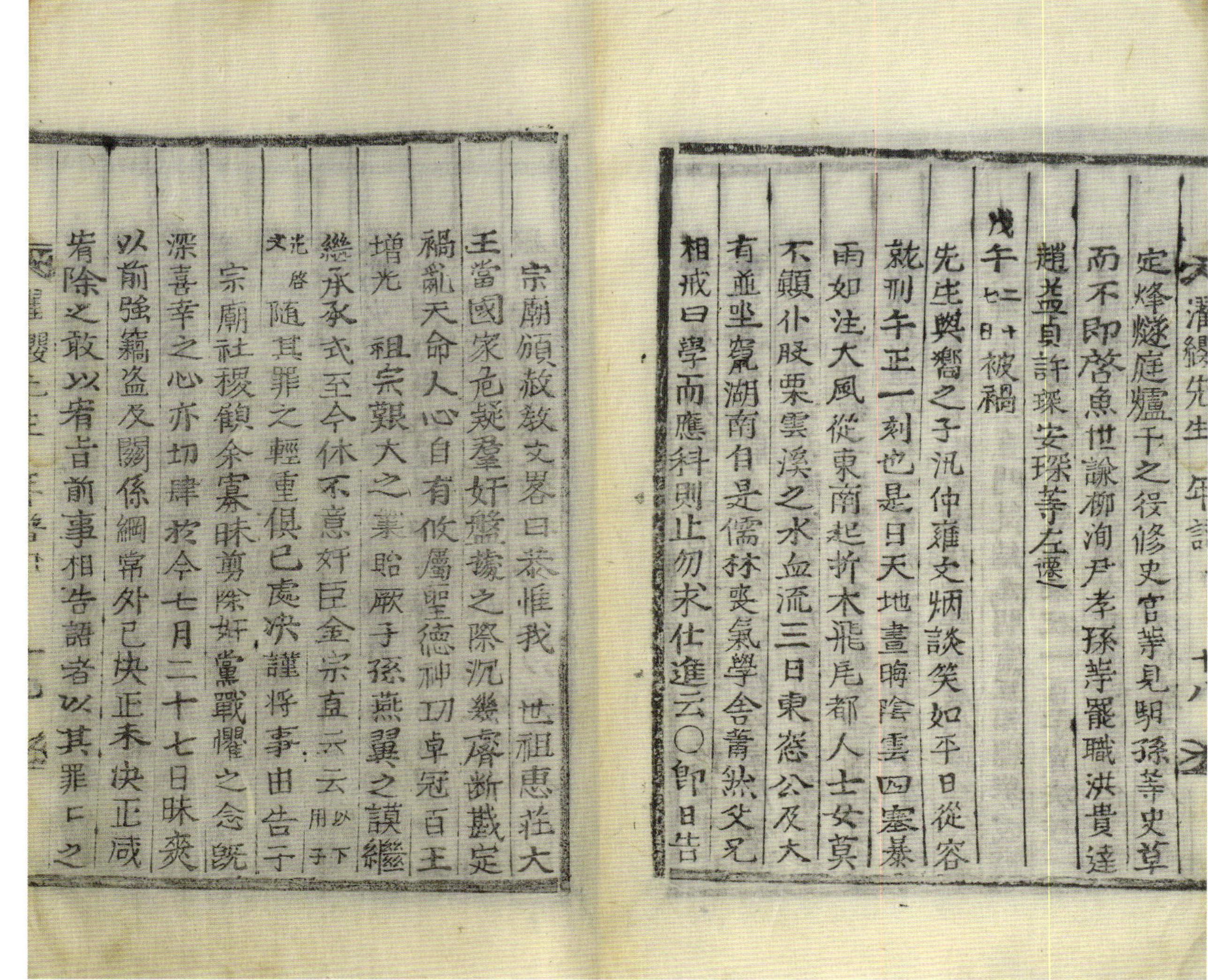
定烽燧庭爐子之役修史官等見駉孫等史草
而不即啓魚世謙柳洵尹孝孫等罷職洪貴達
趙益貞許琛安琛等左遷
戊午二十七日被禍
先生與嚮之子汎仲雍史炳談笑如平日從容
就刑午正一刻也是日天地晝晦陰雲四塞暴
雨如注大風從東南起折木飛瓦都人士女莫
不顚仆股栗雲溪之水血流三日東溪公及大
有並坐竄湖南自是儒林喪氣學舍蕭然父兄
相戒曰學而應科則止勿求仕進云〇即日告

宗廟頒赦教文略曰恭惟我　世祖惠莊大
王當國家危疑羣奸盤據之際沉幾睿斷戡定
禍亂天命人心自有攸屬聖德神功卓冠百王
增光　祖宗艱大之業貽厥子孫燕翼之謨繼
繼承承式至今休不意奸臣金宗直云云以下用子
光啓文隨其罪之輕重俱已處決謹將事由告于
宗廟社稷顧余寡昧剪除奸黨戰懼之念既
深喜幸之心亦切肆於今七月二十七日昧爽
以前強竊盜及關係綱常外已決正未決正咸
宥除之敢以宥旨前事相告語者以其罪罪之

王襄裕公年谱

（明）王士崧编，抄本。1 册 1 卷。

王宗沐（1523–1591），字新甫，浙江临海人。明嘉靖二十三年（1544）进士。历任刑部主事、广西按察佥事、广东参议、江西提学副使、江西参政、山西右布政使、山东左布政使、右副都御史、刑部左侍郎等。著有《宋元资治通鉴》等。

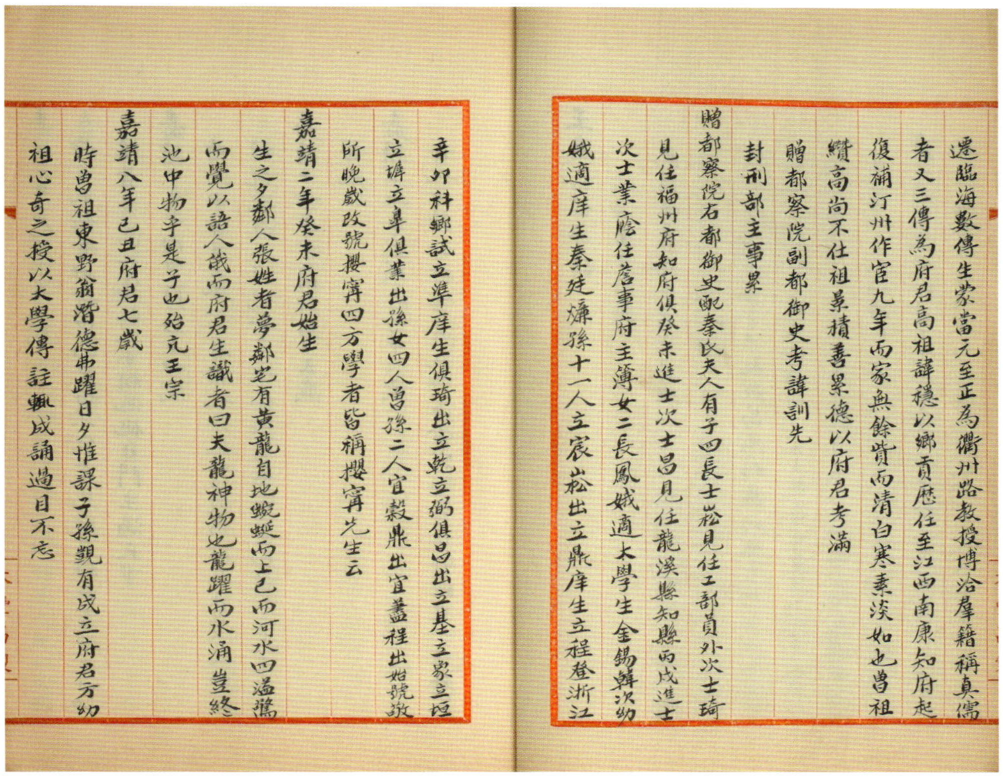
遷臨海數傳生蒙當元至正為衢州路教授博洽羣籍稱真儒
者又三傳為府君高祖諱穩以鄉貢歷任至江西南康知府起
復補汀州作官九年而家無餘貲而清白寒素淡如也曾祖
纘高尚不仕祖景積善累德以府君考滿
贈都察院副都御史考諱訓先
封刑部主事累
贈都察院右都御史配秦氏夫人有子四長士崧見任工部員外次士琦
見任福州府知府俱癸未進士次士昌見任龍溪縣知縣丙戌進士
次士業廕任詹事府主簿女二長鳳娥適太學生金錫韓次幼
娥適庠生秦廷燫孫十一人立宸崧出立鼎庠生立程登浙江
辛卯科鄉試立準庠生俱琦出立乾立爾俱昌出立基立象立埴
立塼立阜俱業出孫女四人曾孫二人官穀鼎出宜蓋程出始號敬
所晚歲改號攖寧四方學者皆稱攖寧先生云
嘉靖二年癸未府君始生
生之夕鄰人張姓者夢鄰宅有黃龍自地蜿蜒而上已而河水四溢驚
而覺以語人俄而府君生識者曰夫龍神物也龍躍而水涌豈終
池中物乎是子也殆亢王宗
嘉靖八年己丑府君七歲
時曾祖東野翁潛德弗躍日夕惟課子孫覲有成立府君方幼
祖心奇之授以大學傳註輒成誦過目不忘

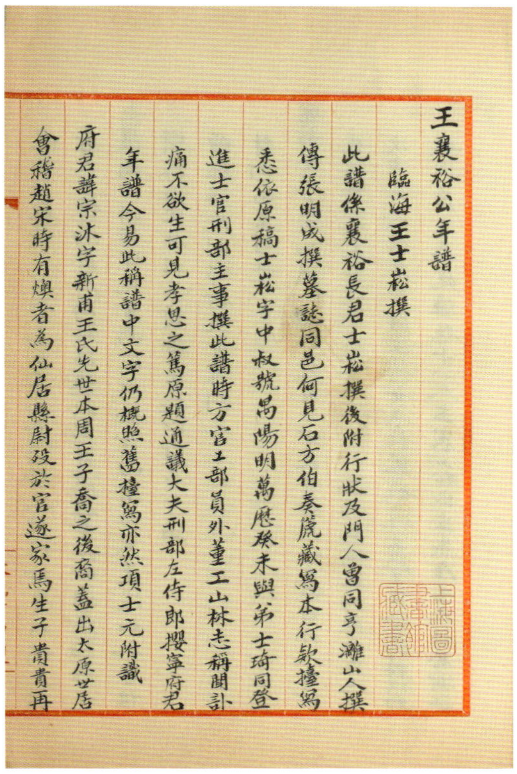
王襄裕公年譜
臨海王士崧撰
此譜係襄裕長君士崧撰後附行狀及門人曾同亨瀨山人撰
傳張明成撰墓誌同邑何見石方伯奏疏藏寫本行款擡寫
悉依原稿士崧字中叔號嵩陽明萬歷癸未與弟士琦同登
進士官刑部主事撰此譜時方官工部員外董工山林志稱聞訃
痛不欲生可見孝思之篤原題通議大夫刑部左侍郎攖寧府君
年譜今易此稱譜中文字仍概照舊擡寫亦然項士元附識
府君諱宗沐字新甫王氏先世本周王子喬之後裔蓋出太原世居
會稽趙宋時有燠者為仙居縣尉殁於官遂家焉生子貴貴再

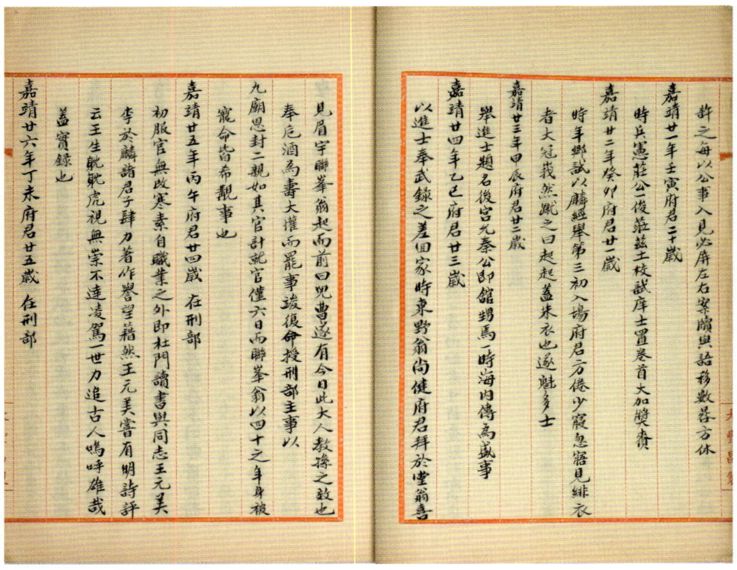
許之每以公事入見必屏左右案牘與語移數晷方休
嘉靖廿一年壬寅府君二十歲
時兵憲莊公一俊蒞茲土校試庠士置卷首大加獎賚
嘉靖廿二年癸卯府君廿一歲
時年鄉試以麟經舉第三初入場府君方倦少寢忽寤見緋衣
者大冠峩然蹴之曰起起蓋朱衣也遂魁多士
嘉靖廿三年甲辰府君廿二歲
舉進士題名後宮允秦公即館甥焉一時海內傳為盛事
嘉靖廿四年乙巳府君廿三歲
以進士奉武錄之差回家時東野翁尚健府君拜於堂翁喜
見眉宇聯峯翁起而前曰兒曹遂有今日此大人教誨之致也
奉卮酒為壽大懽而罷事竣復命授刑部主事以
九廟恩封二親如其官計就官僅六日而聯峯翁以四十之年身被
寵命皆希覯事也
嘉靖廿五年丙午府君廿四歲 在刑部
初服官無改寒素自職業之外即杜門讀書與同志王元美
李於鱗諸君子肆力著作譽望藉然王元美嘗有明詩評
云王生眈眈虎視無崇不達凌駕一世力追古人嗚呼雄哉
蓋實錄也
嘉靖廿六年丁未府君廿五歲 在刑部

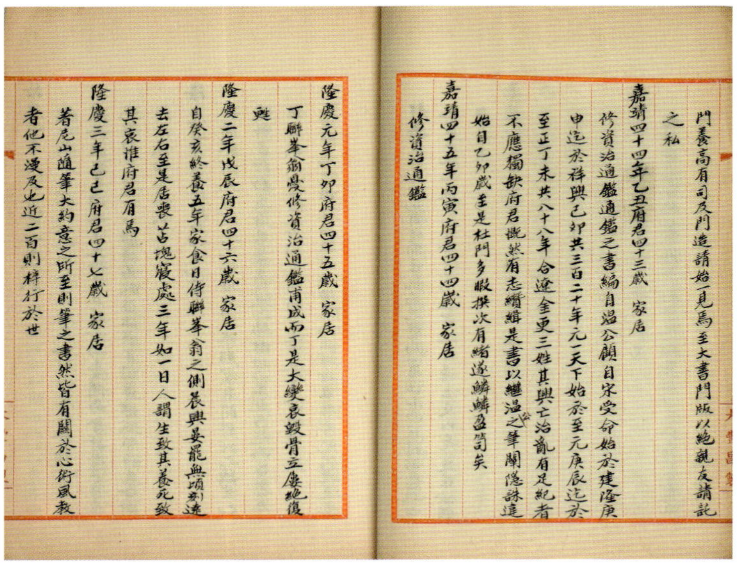
門養高有司及門造請始一見焉至大書門版以絶親友請託
之私
嘉靖四十四年乙丑府君四十三歲 家居
修資治通鑑通鑑之書編自溫公顧自宋受命始於建隆庚
申迄於祥興己卯共三百二十年元一天下始於至元庚辰迄於
至正丁未共八十八年合遼金更三姓其興亡治亂有足紀者
不應獨缺府君慨然有志纘緝是書以繼溫公之筆闡隱誅違
始自乙卯歲至是杜門多暇撰次有緒遂鱗鱗盈笥矣
嘉靖四十五年丙寅府君四十四歲 家居
修資治通鑑
隆慶元年丁卯府君四十五歲 家居
丁聯峯翁憂修資治通鑑甫成而丁是大變哀毀骨立廢絶復
甦
隆慶二年戊辰府君四十六歲 家居
自癸亥終養五年家食日侍聯峯翁之側晨興晏罷無頃刻違
去左右至是居喪苫塊寢處三年如一日人謂生致其養死致
其哀惟府君有焉
隆慶三年己巳府君四十七歲 家居
著尼山隨筆大約意之所至則筆之書然皆有關於心術風教
者他不漫及也近二百則梓行於世

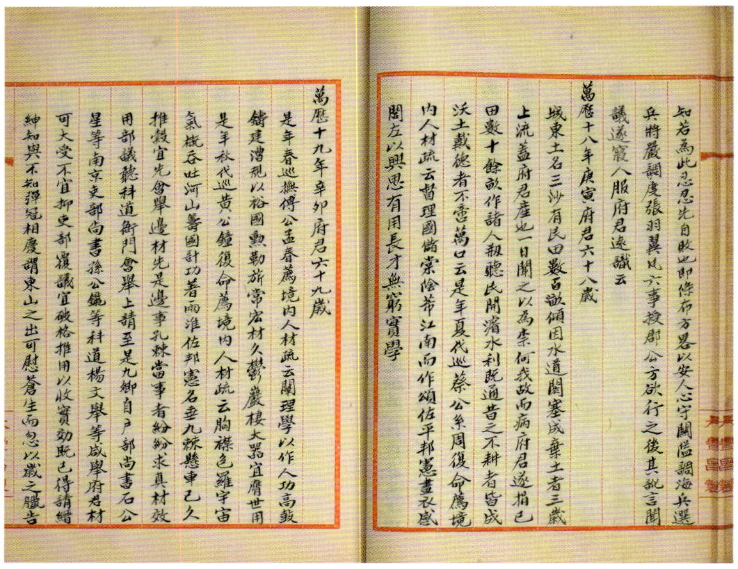
知若為此忍忍先自敗也即條布方畧以安人心守關隘調海兵選
兵將嚴調度張羽翼凡六事撫鄭公方欲行之從其說言聞
議遂寢人服府君遠識云
萬曆十八年庚寅府君六十八歲
城東土名三沙有民田數百畝傾因水道閼塞成棄土者三歲
上流蓋府君產也一日聞之以為奈何我故而病府君遂捐己
田數十餘畝作諸人叔聽民開濬水利既通昔之不耕者皆成
沃土戴德者不啻萬口云是年夏代巡蔡公系周復命薦境
內人材疏云曾理國儲崇陰芾江南而作頌佐平邦憲畫衣感
閣左以興思有用長才無窮實學
萬曆十九年辛卯府君六十九歲
是年春巡撫傅公孟春薦境內人材疏云闡理學以作人功高敦
鑄建漕規以裕國勲勤旂常宏材久鬱巖棲大器宜膺世用
是年秋代巡黃公鐘復命薦境內人材疏云胸襟包羅宇宙
氣概吞吐河山籌國計功著兩淮佐邦憲名垂九棘懸車已久
推轂宜先會舉邊材先是邊事孔棘當事者紛紛求真材效
用部議聽科道衙門會舉上請至是九卿自戶部尚書石公
星等南京吏部尚書孫公鑨等科道楊文舉等咸舉府君材
可大受不宜抑吏部覆議宜破格推用以收實效既已得請縉
紳知與不知彈冠相慶謂東山之出可慰蒼生而忽以歲之臘告

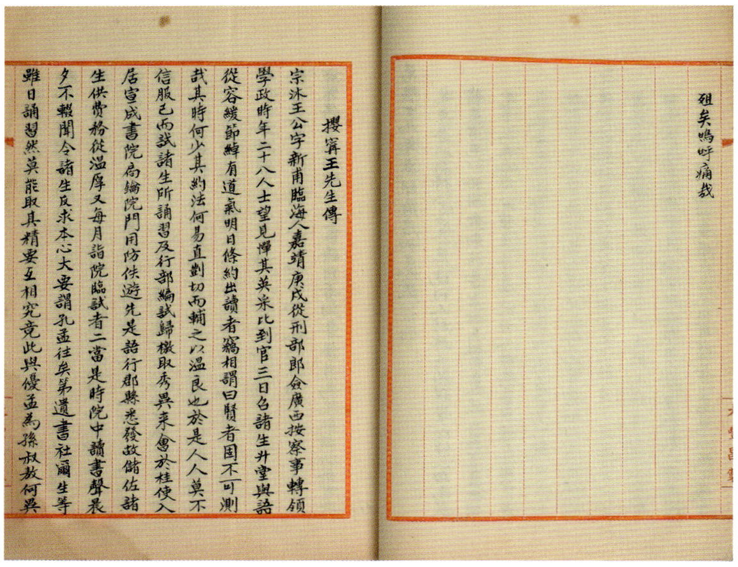
殂矣嗚呼痛哉
摟寧王先生傳
宗沐王公字新甫臨海人嘉靖庚戌從刑部郎僉廣西按察事轉領
學政時年二十八人士望見憚其英采比到官三日召諸生升堂與語
從容緩節髯有道氣明日條約出讀者竊相謂曰賢者固不可測
哉其時何少其約法何易直劃切而輔之以溫良也於是人人莫不
信服已而試諸生所誦習及行部編試歸檄取秀異來會於桂使入
居宣成書院而鑰院門用防佚遊先是諸行郡縣悉發故儲佐諸
生供費務從溫厚又每月詣院臨試者二當是時院中讀書聲晨
夕不輟聞令諸生反求本心大要謂孔孟往矣弟遺書社爾生等
雖日誦習然莫能取其精要互相究竟此與優孟為孫叔敖何異

少芝公年谱

（清）侯桢编，民国八年木活字本。是谱收入《[江苏无锡]锡山东里侯氏八修宗谱》卷十二。1 册 1 卷。

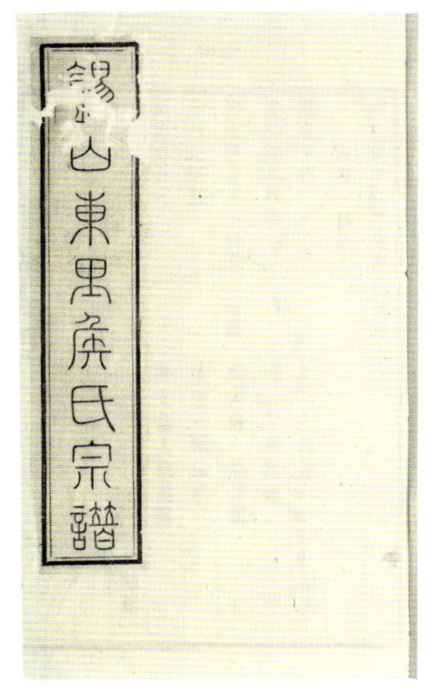

侯先春（1545–1611），字少芝，初字元甫，江苏无锡人。明万历八年（1580）进士。历任太常寺博士、礼科给事中、兵科都给事中、莱州推官等。著有《谏草》等。

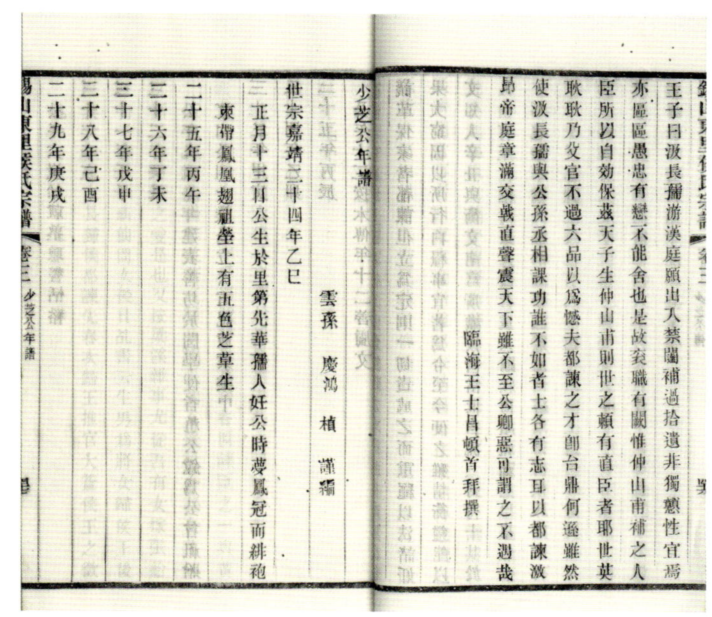

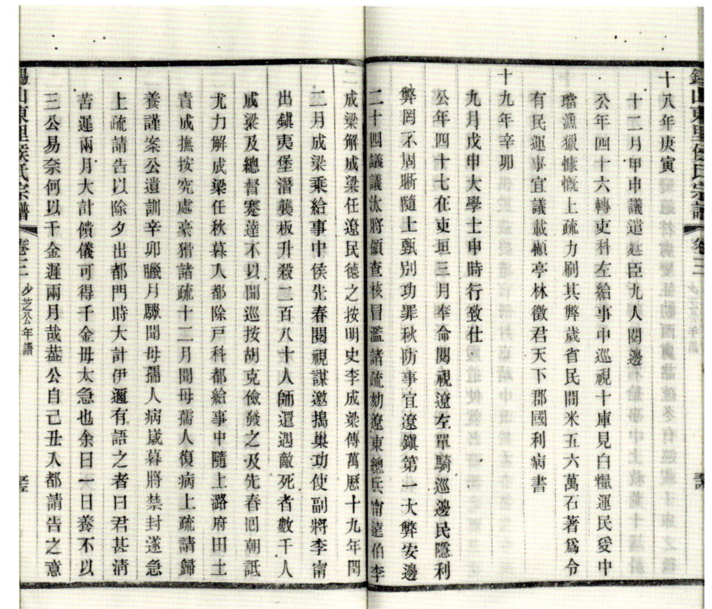

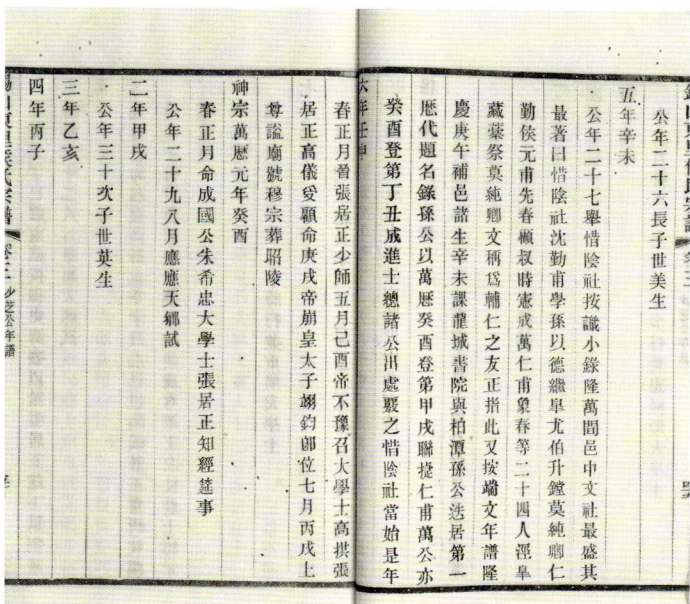

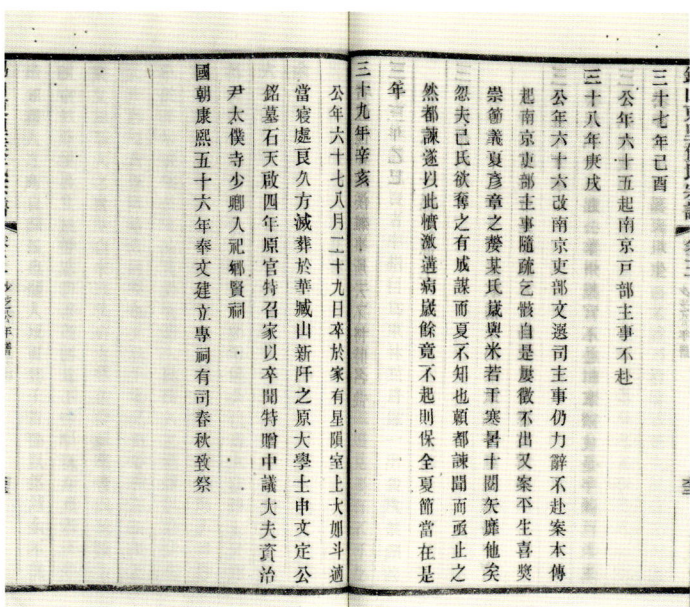

王文恪公年谱

佚名编，民国二十六年铅印本。1册1卷。是谱收入《[江苏吴县]莫厘王氏家谱》卷十二。

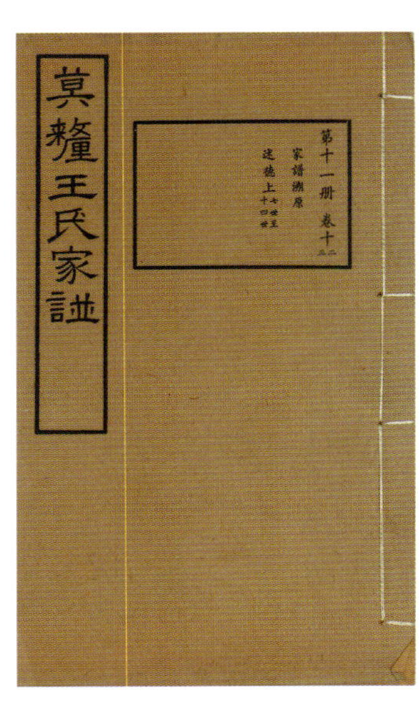

王鏊（1450–1524），字济之，号守溪，晚号拙叟，学者称震泽先生，江苏吴县（今属苏州）人。明成化十一年（1475）进士。历任侍讲学士、户部尚书、文渊阁大学士、少傅、太子太傅等。

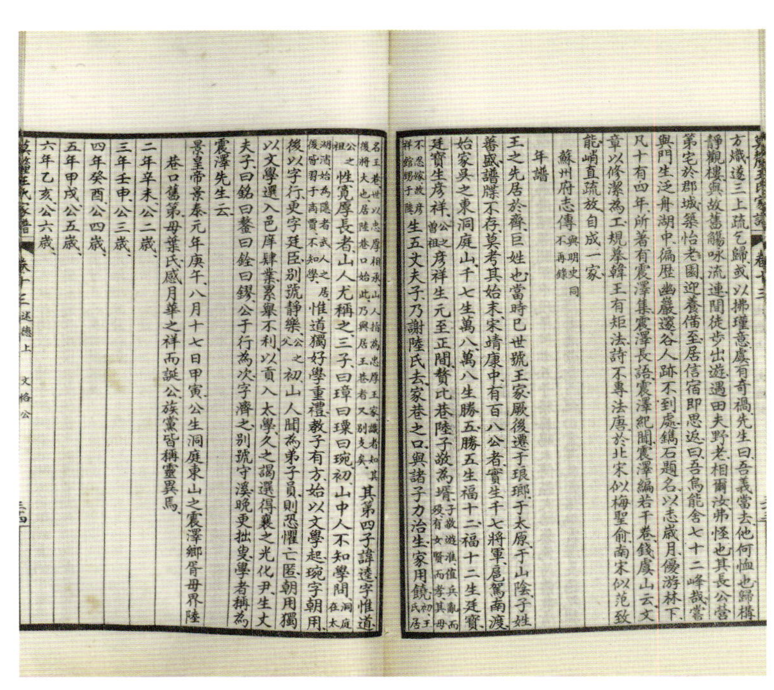

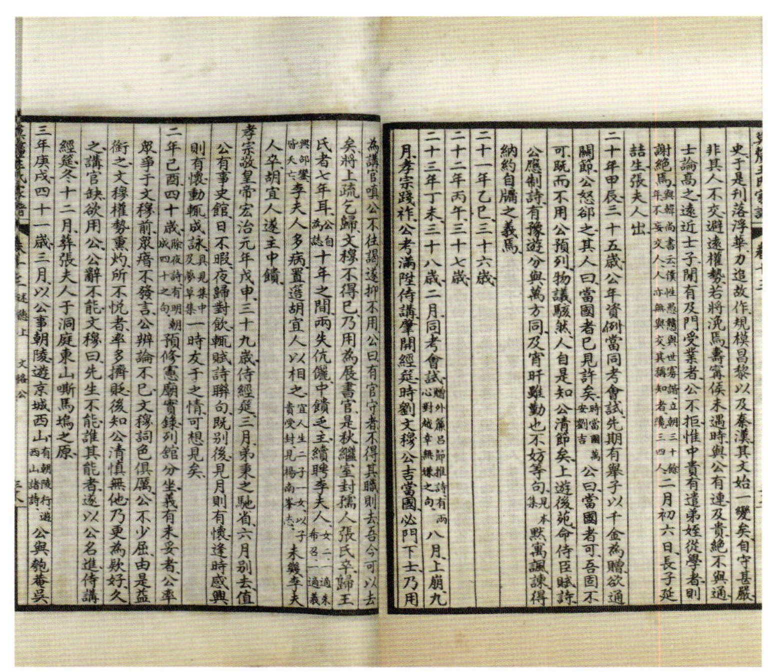

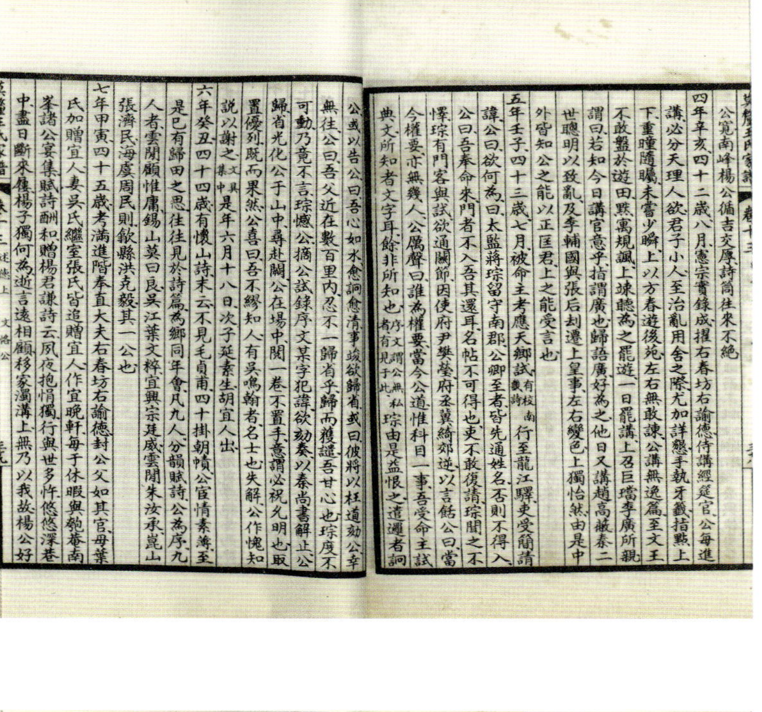

公寬南峰楊公循吉交厚、詩簡往來不絕

四年辛亥、四十二歲、八月、憲宗實錄成、擢右春坊右諭德、侍講經筵、官公每進講、必分天理人欲、君子小人、至治亂用舍之際、尤加詳懇、手執牙籤指點、上下重瞳隨矚、未嘗少瞬、上以方春遊後苑、左右無敢諫、公講無逸篇至文王不敢盤於遊田、黙寓規諷、上竦聽、為之罷遊、一日罷講、上召巨璫李廣所親謂曰、若知今日講官意乎、指謂廣也、歸語廣、好為之、他日又講趙高蔽秦二世聰明以致亂、及李輔國與張后刼遷上皇事、左右變色、上獨怡然、由是中外皆知公之能以正匡君、上之能受言也

五年壬子、四十三歲、七月、被命主考應天鄉試、（有校南畿詩）行至龍江驛、吏受簡請諱、公曰、欲何為、曰太監蔣琮留守南郡、公卿至者、皆先通姓名、否則不得入、公曰、吾奉命來、門者不入吾、其還耳、名帖不可得也、吏不敢復請、琮聞之不懌、琮有門客與試、欲通關節、因使府尹樊瑩、府丞冀綺郊逆、以言餂公曰、當今權要、亦無幾人、公厲聲曰、誰為權要、當今公道惟科目一事、吾受命主試、典文所知者文字耳、餘非所知也、（序文謂公無私者、有見于此）琮由是益恨之、遣邏者詗公、或以告公、公曰、吾心如水、愈詗愈清、事竣、欲歸省、或曰、彼將以枉道劾公、幸無往、公曰、吾父近在數百里內、忍不一歸省乎、歸而獲譴、吾甘心也、琮度不可動、乃竟不言、琮憾公、摘公試錄序文某字犯諱、欲劾奏、以秦尚書解止、公歸省光化公于山中、尋赴闕、公在場中、閱一卷、不置手、意謂必祝允明也、取置優列、既而果然、公喜曰、吾不繆知人、有吳鳴翰者、名士也、失解、公作愧知說以謝之、（文具集中）是年六月十八日、次子延素生、胡宜人出

六年癸丑、四十四歲、有懷山詩、末云、不見毛貞甫、四十掛朝幘、公宦情素薄、至是已有歸田之思、往往見於詩篇、為鄉同年會、凡九人、分韻賦詩、公為序、九人者、雲間顧惟庸、錫山莫曰良、吳江葉文粹、宜興宗廷威、雲間朱汝承、崑山張濟民、海虞周民則、歙縣洪克毅、其一公也

七年甲寅、四十五歲、考滿、進階奉直大夫右春坊右諭德、封公父如其官、母葉氏加贈宜人、妻吳氏、繼室張氏皆追贈宜人、作宜晚軒、每于休暇與匏菴、南峯諸公宴集賦詩、酬和贈楊君謙詩云、夙夜抱悁獨、行與世多忤、悠悠深巷中、盡日斷來屨、楊子獨何為、逝言遠相顧、移家濁溝上、無乃以我故、楊公好

聖駕□月、恩賜蟒衣三襲、婦女一口、蔭次子延素入國子監、（并有詩紀其盛）是時劉瑾盜權、大張虐燄、韓公已逐、意猶未慊、譴邏者詗之、韓在途、騎一驢以去、得免、郎中張煒、副使姚祥、尚書崔璿、皆以途中乘轎、被逮枷械東西長安門、張家灣有自灣而來者、曰煒將死矣、公怆迫言于瑾曰、士大夫可殺不可辱、今既辱之、又殺之、吾又何顏立于此、由是三人皆得釋、瑾怒韓不已、必欲置之死、無敢言者、公言韓清德粹行、海內所知、今無故加罪、恐天下不服、不聽、時中外洶洶、謂韓必不可保、會有投匿名文帖於大廷者、斥瑾罪惡、瑾意稍戢、韓得不死、亦以公前言故也、先是應詔舉經明行修者六七輩、內有餘姚人、瑾欲因事逮謝公、并及劉公、公與西涯李公力救、獲免、瑾又惡華容劉公、逮至京、以其變置土官岑氏、焦亦惡劉、將坐以激變地方、公曰、使岑氏由此反叛、謂之激變可也、今地方如故、何名激變、劉竟得減死、或言石淙楊公在陝西築邊牆、勞民傷財、瑾信之、公曰、楊文學政事、今不易得、其在陝、士風一變、人才輩出、皆其功也、築邊墻者、為國計、非有私也、柰何罪之、又軍匠逃匿者、罪及左右鄰、枷械至死者相望、戶部主事劉繹亦枷部前、時中外大權一歸于瑾、動以詔旨從事、大臣往往有下獄者、公救之不能得、憾然憂形于面、瑾望見之、曰、王先生身居高位、常若有所傷、何也、公因草時事疏數千言、欲上之、顧時同列者皆迎合附和、且有與為表裏者、公獨立其間、度必不能挽回、由是中止、焦、黃中者、芳子也、舉戊辰進士、芳欲置之一甲、公不肯、遂大恨、所以中傷者無不至、乃言于瑾曰、南人不可為相、為圖以進、滋不悅南人、而公亦不能安其位矣、初公開誠與言、瑾時亦見聽、至是瑾以威權日盛、橫厲兇虐、縉紳罹其酷害者、不可勝紀、內外諸司、悉以貨賄祈免于死、內閣西涯噤不發一言、焦又惟務婾婀、公有言不能入矣、乃上疏乞骸骨、詔旨勉留、遣太醫吳某、內侍某相繼來視疾、賜白粲黃封羊豕嘉蔬等物、疏再上、復降溫詔慰勉、復遣中官問候、賜衣一套、公去志已決、勢不容止、或謂公曰、瑾權在人主右、士大夫無敢拂其意者、公獨奮然不顧、屢違詔旨、禍將不測、且大臣以厚賂求固位、公何無少繫戀耶、縱不愛爵祿、獨不虞禍患乎、公曰、瑾權勢雖盛、能立降禍福、然吾自省無咎、亦何所畏、且彼但知中外臣工皆求固位、今

患吳中賦稅征徭之弊苦、與巡撫李司空書極論之、李亦虛心咨訪、書札往來反覆、卒如公議、舉行之、萬民稱便、李公先被詔治吳中水利、至是功成、請公文碑之河上、又上章薦公于朝、公復書云、久伏林下、衰病疲隤、功名之念灰冷云云、不敢謝、亦不敢忘也、與王都憲某書、亦云甘老于林下矣、（王亦薦公故云）

二年癸未、七十四歲、是年荒歉、米價騰湧、上復遣有司以時詣家存問、太守胡纘宗奉詔存問于東山、過太湖、有詩奉公、公和之、往復再三、吳下詩名家咸和成帙、相傳以為盛事、是年春、送女至京口靳氏、值上元宴少師邃菴楊公第、有觀燈詩

三年甲申、七十五歲、公在林下十五年、譽望日益隆重、兩京科道及江南北撫按使臣、交章薦舉不輟、士林咸望其復起、上意亦眷注、名用有期矣、乃正月上旬、自山入城、忽遘疾、至三月十一日、卒于里第、訃聞、上輟朝一日、賜麻布五十匹、賻米五十担、諭祭九壇、詔工部遣官營葬、加贈太傅、謚文恪

四年乙酉、正月一日庚申、葬洞庭東山梁家瀨之原、恩賜營葬者也

秉之公

墓誌銘　文恪公鏊

於乎、吾弟今竟安之、儀容謦欬、彷彿猶在、而遂不可見、後予而來、先予而往、能不深邵子之悲、敦今世之好、結來生之因、能無蘇子之望乎、於乎已矣、吾尚忍言之、而平生所存、非予又孰能言之、故抆淚而書之、吾弟諱銓、字秉之、贈光祿大夫柱國少傅兼太子太傅戶部尚書武英殿大學士諱彥祥、曾祖也、初贈資善大夫戶部尚書文淵閣大學士、繼贈光祿大夫柱國少傅兼太子太傅戶部尚書武英殿大學士諱逵、祖也、前知光化縣、累贈光祿大夫諱朝用、考也、吾弟少多病、資亦不甚敏、而志甚篤、從先少傅於光化、猶未甚知學、乙未春、予入翰林、自光化馳省予於京師邸、自以學後時、發憤淬勵、日夜不輟、予起朝、猶於窗間聞咿哦聲、予每戒勿使過苦、而不能從也、及歸矣、居先太夫人喪、哀毀之餘、學亦不廢、兄弟自相師友、予時年壯、亦銳于學、予每覺有進、弟輒已追及之、若與予爭先焉者、時人因有二蘇之目、及予還朝、予弟入郡膠、學為一時冠、部使者皆推重、至科場輒不利、最後以年例貢入京、值逆瑾盜政、歎曰、此豈求仕時

太傅文恪公年谱

（清）朱守葆编，稿本。1册1卷。

朱国祚（1559-1624），字兆隆，号养淳，浙江秀水（今属嘉兴）人。明万历十一年（1583）进士。历任礼部右侍郎、礼部尚书、户部尚书等。

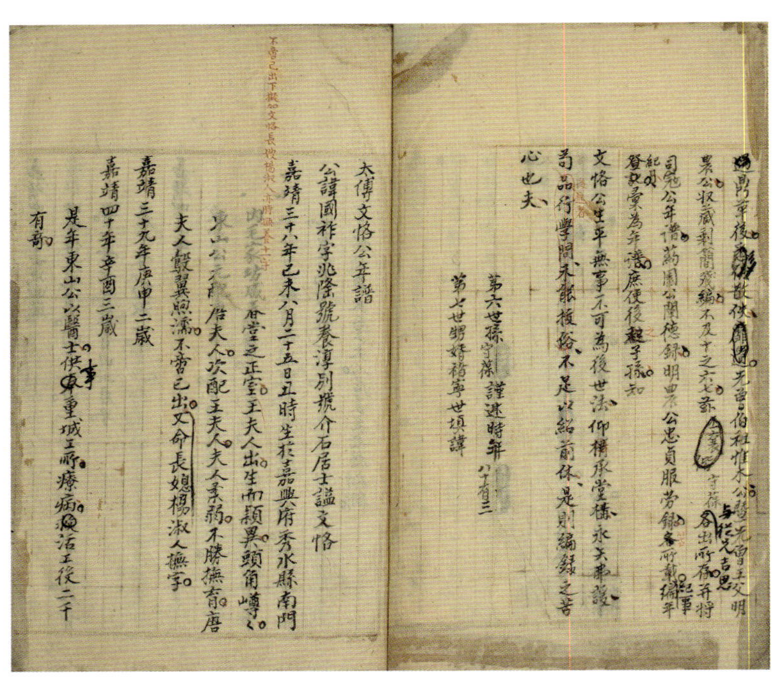

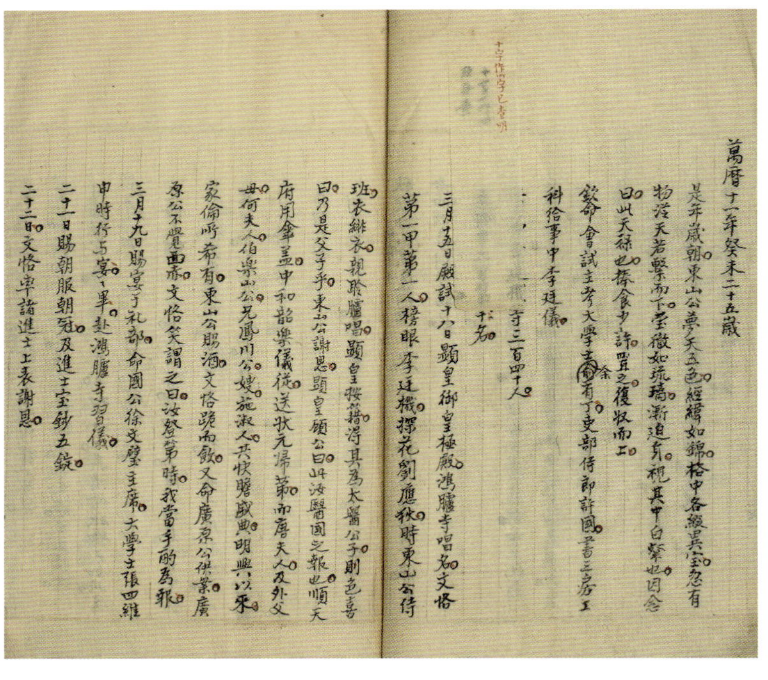

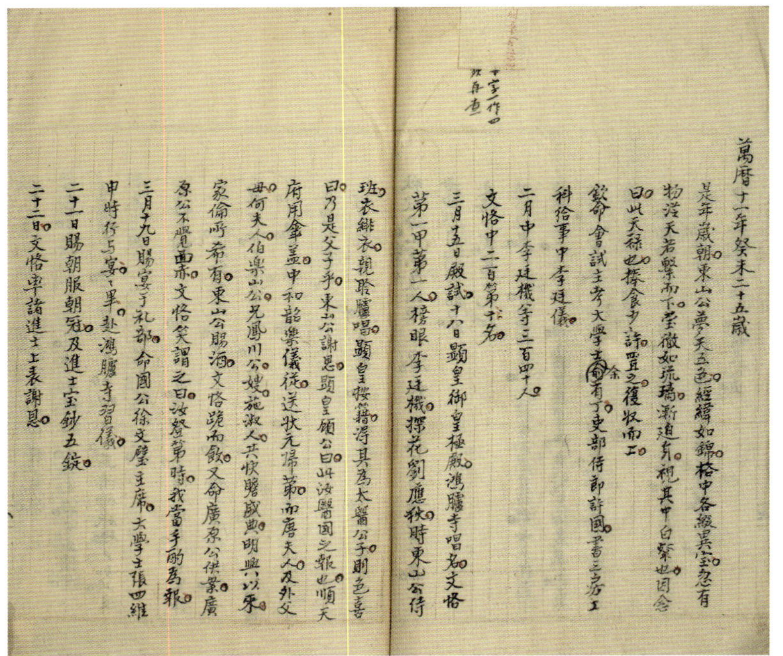

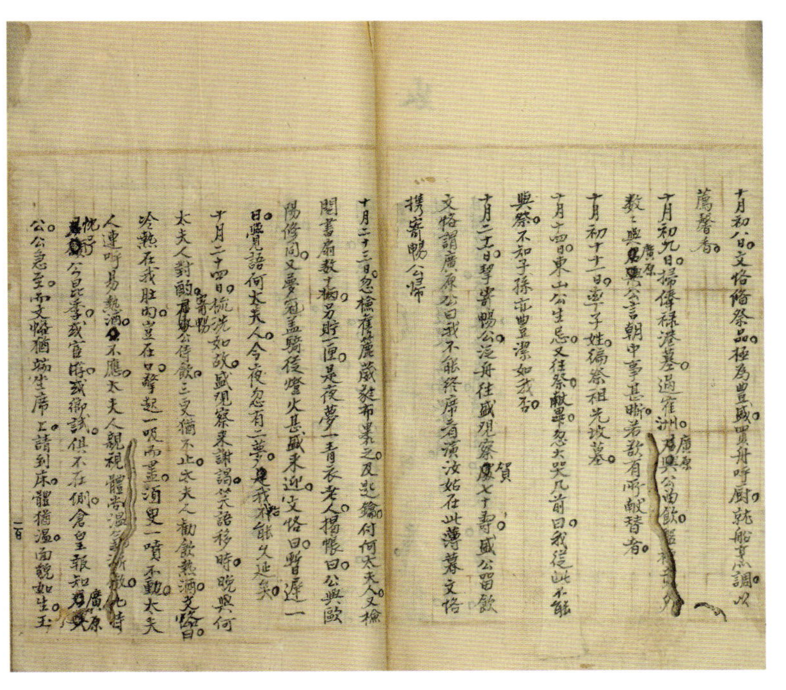

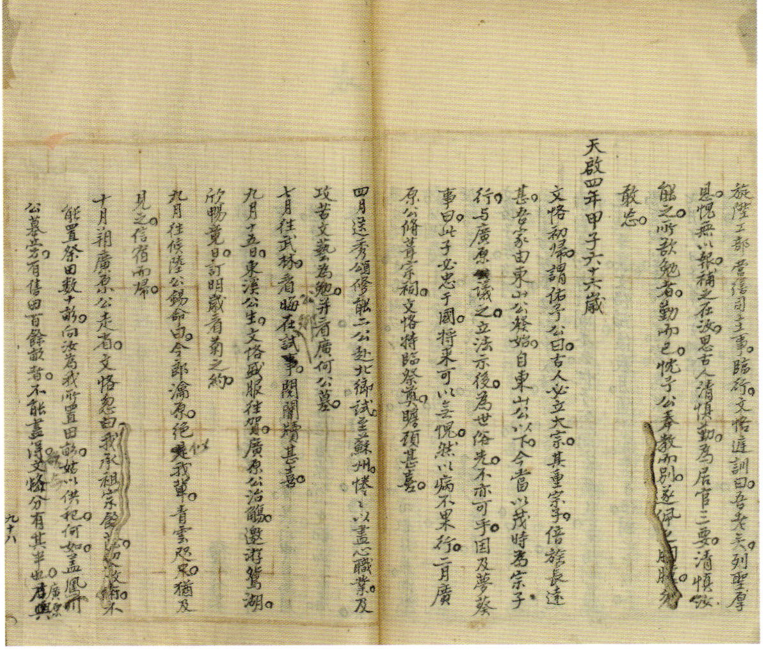

光禄公年谱

（明）蒋永睿编，民国九年木活字本。1册1卷。是谱收入《［江苏宜兴］西余蒋氏宗谱》卷十。

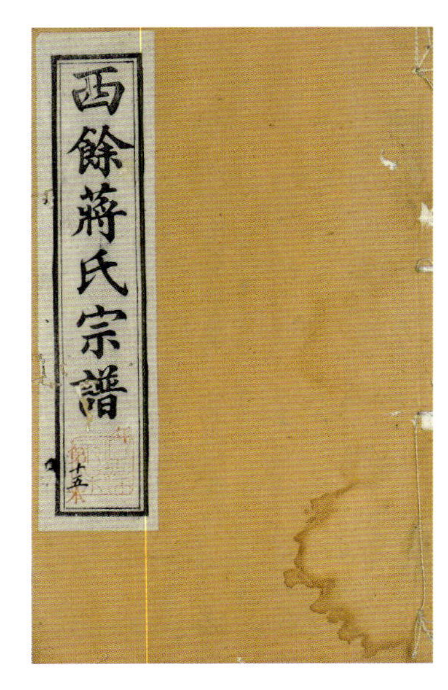

蒋如奇（1577–1642），字钟颖，号盘初，又号一先，江苏宜兴人。明万历四十四年（1616）进士。历任户部云南司主事、广信府知府、湖广按察副使、山东布政司参政、江西布政司参议、浙江副使等。

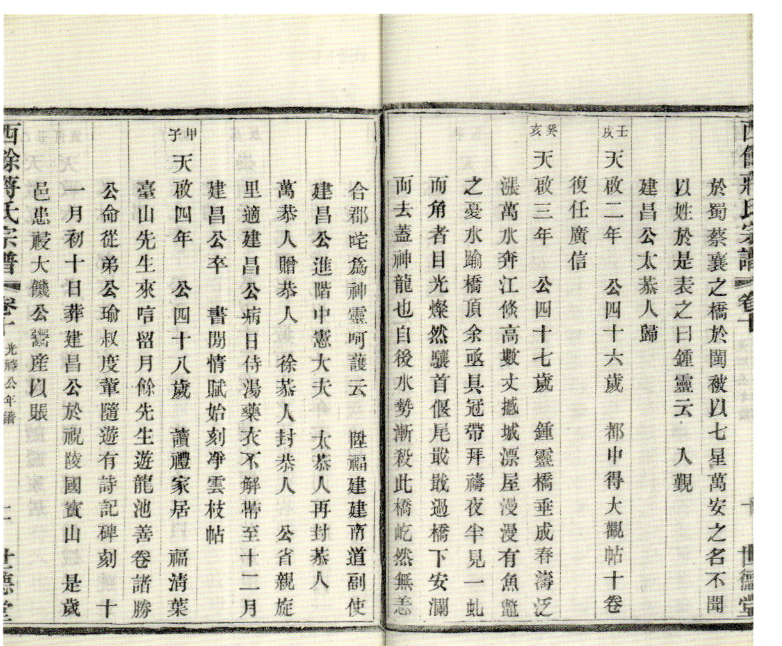

於蜀蔡襄之橋於閩祓以七星萬安之名不聞
以姓於是表之曰鍾靈云　入覲
建昌公太恭人歸
壬戌 天啟二年　公四十六歲　都中得大觀帖十卷
復任廣信
癸亥 天啟三年　公四十七歲　鍾靈橋垂成春濤泛
漲萬水奔江倏高數丈撼城漂屋漫漫有魚鱉
之憂水踰橋頂余亟具冠帶拜禱夜半見一虬
而角者目光燦然驤首偃尾戢戢過橋下安瀾
而去蓋神龍也自後水勢漸殺此橋屹然無恙
合郡咤爲神靈呵護云　陞福建建南道副使
建昌公進階中憲大夫　太恭人再封恭人
萬恭人贈恭人　徐恭人封恭人　公省覲旋
里適建昌公病日侍湯藥衣不解帶至十二月
建昌公卒　書閉情賦始刻凈雲枝帖
甲子 天啟四年　公四十八歲　讀禮家居　福清葉
臺山先生來唁留月餘先生遊龍池善卷諸勝
公命從弟公瑜叔度輩隨遊有詩記碑刻　十
一月初十日葬建昌公於祝陵國賓山　是歲
邑患祲大饑公鬻產以賑

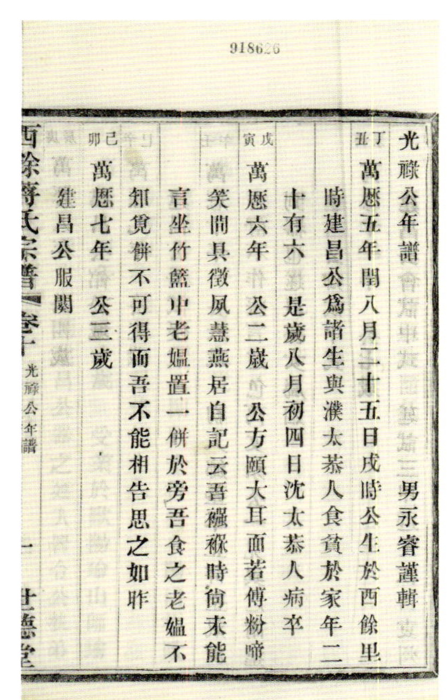

918626

光祿公年譜　三男永睿謹輯
丁丑 萬歷五年閏八月二十五日戌時公生於西餘里
時建昌公爲諸生與濮太恭人食貧於家年二
十有六　是歲八月初四日沈太恭人病卒
戊寅 萬歷六年　公二歲　公方頤大耳面若傅粉啼
笑間具徵夙慧燕居自記云吾襁褓時尚未能
言坐竹籃中老媪置一餅於旁吾食之老媪不
知覓餅不可得而吾不能相告思之如昨
己卯 萬歷七年　公三歲
建昌公服闋

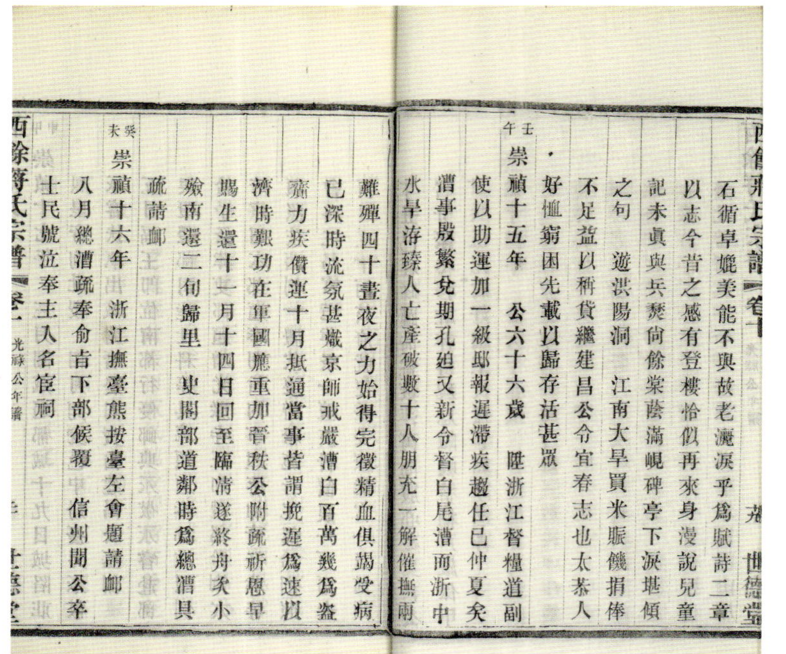

石循卓娥美能不與故老灑淚乎爲賦詩二章
以志今昔之感有登樓恰似再來身漫說兒童
記未真與兵燹向餘棠蔭滿峴碑亭下淚堪傾
之句　遊洪陽洞　江南大旱買米賑饑捐俸
不足益以稱貸繼建昌公令宜春志也太恭人
好恤窮困先載以歸存活甚眾
壬午 崇禎十五年　公六十六歲　陞浙江督糧道副
使以助運加一級耶報遲滯疾趨任已仲夏矣
漕事殷繁兌期孔廹又新令督白尾漕而浙中
水旱洊臻人亡產破數十人朋充一解催撫兩
難殫四十晝夜之力始得完徵精血俱竭受病
已深時流氛甚熾京師戒嚴漕白百萬幾爲盜
齎力疾儹運十月抵通當事皆謂挽運爲速以
濟時艱功在軍國應重加晉秩公附疏祈恩早
賜生還十一月十四日回至臨清遂終舟次小
殮南還二旬歸里　史閣部道鄰時爲總漕具
疏請卹
癸未 崇禎十六年　浙江撫臺熊按臺左會題請卹
八月總漕疏奉俞旨下部候覆　信州聞公卒
士民號泣奉主入名宦祠

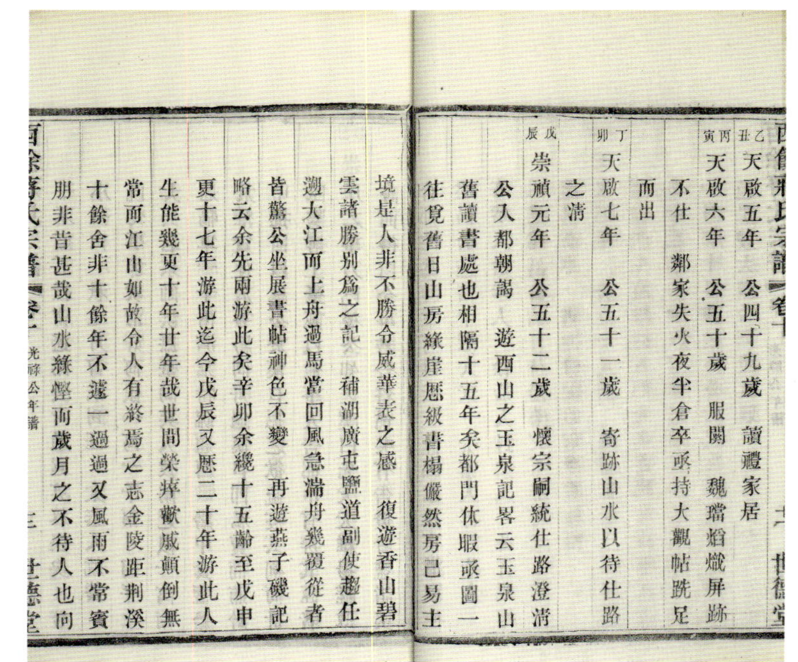

乙丑 天啟五年　公四十九歲　讀禮家居
丙寅 天啟六年　公五十歲　服闋　魏璫熖熾屏跡
不仕　鄰家失火夜半倉卒亟持大觀帖跣足
而出
丁卯 天啟七年　公五十一歲　寄跡山水以待仕路
之清
戊辰 崇禎元年　公五十二歲　懷宗嗣統仕路澄清
公入都朝謁　遊西山之玉泉記畧云玉泉山
舊讀書處也相隔十五年矣都門休暇亟圖一
往覓舊日山房緣崖歷級青榻儼然房已易主
境是人非不勝令威華表之感　復遊香山碧
雲諸勝別爲之記　補湖廣屯鹽道副使趨任
遡大江而上舟過馬當回風急湍舟幾覆從者
皆驚公坐展書帖神色不變　再遊燕子磯記
畧云余先兩游此矣辛卯余纔十五齡至戊申
更十七年游此迄今戊辰又歷二十年游此人
生能幾更十年廿年哉世間榮瘁歡戚顛倒無
常而江山如故令人有終焉之志金陵距荊溪
十餘舍非十餘年不遽一過過又風雨不常賓
朋非昔甚哉山水緣慳而歲月之不待人也向

何公忠烈传编年纪略

（清）莫友芝编，稿本。1 册 1 卷。

何腾蛟（1592–1649），字云从，贵州黎平人。明天启元年（1621）举于乡。历任山西榆次教谕官、河南南阳知县、京都大兴令、兵部侍郎、兵部尚书等。拒降清，自缢死。追赠中湘王，谥文烈。

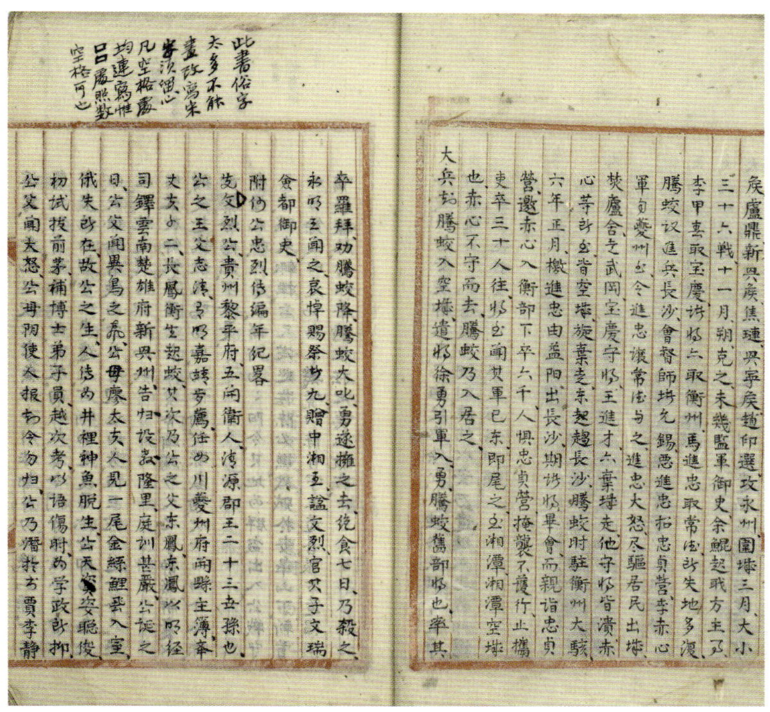

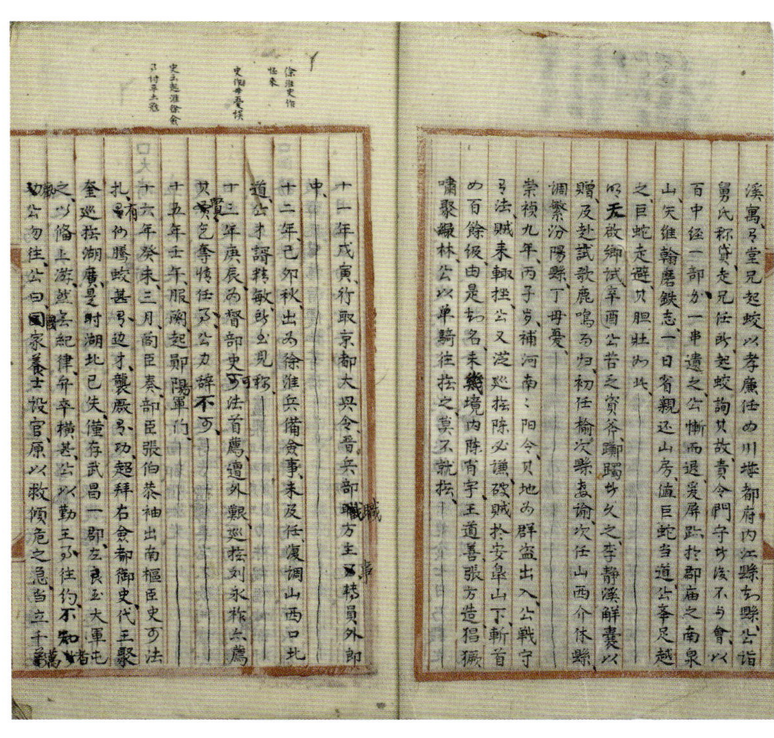

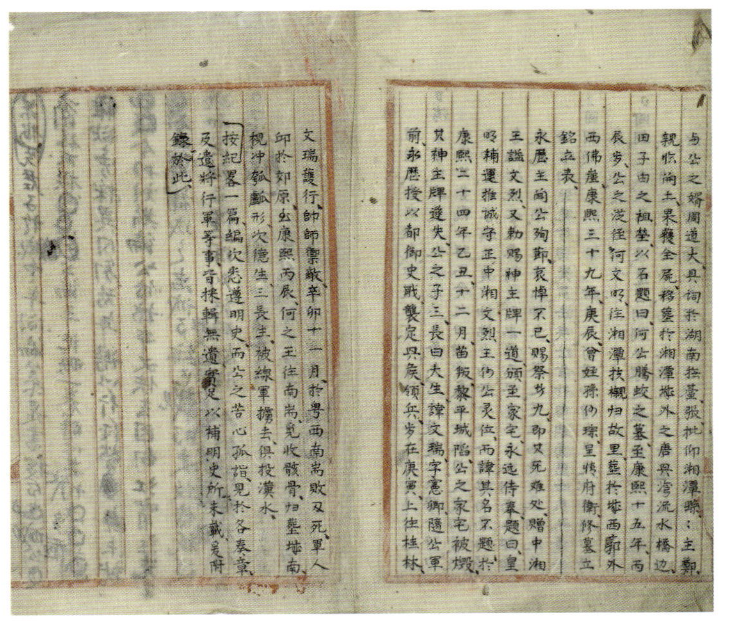

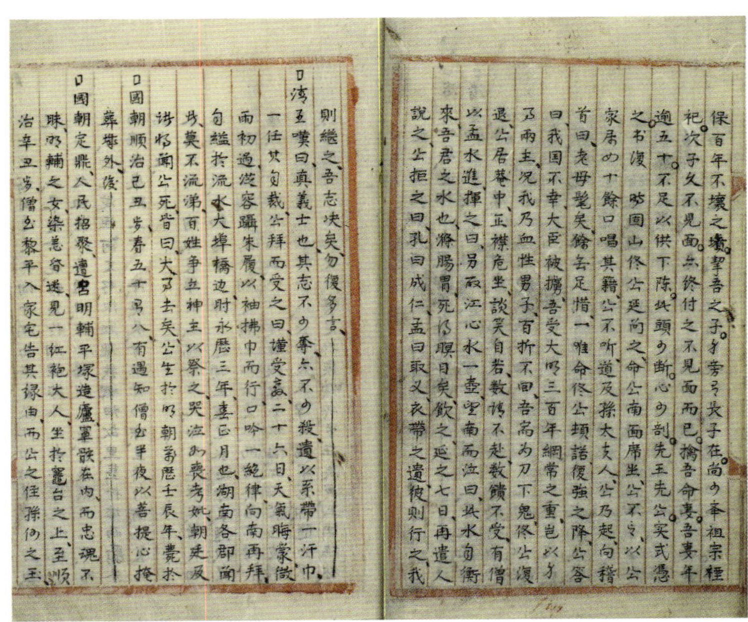

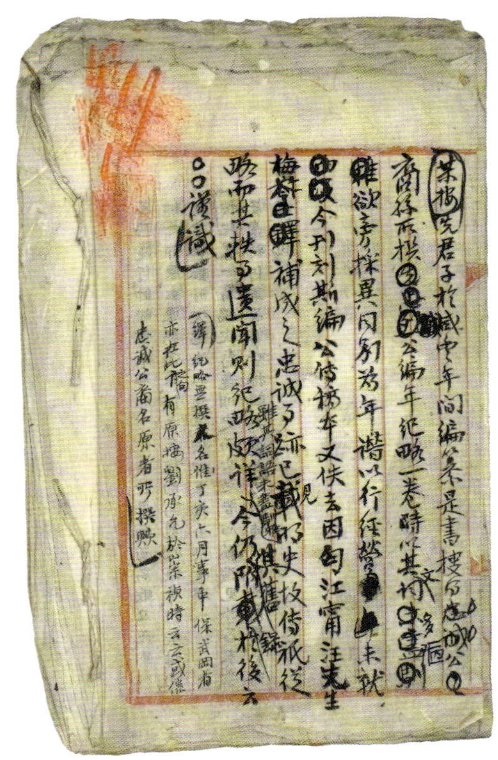

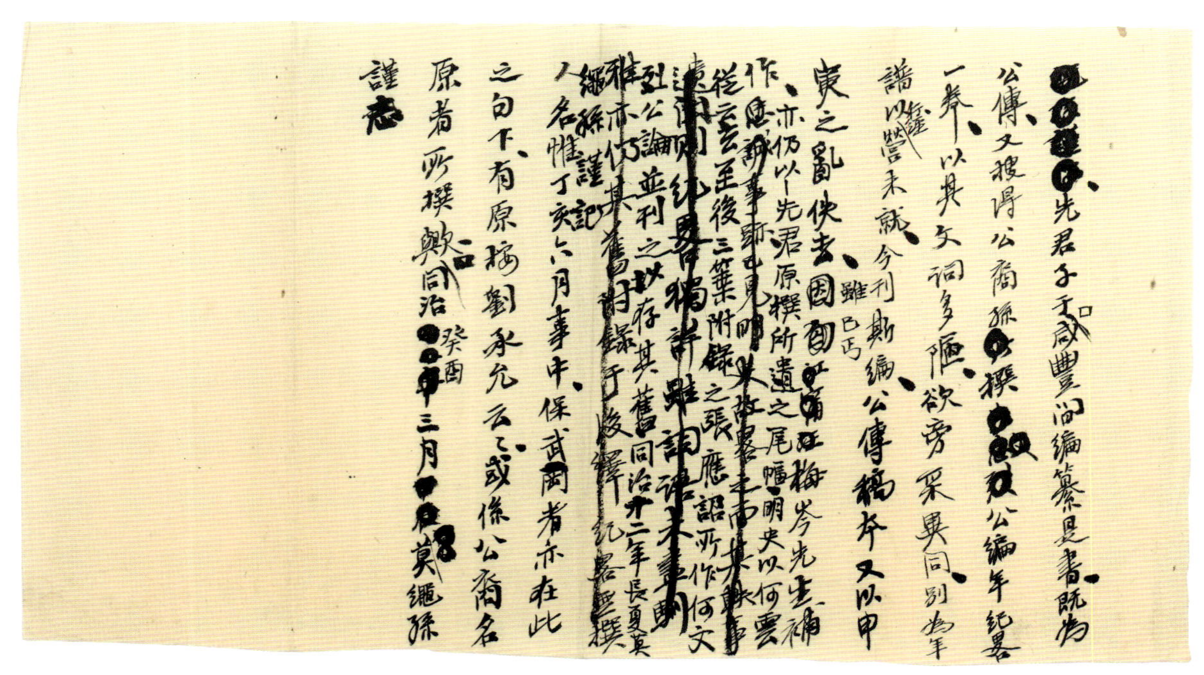

大学士林公年谱略

（明）林增志编，抄本。1册1卷。是谱纪事至清康熙五十五年（1716）。

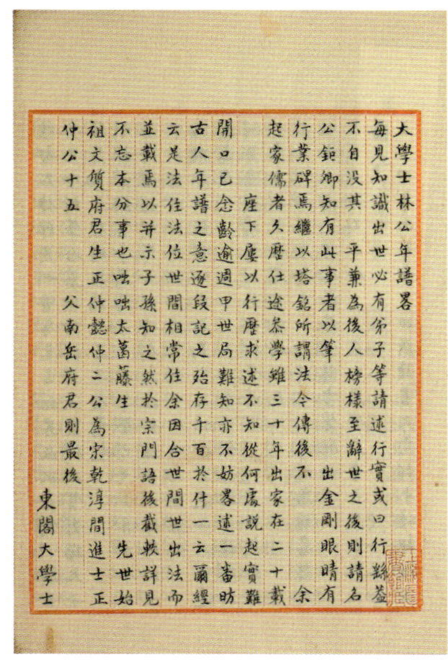

林增志（1594–1667），字任先，一字可任，号念庵，又号此山道人，浙江里安人。明崇祯元年（1628）进士。历任翰林院编修、湖北蒲圻县令、少詹事等。后入山为僧，号法幢，别号二雪。终于永嘉密印寺。

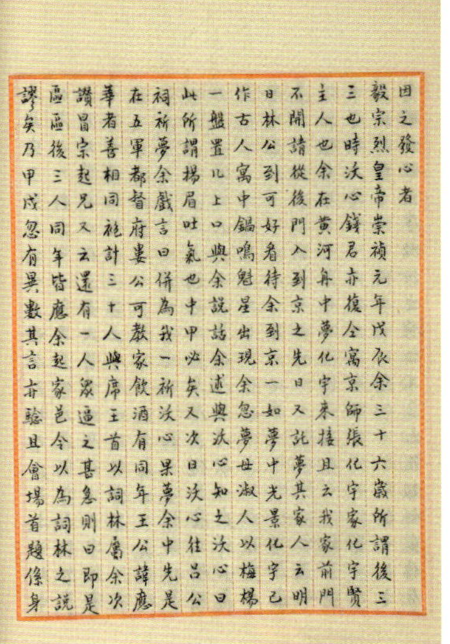
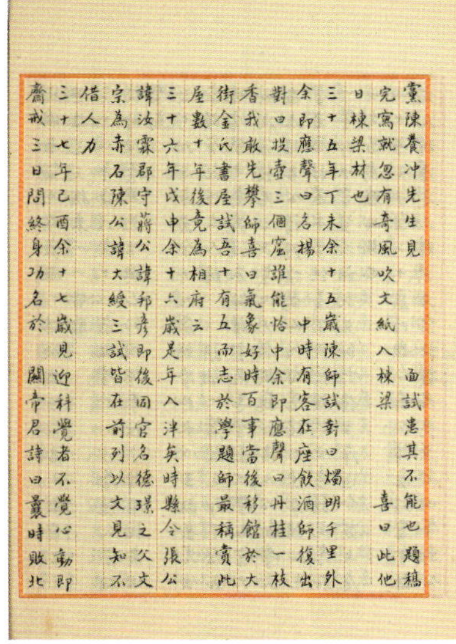
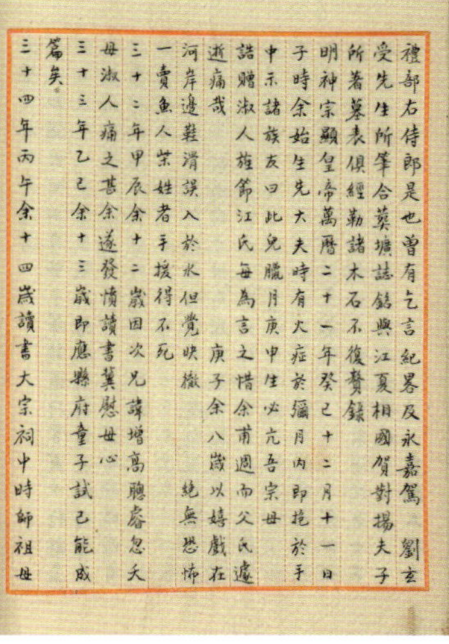
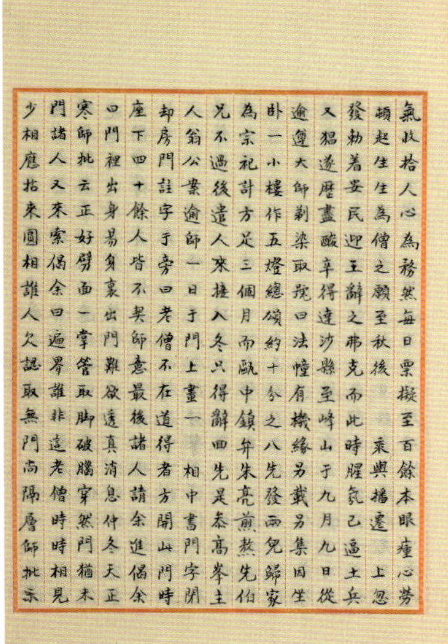
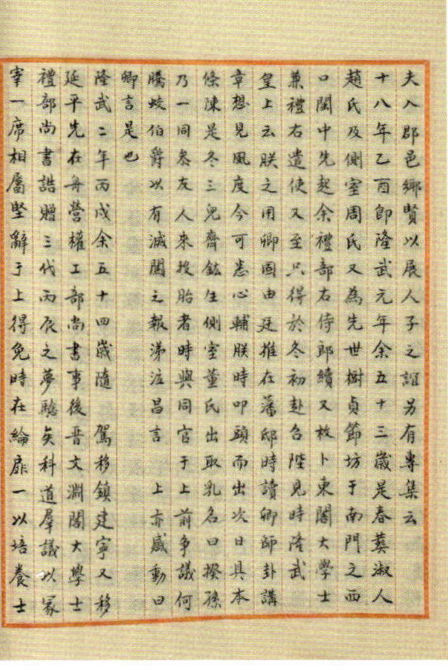
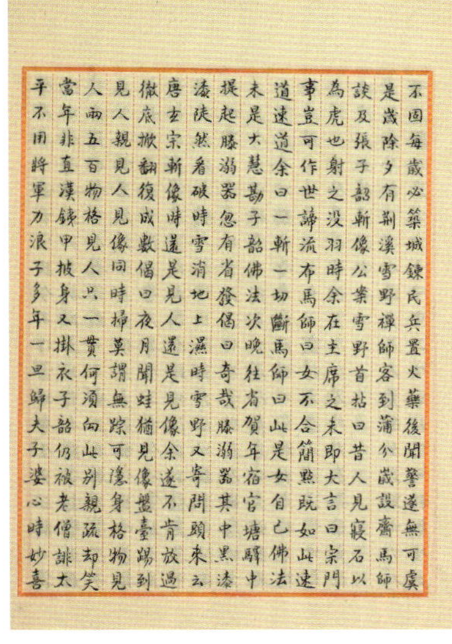

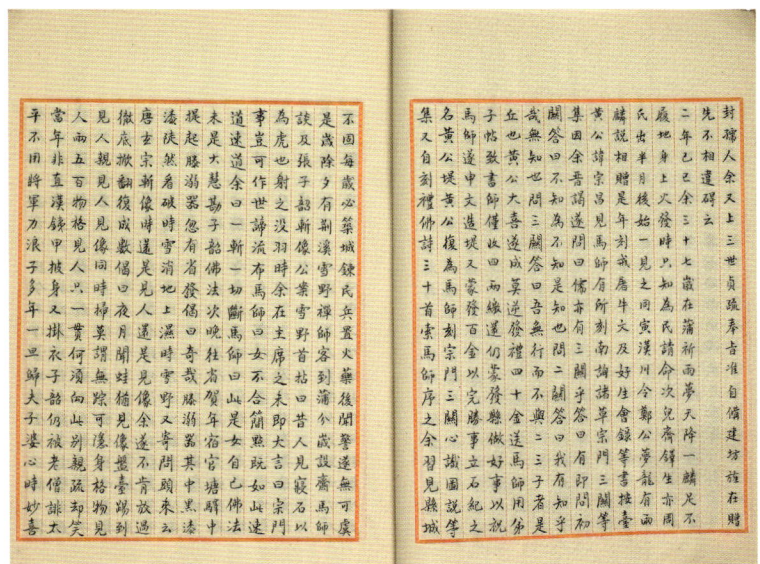

黄檗开山普照国师林隆琦年谱

性派编，日本宝永六年京都书林其中堂刻本。1 册 2 卷。

隐元（1592–1673），俗名林隆琦，字曾昺，号子房，福建福清人。明泰昌元年（1620）至福清黄檗山万福寺出家。明崇祯十年（1637）住持万福寺。清顺治十一年（1654）应邀赴日本长崎。日本宽文元年（1661）任宇治万福寺住持，始创日本黄檗宗。著有《光照国师广录》等。

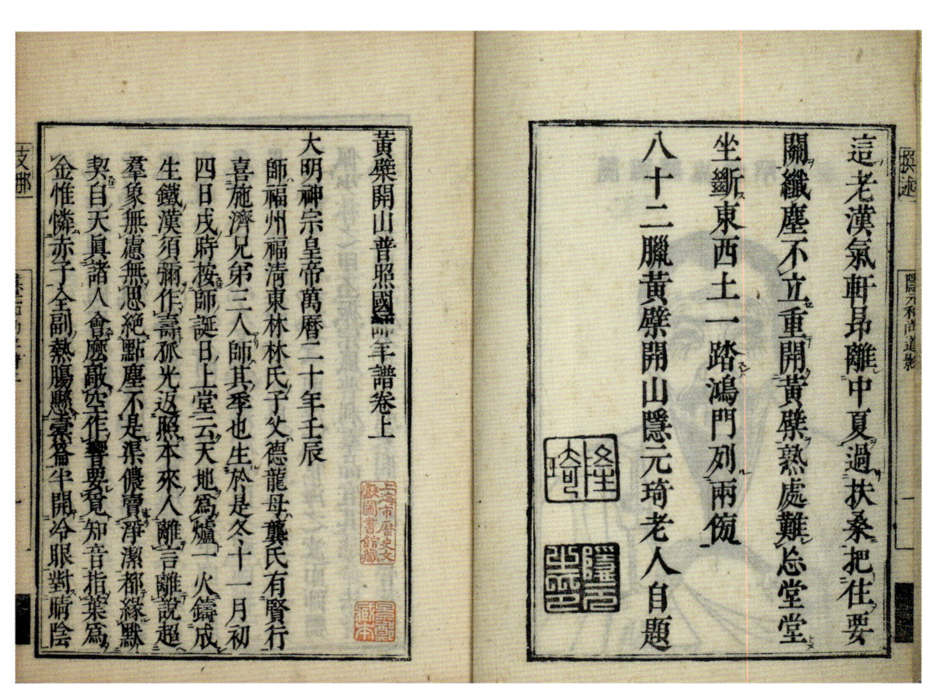

這老漢氣軒昂離中夏過扶桑把住要
關纖塵不立重開黄檗熟處難忘堂堂
坐斷東西土一踏鴻門列兩僋
八十二臘黄檗開山隱元琦老人自題

黄檗開山普照國師年譜卷上
大明神宗皇帝萬曆二十年壬辰
師福州福清東林林氏子父德龍母龔氏有賢行
喜施濟兄弟三人師其季也生於是冬十一月初
四日戌時按師誕日上堂云天地爲爐一火鑄成
生鐵漢須彌作壽孤光返照本來人離言離說超
羣象無慮無思絕點塵不是渠儂實淨潔都緣默
契自天眞諸人會麼敲空作響要覓知音指葉爲
金惟憐赤子全副熱腸懸[illegible]半開冷眼對晴陰

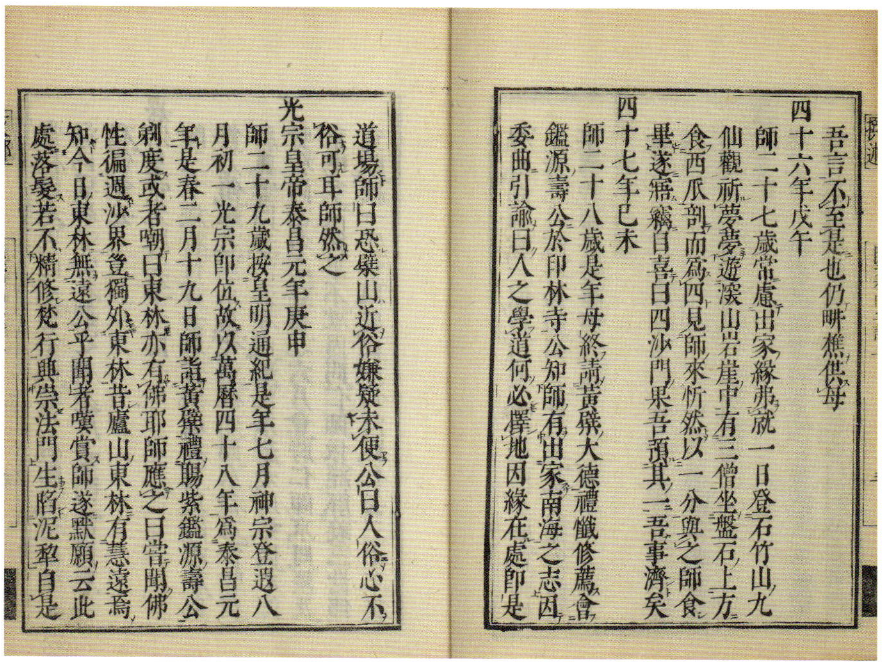

吾言不妄至是也仍晰樵供母
四十六年戊午
師二十七歲常慮出家緣未就一日登石竹山九
仙觀祈夢夢遊深山岩崖中有三僧坐盤石上方
食西瓜剖而爲四見師來忻然以一分與之師食
畢遂寤竊自喜曰四沙門果吾預其一吾事濟矣
四十七年己未
師二十八歲是年母終請黄檗大德禮懺修薦會
鑑源壽公於印林寺公知師有出家南海之志因
委曲引諭曰人之學道何必擇地因緣在處即是

道場師曰恐檗山近俗嫌疑未便公曰人俗心不
俗可耳師然之
光宗皇帝泰昌元年庚申
師二十九歲按皇明通紀是年七月神宗登遐八
月初一光宗即位故以萬曆四十八年爲泰昌元
年是春二月十九日師詣黄檗禮賜紫鑑源壽公
剃度或者嘲曰東林亦有佛耶師應之曰嘗聞佛
性徧週沙界豈獨外東林昔廬山東林有慧遠爲
知今日東林無遠公乎聞者嘆賞師遂默願云此
處落髮若不精修梵行興宗法門生陷泥犁自是

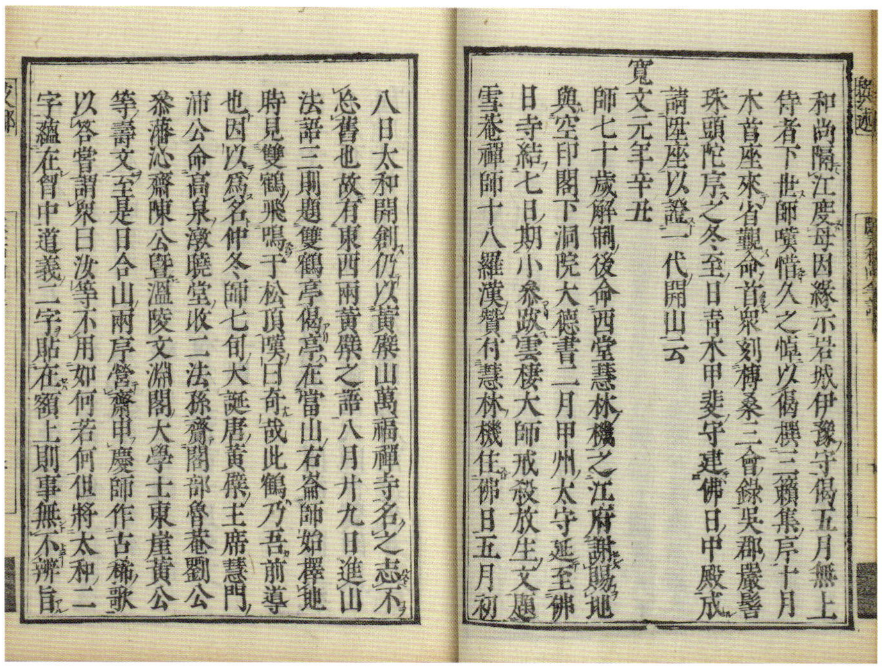

和尚隔江度母因緣示岩城伊豫守偈五月無上
侍者下世師嘆惜久之悼以偈撰三籟集序十月
木首座來省覲命首衆刻榑桑三會錄吳郡巖磬
珠頭陀序之冬至日青木甲斐守建佛日中殿成
請陞座以證一代開山云
寛文元年辛丑
師七十歲解制後命西堂慧林機之江府謝賜地
與空印閣下洞院大德書一月甲州太守延至佛
日寺結七日期小參跋雲棲大師戒殺放生文題
雪菴禪師十八羅漢贊付慧林機住佛日五月初

八日太和開創仍以黄檗山萬福禪寺名之志不
忘舊也故有東西兩黄檗之語八月廿九日進山
法語三則題雙鶴亭偈亭在當山右崙師始擇地
時見雙鶴飛鳴于松頂嘆曰奇哉此鶴乃吾前導
也因以爲名仲冬師七旬大誕唐黄檗主席慧門
沛公命高泉潡曉堂收二法孫齎閣部曾菴劉公
叅藩沁齋陳公暨溫陵文淵閣大學士東崖黄公
等壽文至是日合山兩序營齋申慶師作古稀歌
以答嘗謂衆曰汝等不用如何若何但將太和二
字蘊在胷中道義二字貼在額上則事無不辦旨

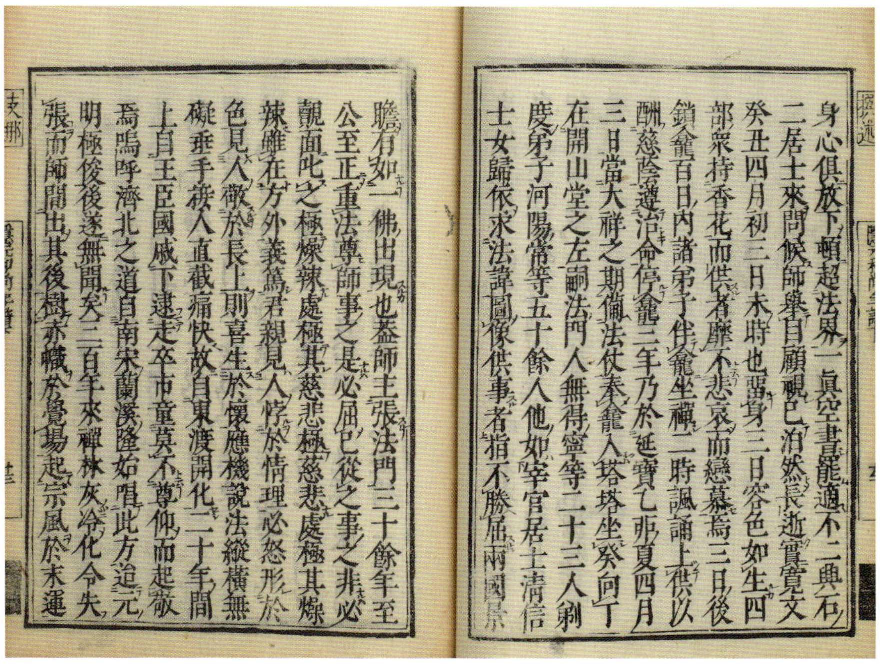

身心俱放下頓超法界一眞空書罷適不二典石
二居士來問候師擧目顧視已泊然長逝實寛文
癸丑四月初三日未時也留身三日容色如生四
部衆持香花而供者靡不悲哀而戀慕焉三日後
鎖龕百日內諸弟子供龕坐禪二時諷誦上供以
酬慈蔭遵治命停龕三年乃於延寶乙卯夏四月
三日當大祥之期備法仗奉龕入塔塔坐癸向丁
在開山堂之左嗣法門人無得寧等二十三人剃
度弟子河陽常等五十餘人他如宰官居士淸信
士女歸依求法諱圖像供事者指不勝屈兩國景

瞻有如一佛出現也蓋師主張法門三十餘年至
公至正重法尊師事之是必屈己從之事之非必
靦面叱之極燥辣處極其慈悲極慈悲處極其燥
辣雖在方外義篤君親見人悖於情理必怒形於
色見人徹於長上則喜生於懷應機說法縱橫無
礙垂手接人直截痛快故自東渡開化二十年間
上自王臣國戚下逮走卒市童莫不尊仰而起敬
爲嗚呼濟北之道自南宋蘭溪隆始唱此方迨元
明極俊後遂無聞矣三百年來禪林灰冷化令失
張而師闡出其後樹赤幟於覺場起宗風於末運

双桂破山明禅师年谱

（清）印峦、印绶编，清康熙九年嘉禾楞严寺刻本。1 册 1 卷。

海明（1597–1666），名破山，俗姓蹇，名栋宇，四川大竹人。十九岁时依大竹佛恩寺，削发为僧，赐法名海明，法号旭东。后在湖北黄梅破头山悟道。明崇祯元年（1628）成为曹溪三十五代法嗣。随后在浙江东塔广福寺传法。崇祯五年西返巴蜀。著有《破山明禅师语录》等。

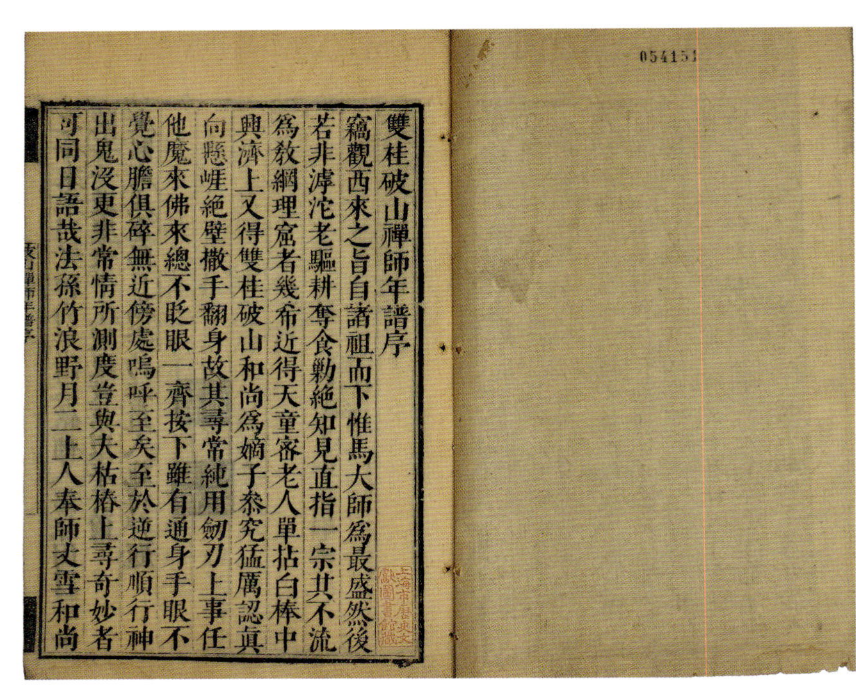

雙桂破山禪師年譜序

竊觀西來之旨自諸祖而下惟馬大師爲最盛然後若非滹沱老驅耕奪食勦絶知見直指一宗其不流爲教網理窟者幾希近得天童密老人單拈白棒中興濟上又得雙桂破山和尚爲嫡子叅究猛厲認眞向懸崖絶壁撒手翻身故其尋常純用劒刃上事任他魔來佛來總不眨眼一齊按下雖有通身手眼不覺心膽俱碎無近傍處嗚呼至矣至於逆行順行神出鬼沒更非常情所測度豈與大枯樁上尋奇妙者可同日語哉法孫竹浪野月二上人奉師丈雪和尚

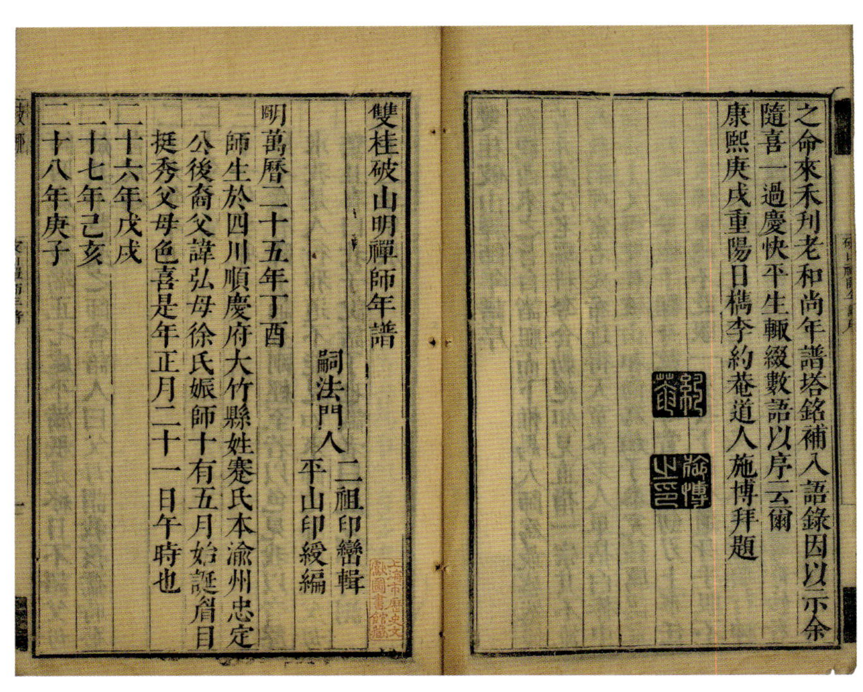

之命來禾刋老和尚年譜塔銘補入語錄因以示余隨喜一過慶快平生輙綴數語以序云爾

康熙庚戌重陽日檇李約菴道人施博拜題

雙桂破山明禪師年譜

嗣法門人 二祖印巒輯 平山印綬編

明萬曆二十五年丁酉

師生於四川順慶府大竹縣姓蹇氏本渝州忠定公後裔父諱弘母徐氏娠師十有五月始誕眉目挺秀父母色喜是年正月二十一日午時也

二十六年戊戌

二十七年己亥

二十八年庚子

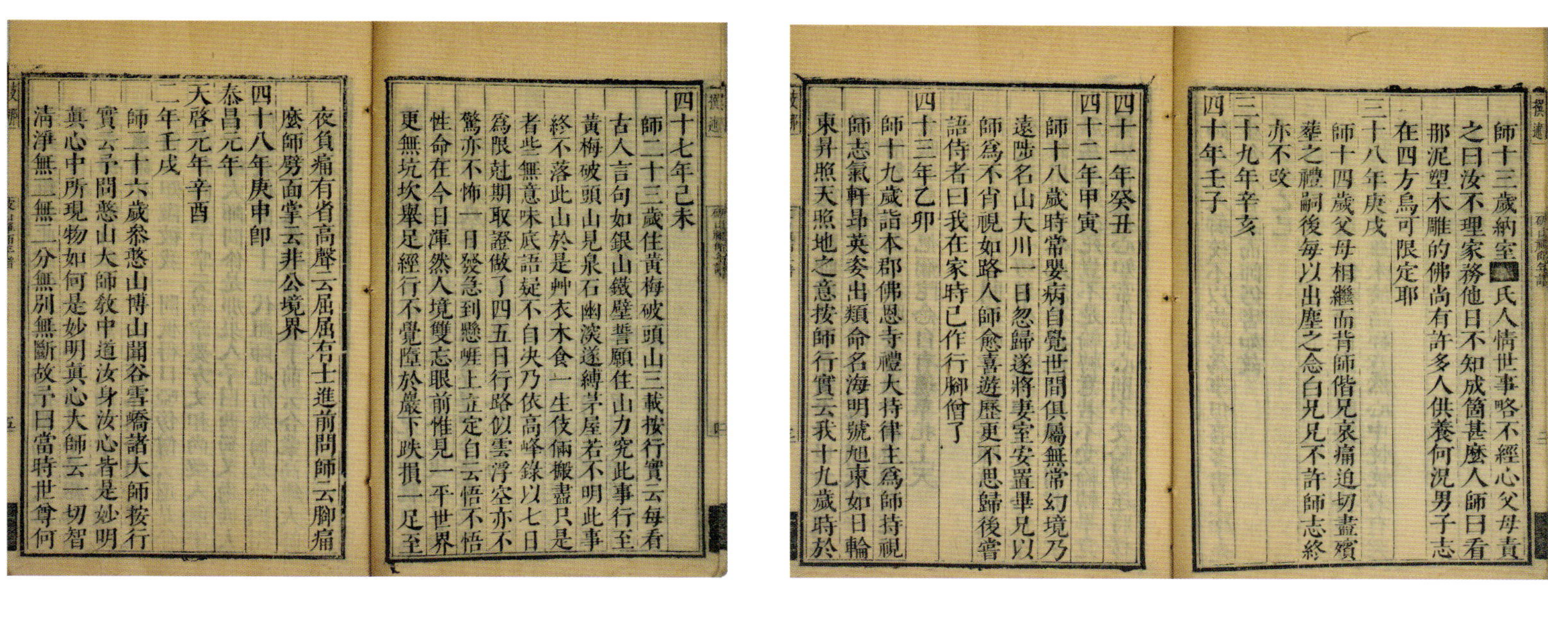

師十三歲納室[illegible]氏人情世事略不經心父母責之曰汝不理家務他日不知成箇甚麼人師曰看那泥塑木雕的佛尚有許多人供養何況男子志在四方烏可限定耶

三十八年庚戌

師十四歲父母相繼而背師偕兄哀痛迫切盡殯葬之禮嗣後每以出塵之念白兄兄不許師志終亦不改

三十九年辛亥

四十年壬子

四十一年癸丑

四十二年甲寅

師十八歲時常嬰病自覺世間俱屬無常幻境乃遠陟名山大川一日忽歸遂將妻室安置畢兄以師爲不肖視如路人師愈喜遊歷更不思歸後嘗語侍者曰我在家時已作行腳僧了

四十三年乙卯

師十九歲詣本郡佛恩寺禮大持律主爲師持視師志氣軒昂英姿出類命名海明號旭東如日輪東昇照天照地之意按師行實云我十九歲時於

四十七年己未

師二十三歲住黃梅破頭山三載按行實云每看古人言句如銀山鐵壁誓願住山力究此事行至黃梅破頭山見泉石幽淡遂縛茅屋若不明此事終不落此山於是艸衣木食一生伎倆搬盡只是者些無意味底語疑不自決乃依高峰錄以七日爲限尅期取證做了四五日行路似雲浮空亦不驚亦不怖一日發急到懸崖上立定自云悟不悟性命在今日渾然入境雙忘眼前惟見一平世界更無坑坎舉足經行不覺墮於巖下跌損一足至夜負痛有省高聲云屈屈右士進前問師云腳痛麼師劈面掌云非公境界

四十八年庚申即

泰昌元年

天啓元年辛酉

二年壬戌

師二十六歲叅憨山博山聞谷雪嶠諸大師按行實云予問憨山大師教中道汝身汝心皆是妙明眞心中所現物如何是妙明眞心大師云一切智清淨無二無二分無別無斷故予曰當時世尊何

不與阿難如此說破只教將心微細揣摩大師云要他自理會予曰理會即不無要且不是祖師西來意拂袖便行叅博山無異大師問學人從偏位中來請和尚向正位中接大師默然予出云老大一箇善知識被我一問秖得口啞傍僧云還是你不識和尚意予掌云者掌要方丈和尚喫入浙中叅雪嶠大師問你是那裏人予曰西蜀又過西大師云我徑山八十一代祖師也有幾箇是你四川人惟四川人最惡癩予叉手前云合掌高鑑大師遂留之

三年癸亥

師二十七歲叅湛然和尚是年圓具按行實云予在顯聖問紅臉是關公笑臉是彌勒木審二老出身處請師決一決師云你看我麻臉是甚麼予曰不審師曰你圖口快予曰蒼天蒼天後於座下頓圓大戒補維那職

四年甲子

師二十八歲叅金粟密雲悟和尚作染牛頌按行實云予在杭州西山病月餘聞天台密雲和尚赴金粟請予抱病過金粟師問那裏來予曰雲門師

整飭遍普告大衆曰今年不惜眉毛重打口鼓向後更不說禪亦不說戒爾等欲參禪受戒不可復也衆謂師年尊謝事之說而不知已無意於世矣

五年丙午

師七十歲正月十五日將眼耳鼻舌身意分成六偈付囑六人以終生平之事越廿一日師誕辰遠近士大夫當道宰官及入爐韛久近弟子左右環擁莫不懷香瞻戀共慶大旬自此謝絕人事閉居寢堂至三月初十日師示微恙落堂告衆云老僧年經七十四大漸頹報緣將盡衆等自言崙入請醫師云不可人生去來原屬平常何必貪壽但率衆修塔乃是眞孝老僧行徑雖異諸方然去亦不同故套從上有坐脫立亡者有拈拂豎指者有奇言妙句驚世駭俗者老僧若入涅槃秖是趁居如故候時至則瓜熟蒂落自然之道也至於叢林風規確守爲上亦如老僧住世無二勉之所有竹杖瓢笠道具之類分與舊契尚存衣鉢之餘可付丈雪醉修聆覺祖庭至十六日午時別衆衆皆潸然師卻就寢少頃復坐指囑顧衆而逝僧俗弔慰哀聲震地丈雪醉至欲昇棺至聆覺建塔衆皆力爭

一梦漫言

（清）见月编，清光绪五年华山律堂刻本。1 册 2 卷。是谱纪事至清顺治七年（1650）。

读体（1601–1679），号见月，俗姓许，名冲霄，云南楚雄人。早年为道士。后舍道入佛，名读体，号绍如，后改号见月。长期住持宝华山隆昌寺，专弘戒律。著有《毗尼止持会集》等。

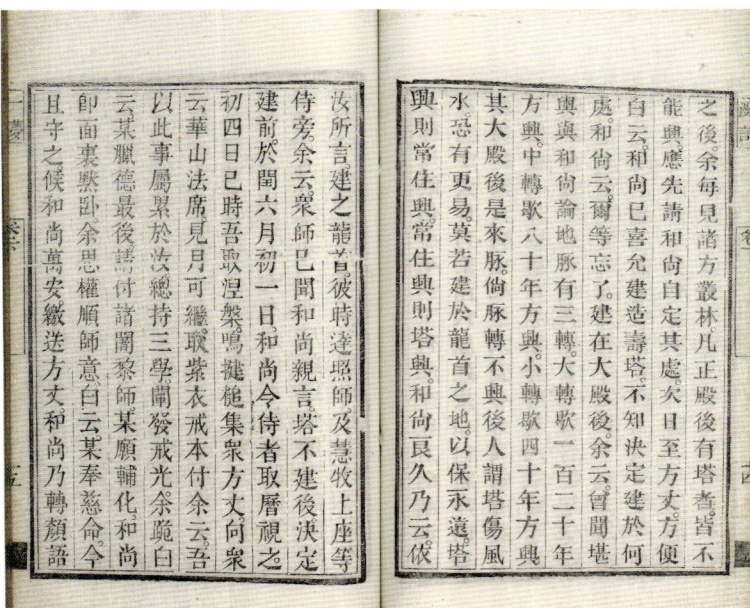

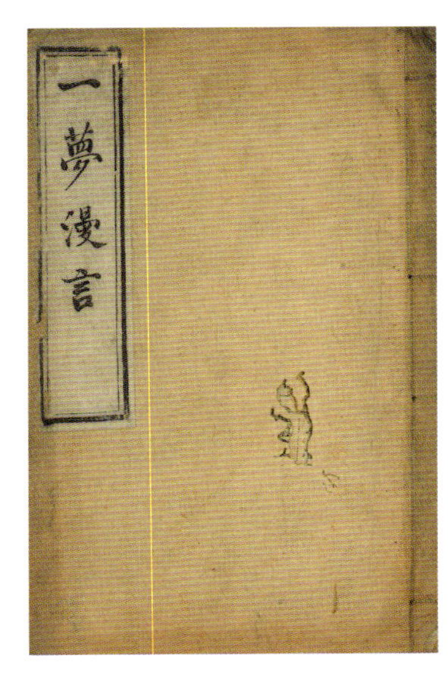

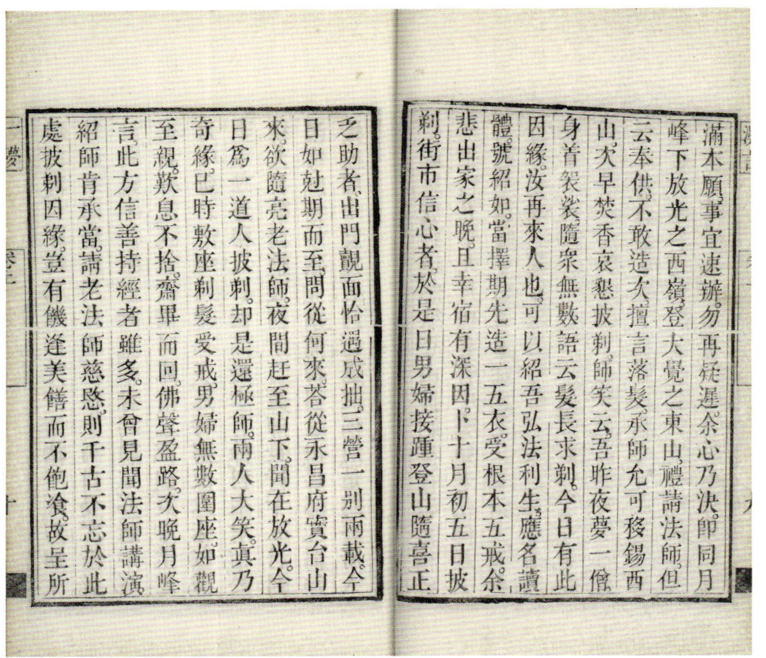

滿本願事宜速辦勿再疑遲余心乃決即同月
峰下放光之西嶺登大覺之東山禮請法師但
云奉供不敢造次擅言落髮承師允可移錫西
山次早焚香哀懇披剃師笑云吾昨夜夢一僧
身着袈裟隨衆無數語云髮長求剃今日有此
因緣汝再來人也可以紹吾弘法利生應名讀
體號紹如當擇期先造一五衣受根本五戒余
悲出家之晚且幸宿有深因卜十月初五日披
剃街市信心者於是日男婦接踵登山隨喜正

乏助者出門覿面恰遇成拙三營一別兩載今
日如赴期而至問從何來答從永昌府寶台山
來欲隨亮老法師夜間赶至山下聞在放光今
日爲一道人披剃却是還極師兩人大笑真乃
奇緣巳時敷座剃髮受戒男婦無數圍座如觀
至親歎息不捨齋畢而回佛聲盈路次晚月峰
言此方信善持經者雖多未曾見聞法師講演
紹師肯承當請老法師慈愍則千古不忘於此
處披剃因緣豈有儀逢美饍而不飽飡故呈所

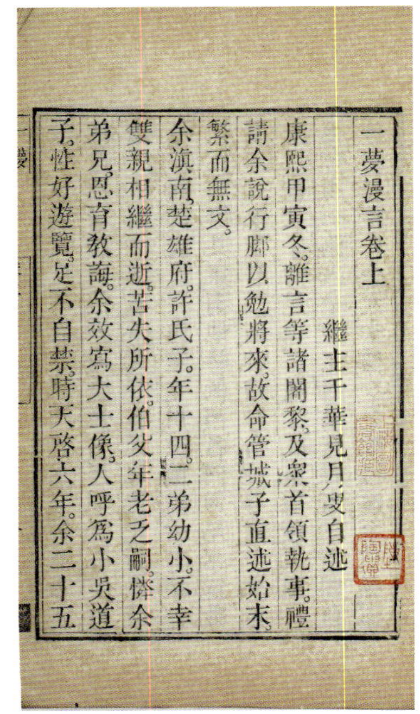

一夢漫言卷上

繼主千華見月叟自述

康熙甲寅冬離言等諸闍黎及衆首領執事禮
請余說行脚以勉將來故命管掝子直述始末
繁而無文

余滇南楚雄府許氏子年十四二弟幼小不幸
雙親相繼而逝苦失所依伯父年老乏嗣憐余
弟兄恩育教誨余效寫大士像人呼爲小吳道
子性好遊覽足不自禁時天啓六年余二十五

之後余每見諸方叢林凡正殿後有塔者皆不
能興應先請和尚自定其處次日至方丈方便
白云和尚已喜允建造壽塔不知决定建於何
處和尚云爾等忘了建在大殿後余云曾聞堪
輿與和尚論地脉有三轉大轉歌一百二十年
方興中轉歌八十年方興小轉歌四十年方興
其大殿後是來脉倘脉轉不興後人謂塔傷風
水恐有更易莫若建於龍首之地以保永遠塔
興則常住興常住興則塔興和尚良久乃云依

汝所言建之龍首彼時達照師及慧牧上座等
侍旁余云衆師已聞和尚親言塔不建後決定
建前於閏六月初一日和尚令侍者取曆視之
初四日巳時吾取涅槃鳴揵椎集衆方丈向衆
云華山法席見月可繼取紫衣戒本付余云吾
以此事屬累於汝總持三學闡發戒光余跪白
云某賦德最後請付諸闍黎師某願輔化和尚
即面裹默卧余思權順師意白云某奉慈命今
且守之候和尚萬安繳送方丈和尚乃轉顏語

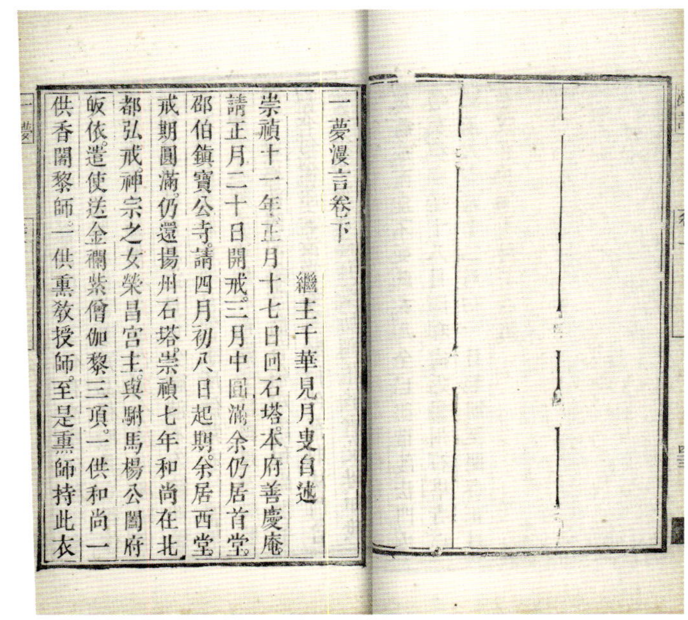

一夢漫言卷下

繼主千華見月叟自述

崇禎十一年正月十七日回石塔本府善慶庵
請正月二十日開戒三月中圓滿余仍居首堂
邵伯鎮寶公寺請四月初八日起期余居西堂
戒期圓滿仍還揚州石塔崇禎七年和尚在北
都弘戒神宗之女榮昌宮主與駙馬楊公闔府
皈依遣使送金襴紫僧伽黎三頂一供和尚一
供香闍黎師一供熏教授師至是熏師持此衣

蓼野年谱

（清）翁长庸编，清抄本。1 册 1 卷。是谱纪事至清康熙二十年（1680）。

翁长庸（1616–1683），字玉于（又作宇），号山愚、蓼野等，江苏常熟人。清顺治四年（1647）进士。历任户部山东司主事、山东滨乐分司运同、长芦转运使司运、河南布政使参政。

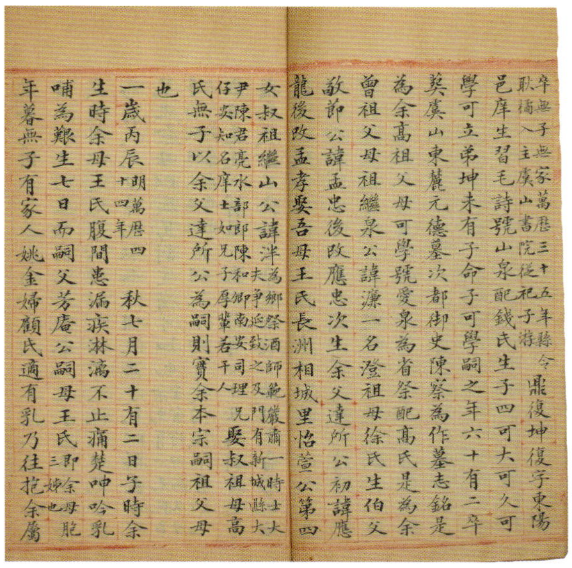

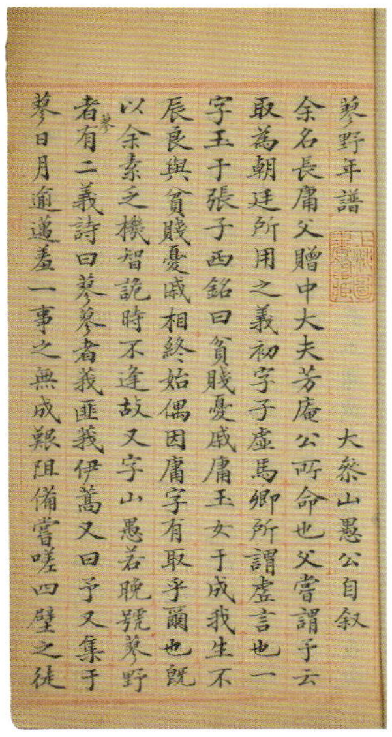

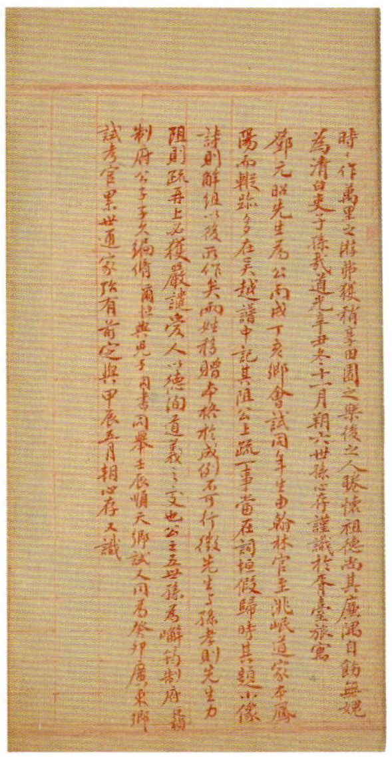

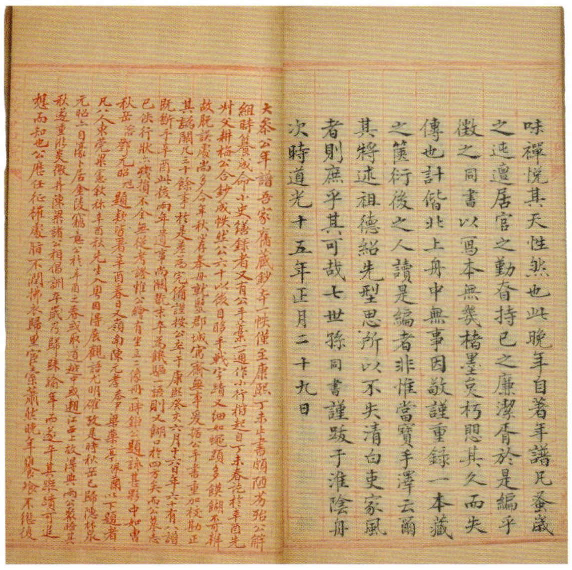

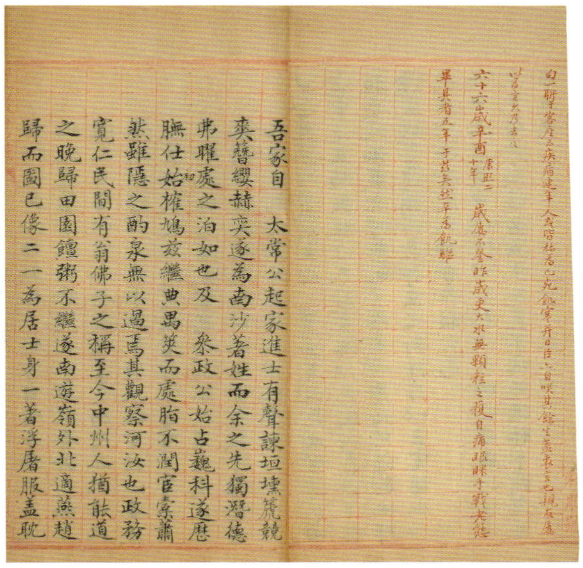

四本堂自撰年谱

（明）胡吉豫自撰，秦翰才抄本。1 册 1 卷。

胡吉豫（1625-1695），初名文翰，字子藏，号墨园；改名相如，又改名吉豫，号立庵，浙江温州人。诸生。以游幕为生。著有《四六纂组》等。

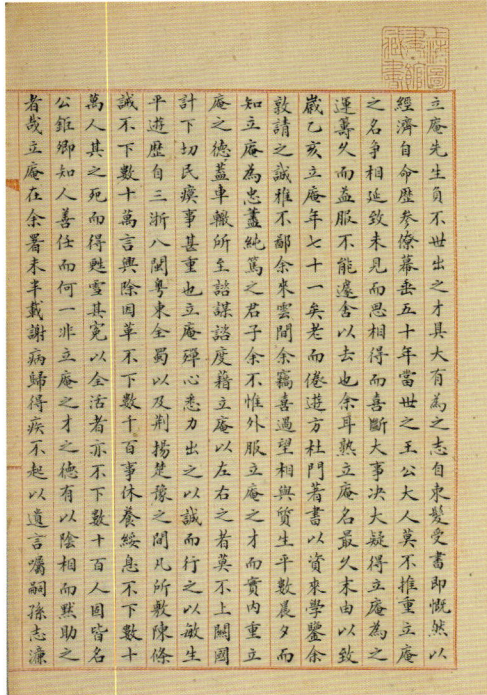

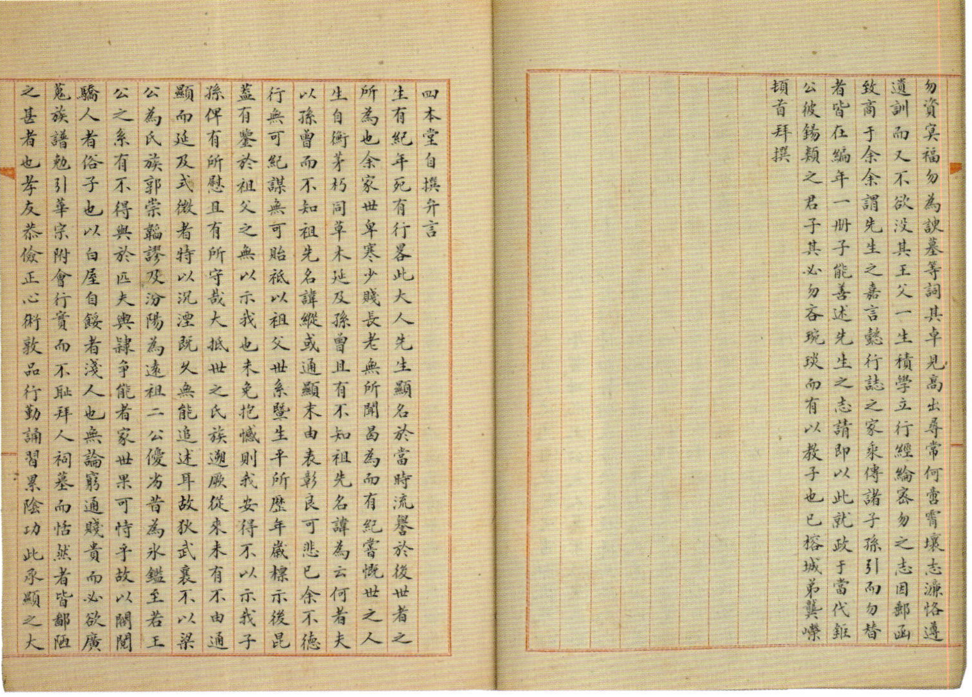

四本堂自撰弁言

生有紀年死有行畧此大人先生顯名於當時流譽於後世者之所為也余家世卑寒少賤長老無所聞曷為而有紀嘗慨世之人生自衡茅朽同草木延及孫曾且有不知祖先名諱為云何者夫以孫曾而不知祖先名諱縱或通顯未由表彰良可悲已余不德行無可紀謀無可貽祗以祖父世系暨生平所歷年歲標示後昆蓋有鑒於祖父之無以示我也未免抱憾則我安得不以示我子孫俾有所慰且有所守哉大抵世之氏族遡厥從來未有不由通顯而延及式微者特以況湮既久無能追述耳故狄武襄不以梁公為氏族郭崇韜謬及汾陽為遠祖二公優劣昔為氷鑑至若王公之系有不得與於匹夫輿隸爭能者家世果可恃乎故以闒闟驕人者俗子也以白屋自餒者淺人也無論窮通賤貴而必欲廣蒐族譜勉引華宗附會行實而不恥拜人祠墓而恬然者皆鄙陋之甚者也孝友恭儉正心術敦品行勤誦習累陰功此承顯之大

勿資冥福勿為諛墓等詞其卓見高出尋常何啻霄壤志濂恪遵遺訓而又不欲没其王父一生積學立行經綸裕勿之志因郵函致高于余余謂先生之嘉言懿行誌之家乘傳諸子孫引而勿替者皆在編年一册子能善述先生之志請即以此就政于當代鉅公彼錫類之君子其必勿吝琬琰而有以教子也已榕城弟龔嶸頓首拜撰

立庵先生負不世出之才具大有為之志自束髮受書即慨然以經濟自命歷叅僚幕垂五十年當世之王公大人莫不推重立庵之名爭相延致未見而思相得而喜斷大事決大疑得立庵為之運籌久而益服不能遽舍以去也余耳熟立庵名最久未由以致歲乙亥立庵年七十一矣老而倦遊方杜門著書以資來學鑒余款請之誠雅不鄙余來雲間余竊喜過望相與質生平數晨夕而知立庵為忠藎純篤之君子余不惟外服立庵之才而實內重立庵之德蓋車轍所至諮謀諮度藉立庵以左右之者莫不上關國計下切民瘼事甚重也立庵殫心悉力出之以誠而行之以敏生平遊歷自三浙八閩粵東全蜀以及荊揚楚豫之間凡所敷陳條議不下數十萬言興除因革不下數千百事休養綏息不下數十萬人其之死而得甦雪其冤以全活者亦不下數十百人固皆名公鉅卿知人善任而何一非立庵之才之德有以陰相而黙助之者哉立庵在余署未半載謝病歸得疾不起以遺言囑嗣孫志濂

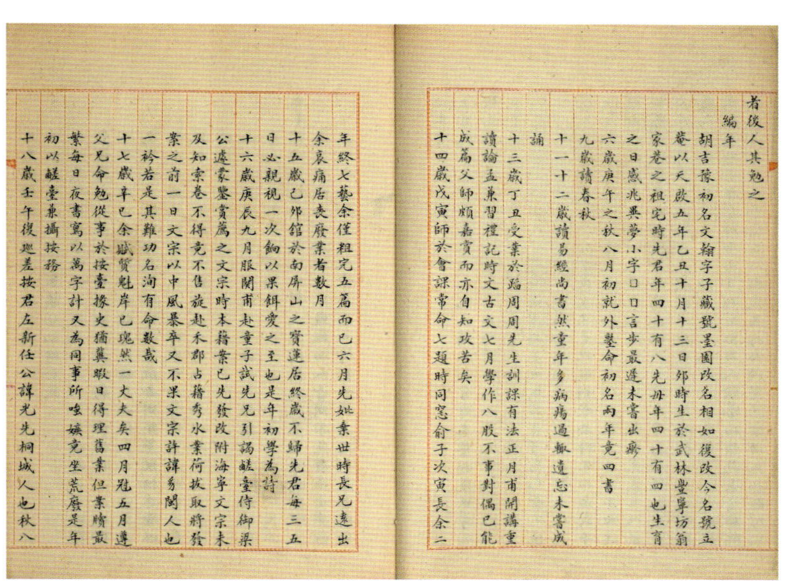

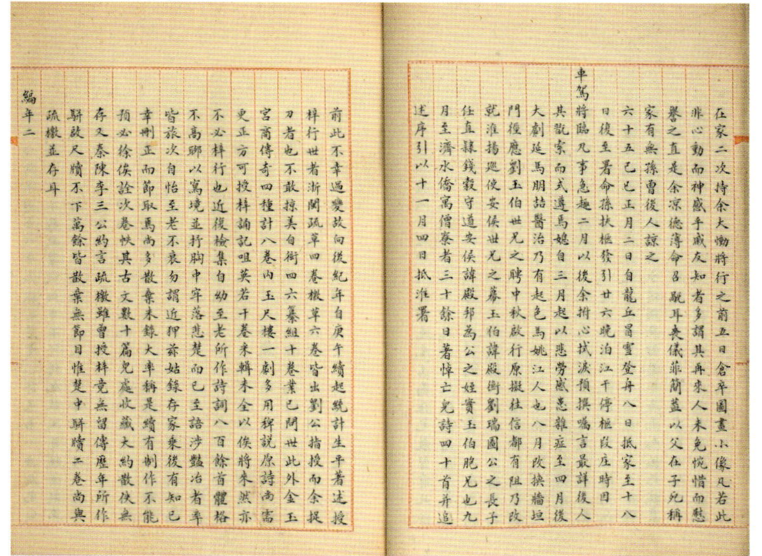

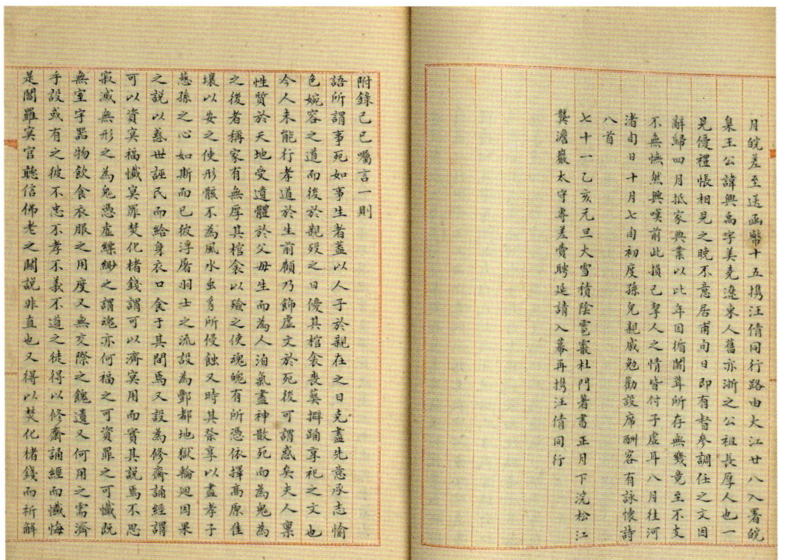

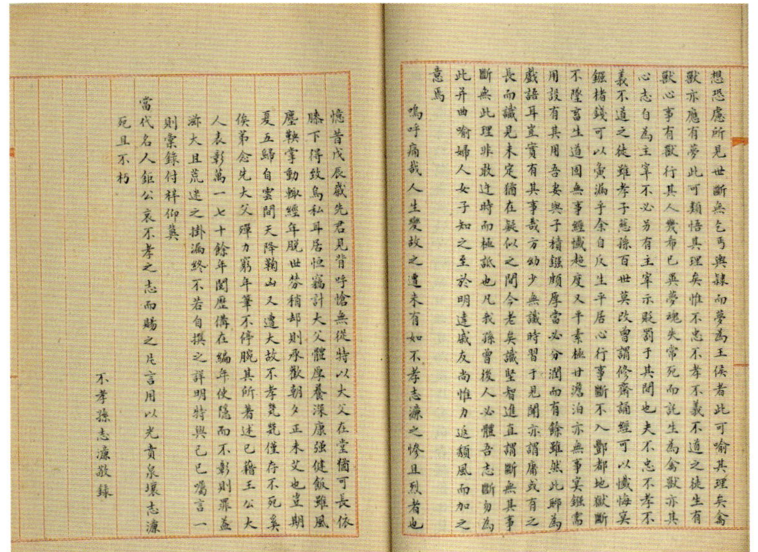

尚友堂年谱

（清）仇兆鳌编，清康熙间刻本。1 册 1 卷。是谱纪事至清康熙五十六年（1717）。

仇兆鳌（1638–1717），原名从鱼，字沧柱，号知几子，晚号章溪老叟，浙江鄞县（今属宁波）人。清康熙二十四年（1685）进士。历任内阁学士兼礼部侍郎、吏部右侍郎兼翰林院学士等。著有《杜诗详注》等。

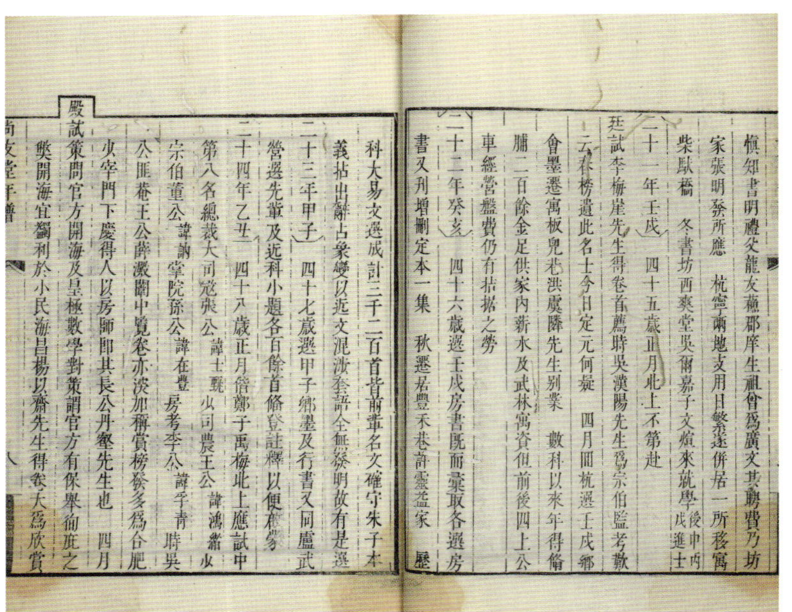

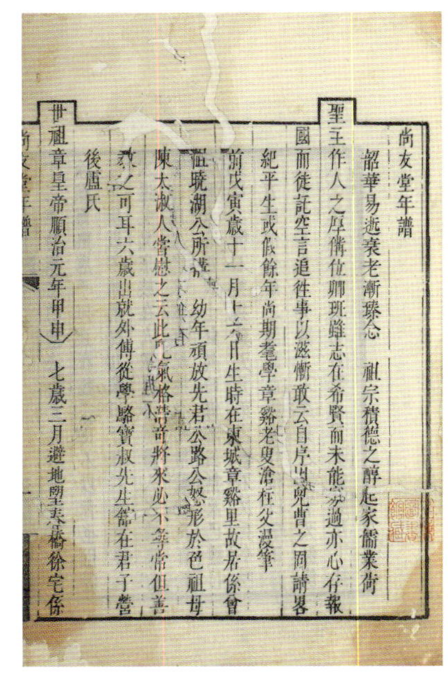

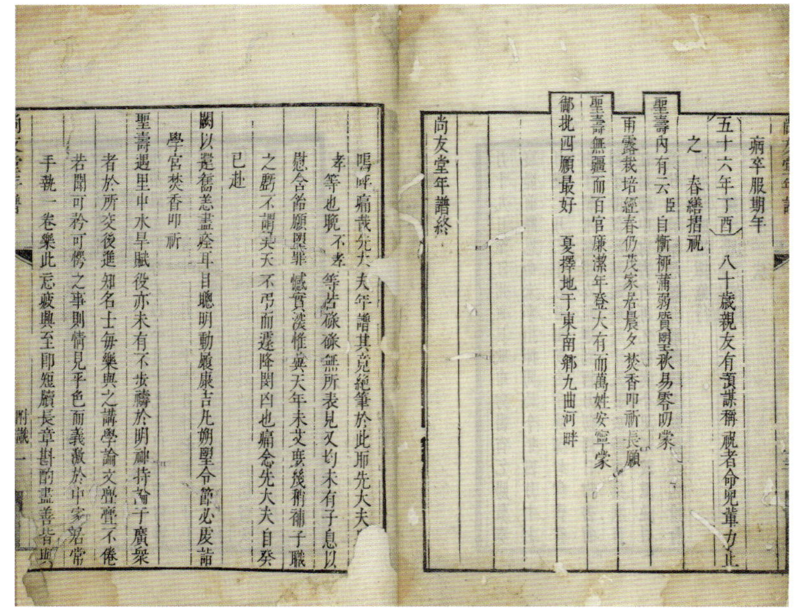

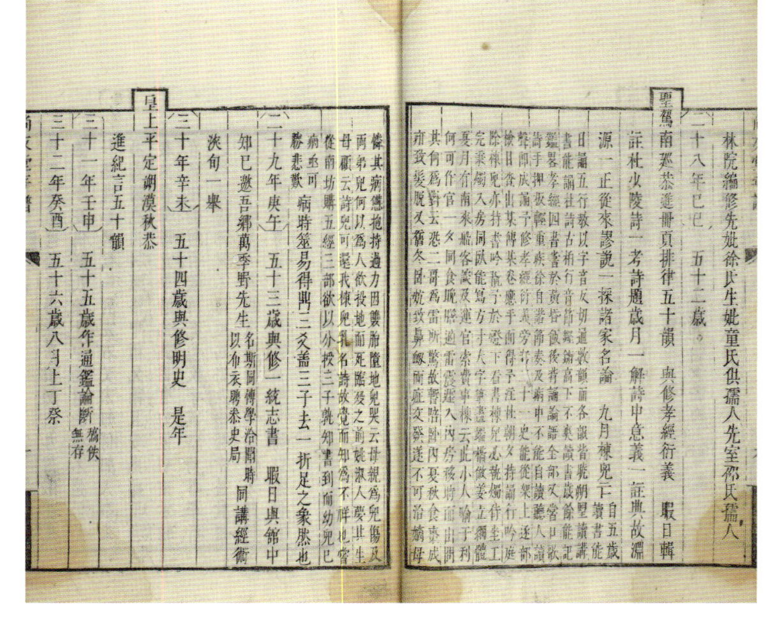

淄川蒲明经年徵

唐风编，民国二十二年月健堂铅印本。1 册 1 卷。

蒲松龄（1640–1715），字留仙，一字剑臣，别号柳泉居士，山东淄川（今属淄博）人，世称聊斋先生。著有《聊斋志异》等。

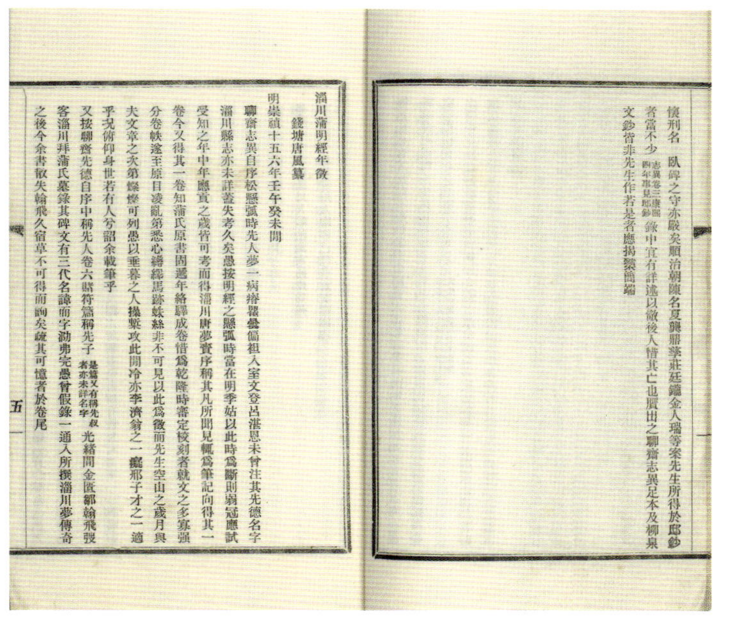

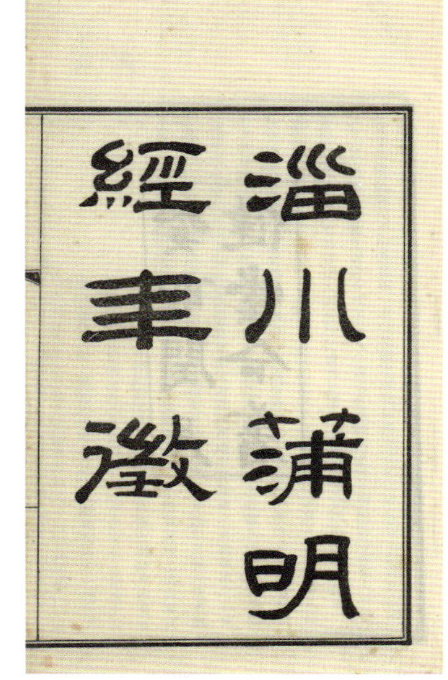

淄川蒲明經年徵

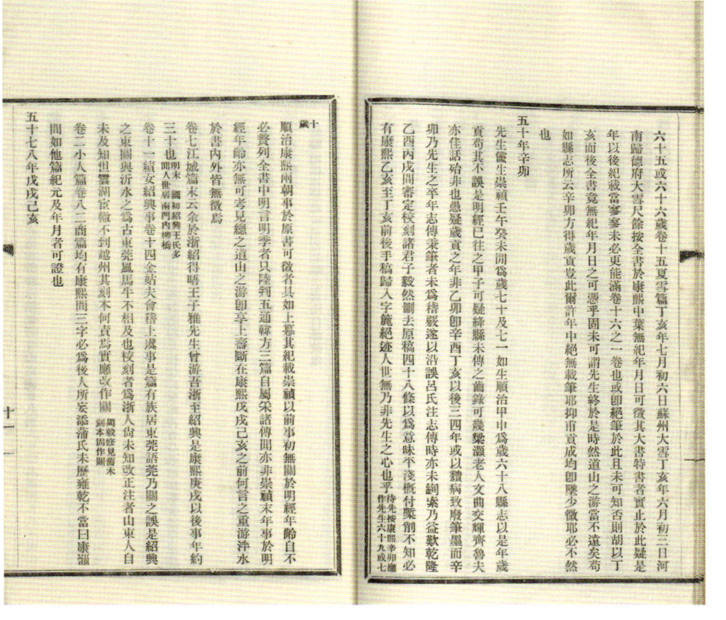

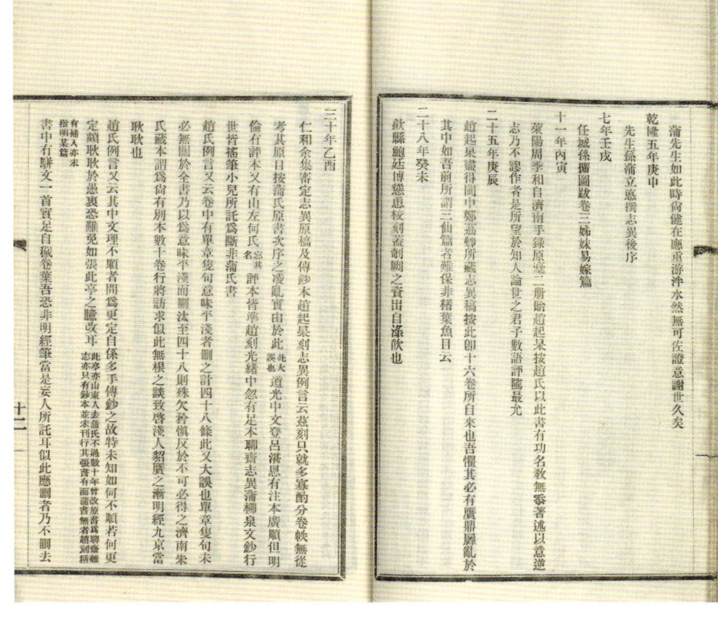

农岩年谱

（朝鲜）金元行编，朝鲜崇祯纪元之百二十七年《农岩集》刻本。1 册 2 卷。

金昌协（1651–1768），字仲和，号农岩，朝鲜安东（今属韩国）人。朝鲜显宗己酉（1669）中司马。肃宗壬戌（1682）擢殿试状元。历任成均馆典籍，兵曹佐郎，吏曹佐郎、正郎，掌乐正兼校书校理，岭南御史，清风府使等。著有《农岩集》。

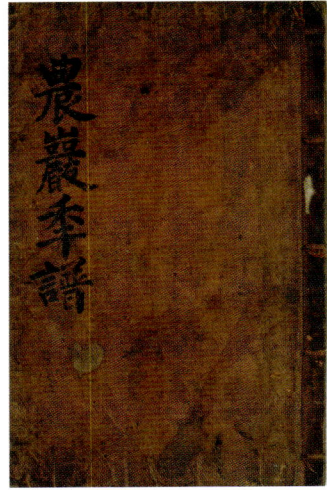

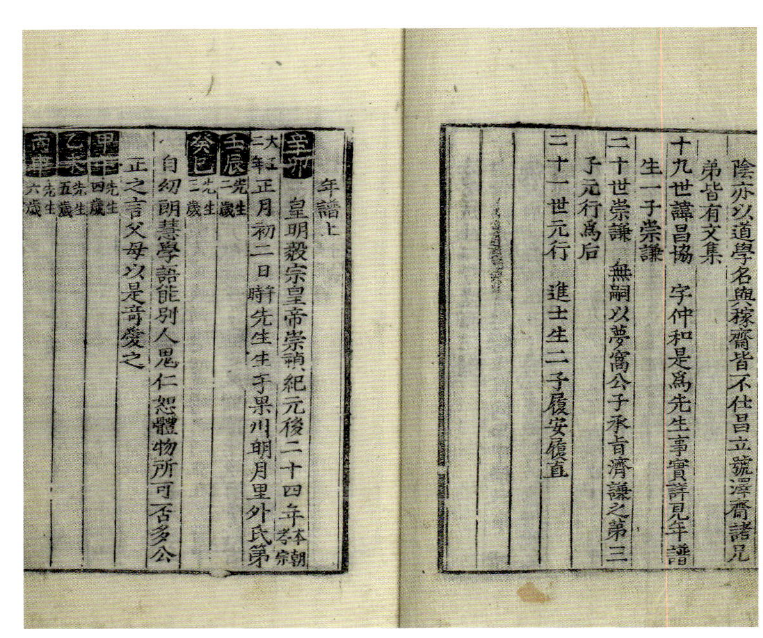

陰亦以道學名與稼齋皆不仕昌立號潭齋諸兄
弟皆有文集
十九世諱昌協　字仲和是爲先生事實詳見年譜
生一子崇謙
二十世崇謙　無嗣以夢窩公子承旨濟謙之第三
子元行爲后
二十一世元行　進士生二子履安履直

年譜上
辛卯　皇明毅宗皇帝崇禎紀元後二十四年本朝孝宗大王二年正月初二日時先生生于果川明月里外氏第
壬辰　先生二歲
癸巳　先生三歲
自幼朗慧學語能別人鬼仁恕體物所可否多公
正之言父母以是奇愛之
甲午　先生四歲
乙未　先生五歲
丙申　先生六歲

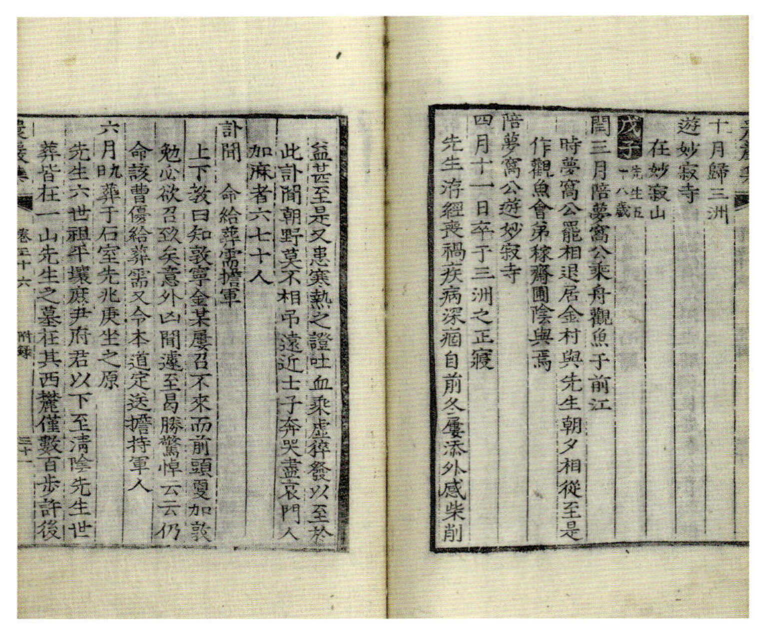

十月歸三洲
遊妙寂寺　在妙寂山
戊子　先生五十八歲
閏三月陪夢窩公乘舟觀魚于前江
時夢窩公罷相退居金村與先生朝夕相從至是
作觀魚會弟稼齋圃陰與焉
陪夢窩公遊妙寂寺
四月十一日卒于三洲之正寢
先生洊經喪禍疾病深痼自前冬屢添外感柴削

益甚至是又患寒熱之證吐血柔虛猝發以至於
此訃聞朝野莫不相弔遠近士子奔哭盡哀門人
加麻者六七十人
訃聞　命給葬需擔軍
上下教曰知敦寧金某屢召不來而前頭更加敦
勉必欲召致矣意外凶聞遽至曷勝驚悼云云仍
命該曹優給葬需又令本道定送擔持軍人
六月晦葬于石室先兆庚坐之原
先生六世祖平壤府尹府君以下至清陰先生世
葬皆在一山先生之墓在其西麓僅數百步許後

農巖集　卷五十六　附錄　三十一

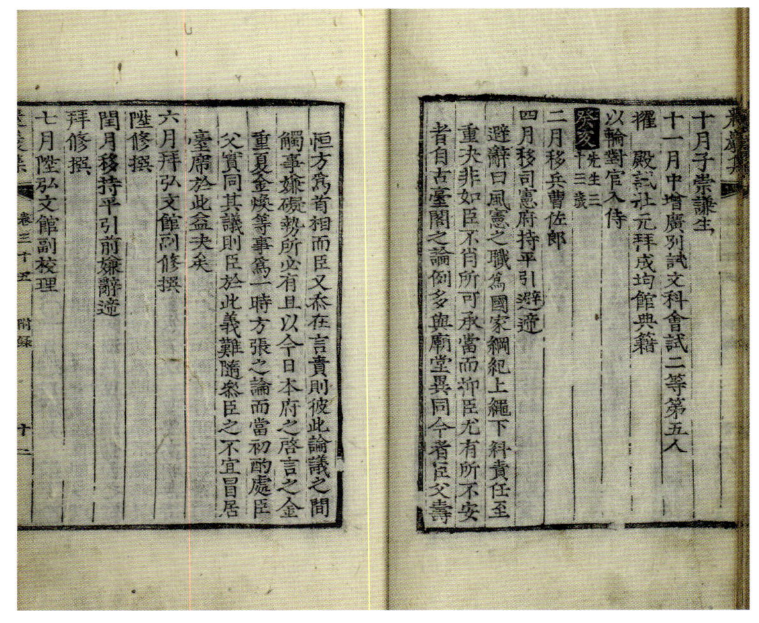

十月子崇謙生
十一月中增廣別試文科會試二等第五人
擢　殿試壯元拜成均館典籍
以輪對官入侍
癸亥　先生三十三歲
二月移兵曹佐郎
四月移司憲府持平引避遞
避辭曰風憲之職爲國家綱紀上繩下糾責任至
重夫非如臣不肖所可承當而抑臣尤有所不安
者自古臺閣之論例多與廟堂異同今者臣父壽

恒方爲首相而臣又忝在言責則彼此論議之間
觸事嫌礙勢所必有且以今日本府之啓言之金
重夏金煥等事爲一時方張之論而當初酌處臣
父實同其議則臣於此義難隨參臣之不宜冒居
臺席於此益決矣
六月拜弘文館副修撰
陞修撰
閏月移持平引前嫌辭遞
拜修撰
七月陞弘文館副校理

農巖集　卷三十五　附錄　十二

兰谷先生年谱

（朝鲜）金启镇编，朝鲜崇祯纪元之后五丙子刻本。1 册 1 卷首 1 卷。

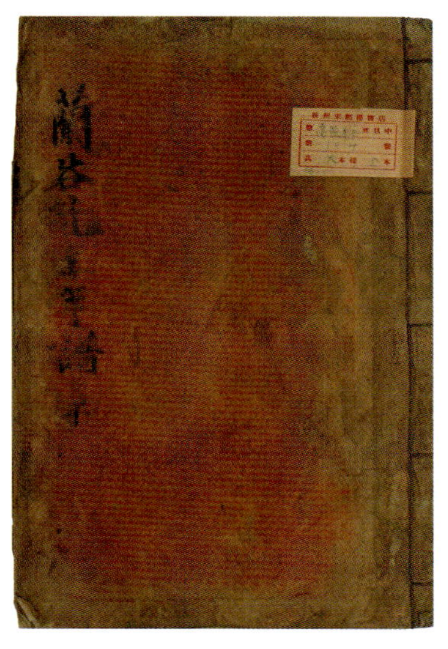

金时杰（1653–1701），字士兴，号兰谷，朝鲜安东（今属韩国）人。朝鲜肃宗辛酉（1681）中司马。甲子（1684）擢廷试文科乙科第三人。历任承文院、奉常寺直长，艺文馆奉教，成均馆典籍，兵曹佐郎，平安道都事，扶安县监，吏曹佐郎、正郎，全罗道观察使，司谏院大司谏等。

晉漢 出繼于族叔父華鎮
奎漢
良漢
建漢
成漢

年譜
癸巳 皇明毅宗皇帝崇禎紀元後二十六年 本朝孝宗大王四年 十二月五日申時公生于全州新村外氏寓舍
甲午 公二歲
乙未 公三歲
丙申 公四歲
丁酉 公五歲
十二月考 贈參判公卒于保寧茅山第
公零丁孤苦常在母夫人尹氏側不出戶庭不待
勸課而晨夕兀兀

時朝廷期待甚重既首擬副提學而天官佐貳以
次當授媢嫉之輩百計中傷正言趙泰一托以子
弟之濫乘營馹用意迎擊論請金拿父子 上以
爲己甚只 命罷職○北溪李公世白綱菴申公
琉睡村李公畬迭相來慰曰各道營門素有立待
馬此與驛站之騎有間故子弟暨軍官或有借騎
之規若以此爲罪孰能免之足見渠輩之心術何
傷於令公乎
二十八日卒于京第享年四十九
朝家弔祭致賻如例

九月永窆于洪州朝暉谷負艮之原
贈參判公墓右岡也
壬午六月祇受 致祭
祭文曰維昔文忠相我 仁廟卓乎大節日星爭
耀承家有孫孝配其忠卿繩厥武尚有遺風白在
韋布華聞藹蔚愷悌其性端確其質外璞不雕內
蘊則富仙籍颺名藝苑擢秀南徼北塞中歲見擯
蹤屆棲棘才恢游刃迨茲更化首除臺省謇諤之
言大義是秉異議橫挐而不撓屈衆詢叢鏑而不
震怵旋從戎幕盛之玉堂敷奏剴切黼黻輝光裴

乙未 公二十七歲
奉尹夫人歸茅山莊
公性喜山水日遊南阿松石之間或手卷終日怠
返
庚申 公二十八歲
發解於公州都會壯元
辛酉 公二十九歲
冬中司馬一等第五名
公作初擬壯元人有覘知者假托外論高聲以斥
故低其第

壬戌 公三十歲
茅山南阿寒松臺成
刻字石面一名三神臺取漢茅山歌之義其詩曰
三神乘白鶴各在一山頭園曰樂園有老檀故云
十一月子正行生
癸亥 公三十一歲
甲子 公三十二歲
冬擢廷試文科乙科第三人
選補槐院仍入堂后
乙丑 公三十三歲

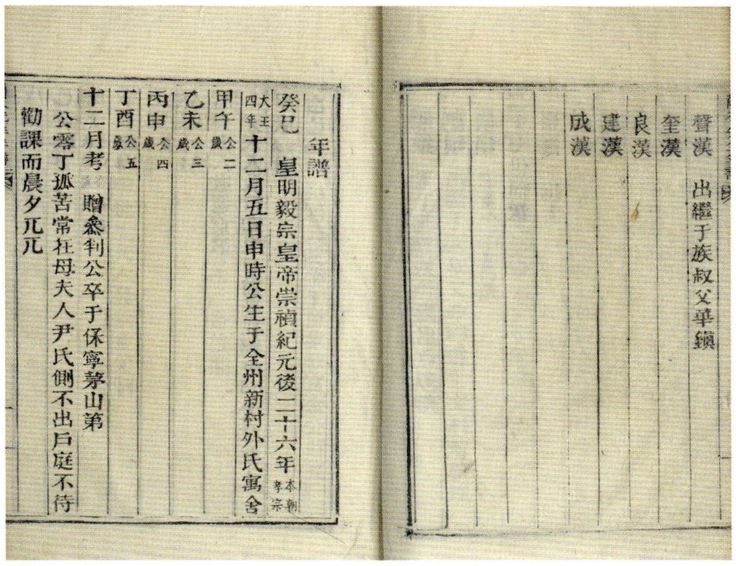

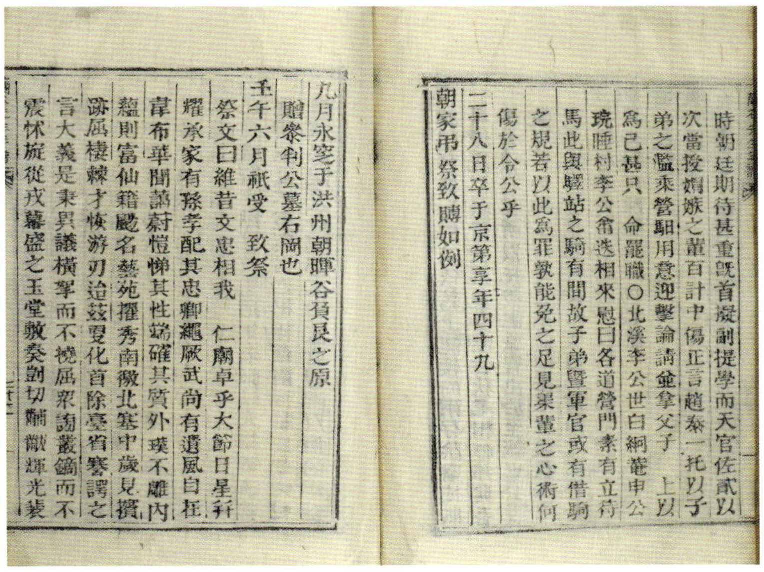

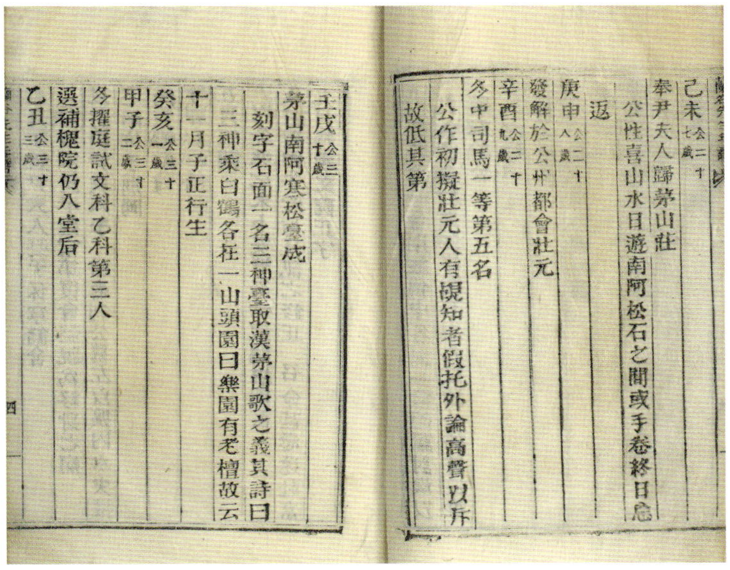

曹寅年谱

佚名撰，抄本。1册1卷。

曹寅（1658–1712），字子清，号荔轩，又号楝亭、柳山居士、西堂扫花行者等，先世为汉族，原籍奉天辽阳（今属辽宁）。自其祖父起为满洲贵族的包衣（奴仆），隶属于正白旗。官至通政使、管理江宁织造、巡视两淮盐漕监察御史。著有《楝亭集》。

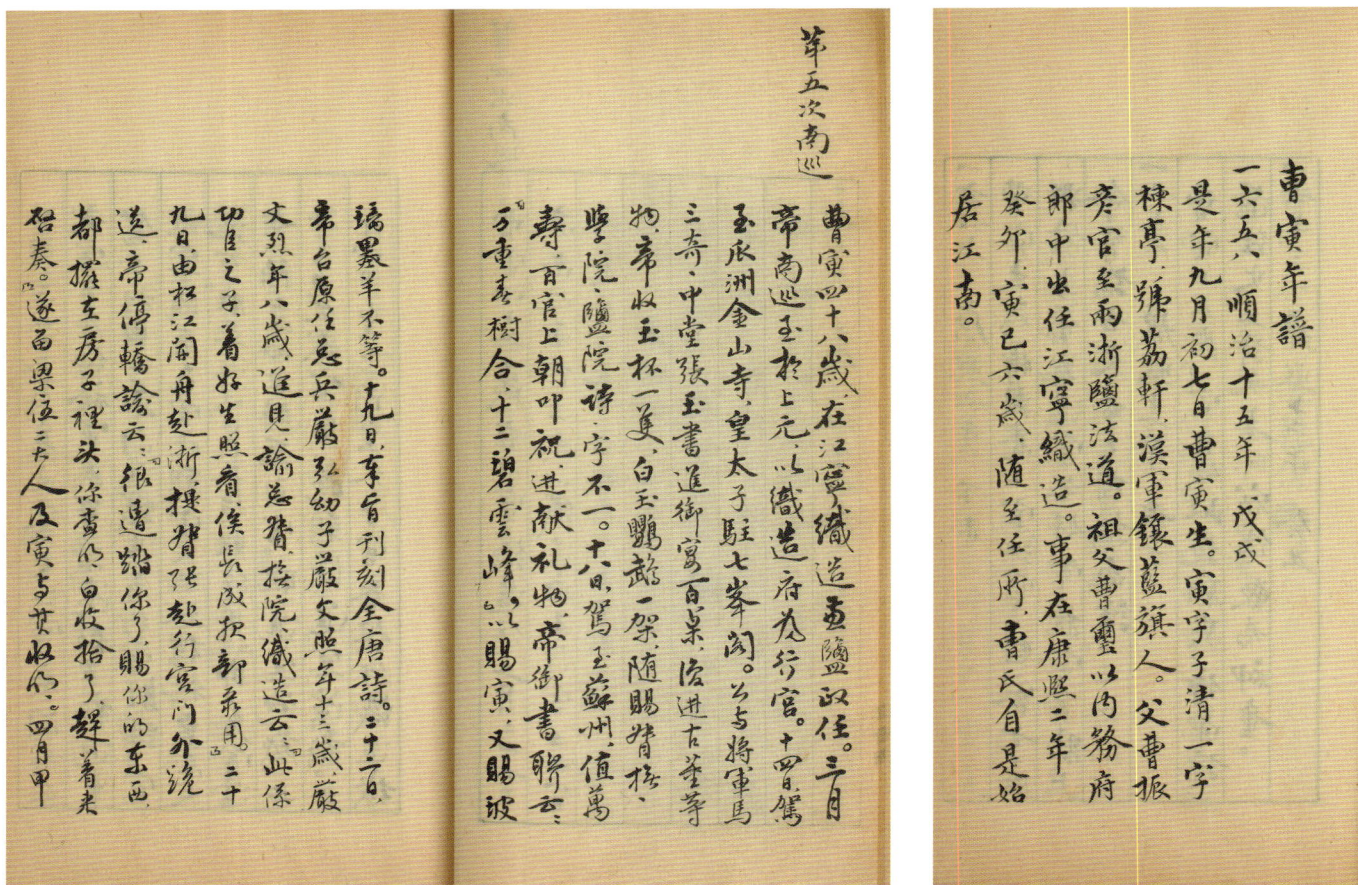

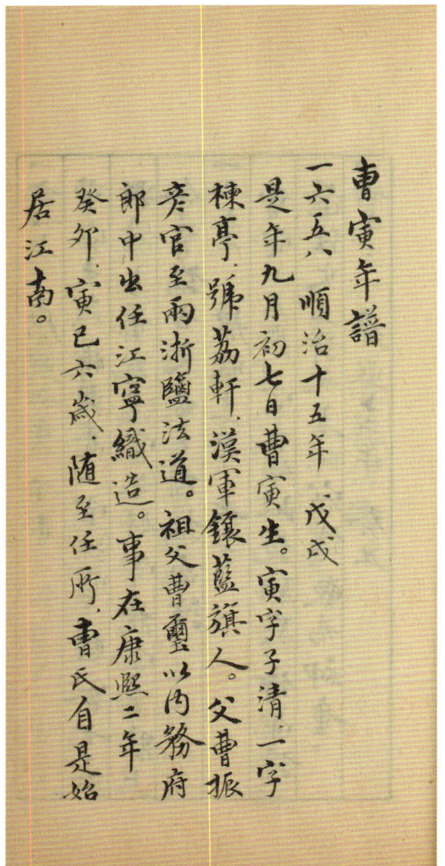

曹寅年譜
一六五八 順治十五年 戊戌
是年九月初七日曹寅生。寅字子清，一字楝亭，號荔軒，漢軍鑲藍旗人。父曹振彥官至兩浙鹽法道。祖父曹璽以內務府郎中出任江寧織造。事在康熙二年癸卯。寅已六歲，隨至任所。曹氏自是始居江南。

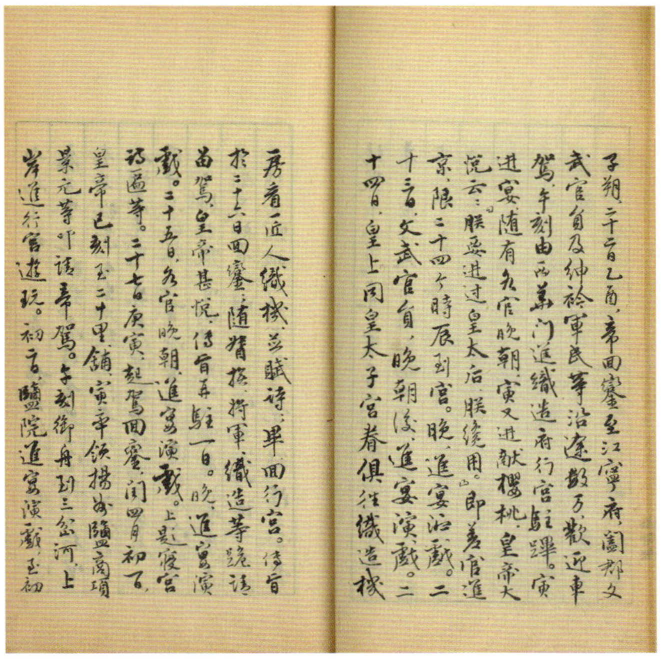

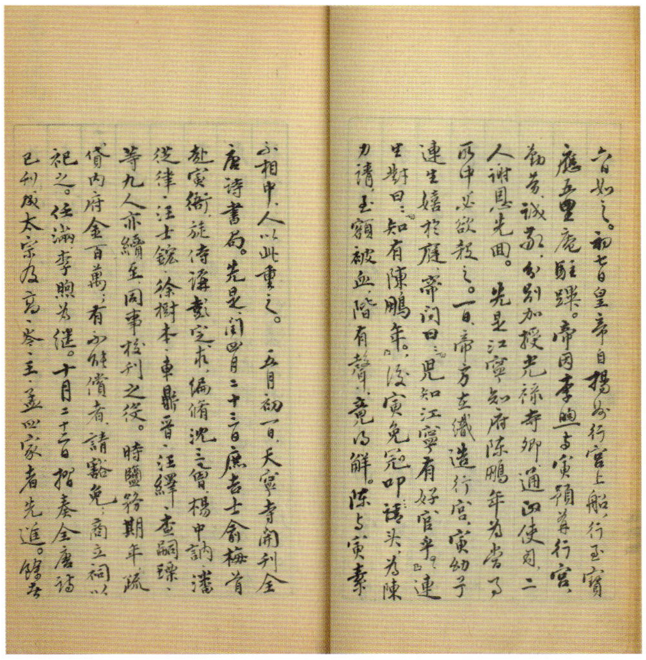

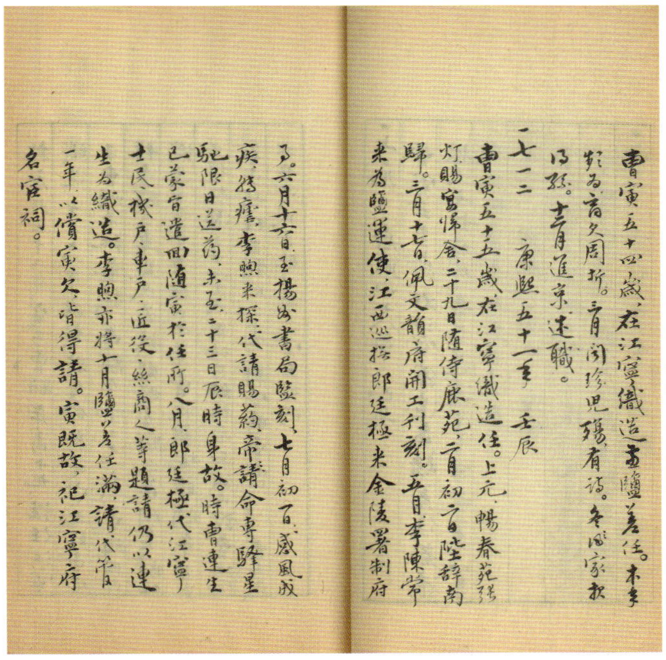

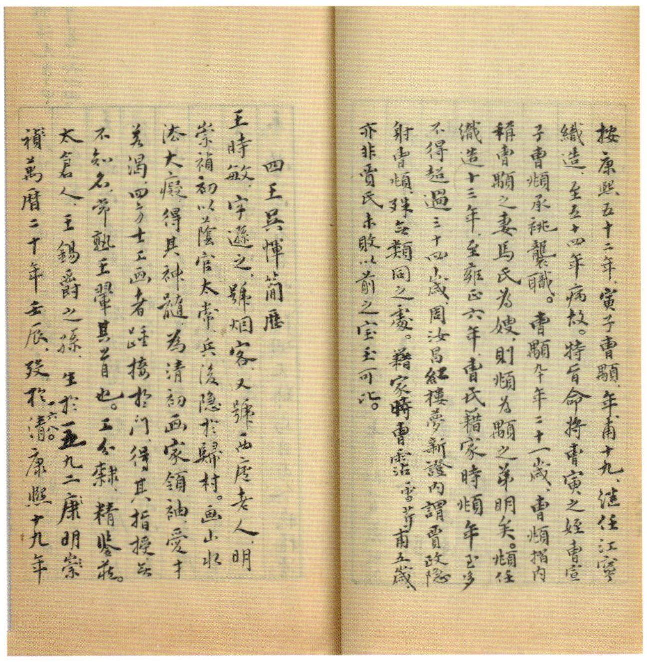

须翼堂自订年谱

（清）须洲编，清光绪三十一年木活字本。1 册 1 卷。是谱收入《[江苏常州] 须氏续修族谱》卷二十。是谱又称《凤翱公年谱》。

须洲（1664–1751），字凤翱，一字苇舟，号碇斋，晚号翼堂，江苏武进（今属常州）人。清康熙四十八年（1709）进士。历任翰林院编修、武英殿纂修官、大理寺少卿、宗人府府丞、奉天府府丞等。

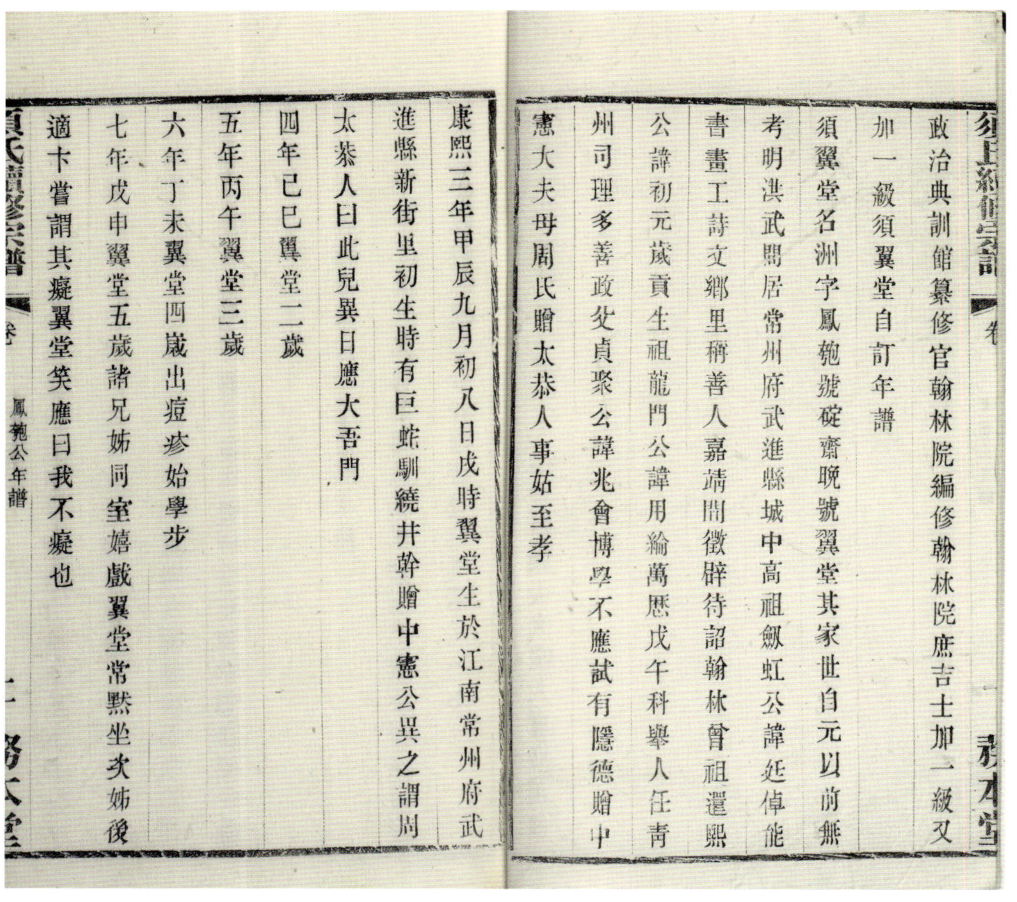

須氏續修宗譜　卷　務本堂

政治典訓館纂修官翰林院編修翰林院庶吉士加一級又
加一級須翼堂自訂年譜
須翼堂名洲字鳳翱號碇齋晚號翼堂其家世自元以前無
考明洪武間居常州府武進縣城中高祖斂虹公諱廷倬能
書畫工詩文鄉里稱善人嘉靖間徵辟待詔翰林曾祖還熙
公諱初元歲貢生祖龍門公諱用綸萬歷戊午科舉人任青
州司理多善政父貞聚公諱兆會博學不應試有隱德贈中
憲大夫母周氏贈太恭人事姑至孝

須氏續修宗譜　卷　鳳翱公年譜　二　務本堂

康熙三年甲辰九月初八日戌時翼堂生於江南常州府武
進縣新街里初生時有巨蛇馴繞井榦贈中憲公異之謂周
太恭人曰此兒異日應大吾門
四年乙巳翼堂二歲
五年丙午翼堂三歲
六年丁未翼堂四歲出痘疹始學步
七年戊申翼堂五歲諸兄姊同室嬉戲翼堂常默坐或姊後
適卞嘗謂其癡翼堂笑應曰我不癡也

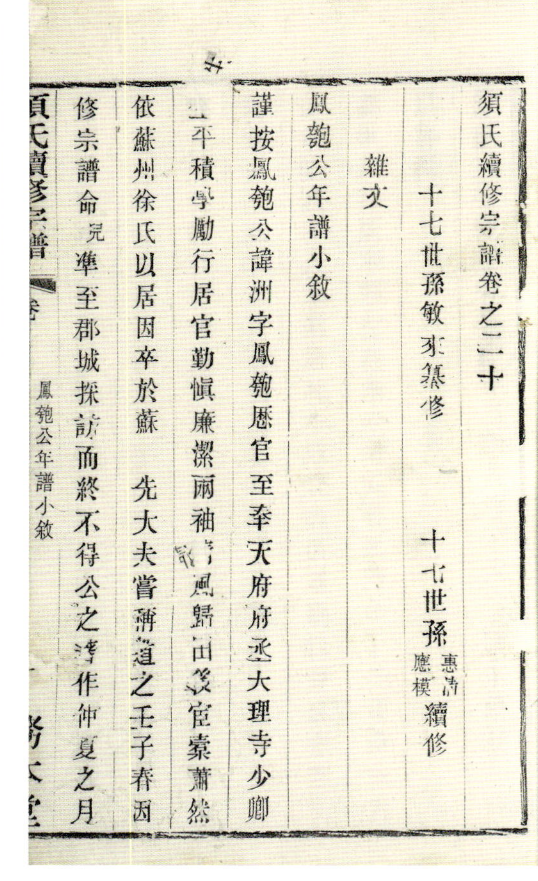

須氏續修宗譜卷之二十
十七世孫敏來纂修　十七世孫惠靖應模續修
雜文
鳳翱公年譜小敘
謹按鳳翱公諱洲字鳳翱歷官至奉天府府丞大理寺少卿
[illegible]年積學勵行居官勤慎廉潔兩袖清風歸田後宦橐蕭然
依蘇州徐氏以居因卒於蘇　先大夫嘗稱道之壬子春酉
修宗譜命兄準至郡城採訪而終不得公之詩作仲夏之月

須氏續修宗譜　卷　鳳翱公年譜小敘　務本堂

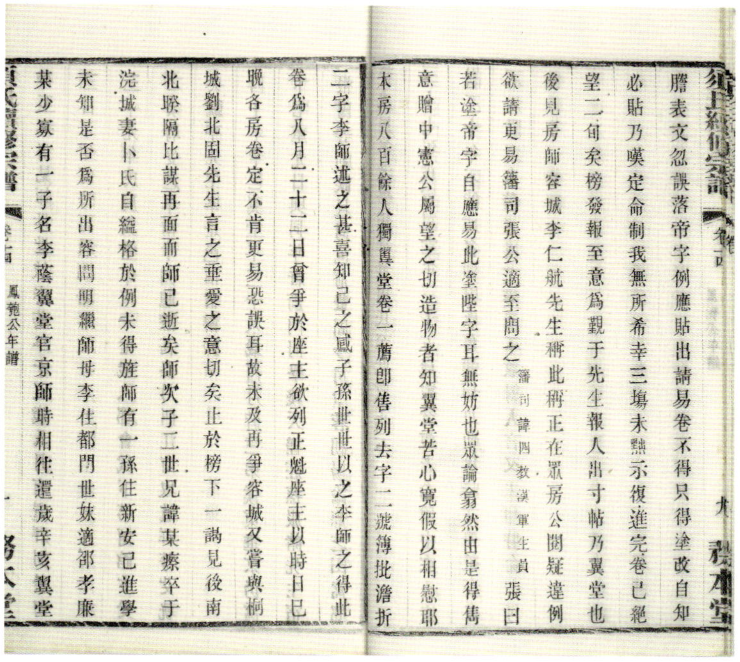

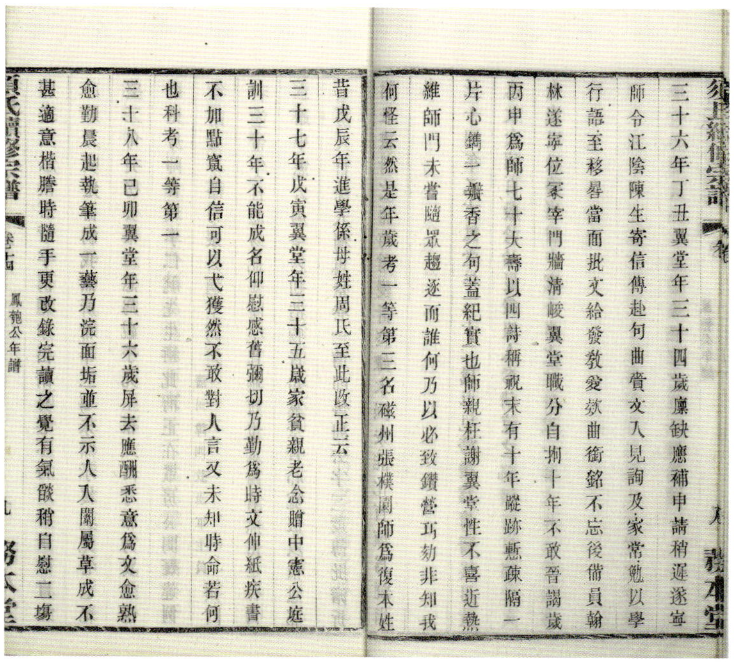

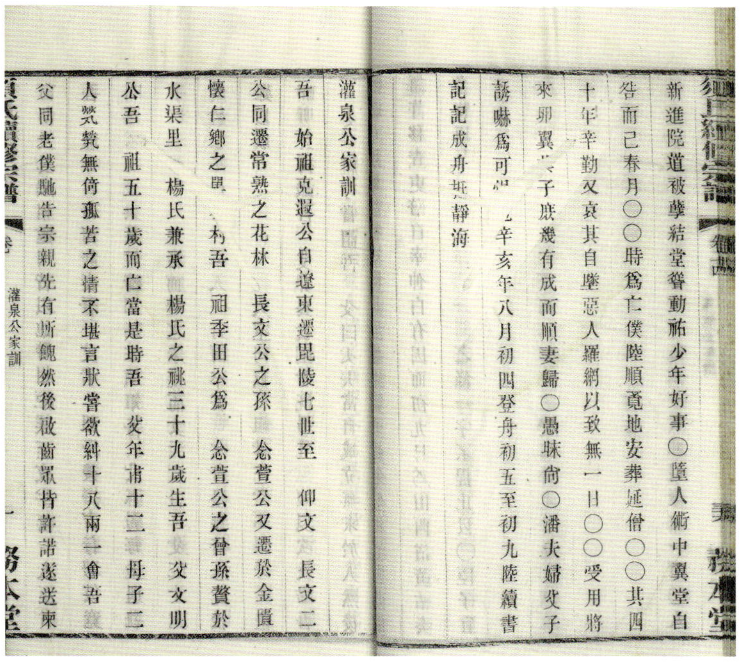

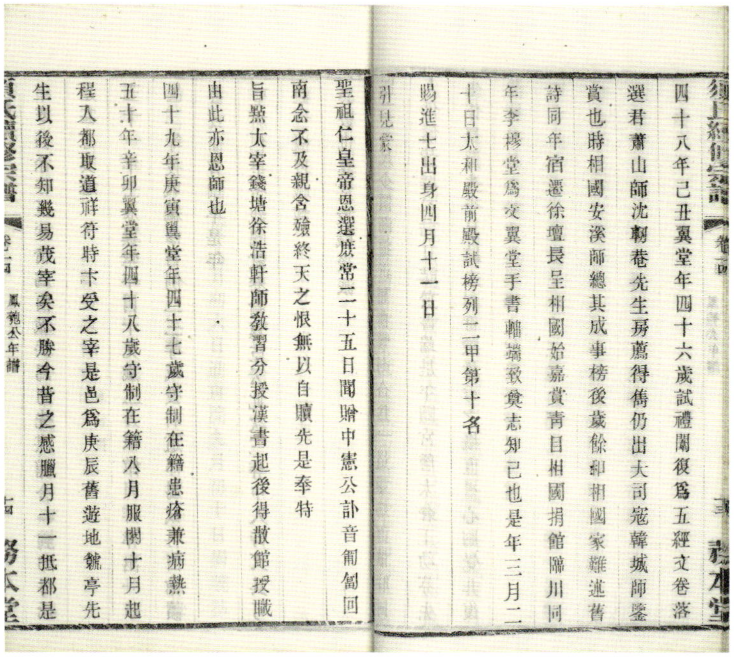

松厓自叙年谱

（清）管干珍编，清光绪二十七年崇文书局刻本。1册1卷。是谱纪事至清乾隆五十年（1785）。

管干珍（1734–1798），一名干贞，字阳复，一字雪侣，别字松厓，江苏阳湖（今属常州）人。清乾隆三十一年（1766）进士。历任陕西、山东、河南、贵州道御史，光禄寺卿，内阁学士，礼部、工部侍郎，漕运总督等。著有《松厓诗钞》等。

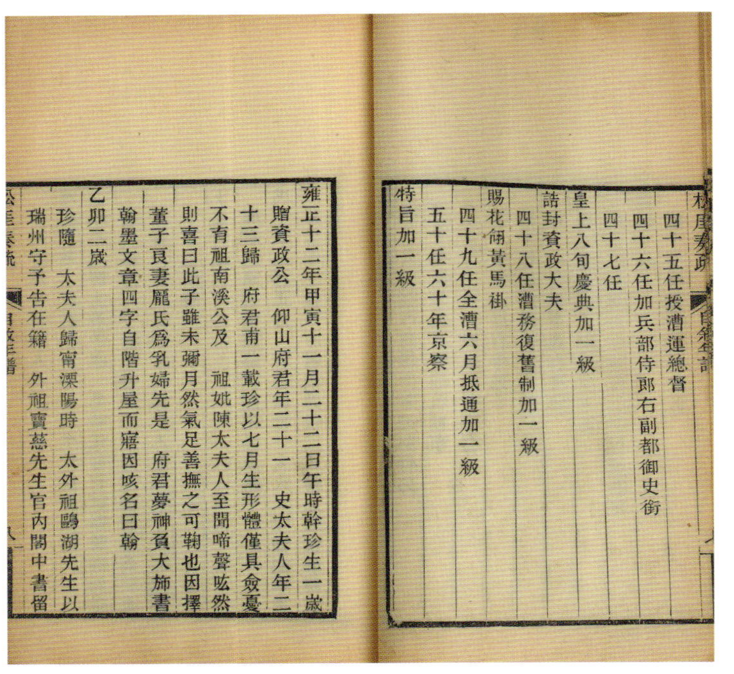

四十五任授漕運總督
四十六任加兵部侍郎右副都御史銜
四十七任
皇上八旬慶典加一級
誥封資政大夫
四十八任漕務復舊制加一級
賜花翎黃馬褂
四十九任全漕六月抵通加一級
五十任六十年京察
特旨加一級

雍正十二年甲寅十一月二十二日午時幹珍生一歲
贈資政公　仰山府君年二十一　史太夫人年二
十三歸　府君甫一載珍以七月生形體僅具僉憂
不育祖南溪公及　祖妣陳太夫人至聞啼聲呟然
則喜曰此子雖未彌月然氣足善撫之可鞠也因擇
董子艮妻麗氏爲乳婦先是　府君夢神負大旆書
翰墨文章四字自階升屋而寤因咳名曰翰
乙卯二歲
珍隨　太夫人歸甯溧陽時　太外祖鷗湖先生以
瑞州守予告在籍　外祖寶慈先生官內閣中書留

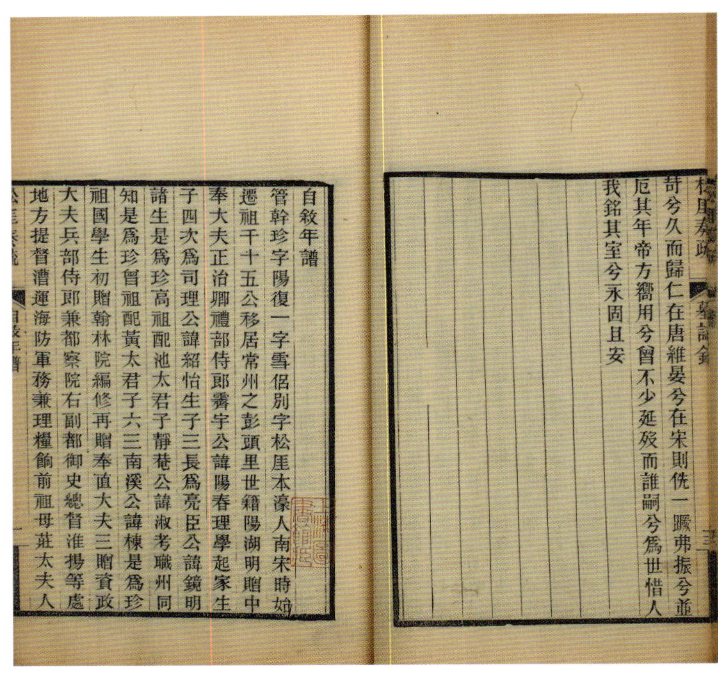

岢兮久而歸仁在唐維晏兮在宋則侁一蹶弗振兮並
厄其年帝方嚮用兮曾不少延歿而誰嗣兮爲世惜人
我銘其室兮永固且安

自叙年譜
管幹珍字陽復一字雪侶別字松厓本濠人南宋時始
遷祖千十五公移居常州之彭頭里世籍陽湖明贈中
奉大夫正治卿禮部侍郎霽宇公諱陽春理學起家生
子四次爲司理公諱紹怡生子三長爲亮臣公諱鏡明
諸生是爲珍高祖配池太君子靜菴公諱淑考職州同
知是爲珍曾祖配黃太君子六三南溪公諱棟是爲珍
祖國學生初贈翰林院編修再贈奉直大夫三贈資政
大夫兵部侍郎兼都察院右副都御史總督淮揚等處
地方提督漕運海防軍務兼理糧餉前祖母莊太夫人

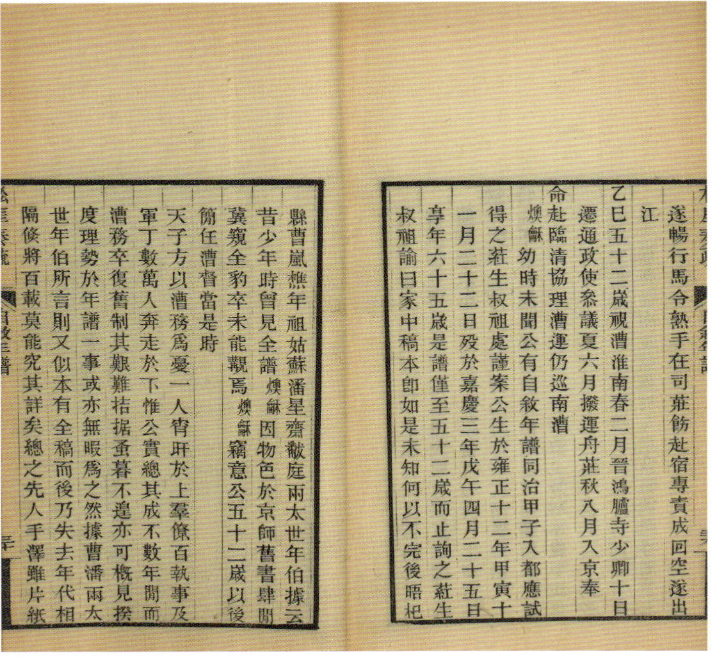

遂暢行馬令熟手在司莊飭赴宿專責成回空遂出
江
乙巳五十二歲覲漕淮南春二月晉鴻臚寺少卿十日
遷通政使參議夏六月撥運舟莊秋八月入京奉
命赴臨清協理漕運仍巡南漕
煥龢幼時未聞公有自叙年譜同治甲子入都應試
得之莊生叔祖處謹案公生於雍正十二年甲寅十
一月二十二日歿於嘉慶三年戊午四月二十五日
享年六十五歲是譜僅至五十二歲而止詢之莊生
叔祖諭曰家中稿本卽如是未知何以不完後晤杞

縣曹嵐樵年祖姑蘇潘星齋黻庭兩太世年伯據云
昔少年時曾見全譜煥龢因物色於京師舊書肆閒
冀窺全豹卒未能覯焉煥龢竊意公五十二歲以後
簡任漕督當是時
天子方以漕務爲憂一人宵旰於上羣僚百執事及
軍丁數萬人奔走於下惟公實總其成不數年閒而
漕務卒復舊制其艱難拮据蚤暮不遑亦可概見揆
度理勢於年譜一事或亦無暇爲之然據曹潘兩太
世年伯所言則又似本有全稿而後乃失去年代相
隔倏將百載莫能究其詳矣總之先人手澤雖片紙

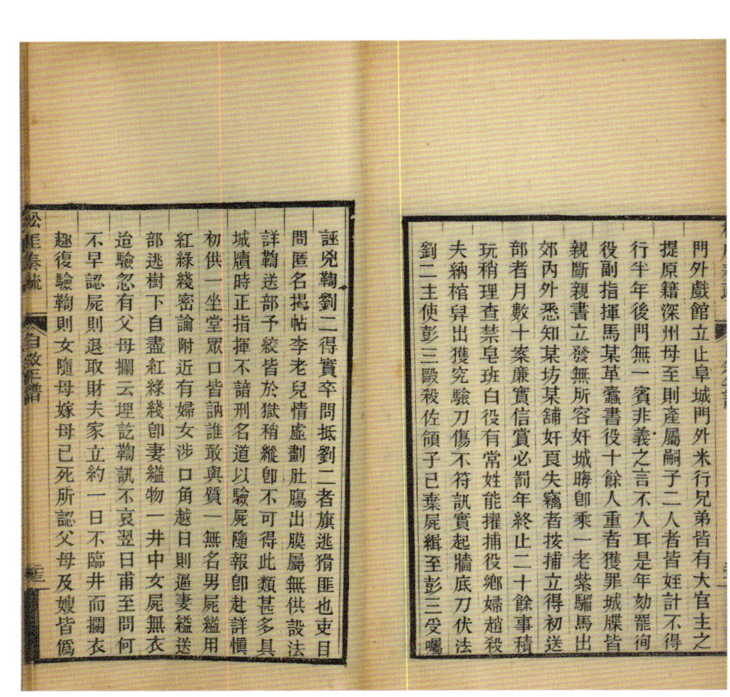

門外戲館立止阜城門外米行兄弟皆有大官主之
提原籍深州母至則產屬嗣子二人者皆姪計不得
行半年後門無一賓非義之言不入耳是年劾罷何
役副指揮馬某革蠹書役十餘人重者獲罪城牒皆
親斷親書立發無所容奸城晦卽乘一老紫騮馬出
郊內外悉知某坊某舖奸頁失竊者按捕立得初送
部者月數十案廉實信賞必罰年終止二十餘事積
玩稍理查禁皁班白役有常姓能擢捕役鄉婦趙殺
夫納棺舁出獲究驗刀傷不符訊實起牆底刀伏法
劉二主使彭三毆殺佐領子已棄屍緝至彭三受囑

誣兇鞫劉二得實卒問抵劉二者旗逃猾匪也吏目
問匿名揭帖李老兒情虛劃肚腸出膜屬無供設法
詳鞫送部予敍皆於獄稍縱卽不可得此類甚多具
城牘時正指揮不諳刑名道以驗屍隨報卽赴詳慎
初供一坐堂眾口皆訥誰敢與質一無名男屍縊用
紅綠綫密論附近有婦女涉口角越日則逼妻縊送
部逃樹下自盡紅綠綫卽妻縊物一井中女屍無衣
迨驗忽有父母攔云埋訖鞫訊不哀翌日甫至問何
不早認屍則退取財夫家立約一日不臨井而攔衣
趨復驗鞫則女隨母嫁母已死所認父母及嫂皆僞

山民先生年谱

（清）佚名编，民国九年吴江柳氏红格抄本。1 册 1 卷。

徐达源（1767–1846），字岷江，又字无际，号山民，江苏吴江（今属苏州）人。以翰林院待诏需次京师。工诗文。著有《黎里志》等。

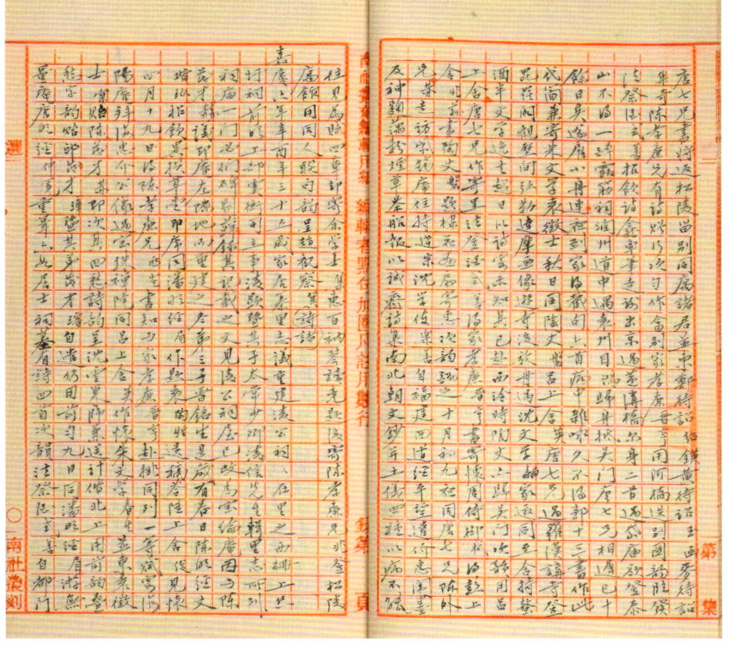

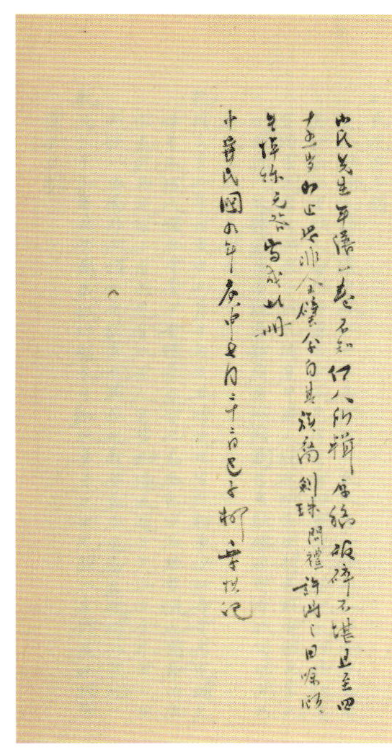

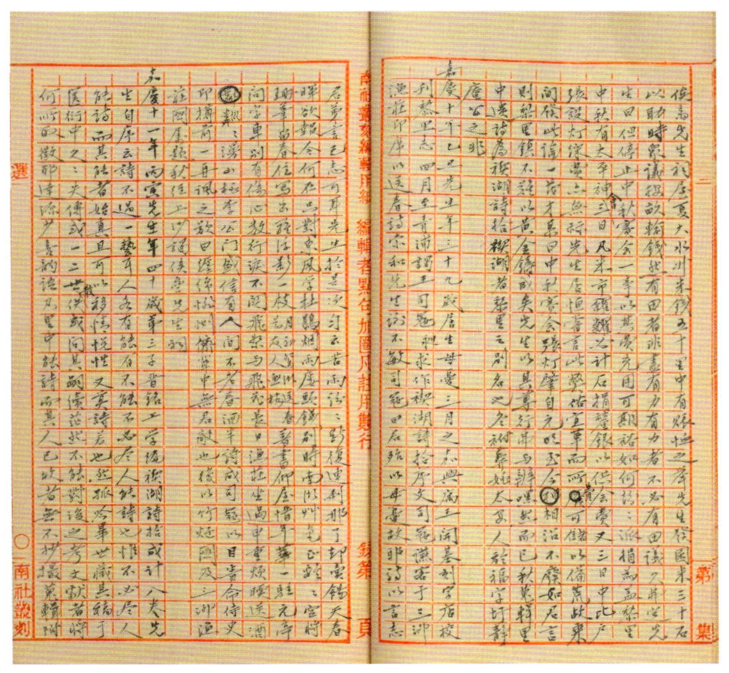

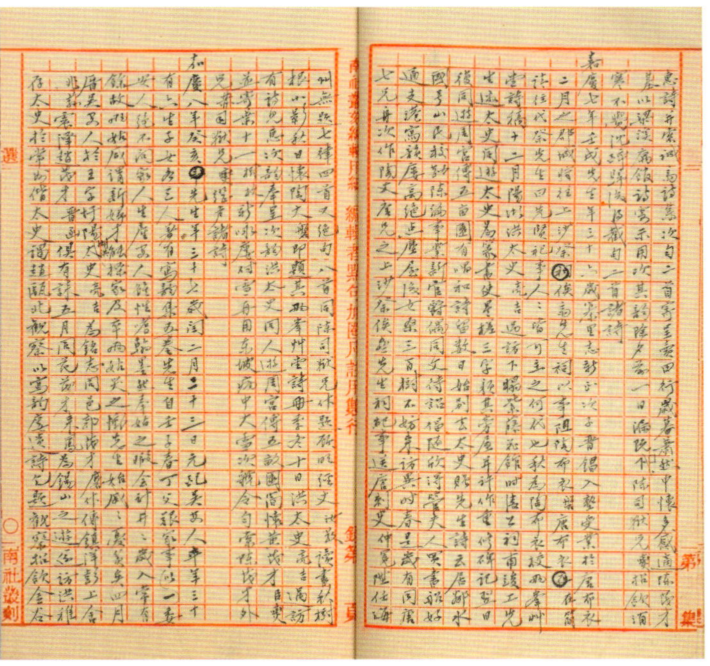

鸿雪因缘图记

（清）完颜麟庆编，清道光二十七年扬州重刻本。6 册不分卷。

完颜麟庆（1791–1846），字伯余，号见亭，满洲镶黄旗人。清嘉庆十四年（1809）进士。历任内阁中书，兵部主事，徽州、颍州知府，河南开归陈许道，河南按察使，贵州布政使，湖北巡抚，江南河道总督等。著有《河工器具图说》等。

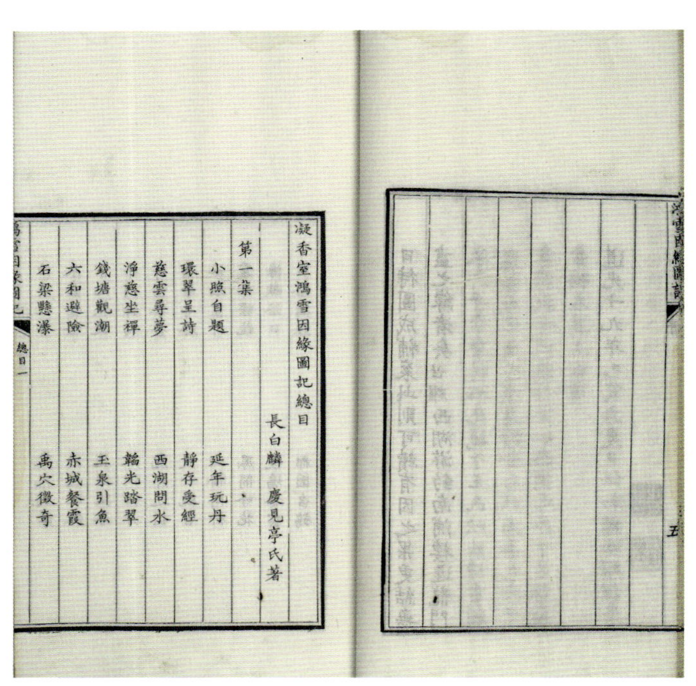
凝香室鴻雪因緣圖記總目
長白麟慶見亭氏著
第一集
小照自題　延年玩丹
環翠呈詩　靜存受經
慈雲尋夢　西湖問水
淨慈坐禪　韜光踏翠
錢塘觀潮　玉泉引魚
六和避險　赤城餐霞
石梁懸瀑　禹穴徵奇
鴻雪因緣圖記　總目　一

鴻雪因緣
見亭先生命題
戈載

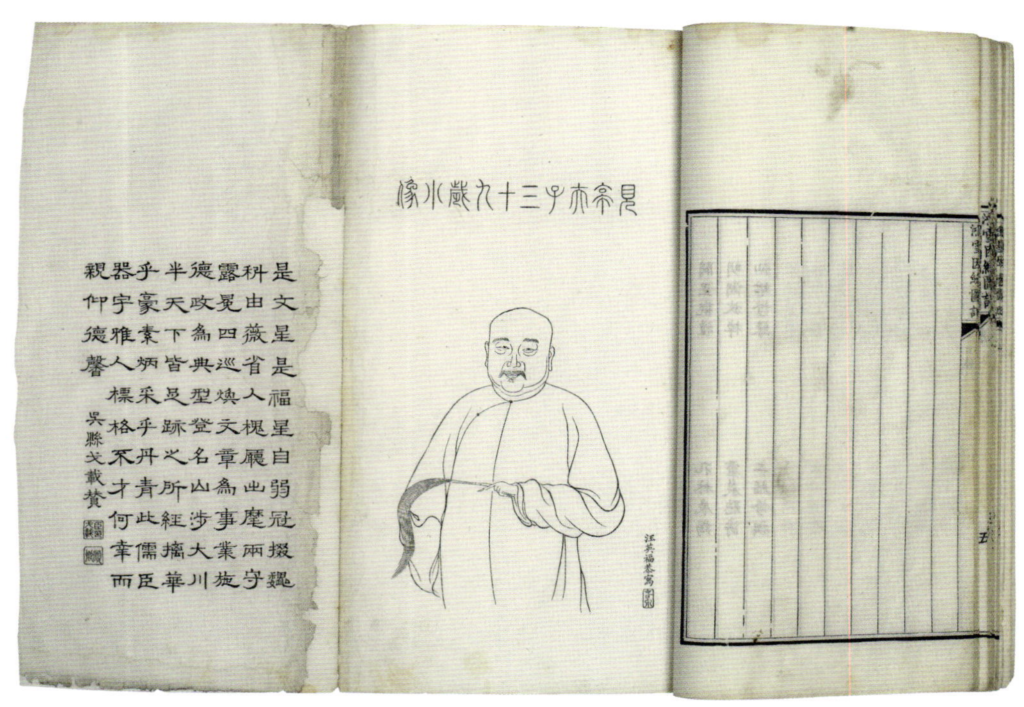
見亭夫子三十九歲小像

是文星是福星自弱冠掇巍科由薇省入槐廳出麾兩守露冕四巡煥文章為事業旋德政為典型登名山涉大川半天下皆足跡之所經摛華乎豪素炳采乎丹青此儒臣器宇雅人標格不才何幸而親仰德馨
吳縣戈載贊

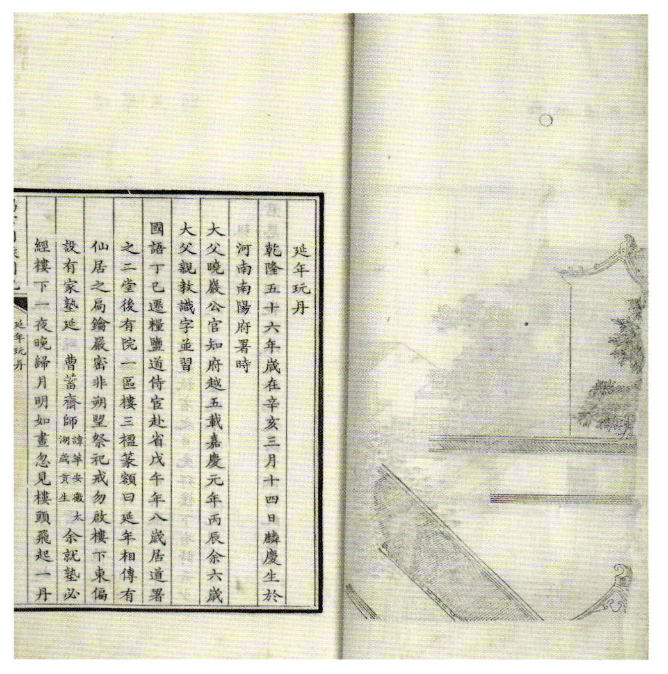

延年玩丹

乾隆五十六年歲在辛亥三月十四日麟慶生於

河南南陽府署時

大父晚巖公官知府越五載嘉慶元年丙辰余六歲

大父親教識字並習

國語丁巳遷糧鹽道侍官赴省戊午年八歲居道署

之二堂後有院一區樓三楹篆額曰延年相傳有

仙居之局鑰嚴密非朔望祭祀戒勿啟樓下東偏

設有家塾延 曹蓄齋師（諱華安徽太湖歲貢生）余就塾必

經樓下一夜晚歸月明如晝忽見樓頭飛起一丹

延年玩丹

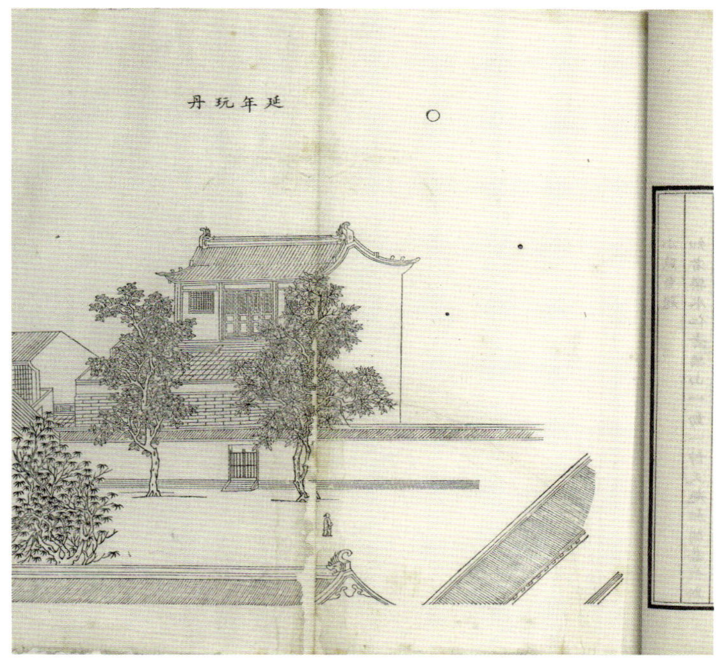

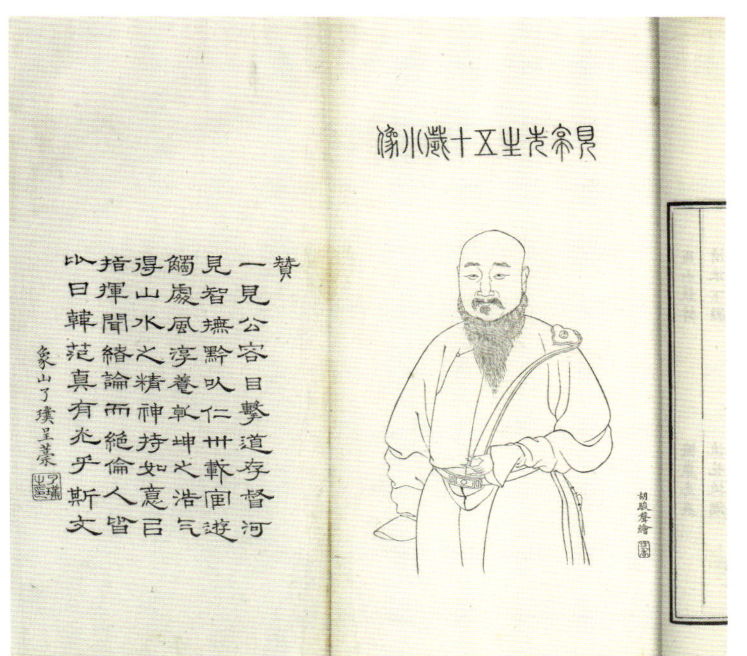

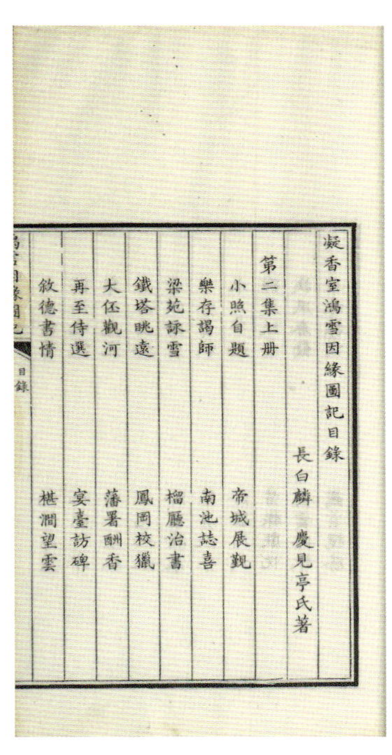

凝香室鴻雪因緣圖記目錄

長白麟慶見亭氏著

第二集上册

小照自題　帝城展覲

樂存謁師　南池誌喜

梁苑詠雪　榴廳治書

鐵塔眺遠　鳳岡校獵

大伾觀河　藩署酬香

再至侍選　宴臺訪碑

敘德書情　樾澗望雲

目錄

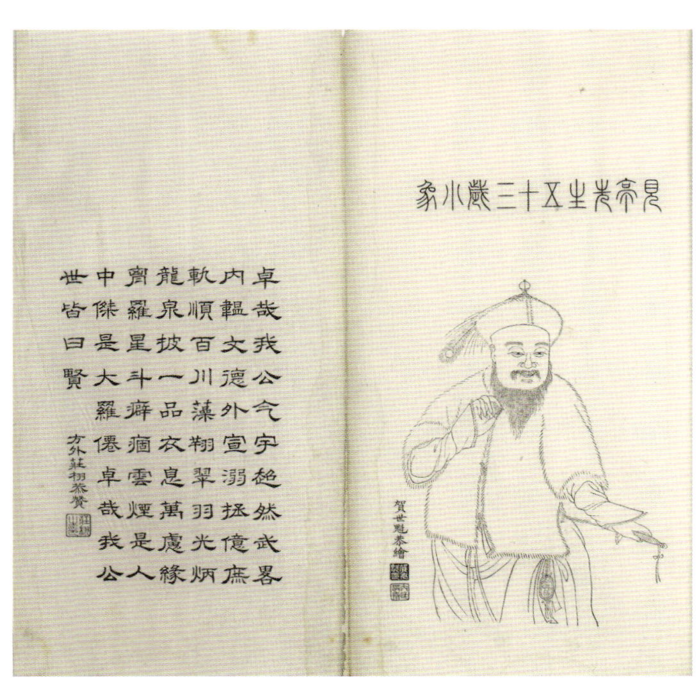

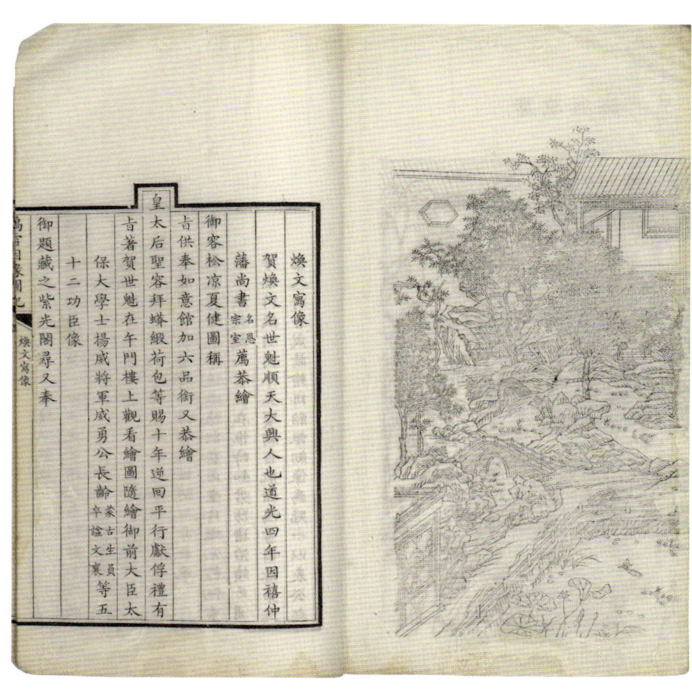

煥文寫像

賀煥文名世魁順天大興人也道光四年因禧仲

藩尚書名恩宗室薦恭繪

御容松涼夏健圖稱

旨供奉如意館加六品銜又恭繪

皇太后聖容拜蟒緞荷包等賜十年逆回平行獻俘禮有

旨著賀世魁在午門樓上觀看繪圖隨繪御前大臣太

保大學士揚威將軍威勇公長齡蒙古生員卒謚文襄等五

十二功臣像

御題藏之紫光閣尋又奉

贞冬老人行年自述

（清）甘煦编，赵世暹抄本。1 册 1 卷。

甘煦（1792–1858），字耆仁，号贞冬，江苏江宁（今南京）人。历任宝应、太平县教谕。著有《贞冬诗》等。

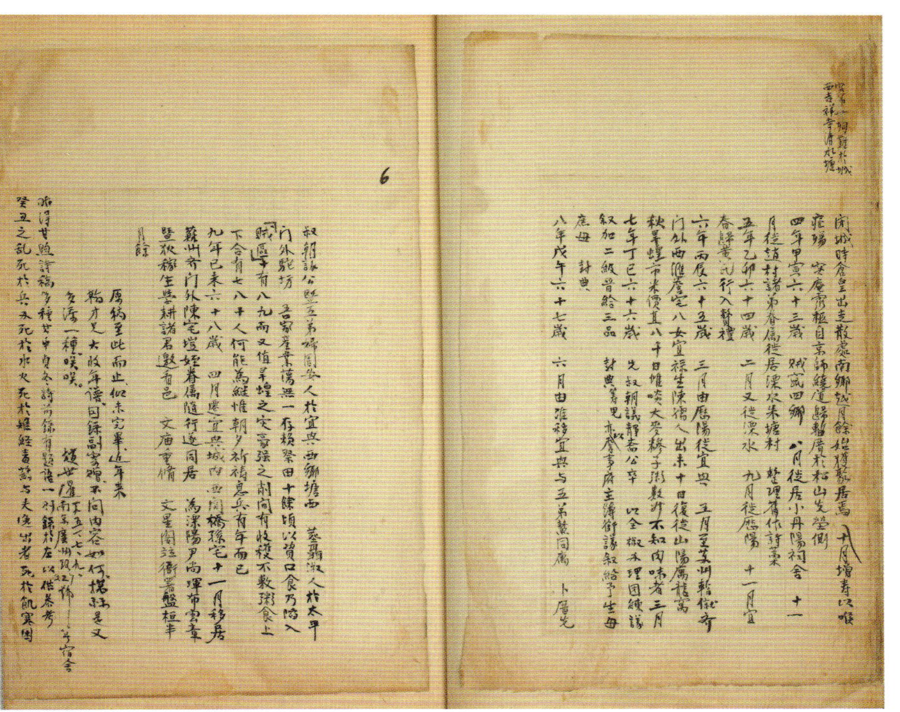

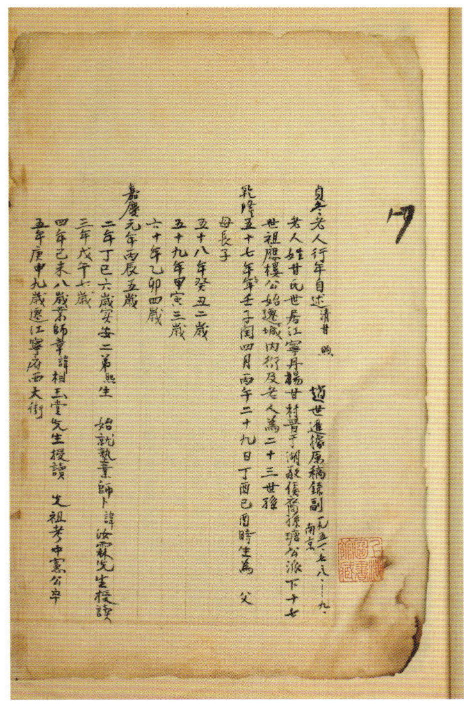

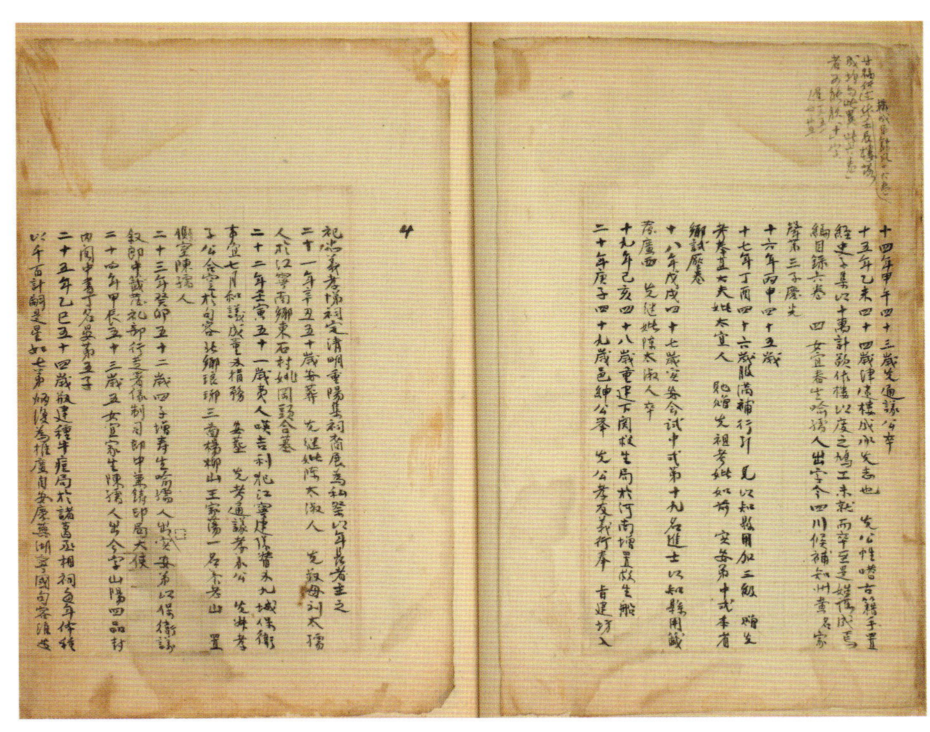

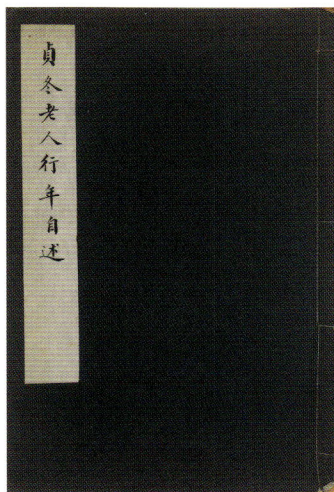

邵阳魏府君事略

（清）魏耆编，清咸丰八年刻本。1 册 1 卷。

魏源（1794 — 1856），原名远达，字默深，一字墨生，又字汉士，号良图，湖南邵阳人。清道光二十五年（1845）进士。历任东台、兴化知县，高邮知州。晚年潜心佛学，法名承贯。著有《海国图志》等。

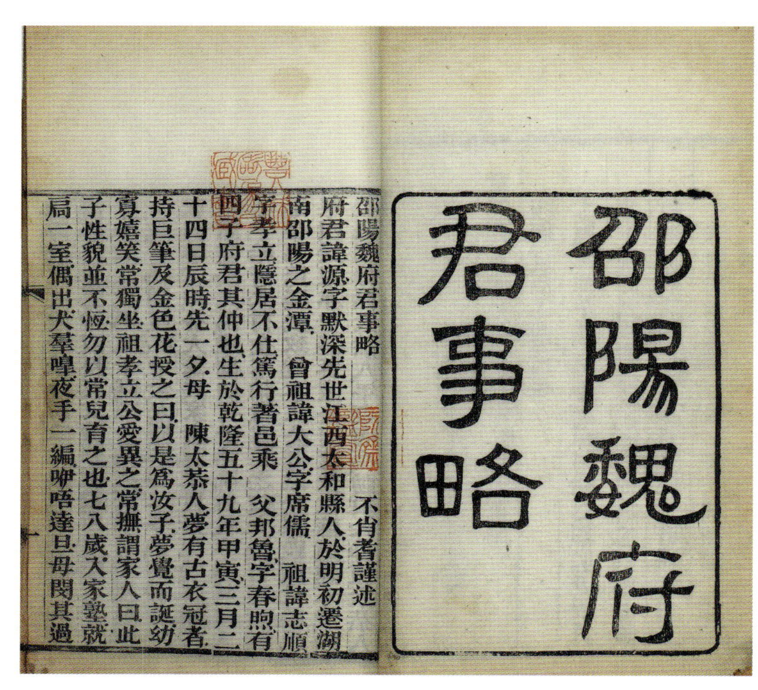

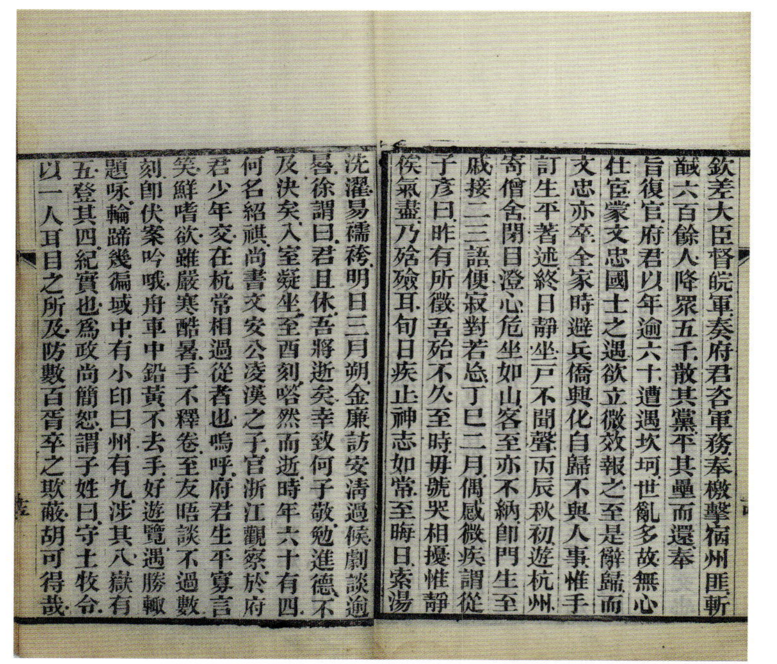

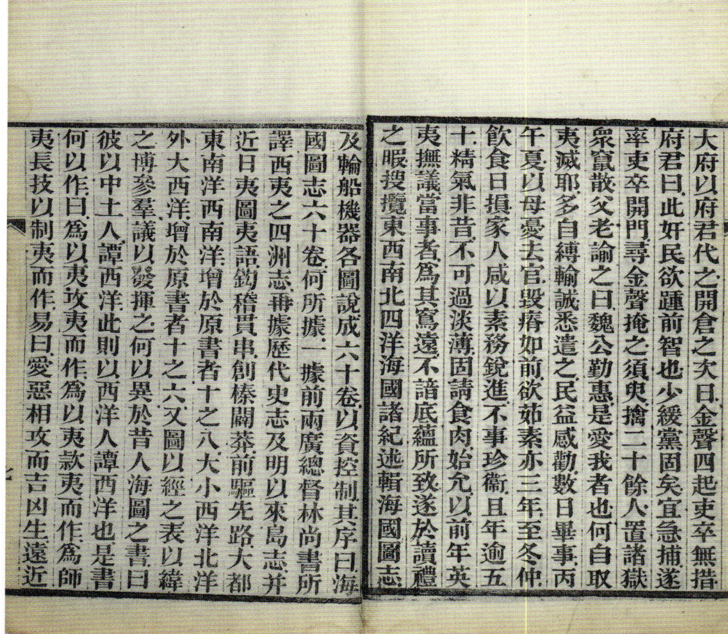

先文端公年谱

（清）翁心存编，（清）翁同书续编，清同治间常熟翁氏家刻本。1 册 1 卷。

翁心存（1791—1862），字二铭，号邃庵，江苏常熟人。清道光二年（1822）进士。历任翰林院编修，大理寺少卿，内阁学士，顺天府尹，工、户、兵、吏部尚书，体仁阁大学士等。著有《知止斋诗文集》。

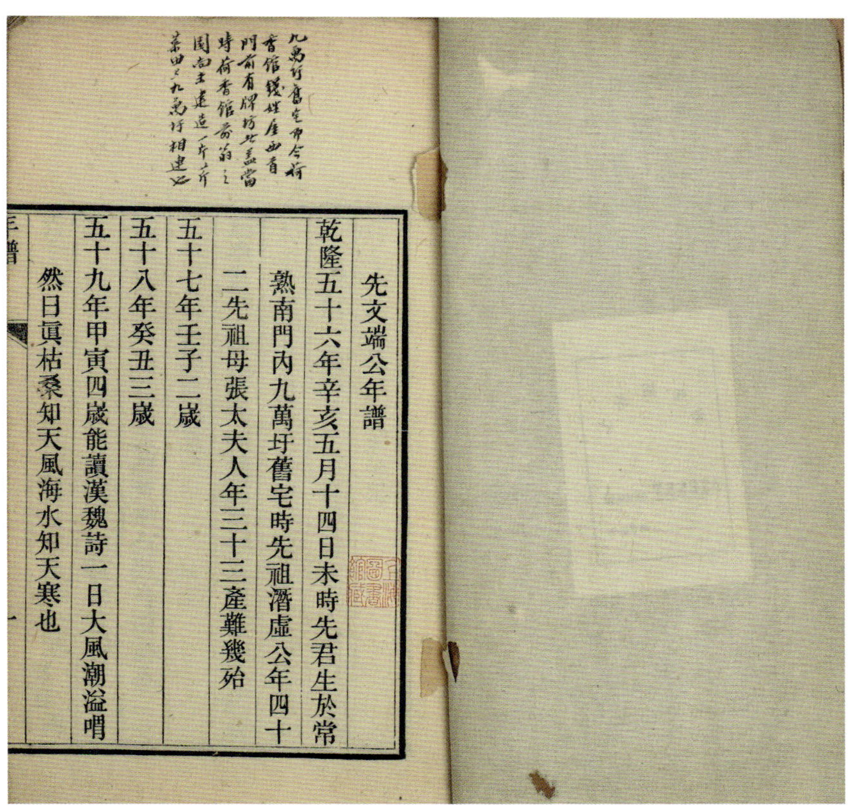

先文端公年譜

乾隆五十六年辛亥五月十四日未時先君生於常熟南門內九萬圩舊宅時先祖潛虛公年四十二先祖母張太夫人年三十三產難幾殆

五十七年壬子二歲

五十八年癸丑三歲

五十九年甲寅四歲能讀漢魏詩一日大風潮溢喟然日眞枯桑知天風海水知天寒也

命分獻
賜臨雍御論閱覆試舉人卷是時粵寇陷金陵先君疏
陳八事一速合剿以挫賊鋒一添重兵以守江
淮一清捻匪以防滋蔓一覈浮冒以收實用一
卹災黎以甦民困一培元氣以固民心一籌糧
食以實倉儲一振紀綱以維根本三月與賈公
楨朱公鳳標疏薦江忠源請畀統帥重任是月
命偕閣臣會同戶部統籌內外軍餉　派大挑舉人四
月移寓南橫街閱覆試貢士卷進士　朝考卷
盤查銀庫監視鎔化金鐘凡黃鐘二太簇一皆
乾隆五十五年所鑄鎛鐘也五月至通州驗海
運米復偕賈公朱公疏陳防剿事宜調刑部尚
書越二日仍調工部尚書
命兼管順天府府尹事務七月閱考試國子監學正學
錄卷八月恭和
御製自述詩查勘京師內外城墻九月粵匪北竄時天

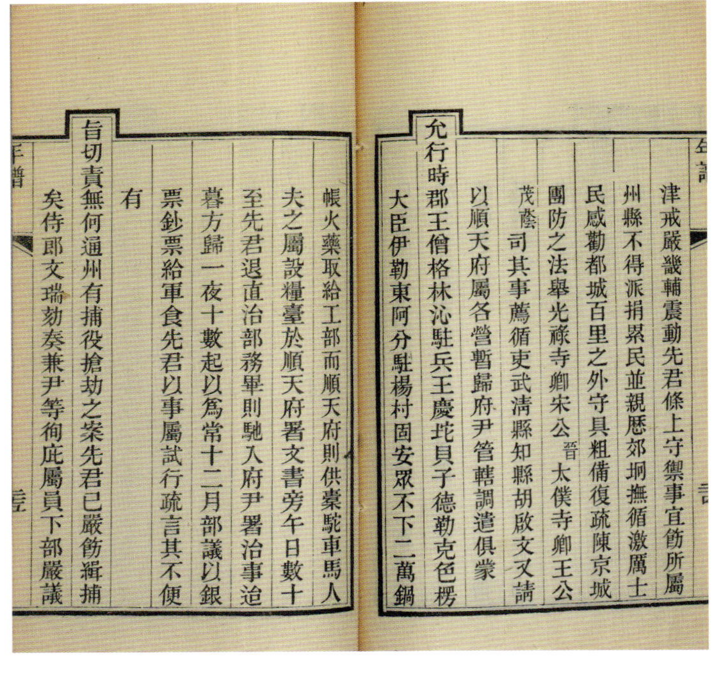
津戒嚴畿輔震動先君條上守禦事宜飭所屬
州縣不得派捐累民並親歷郊垌撫循激厲士
民咸勸都城百里之外守具粗備復疏陳京城
團防之法舉光祿寺卿宋公晉太僕寺卿王公
茂蔭司其事薦循吏武清縣知縣胡啟文又請
以順天府屬各營暫歸府尹管轄調遣俱蒙
允行時郡王僧格林沁駐兵王慶坨貝子德勒克色楞
大臣伊勒東阿分駐楊村固安眾不下二萬餉
帳火藥取給工部而順天府則供槀駝車馬人
夫之屬設糧臺於順天府署文書旁午日數十
至先君退直治部務畢則馳入府尹署治事迨
暮方歸一夜十數起以爲常十二月部議以銀
票鈔票給軍食先君以事屬試行疏言其不便
有
旨切責無何通州有捕役搶劫之案先君已嚴飭緝捕
矣侍郎文瑞劾奏兼尹等徇庇屬員下部嚴議

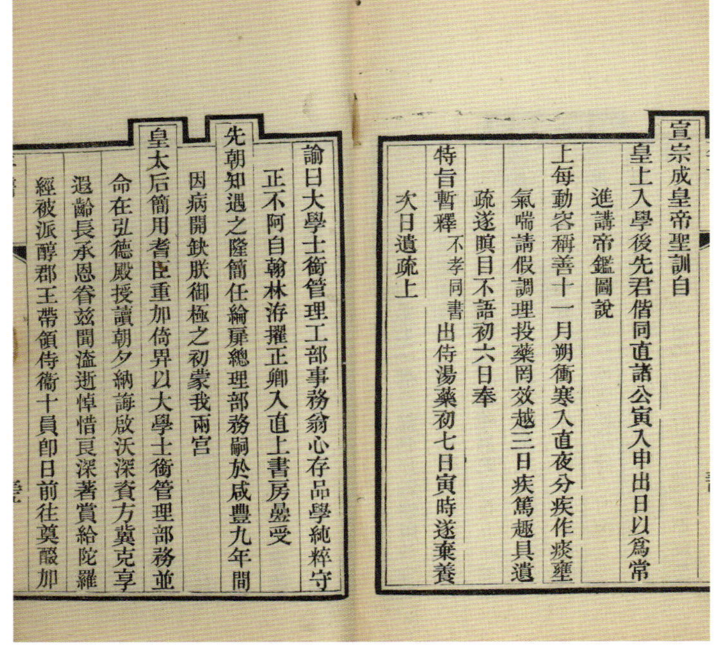
宣宗成皇帝聖訓自
皇上入學後先君偕同直諸公寅入申出日以爲常
進講帝鑑圖說
上每動容稱善十一月朔衝寒入直夜分疾作痰壅
氣喘請假調理投藥罔效越三日疾篤趣具遺
疏遂瞑目不語初六日奉
特旨暫釋不孝同書出侍湯藥初七日寅時遂棄養
次日遺疏上
諭曰大學士銜管理工部事務翁心存品學純粹守
正不阿自翰林洊擢正卿入直上書房壘受
先朝知遇之隆簡任綸扉總理部務嗣於咸豐九年間
因病開缺朕御極之初蒙我兩宮
皇太后簡用耆臣重加倚畀以大學士銜管理部務並
命在弘德殿授讀朝夕納誨啟沃深資方冀克享
遐齡長承恩眷茲聞溘逝悼惜良深著賞給陀羅
經被派醇郡王帶領侍衛十員即日前往奠醊加

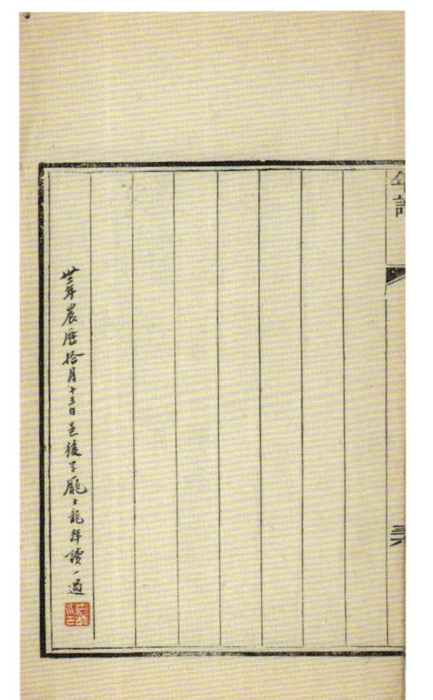

吴引之自订年谱

（清）吴艾生编，稿本。1 册 1 卷。

吴艾生（1812–1885），字引之，江苏吴县（今属苏州）人。清嘉庆二十四年（1819）进士。历任工部主事、都水司员外郎、衢州知府、督办海塘省局等。

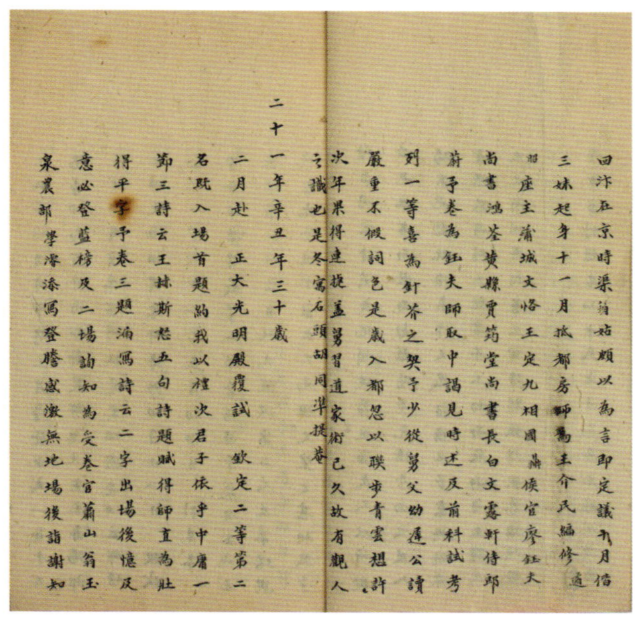

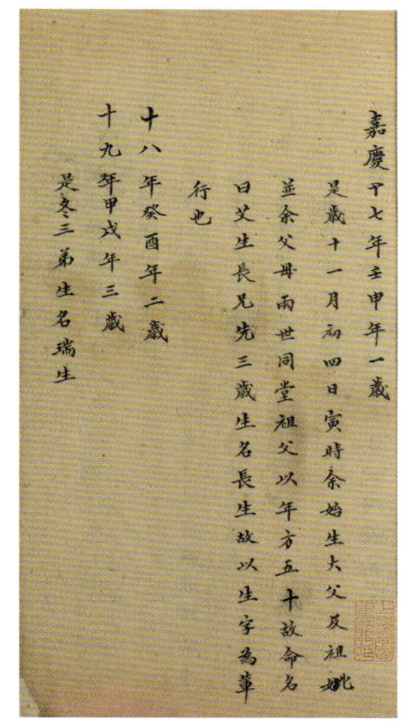

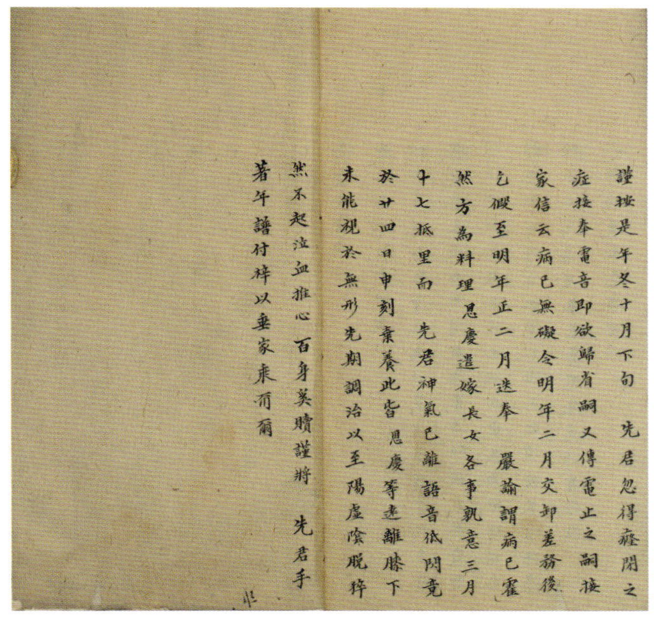

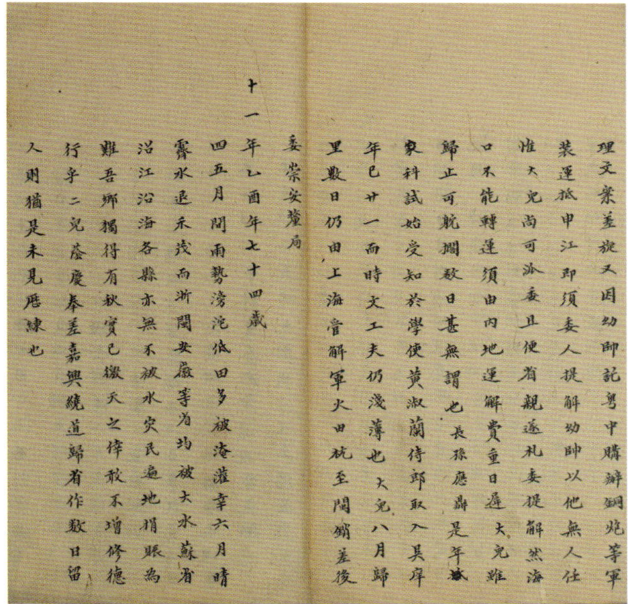

顨斋自订年谱

（清）翁同书编，（清）翁同龢补，清刻本。1 册 1 卷。是谱纪事至咸丰七年（1857）。

翁同书（1810–1865），字祖庚，号药房，江苏常熟人。清道光二十年（1840）进士。历任贵州学政、安徽巡抚等。同治元年（1862）以寿州失守罪发配至都兴阿军中效力。著有《顨斋杂志》等。

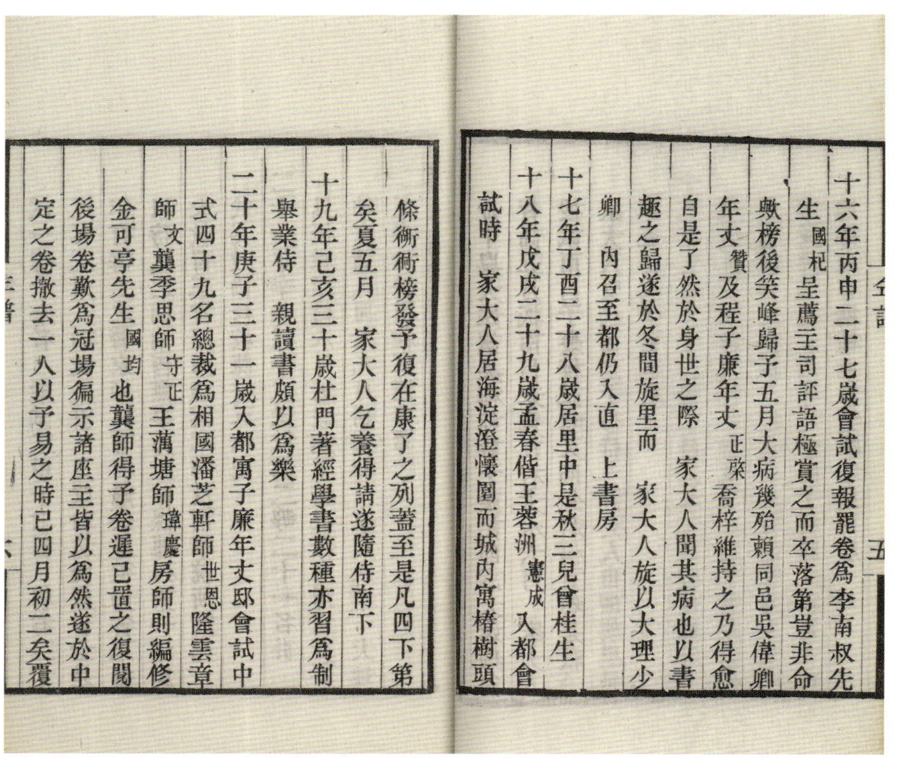

十六年丙申二十七歲會試復報罷卷爲李南叔先
生國杞呈薦主司評語極賞之而卒落第豈非命
歟榜後笑峰歸子五月大病幾殆賴同邑吳偉卿
年丈贊及程子廉年丈正榮喬梓維持之乃得愈
自是了然於身世之際　家大人聞其病也以書
趣之歸遂於冬間旋里而　家大人旋以大理少
卿　內召至都仍入直　上書房
十七年丁酉二十八歲居里中是秋三兒曾桂生
十八年戊戌二十九歲孟春偕王礱洲憲成入都會
試時　家大人居海淀澄懷園而城內寓椿樹頭

條衕衕榜發予復在康了之列蓋至是凡四下第
矣夏五月　家大人乞養得請遂隨侍南下
十九年己亥三十歲杜門著經學書數種亦習爲制
舉業侍　親讀書頗以爲樂
二十年庚子三十一歲入都寓子廉年丈邸會試中
式四十九名總裁爲相國潘芝軒師世恩隆雲章
師文　龔季思師守正王藕塘師瑋慶房師則編修
金可亭先生國均也龔師得予卷遲已置之復閱
後場卷歎爲冠場徧示諸座主皆以爲然遂於中
定之卷撤去一人以予易之時已四月初二矣覆

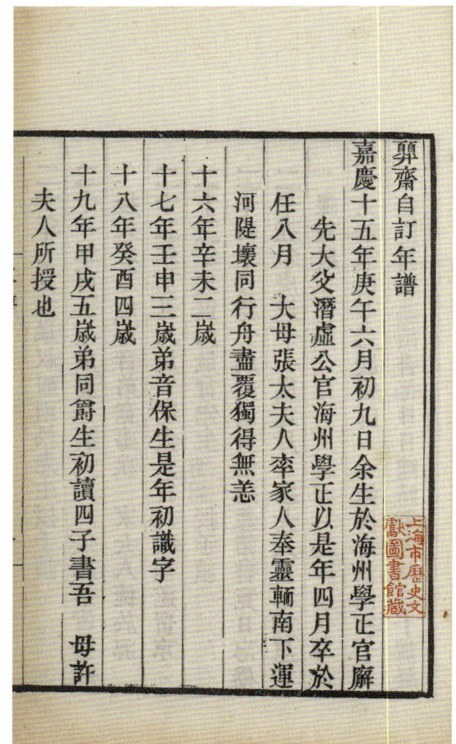

顨齋自訂年譜
嘉慶十五年庚午六月初九日余生於海州學正官廨
先大父潛虛公官海州學正以是年四月卒於
任八月　大母張太夫人率家人奉靈輀南下運
河隄壞同行舟盡覆獨得無恙
十六年辛未二歲
十七年壬申三歲弟音保生是年初識字
十八年癸酉四歲
十九年甲戌五歲弟同爵生初讀四子書吾　母許
夫人所授也

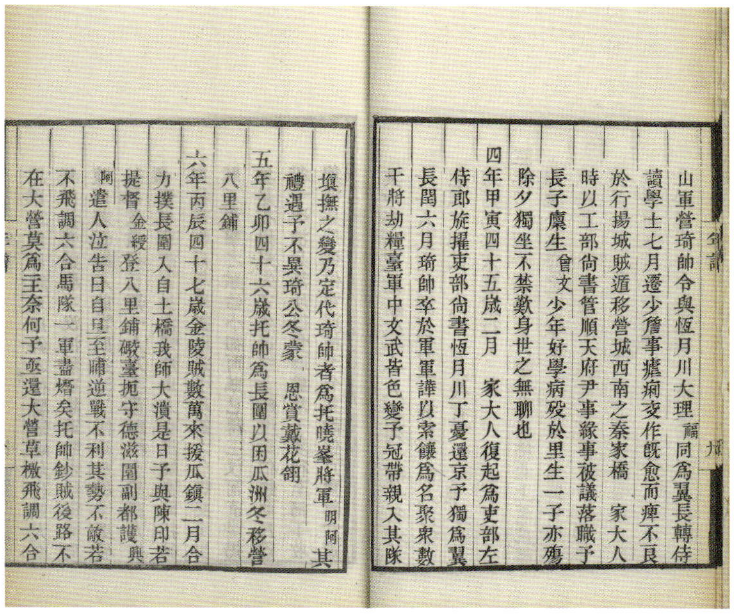

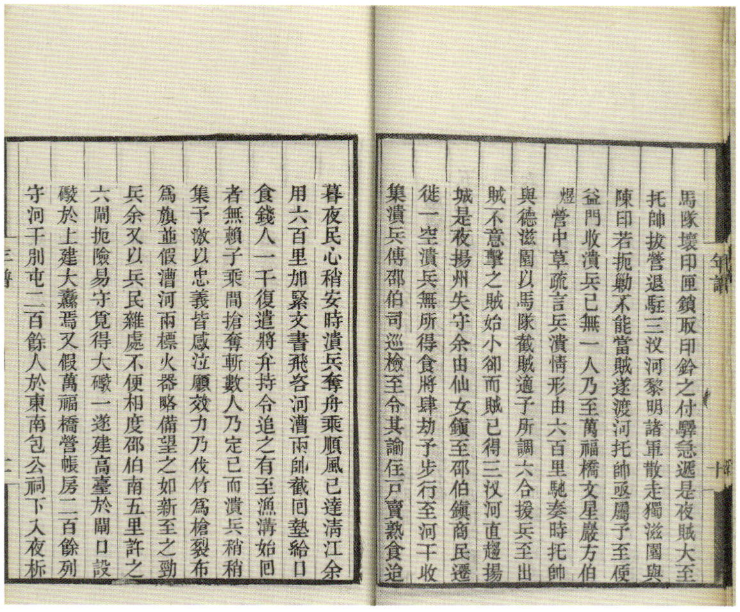

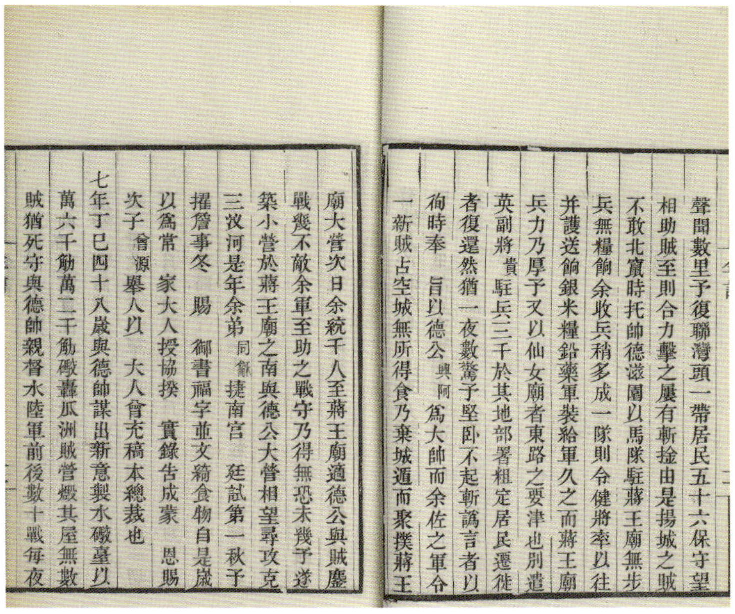

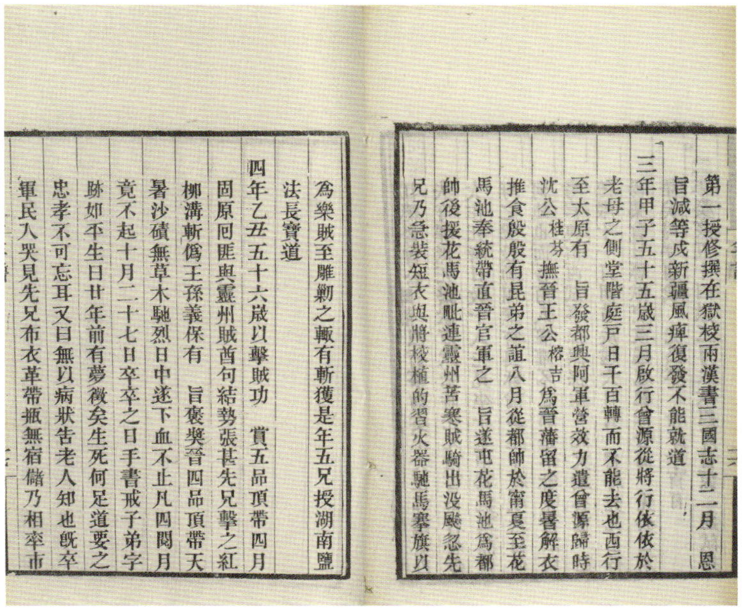

山軍營琦帥令與恆月川大理福同爲翼長轉侍
讀學士七月遷少詹事瘧痢交作旣愈而痺不良
於行揚城賊遁移營城西南之秦家橋　家大人
時以工部尚書管順天府尹事緣事被議落職予
長子虞生會文少年好學病歿於里生一子亦殤
除夕獨坐不禁歎身世之無聊也
四年甲寅四十五歲二月　家大人復起爲吏部左
侍郎旋擢吏部尚書恆月川丁憂還京予獨爲翼
長閏六月琦帥卒於軍軍譁以索饟爲名聚衆數
千將劫糧臺軍中文武皆色變予冠帶親入其隊

塡撫之變乃定代琦帥者爲托曉峯將軍明阿其
禮遇予不異琦公冬蒙　恩賞戴花翎
五年乙卯四十六歲托帥爲長圍以困瓜洲冬移營
八里鋪
六年丙辰四十七歲金陵賊數萬來援瓜鎮二月合
力撲長圍入自土橋我師大潰是日予與陳印若
提督金綬登八里鋪礮臺扼守德滋圃副都護興
阿遣人泣告曰自旦至晡逆戰不利其勢不敵若
不飛調六合馬隊一軍盡熸矣托帥鈔賊後路不
在大營莫爲主奈何予亟還大營草檄飛調六合

馬隊壞印匣鎖取印鈐之付驛急遞是夜賊大至
托帥拔營退駐三汊河黎明諸軍散走獨滋圃與
陳印若扼勦不能當賊遂渡河托帥亟屬予至便
益門收潰兵已無一人乃至萬福橋文星巖方伯
煜營中草疏言兵潰情形由六百里馳奏時托帥
與德滋圃以馬隊截賊適予所調六合援兵至出
賊不意擊之賊始小卻而賊已得三汊河直趨揚
城是夜揚州失守余由仙女鎭至邵伯鎭商民遷
徙一空潰兵無所得食將肆劫予步行至河干收
集潰兵傳邵伯司巡檢至令其諭住戶實熟食追

暮夜民心稍安時潰兵奪舟乘順風已達清江余
用六百里加緊文書飛咨河漕兩帥截回埶給口
食錢人一千復遣將弁持令追之有至漁溝始回
者無賴子乘間搶奪斬數人乃定已而潰兵稍稍
集予激以忠義皆感泣願效力乃伐竹爲槍裂布
爲旗並假漕河兩標火器略備望之如新至之勁
兵余又以兵民雜處不便相度邵伯南五里許之
六閘扼險易守覓得大礮一遂建高臺於閘口設
礮於上建大纛焉又假萬福橋營帳房二百餘列
守河干別屯二百餘人於東南包公祠下入夜柝

聲聞數里予復聯灣頭一帶居民五十六保守望
相助賊至則合力擊之屢有斬捡由是揚城之賊
不敢北竄時托帥德滋圃以馬隊駐蔣王廟無步
兵無糧餉余收兵稍多成一隊則令健將率以往
并護送餉銀米糧鉛藥軍裝給軍久之而蔣王廟
兵力乃厚予又以仙女廟者東路之要津也別遣
英副將貴駐兵三千於其地部署粗定居民遷徙
者復還然猶一夜數驚予堅卧不起斬譌言者以
徇時奉　旨以德公興阿爲大帥而余佐之軍令
一新賊占空城無所得食乃棄城遁而聚撲蔣王

廟大營次日余統千人至蔣王廟適德公與賊鏖
戰幾不敵余軍至助之戰守乃得無恐未幾予遂
築小營於蔣王廟之南與德公大營相望尋攻克
三汊河是年余弟同龢捷南宮　廷試第一秋予
擢詹事冬　賜　御書福字並文綺食物自是歲
以爲常　家大人授協揆　實錄告成蒙　恩賜
次子曾源舉人以　大人曾充稿本總裁也
七年丁巳四十八歲與德帥謀出新意製水礮臺以
萬六千觔萬二千觔礮轟瓜洲賊營燬其屋無數
賊猶死守與德帥親督水陸軍前後數十戰每夜

第一授修撰在獄校兩漢書三國志十二月　恩
旨減等戍新疆風痺復發不能就道
三年甲子五十五歲三月啟行曾源從將行依依於
老母之側堂階庭戶日千百轉而不能去也西行
至太原有　旨發都興阿軍營效力遣曾源歸時
沈公桂芬撫晉王公榕吉爲晉藩留之度暑解衣
推食殷殷有昆弟之誼八月從都帥於甯夏至花
馬池奉統帶直晉官軍之　旨遂屯花馬池爲都
帥後援花馬池毗連靈州苦寒賊騎出沒飈忽先
兄乃急裝短衣與將校櫳的習火器驟馬搴旗以

爲樂賊至雕勦之輒有斬獲是年五兄授湖南鹽
法長寶道
四年乙丑五十六歲以擊賊功　賞五品頂帶四月
固原回匪與靈州賊酋句結勢張甚先兄擊之紅
柳溝斬僞王孫義保有　旨褒獎晉四品頂帶天
暑沙磧無草木馳烈日中遂下血不止凡四閱月
竟不起十月二十七日卒卒之日手書戒子弟字
跡如平生曰廿年前有夢徵矣生死何足道要之
忠孝不可忘耳又曰無以病狀告老人知也旣卒
軍民入哭見先兄布衣革帶摒無宿儲乃相率市

先考翁公玉甫府君年谱

（清）翁曾纯等编，抄本。1 册 1 卷。是谱一名《常熟翁玉甫中丞年谱》。

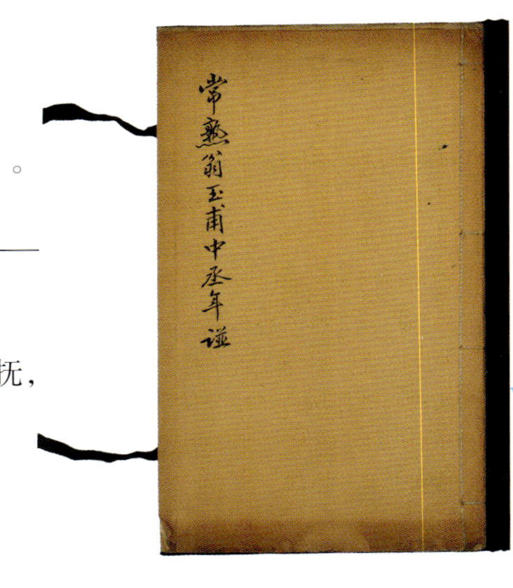

翁同爵（1814–1877），字玉甫，江苏常熟人。历任陕西、湖北巡抚，湖广总督等。著有《皇朝兵制考略》等。

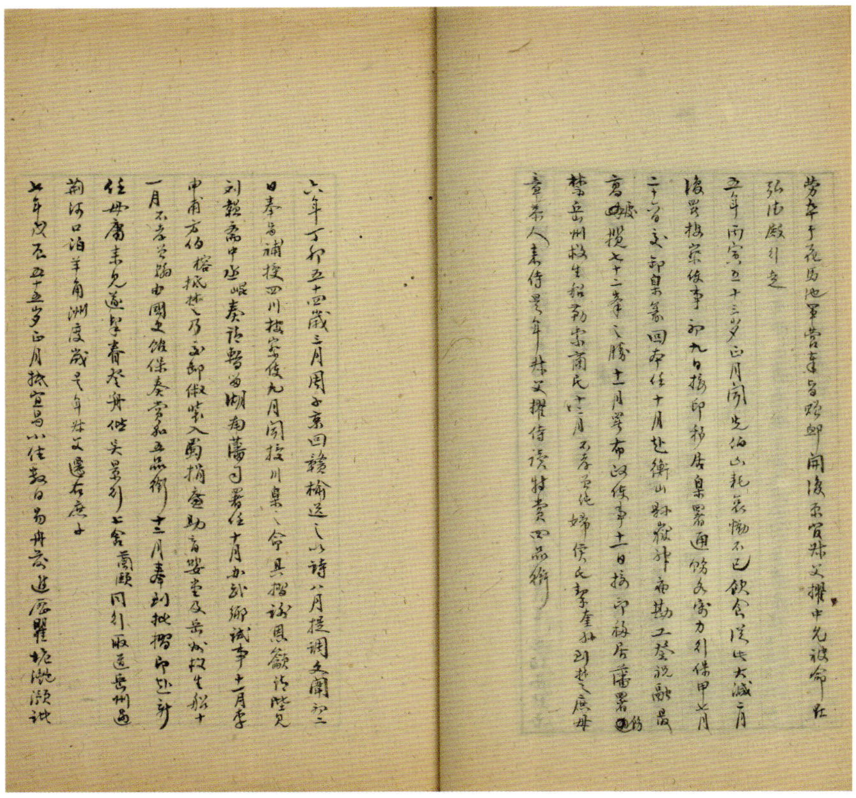

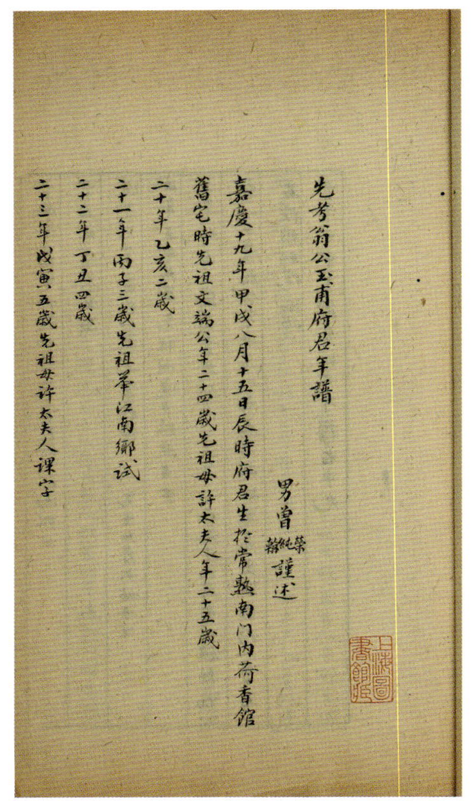

先考翁公玉甫府君年譜

男曾纯 荣 翰 謹述

嘉慶十九年甲戌八月十五日辰時府君生於常熟南门内荷香館舊宅時先祖文端公年二十四歲先祖母許太夫人年二十五歲

二十年乙亥二歲

二十一年丙子三歲先祖舉江南鄉試

二十二年丁丑四歲

二十三年戊寅五歲先祖母許太夫人課字

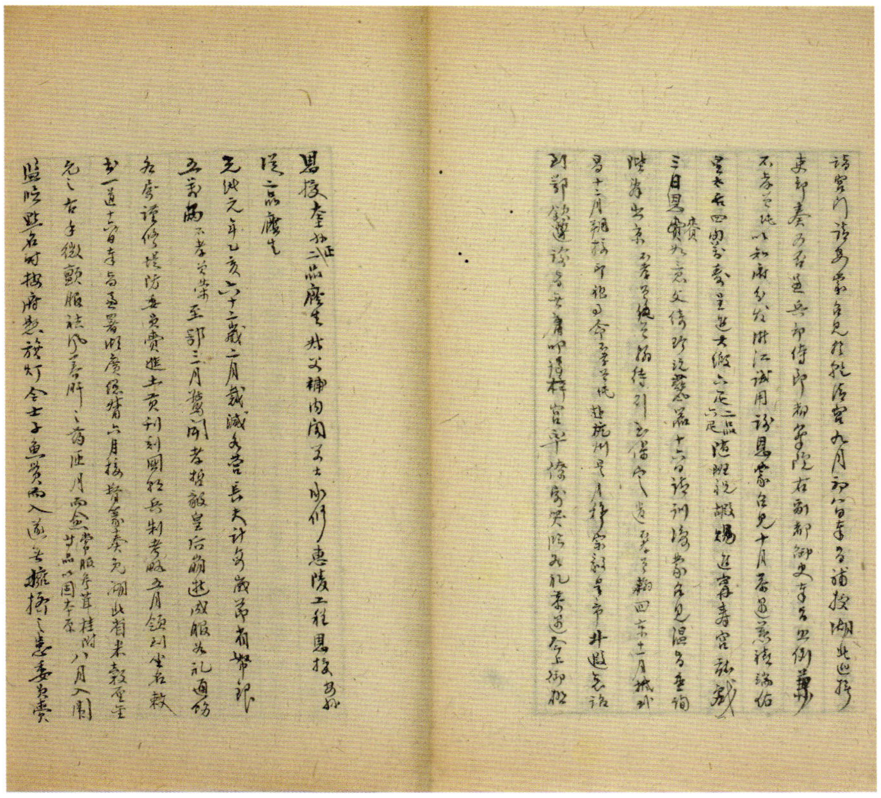

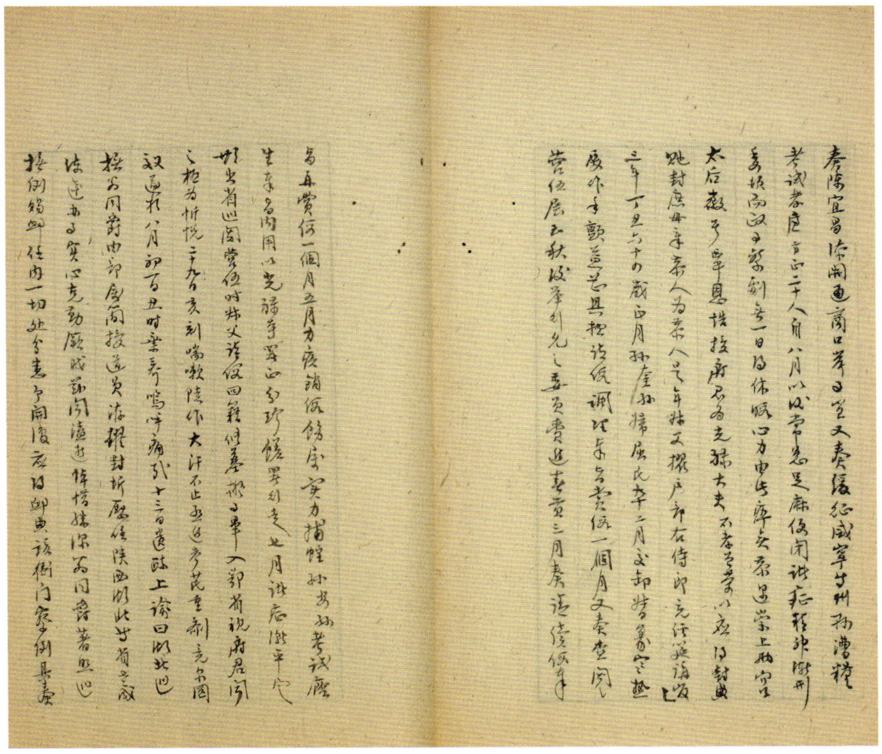

韡园自定年谱

（清）潘霨编，民国三十七年上海合众图书馆抄本。1 册 1 卷。

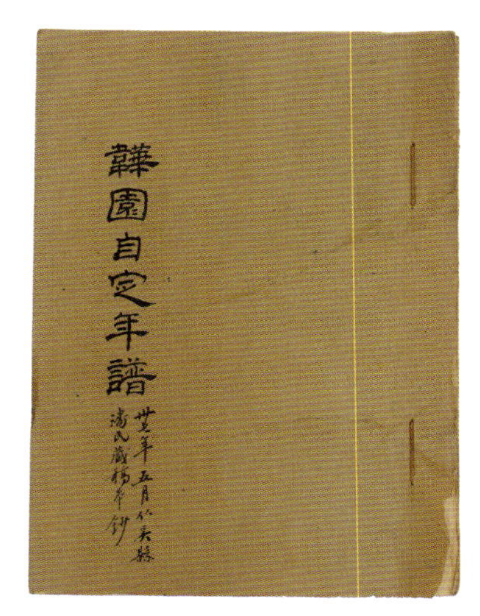

潘霨（1816–？），初字燕山，改字伟如，号韡园，晚号心岸，江苏吴县（今属苏州）人。历任天津知县、浙江盐运使、山东按察使、福建布政使、台湾海防帮办，湖北、江西、贵州巡抚等。

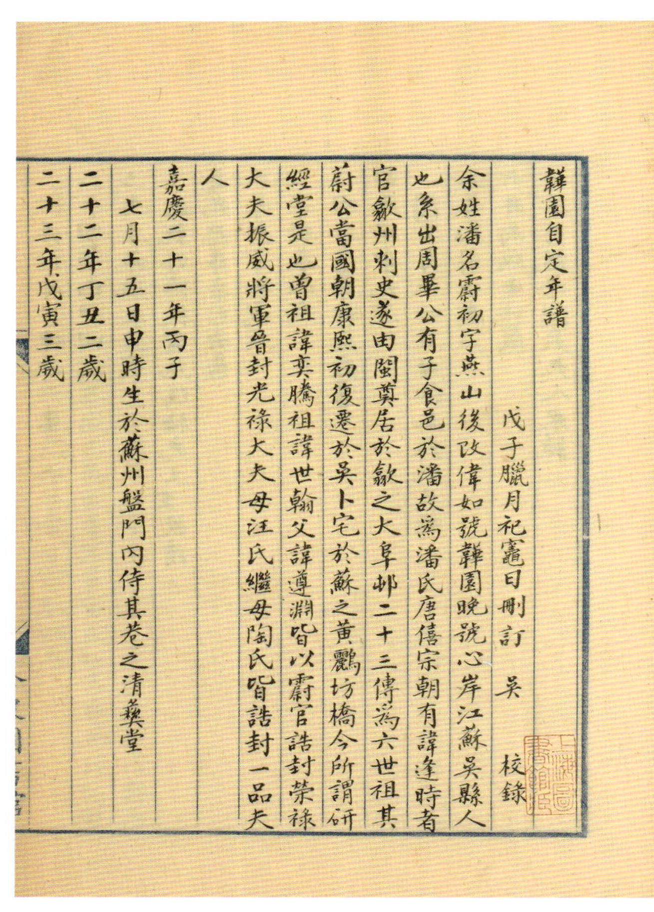

韡園自定年譜

戊子臘月祀竈日刪訂　吳　校錄

余姓潘名霨初字燕山後改偉如號韡園晚號心岸江蘇吳縣人也系出周畢公有子食邑於潘故為潘氏唐僖宗朝有諱逢時者官歙州刺史遂由閩奠居於歙之大阜邨二十三傳為六世祖其蔚公當國朝康熙初復遷於吳卜宅於蘇之黃鸝坊橋今所謂研經堂是也曾祖諱奕騰祖諱世翰父諱遵淵皆以霨官誥封榮祿大夫振威將軍晉封光祿大夫母汪氏繼母陶氏皆誥封一品夫人

嘉慶二十一年丙子

七月十五日申時生於蘇州盤門內侍其巷之清藥堂

二十二年丁丑二歲

二十三年戊寅三歲

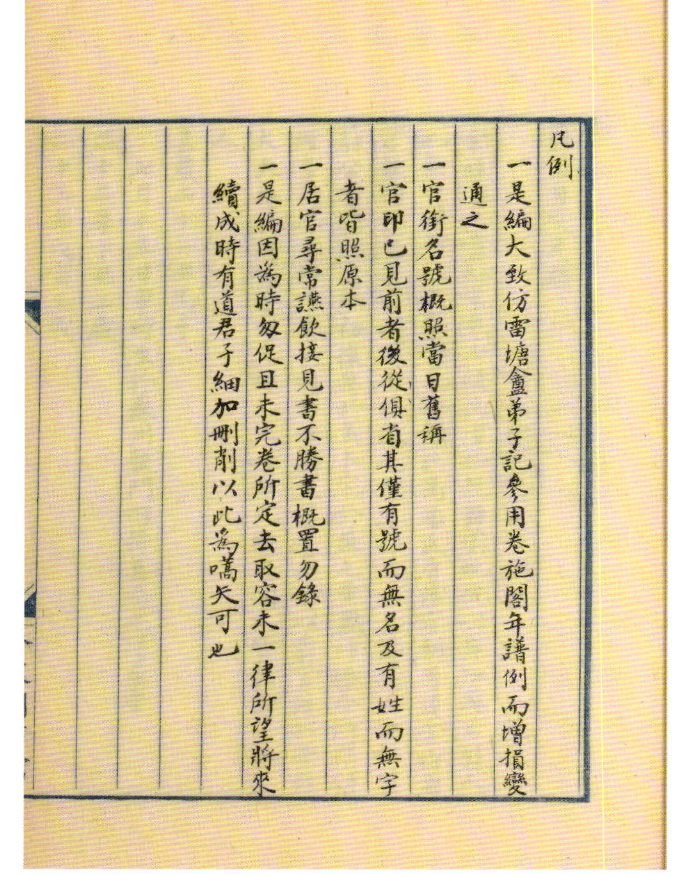

凡例

一是編大致仿雷塘盦弟子記參用卷施閣年譜例而增損變通之

一官銜名號概照當日舊稱

一官印已見前者後從省其僅有號而無名及有姓而無字者皆照原本

一居官尋常讌飲接見書不勝書概置勿錄

一是編因爲時匆促且未完卷所定去取容未一律所望將來續成時有道君子細加刪削以此爲嚆矢可也

年谱

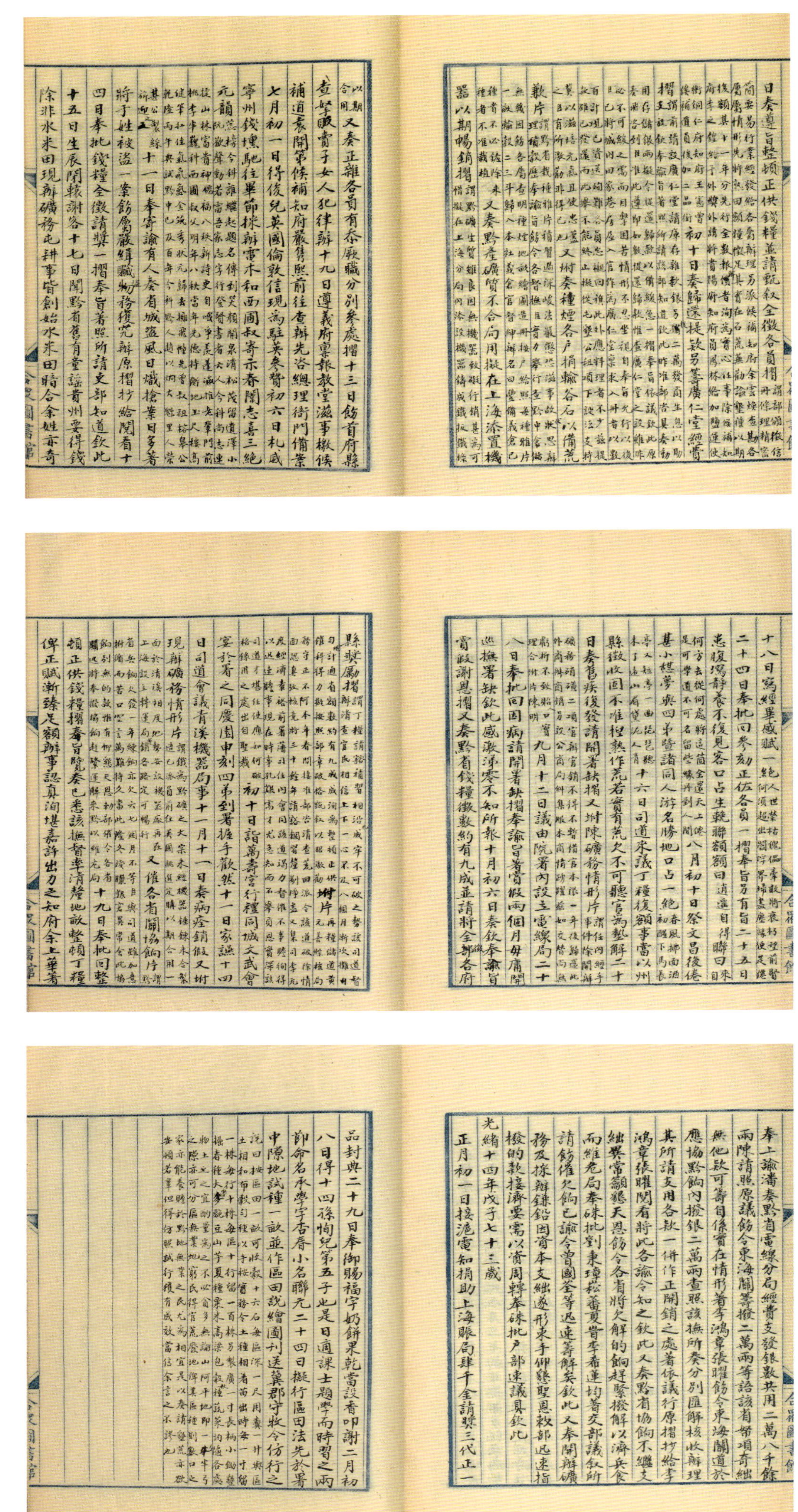

乐寿堂主人自订年谱

（清）桑树勳编，稿本。1 册 1 卷。是谱纪事至清光绪十八年（1892）。

桑树勳（1819–？），名大生，字天德，小字雅南，后改树勳，江苏苏州人。历任候补知县、幕僚等。

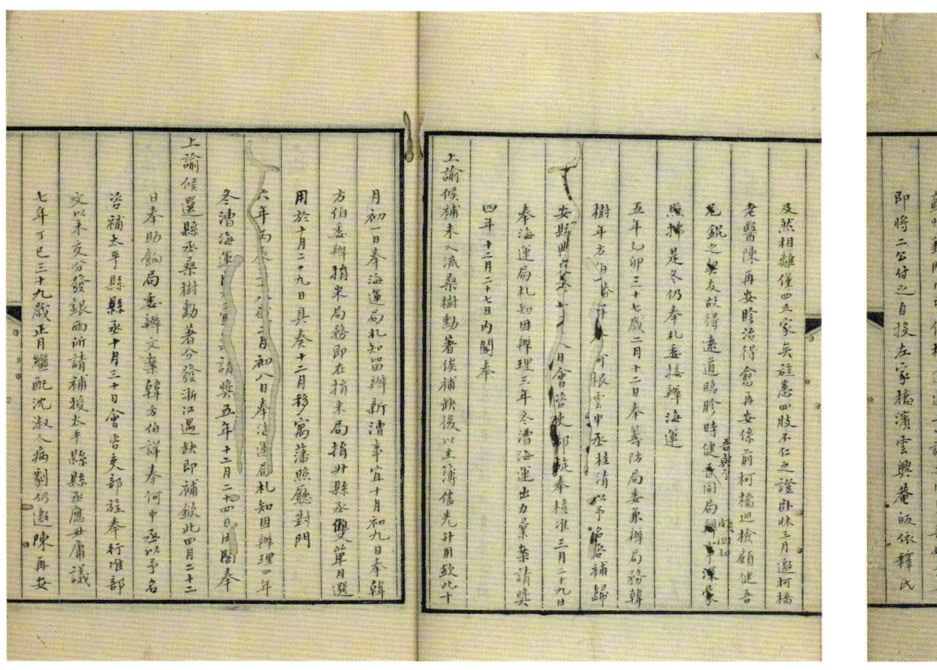

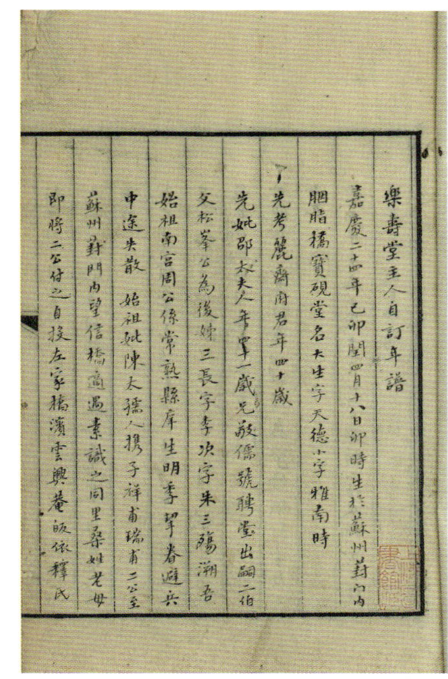

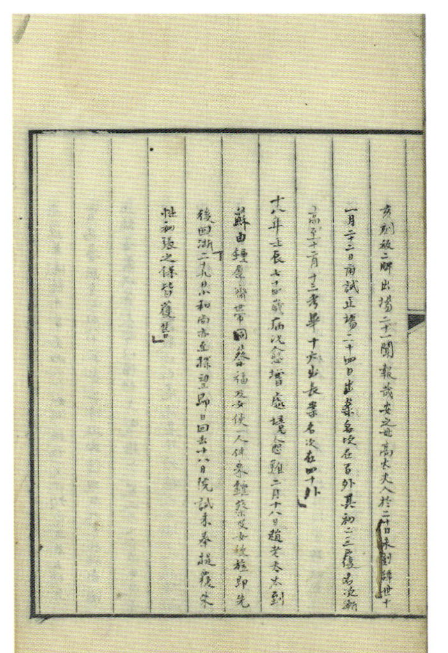

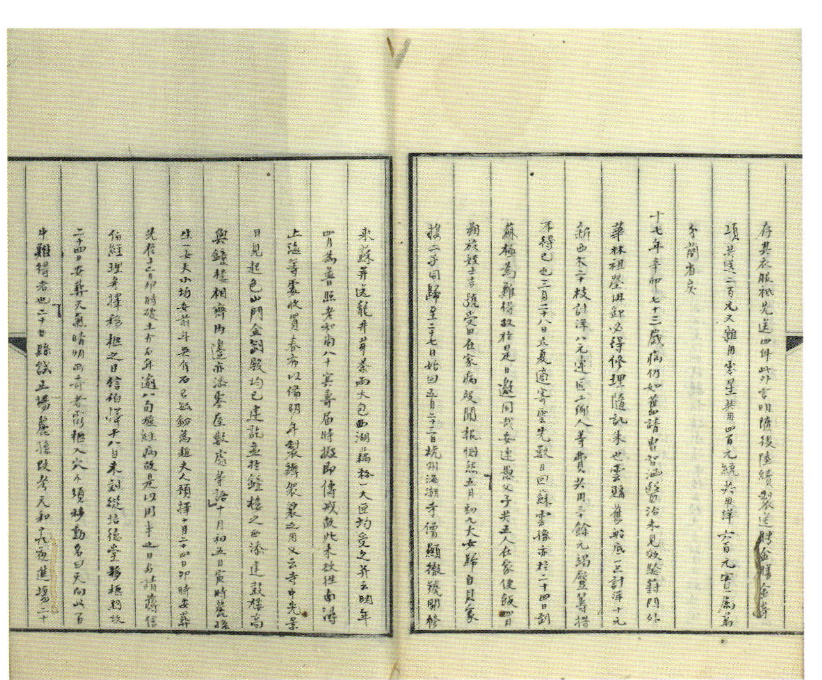

俞曲园先生年谱

徐澄编，抄本。1 册 1 卷。

俞樾（1821 — 1907），字荫甫，号曲园，晚号曲园居士，浙江德清人。清道光三十年（1850）进士。历任翰林院编修、河南学政。以事罢官，永不叙用。以读书、教育、著书为生。著有《春在堂全集》。

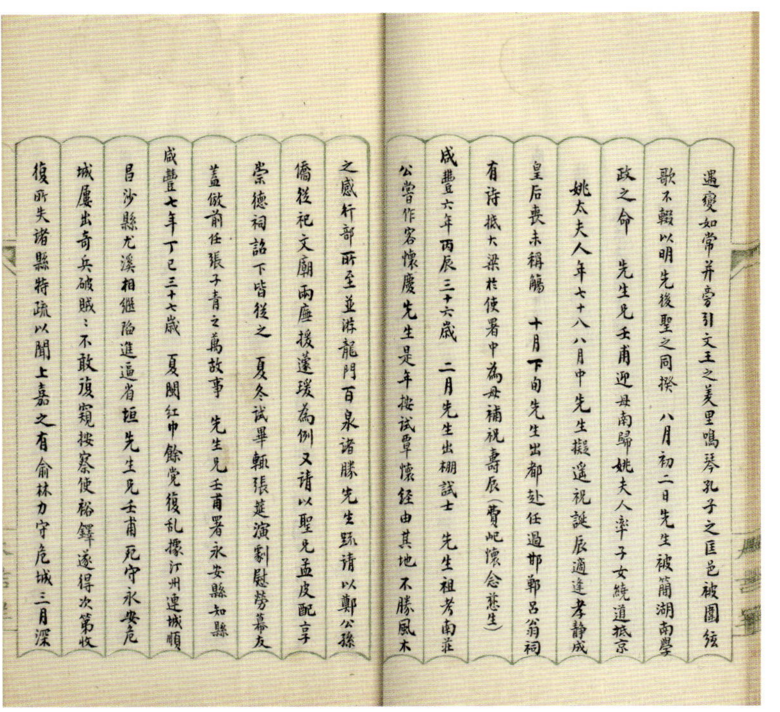

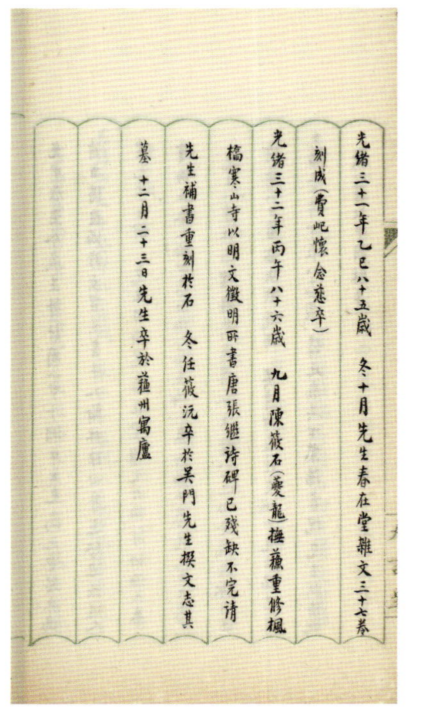

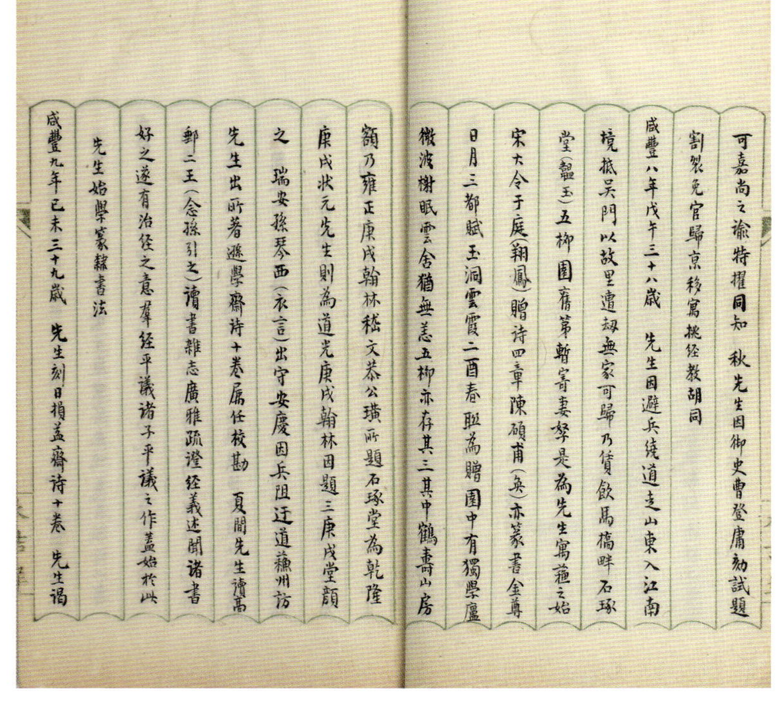

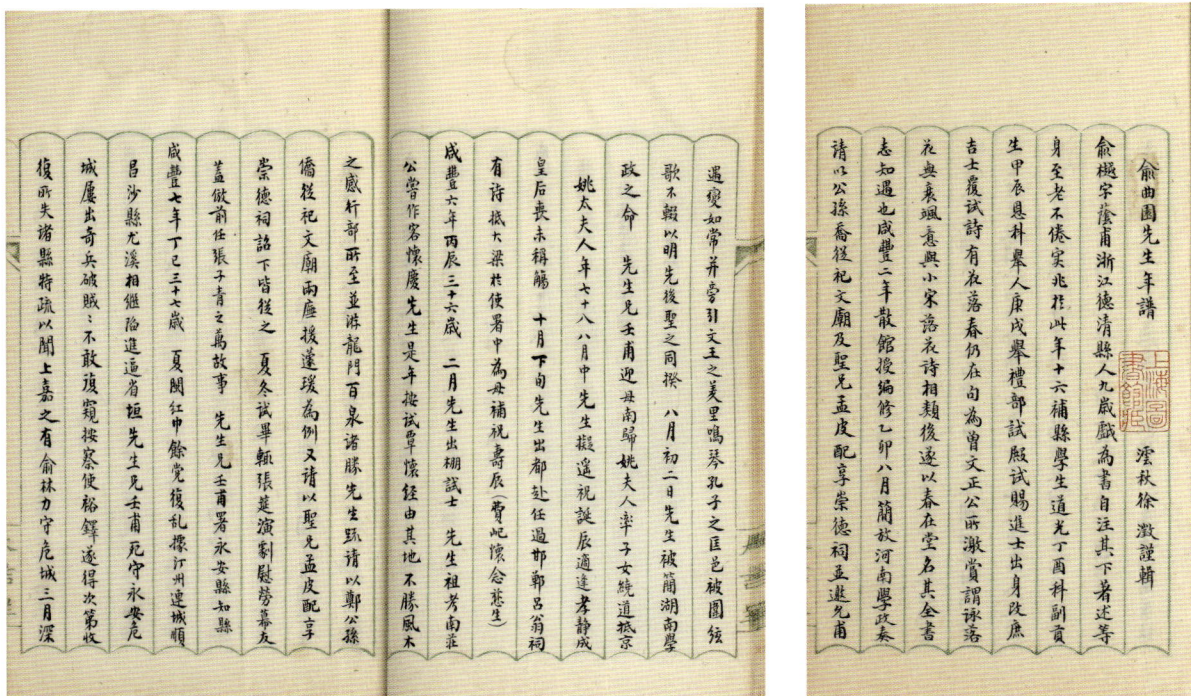

陈培之自订年谱

（清）陈倬编，稿本。1 册 1 卷。

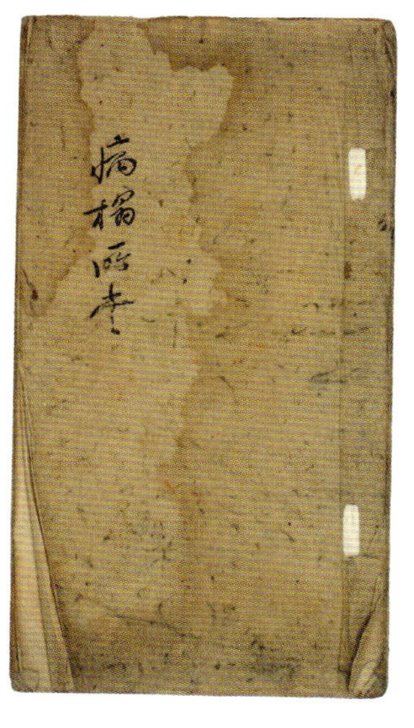

陈倬（1825–1881），字培之，江苏元和（今属苏州）人。清咸丰九年（1859）进士。历任户部主事，云南司主事，广东司员外郎、郎中等。著有《隐蛛盦文集》等。

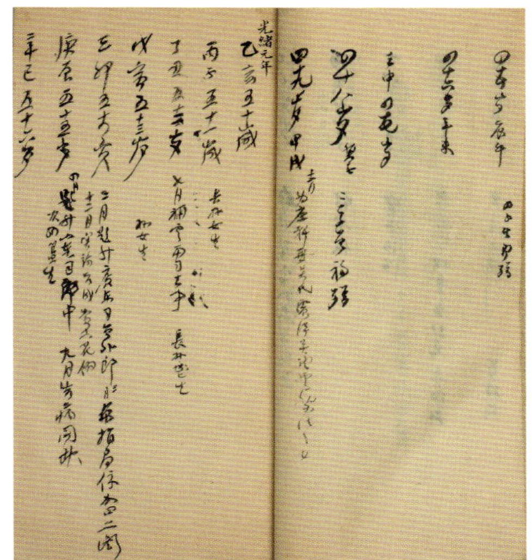

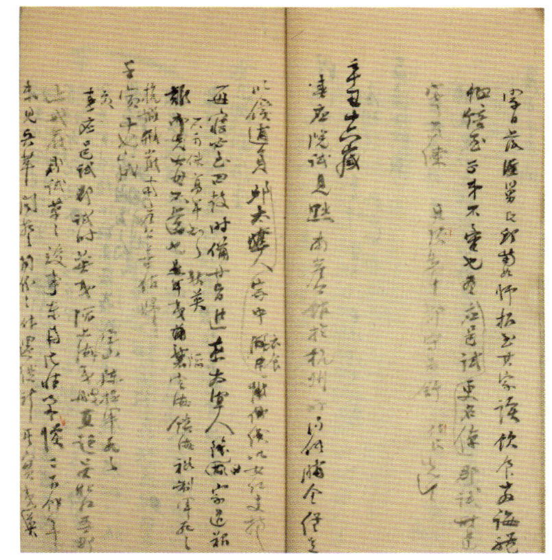

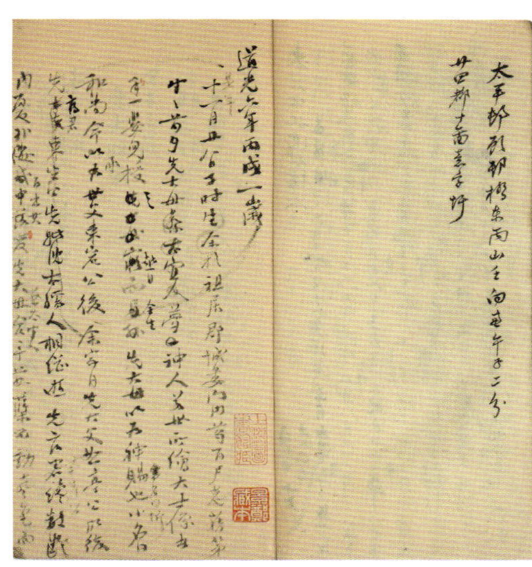

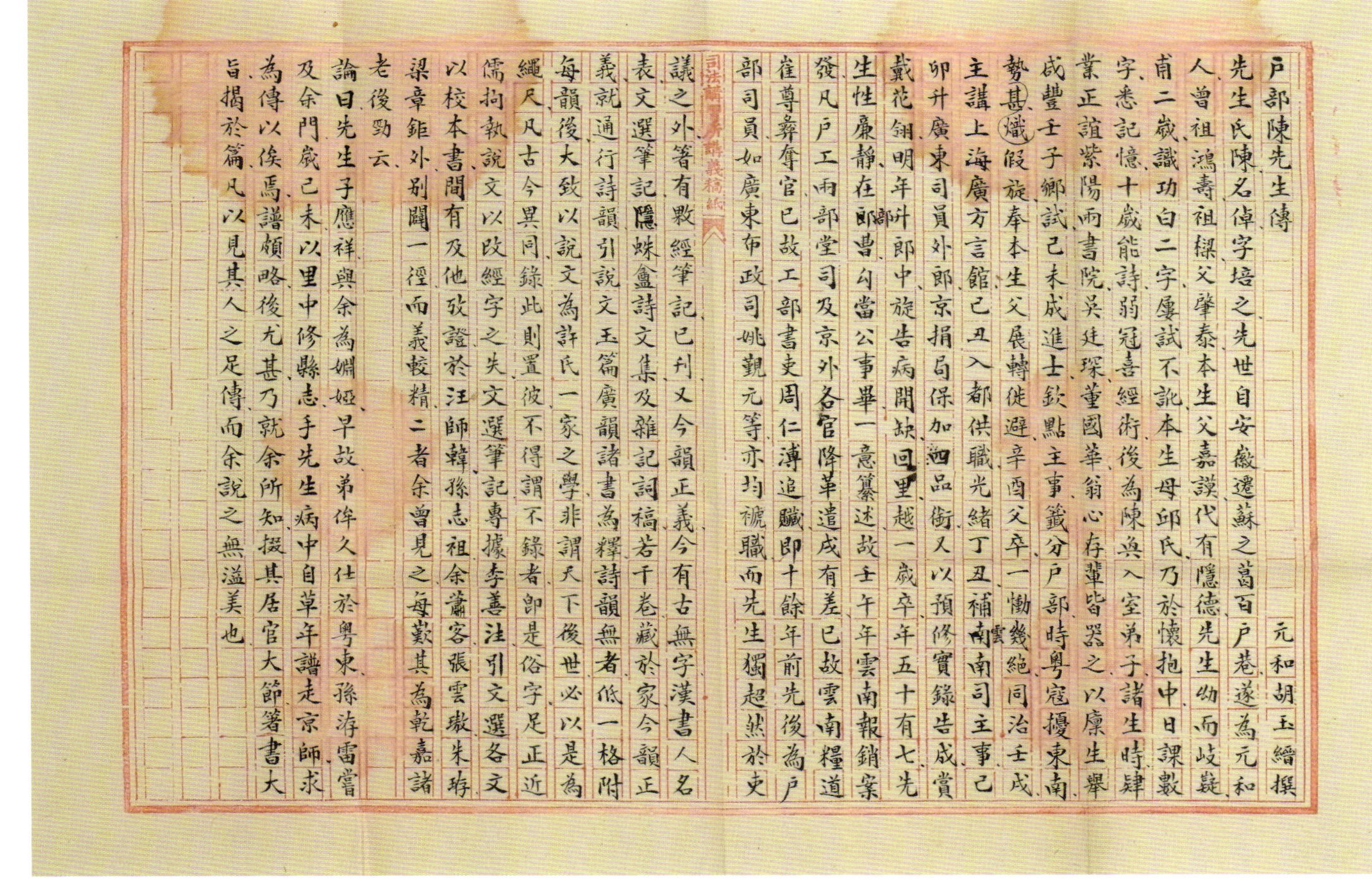

戶部陳先生傳　元和胡玉縉撰
先生氏陳名倬字培之先世自安徽遷蘇之葛百戶巷遂為元和
人曾祖鴻壽祖梂父肇泰本生父嘉謨代有隱德先生幼而岐嶷
甫二歲識功白二字屢試不訛本生母邱氏乃於懷抱中日課數
字悉記憶十歲能詩弱冠喜經術後為陳奐入室弟子諸生時肄
業正誼紫陽兩書院吳廷琛董國華翁心存輩皆器之以廩生舉
咸豐壬子鄉試己未成進士欽點主事籤分戶部時粵寇擾東南
勢甚熾假旋奉本生父展轉徙避辛酉父卒一慟幾絕同治壬戌
主講上海廣方言館己丑入都供職光緒丁丑補雲南司主事己
卯升廣東司員外郎京捐局保加四品銜又以預修實錄告成賞
戴花翎明年升郎中旋告病開缺回里越一歲卒年五十有七先
生性廉靜在部曹勾當公事畢一意纂述故壬午年雲南報銷案
發凡戶工兩部堂司及京外各官降革遣戍有差已故雲南糧道
崔尊彝奪官已故工部書吏周仁溥追贓即十餘年前先後為戶
部司員如廣東布政司姚覲元等亦均褫職而先生獨超然於吏
議之外箸有數經筆記已刊又今韻正義今有古無字漢書人名
表文選筆記隱蛛盦詩文集及雜記詞稿若干卷藏於家今韻正
義就通行詩韻引說文玉篇廣韻諸書為釋詩韻無者低一格附
每韻後大致以說文為許氏一家之學非謂天下後世必以是為
繩凡古今異同錄此則置彼不得謂不錄者即是俗字足正近
儒拘執說文以改經字之失文選筆記專據李善注引文選各文
以校本書間有及他攷證於汪師韓孫志祖余蕭客張雲璈朱珔
梁章鉅外别闢一徑而義較精二者余曾見之每歎其為乾嘉諸
老後勁云
論曰先生子應祥與余為姻婭早故弟倅久仕於粵東孫溥雷嘗
及余門歲己未以里中修縣志手先生病中自草年譜走京師求
為傳以俟焉譜頗略後尤甚乃就余所知掇其居官大節箸書大
旨揭於篇凡以見其人之足傳而余說之無溢美也

司法講習所講義稿紙

陈元禄自订年谱

（清）陈元禄编，抄本。1 册 1 卷。

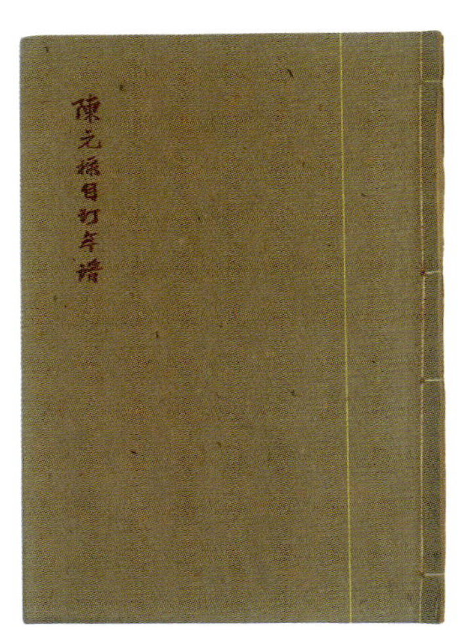

陈元禄（1823—？），字总之，又字抱潜，自号腹庵，北京人。历任清河县丞、清苑典史，南皮、静海知县，并协办海运、海防等。

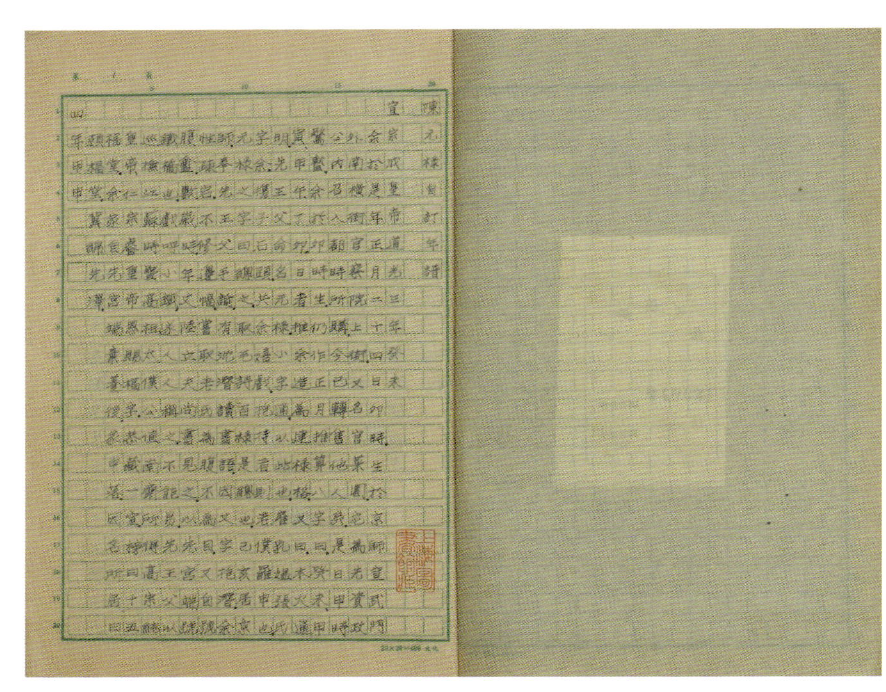

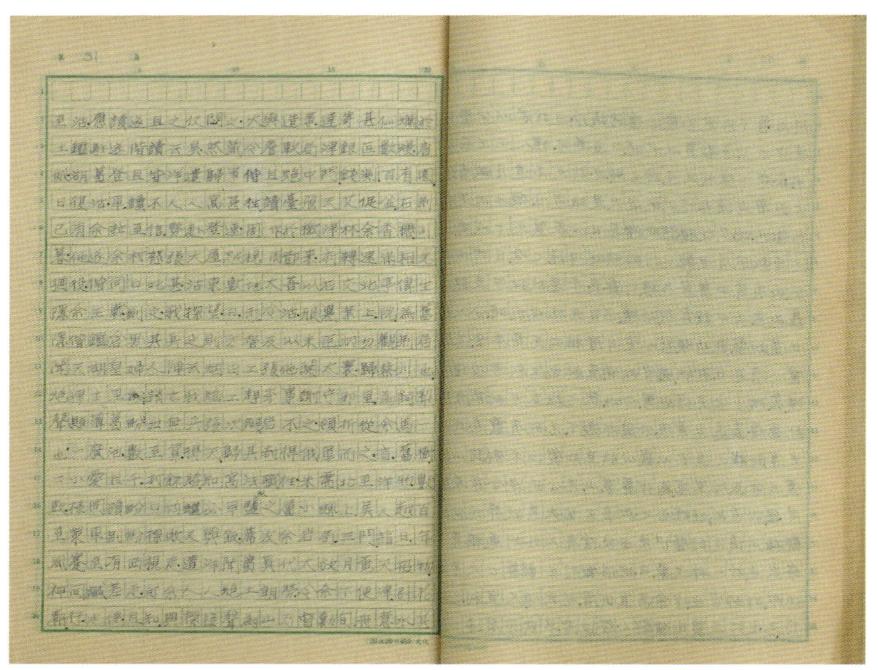

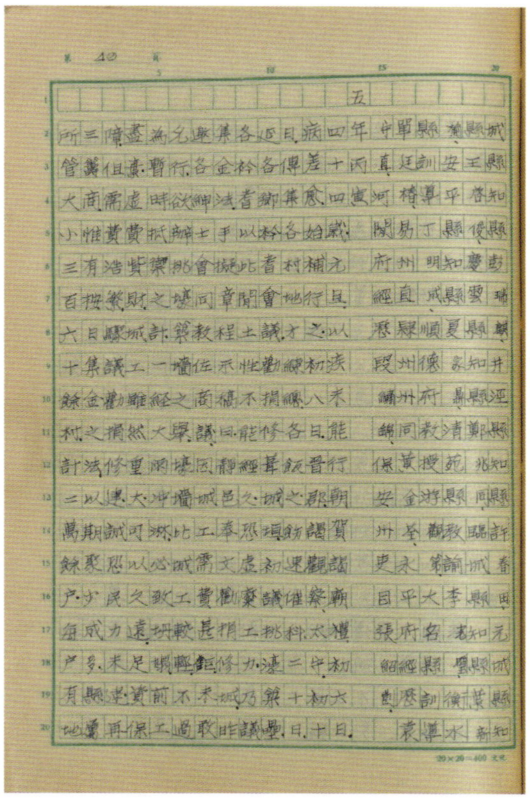

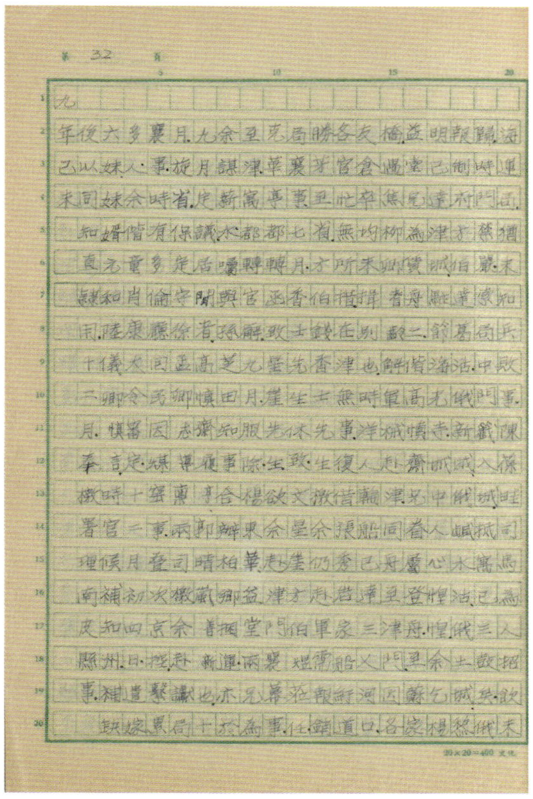

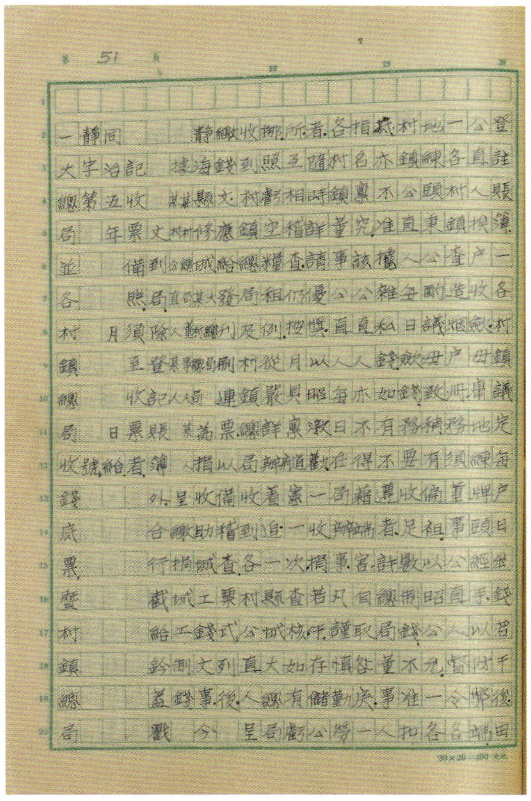

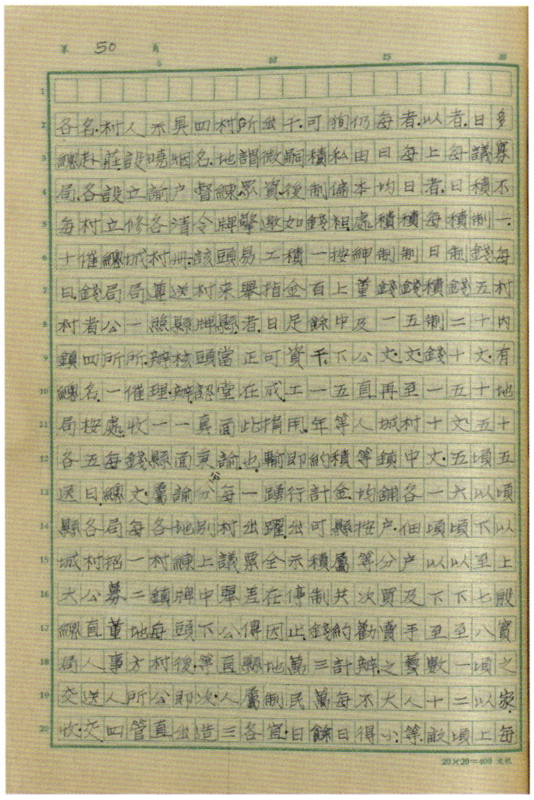

鲍爵军门战功纪略

（清）金国均等编，清同治六年汉镇沈家庙小西山房刻本。1 册 1 卷。是谱纪事自清咸丰元年（1851）至同治六年（1867）。

鲍超（1828–1886），字春亭，后字春霆，四川奉节人。历任湖南绥靖镇总兵、浙江提督、湖南提督等。

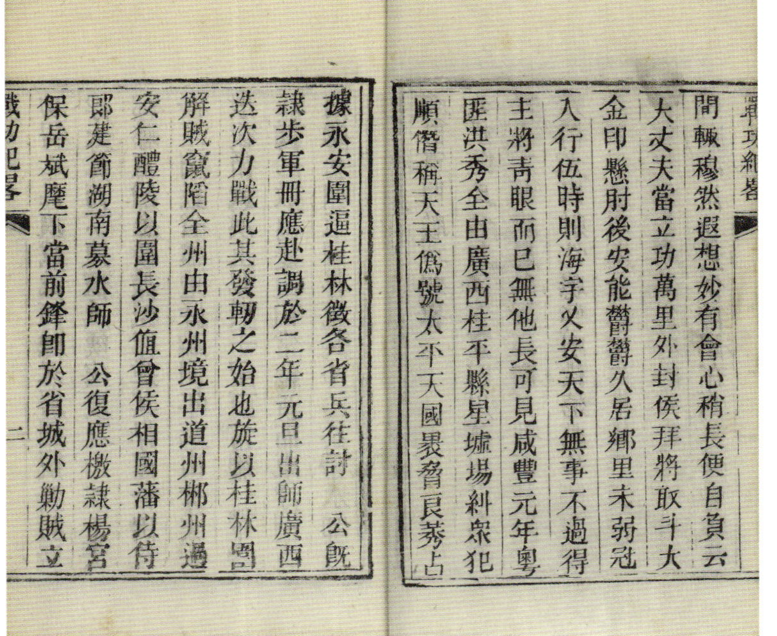
戰功紀畧
問輒穆然遐想妙有會心稍長便自負云
大丈夫當立功萬里外封侯拜將取斗大
金印懸肘後安能鬱鬱久居鄉里未弱冠
入行伍時則海宇乂安天下無事不過得
主將青眼而已無他長可見咸豐元年粵
匪洪秀全由廣西桂平縣星墟場糾衆犯
順僭稱天王僞號太平天國褁脅良莠占
據永安圍逼桂林徵各省兵往討 公既
隸步軍冊應赴調於二年元旦出師廣西
迭次力戰此其發軔之始也旋以桂林圍
解賊竄陷全州由永州境出道州郴州過
安仁醴陵以圍長沙值曾侯相國藩以侍
郎建節湖南募水師 公復應檄隸楊宮
保岳斌麾下當前鋒即於省城外勦賊立
戰功紀畧 二

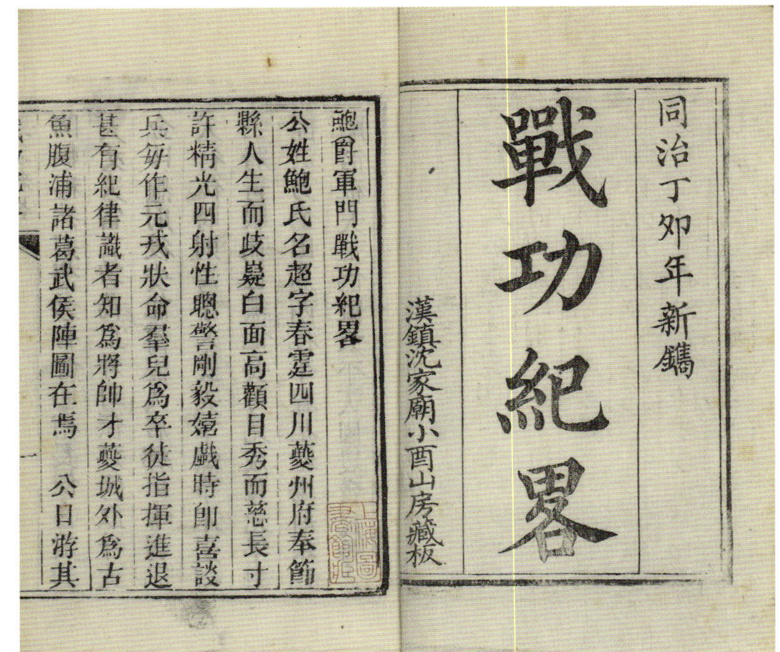
同治丁卯年新鐫
戰功紀畧
漢鎮沈家廟小西山房藏板

鮑爵軍門戰功紀畧
公姓鮑氏名超字春霆四川夔州府奉節
縣人生而歧嶷白面高顴目秀而慈長寸
許精光四射性聰警剛毅嬉戲時即喜談
兵每作元戎狀命羣兒爲卒徒指揮進退
甚有紀律識者知爲將帥才夔城外爲古
魚腹浦諸葛武侯陣圖在焉 公日游其
一

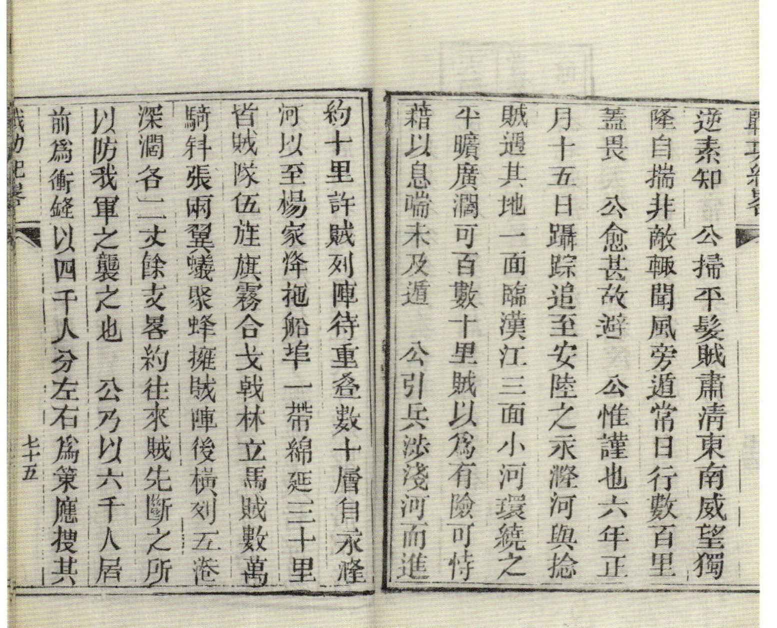
戰功紀畧
逆素知 公掃平髮賊肅清東南威望獨
隆自揣非敵輒聞風旁遁常日行數百里
蓋畏 公愈甚故避 公惟謹也六年正
月十五日躡踪追至安陸之永隆河與捻
賊遇其地一面臨漢江三面小河環繞之
平曠廣濶可百數十里賊以爲有險可恃
藉以息喘未及遁 公引兵涉淺河而進
約十里許賊列陣待重叠數十層自永隆
河以至楊家浲拖船埠一帶綿延三十里
皆賊隊伍旌旗霧合戈戟林立馬賊數萬
騎斜張兩翼蟻聚蜂擁賊陣後橫列五港
深濶各二丈餘支畧約往來賊先斷之所
以防我軍之襲之也 公乃以六千人居
前爲衝鋒以四千人分左右爲策應攖其
戰功紀畧 七十五

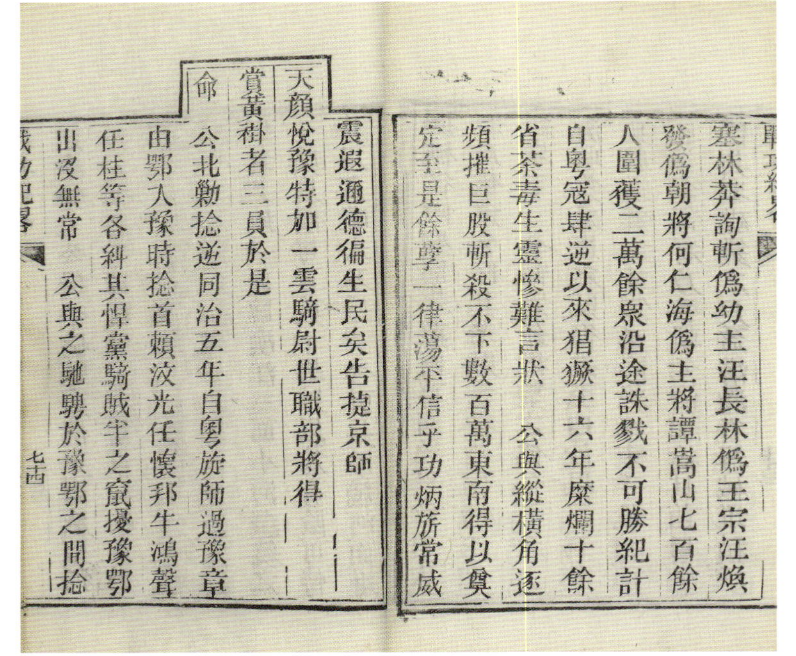
戰功紀畧
塞林莽詢斬僞幼主汪長林僞王宗汪煥
發僞朝將何仁海僞主將譚嵩山七百餘
人圍獲二萬餘衆沿途誅戮不可勝紀計
自粵寇肆逆以來猖獗十六年糜爛十餘
省荼毒生靈慘難言狀 公與縱橫角逐
頻摧巨股斬殺不下數百萬東南得以奠
定至是餘孽一律蕩平信乎功炳旂常威
震遐邇德徧生民矣告捷京師
天顏悅豫特加一雲騎尉世職部將得
賞黃褂者三員於是
命 公北勦捻逆同治五年自粵旋師過豫章
由鄂入豫時捻首賴汶光任懷邦牛鴻聲
任柱等各糾其悍黨騎賊半之竄擾豫鄂
出沒無常 公與之馳騁於豫鄂之間捻
戰功紀畧 七十四

沈树镛毓庆父子金石书画年谱初稿

秦翰才编，抄稿本。3册不分卷。

沈树镛（1832–1873），字均初，一字韵初，号郑斋，上海川沙（今属浦东）人。清咸丰九年（1859）进士。官至内阁中书。著有《汉石经室金石书画跋尾》等。

沈毓庆（1868–1902），字肖韵，别字寿经，上海川沙（今属浦东）人。清光绪二十六年（1900）在川沙创办经记毛巾厂。

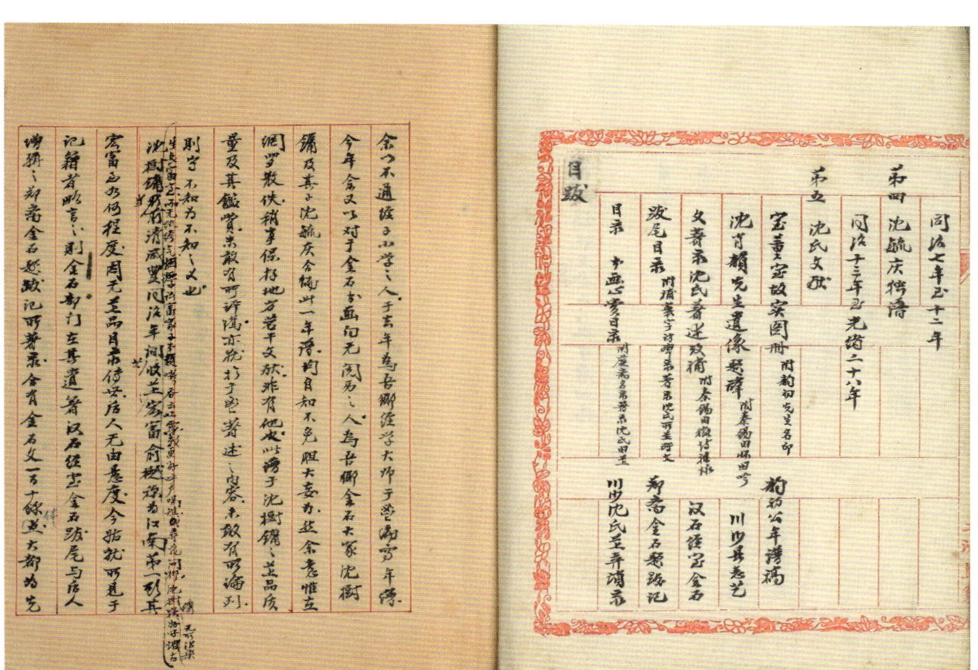

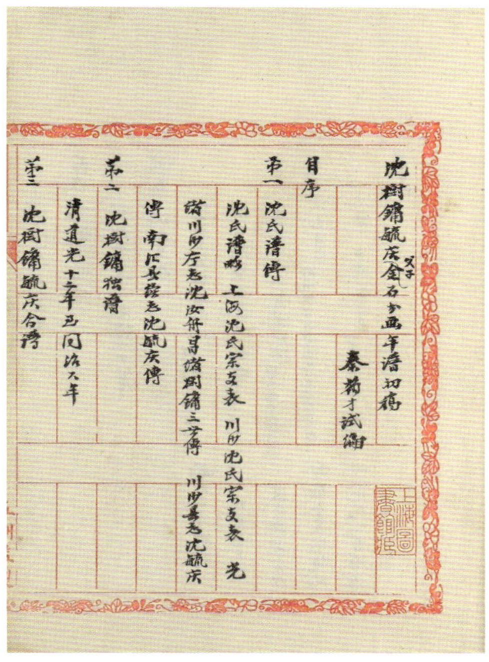

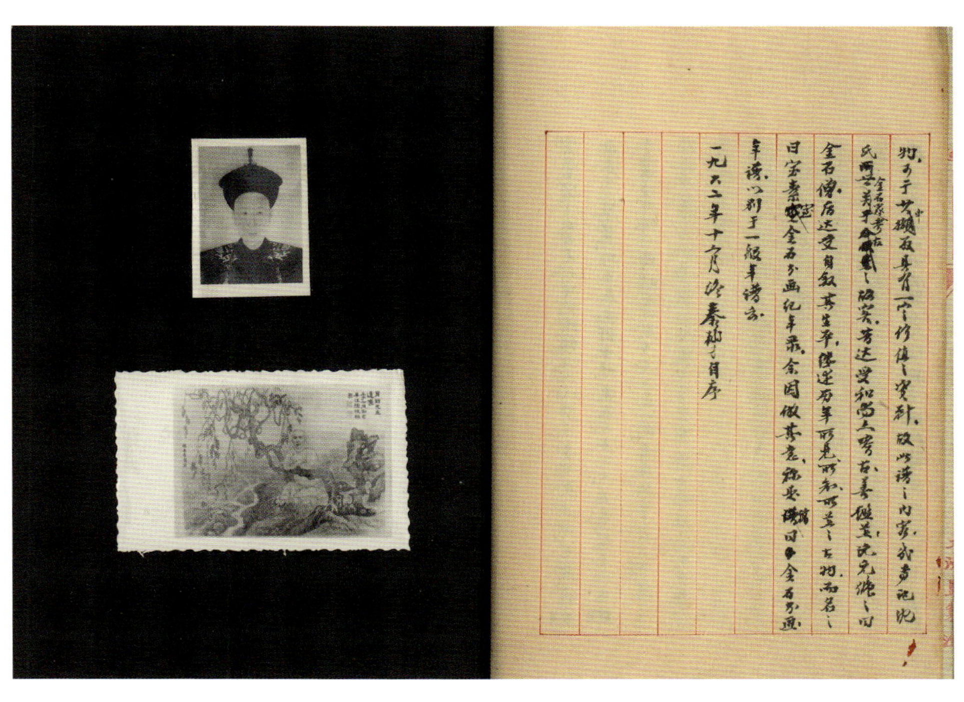

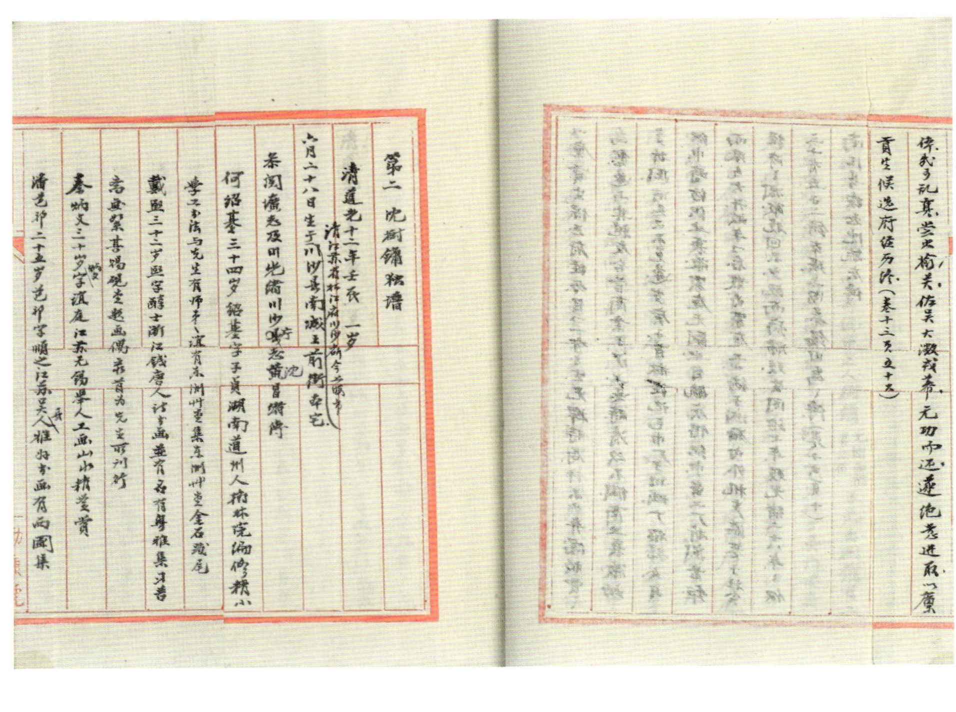

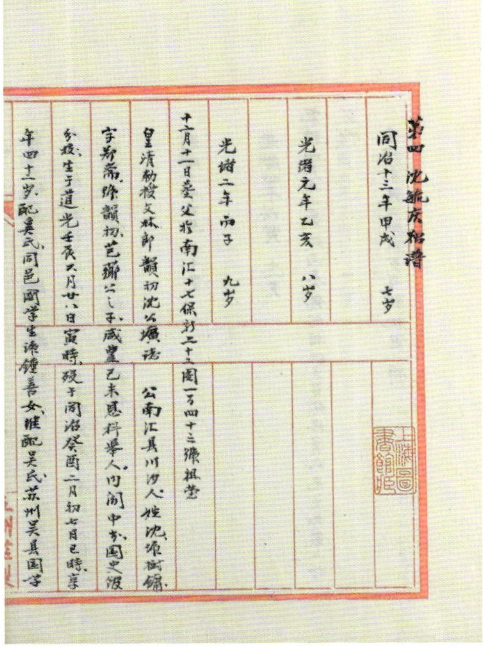

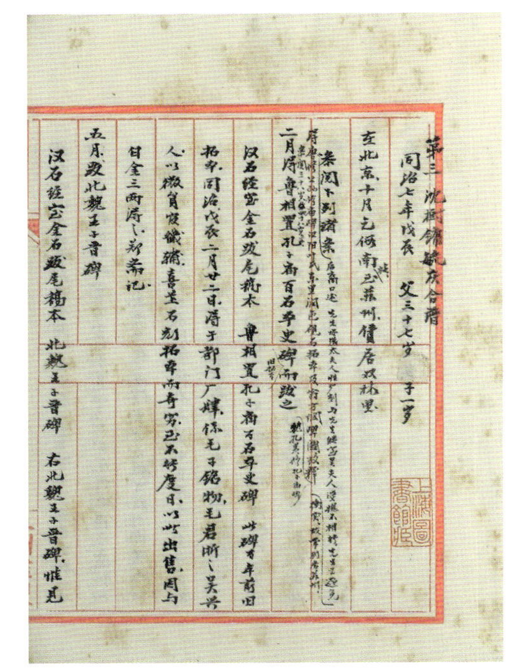

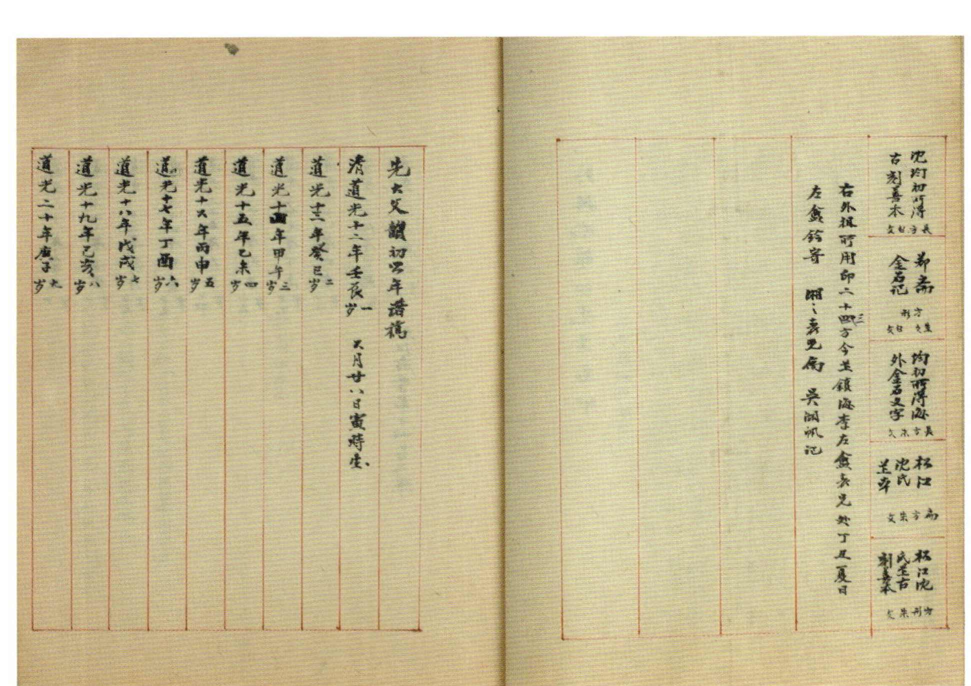

陈可园先生年谱

张仲锐编，秦翰才抄本。1 册 1 卷。

陈作霖（1837–1920），字雨生，号伯雨，晚号可园、可园老人，人称可园先生，江苏江宁（今南京）人。清光绪元年（1875）举人，后屡试不第，遂归乡里，潜行著述。历任县、府、省志局分纂、总纂，奎光、尊经等书院主讲，上元、江宁两县高等小学堂总教习，崇粹学堂堂长，江南图书馆司书官等。著有《可园文存》等。

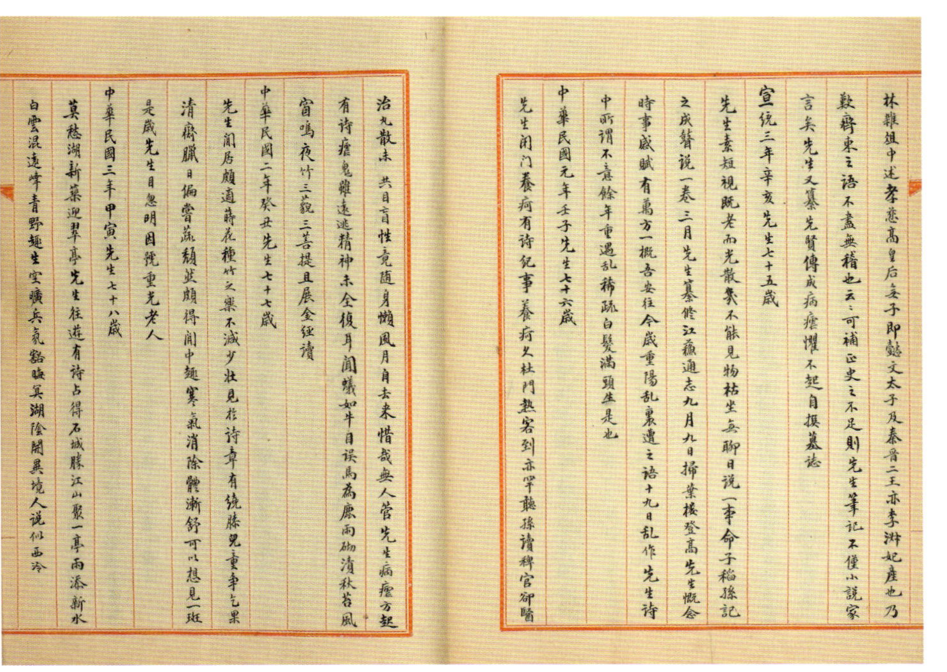

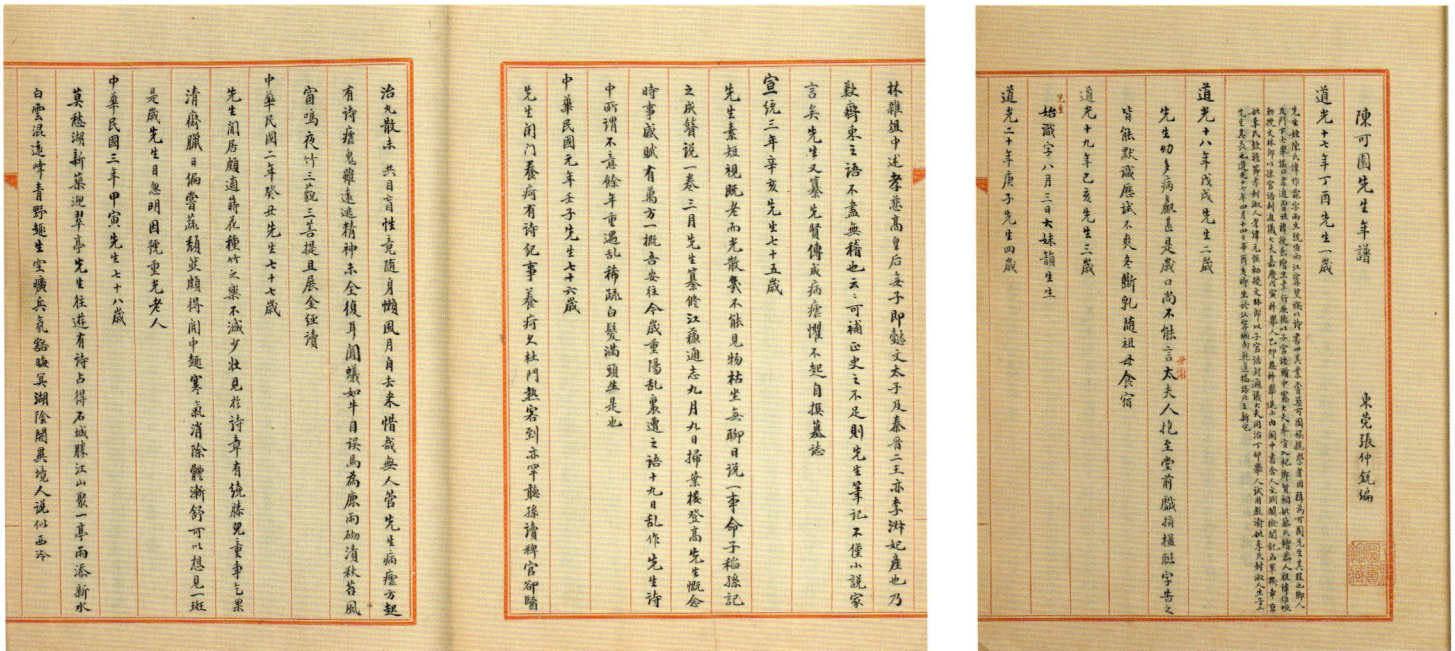

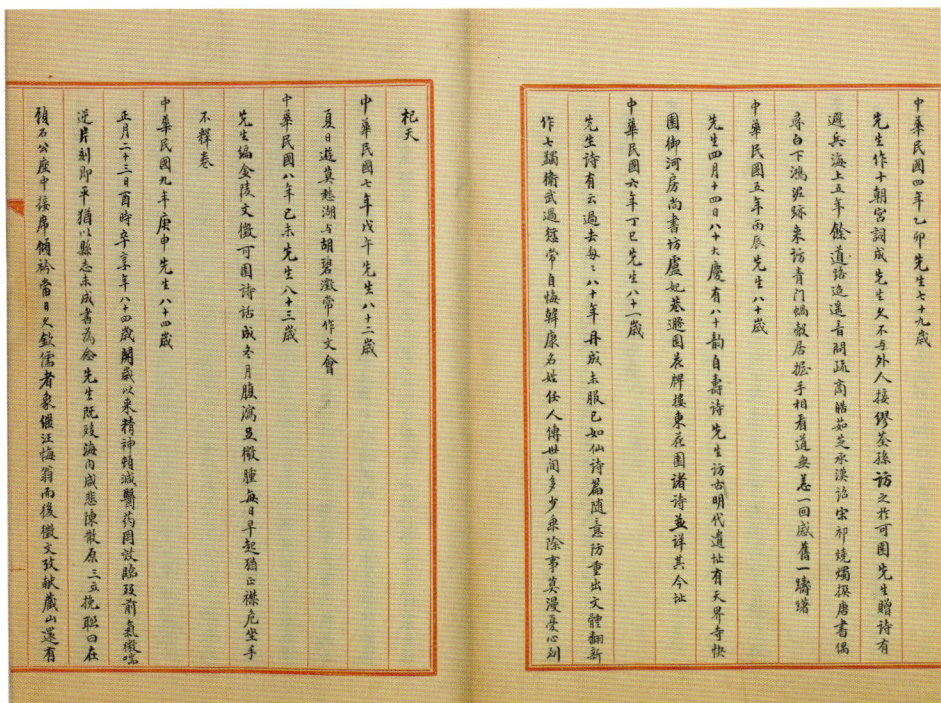

王六潭先生年谱

项士元编，稿本。2 册 1 卷。是谱纪事至清光绪三十二年（1906）。

王咏霓（1839–1915），字子裳，号六潭，浙江黄岩（今属台州）人。清光绪六年（1880）进士。授刑部主事，签分河南司行走。曾以郎员随使赴欧。后任安徽凤阳、池州、太平府等知府。著有《函雅堂集》等。

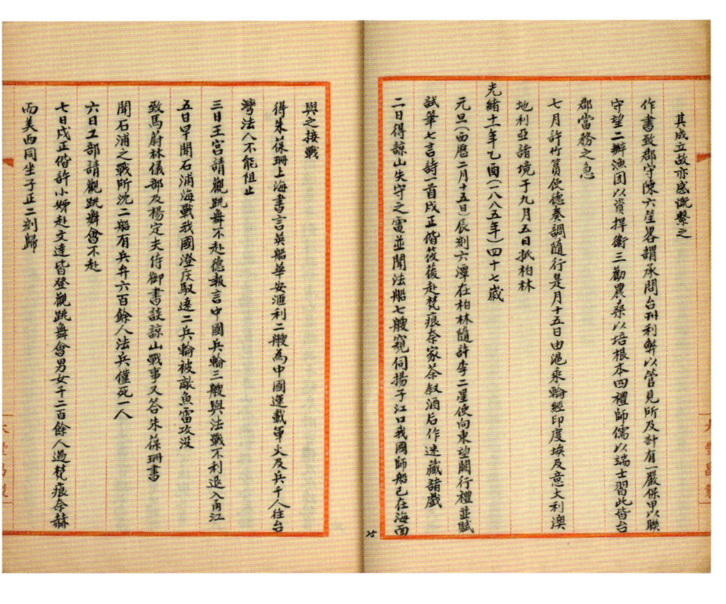

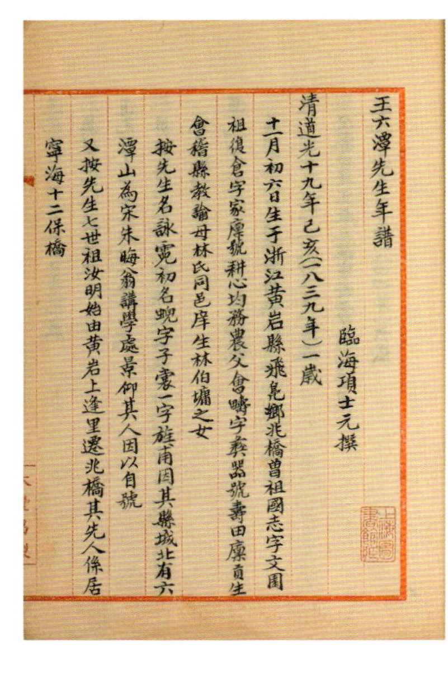

王六潭先生年譜

臨海項士元撰

清道光十九年己亥（一八三九年）一歲

十二月初六日生于浙江黄岩縣飛凫鄉兆橋曾祖國志字文園

祖復倉字家庠號耕心均務農父會疇字彝器號壽田廪貢生

會稽縣教諭母林氏同邑庠生林伯墉之女

按先生名詠霓初名蜺字子裳一字旌甫因其縣城北有六

潭山爲宋朱晦翁講學處景仰其人因以自號

又按先生七世祖汝明始由黄岩上逢里遷兆橋其先人係居

寧海十二保橋

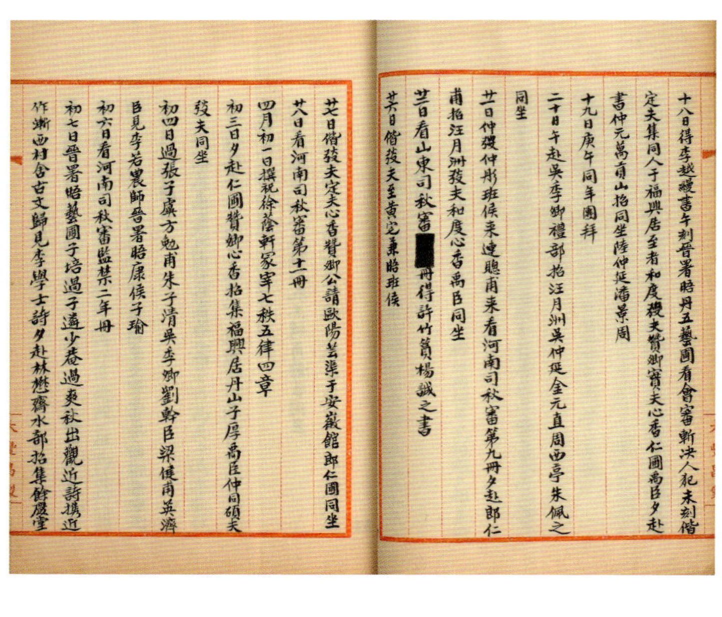

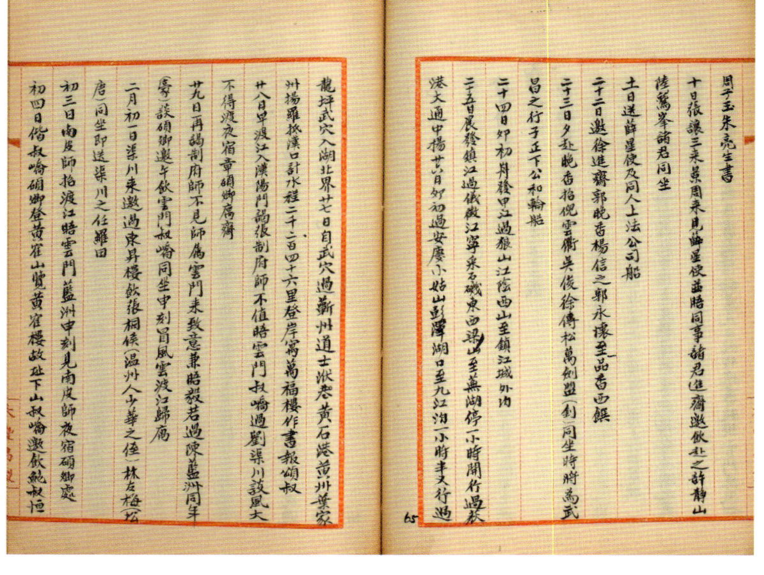

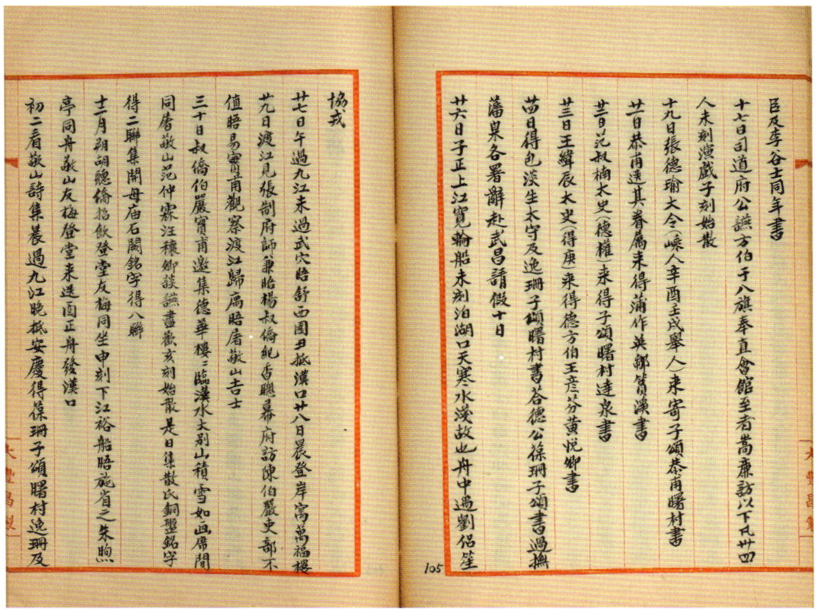

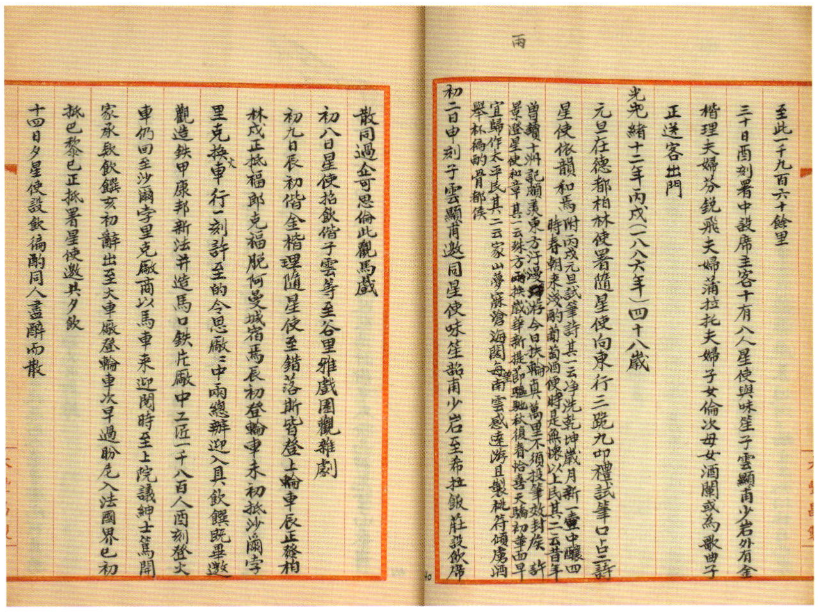

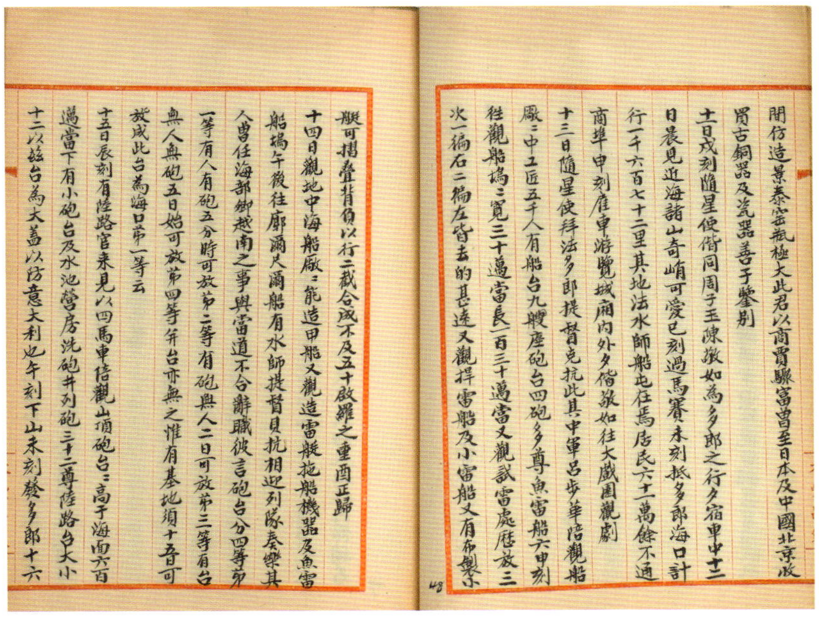

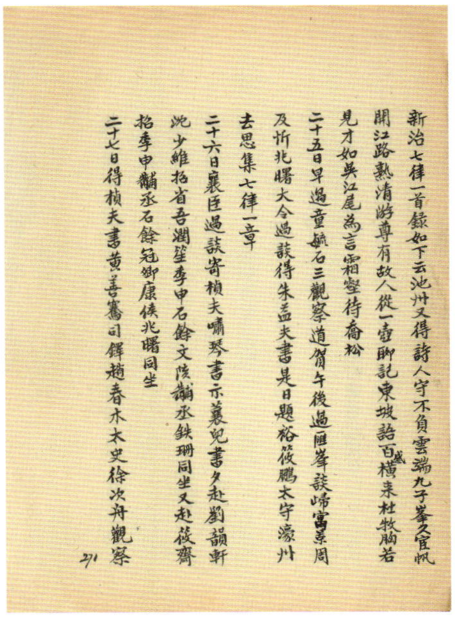

马相伯先生年谱

张若谷编，1939年长沙商务印书馆铅印本。是谱为《中国史学丛书》本之一。1册不分卷。谱前有谱主与编者合影、《年谱参考资料要目》，谱后附有《苦斗了一百年的马相伯先生》、《我所见闻的马相伯先生》、《一小时会见马相伯先生》、《马相伯先生生日考》、《马相伯与梁启超》。

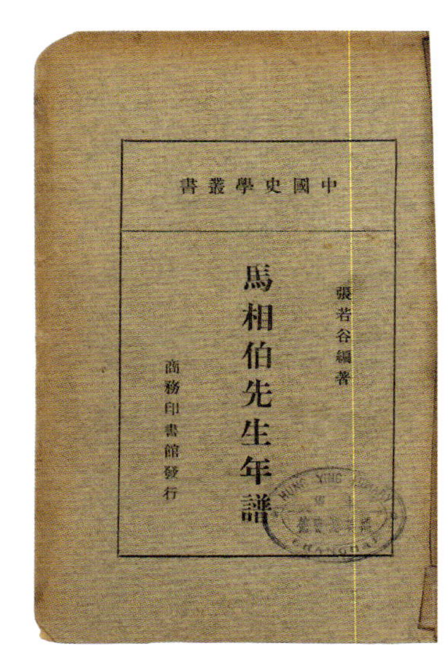

马相伯（1840—1939），原名建常，学名斯臧；改名良，字相伯，以字行。曾任上海徐汇公学校长、清政府驻日使馆参赞。清光绪二十九年（1903）创办震旦学院。光绪三十一年（1905）创办复旦公学。民国初期任北京大学校长等。著有《马相伯先生文集》。

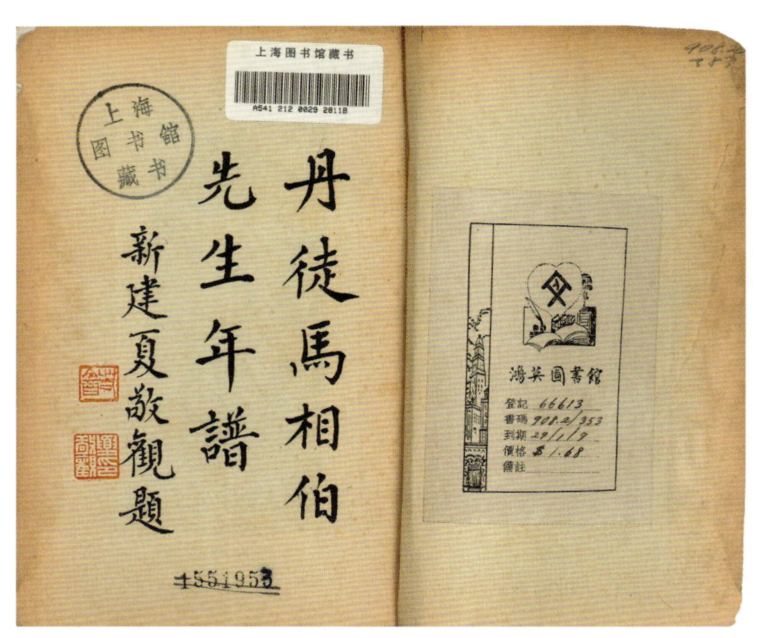

馬先生與編者合影（耶穌山攝）

馬相伯先生年譜　二

如「譜」爲錢智修之「馬相伯先生九十八歲年譜」；「集」爲徐景賢之「馬相伯先生國難言論集」；「談」爲王瑞霖之「一日一談」；「經」爲陳樂素之「相老人八十年之經過談」；「錄」爲劉成禺之「相老人九十八年聞見口授錄」；「語」爲凌其翰之「九三老人馬相伯語錄」；「述」爲凌其翰之「六十年來之上海」；「表」爲方豪之「馬相伯先生在教事蹟年表。」凡初引者悉錄原名全文，再引者則用簡名，以省篇幅。

馬相伯先生年譜

民國紀元前七十二年，清道光二十年庚子三月十八日，（一八四〇年四月十七日）先生誕生於江蘇丹徒城。

先生原籍丹陽，寄籍丹徒，故里曰馬家村。丹陽今縣名，屬江蘇省，在鎮江縣南，位當運河西南，京滬鐵路經之，清屬鎮江府。丹徒舊縣名，秦時以其地有天子氣，使赭衣徒三千，鑿京峴南坑以敗其勢，故名其地曰丹徒。漢置丹徒縣，故城卽今江蘇省鎮江縣東南之丹徒鎮，唐後徙，卽今鎮江縣治。清爲鎮江府治，民國初廢府留縣，十七年改曰鎮江縣，江蘇省治自江寧移此，城當長江運河之交，京滬鐵路經之。清咸豐八年依中英天津條約闢爲商埠，咸豐十一年置有鎮江關。

「馬相伯先生九十八歲年譜」云：『先生名良，字相伯，江蘇丹陽人，寄籍丹徒。父松巖公。

以本年（道光二十年）三月十九日（先生生日爲三月十八日，參閱附錄「馬相伯先

年譜　一

馬相伯先生年譜　二三〇

廣播，以儆國人。會上海陷，日軍迫首都，乃徇馮煥章玉祥李德鄰宗仁二先生之請，遷居廣西桂林之風洞山，卽明賢瞿忠宣公式耜殉國處也。』

民國二十七年（一九三八）先生九十九歲。

由桂遷至諒山。

「增譜」云：『是年春，先生撰「停止黨爭一致對外」一文，揭載報端，語語儆惕，廣西省主席黃旭初先生爲先生祝九十九歲壽，並發起千齡會。十一月，于院長右任以先生年老畏寒，請移居昆明，先生允之，於十八日首途，二十七日車抵安南之諒山，以病不得進，遂暫留居，病亦旋瘳。』

民國二十八年（一九三九）先生一百歲。

四月六日全國各地舉行慶祝百齡典禮。

「增譜」云：『先生壽晉期頤，元旦各方祝電紛集，自爲中興人瑞。四月六日，全國各大都會，同時行慶祝典禮，情緒熱烈。重慶慶祝會於銀行公會舉行，羣賢畢至，蔣委員長亦親蒞止，由主席領導行禮，儀式尤極隆重。先生以前方將士浴血抗戰勞苦爲念，特移贈壽儀爲犒慰傷兵之需。』

「表」云：『民國二十八年一月五日，于斌主教親至諒山賚教宗頒賜聖像，並代致宗座降福。三月十九日，諒山本堂澳司鐸特在先生宅內舉行百歲壽辰謝主彌撒。七月羅馬教庭駐華代表蔡寧總主教親臨訪問，備致崇敬。十一月四日逝世。』

十一月四日，壽終諒山。

「增譜」云：『惟時先生雖居越境，而關心祖國，頃刻不忘，國人有過謁者，相見無別語，惟般般詢抗戰情形及各地建設狀況，反覆不已。年事既高，平時體力惟賴藥品支持，至十月十九日，諒山氣候劇變，寒煖不時，先生體溫高至三十八度，醫治未痊，漸至沉劇。二十九日有客告以湘北大捷詳情，先生甚喜，是晚卽能起坐，且略進食，然以興奮過度，遂難入眠，病勢益劇。十一月三日九時，招家人近前，似欲有言，而語音已不能辨，僅聞「消息……消息……」含胡之聲而已。家人以「國事有領袖及諸當軸主持，全國軍民，戮力抗戰，不獲勝

年譜　二三一

年

谱

月河鱼隐自订年谱

杨晨编，民国间铅印本。2 册 1 卷。是谱收入《[浙江黄岩] 路桥河西杨氏家谱》。是谱纪事至民国六年（1917）。

杨晨（1845-？），谱名保定，字蓉初、定孚，晚号月河渔隐，浙江黄岩（今属台州）人。清光绪三年（1877）进士。历任国史馆协修、刑部给事中等。家富藏书，刻《台州丛书》等。著有《崇雅堂诗文稿》等。

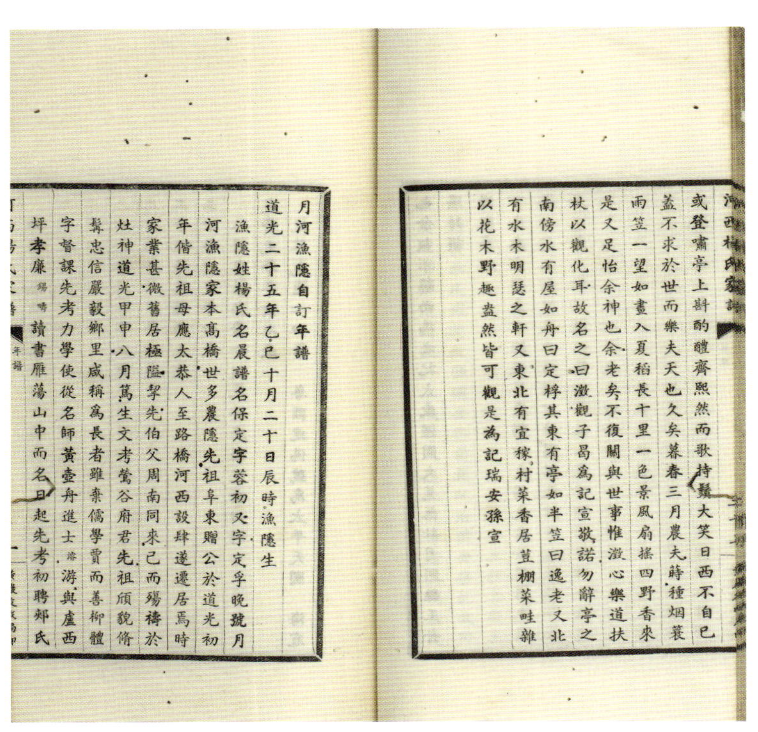

908782

河西楊氏家譜

後學徐兆華署檢

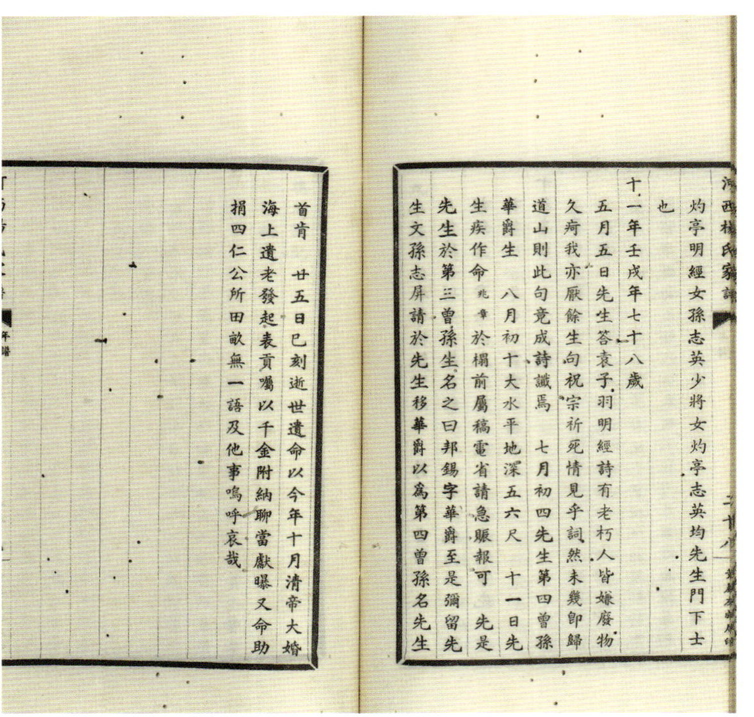

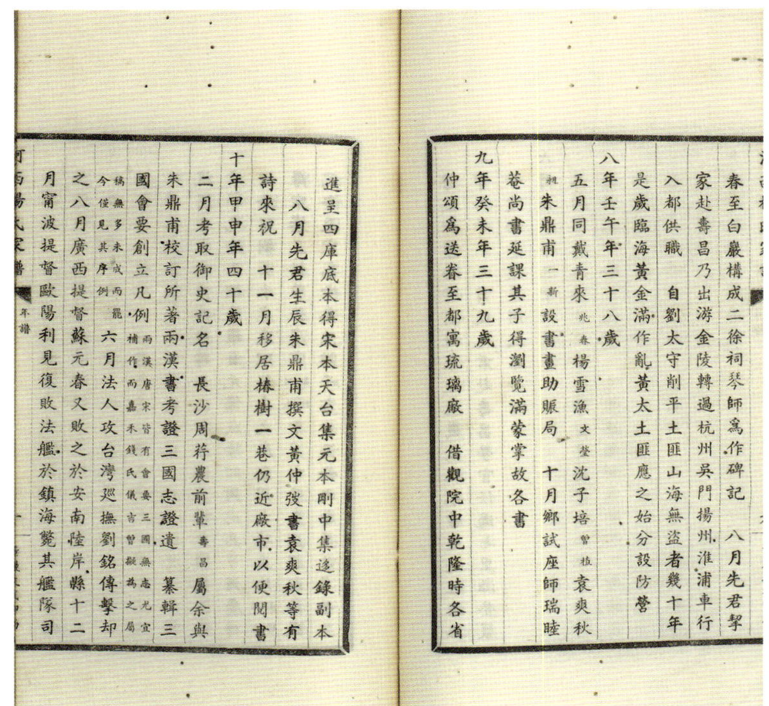

沈寐叟年谱

王蘧常编，1938 年长沙商务印书馆铅印本。是谱为《中国史学丛书》本之一。1 册不分卷。

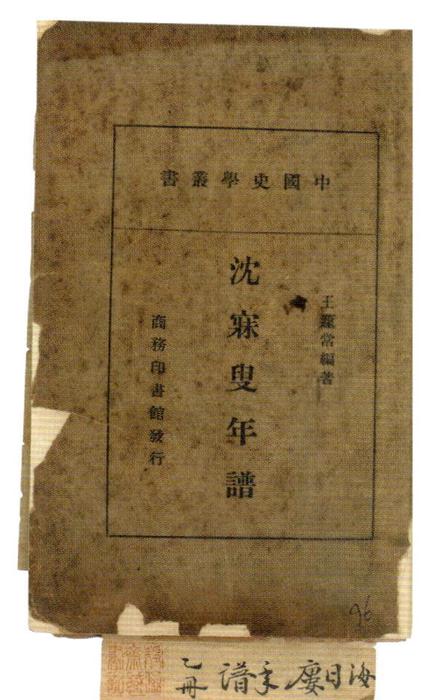

沈曾植（1850—1922），字子培，号乙盦，晚号寐叟。清光绪六年（1880）进士。历任刑部主事、总理各国事务衙门章京、安徽提学使等。民国六年（1917）张勋复辟，授学部尚书，事败后归上海。著有《汉律辑补》等。

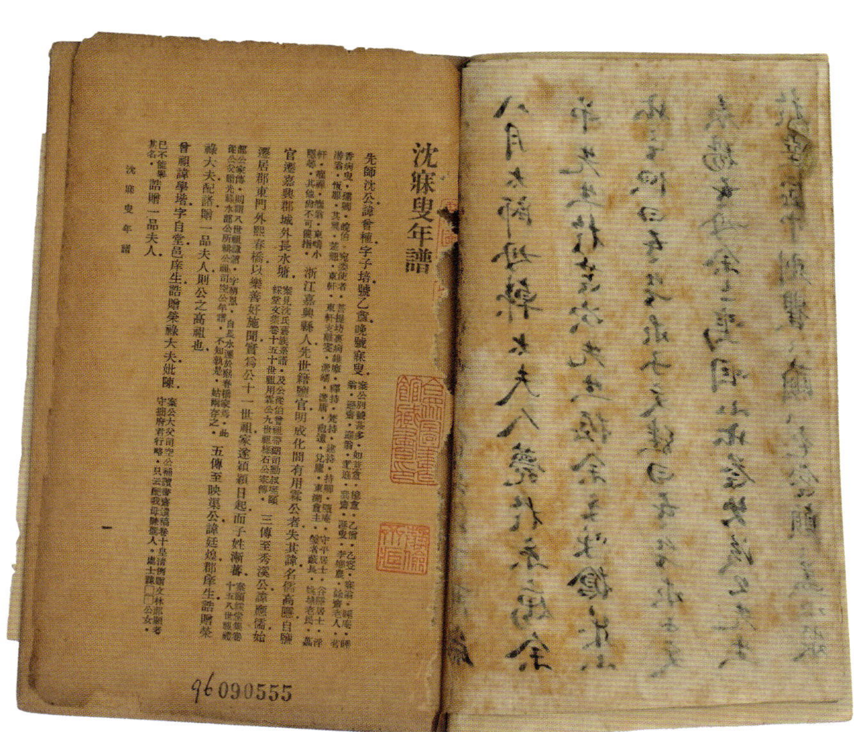

齊啼笑指點小兒作八卦之蒲伏嬰兒坛邏
杖而不能起者寧更迭扶掖之以徐步其旁
咸嘆息追懷斯狀如在目前嗚呼先生之于
家也資於孝子親也至愛於國也竭之其
愛母也哀哉先生於學無所不精囊括六經
出入百家諸子貫天人之奧究中西之通嘗
語余曰學之道要在知數通達屏物欲
去拘墟一隅以為者然後可以傳先生之派
一轍一以貫之論者多以乾嘉諸老擬先生
至測先生者淺矣康有為之狗吠師也秉
燄張甚迨見先生論學政樸鋒百出而無
一言與先生抗者先生曰噫吾再讀二十年書而與
之談可乎康乃不敢妄態強學會之設
先生之名不與焉及戊戌去康驟然之時大用先生
諷之讀順宗實錄蓋逆知 德宗之喋不能
之而康誤不能為王叔文也於此見先生之學
之大而獨集之早也厥後國步日棘先
生嗁噓每謂余曰無所不可孝慈化而
為賢又曰吾嘗之日無有之者惟吾與古人
相對越與我處八儒人生之嗚呼先
生之憤世嫉俗也蓋真情激發其不於
時而之無可如何然卒知其不可而為之者哉
武藉使先生際康乾極盛之時匡正德
而盡忠孝者其與紀文達阮文達諸公

互相頡頏而不幸生當叔季之世長
沙張文達南皮張文襄皆目擊時艱
猶得壽考康強從容入地獨先生遭丁
陽九匪風下泉之思黍離麥秀之感抑
鬱於中不能自已至於憂傷憔悴以死
嗚呼豈不痛哉雖然昔殷有三仁而殷
不亡蜀漢有武侯而漢不亡宋有文陸諸
儒而宋亦不亡天之生先生也未始非珍
碩果於不亡而維繫渙代於不亡也而
山虎石沛乎浩氣猶在人間乎中江之
血淚未嘗不與津沽之恨水嗚咽以長
流也然而先生之名將與之成其先生
之志將與之須其先生之心將耿耿千
秋而彌著矣嗚呼吾尚忍序先生
之潛也那而北援仲之綱羅國
故篤念師門亦不可及也

丁亥秋日敬錄於滬西
靜淦高中

吴引孙自述年谱

吴引孙编，稿本。1 册 1 卷。是谱纪事至民国九年（1920）。

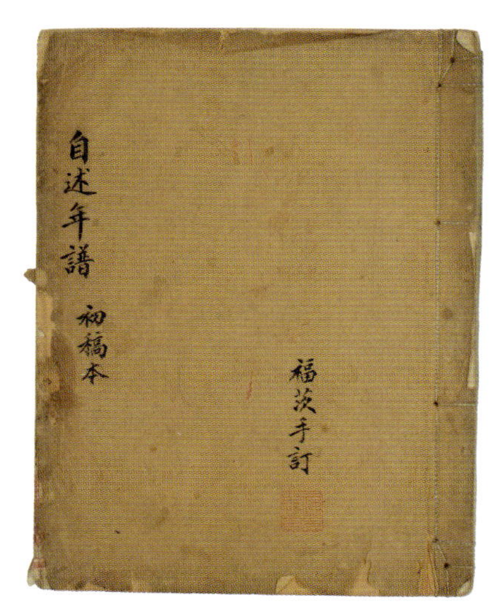

吴引孙（1851－？）[1]，字福茨、佛慈，一作茨甫，别号仲申，另号养宽，晚年自号日拙圃老人、玉林居士、潜真子、玉公羽、佛慈等，江苏仪征人。历任章京、布政使、巡抚。民国后为国民协会参事。筑测海楼以藏书。著有《测海楼藏书目》。

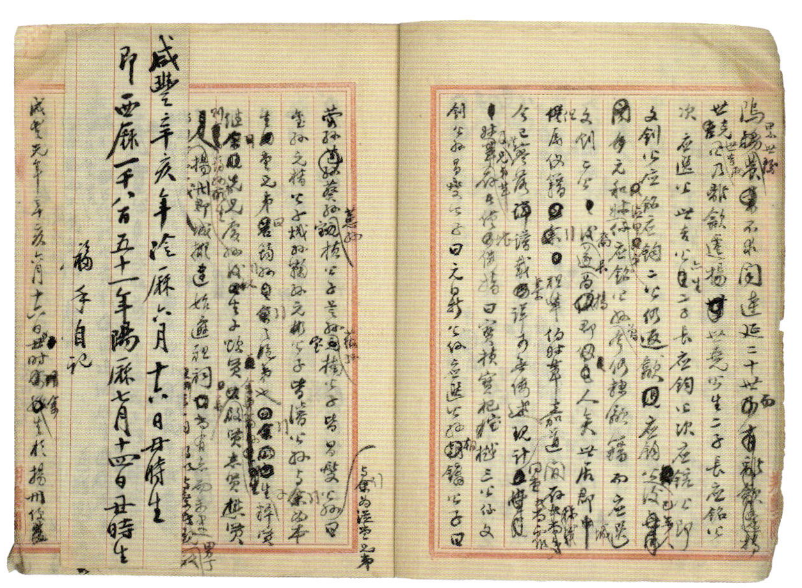

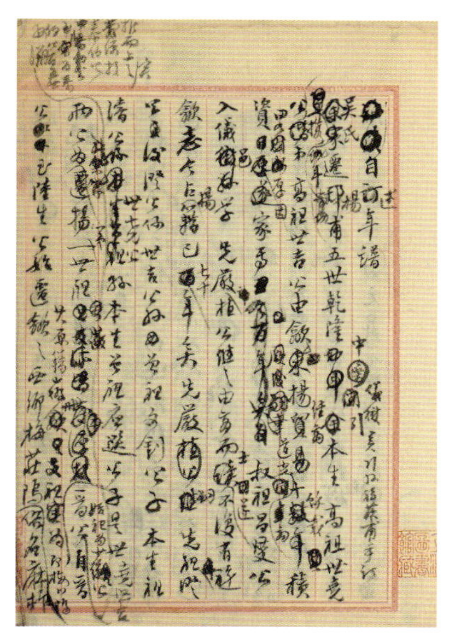

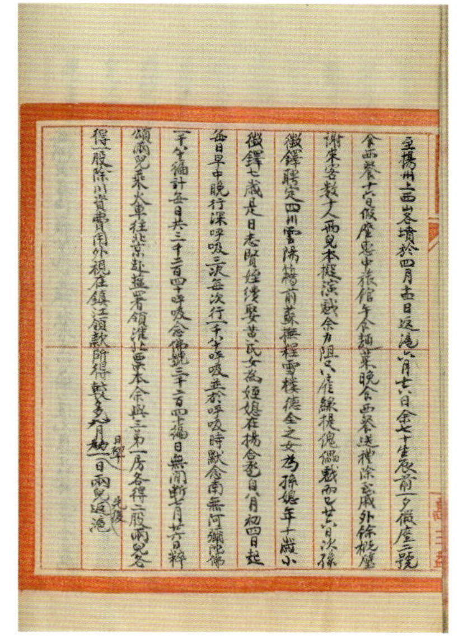

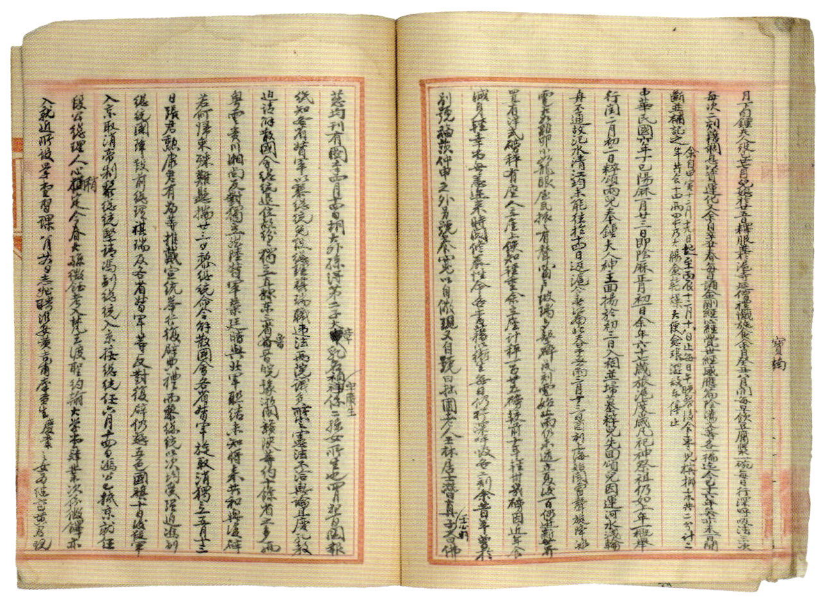

[1] 江庆柏《清代人物生卒年表》著录谱主（1848–1917）。

啬翁自订年谱

张謇编，民国间影印手稿本。1 册 1 卷。是谱纪事至民国十一年（1922）。

张謇（1853–1926），字季直，号啬庵，江苏南通人。清光绪二十年（1894）进士。民国后历任农商总长、全国水利局总裁。曾创办大生纱厂、通海垦牧公司、同仁泰盐业公司、实业银行等。著有《变法平议》等。

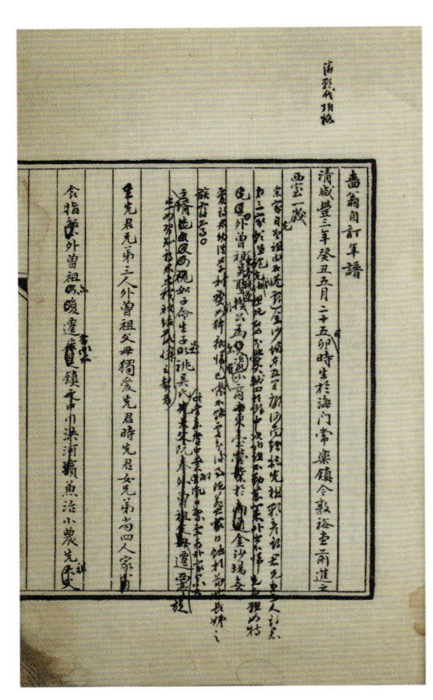
啬翁自订年谱
清咸丰三年癸丑五月二十五日卯时生于海门常乐镇

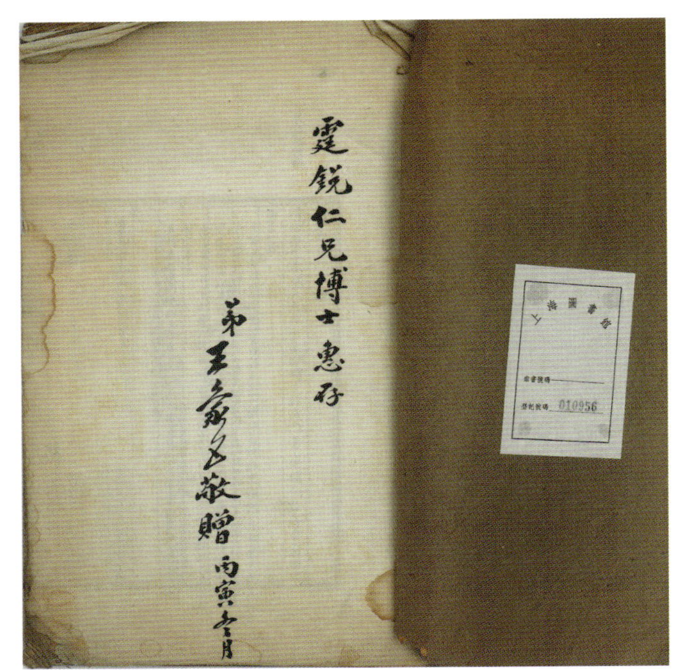
霆锐仁兄博士惠存
敬赠

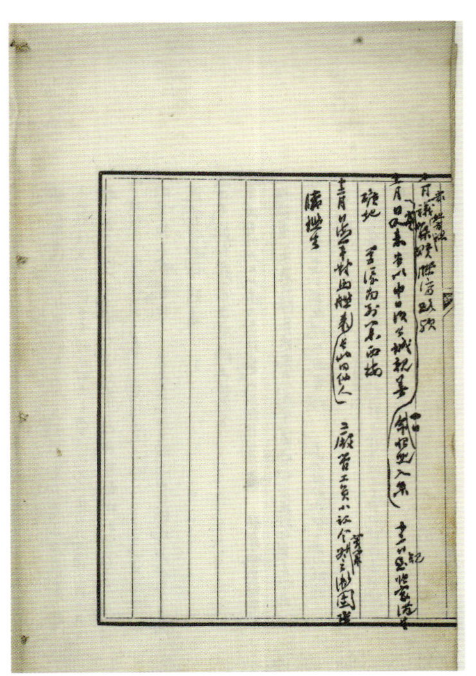

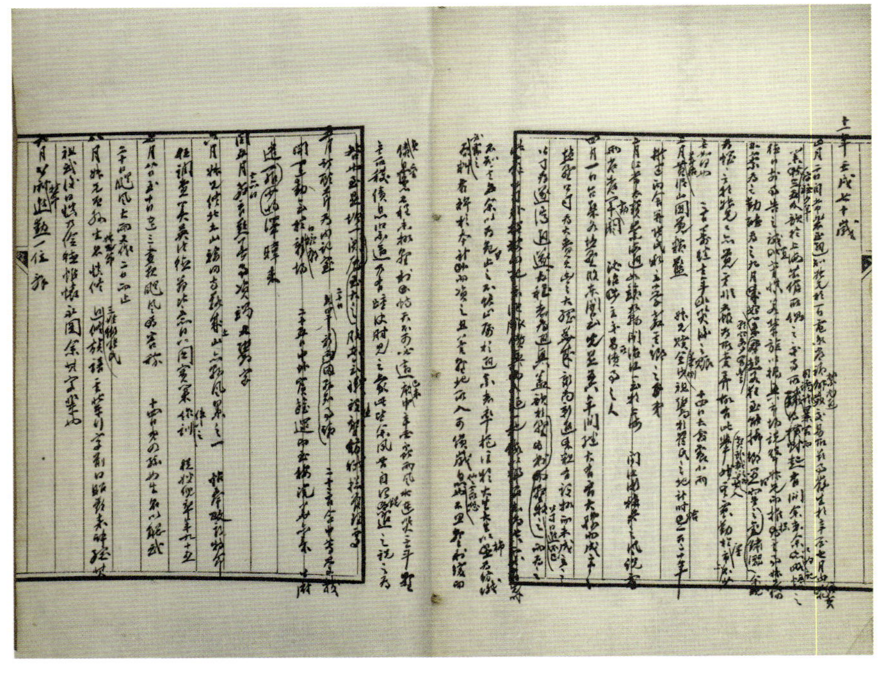

啬翁自订年谱

张謇编，张孝若补，民国十四年（1925）铅印本。2册2卷。

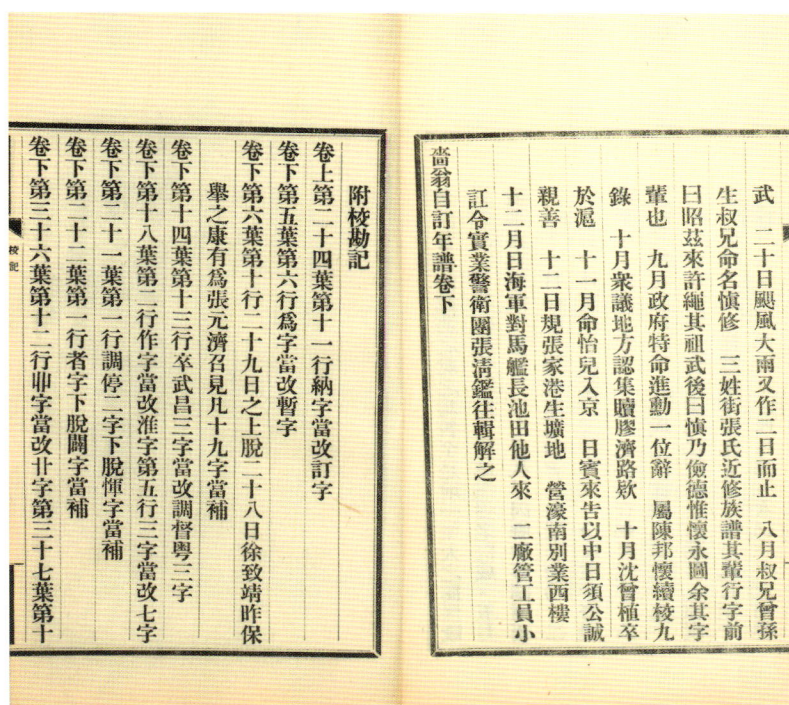

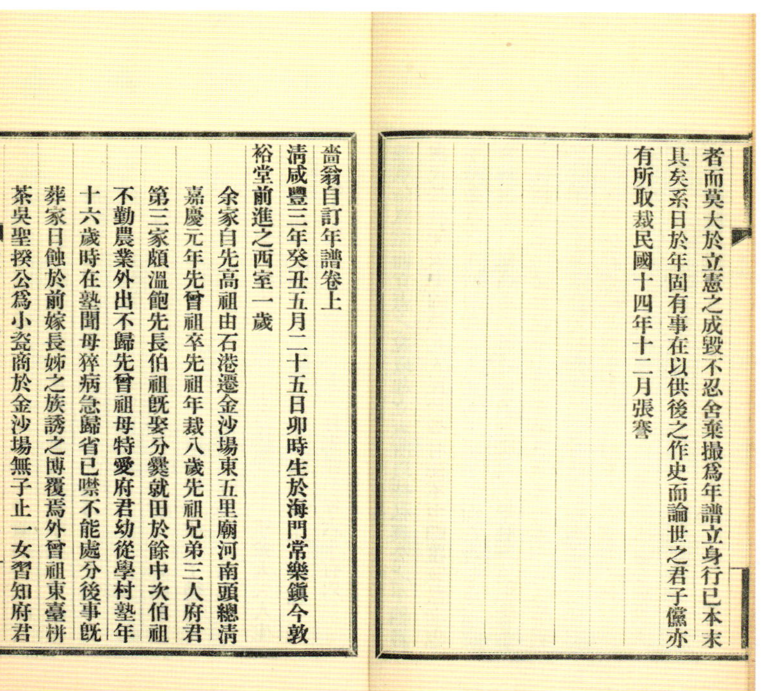

者而莫大於立憲之成毀不忍舍棄撮爲年譜立身行已本末具矣系日於年固有事在以供後之作史而論世之君子儻亦有所取裁民國十四年十二月張謇

嗇翁自訂年譜卷上

清咸豐三年癸丑五月二十五日卯時生於海門常樂鎭今敦裕堂前進之西室一歲

余家自先高祖由石港遷金沙場東五里廟河南頭總清嘉慶元年先曾祖卒先祖年裁八歲先祖兄弟三人府君第三家頗溫飽先長伯祖既娶分爨就田於餘中次伯祖不勤農業外出不歸先曾祖母特愛府君幼從學村塾年十六歲時在塾聞母猝病急歸省已噤不能處分後事既葬家日蝕於前嫁長姊之族誘之博覆焉外曾祖東臺栟茶吳聖揆公爲小瓷商於金沙場無子止一女習知府君

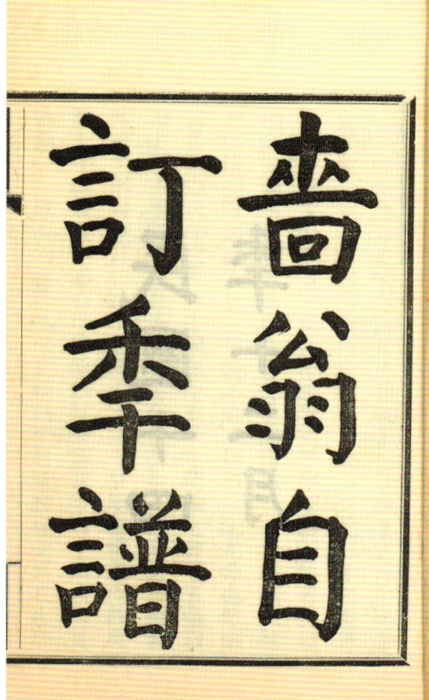

嗇翁自訂年譜

武　二十日颶風大雨又作二日而止　八月叔兄曾孫生叔兄命名愼修　三姓街張氏近修族譜其輩行字前曰昭茲來許繩其祖武後曰愼乃儉德惟懷永圖余其字輩也　九月政府特命進勳一位辭　屬陳邦懷續梭九錄　十月衆議地方認集贖膠濟路欵　十月沈曾植卒於滬　十一月命怡兒入京　日賓來告以中日須公誠親善　十二日規張家港生壙地　營濠南別業西樓十二月日海軍對馬艦長池田他人來　二廠管工員小訌令實業警衛團張淸鑑往輯解之

嗇翁自訂年譜卷下

附校勘記

卷上第二十四葉第十一行納字當改訂字

卷下第五葉第六行爲字當改暫字

卷下第六葉第十行二十九日之上脫二十八日徐致靖昨保舉之康有爲張元濟召見凡十九字當補

卷下第十四葉第十三行卒武昌三字當改調督粵三字

卷下第十八葉第二行作字當改淮字第五行三字當改七字

卷下第二十一葉第一行調停二字下脫惲字當補

卷下第二十二葉第一行者字下脫闕字當補

卷下第三十六葉第十二行卅字當改廿字第三十七葉第十

于鬯年谱初稿

秦翰才编，稿本。1 册 1 卷。

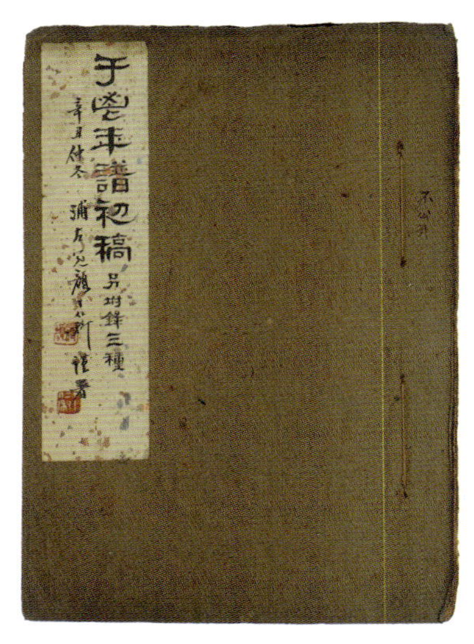

于鬯（1854–1910），字醴尊，号香草，江苏南汇（今属上海浦东）人。绝意仕进，精于经史。著有《香草校书》等。

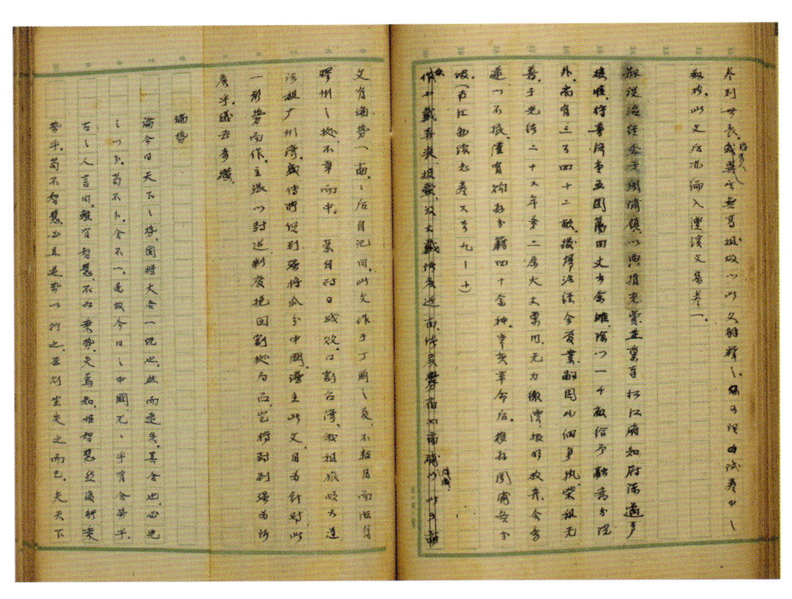

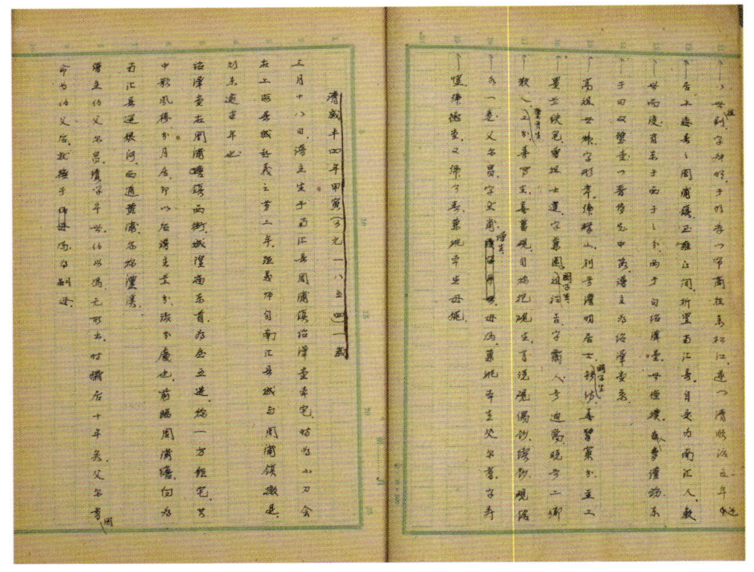

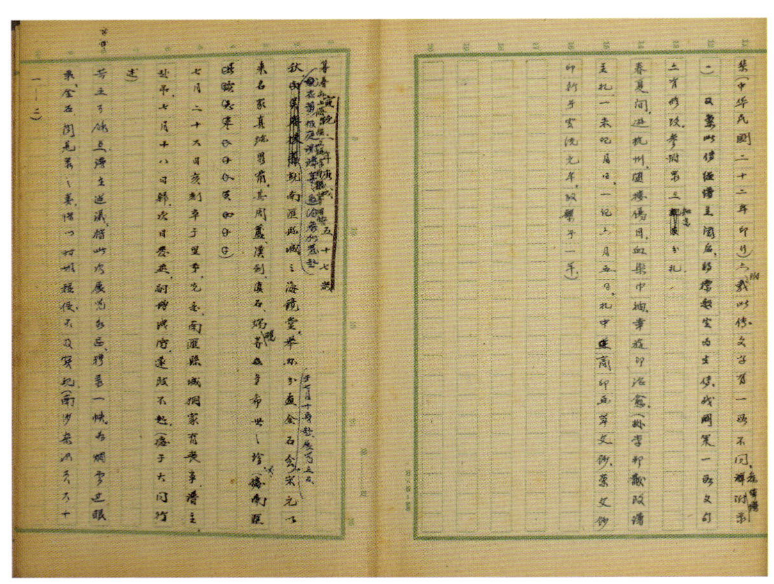

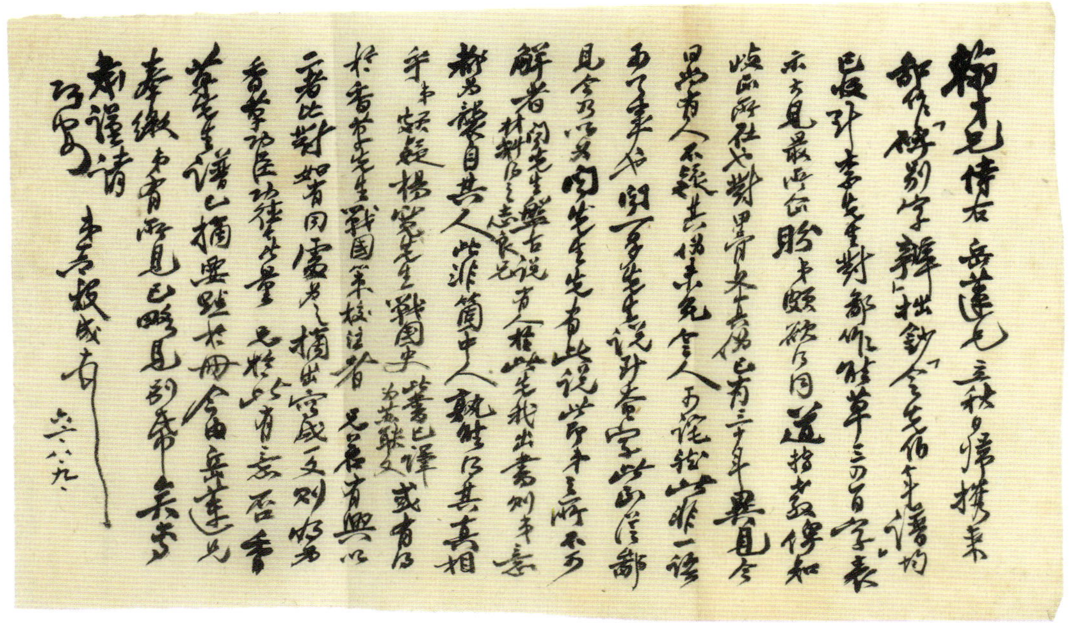

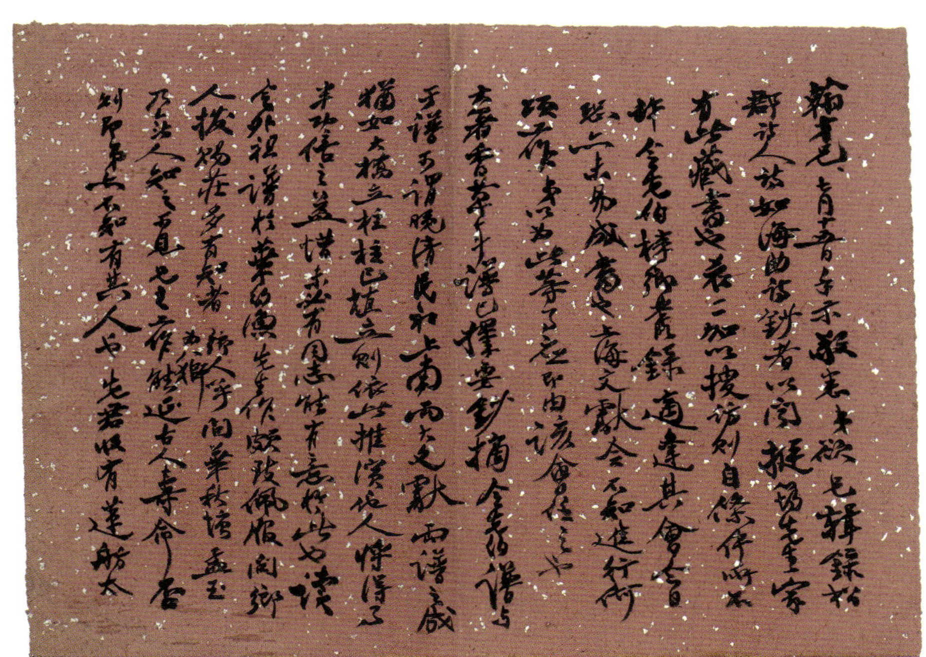

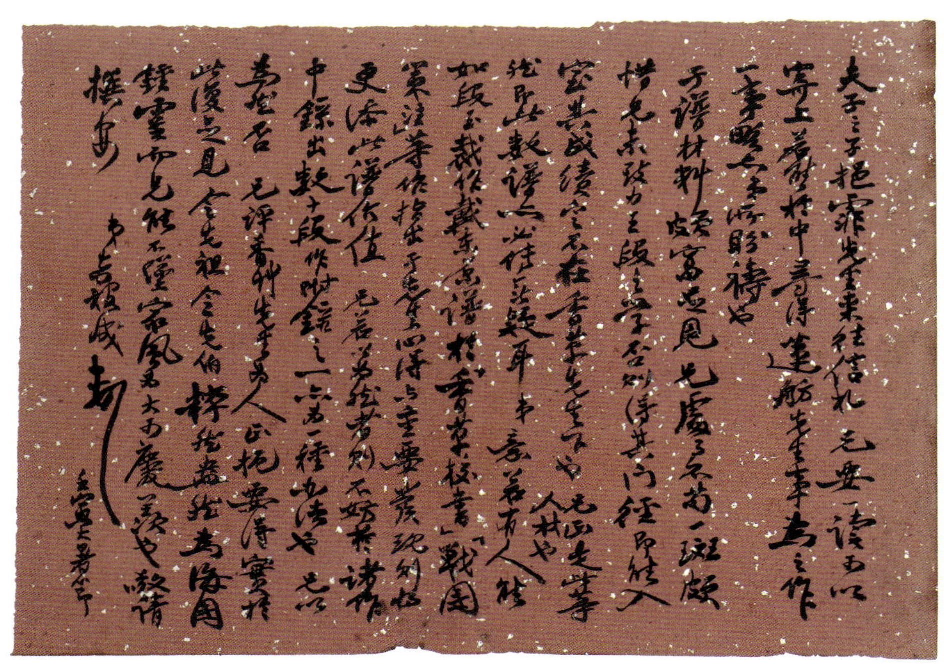

屠寄年谱

屠孝实等编，稿本。1册1卷。是谱又名《先君年谱》。

屠寄（1856—1921），字敬山，一作静山，又字归甫，别字师虞，自号结一宧主人，晚更号无闷居士，江苏武进（今属常州）人。清光绪十八年（1892）进士。清末历任工部主事、黑龙江舆图局总办、京师大学堂正教习、浙江淳安知县、南通国文专修馆馆长等。民国历任武进县民政长、国史馆总纂、北塘河工局总董等。著有《蒙兀儿史记》等。

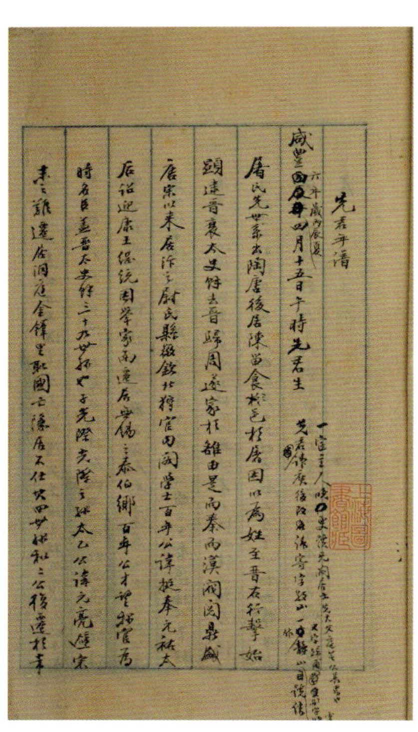

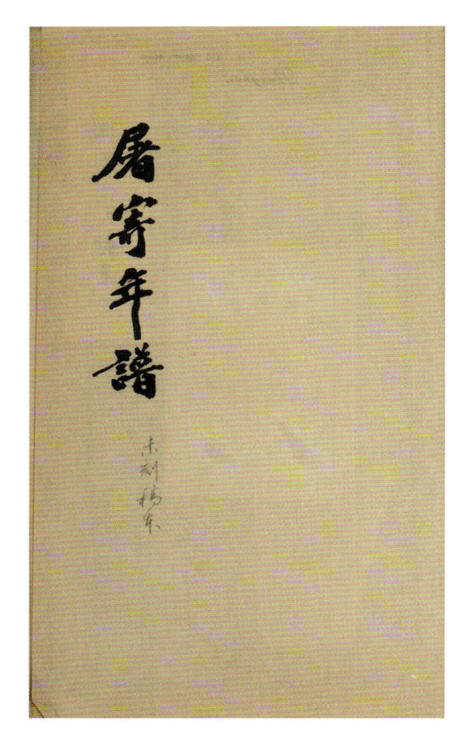

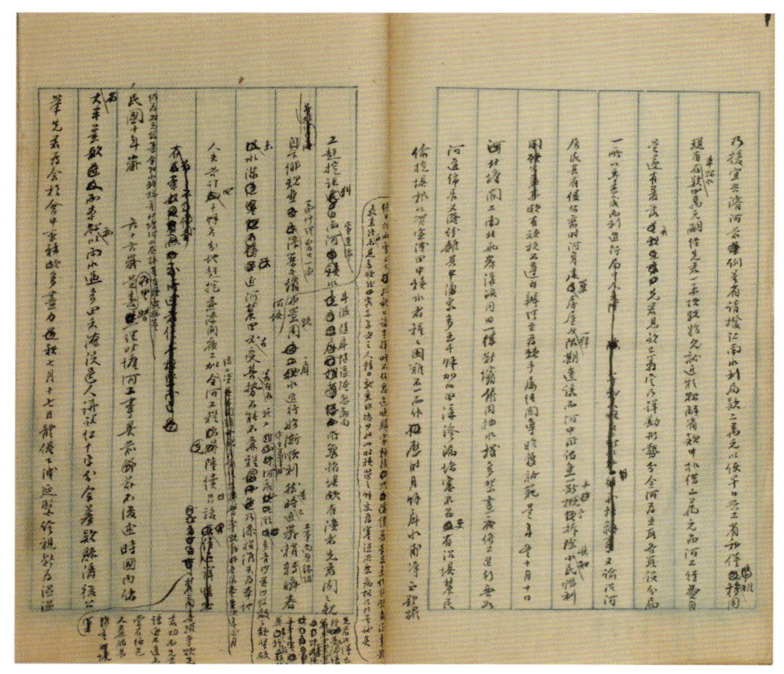

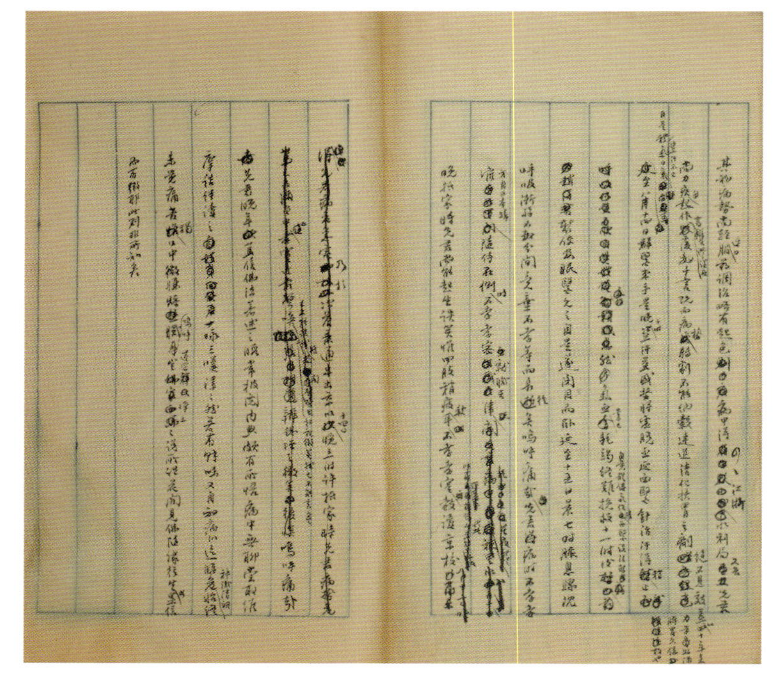

水流云在图记

陈夔龙编，民国二年（1913）石印本。2册2卷。是谱又名《水流云在图轩记》。全谱各页均以四字文为题，以文记年月历事，纪事至清宣统三年（1911）。

陈夔龙（1857—1948），字筱石，号庸庵、庸叟等，贵州贵筑人。清光绪十二年（1886）进士。历官顺天府尹、河南布政使、河南巡抚、江苏巡抚、四川总督、直隶总督兼北洋大臣等。著有《庸庵尚书奏议》等。

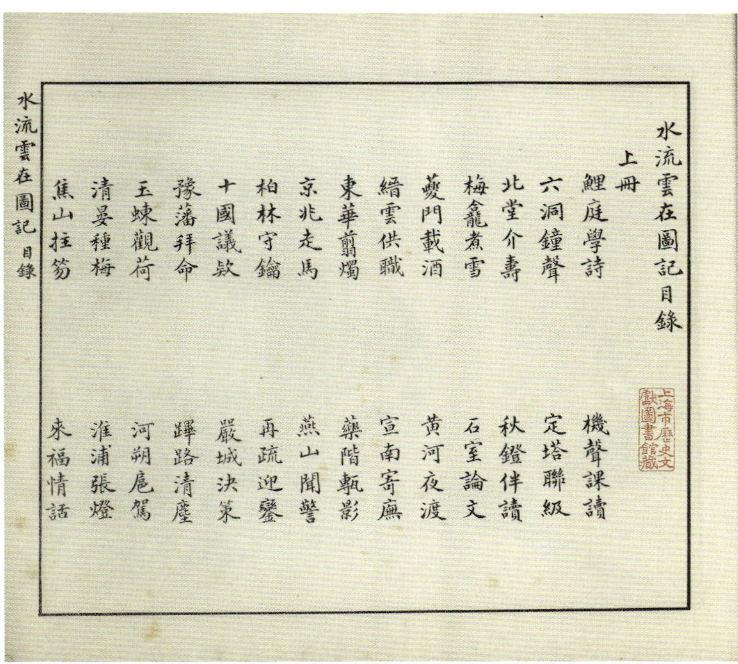

水流雲在圖記目錄

上冊

鯉庭學詩　機聲課讀
六洞鐘聲　定塔聯級
北堂介壽　秋鐙伴讀
梅龕煮雪　石室論文
蔓門載酒　黃河夜渡
緡雲供職　宣南寄廡
東華翦燭　藥階輓影
京兆走馬　燕山聞警
柏林守鑰　再疏迎鑾
十國議款　嚴城決策
豫藩拜命　蹕路清塵
玉蝀觀荷　河朔扈駕
清晏種梅　淮浦張燈
焦山拄笏　來福情話

水流雲在圖記 目錄

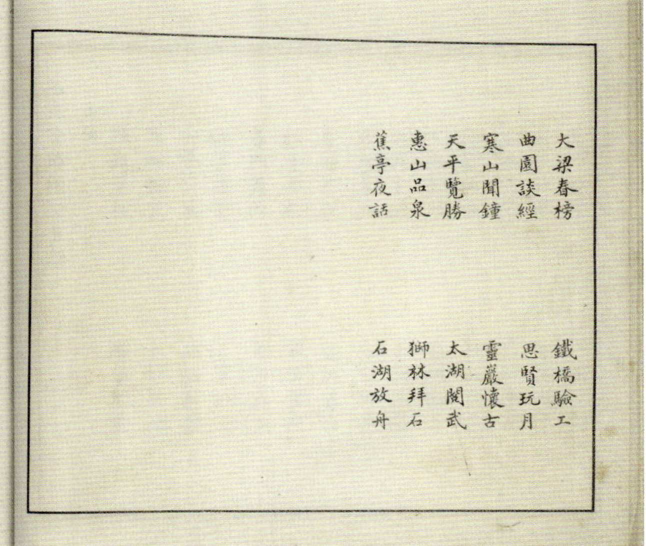
大梁春榜　鐵橋驗工
曲園談經　思賢玩月
寒山聞鐘　靈巖懷古
天平覽勝　太湖閱武
惠山品泉　獅林拜石
蕉亭夜話　石湖放舟

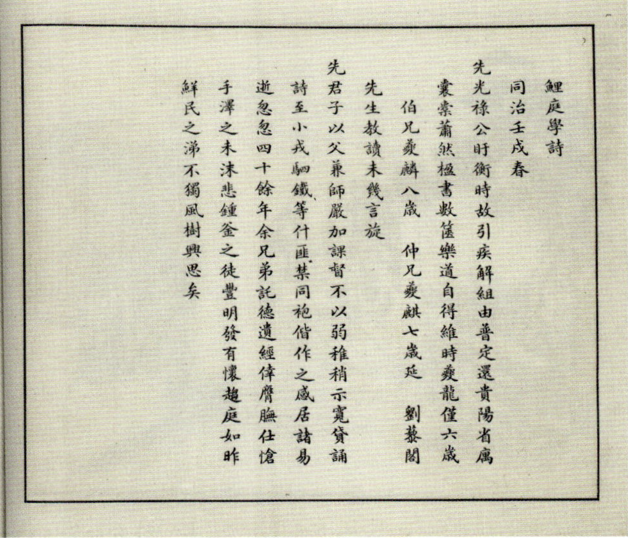
鯉庭學詩

同治壬戌春

先光祿公盱衡時故引疾解組由普定還貴陽省廬

囊槖蕭然楹書數篋樂道自得維時夔龍僅六歲

伯兄夔麟八歲　仲兄夔麒七歲延　劉藜閣

先生教讀未幾言旋

先君子以父兼師嚴加課督不以弱稚稍示寬貸誦

詩至小戎駟鐵等什匪棊同袍偕作之感居諸易

逝忽忽四十餘年余兄弟託德遺經偉膺膴仕愴

手澤之未沫悲鍾釜之徒豐明發有懷趨庭如昨

鮮民之㴡不獨風樹興思矣

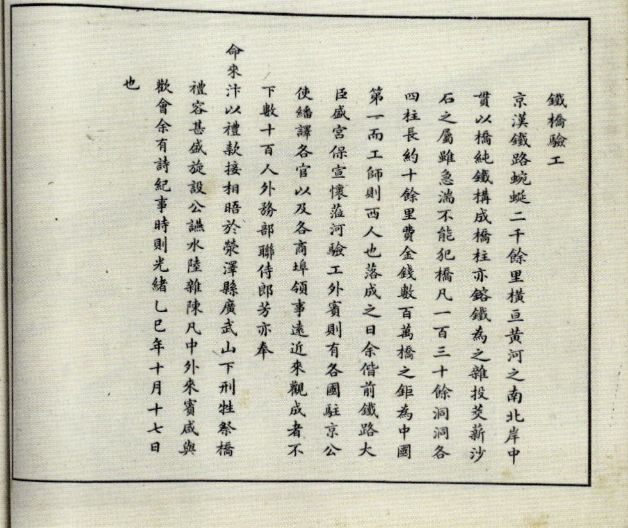
鐵橋驗工

京漢鐵路蜿蜒二千餘里橫亘黃河之南北岸中

貫以橋純鐵構成橋柱亦鎔鐵為之雜投茭薪沙

石之屬雖急湍不能犯橋凡一百三十餘洞洞各

四柱長約十餘里費金錢數百萬橋之鉅為中國

第一而工師則西人也落成之日余偕前鐵路大

臣盛宮保宣懷蒞河驗工外賓則有各國駐京公

使繙譯各官以及各商埠領事遠近來觀成者不

下數十百人外務部聯侍郎芳亦奉

命來汴以禮款接相晤於滎澤縣廣武山下刑牲祭橋

禮容甚盛旋設公讌水陸雜陳凡中外來賓咸與

歡會余有詩紀事時則光緒乙巳年十月十七日

也

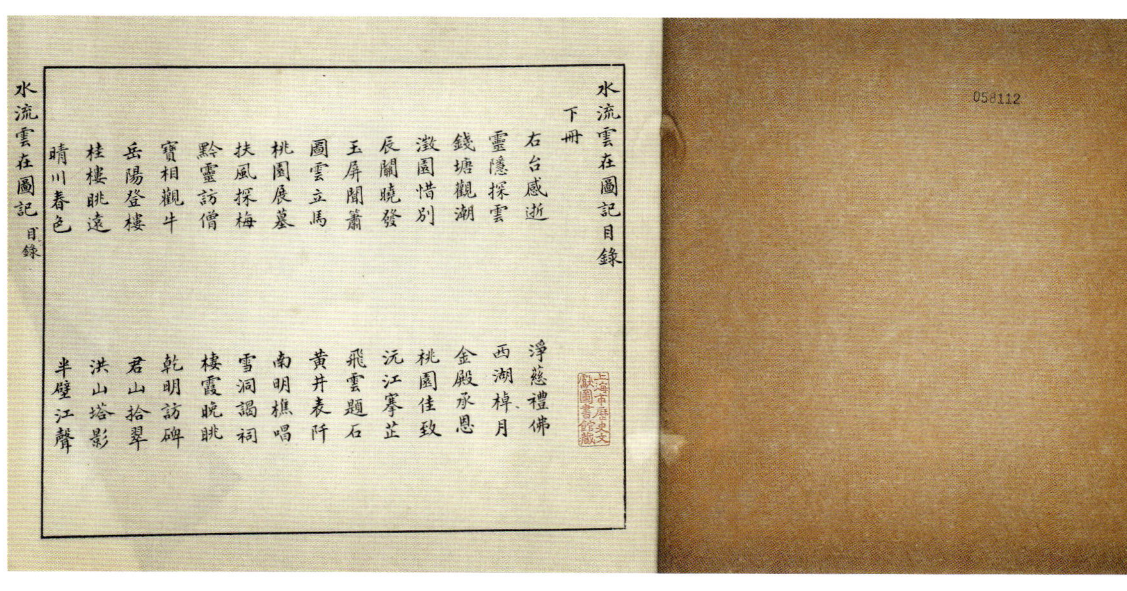
水流雲在圖記目錄
下冊
右台感逝　淨慈禮佛
靈隱探雲　西湖棹月
錢塘觀潮　金殿承恩
瀓園惜別　桃園佳致
辰關曉發　沅江搴芷
玉屏聞簫　飛雲題石
圖雲立馬　黄井表阡
桃園展墓　南明樵唱
扶風探梅　雪洞謁祠
黔靈訪僧　棲霞晚眺
寶相觀牛　乾明訪碑
岳陽登樓　君山拾翠
桂樓眺遠　洪山塔影
晴川春色　半壁江聲
水流雲在圖記　目錄

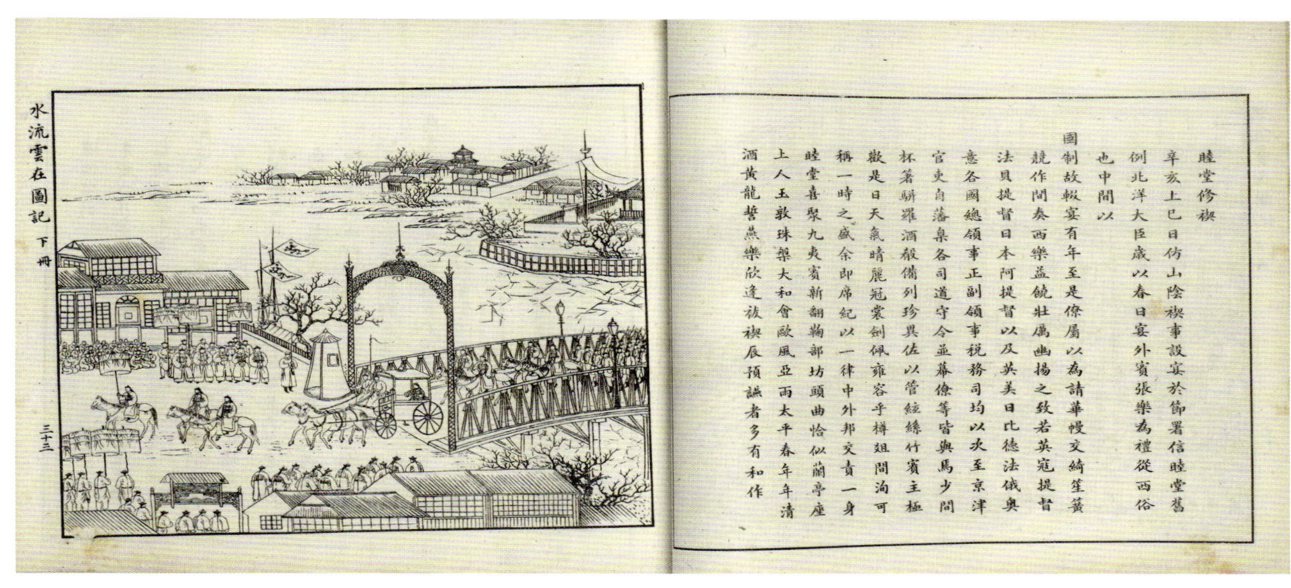
水流雲在圖記　下冊　三十三

睦堂修禊
辛亥上巳日仿山陰禊事設宴於節署信睦堂舊例北洋大臣歲以春日宴外賓張樂為禮從西俗也中間以
國制故輟宴有年至是僚屬以為請華幔文綺笙簧競作間奏西樂益饒壯厲幽揚之致若英寇提督法貝提督日本阿提督以及英美日比德法俄奥意各國總領事正副領事稅務司均以次至京津官吏自藩臬各司道守令並幕僚等皆與焉少間杯箸駢羅酒殽備列珍異佐以管絃絲竹賓主極歡是日天氣晴麗冠裳劍佩雍容乎樽俎間洵可稱一時之盛余即席紀以一律中外邦交責一身睦堂喜聚九夷賓新翻鞠部坊頭曲恰似蘭亭座上人玉敦珠槃大和會歐風亞雨太平春年年清酒黄龍誓燕樂欣逢祓禊辰預讌者多有和作

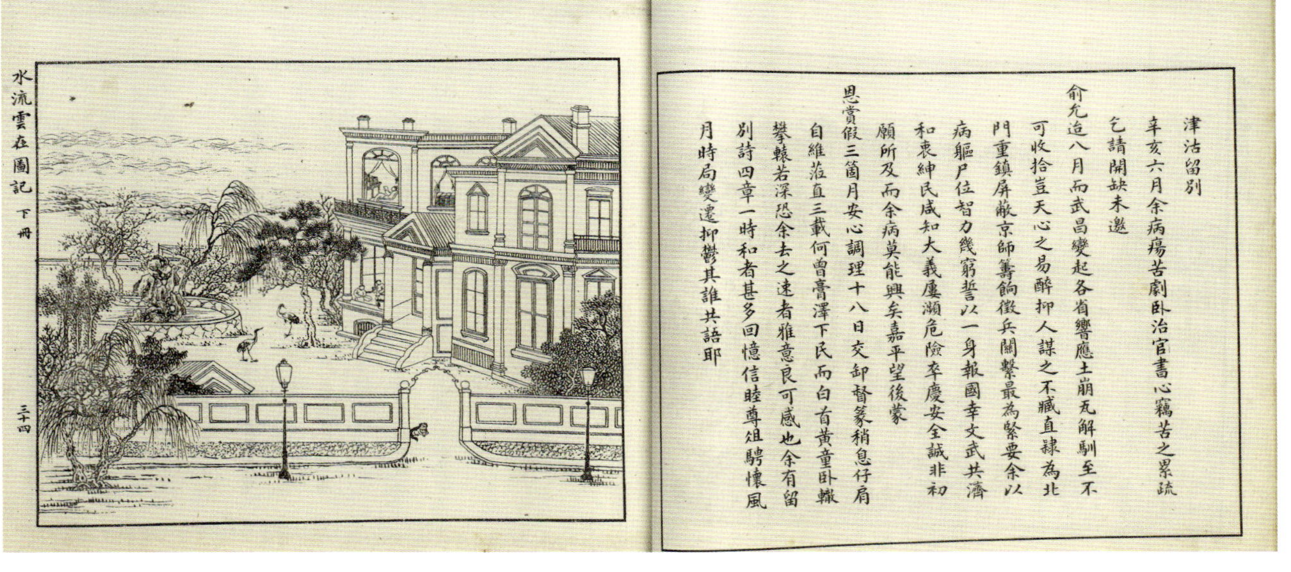
水流雲在圖記　下冊　三十四

津沽留別
辛亥六月余病瘍苦劇臥治官書心竊苦之累疏
乞請開缺未邀
俞允迨八月而武昌變起各省響應土崩瓦解馴至不可收拾豈天心之易醉抑人謀之不臧直隸為北門重鎮屏蔽京師籌餉徵兵關繫最為緊要余以病軀尸位智力幾窮誓以一身報國幸文武共濟和衷紳民咸知大義屢瀕危險卒慶安全誠非初願所及而余病莫能興矣嘉平望後蒙
恩賞假三箇月安心調理十八日交卸督篆稍息仔肩自維莅直三載何曾膏澤下民而白首黄童臥轍攀轅若深恐余去之速者雅意良可感也余有留別詩四章一時和者甚多回憶信睦尊俎騁懷風月時局變遷抑鬱其誰共語耶

张石亲年谱稿

杨家骆、李慧可编，稿本。1 册 1 卷。

张森楷（1858-1928），字符翰，号式卿，晚号端叟，四川合川（今属重庆）人。清末创办四川省蚕桑公社。民国后任川汉铁路公司成都局总理、成都大学教授。著有《史记新校注》等。

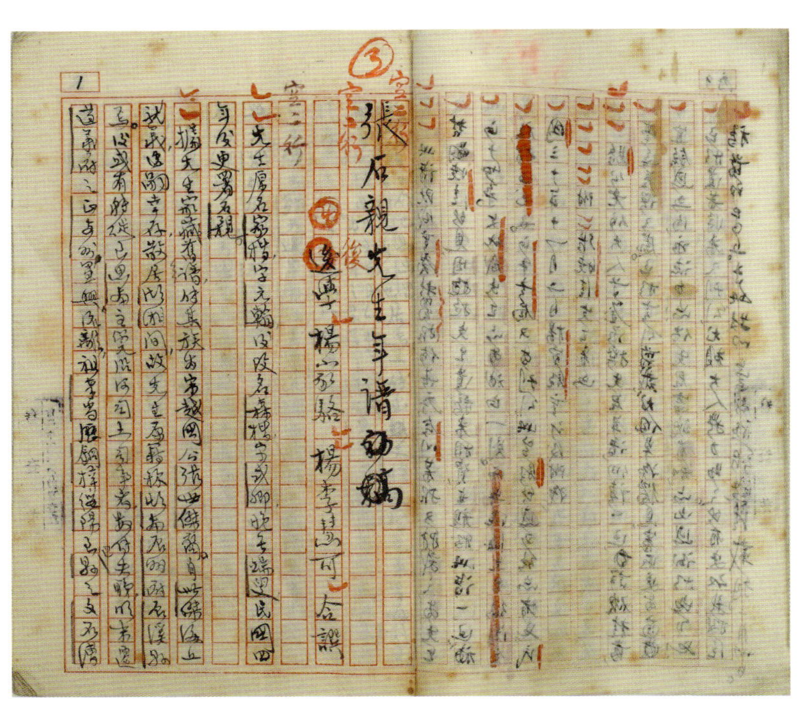

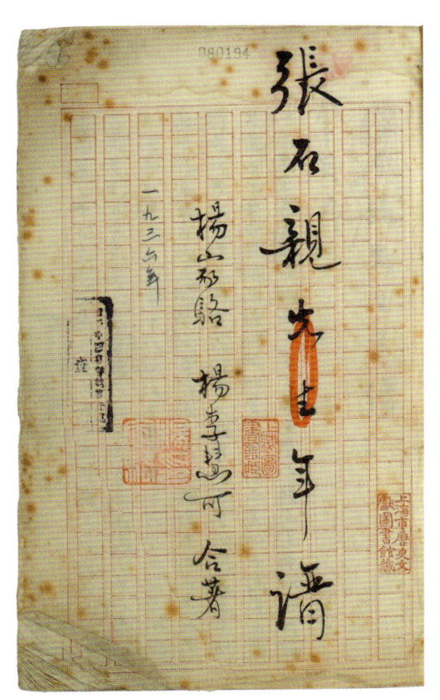

張石親先生年譜

一九三六年

楊家駱 楊李慧可 合著

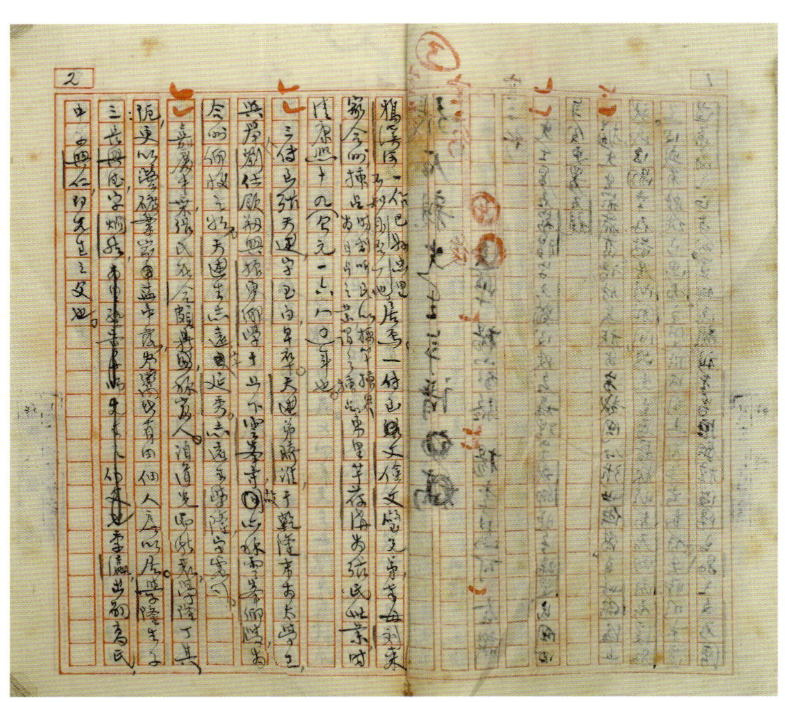

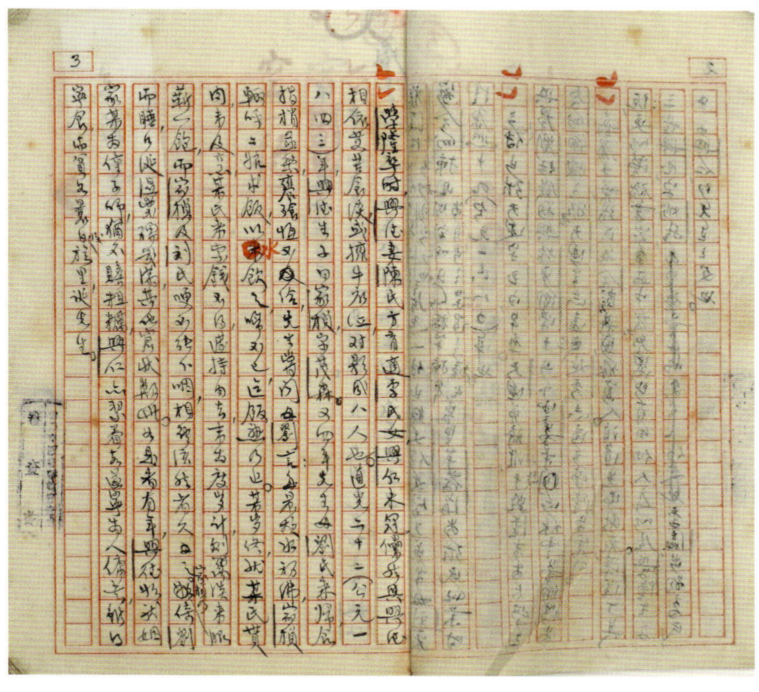

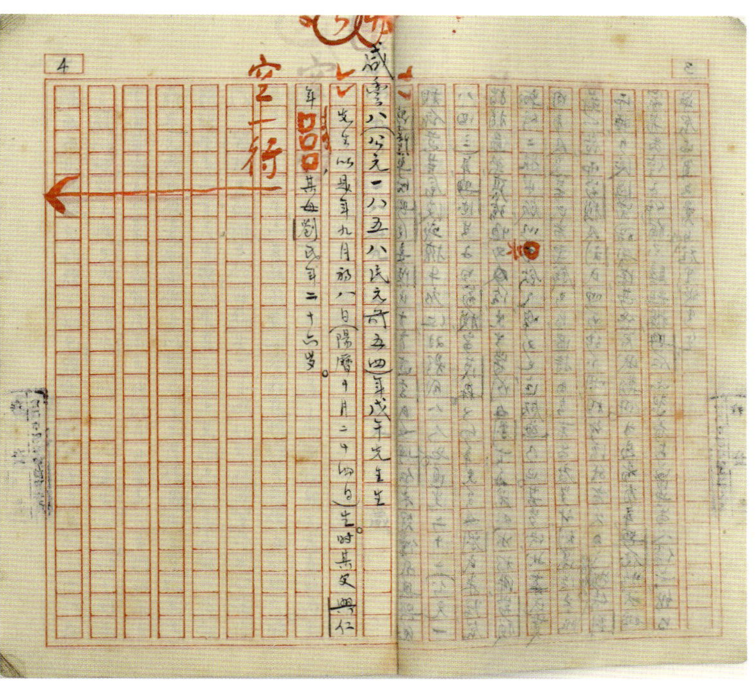

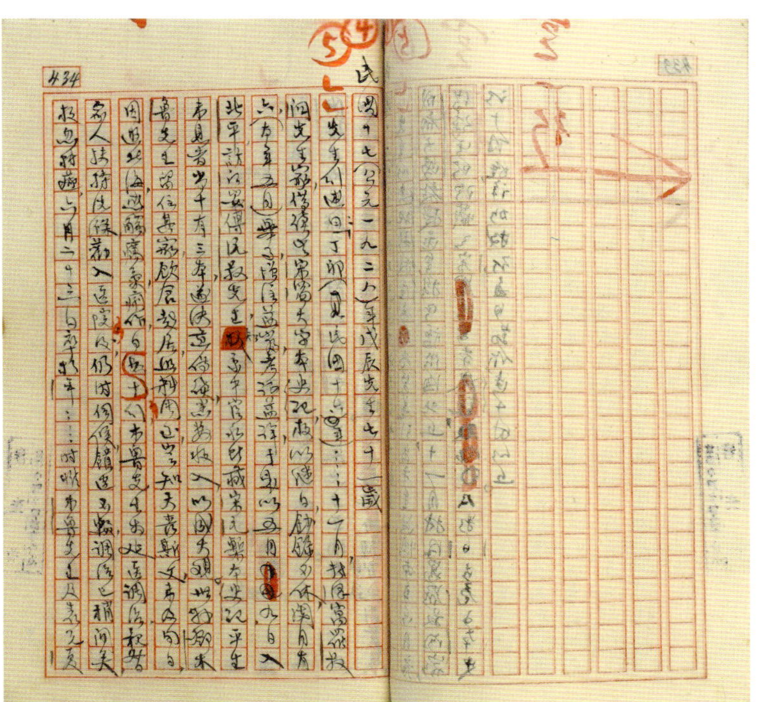

袁世凯年谱

佚名编，民国铅印本。1 册 1 卷。

袁世凯（1859–1916），字慰亭，号容庵、洗心亭主人，河南项城人。清末历任山东巡抚、直隶总督兼北洋大臣、外务部尚书、军机大臣等。民国二年（1913）任中华民国大总统。民国四年（1915）改国号为中华帝国，建元“洪宪”，遭举国反对。

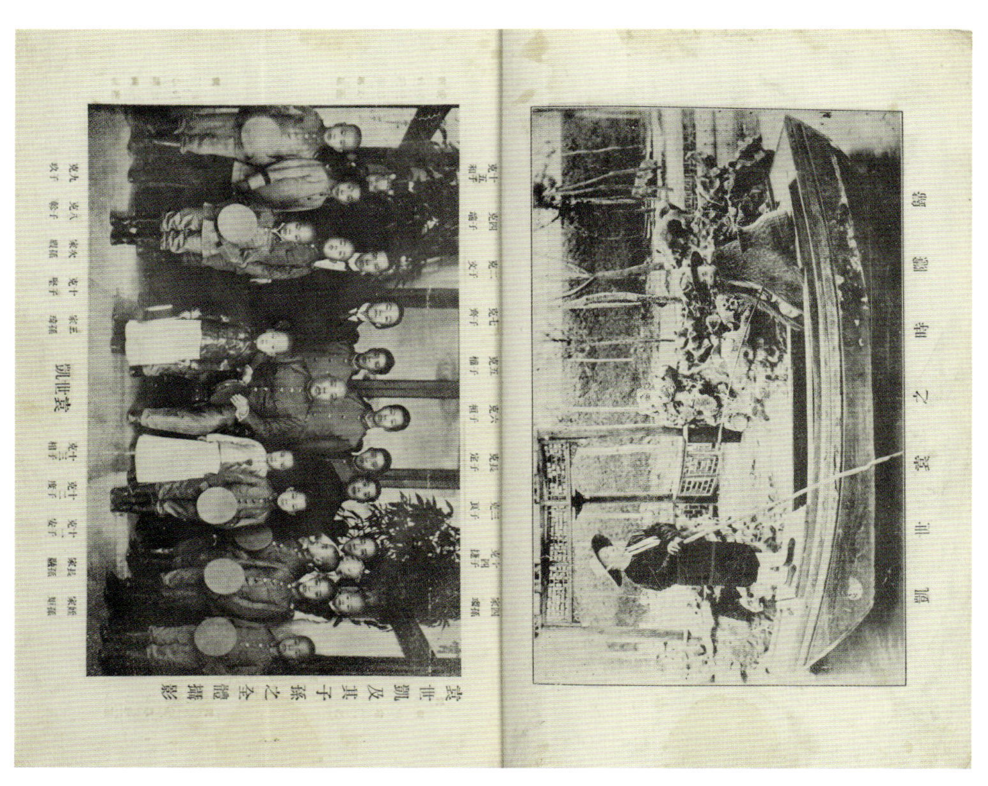

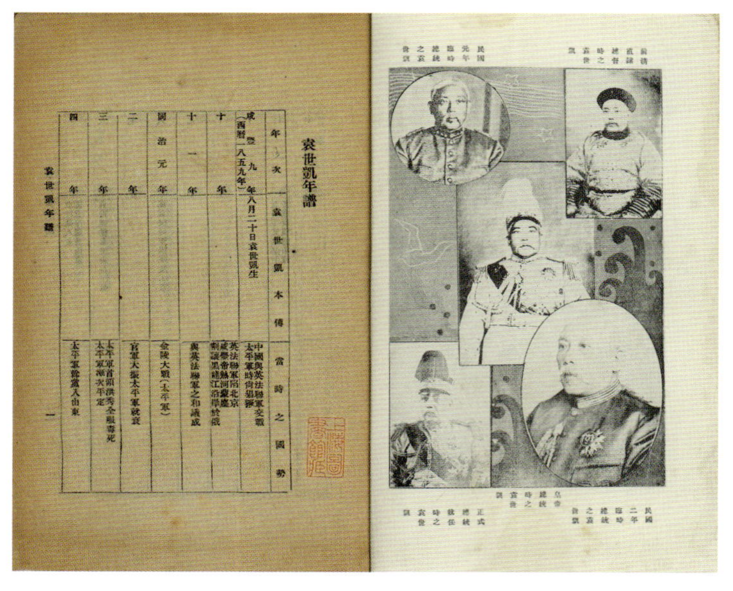

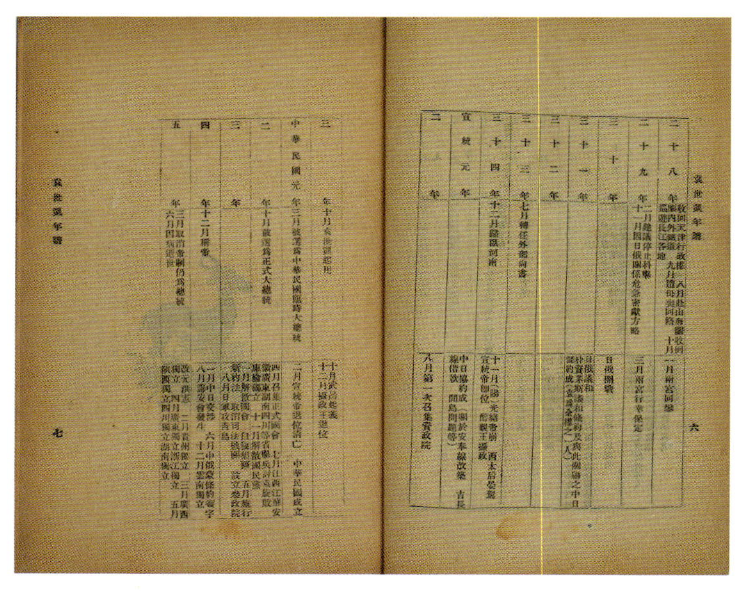

詹天佑年谱

佚名编，抄本。1册1卷。

詹天佑（1861–1919），字眷诚，广东南海人（今属佛山）。毕业于耶鲁大学土木工程系。中国近代铁路工程专家。编有《华英工程词汇》等。

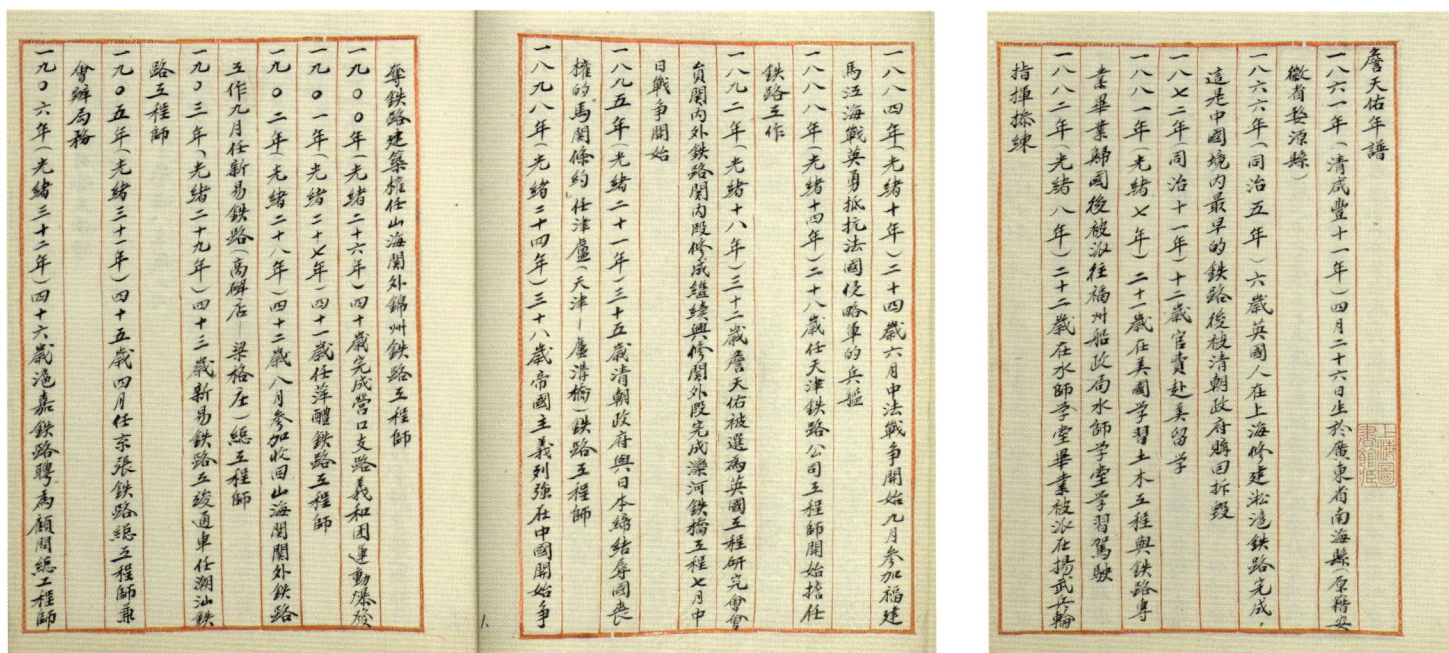

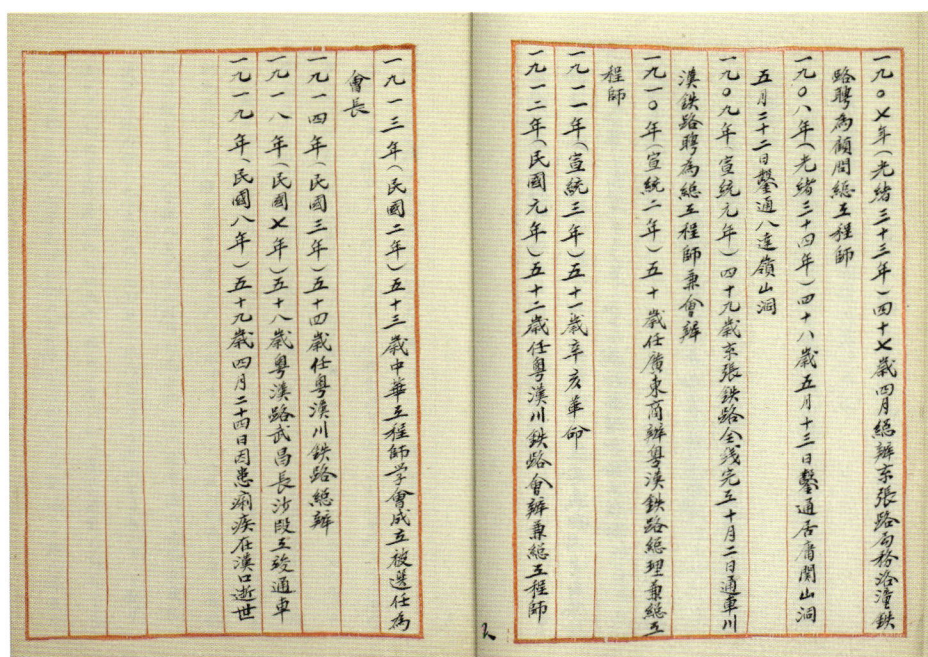

煮石年谱

煮石编，民国抄本。1 册 1 卷。是谱纪事至民国九年（1920）。

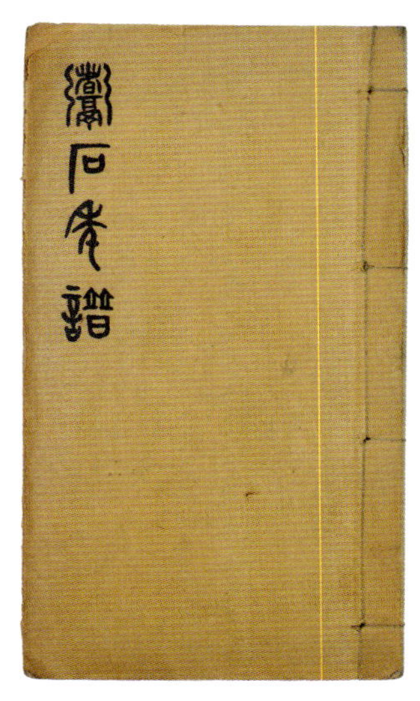

李宗颢（1862-？），原名继鑫，字煮石，号邵斋等，道号永颢，广东南海（今属佛山）人。喜治金石目录之学。著有《李宗颢书画日记》等。

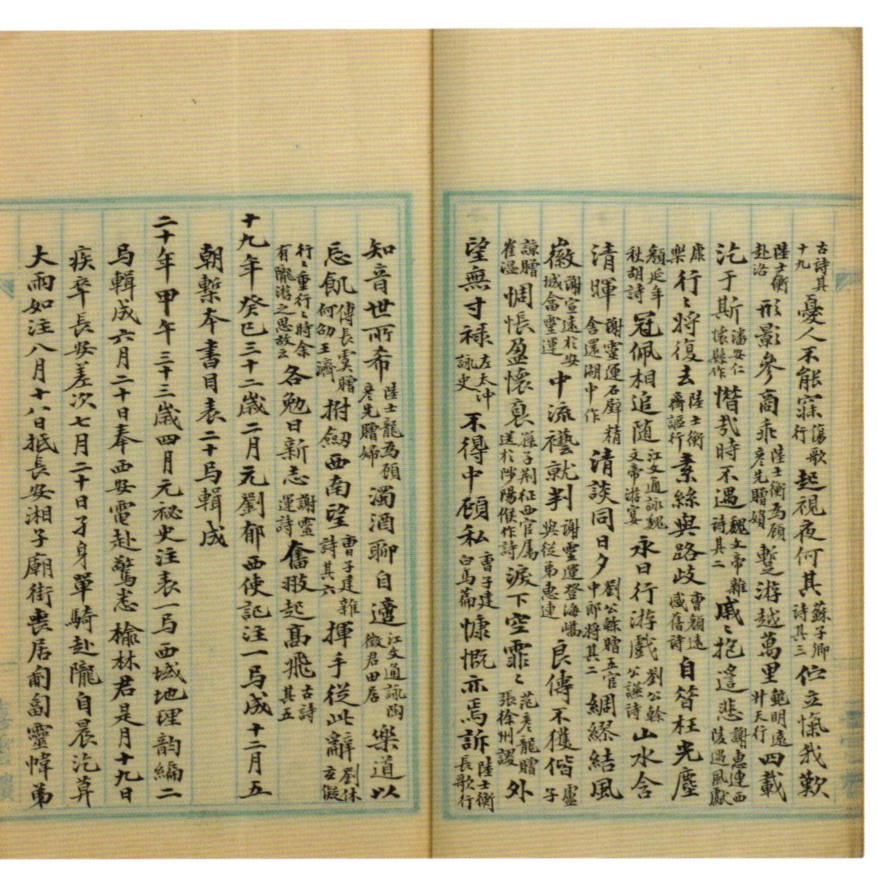

（古詩十九其）憂人不能寐（傷歌行）起視夜何其（蘇子卿詩其三）佇立慷我歎（陸士衡赴洛）形影參商乖（陸士衡為顧彥先贈婦）暫游越萬里（鮑明遠升天行）四載汔于斯（潘安仁懷縣作）惜哉時不遇（魏文帝雜詩其二）戚戚抱遺悲（謝惠連西陵遇風獻康樂）行行將復去（陸士衡齊謳行）素絲與路歧（曹顏遠感舊詩）自昔枉光塵（顏延年秋胡詩）冠佩相追隨（江文通詠魏文帝遊宴）永日行游戲（劉公幹公讌詩）山水含清暉（謝靈運石壁精舍還湖中作）清談同日夕（劉公幹贈五官中郎將其二）綢繆結風徽（謝宣遠於安城答靈運）中流袂就判（謝靈運登海嶠與從弟惠連）良儔不獲偕（盧子諒贈崔溫）惆悵盈懷袌（孫子荊征西官屬送於陟陽候作詩）淚下空霏霏（范彥龍贈張徐州謖）外望無寸祿（左太沖詠史）不得中顧私（曹子建白馬篇）慷慨亦焉訴（陸士衡長歌行）

知音世所希（陸士龍為顧彥先贈婦）濁酒聊自適（江文通詠陶徵君田居）樂道以忘飢（傅長虞贈何劭王濟）拊劍西南望（曹子建雜詩其六）揮手從此辭（劉休玄擬行行重行行時余有隴游之思故云）各勉日新志（謝靈運詩）奮翮起高飛（古詩其五）

十九年癸巳三十二歲二月元劉郁西使記注一卷成十二月五

朝槧本書目表二十卷輯成

二十年甲午三十三歲四月元秘史注表一卷西域地理韵編二卷輯成六月二十日奉西安電赴驚悉榆林君是月十九日疾卒長安差次七月二十日子身單騎赴隴自晨沆莽大雨如注八月十八日抵長安湘子廟街寓居匍匐靈幃弟

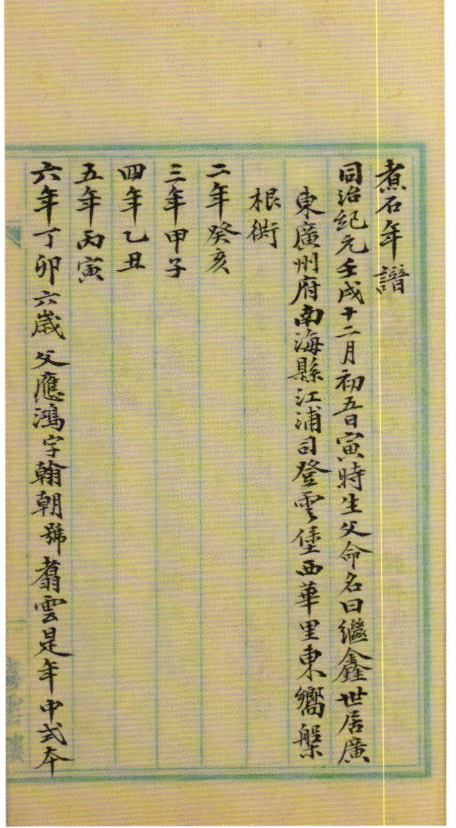

煮石年譜

同治紀元壬戌十二月初五日寅時生父命名曰繼鑫世居廣東廣州府南海縣江浦司登雲堡西華里東嚮槃根街

二年癸亥

三年甲子

四年乙丑

五年丙寅

六年丁卯六歲父應鴻字翰朝號翥雲是年中式本

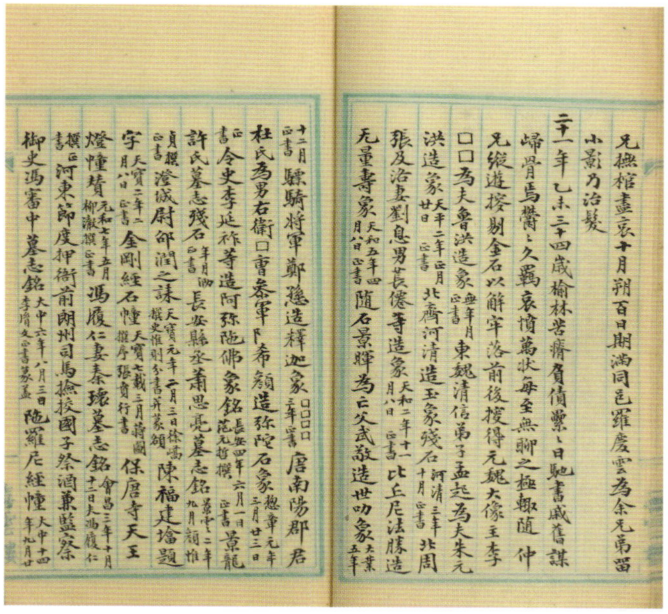

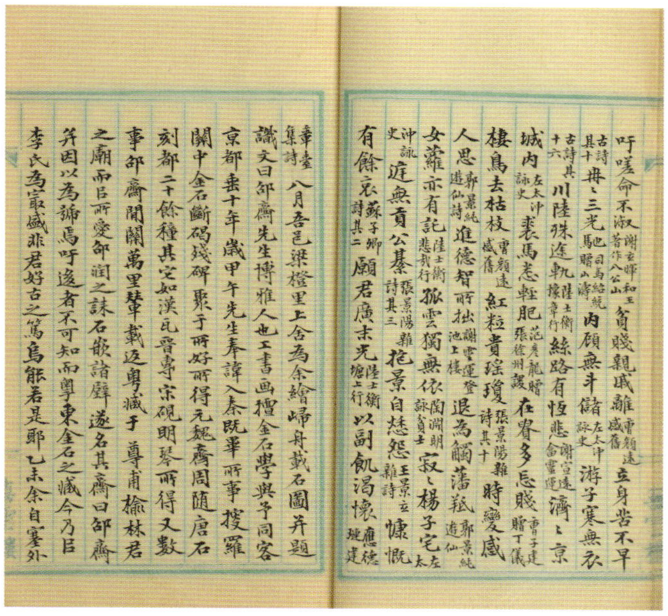

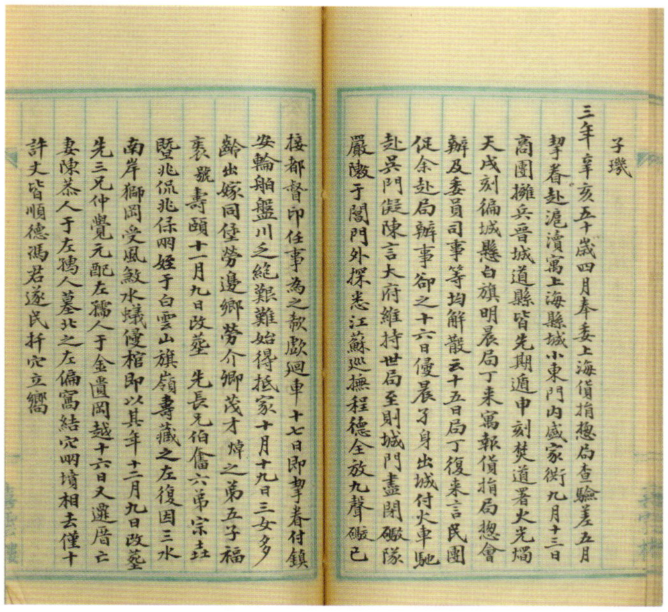

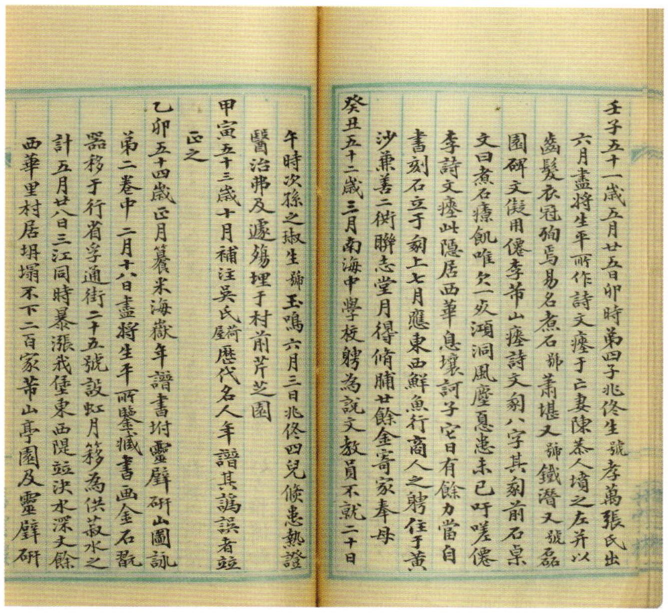

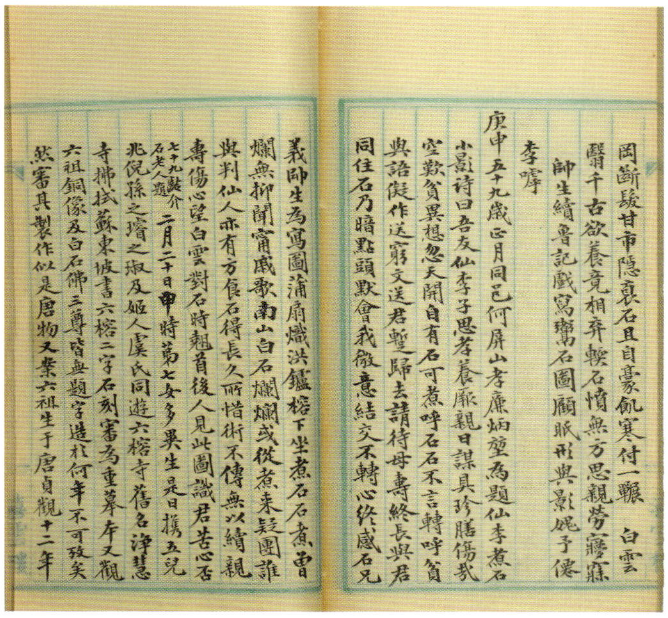

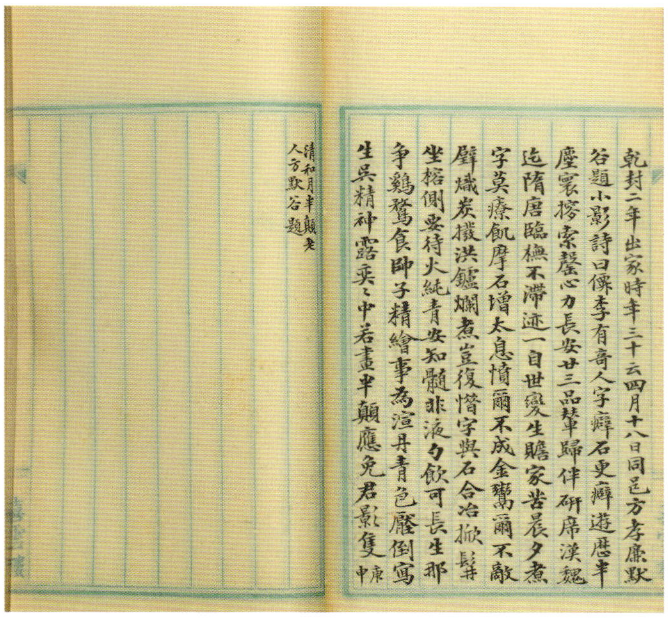

慈淑罗太夫人年谱

姬觉弥编，民国二十二年铅印本。1 册 1 卷。

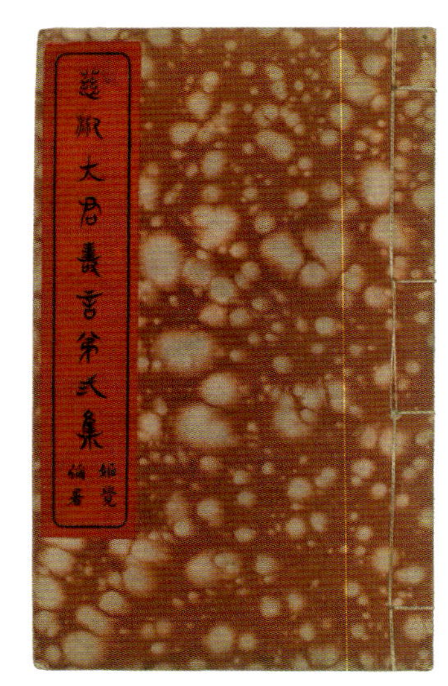

罗迦陵（1864—1941），本名俪蕤，号迦陵、慈淑老人，英国籍犹太裔房地产大亨哈同（Silas Aaron Hardoon）之妻。尝出资刊印《频伽精舍校刊大藏经》，创办华严大学、仓圣明智大学。

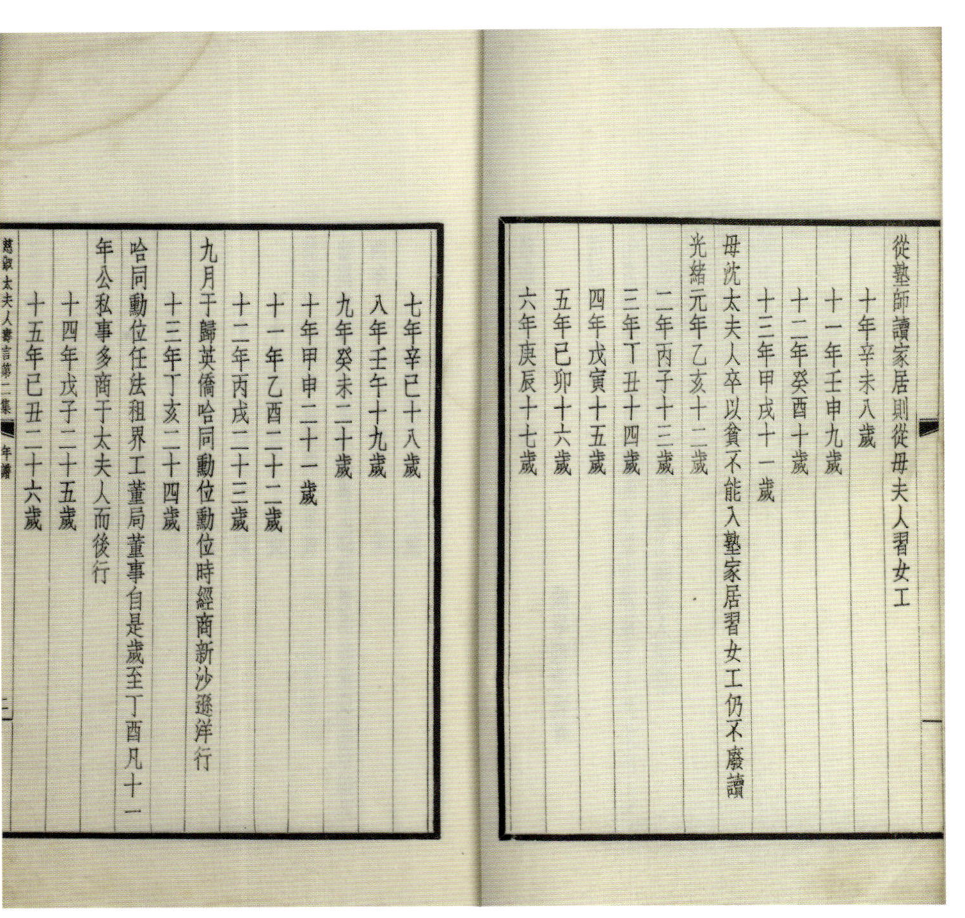

從塾師讀家居則從母夫人習女工
十年辛未八歲
十一年壬申九歲
十二年癸酉十歲
十三年甲戌十一歲
母沈太夫人卒以貧不能入塾家居習女工仍不廢讀
光緒元年乙亥十二歲
二年丙子十三歲
三年丁丑十四歲
四年戊寅十五歲
五年己卯十六歲
六年庚辰十七歲

七年辛巳十八歲
八年壬午十九歲
九年癸未二十歲
十年甲申二十一歲
十一年乙酉二十二歲
十二年丙戌二十三歲
九月于歸英僑哈同勳位哈同勳位時經商新沙遜洋行
十三年丁亥二十四歲
哈同勳位任法租界工董局董事自是歲至丁酉凡十一
年公私事多商于太夫人而後行
十四年戊子二十五歲
十五年己丑二十六歲

慈淑太夫人壽言第二集　年譜　二

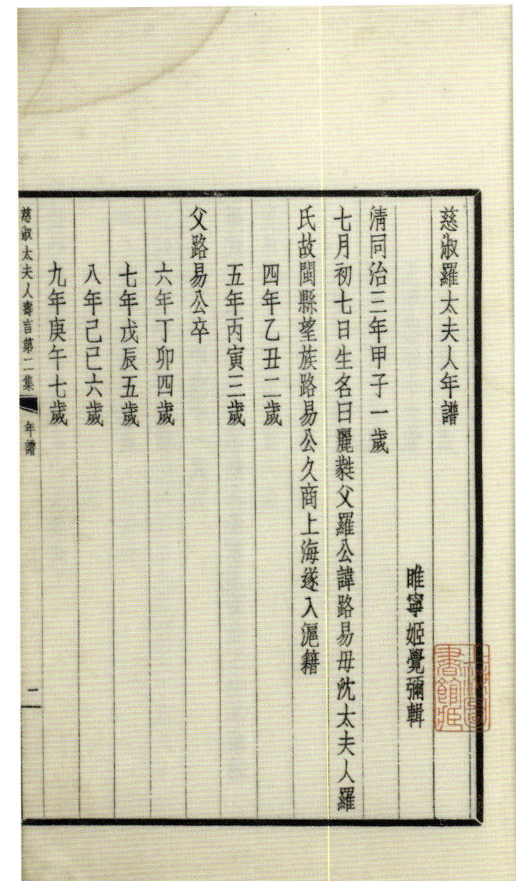

慈淑羅太夫人年譜

唯寧姬覺彌輯

清同治三年甲子一歲
七月初七日生名曰麗蕤父羅公諱路易母沈太夫人羅
氏故閩縣壍族路易公久商上海遂入滬籍
四年乙丑二歲
五年丙寅三歲
父路易公卒
六年丁卯四歲
七年戊辰五歲
八年己巳六歲
九年庚午七歲

慈淑太夫人壽言第二集　年譜　一

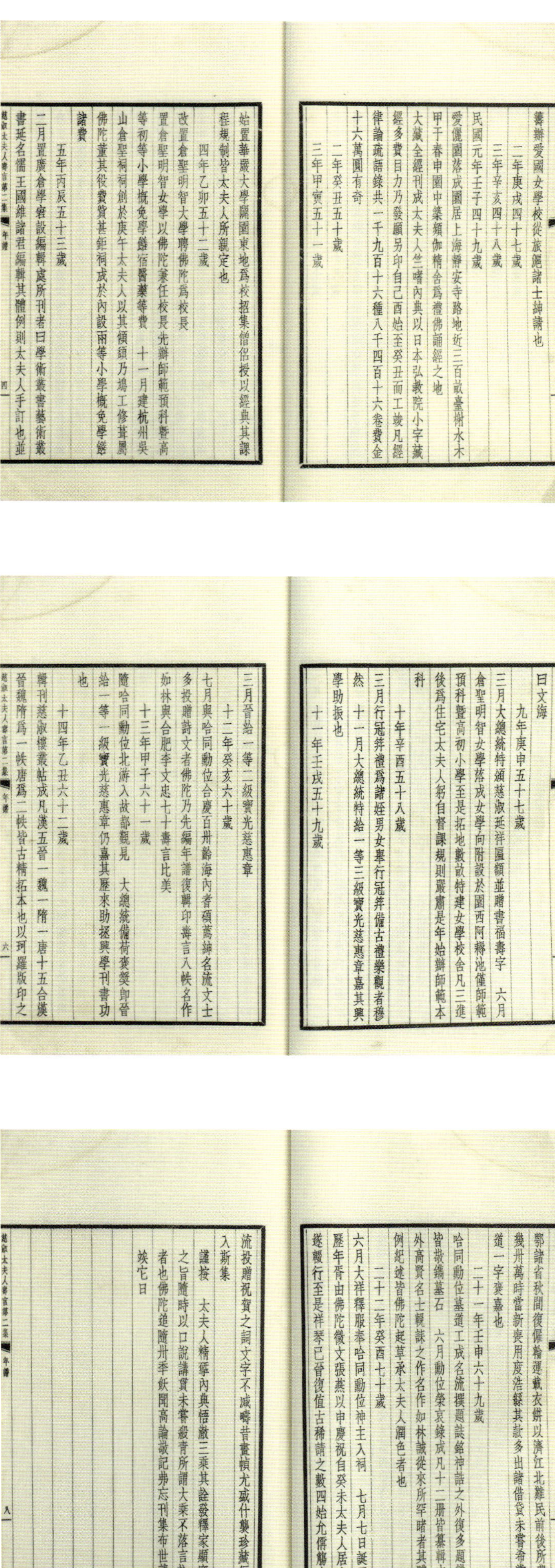

籌辦愛國女學校從族暨諸士紳請也
二年庚戌四十七歲
三年辛亥四十八歲
民國元年壬子四十九歲
愛儷園落成園居上海靜安寺路地近三百畝臺榭水木
甲于春申園中築頻伽精舍爲禮佛誦經之地
大藏全經刊成太夫人竺嗜內典以日本弘教院小字藏
經多費目力乃發願另印自己酉始至癸丑而工竣凡經
律論疏語錄共一千九百十六種八千四百十六卷費金
十六萬圓有奇
二年癸丑五十歲
三年甲寅五十一歲

始置華嚴大學闢園東地爲校招集僧侶授以經典其課
程規制皆太夫人所親定也
四年乙卯五十二歲
改置倉聖明智大學聘佛陀爲校長
置倉聖明智女學以佛陀兼任校長先辦師範預科暨高
等初等小學概免學饍宿醫藥等費　十一月建杭州吳
山倉聖祠祠創於庚午太夫人以其傾頽乃鳩工修葺屬
佛陀董其役費貲甚鉅祠成於內設兩等小學概免學饍
諸費
五年丙辰五十三歲
二月置廣倉學窘設編輯處所刊者曰學術叢書藝術叢
書延名儒王國維諸君編輯其體例則太夫人手訂也並

慈淑太夫人壽言第二集　年譜　四

曰文海
九年庚申五十七歲
三月大總統特頒慈淑延祥匾額並贈書福壽字　六月
倉聖明智女學落成女學向附設於園西阿耨池僅師範
預科暨高初小學至是拓地數畝特建女學校舍凡三進
後爲住宅太夫人躬自督課規則嚴肅是年始辦師範本
科
十年辛酉五十八歲
三月行冠笄禮爲諸姪男女舉行冠笄備古禮樂觀者穆
然　十一月大總統特給一等二級寶光慈惠章嘉其興
學助振也
十一年壬戌五十九歲

三月晉給一等二級寶光慈惠章
十二年癸亥六十歲
七月與哈同勳位合慶百卅齡海內耆碩薦紳名流文士
多投贈詩文者佛陀乃先編年譜復輯印壽言八帙名作
如林與合肥李文忠七十壽言比美
十三年甲子六十一歲
隨哈同勳位北游入故都覲見　大總統備荷褒獎仰晉
給一等一級寶光慈惠章仍嘉其歷來助振興學刊書功
也
十四年乙丑六十二歲
輯刊慈淑樓叢帖成凡漢五晉一魏一隋一唐十五合漢
晉魏隋爲一帙唐爲二帙皆古精拓本也以珂羅版印之

慈淑太夫人壽言第二集　年譜　六

鄂諸省秋間復僱輪運載衣餅以濟江北難民前後所費
幾卅萬時當新喪用度浩繁其款多出諸借貸未嘗希當
道一字褒嘉也
二十一年壬申六十九歲
哈同勳位墓道工成名流撰題誄銘神誥之外復多題識
皆攷鐫墓石　六月勳位榮哀錄成凡十二册皆纂輯中
外高賢名士輓誄之作名作如林誠從來所罕睹者其體
例紀述皆佛陀起草承太夫人潤色者也
二十二年癸酉七十歲
六月大祥釋服奉哈同勳位神主入祠　七月七日誕辰
歷年胥由佛陀徵文張燕以申慶祝自癸未太夫人居喪
遂輟行至是祥琴已晉復值古稀請之數四始允儒觴名

流投贈祝賀之詞文字不減疇昔畫幀尤盛什襲珍藏編
入斯集
謹按　太夫人精擘內典悟澈三乘其詮發釋家顯密
之旨隨時以口說講貫未嘗殺青所謂大乘不落言詮
者也佛陀追隨卅季飫聞高論敬記弗忘刊集布世請
竢它日

慈淑太夫人壽言第二集　年譜　八

孙中山年谱

贺岳僧编，民国十六年世界书局铅印本。1 册 1 卷。

孫中山年譜

賀岳僧著

世界書局出版

一九二七

孙文（1866–1925），谱名德明，字载之，号日新，又号逸仙、中山，广东香山（今中山）人。中国近代民主革命的伟大先行者。

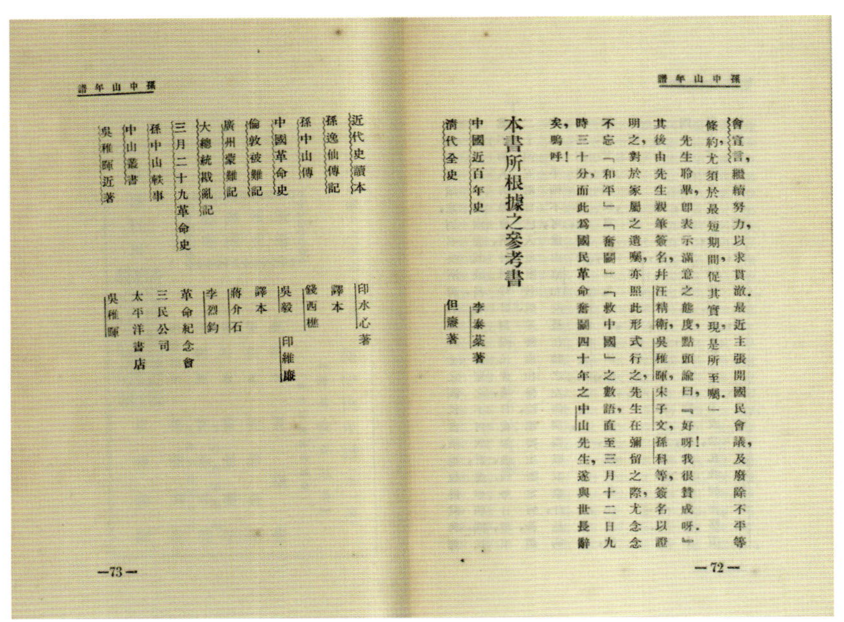

孫中山年譜

會宣言，繼續努力，以求貫澈。最近主張開國民會議，及廢除不平等條約，尤須於最短期間，促其實現，是所至囑。」

先生聆畢，即表示滿意之態度，點頭諭曰，「好呀！我很贊成呀。」其後由先生親筆簽名，并汪精衛，吳稚暉，宋子文，孫科等，簽名以證明之，對於家屬之遺囑，亦照此形式行之，先生在彌留之際，尤念念不忘「和平」「奮鬬」「救中國」之數語，直至三月十二日九時三十分，而此為國民革命奮鬬四十年之中山先生，遂與世長辭矣，嗚呼！

—72—

本書所根據之參考書

中國近百年史　李泰棻著

清代全史　但燾著

近代史讀本　印水心著

孫逸仙傳記　譯本

孫中山傳　錢西樵

中國革命史　吳穀　印維廉

倫敦被難記　譯本

廣州蒙難記　蔣介石

大總統戡亂記　李烈鈞

三月二十九革命史　革命紀念會

孫中山軼事　三民公司

中山叢書　太平洋書店

吳稚暉近著　吳稚暉

—73—

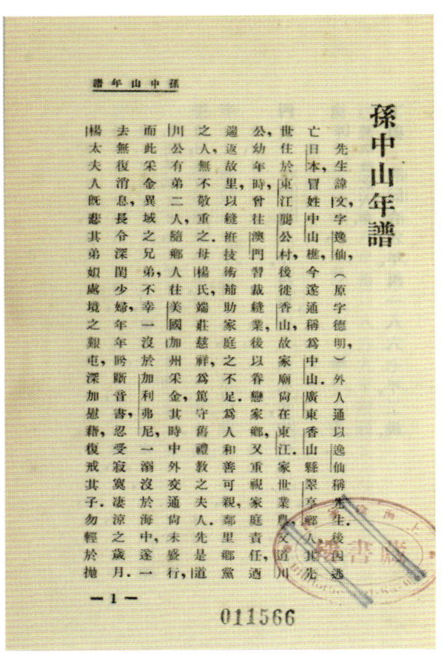

孫中山年譜

孫中山年譜

先生諱文，字逸仙，（原字德明，）外人通以逸仙稱先生。後因逃亡日本，冒姓中山樵，今遂通稱為中山。廣東香山縣翠亨鄉人。其先世仕於東江，後徙香山，故家廟尚在東江。家世業農，父道川公，幼年時，曾往澳門習裁縫業，後以眷戀家鄉，又重視家庭責任，迺還返故里，以縫衽技術補助家庭之不足。為人和善可親，鄰里鄉黨之人，無不敬重之。母楊氏，端莊慈祥，為篤守舊禮教之夫人。先是道川公有弟二人，隨鄉人往美國加州采金，其時中外交通尚未盛行，而此采金異域之兄弟，不幸一沒於加利弗尼，一溺沒於海中，遂一去無復消息，長令深閨少婦，年年盼斷音書，忍受寂寞淒涼之歲月。楊太夫人既悲其弟姒處境之艱屯，深加慰藉，復戒其子，勿輕於拋

—1—

011566

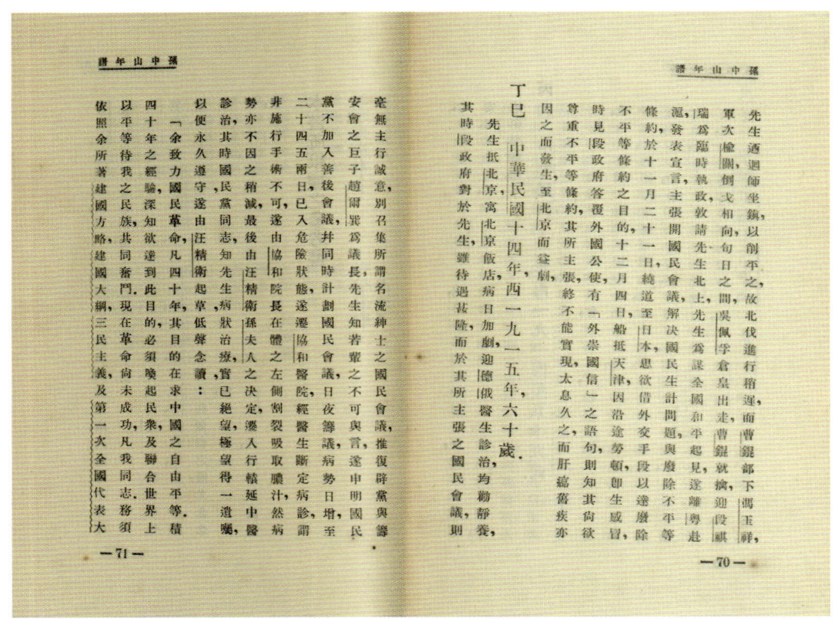

孫中山年譜

先生迺迴師坐鎮，以削平之，故北伐進行稍遲，而曹錕部下馮玉祥，軍次榆關，倒戈相向，旬日之間，吳佩孚倉皇出走，曹錕就擒，迎段祺瑞為臨時執政，敦請先生北上，先生為謀全國和平起見，遂離粵赴滬，發表宣言，主張開國民會議，解決國民生計問題，與廢除不平等條約，於十一月二十一日，繞道至日本，思欲借外交手段以達廢除不平等條約之目的，十二月四日，船抵天津，因沿途勞頓，即生感冒，時見段政府答覆外國公使，有「外崇國信」之語句，則知其尚欲尊重不平等條約，其所主張，終不能實現，太息久之，而肝癌舊疾亦因之而發生，至北京而益劇，

丁巳　中華民國十四年，西一九一五年，六十歲．

先生抵北京，寓北京飯店，病日加劇，迎德俄醫生診治，均勸靜養，其時段政府對於先生，雖待遇甚隆，而於其所主張之國民會議，則

—70—

毫無主行誠意，別召集所謂名流紳士之國民會議，推復辟黨與籌安會之巨子趙爾巽為議長，先生知若輩之不可與言，遂中明國民黨不加入善後會議，并同時計劃國民會議，日夜籌議，病勢日增，至二十四五兩日，已入危險狀態，遂遷協和醫院，經醫生斷定病診，謂非施行手術不可，遂由協和院長在體之左側割裂吸取膿汁，然病勢亦不因之稍減，最後由汪精衛孫夫人之決定，遷入行轅延中醫診治，其時國民黨同志，知先生病狀治療，實已絕望，極望得一遺囑，以便永久遵守，遂由汪精衛起草，低聲念讀：

「余致力國民革命，凡四十年，其目的在求中國之自由平等。積四十年之經驗，深知欲達到此目的，必須喚起民眾，及聯合世界上以平等待我之民族，共同奮鬬。現在革命尚未成功，凡我同志，務須依照余所著建國方略，建國大綱，三民主義，及第一次全國代表大

—71—

总理年谱长编初稿

中国国民党中央党史史料编纂委员会编，民国二十一年铅印本。1册1卷。

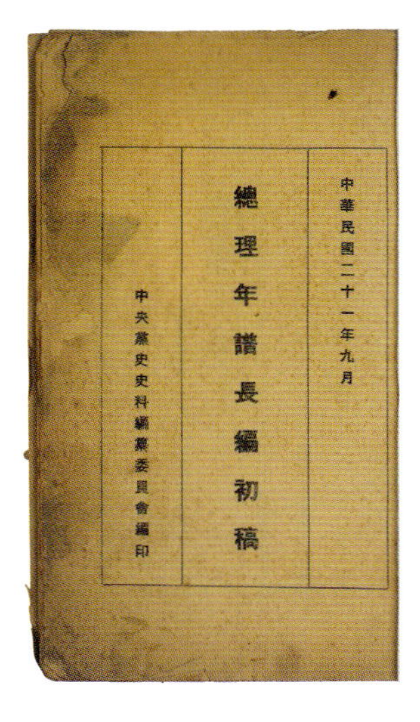
中華民國二十一年九月

總理年譜長編初稿

中央黨史史料編纂委員會編印

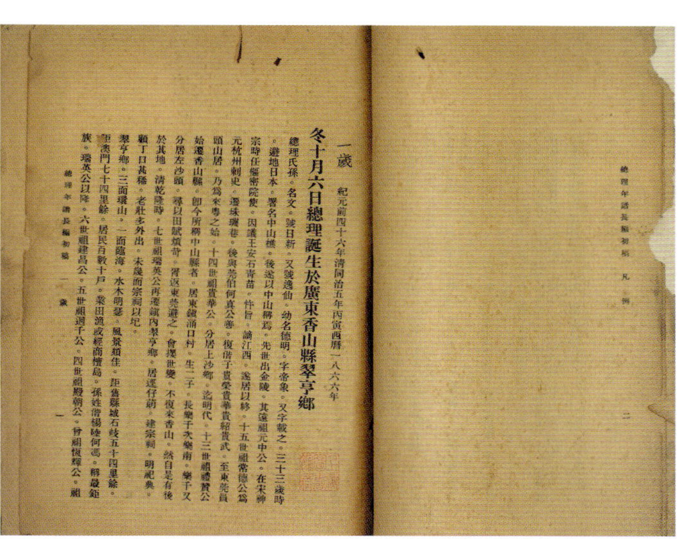

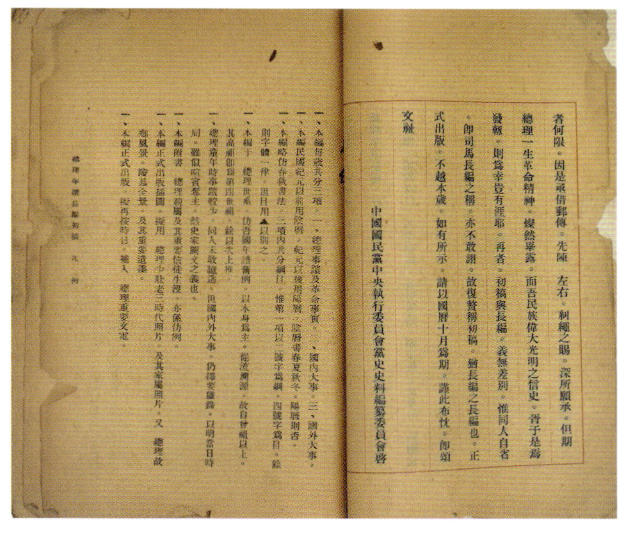

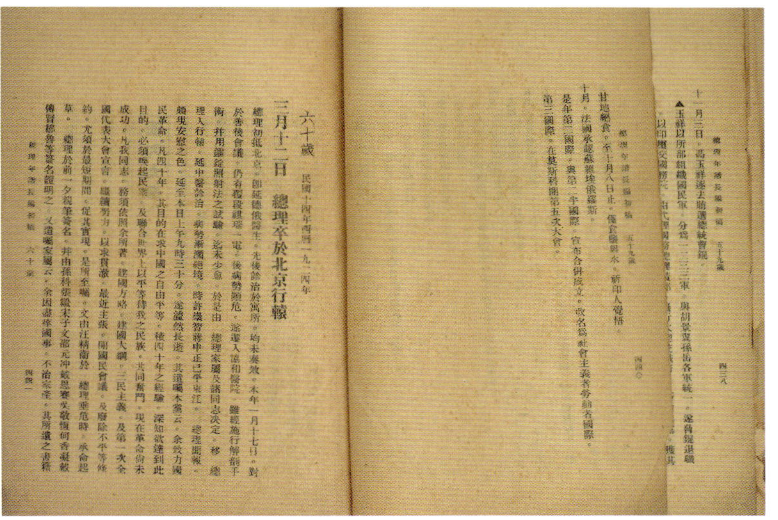

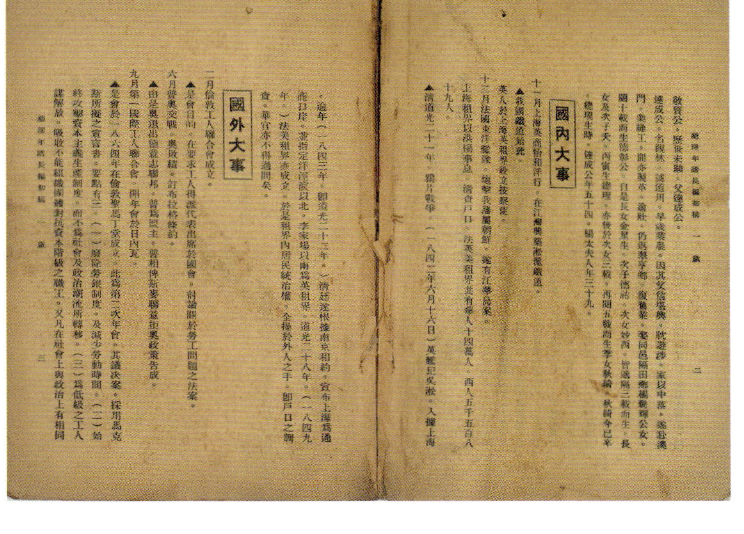

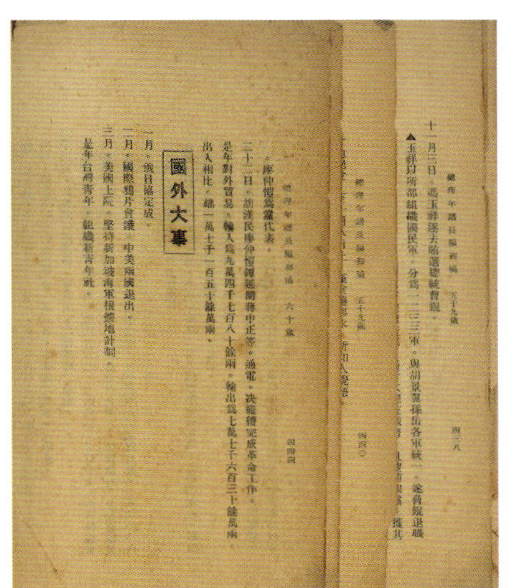

总理年谱长编初稿各方签注汇编

中国国民党中央党史史料编纂委员会编，民国二十二年油印本。1 册 1 卷。

總理年譜長編初稿各方簽註彙編

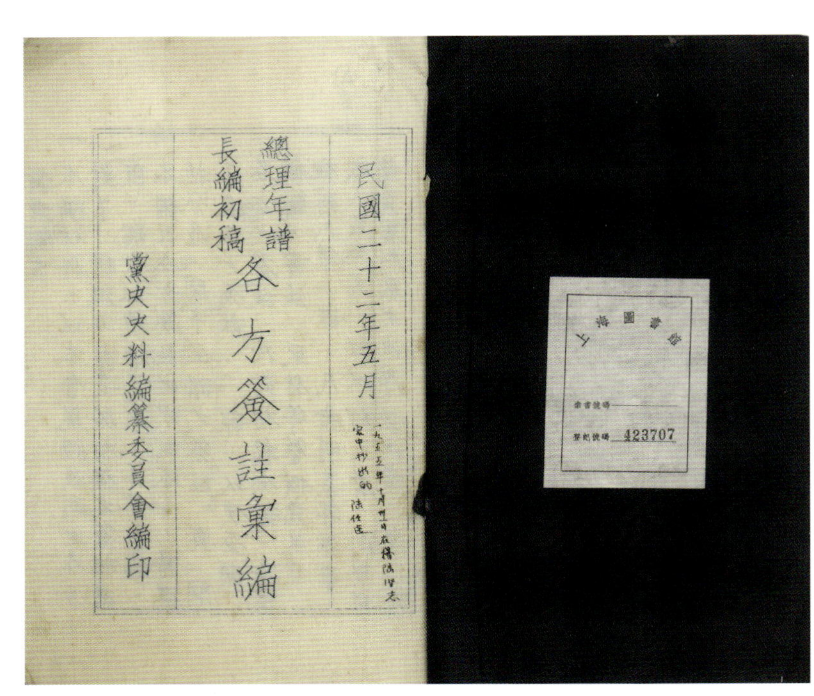

民國二十二年五月

總理年譜長編初稿各方簽註彙編

黨史史料編纂委員會編印

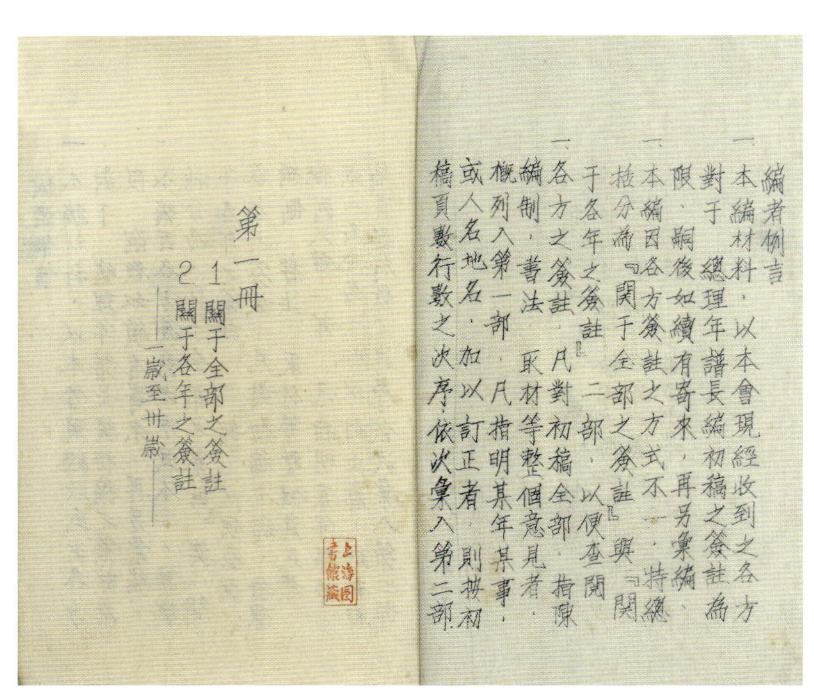

編者例言

一、本編材料，以本會現經收到之各方對于總理年譜長編初稿之簽註為限，嗣後如續有寄來，再另彙編。

一、本編因各方簽註之方式不一，特總援分為『關于全部之簽註』與『關于各年之簽註』二部，以便查閱。

一、各方之簽註，凡對初稿全部，指陳編制，書法，取材等整個意見者，概列入第一部。凡指明某年某事，或人名地名，加以訂正者，則按初稿頁數行數之次序，依次彙入第二部。

第一冊

1 關于全部之簽註

2 關于各年之簽註 ——一歲至卅歲——

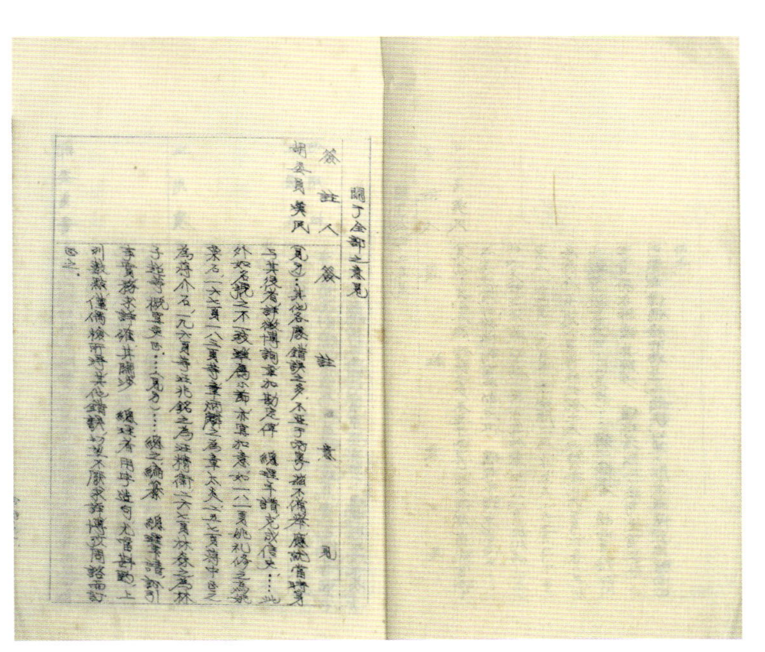
關于全部之意見

簽註人：胡委員漢民

簽註意見

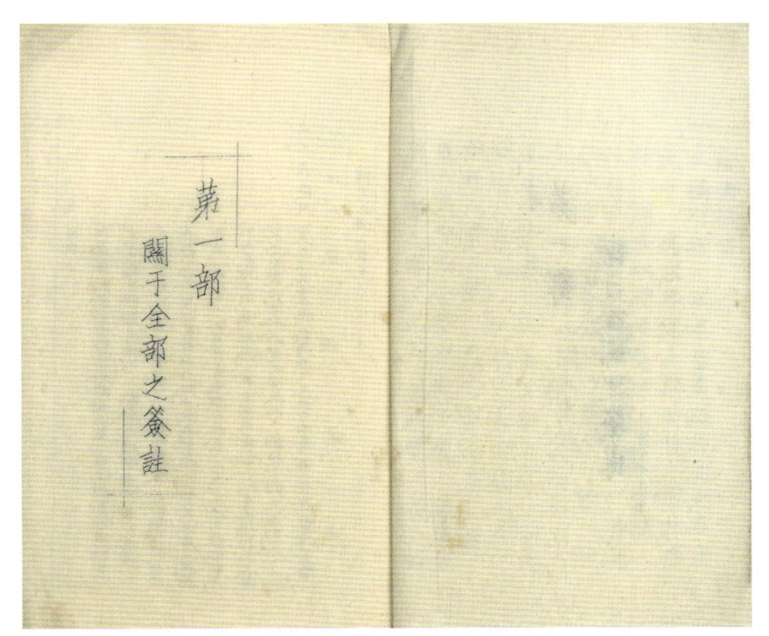
第一部

關于全部之簽註

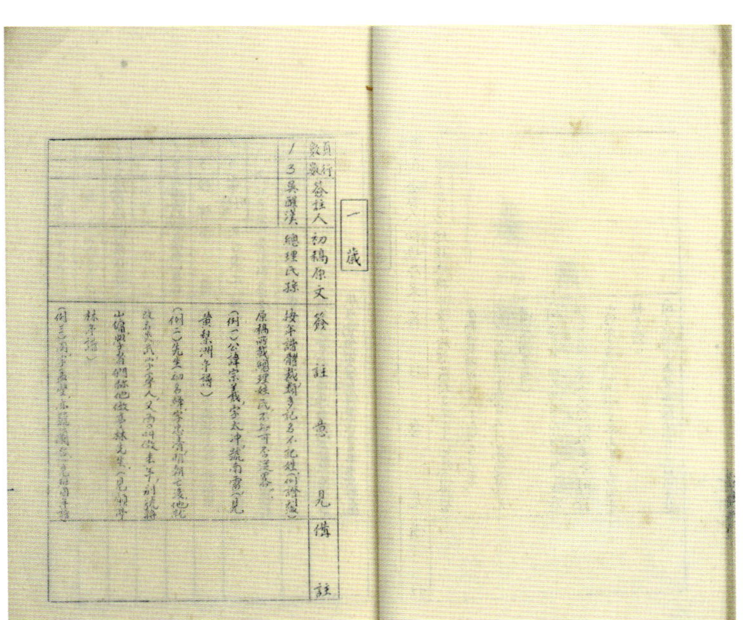
一歲

頁數	行數	簽註人	初稿原文	簽註意見	備註
1	3		總理氏孫		

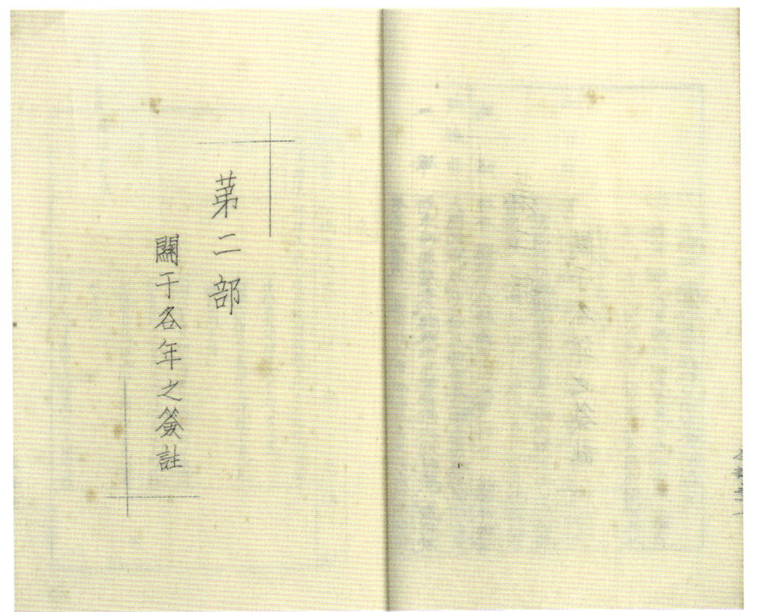
第二部

關于各年之簽註

总理年谱长编稿修正本

中国国民党中央党史史料编纂委员会编，民国油印本。存第3册，1卷。

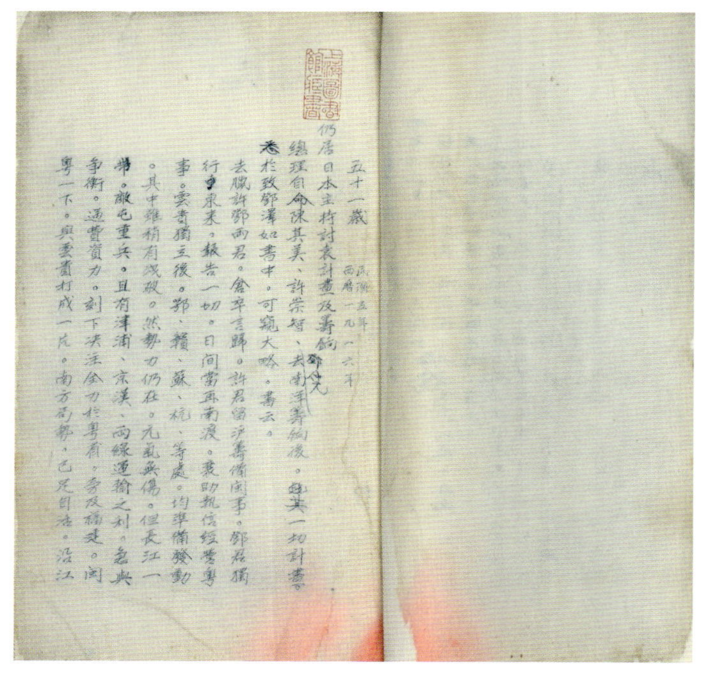

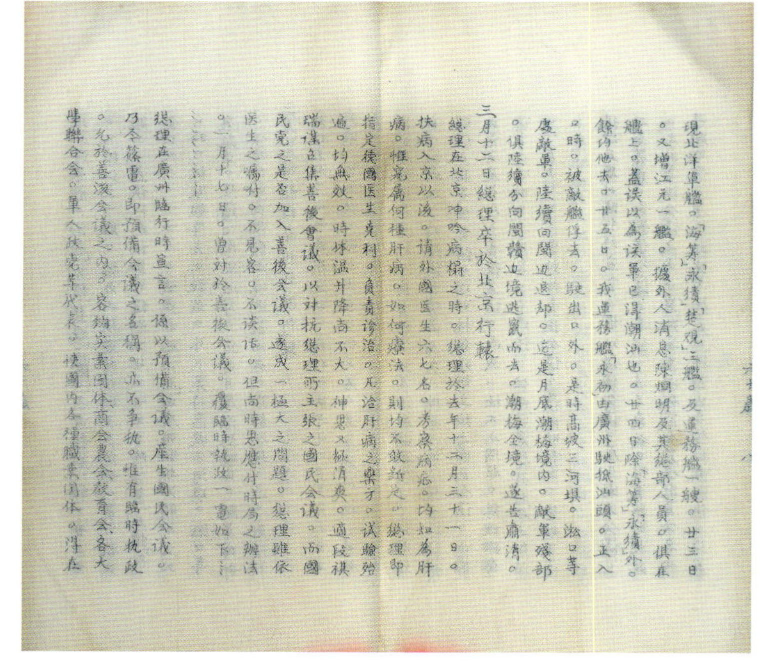

中国自新医院院长汪惕予先生第一年谱

顾鸣盛编，民国五年木活字本。1 册 1 卷。是谱收入《[安徽绩溪] 余川越国汪氏族谱》卷三。

汪自新（1869–1941），谱名志学，字惕予，小字觚哉，安徽绩溪人，生于上海。先后创办自新医科学校附设自新医院、中国女子看护学校、医学世界社、中华女子产科学校、协爱医科专门学校。历任全国医界联合会会长、全国慈善改进会副会长。

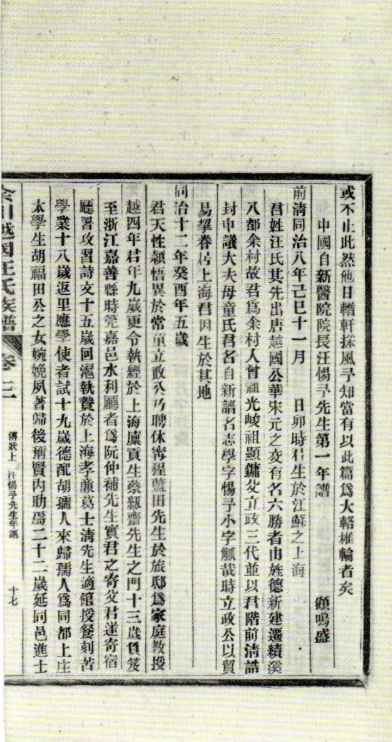

或不止此然他日輶軒採風寻知當有以此篇爲大輅椎輪者矣

中國自新醫院院長汪惕予先生第一年譜　顧鳴盛

前清同治八年己巳十一月　日卯時君生於江蘇之上海

君姓汪氏其先出唐越國公華宋元之交有名六勝者由旌德新建遷績溪八都余村故君爲余村人曾祖光岐祖顯鏞父立政三代並以君階前清誥封中議大夫母童氏君名自新譜名志學字惕予小字觚哉時立政公以貿易挈眷居上海君因生於其地

同治十二年癸酉年五歲

君天性穎悟異於常童立政公乃聘休甯程盤田先生於旅邸爲家庭教授越四年君年九歲更令執經於上海廩貢生蔡紱齋先生之門十三歲負笈至浙江嘉善縣時莞嘉邑水利廳者爲阮仲補先生實君之寄父君遂寄宿廳署攻習詩文十五歲回滬執贄於上海孝廉葛士清先生適館授餐刻苦學業十八歲返里應學使者試十九歲德配胡孺人來歸孺人爲同都上庄太學生胡福田公之女婉娩夙著歸後稱賢內助爲二十二歲延同邑進士

余川越國汪氏族譜　卷三　傳狀上　汪惕予先生年譜　十七

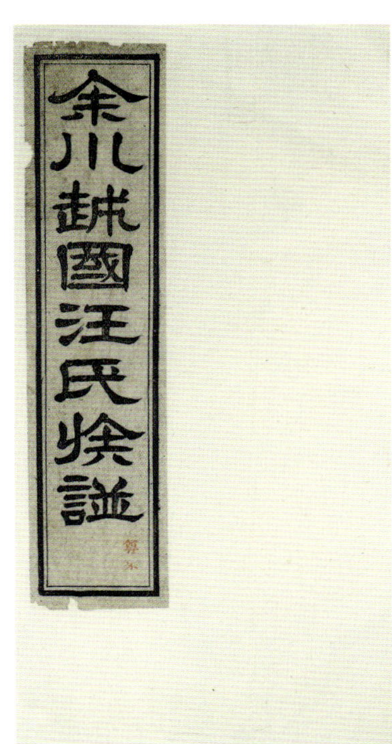

余川越國汪氏族譜

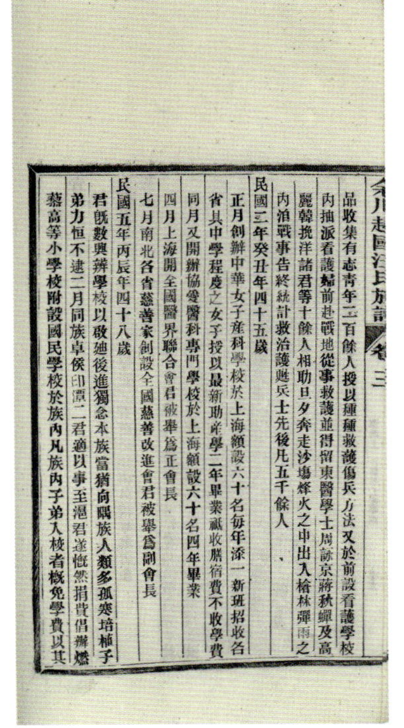

余川越國汪氏族譜　卷三

品收集有志青年三百餘人授以種種救護傷兵方法又於前設看護學校內抽派看護婦前赴戰地從事救護並得留東醫學士周詠京蔣秋蟬及高麗韓挽洋諸君等十餘人相助旦夕奔走沙場烽火之中出入槍林彈雨之內洎戰事告終統計救治護傷兵士先後凡五千餘人

民國二年癸丑年四十五歲

正月創辦中華女子產科學校於上海額設六十名每年添一新班招收各省具中學程度之女子授以最新助產學二年畢業祇收膳宿費不收學費

同月又開辦協愛醫科專門學校於上海額設六十名四年畢業

四月上海開全國醫界聯合會君被舉爲正會長

七月南北各省慈善家創設全國慈善改進會君被舉爲副會長

民國五年丙辰年四十八歲

君既數與辦學校以啟迪後進獨念本族當猶向隅族人類多孤寒培植子弟力恒不逮二月同族卓侯印潭二君適以事至滬君遂慨然捐貲倡辦燃藜高等小學校附設國民學校於族內凡族內子弟入校者概免學費以其

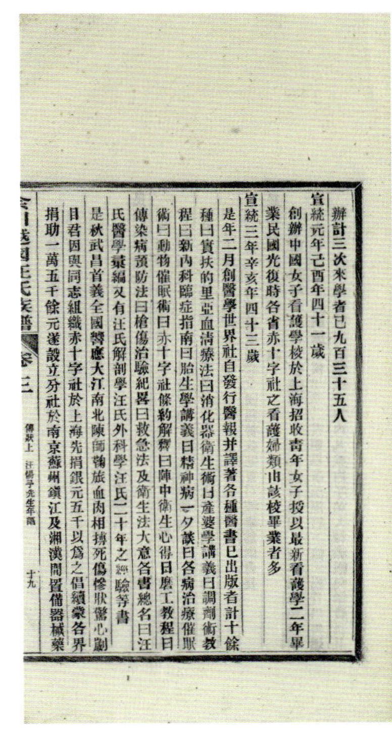

辦計三次來學者已九百三十五人

宣統元年己酉年四十一歲

創辦中國女子看護學校於上海招收青年女子授以最新看護學二年畢業民國光復時各省赤十字社之看護婦類由該校畢業者多

宣統三年辛亥年四十三歲

是年二月創醫學世界社自發行醫報并譯著各種醫書已出版者計十餘種曰實扶的里亞血清療法曰消化器衛生術曰產婆學講義曰調劑術教程曰新內科臨症指南曰胎生學講義曰精神病一夕談曰各病治療催眠術曰動物催眠術曰赤十字社條約解釋曰陣中衛生心得曰磨工教程曰傳染病預防法曰槍傷治驗紀畧曰救急法及衛生法大意各書總名曰汪氏醫學彙編又有汪氏解剖學汪氏外科學汪氏二十年之經驗等書

是秋武昌首義全國響應大江南北陣師鞠旅血肉相搏死傷慘狀驚心劇目君因與同志組織赤十字社於上海先捐銀元五千以爲之倡續蒙各界捐助一萬五千餘元遂設立分社於南京蘇州鎮江及湘漢間置備器械藥

余川越國汪氏族譜　卷三　傳狀上　汪惕予先生年譜　十九

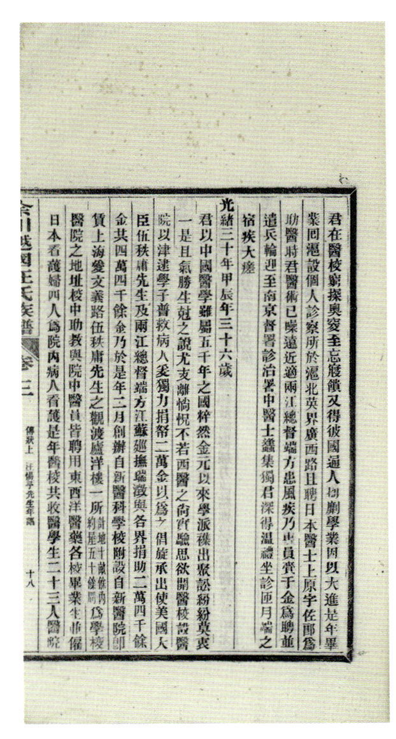

君在醫校窮探奧窔至忘寢饋又得彼國通人切劘學業因以大進是年畢業回滬設個人診察所於滬北英界廣西路且聘日本醫士上原宇佐郎爲助醫時君醫術已噪遠近適兩江總督端方患風疾乃専員賫千金爲聘並遣兵輪迎至南京督署診治署中醫士雲集獨君深得溫禮坐診匝月端之宿疾大瘥

光緒三十年甲辰年三十六歲

君以中國醫學雖屆五千年之國粹然金元以來學派襍出聚訟紛紛莫衷一是且氣勝生尅之說尤支離惝怳不若西醫之尙實驗思欲開醫校設醫院以津逮學子普救病人爰獨力捐帑二萬金以爲之倡旋承出使美國大臣伍秩庸先生及兩江總督端方江蘇廵撫端瀓與各界捐助二萬四千餘金共四萬四千餘金乃於是年二月創辦自新醫科學校附設自新醫院即賃上海愛文義路伍秩庸先生之觀渡廬洋樓一所（計地十畝餘內約屋五十餘間）爲學校醫院之地址校中助教與院中醫員皆聘用東西洋醫藥各校畢業生並僱日本看護婦四人爲院內病人看護是年醫校共收醫學生二十三人醫院

余川越國汪氏族譜　卷三　傳狀上　汪惕予先生年譜　十八

雁荡老人年谱稿

庄以临编，稿本。1 册 1 卷。是谱纪事至 1960 年。

庄以临（1869-？），字松圃，晚号雁荡老人，浙江乐清人。清末任东乡高等小学校董事、虹桥巡警分局巡董、虹桥镇自治会议员等，民国后任缙云县第一科科长、虹桥镇保卫团正团总、雁荡林业分会长、县议员兼书记长、乐清县佛教会执行常务委员兼秘书等。

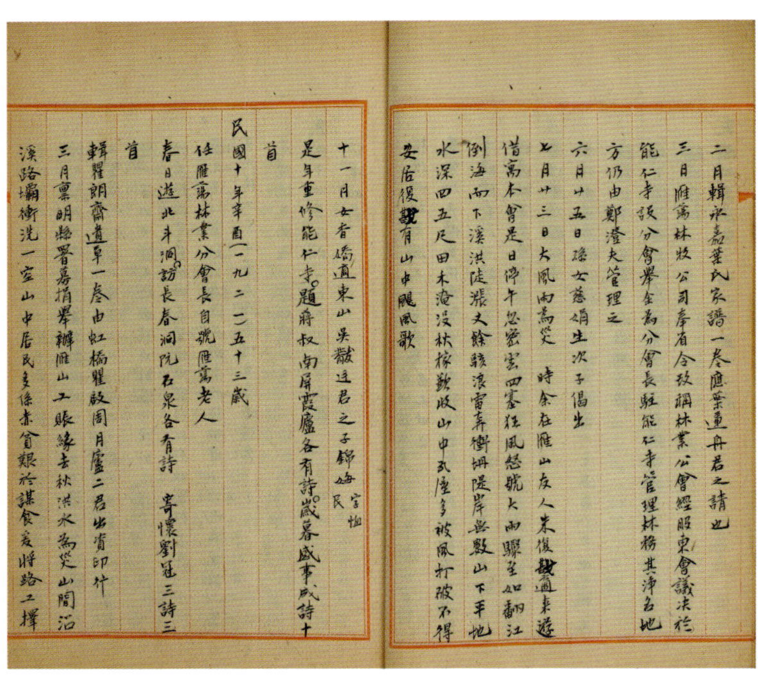

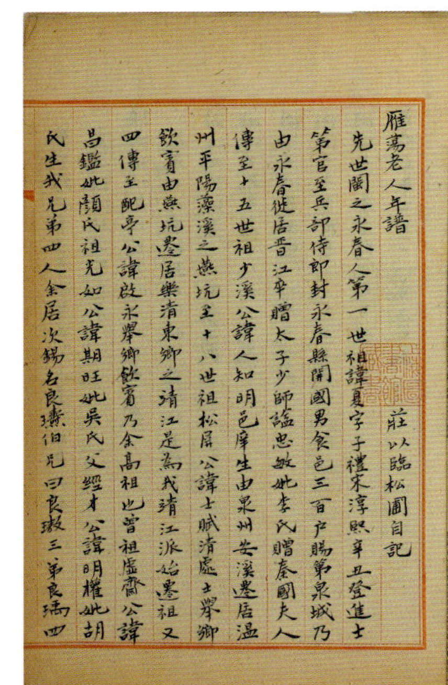

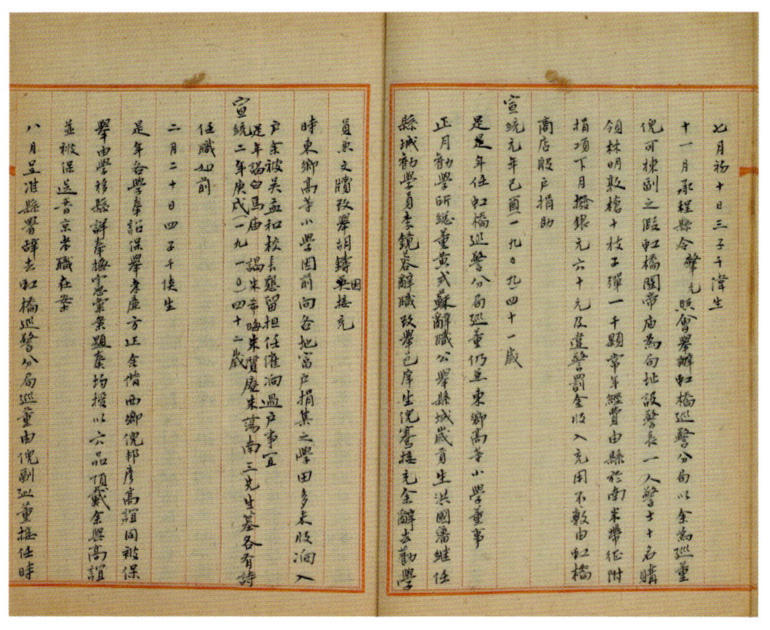

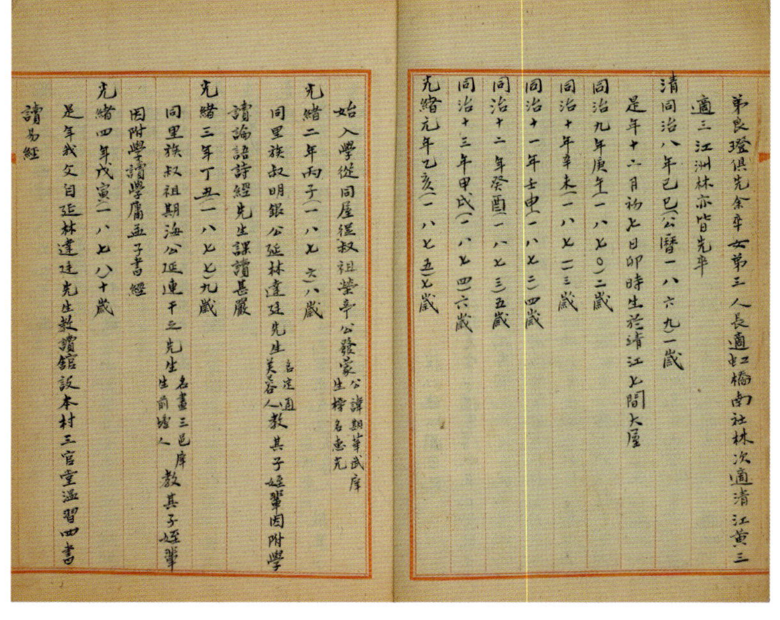

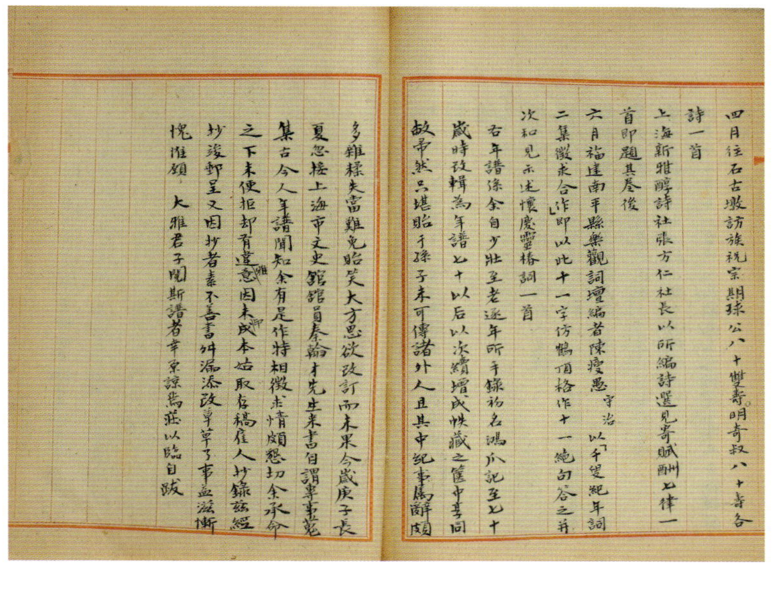

四月往石古墩訪族祝宗期球公八十雙壽明奇叔八十壽各
詩一首
上海新雅醇詩社張方仁社長以所編詩選見寄賦酬七律一
首即題其卷後
六月福建南平縣樂觀詞壇編者陳瘦愚字治 以「千叟紀年詞
二集」徵求合作即以此十一字仿鶴頂格作十一絕句答之并
次和見示述懷慶靈椿詞一首
右年譜係余自少壯至老逐年所手錄初名鴻爪記至七十
歲時改輯為年譜七十以后以次續增成帙藏之篋中嘗同
敝帚然只堪貽子孫未可傳諸外人且其中紀事屬辭頗
多雜糅失當難免貽笑大方思欲改訂而未果今歲庚子長
夏忽接上海市文史館館員秦翰才先生來書自謂專事蒐
集古今人年譜聞知余有是作特相徵求情頗懇切余承命
之下未便拒卻有違雅意因未成本始取存稿倩人抄錄茲經
抄竣郵呈又因抄者素不善書舛漏添改草草了事益滋慚
愧惟願大雅君子閱斯譜者幸束諒焉莊以臨自跋

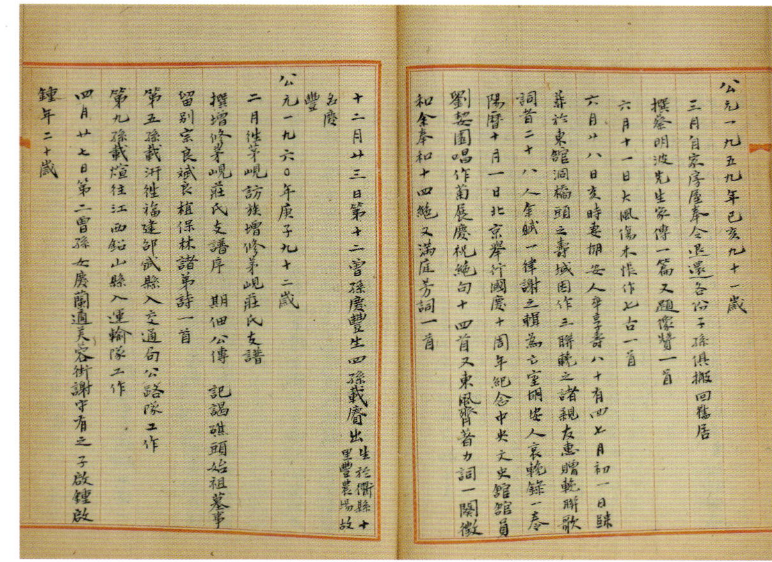

公元一九五九年己亥九十一歲
三月自家庠屋奉令退還各份子孫俱搬回舊居
撰蔡明波先生家傳一篇又題像贊一首
六月十一日大風傷木作七古一首
六月廿八日亥時妻胡安人享壽八十有四七月初一日既
葬於東館洞橋頭之壽域因作三聯輓之諸親友惠贈輓聯歌
詞首二十八人余賦一律謝之輯為亡室胡安人哀輓錄一卷
陽曆十月一日北京舉行國慶十周年紀念中央文史館館員
劉翌園唱作萬長慶祝絕句十四首又東風齊著力詞一闋徵
和余奉和十四絕又滿庭芳詞一首
十二月廿三日第十二曾孫慶豐生四孫載膺出生於衢縣十里豐農場故
名慶豐
公元一九六〇年庚子九十二歲
二月往茅峴訪族增修茅峴莊氏支譜
撰增修茅峴莊氏支譜序 期佃公傳 記謁礁頭始祖墓事
留別宗良斌良植保林諸弟詩一首
第五孫載浙往福建邵武縣入交通局公路隊工作
第九孫載煊往江西鉛山縣入運輸隊工作
四月廿七日第二曾孫女慶蘭適美容街謝守有之子啟鍾啟
鍾年二十歲

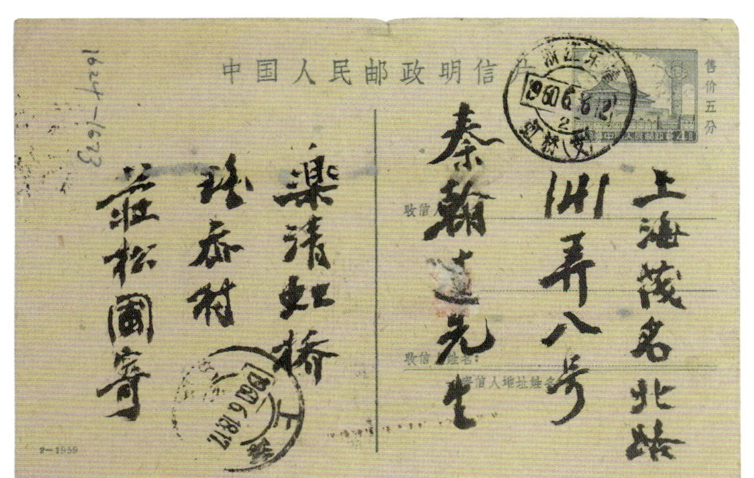

中国人民邮政明信片 售价五分
上海茂名北路141弄八号
秦翰才先生
收信人地址姓名
寄信人地址姓名
樂清虹橋
球奈村
莊松圃寄
2—1959

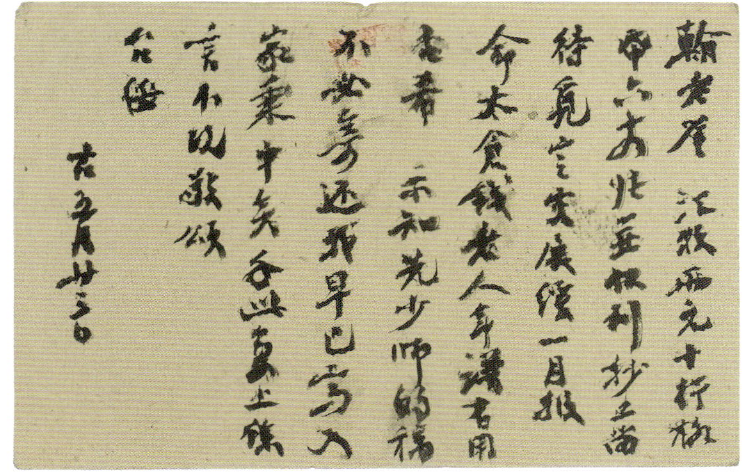

翰老屋 江敉稿先十行祇
由六月北並林利抄正當
待覓定實價續一月報
命 太貪錢老人年譜書用
省希 示知 先少師的稿
不必寄還 兹早已寫入
家乘中矣 手此奉上 余
言不盡 敬頌
公綏
古五月廿三日

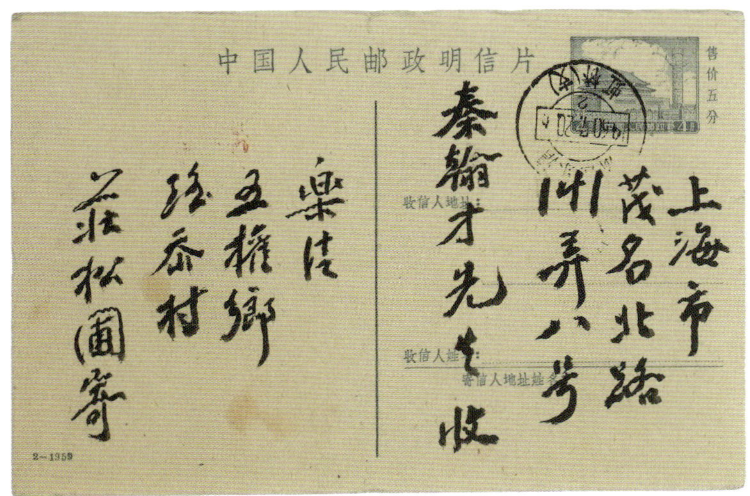

中国人民邮政明信片 售价五分
上海市
茂名北路
141弄八号
秦翰才先生收
收信人地址姓名
寄信人地址姓名
樂清
五横鄉
球奈村
莊松圃寄
2—1959

手示誦悉 拙譜已抄成
四份 已三周往農村從
事农务 又人俱留农务現
在早禾登場收獲正忙
閑未能刻校 替應緩俟
收成畢即當継續抄就
寄上 并承發還之先少
師譜亦當遵囑并寄
也 希少待 余言不盡 敬
复 即頌
公綏
农历六月廿二

年谱

张菊圃自著年谱

张国华编，秦翰才抄本。1 册 1 卷。

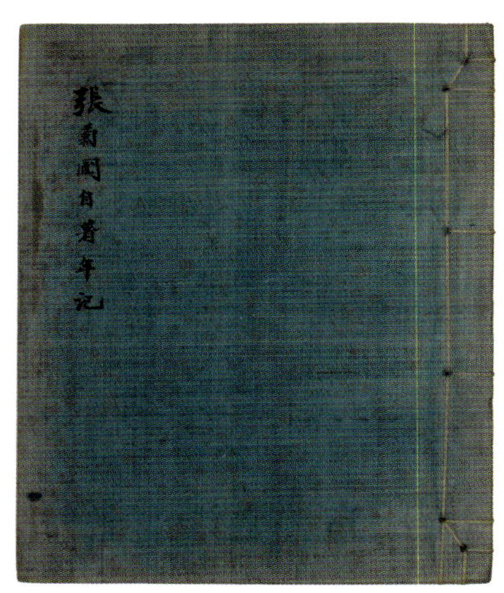

张国华（1871–1943），原名树椿，字寿庭，后字菊圃，江苏吴县（今属苏州）人。清光绪间在广东鹤山、新会、海阳县令幕。后在荷兰、意大利使馆任书记。民国后任粤都督府秘书长。晚年任职学校。

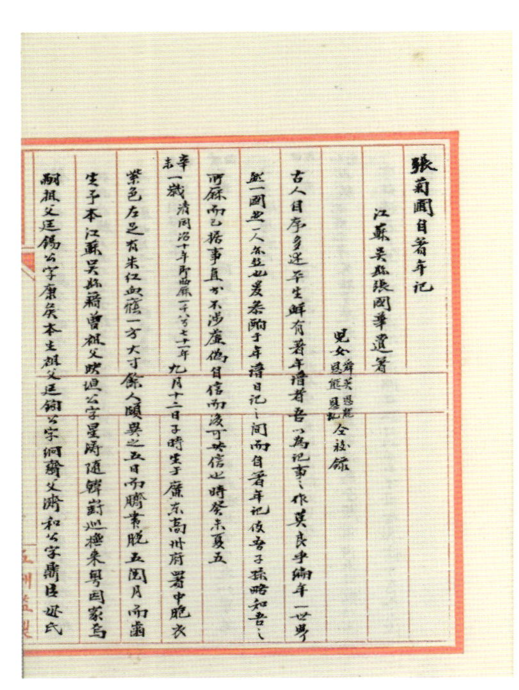

張菊圃自著年記

江蘇吳縣張國華遺著

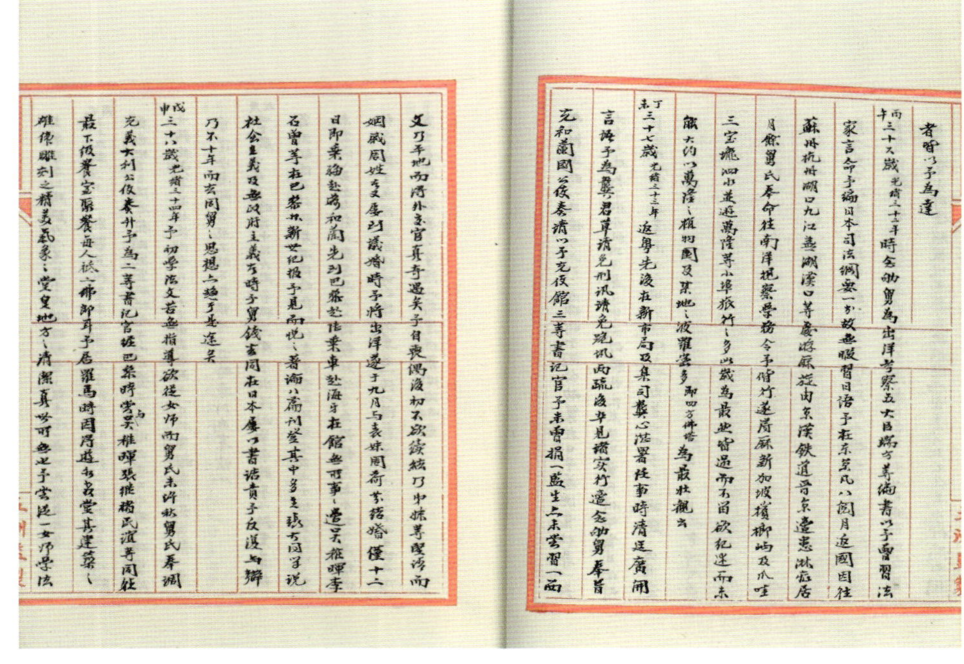

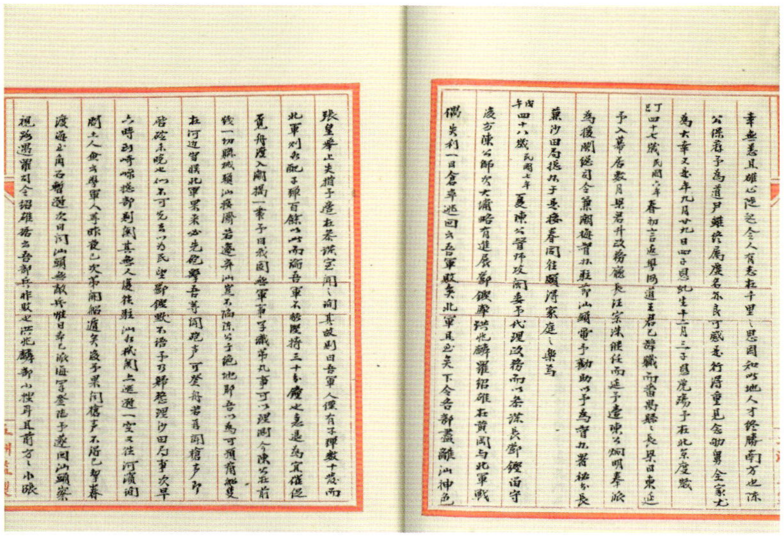
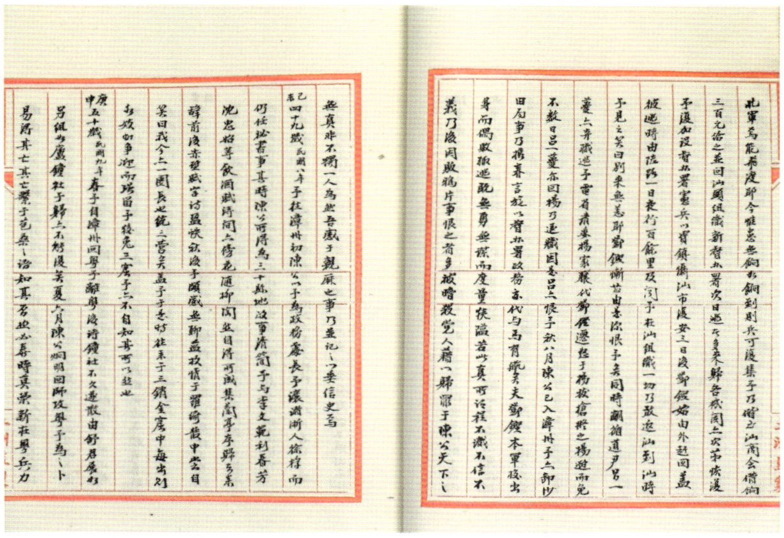
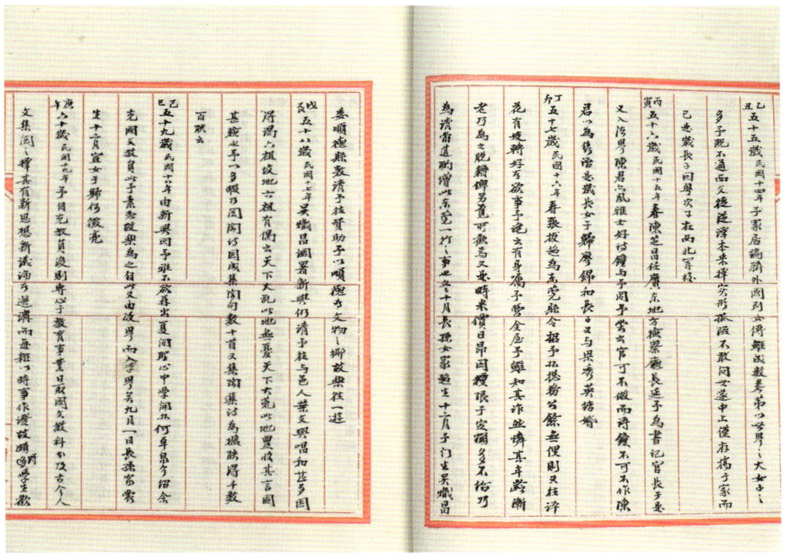
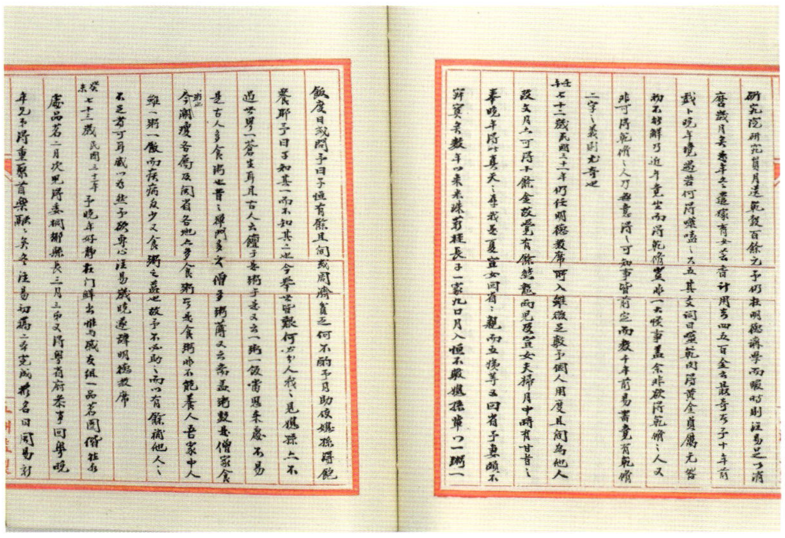

王培孙先生年谱

曹仲渊编，1962 年稿本。2 册 2 卷。

王植善（1871–1952），字培孙，乳名大宝，江苏嘉定（今属上海）人。清光绪二十六年（1900）开办育材书塾（后改称育材学堂、南洋中学堂、南洋中学），任堂长、校长。

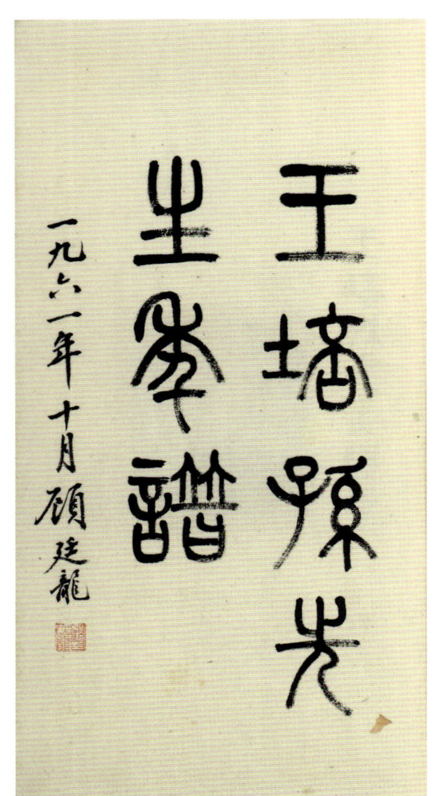

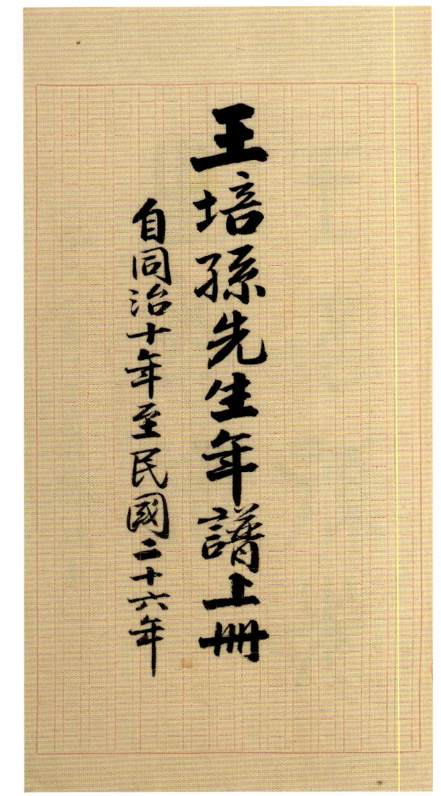

王培孫先生年譜上册
自同治十年至民國二十六年

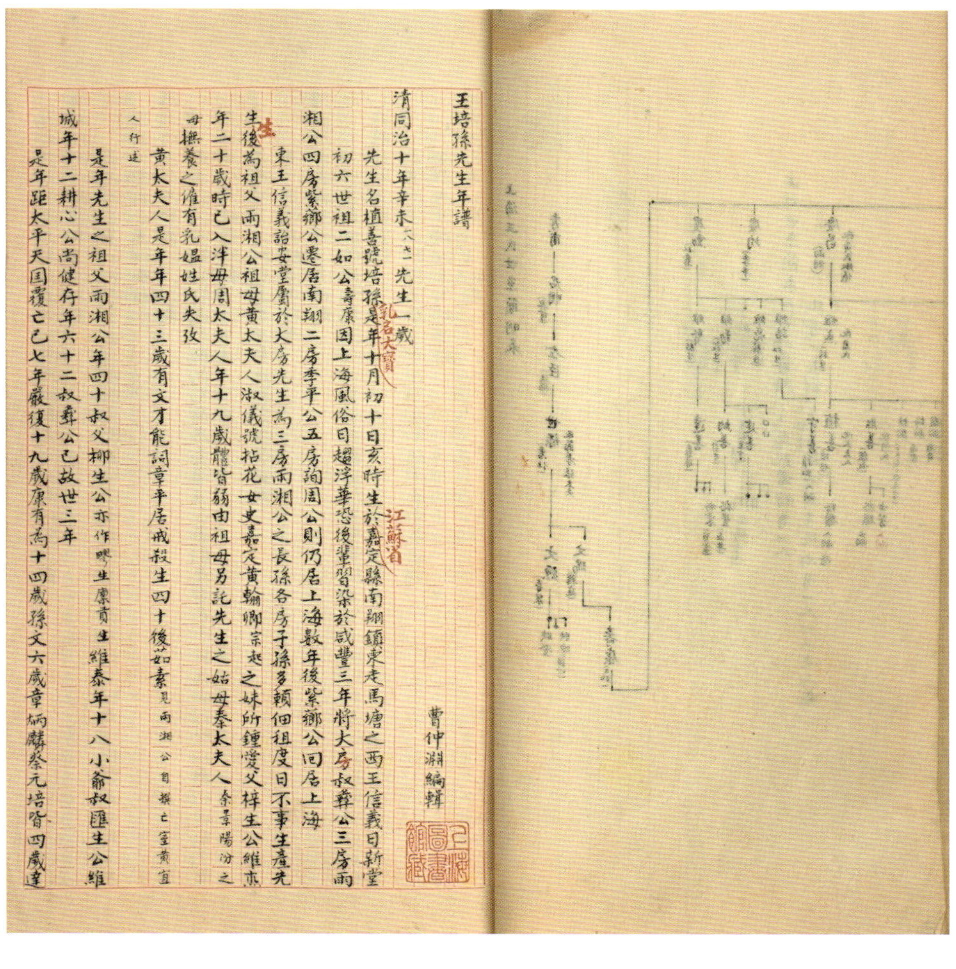
王培孫先生年譜　　曹仲淵編輯

清同治十年辛未（一八七一）先生一歲

先生名植善號培孫（乳名大寶）是年十月初十日亥時生於（江蘇省）嘉定縣南翔鎮東走馬塘之西王信義日新堂

初六世祖二如公壽康因上海風俗日趨浮華恐後輩習染於咸豐三年將大房叔彝公三房雨湘公四房紫卿公遷居南翔二房季平公五房詢周公則仍居上海數年後紫卿公回居上海

東王信義詒安堂屬於大房先生為三房雨湘公之長孫各房子孫多賴佃租度日不事生產先生生後為祖父雨湘公祖母黃太夫人淑儀號拈花女史嘉定黃輪卿宗起之妹所鍾愛父梓生公維乘年二十歲時已入泮母周太夫人年十九歲體皆弱由祖母另託先生之姑母秦太夫人（秦章陽汾之母）撫養之惟有乳媼姓氏失攷

黃太夫人是年年四十三歲有文才能詞章平居戒殺生四十後茹素（見雨湘公自撰亡室黃宜人行述）

是年先生之祖父雨湘公年四十叔父柳生公亦作畊生庠貢生維泰年十八小爺叔匯生公維城年十二耕心公尚健存年六十二叔彝公已故世三年

是年距太平天国覆亡已七年嚴復十九歲康有為十四歲孫文六歲章炳麟蔡元培皆四歲達

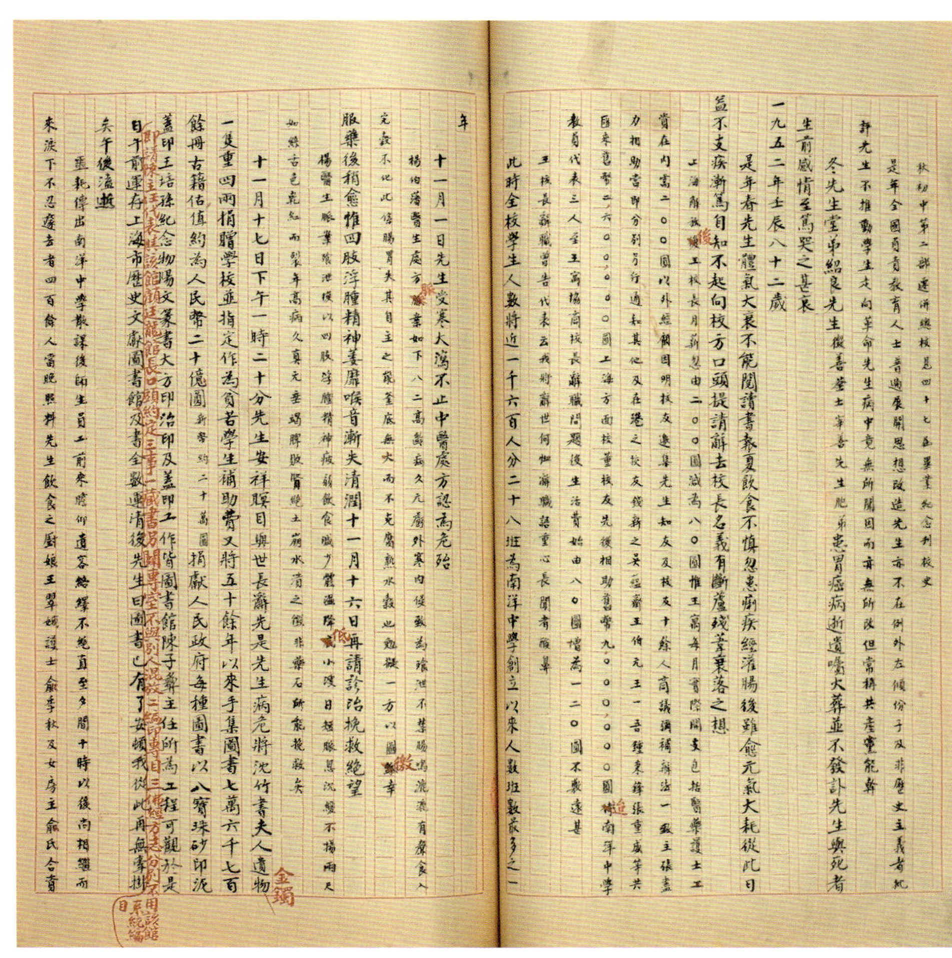
秋初中第二部遷併總校是四十七屆畢業紀念刊校史

是年全國高等教育人士普遍展開思想改造先生亦不在例外左傾份子及非歷史主義者批評先生不推動學生走向革命先生病中竟無所聞因而亦無所改但常稱共產黨能幹

冬先生堂弟紹良先生從善堂士年吾先生胞弟患胃癌病逝遺囑火葬並不發訃先生與死者生前感情至篤哭之甚哀

一九五二年壬辰八十二歲

是年春先生體氣大衰不能閱讀書藉夏飲食不慎忽患痢疾經灌腸後雖愈元氣大耗從此日益不支疾漸篤自知不起向校方口頭提請辭去校長名義有斷蘆殘葉衰落之想

上海解放後王校長月薪悉由二〇〇圓減為八〇圓惟王寓每月實際開支包括醫藥護士工資在內需二〇〇圓以外經顧因明校友邀集先生知友及校友十餘人商議須補貼一致主張盡力相助當即分別另行通知其他及在港之校友錢新之吳蘊齋王伯元王一吾鍾東鋒張重威等共匯來舊幣二六〇〇〇〇〇〇圓由南洋中學教員代表三人至王寓協商校長辭職問題後生活費始由八〇圓增為一二〇圓不敷遠甚

王校長辭職曾告代表云我將辭世何妨辭職語重心長聞者酸鼻

此時全校學生人數將近一千六百人分二十八班為南洋中學創立以來人數班數最多之一

年

十一月一日先生受寒大瀉不止中醫處方認為危殆

楊炳藩醫生處方脈案如下八二高齡病久元虛外寒內侵致為殞泄不禁腸鳴漉漉有廢食入完穀不化此係腸胃失其自主之職釜底無火而不克腐熟水穀也勉擬一方以圖徼幸

服藥後稍愈惟四肢浮腫精神萎靡喉音漸失清潤十一月十六日再請診治挽救絕望

楊醫生脈案殞泄後以四肢浮腫精神疲弱飲食減少體溫降低小溲日短脈息沉緩不揚兩尺如絲舌色乾紅而裂年高病久真元垂竭脾敗腎絕土崩水潰之徵非藥石所能挽救矣

十一月十七日下午一時二十分先生安祥瞑目與世長辭先是先生病危將沈竹書夫人遺物金鐲一隻重四兩捐贈學校並指定作為貧苦學生補助費又將五十餘年以來手集圖書七萬六千七百餘冊古籍估值約為人民幣二十億圓（新幣約二十萬圓）捐獻人民政府每種圖書以八寶珠砂印泥蓋印王培孫紀念物陽文篆書大方印治印及蓋印工作皆圖書館陳子彝主任所為工程可觀於是日午前運存上海市歷史文獻圖書館及書全數運清後先生曰圖書已有了安頓我從此再無牽掛矣午後溘逝

噩耗傳出南洋中學散課後師生員工前來瞻仰遺容絡繹不絕直至夕間十時以後尚相繼而來淚下不忍遽去者四百餘人當晚照料先生飲食之廚娘王翠娥護士俞季秋及女房主俞氏合責

古驢室主人自著年谱稿

张之铭编，稿本。1 册 1 卷。是谱纪事至民国二十七年（1938）。

张之铭（1872–1937），字赉顺，号伯岸，室名古驢室，浙江鄞县（今属宁波）人。先后创办科学仪器馆、实学通艺馆、滨江粮食证券交易所。著有《历代帝王纪元表三编》等。

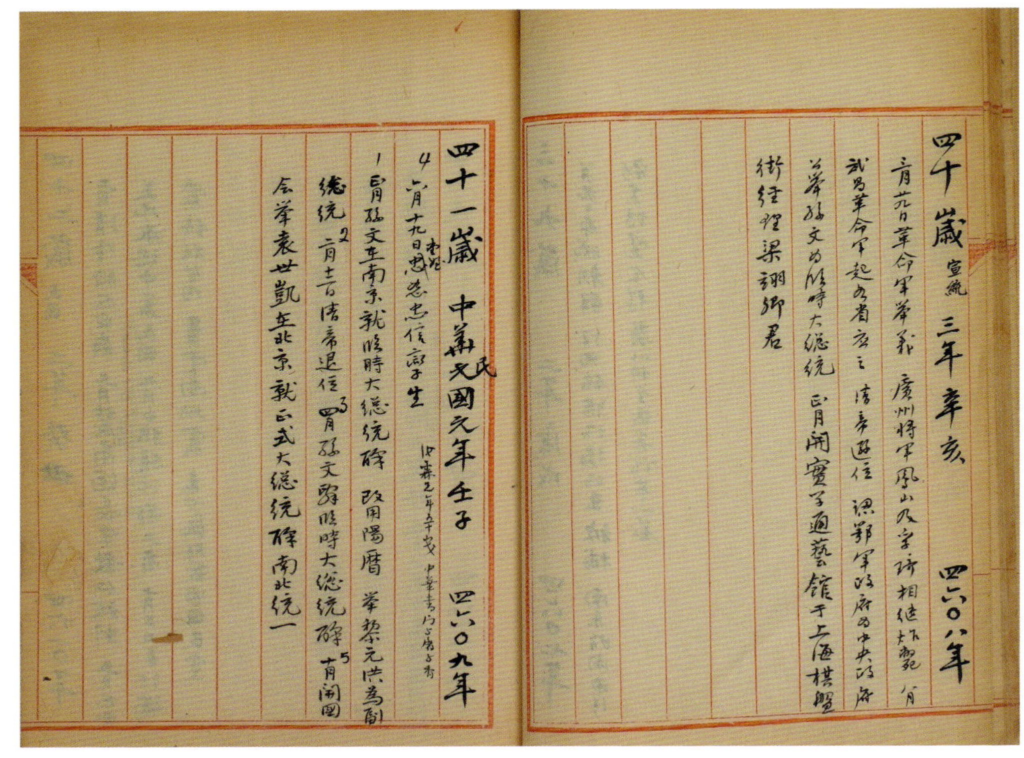
四十歲 宣統三年 辛亥 四六〇八年

四十一歲 中華民國元年 壬子 四六〇九年

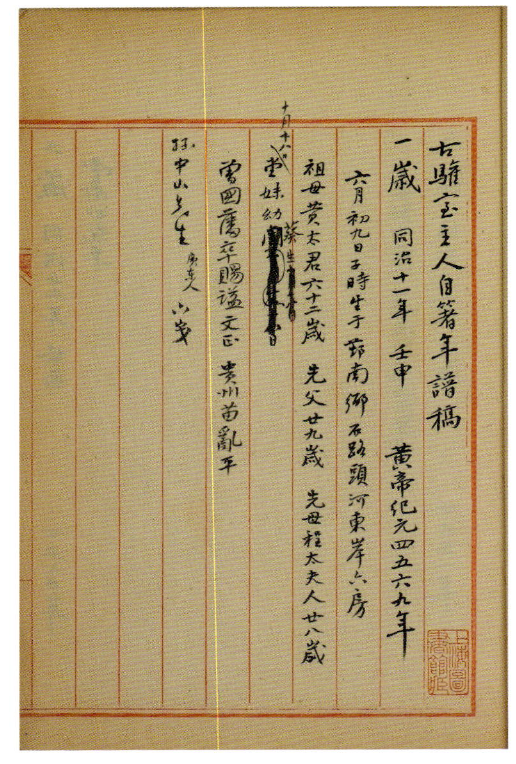
古驢室主人自著年譜稿

一歲 同治十一年 壬申 黃帝紀元四五六九年

六月初九日子時生于鄞南鄉石路頭河東岸六房

祖母黃太君六十二歲 先父廿九歲 先母程太夫人廿八歲

曾國藩卒賜謚文正 貴州苗亂平

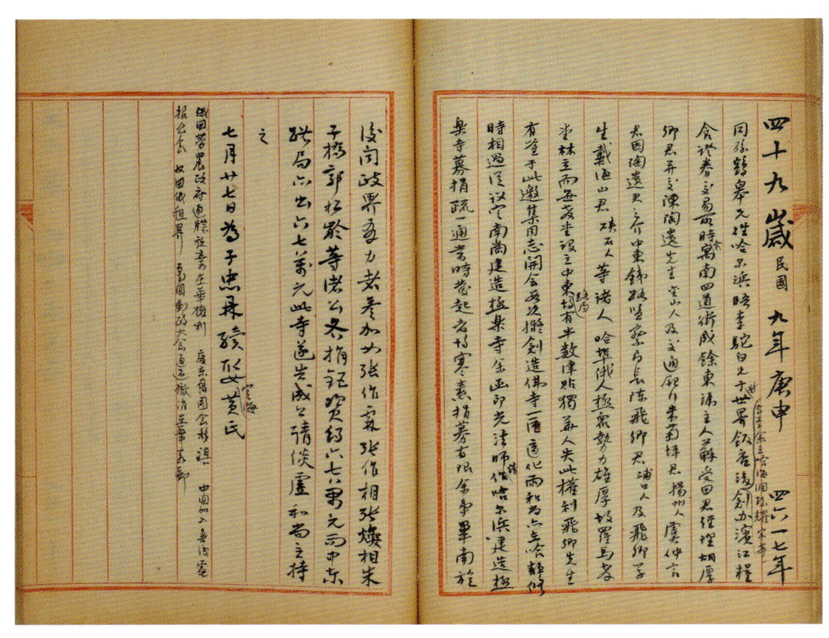
四十九歲 民國九年 庚申 四六一七年

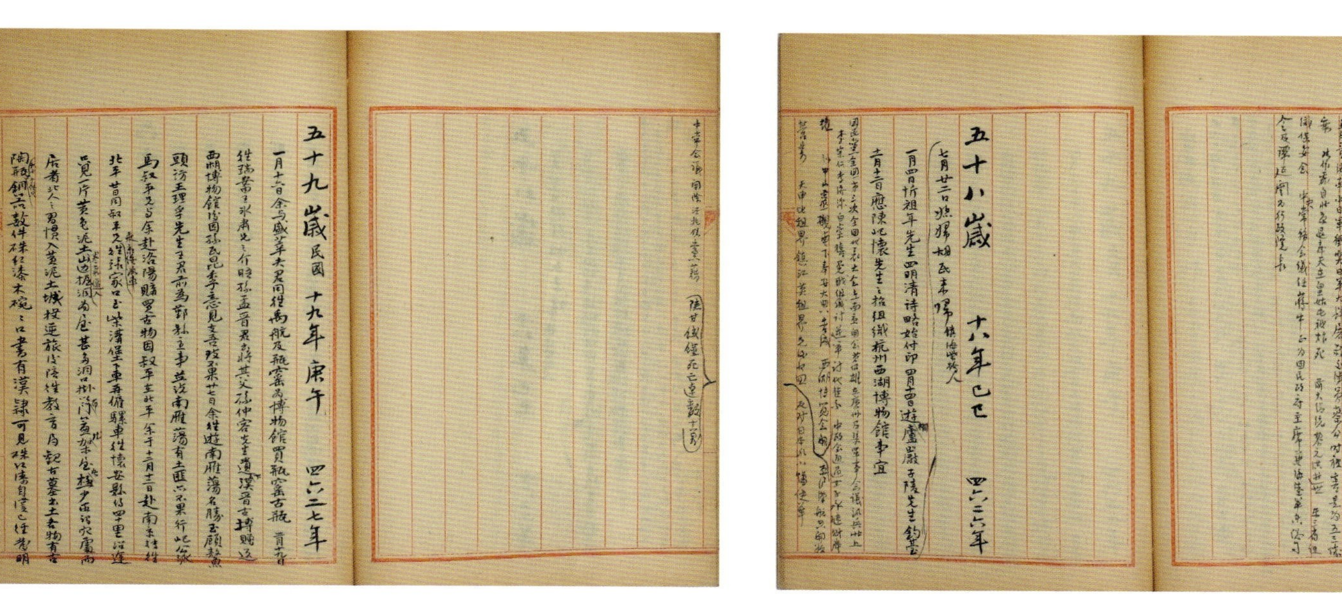

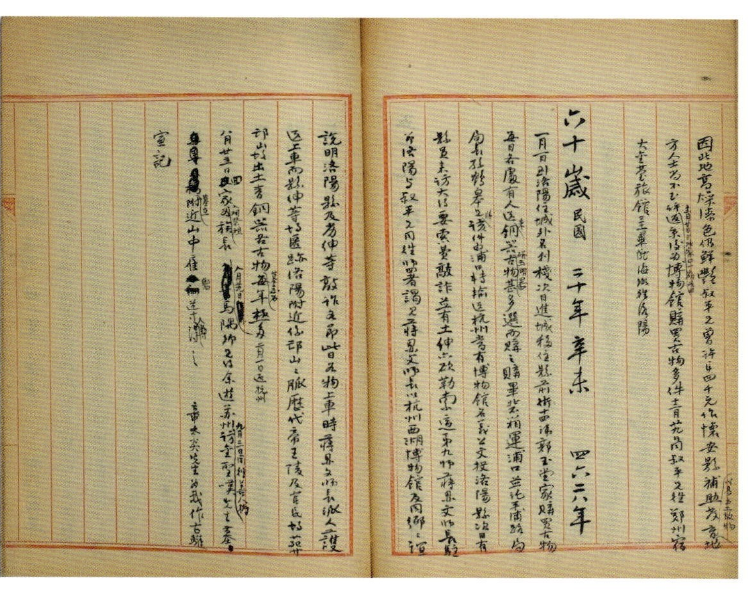

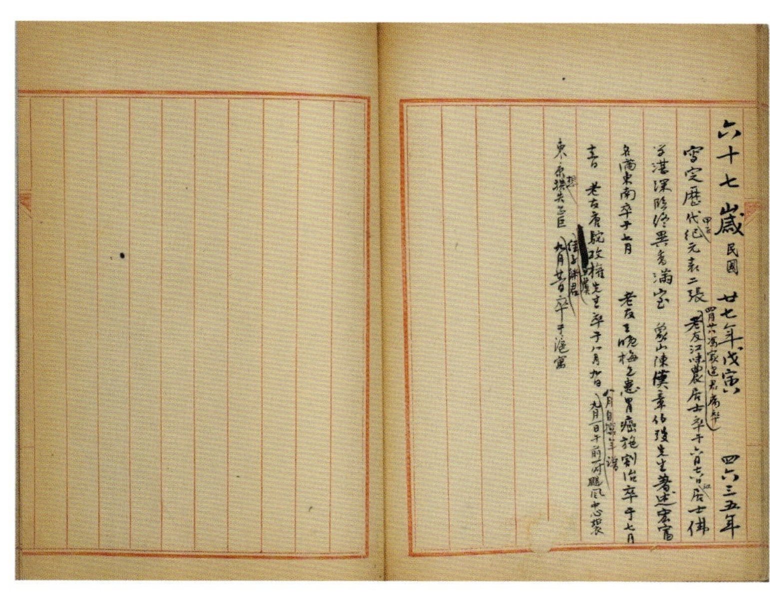

顾冰一先生七十以前自述

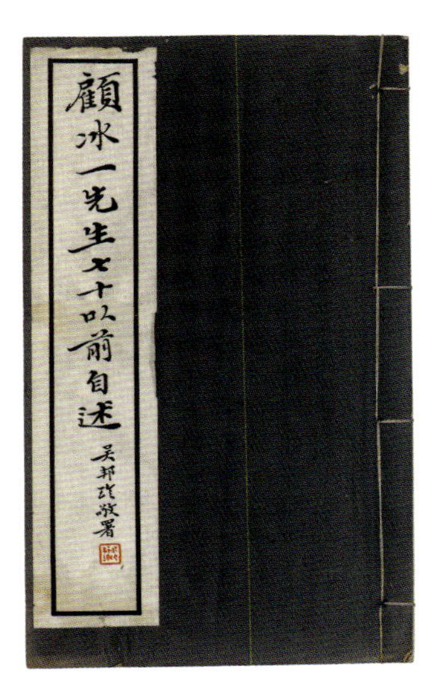

顾次英编，民国三十年铅印本。1 册 1 卷。是谱纪事至民国二十九年（1940）。

顾次英（1872-？），字冰一，江苏南汇（今属上海浦东）人。清末任职于《远东报》、《东方晓报》。民国初任都督府民政长署顾问、金陵省长署办外交事务、东省特别区行政长官顾问、吉林省长首席参议等。

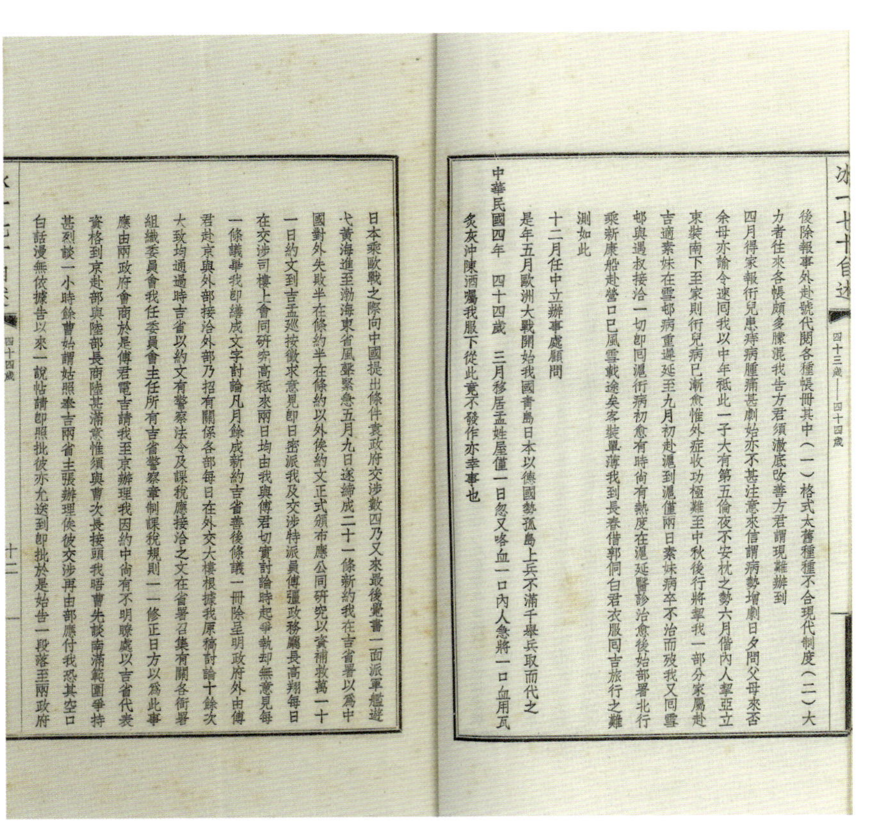

冰一七十自述　四十三歲——四十四歲

後除報事外赴號代閱各種帳冊其中（一）格式太舊種種不合現代制度（二）大力者往來各帳頗多朦混我告方君須澈底改善方君謂現難辦到

四月得家報衍兒患痔病腫痛甚劇始亦不甚注意來信謂病勢增劇日夕問父母來否余母亦諭令速回我以中年秪此一子大有第五倫夜不安枕之勢六月偕內人挈亞立束裝南下至家則衍兒病已漸愈惟外症收功極難至中秋後行將挈我一部分家屬赴吉適素妹在雪邨病重遲延至九月初赴滬到滬僅兩日素妹病卒不治而歿我又同雪邨與遇叔接洽一切即同滬衍病初愈有時尚有熱度在滬延醫診治愈後始部署北行乘新康船赴營口已風雪載途矣客裝單薄我到長春借郭伺白君衣服同吉旅行之難測如此

十二月任中立辦事處顧問

是年五月歐洲大戰開始我國青島日本以德國勢孤島上兵不滿千舉兵取而代之

中華民國四年　四十四歲　三月移居孟姓屋僅一日忽又咯血一口內人急將一口血用瓦炙灰沖陳酒囑我服下從此竟不發作亦幸事也

冰一七十自述　四十四歲　十二

日本乘歐戰之際向中國提出條件袁政府交涉數四乃又來最後覺書一面派軍艦遊弋黃海進至渤海東省風聲緊急五月九日遂締成二十一條新約我在吉省署以爲中國對外失敗半在條約半在條約以外俟約文正式頒布應公同研究以資補救萬一十一日約文到吉孟巡按徵求意見即日密派我及交涉特派員傅彊政務廳長高翔每日在交涉司樓上會同研究高秪來兩日均由我與傅君切實討論時起爭執卻無意見每一條議畢我即繕成文字討論凡月餘成新約吉省善後條議一冊除呈明政府外由傅君赴京與外部接洽外部乃招有關係各部每日在外交大樓根據我原稿討論十餘次大致均通過時吉省以約文有警察法令及課稅應接洽之文在省署召集有關各衙署組織委員會我任委員會主任所有吉省警察章制課稅規則一一修正日方以爲此事應由兩政府會商於是傅君電吉請我至京辦理我因約中尚有不明瞭處以吉省代表資格到京赴部與陸部長商陸甚滿意惟須與曹次長接頭我晤曹先談南滿範圍爭持甚烈談一小時餘曹始謂姑照奉吉兩省主張辦理俟彼交涉再由部應付我恐其空口白話漫無依據告以來一說帖請即照批彼亦允送到即批於是始告一段落至兩政府

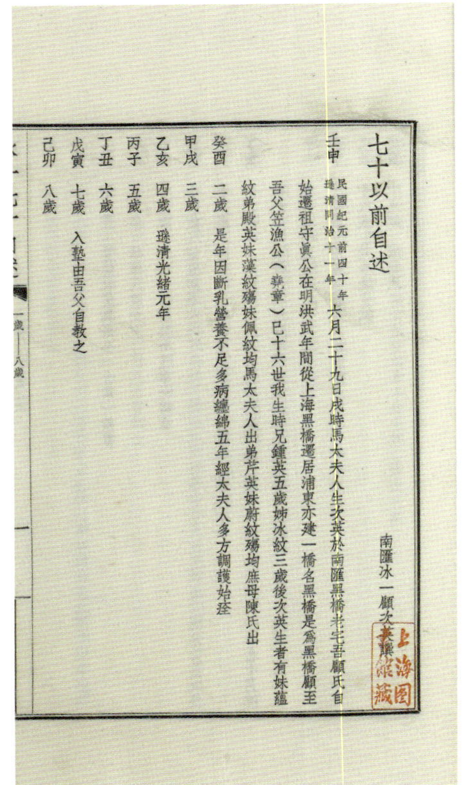

七十以前自述

南匯冰一顧次英撰

壬申　民國紀元前四十年 遜清同治十一年　六月二十九日戌時馬太夫人生次英於南匯黑橋老宅吾顧氏自始遷祖守眞公在明洪武年間從上海黑橋遷居浦東亦建一橋名黑橋是爲黑橋顧至吾父笠漁公（彝章）已十六世我生時兄鍾英五歲姊冰紋三歲後次英生者有妹蘊紋弟殿英妹藻紋殤妹佩紋均馬太夫人出弟芹英妹蔚紋殤均庶母陳氏出

癸酉　二歲　是年因斷乳營養不足多病纏綿五年經太夫人多方調護始痊

甲戌　三歲

乙亥　四歲　遜清光緒元年

丙子　五歲

丁丑　六歲

戊寅　七歲　入塾由吾父自教之

己卯　八歲

一歲——八歲

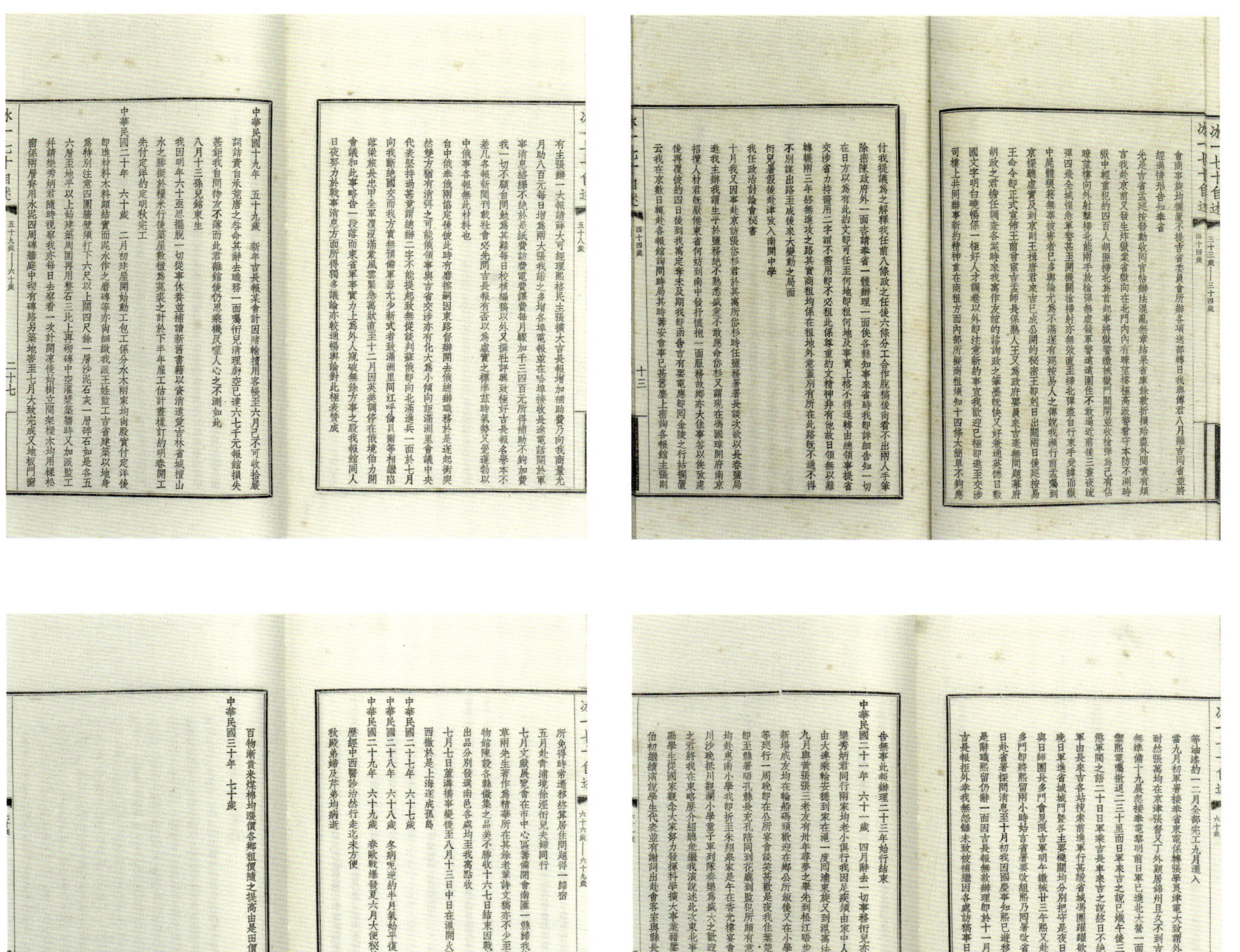

年谱

梁任公先生年谱

项士元编，抄本。1册1卷。

梁启超（1873–1929），字卓如，一字任甫，号任公，又号饮冰室主人等，广东新会人。与其师康有为倡导变法维新。民国历任司法总长、清华大学教授等。著有《饮冰室合集》等。

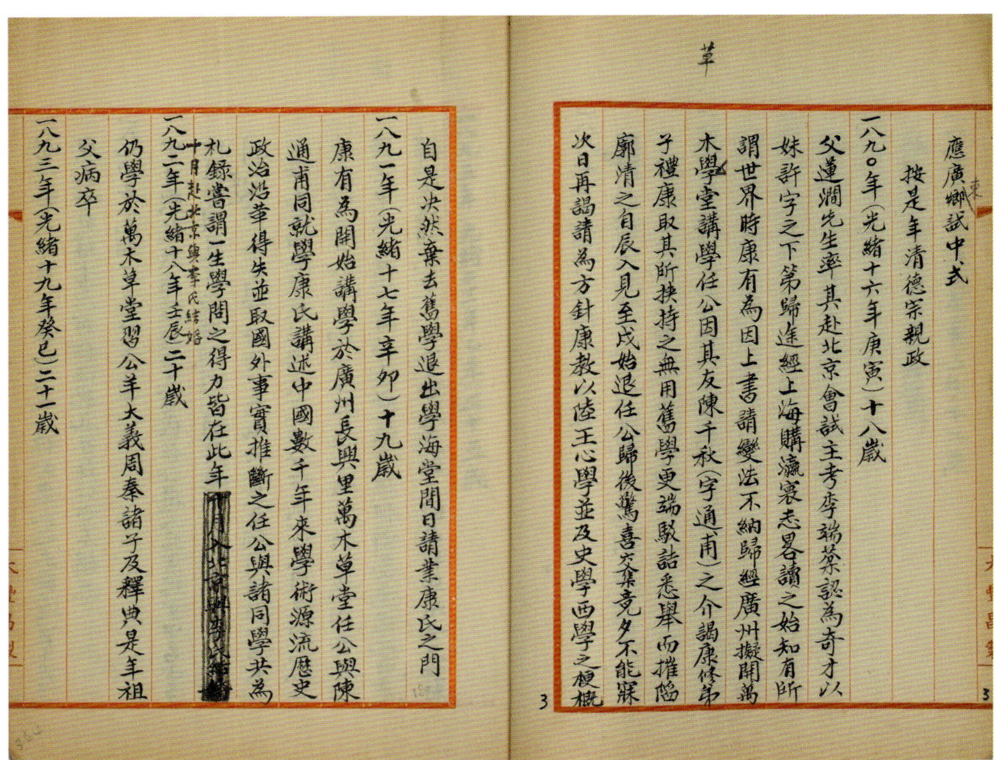

應廣東鄉試中式
按是年清德宗親政
一八九〇年（光緒十六年庚寅）十八歲
父蓮澗先生率其赴北京會試主考李端棻認爲奇才以
妹許字之下第歸途經上海購瀛寰志畧讀之始知有所
謂世界時康有爲因上書請變法不納歸經廣州擬開萬
木學堂講學任公因其友陳千秋（字通甫）之介謁康修弟
子禮康取其所挾持之無用舊學更端駁詰悉舉而摧陷
廓清之自辰入見至戌始退任公歸後驚喜交集竟夕不能寐
次日再謁請爲方針康教以陸王心學並及史學西學之梗概

自是決然棄去舊學退出學海堂間日請業康氏之門
一八九一年（光緒十七年辛卯）十九歲
康有爲開始講學於廣州長興里萬木草堂任公與陳
通甫同就學康氏講述中國數千年來學術源流歷史
政治沿革得失並取國外事實推斷之任公與諸同學共爲
札録嘗謂一生學問之得力皆在此年
一八九二年（光緒十八年壬辰）二十歲
十月赴北京與李氏結婚
仍學於萬木草堂習公羊大義周秦諸子及釋典是年祖
父病卒
一八九三年（光緒十九年癸巳）二十一歲

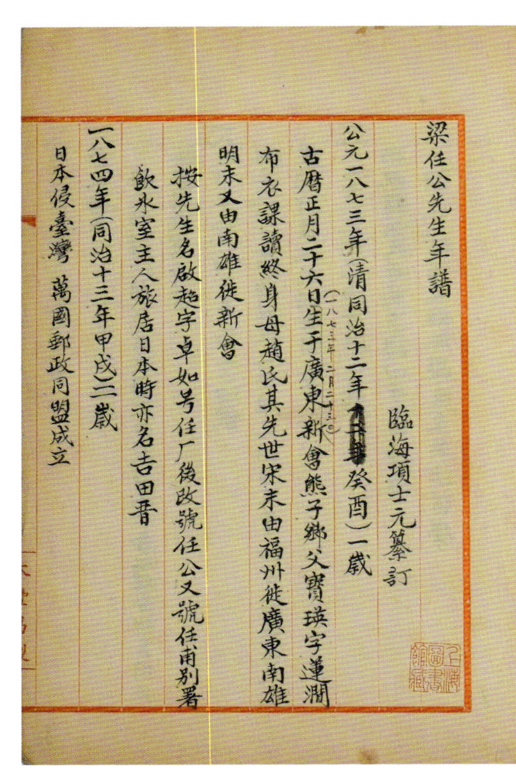

梁任公先生年譜
臨海項士元纂訂
公元一八七三年（清同治十二年癸酉）一歲
古曆正月二十六日（一八七三年二月二十三日）生于廣東新會熊子鄉父寶瑛字蓮澗
布衣課讀終身母趙氏其先世宋末由福州徙廣東南雄
明末又由南雄徙新會
按先生名啟超字卓如号任厂後改號任公又號任甫別署
飲氷室主人旅居日本時亦名吉田晋
一八七四年（同治十三年甲戌）二歲
日本侵臺灣　萬國郵政同盟成立

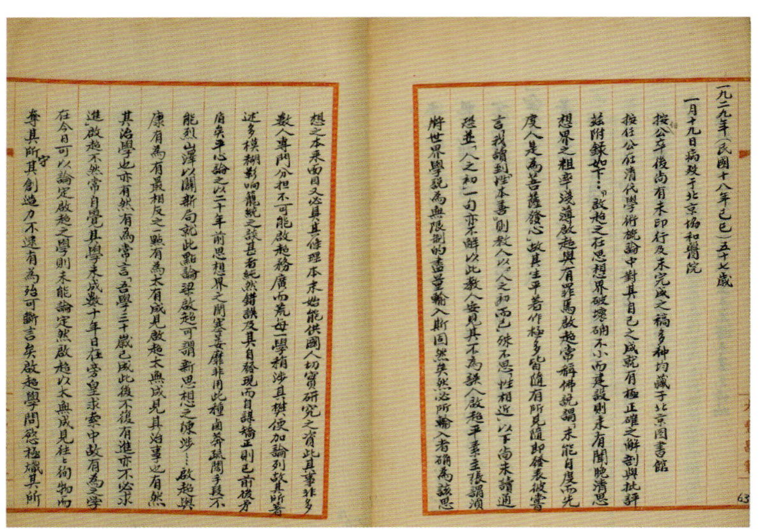

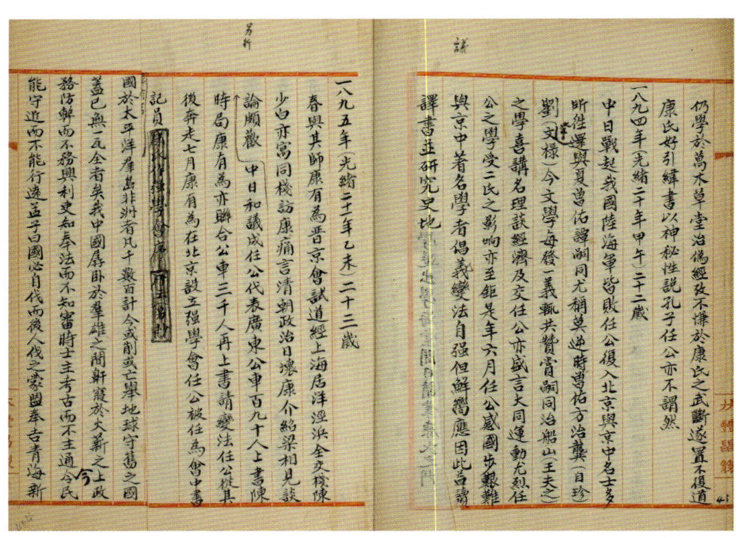

梁任公先生年谱长编初稿

丁文江、赵丰田编，民国二十五年油印本。12 册。

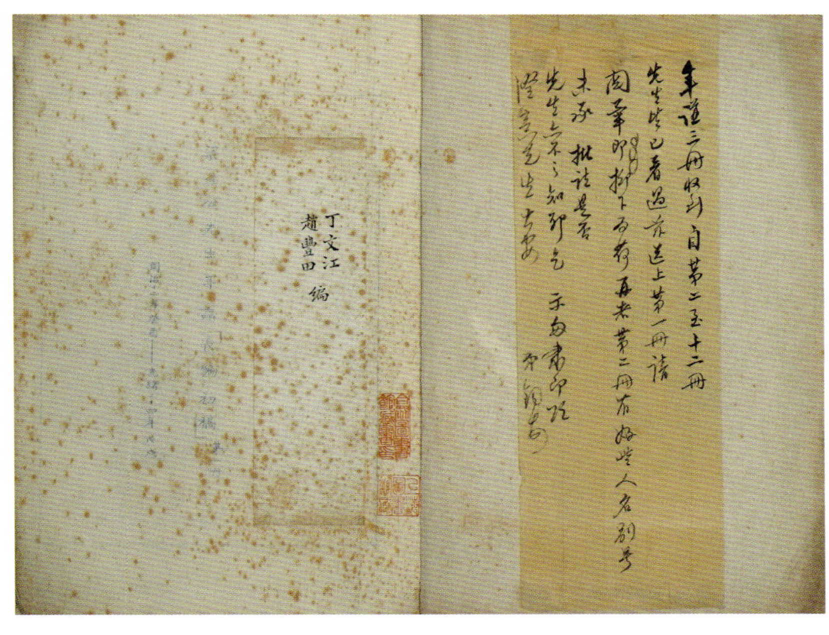

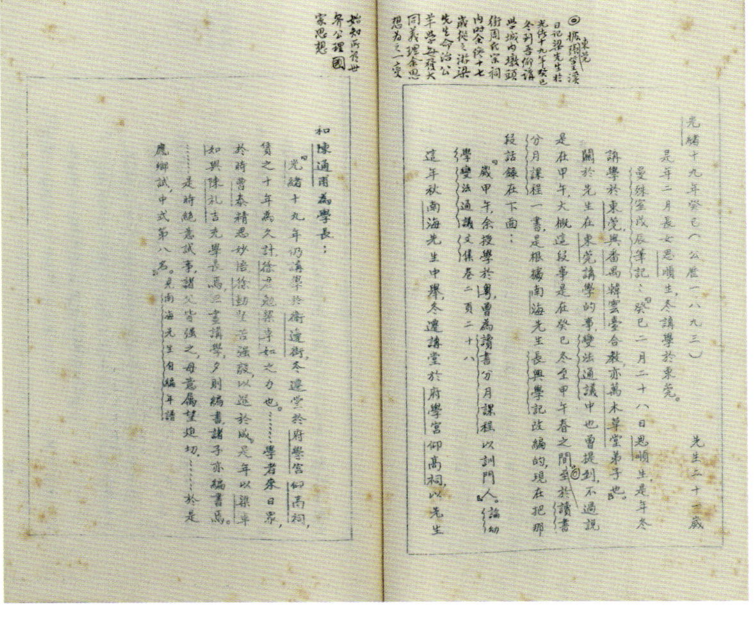

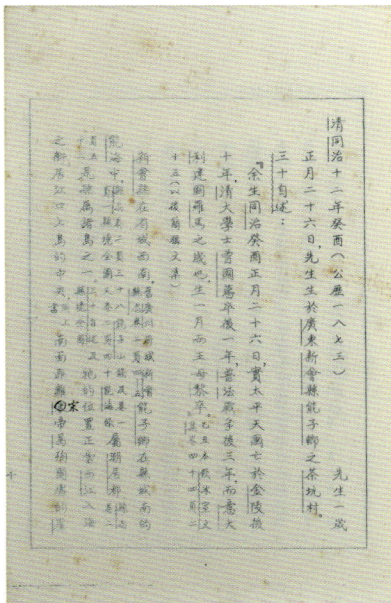

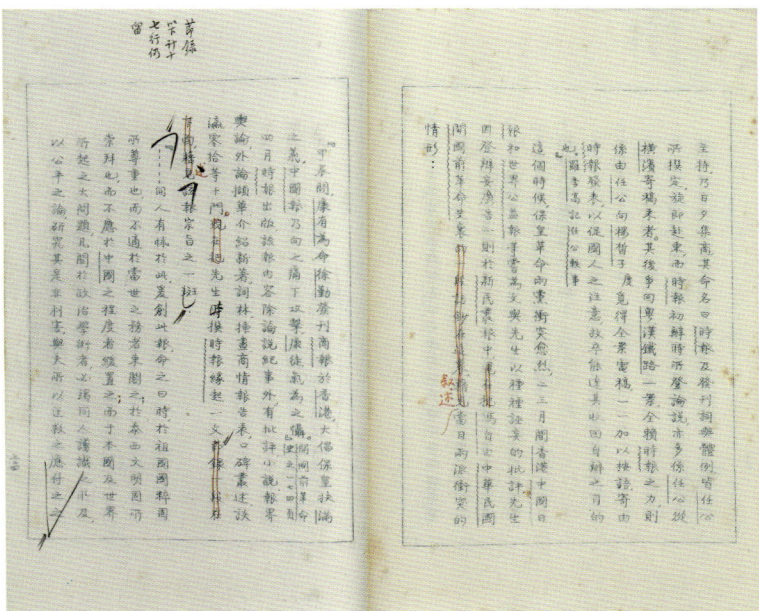

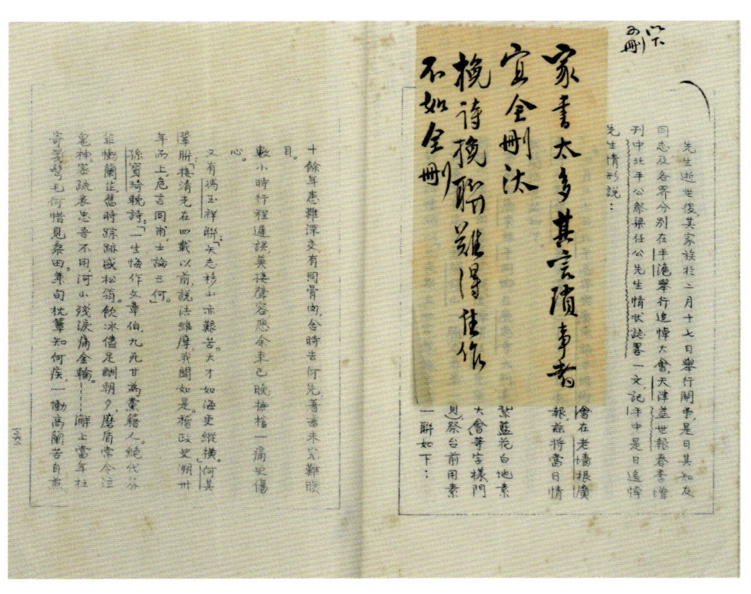
家書太多其宜續事者宜全刪汰
挽詩挽聯雖得佳作不如全刪

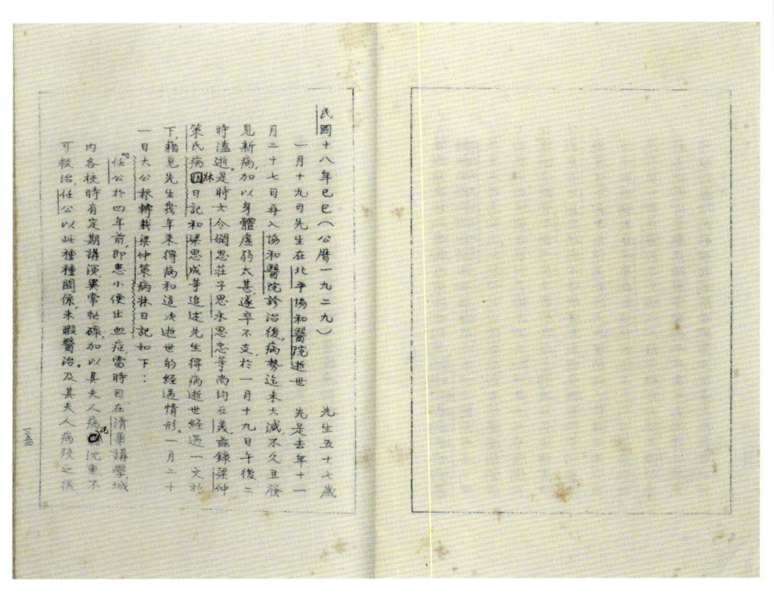
民國十八年己巳（公曆一九二九）

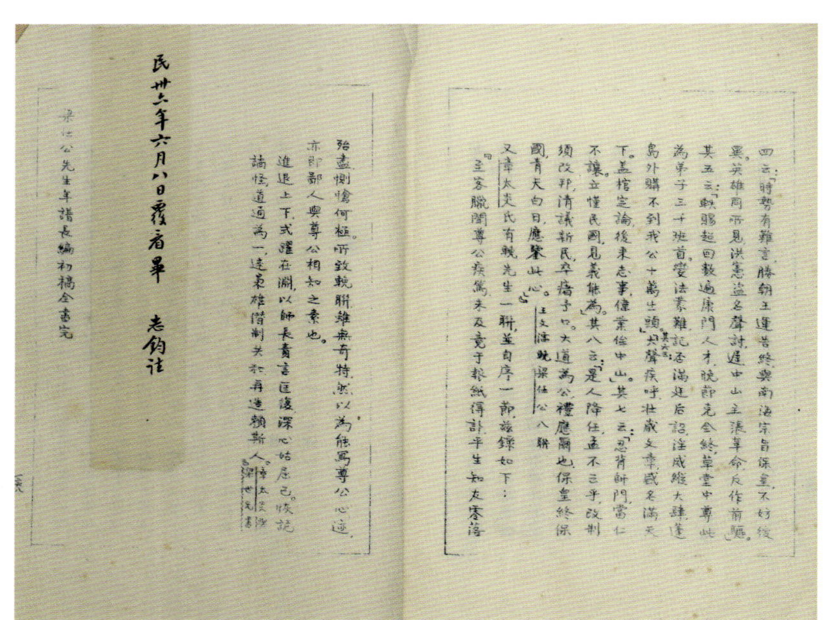
民卅六年六月八日霞盦舉
志鈞註

荣宗敬荣德生先生年表合编初稿

朱敬圃编，抄本。1 册 1 卷。是谱为荣宗敬、荣德生昆仲合谱。

荣宗敬（1873–1938），名宗锦，字宗敬，江苏无锡人。曾与荣德生创办面粉厂、纱厂等。历任工商部参议、中央银行理事、全国经济委员会委员等。

荣宗铨（1875–1952），字德生，号乐农，江苏无锡人。与荣宗敬开办面粉厂、纱厂等。建国后任全国政协委员、华东军政委员会委员、苏南人民行政公署副主任、中华全国工商联筹委会委员等。

年谱

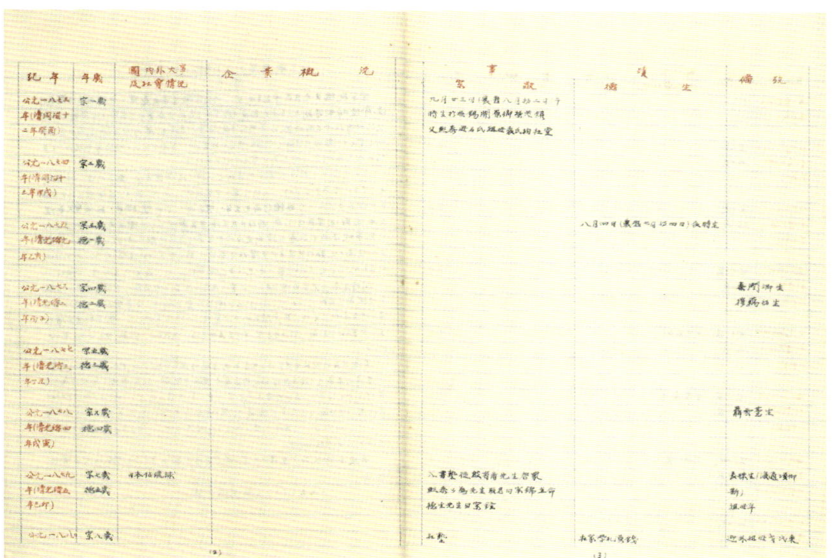

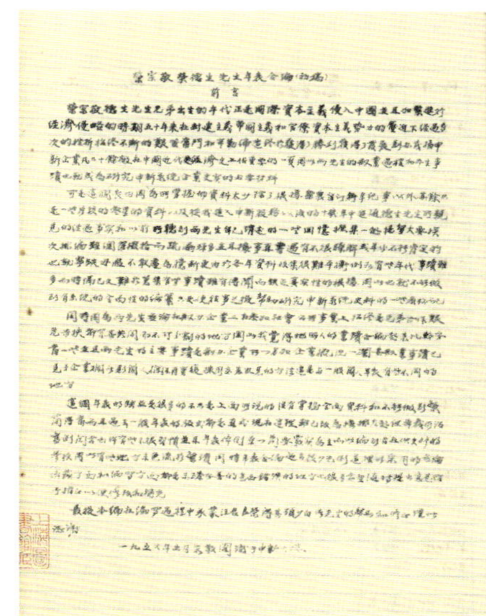

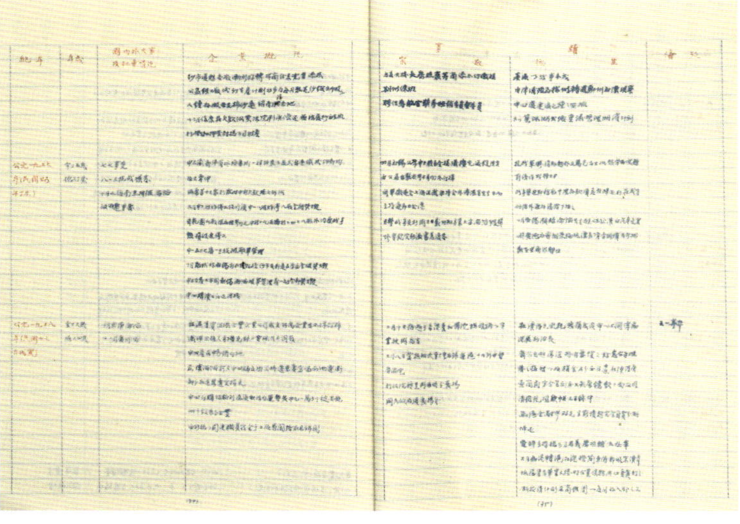

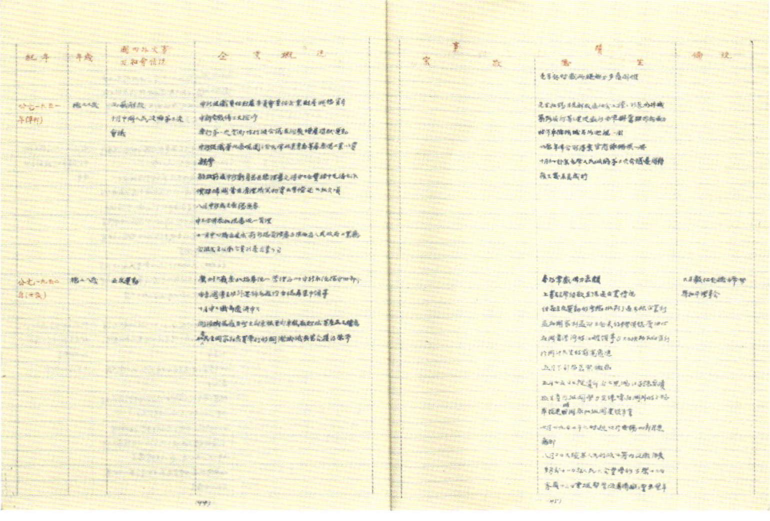

乐农自订行年纪事

荣德生编，民国三十二年铅印本。1册1卷。

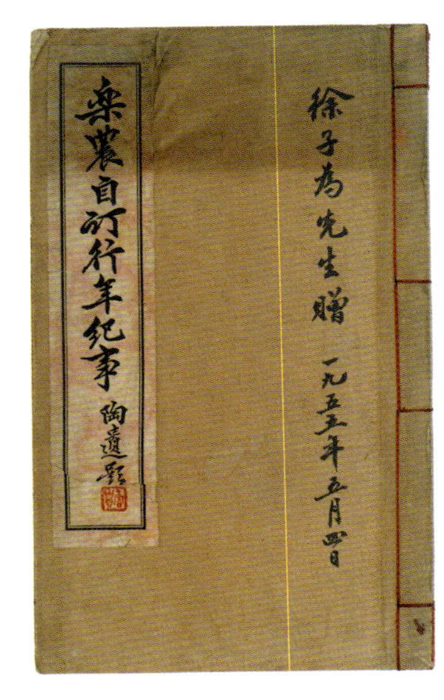

樂農自訂行年紀事
陶遺題
徐子為先生贈　一九五五年五月四日

先生年譜猶恍見當日夜談精神也余謂中國今日於易卦當爲剝在剝之上九其象爲碩果不食而序卦不受剝以坤而受剝以復復之彖曰復見其天地之心乎剝之上九非復之初九也然非此剝而不盡之一陽即無以爲復生一陽之根柢蓋陰陽之數剝不極則不復而剝既盡則疑於無陽是故剝復之際消長絕續之間天心所由見也今先生神明強固意氣猶昔有子爾仁君與伊仁毅仁諸昆季皆嶄然顯頭角而宗敬先生亦有令子曰鴻元鴻三鴻慶諸君庶幾兄弟濟美能共體先生之志者豈非大易所謂碩果也哉霰雪集而不凋者松柏之所以待春也風雨晦而不熄者膏火之所以待晨也余將以先生之康強逢吉卜國家太平不遠而河山再造地方復興倘皆有待於先生所謂復其見天地之心於是乎在姑書此以爲異日券且弁於年譜以歸先生倘亦欣然而爲進一觴乎

民國三十二年十一月孫菴道人錢基厚謹序

樂農自訂行年紀事

吾家自始遷祖水濂公擇壽地蓮花山即移居於山之下生三子長居上次居中三居下即稱下榮在余家舊宅後由二十五世祖庭芳公改建樓屋武初公即分得宏山公至錫疇公傳至先父熙泰公乃時祇分得中造舊屋二間與祖母袁氏務農經商母石氏生二子兄宗錦次即余生於光緒元年七月初四日辰時是日天朗氣清家家正在早餐時則世亂初定人心和平故皆安居樂業也

光緒元年乙亥一歲

光緒二年丙子二歲

光緒三年丁丑三歲　理應學話而不言語祖母父母均恐如啞子細看有小舌知不啞祖母力言將來必是大器晚成

人預備新年必須更換如何辦法余答去買紙來自己寫快磨墨紙已來墨已好吃過除夕酒即當衆將老句照寫倘平直同事書契折服焉

光緒廿六年庚子廿六歲　新年總辦以下皆看過柱對從此文案全局皆稍推許尤其如厲世伯常來談談云全局以余最佳初不知何以出此隔一二月云你知某某委員否答伊常對余看每月發薪水必來他云彼熟悉風鑑功名還是相張撫台而來四月半又來余當即請他看相當允在會客處談談他說明年得一子兼升官云是實官異路氣色已露不是官不是商當時尚無實業說不出何名廿五至卅五可露頭角四十五大佳名利雙得爲得意且有權高於道府惟無印此後一路風光當日似乎言之過甚不敢再多問矣總督譚爲互參先調岑去後調譚來者李鴻章袁大化調來專辦礦務隨員江陰程筱榮住小直街都司衙門內時時往來云即開辦建縣涌流金礦約余去辦事有保舉此時北方拳匪已起事南方三督共商東南保境立約劉坤一張之洞均允不一月聯軍開到裕祿無

法應付李鴻章五月十七調北洋袁大化同去自此專心在做一新事業上着想各種已有事業無一不想改看事業雜誌美十大富豪傳均看過常到書店選事業可觀之書當時全國一片戰訊北方開戰不利家中天天來信催余回家余看前途希望回申爲妙且稅務有七十二行商包辦之說萬一香港牽動要走不易私心決定回申即在總辦前請假一月由鄒君代理六月十七坐鯉門船至香港停五日天天到皇后大道九龍碼頭等遊覽至廿三得申電申安可行廿六到申海上風平浪靜爲從來所未見至店見兄頗欣悅並道匯款起色利益尚佳還是做已業爲是住數日即回錫至七月初十假期已近得粵信商包每年四百萬兩已定卸事已近勿必來總辦在八月卸事後亦要回蘇矣此時北方聯軍戰事已破天津兩宮西狩逃先至山西後至陝西滬上風聲鶴唳一日數驚商人逃入內地者已十之七余自南市走至北市大馬路由大東門回店未遇一西人亦無着長衫之國人市上閉門者十之六七地價物價大跌惟小麥裝北洋頗好內地到

十八

不允同坐至天明一夜未睡裕甯請總督轉縣查封因是押款據理力爭由商會代呈而止於是將進行辦法到申兄弟共商四出請人幫助轉押連三十八日而成余每早至申晚車而回計卅餘次託人借款後由李裕成及信成周舜卿共借八萬兩用莊活期四萬兩廠內湊出四萬兩贖回了事從事說項者朱企臣與友汪君爲多至可感也兩委員接申撤回信辭行我即雇船辦菜送行承獎語有加謂從未見有過此重要事而從容照辦一切條理井然至辦妥而已將來前程無限余亦感其公正寬容許我設法辦好王君後在教育部爲科長民八年遇見重敍舊話自知目力未錯余亦見其與在商會爲文案時相去天壤矣匡君後爲輪船經理亦誠實人也是年振新至年有餘還去往來仍不寬裕茂新有餘除開辦一切折輕成本內容頗有脚地

宣統三年辛亥三十七歲　兩廠照常開春多陰雨小麥年境本差收場又雨質地平常出新囤戶甚多阜豐興致尤佳錫地已設九豐泰隆惠元均見茂新六萬

元做如許生意皆仿做故不數年粉廠共有五家矣業麥者均存貨於是濫收上棧余則不存見姜堰本地共存百萬擔浦先生亦主不存人取我棄以觀後來且麥貴粉賤並無利益廠多出數巨資本少者競消尤甚各地皆放批發我處杭州湖州有代理時滬杭路已通車矣各地大水爲災湖北更鉅至秋武昌起義各地嚮應人心不安生意大壞金融大緊洋厘大漲至八錢八分從未見過各省獨立無錫亦響應廠遂停工人亦逃散余心中有時覺悶與浦先生至惠山吃茶一日過北塘正夕陽西下日光返照牆上見水漬三四尺高余云麥已變壞受潮復又受熱失晒熱傷與粉色經線均有關即至接官亭堆棧取樣試驗果然從此得訣棧中熱壞麥不收江北亦同阜豐熱壞姜麥甚多王石泉辭歇後到我處十月後革命成功清廷遜位大局漸定人心稍安是時同盟會會長國父孫總理與胡漢民黎君等到上海立憲公會會員開歡迎會於張家花園安愷弟攝影余亦在內現存者勞敬修振新停已月餘工人有來問訊定期復工惟工資現銀難取得洋

違心不能害人取利如能以此助人代天行道亦有陰功並示凡地有三等上中下皆有神守高則四名三名二名中下則一名無緣不得亂指陰謀更不可也謀則變有緣易得神人相助以福善人以孝最易得天佑也時常州紗廠創辦時入股二萬元總公司代保運機器入廠計六千錠款因廠停久無法料理拍賣無人問訊惟有做之一法錢君琳叔于君董懷徐君果人到錫請余幫助却之因人事困難無法兼顧一再來商以租廠分拆利益至了清欠款爲度立租約先以兩年爲期以鄂生先生代經理吉人先生副之王式臣總帳余鍾祥一班新人去做工場總管開齊一萬八千錠不算租息尚無餘因花貴紗賤交易所有人拋紗收花花價最高五十兩零紗則一百六十餘兩余處由產地收花勉敷成本福新一二三四五八亦開工收買興華製麵廠由中國銀行經手分十年還清後改福新三六廠老六廠機器拆併福一三改名福一將三與六合併名之茂一照做二三被工人加油疎忽致遭焚燬茂四照做茂二建新廠格外改良每日可出粉八千包

後又加二千包每日能出一萬包用馬達轉動電力申三放線直達茂三未復至今空缺工人不穩心存戒備凡拖重款均留意孫總理在北京逝世馮吳內戰未了是年平穩過年各廠均有盈餘二兒爾仁請江太史衡專課國文荊夢蝶先生教小學時入廠學習紡織

民國十五年丙寅五十二歲　七兒鴻仁生庶出九月初七長孫智鈞生十一月二兒娶媳王氏王家素業木行後兼業絲家世亦好正月各廠照上均開有利內容雖有出入力主不拖款且因戰事已起北方力弱漢口福五廠來信月泉已爲工人壓制種種不合理殊覺難處上海無錫均受影響惟有謹慎小心立定脚頭而已廠事謹守社會事業陷於停頓各地不肯多往來防生意外家中有特請之看守人

民國十六年丁卯五十三歲　正月各廠照開南京定都北伐軍一路由申錫而過京分路北上商市清淡交通有阻工商中學無形停止小學照開二兒已在廠

廠用品搖紗機等凡東西來路出品均能仿之自造是年三月漢中四廠遭回祿之災保險賠款領到後決於秋後復興余始加入股份定英機照新式建築至明年始裝齊仿申三工作

民國二十三年甲戌六十歲　長房三孫智鑫生二房四孫智祥生三房長女智瑞生儲蓄部如常茂一二四如常福新各廠如常申新一至九照開惟花價不小紗祇售一百六十元不俏布尤賤十二磅細布大都五元二三角十三磅十四磅海昌藍布祇售八元左右可謂賤極矣外埠如重慶紗亦售一百六十餘元貼去水脚九元押匯九折廣東河南亦相彷彿生意眞是難做加稅三年約已抽去增稅一千五百餘萬元政府毫不覺其多商已受苦難言申三則靠實銷通州太倉漢口陝西山東各地自己辦花常州織廠及本埠織廠連絡出布多印坯定貨不斷正月十六日爲余周甲兒姪輩邀親友稱觴余不欲鋪張力主從儉與親友故舊謀一日之歡敍堂會張治兒班子演戲張演老萊子頗工張半途習此不易一

舉一動無不引人捧腹送來壽屏六堂對聯尤多三堂已印入家譜無錫紅卍字會有壇李祖師降筆壽序一堂謂是初次賜出勉余爲善有一仙賜余松年二字筆力異常而壽序命錄二份掛兩處不知何意後存一堂一則失去半數不全始明白戰事也諸友中集款爲余造一紀念橋因余在各地造橋而起再三辭已有送下款者余謂如果諸君要造主人如吃酒先吃一杯我先造一橋爲陪十七日晚請仙指示及破土日雲蓮仙師降壇擇二月十七日破土八月完工地方在寶界山再請爲期太迫各料未備示云要造祇有此時可成否則無成無期可改隨決定照做招工備料上海託永吉兄辦木鋼本地定黃砂石子龍潭定水泥三千筒各事預備齊全惟擇地未定連日至寶界山西頭測量至再難造有一漁船云要造橋祇有東頭老渡口兩頭有硬脚引我等到地一看果好船則望東而去兩頭定橋至期破土動工用三班共一百零六人再請仙指示示云此地爲妥請問有浪如何示有仙監守決無浪保爾工人無病每日飲缸中清水解暑雖天熱無

乐农先生自订行年纪事续编

秦翰才编，稿本。1 册 1 卷。是谱纪事自民国二十四年（1935）至三十八年（1949）。

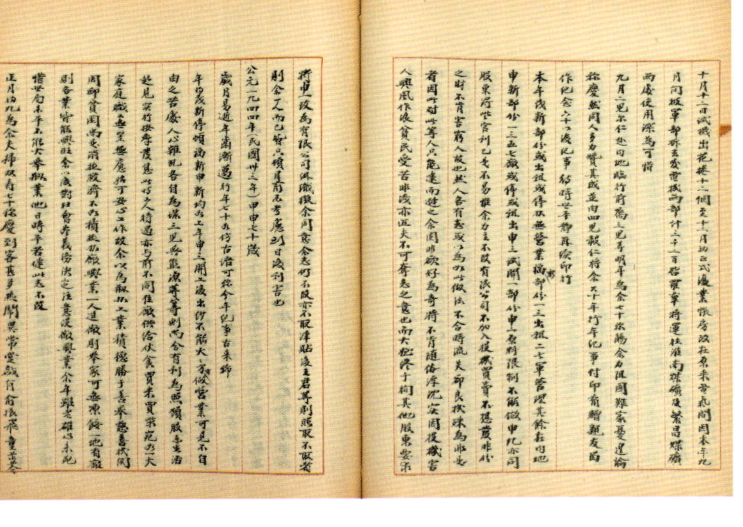

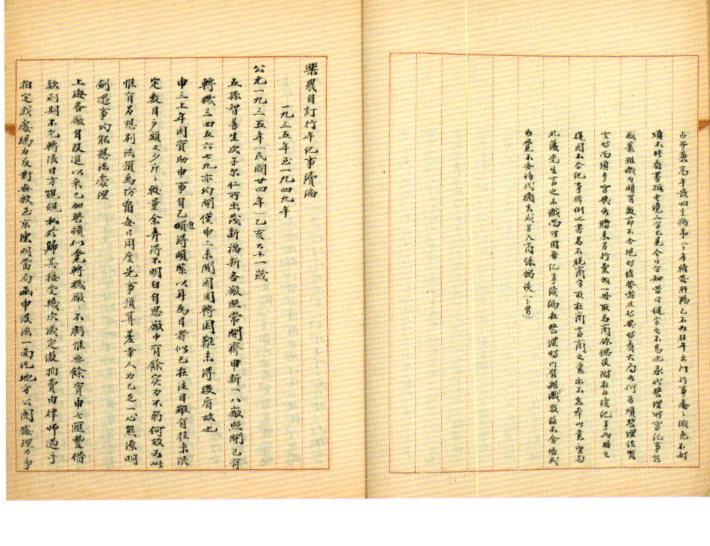

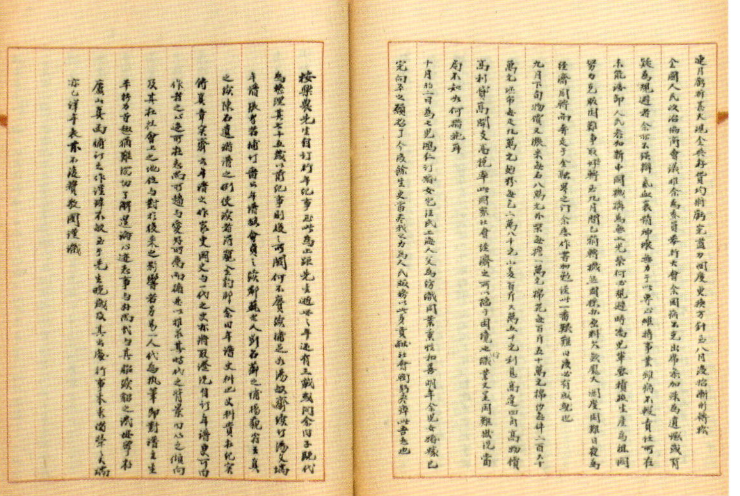

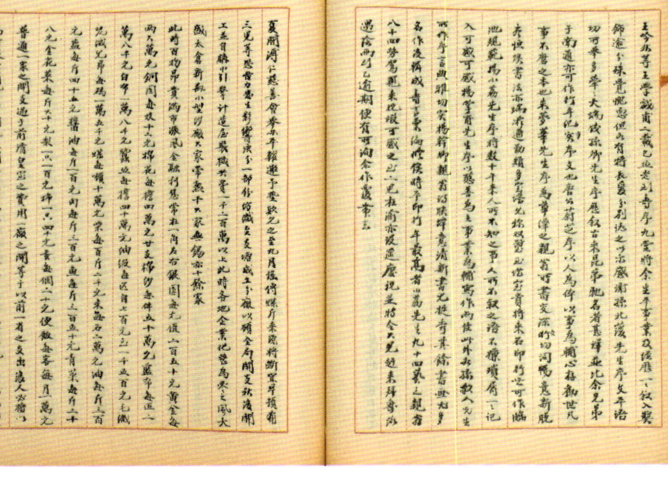

竹翁自定年谱

蒋维乔编，秦翰才抄本。6 册。是谱据蒋氏日记摘录。

蒋维乔（1873–1958），字竹庄，号因是子，江苏武进（今属常州）人。历任商务印书馆编辑、教育部参事、江苏省教育厅厅长、南京国立东南大学校长、上海光华大学教授、上海正风文学院院长，上海鸿英图书馆馆长、上海人文月刊社社长等。著有《中国佛教史》等。

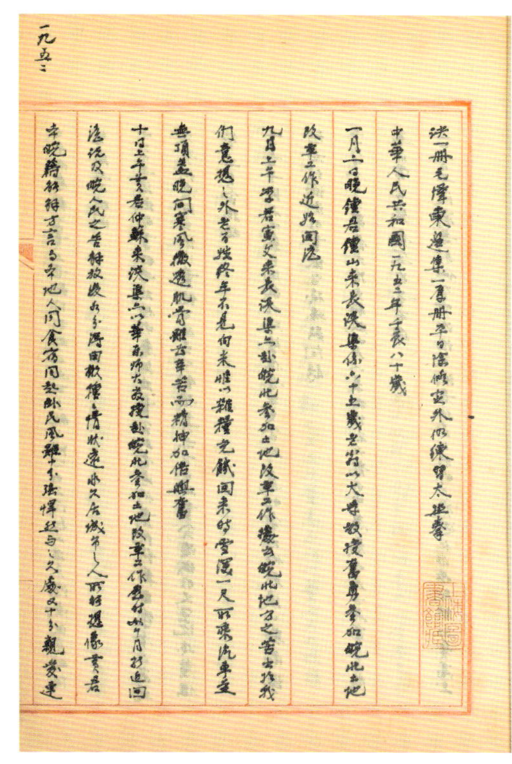

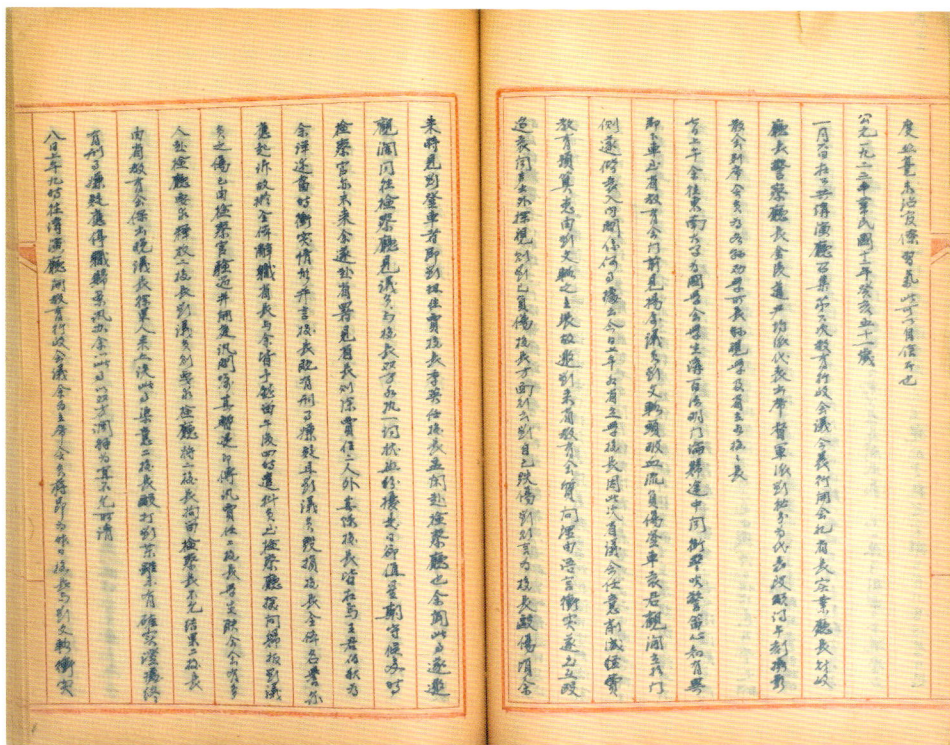

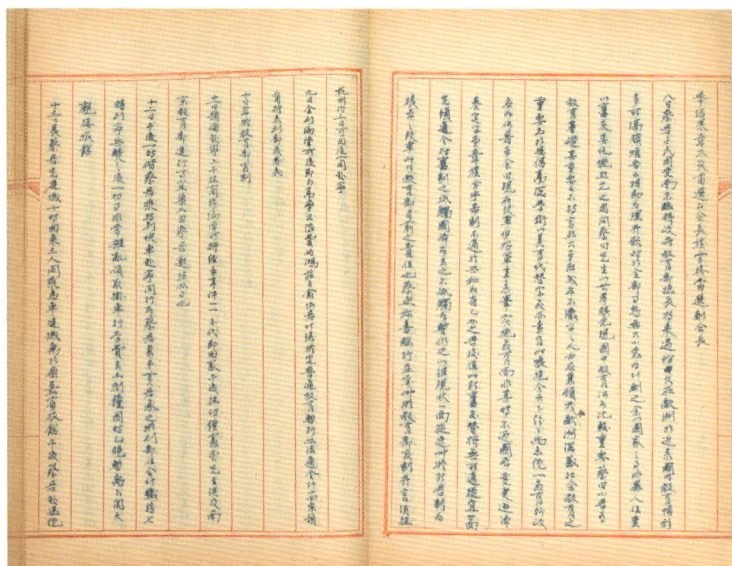

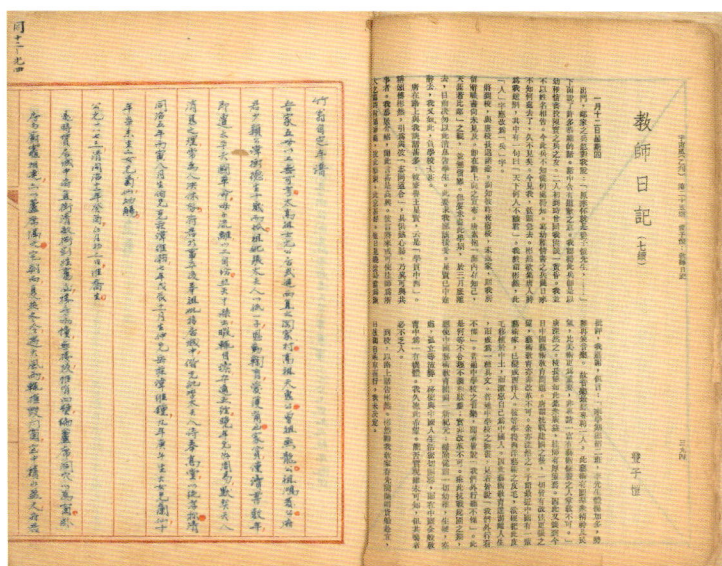

韬园周历

景本白编，抄本。1 册 1 卷。是谱纪事至民国二十四年（1935）。

景本白（1876-？），浙江鄞县（今属宁波）人。清末任江宁劝业道总文案等。民国历任浙军都督府财政部盐政署秘书长等，创办久大精盐公司、大成汽车公司等。著有《盐务革命史》等。

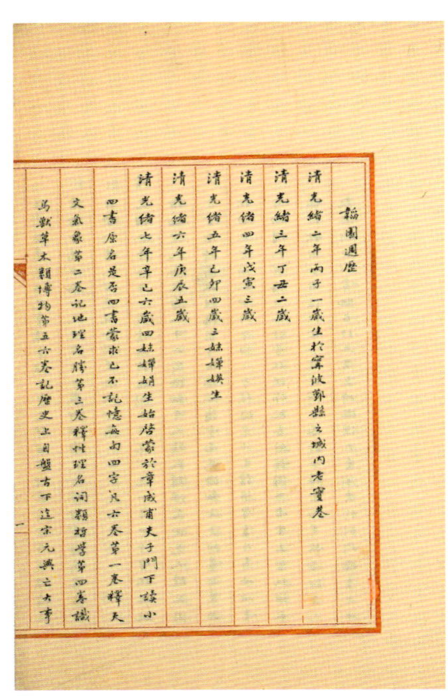

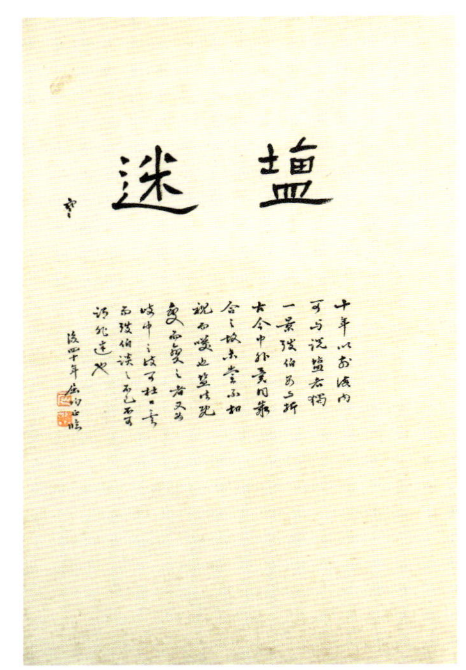

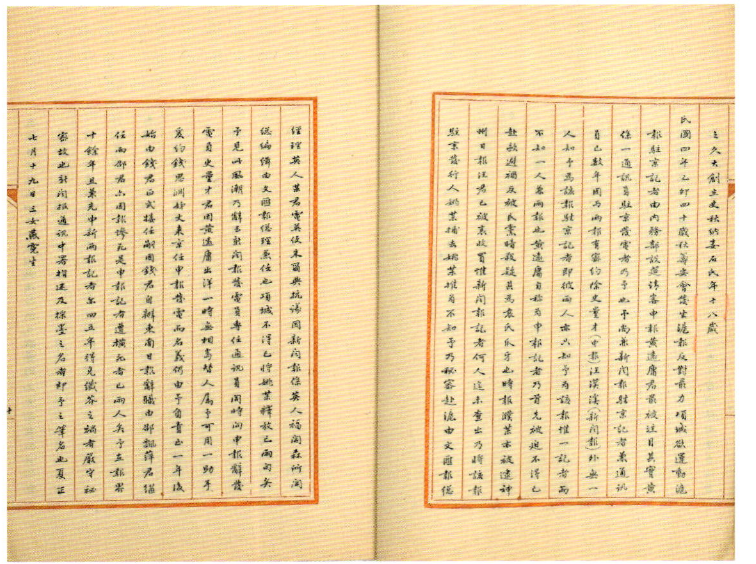

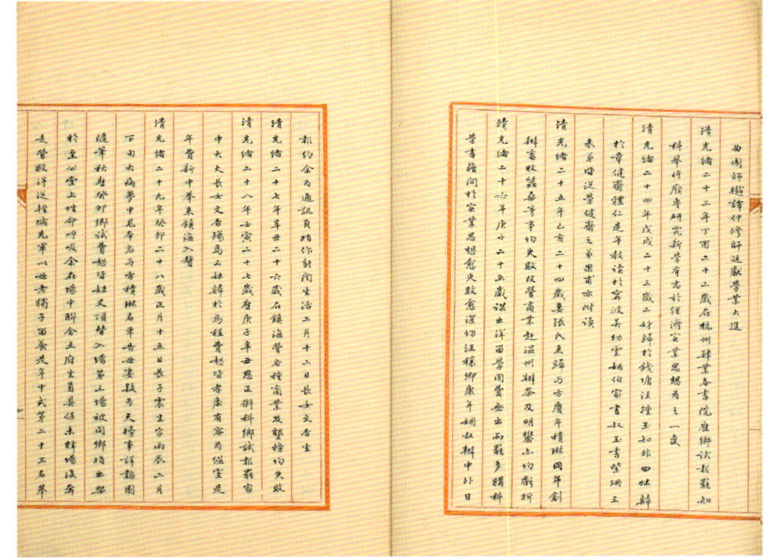

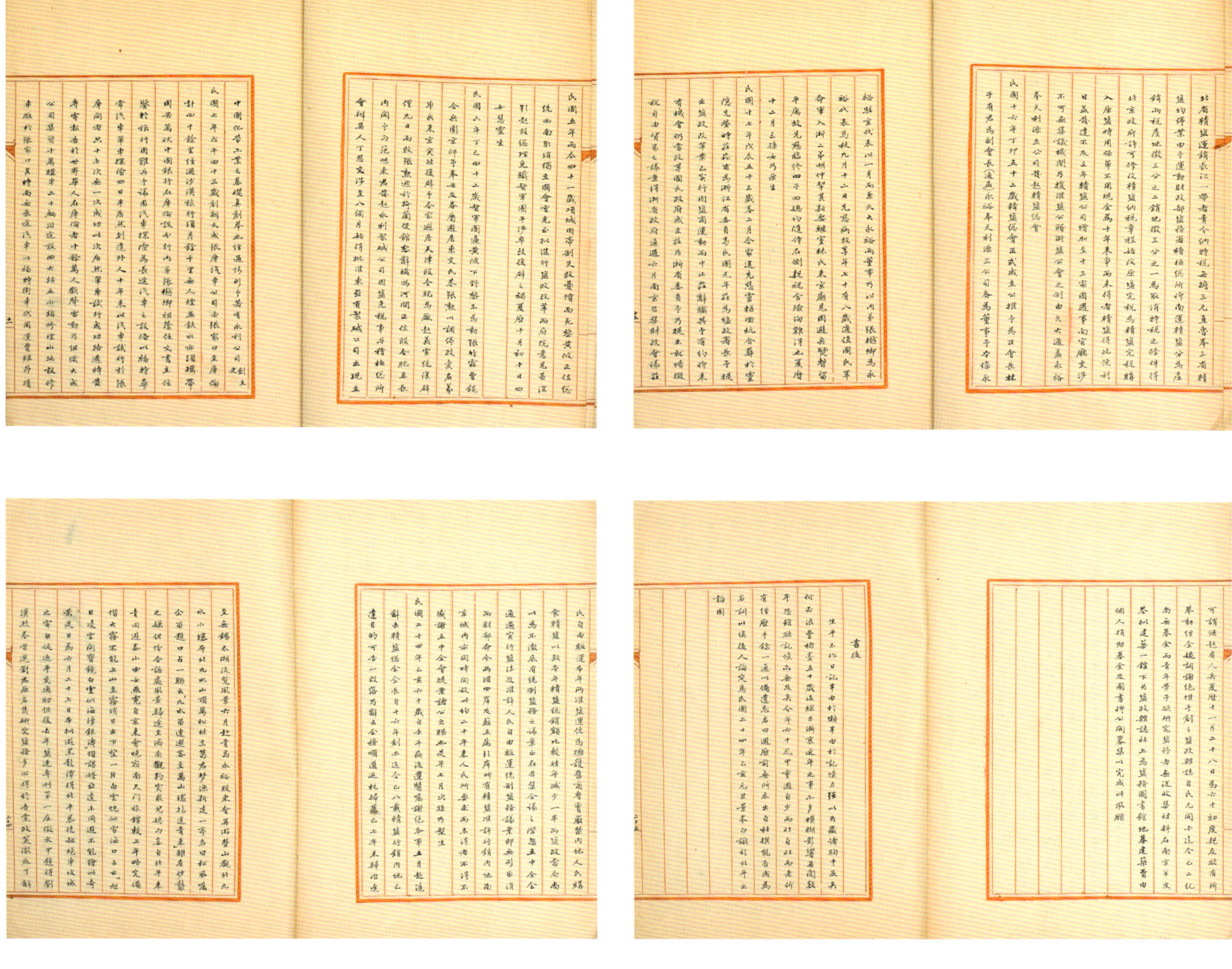

年谱

王静安先生年谱

赵万里编，载《国学论丛》民国十七年（1928）第一卷第三号。

王国维（1877—1927），字静安，一字伯隅，号观堂，又号永观，浙江海宁人。先后任教于江苏师范学校、京师大学堂、北京大学、清华大学等。著作汇编为《海宁王静安先生遗书》、《观堂集林》等。

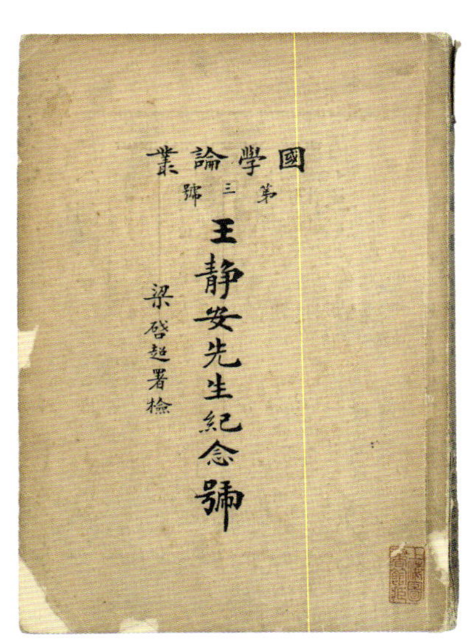

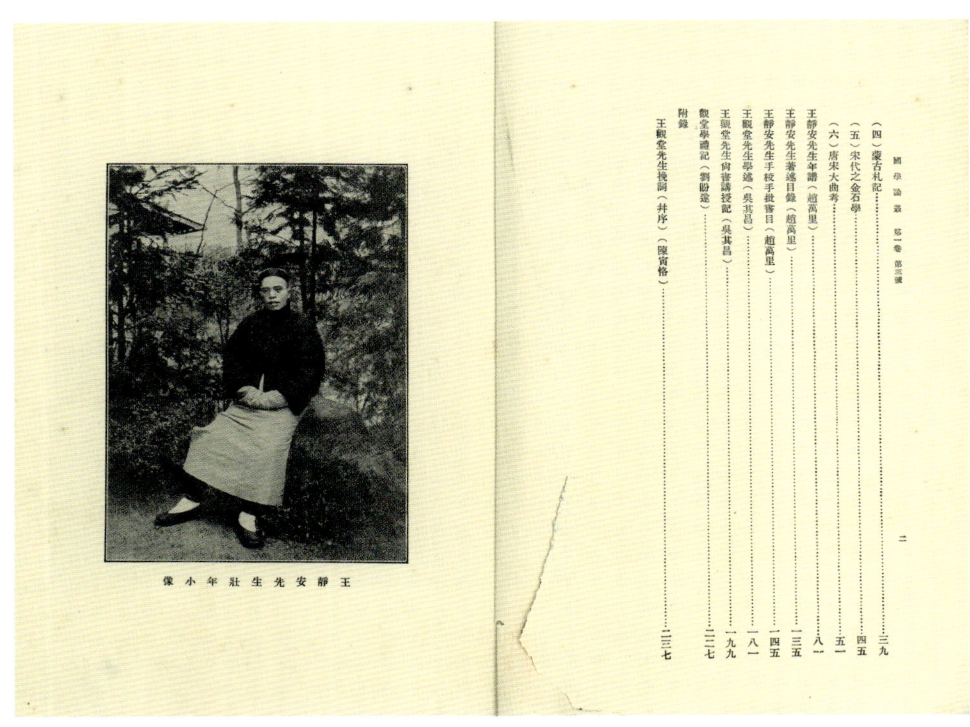

王靜安先生壯年小像

國學論叢　第一卷　第三號　二

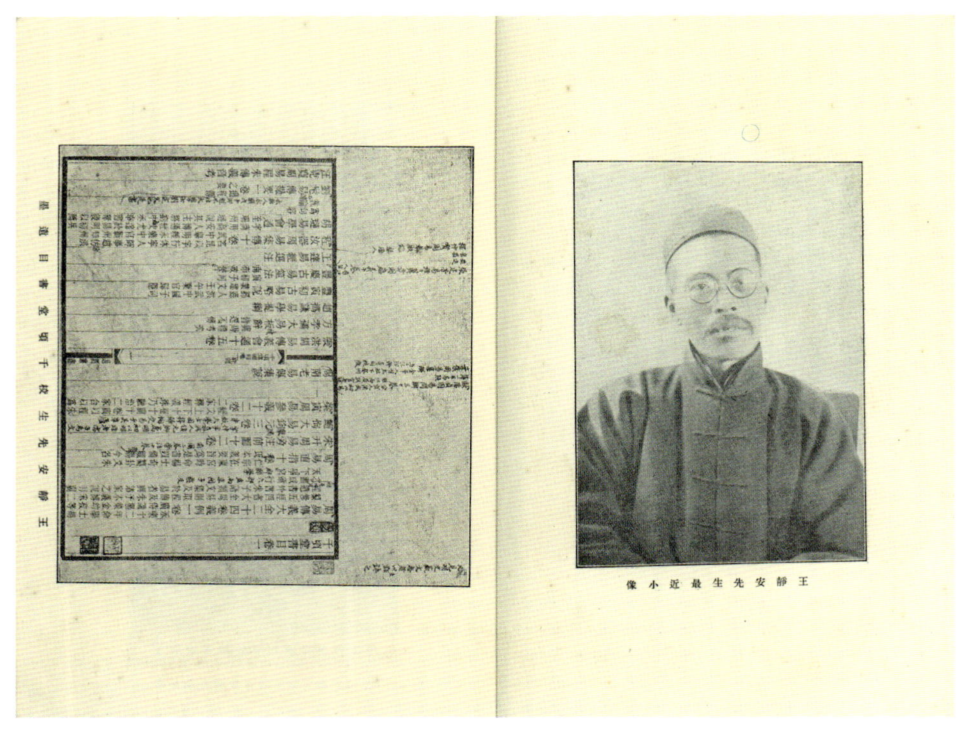

王靜安先生校千頃堂書目遺墨

王靜安先生最近小像

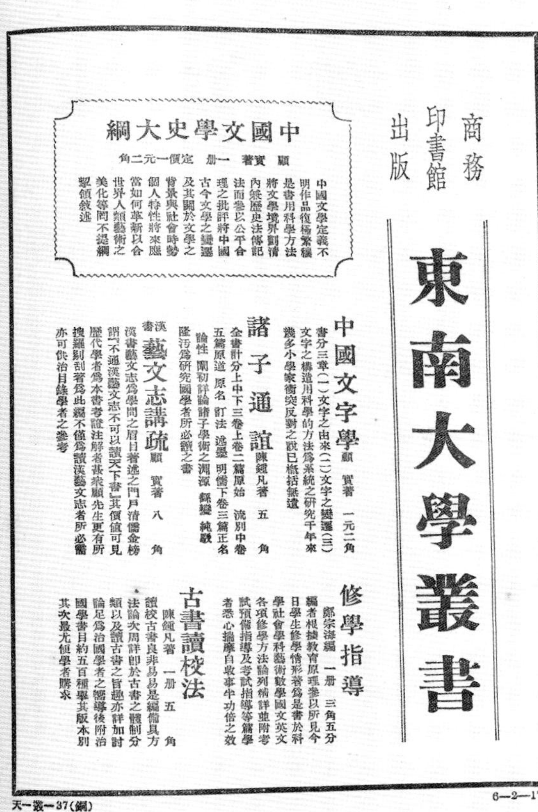

王靜安先生年譜

趙萬里

清德宗光緒三年丁丑十月二十九日先生生於浙江海寧州城內雙仁巷之私第。

先生諱國維，初名國楨，字靜安，亦字伯隅，初號禮堂，晚號觀堂，又號永觀。王氏先世籍開封。遠祖稟，宋靖康中以總管守太原，城陷死之，贈安化郡王。孫沆，隨高宗南渡，賜第鹽官，遂爲海寧人焉。先生高祖建臣，國學生，貤封朝議大夫。曾祖溶，國學生。本生曾祖瀚，國學生。祖嗣鐸，國學生。本生祖嗣旦，國學生。父乃譽，字與言，號蓴齋。值赤楊之亂，棄儒而賈，於貿易之暇，攻書畫篆刻及詩古文辭。著游月錄十卷，娛廬詩集二卷。母凌孺人，同邑三里橋凌岫雲先生之六女。凌孺人生子女各一，先生其仲也。

四年戊寅二歲。

五年己卯三歲。

六年庚辰四歲。

九月十四日凌孺人病卒。時先生甫離襁褓，姊蘊玉亦僅年九歲，賴祖姑母范氏，及叔祖母提攜撫養，至於成立。

七年辛巳五歲。

八年壬午六歲。

九年癸未七歲。

是歲先生始就傅於鄰塾潘紫貴(綬昌)先生處。

十年甲申八歲。

編年詩 袁中舟侍講五十生日一首(見別集初編) 題橄山檢書圖二首 題鄧頑白梅石居小象一首(見外集卷二)

丁卯五十一歲。

正月，讀元秘史見所載主因之語凡四。就史實上證明之，蓋與遼金二史中之乣軍相當。因草元朝秘史之主因亦兒堅考，寄日本藤田劍峯博士(豐八)入史學雜誌中刊之。先生又致藤田博士二書討論乣字之音讀。其第二書稿具後未發，今並見觀堂集林中。

正月，以正統道藏本西遊記校先生校注本，得訂正譌奪數十處。

是月，檢道藏姬志眞雲山集尹志平葆光集，據以訂補西游記注凡三則。

三月，得讀日本滿鮮歷史地理研究報告中有箭內博士(亙)韃靼考，與先生說阻卜阻𦤎之爲韃靼結論相同。惟謂興安嶺西之韃靼，乃蒙古人種，而陰山韃靼出於沙陀，爲土耳其人種，乃震於漠北韃靼之名，而竊以自號。此論先生頗以爲不然。先生謂當唐之季世，興安嶺左右諸部族，若室韋若蒙古若韃靼，皆有遷徙之事。蓋唐德既衰，回鶻亦爲黠戛斯所攻，去其故都，而漢塞下惟有沙陀退渾諸小部族，故室韋蒙古韃靼三部族，乃各有一支部，侵入陰山附近。此事前人均未道及，先生爲疏通證明之，草韃靼後考一篇。後以蒙古南徙事其證據未充，乃摘出室韋南徙一章，爲黑車子室韋考，至四月稿始寫定。

是月下旬，攜家人游西山。

是月，日本神田喜庵學士(信暢)寄排印足本耶律文正西遊錄至。足本西遊錄中土久佚，此抄自宮內省圖書寮者，蓋人間秘笈也。先生卽據以重錄一本，復訂正刻本誤字數處。

四月，改定蒙古上世考(卽遼金時蒙古考)爲萌古考，至初八日寫畢。繼又改定韃靼考，至十四日寫畢。復摘錄元朝秘史眉端箋識之可存者凡七則，(中有劉郁西使記劄記一則)爲蒙古札記。此均先生最後之定稿也。

去秋以來，世變益亟，先生時時以津園爲念，新正赴津覲見，見園中夷然如常，亦無以安危爲念者，先生覩狀至憤，返京後，憂傷過甚，致患咯血之症。四月中，豫魯間兵事方亟，京中一夕數驚。先生以禍難且至，或有更甚於甲子之變者，乃益危懼。五月初二日夜，閱試卷畢，草遺書懷之。是夜熟眠如常，翌晨盥洗飲食赴研究院視事亦如常，忽於友人處假銀餅五枚，獨行出校門，雇車至頤和園，步行至排雲殿西魚藻軒前，臨流獨立，盡紙煙一枝，園丁曾見之。忽聞有落水聲，爭往撈起，不及二分鐘已氣絕矣。時正巳正也。家人候先生歸，至午後尚未至，乃大疑。其公子急蹤跡之，至申刻始得噩耗。次日入殮，友生集哭，奉尸出園，始於裹衣中得致三子貞明遺書一紙。紙已溼透，惟字跡完好。書曰：「五十之年，只欠一死，經此世變，義無再辱。我死後，當草草棺殮，卽行槀葬於清華塋地。汝等不能南歸，亦可暫於城內居住。汝兄亦不必奔喪，固道路不通，渠又不曾出門故也。書籍可託陳吳二先生處理。家人自有人料理，必不至不能南歸。我雖無財產分文遺汝等，然苟謹愼勤儉，亦必不至餓死也。五月初二日父字。」云云。既棺殮，暫厝於鄰寺中。羅先生在津得電，卽據以上聞。初六日詔曰：「南書房行走五品銜王國維，學問博通，躬行廉謹，由諸生經朕特加拔擢，供職南齋。因值播遷，留京講學，尚不時來津召對，依戀出於至誠。遽覽遺章，竟沉淵而逝，孤忠耿耿，深惻朕懷。著加恩予謚忠慤，派貝子溥伒卽日前往奠醊，賞給陀羅經被，並賞銀貳千圓治喪，由留京辦事處發給，以示朕憫惜貞臣之至意。」羅先生又來京經紀其喪事。五月十七日假全浙會館設位致弔，共收得哀輓詩聯數百副。是月二十四日，先生日本友人，狩野內藤諸先生，假座京都袋中庵誦經追悼，日本藝文雜誌，並爲特刊追悼號。海內外學人，知與不知，無不同聲哀悼。七月十七日，諸子遵遺命，葬先生於清華園附近西柳村七間房之原。其同官遼陽楊留垞先生(鍾羲)爲銘誌其墓，武進袁中舟(勵準)先生書之。遺書遺稿藏於家。羅先生爲校理其遺著，凡四集，署曰海寧王忠慤公遺書，現尚在校印中。

編年文 元祕史之主因亦兒堅考(正月) 金界壕考(二月，初名金長城考，以上今補入觀堂集林。) 校本水經注箋跋(二月見別集補遺。) 箭內博士韃靼考譯文 津田博士遼代烏古敵烈考譯文 津田博士室韋考譯文(以上均三月譯，見觀堂譯集。) 萌古考(四月初八日改定。) 韃靼考(四月十四日改定。) 蒙古札記(四月，以上今補入觀堂集林。) 尙書覈

篁溪年谱

张伯桢编，复写本。1册1卷。

张伯桢（1877–1946），字篁溪，号沧海，广东东莞人。早年入康有为万木草堂学习。清末任两广方言学堂教授、法部制勘司主事。民国后任职司法部，兼任清史馆名誉协修。著有《篁溪存稿》等。

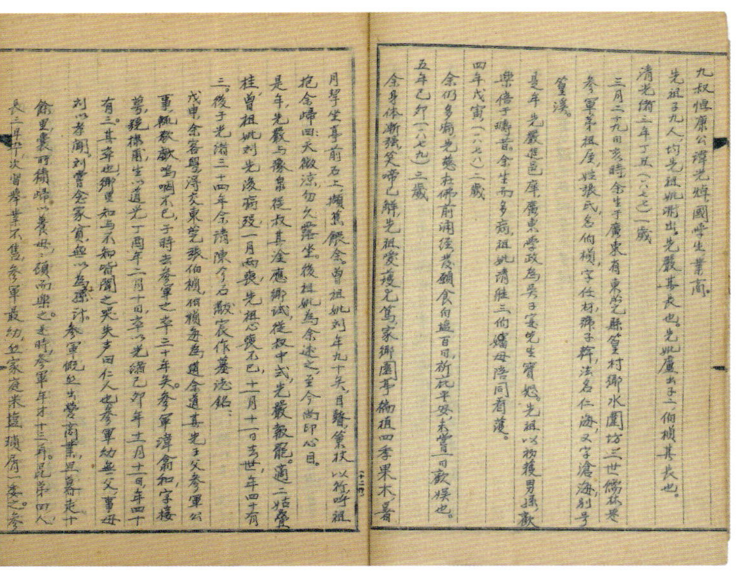

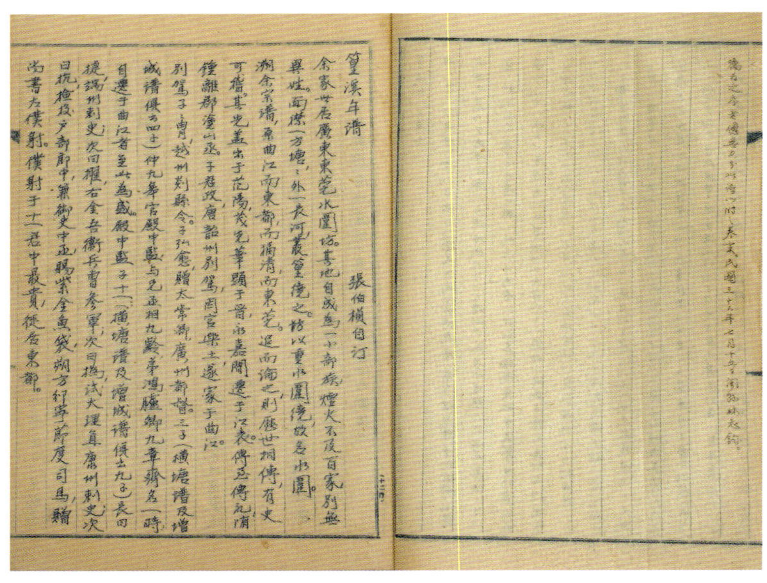

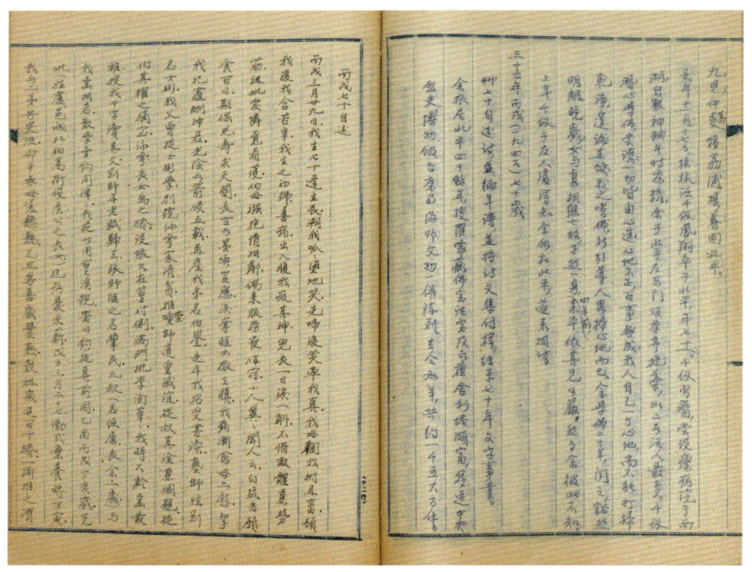

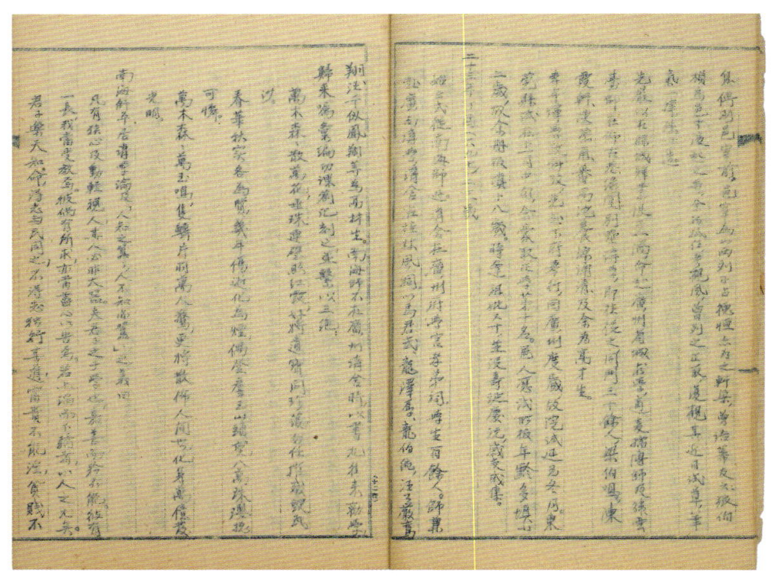

屈映光自订年谱

屈映光编，民国间稿本。1册1卷。是谱纪事至民国三十二年（1943）。

屈映光（1883–1973），字文六，浙江临海人。民国历任浙江都督府民政司司长、内务司长、民政长、浙江巡按使、浙江都督、国务院顾问、山东省省长、内务总长等。皈依佛门，称法贤上师。

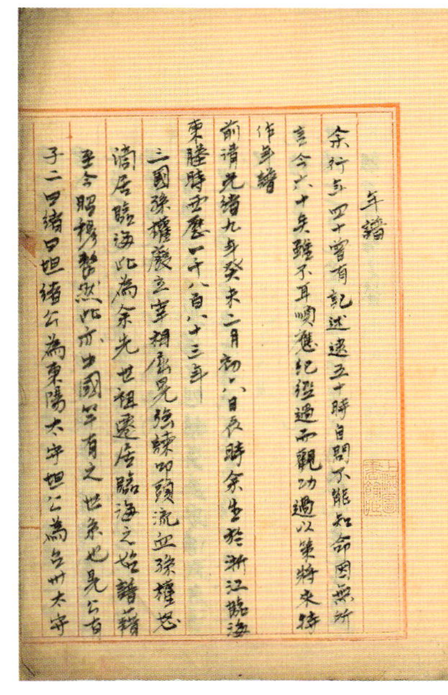

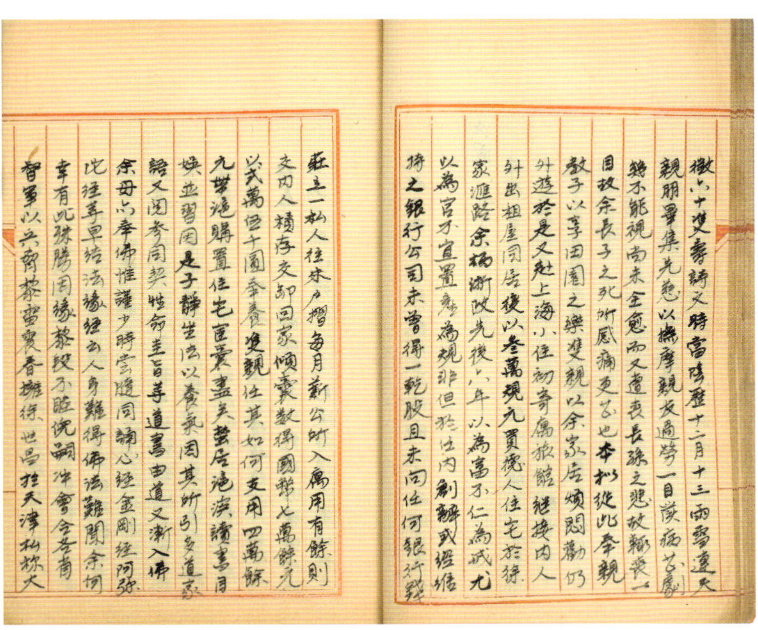

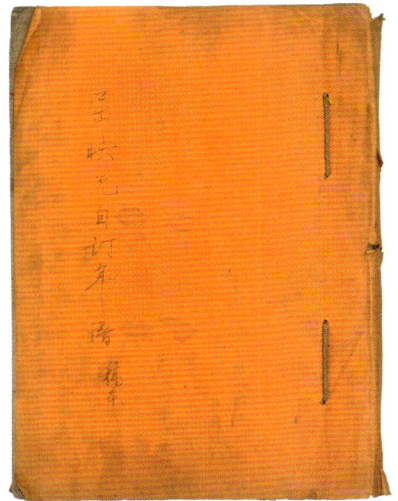

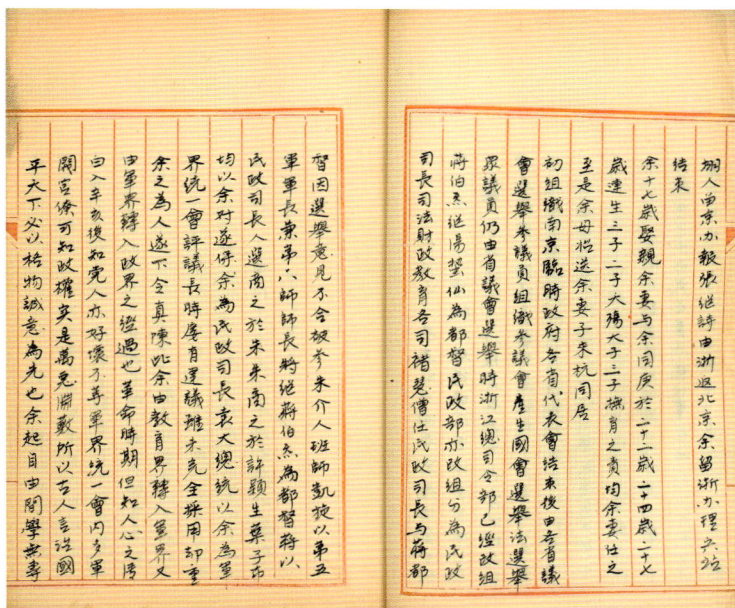

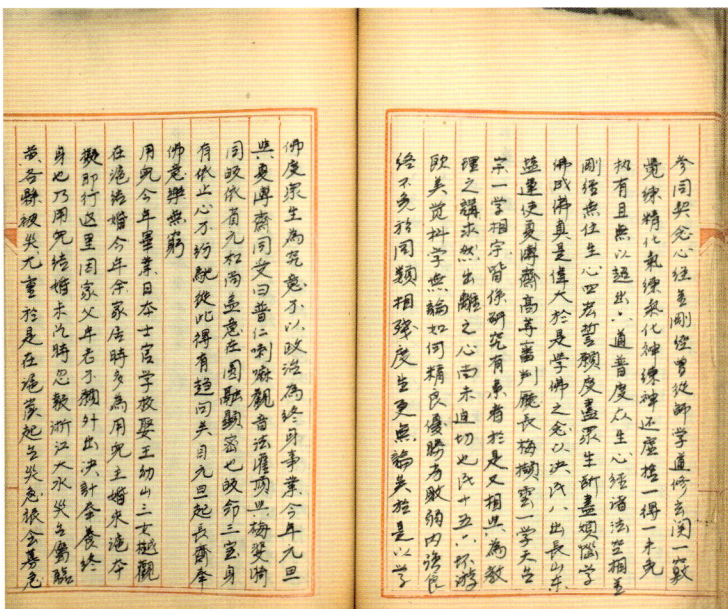

陈世璋年谱

陈世璋编，秦翰才抄本。1 册 1 卷。是谱纪事至 1961 年。

陈世璋（1886–1963），字聘丞，江苏嘉定（今属上海）人。毕业于英国伯明罕大学化学系。回国任北京大学教授，创办并任中华化学工业会副会长，后任江苏省政府委员兼建设所所长、浙江兴业银行天津分行经理、天厨味精厂常务董事等。建国后任轻工业部顾问、上海市科协委员会委员、中华化学工业会理事长、明复图书馆馆长、上海工业试验所所长、上海化学工业学会理事长等。

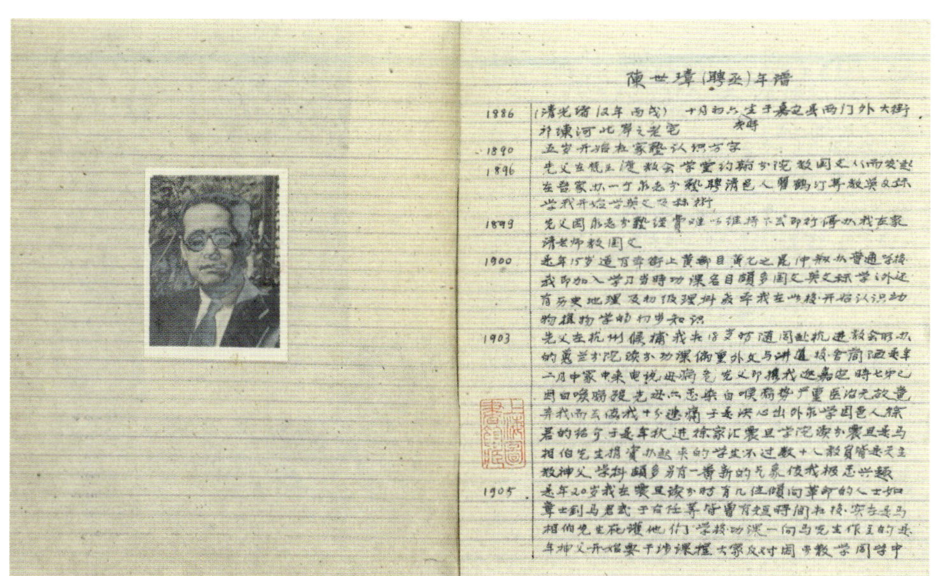

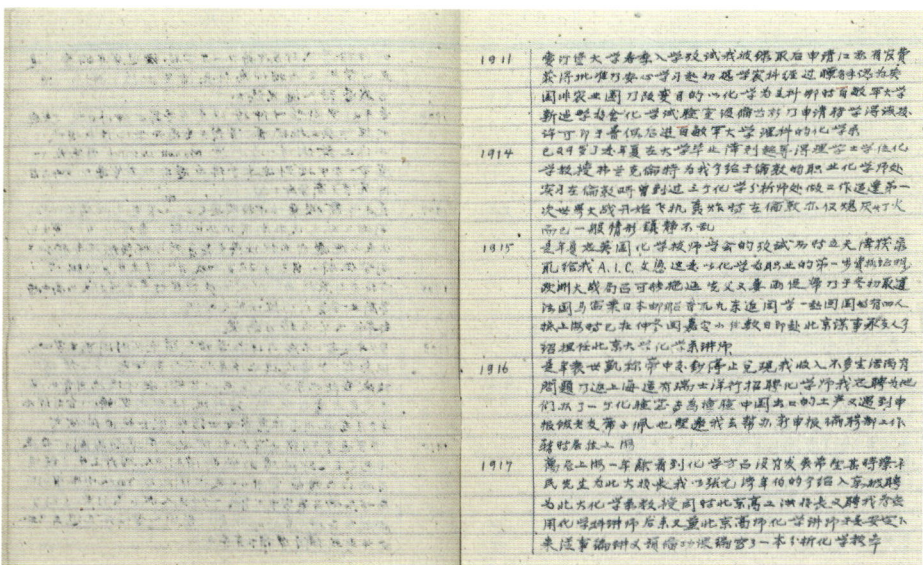

上俗周手稱貨運十分为难水泥厂形势已无完成希望我
乃向公司辞我返本乡为便利到上海接洽我出问题转
住南翔镇
是年南京国民政府改组江苏省政府我以蔡子民先生之推荐
被任为江苏省政府委员兼建设厅厅长十月初赴南京就职我
发现许多出我意料的事当时号称整洁而事实适与之相反
我就职后会计制度采用新式簿记一切弓开革除陋规
每月严有收支报告送财政厅
1928 我接任时建设厅仅移交余款一千余元经过半年的筹划清
理建设经费逐渐积有巨款勉予办理一些工程建设但内心
感到环境与我性情不相称很难做好适以积劳过度左目
网膜剥落妨碍阅读公事遂决计辞职辞呈三上未准第四
次向党中央政治部提出乃获批准于十月中交卸完毕移交后任的
现款约卅余万
1929 友人叶景葵及徐新六闻悉我卸职以来邀我担任浙江兴
业银行天津分行经理这事稿非所愿但以朋友情谊且已
家累甚重遂勉为其难于本年一月初到天津就职
1931 我为兴业料理几件积案对行内种种加以整顿然始终感
到为他人保管钱财毫无意义再三向叶徐二位恳请另派经
理接替遂于本年六月底将得交卸频年劳心酿成失眠症乃
乘此休息数月由于叶揆老再三敦促乃接受兴业总行顾
问之职于十月中到上海
1934 天津塘沽新洋灰公司邀我担任南部支店经理我以辞去兴业
银行顾问国防设计委员会钱昌照邀我担任专员我接受
名义不支薪水
1935 天厨味精厂原系无限公司由于张氏管理不善势将倒闭

要维持二三个专职办事员十分困难幸尔五月下旬得到
解放才能安定下来我被邀参加上海各界人民代表大会
1950 解放后金融稳定化学工业会情况亦逐步好转化学
世界继续出版我作为特邀代表赴北京出席全国自然
科学工作者代表大会为时七日
本年各界人民代表大会我仍被推为科技界代表理工业
部长黄炎培先生聘我为顾问上海市科协委员会成
立我被推为委员
1951 我以化工参考图书馆的工作对化学工业关系密切故而
辞去理事长各名义专心办化工参考图书馆承理事会同人美意
推我为名誉理事长中国科学社在战后整理明复图书
馆并聘我为馆长亦是义务职务
是年华东工业部吴兆洪副部长来邀我担任轻工业部上海
工业试验所所长我以会务一时付托无人允俟布置妥帖
再去就职
1952 是年三月中担任工业试验所所长职务我年已六十七血压
稍高到所半年后在十二月初患到头晕经医院诊断血
压升高到230/120认为应该好好休养我休息十天后仍照常办
公一面要求部长请预为物色替人以符行了
1953 上级谅解我的健康情况准我辞职改聘为顾问我
即于四月下旬卸职九月初赴北京出席中国化学会学术
讨论会
1954 参加宪法草案讨论会我当上海市各界人民代表大会代
表自解放那年起至本年为止年逾七十精神渐感不济化
学工业会各部份仍由我负责
1955 上海市人民委员会推我为市政协委员

年底我将对化工参考图书馆的发展前途认为捐献于
人民政府最为合理中国科学社已同样把明复图
书馆捐献于市文化局
1956 是年二月上海市文化局正式宣布成立上海市科学技术
参考图书馆以明复参考图书馆为馆址并接受了中华化学工业会
所捐献的化工图书馆与一切附属设备集中于科技图
书馆文化局陈局长邀请任鸿隽为馆长我任副馆长
七月文化部在北京召开全国图书馆工作会议我与[illegible]同
志同去出席会议
1957 北京中国化工学会推我为筹备委员会副主任委员会本年
三月上海市化工学会分会成立我又被推为理事长衰老现象
更加显著自己估量对图书馆千头万绪的事务很难胜
任愉快本年一月即向上级恳请解除负责人名义以别种
方式让我协助工作未获许可悬而未决
1958 是年一月文化局领导上准我辞去馆长职务改为顾问
全国科协在北京成立上海市科协委员会选我为委员
1959 是年四月根据北京决议中国化学会上海分会中国化
工学会上海分会合并为上海化学化工学会由上海科协
及市化工局领导化工局负付局长当选为理事长我为
付理事长九人中之一人
1960 年来稍有休息机会虽耳不聪目不明精神还好关于
科学技术资料的选取是我向来重视的一项工作上海
图书馆征我的意见后我决定以余力相助自五月起每
週去三次或四次每次时间不拘去[illegible]皆受党的特别
照顾
1961 本年春节起心脏有些问题行路量稍觉费力只好

遵照医嘱避免劳动已形同废物了

我的八十年

顾树森编，1966 年油印本。1 册 1 卷。是谱纪事至 1965 年。

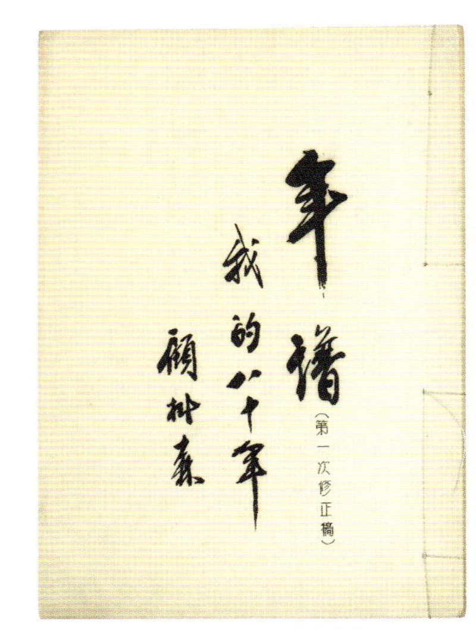

顾树森（1886-1967），号荫亭，江苏嘉定（今属上海）人。发起成立中华职教社，并任校长。后担任武进县长、南京特别市教育局局长、国民政府教育部普通教育司司长、国民教育司司长、中华工商专科学校校长。建国后任中华职教社上海分社主任、江苏师范学院任教育学科教授、江苏教育科学研究所研究员。著有《中国历代教育制度》等。

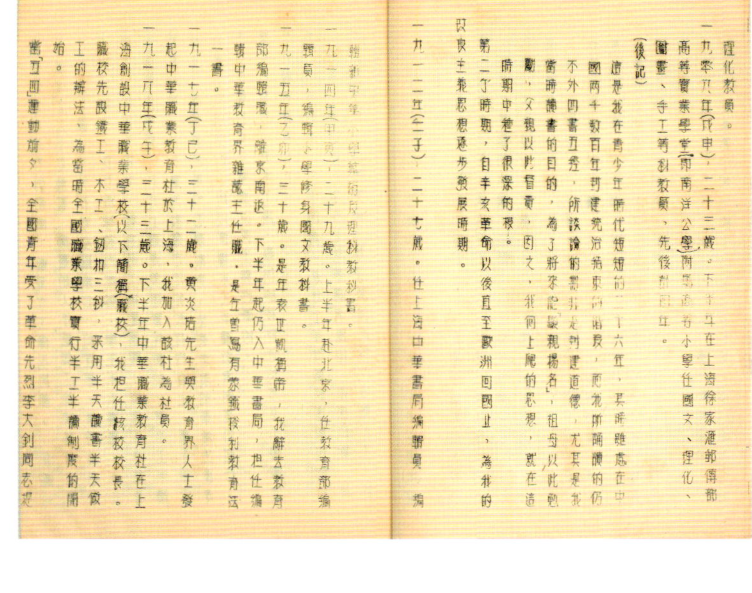

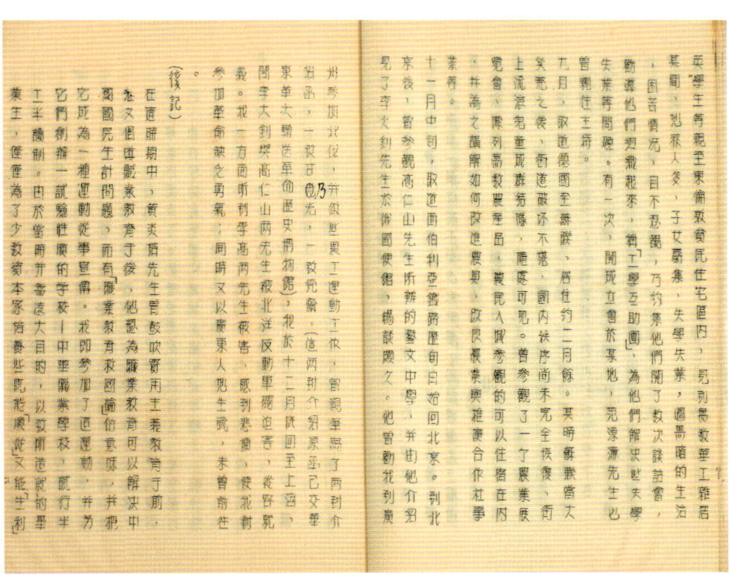

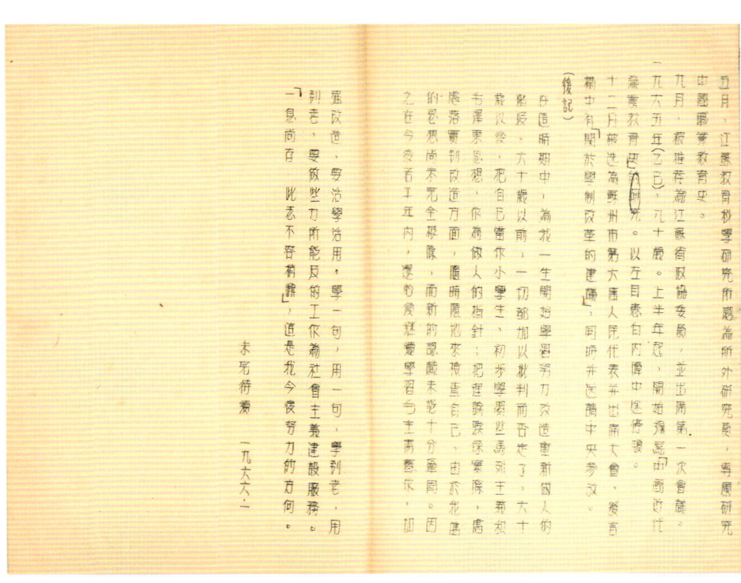

项慈园自订年谱

项士元编，稿本。1 册 1 卷。是谱纪事至 1957 年。

项士元（1887–1959），原名元勋，号慈园，别号石槎，浙江临海人。创建临海私立高等小学校、赤城初级师范学校、临海县立图书馆，任教于浙江省立第六中学、浙江省第十一师范学校、上海仓圣明智大学等校，任《杭州国民新闻》总编、《之江日报》主笔。建国后任浙江省文史馆馆员等。著有《台州经籍志》等。

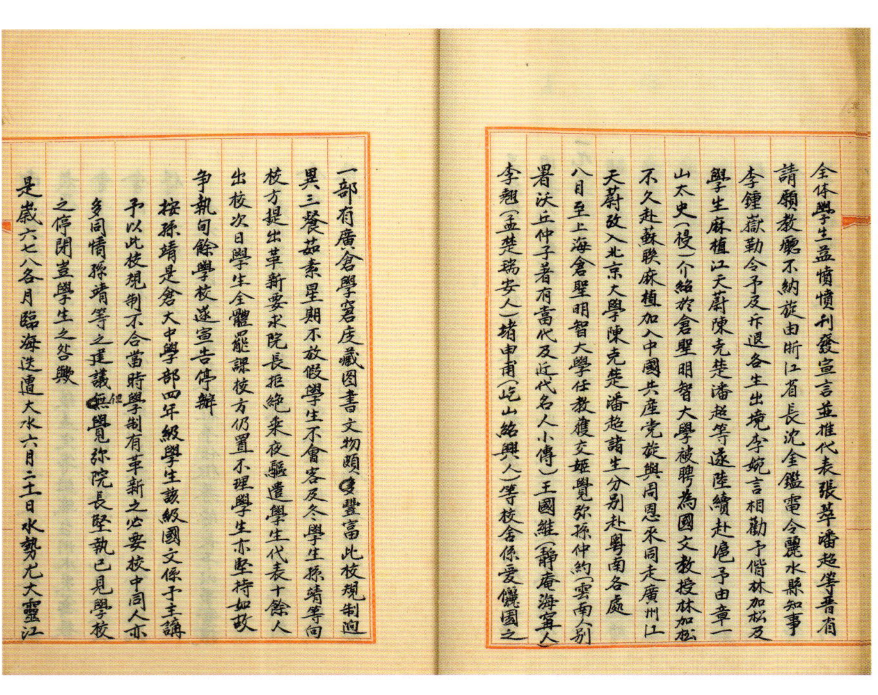

全体學生益憤憤刊發宣言並推代表張華潘超等晉省
請願教廳不納旋由浙江省長沈金鑑電令麗水縣知事
李鍾嶽勸令予及斥退各生出境李婉言相勸予偕林加松及
學生麻植江天蔚陳克楚潘超等遂陸續赴滬予由章一
山太史（梫）介紹於倉聖明智大學被聘為國文教授林加松
不久赴蘇聯麻植加入中國共產党旋與周恩來同走廣州江
天蔚改入北京大學陳克楚潘超諸生分别赴粵南各處
八月至上海倉聖明智大學任教獲交姬覺弥孫仲約（雲南人別
署沃丘仲子著有當代及近代名人小傳）王國維（靜庵海寧人）
李翹（孟楚瑞安人）褚申甫（屹山紹興人）等校舍係愛儷園之

一部有廣倉學窘庋藏图書文物頗是豐富此校規制迥
異三餐茹素星期不放假學生不會客及冬學生孫靖等向
校方提出革新要求院長拒絶乘夜驅遣學生代表十餘人
出校次日學生全體罷課校方仍置不理學生亦堅持如故
爭執旬餘學校遂宣告停辦
按孫靖是倉大中學部四年級學生該級國文係予主講
予以此校規制不合當時學制有革新之必要校中同人亦
多同情孫靖等之建議但覺弥院長堅執己見學校
之停閉豈學生之咎歟
是歲六七八各月臨海迭遭大水六月二十日水勢尤大靈江

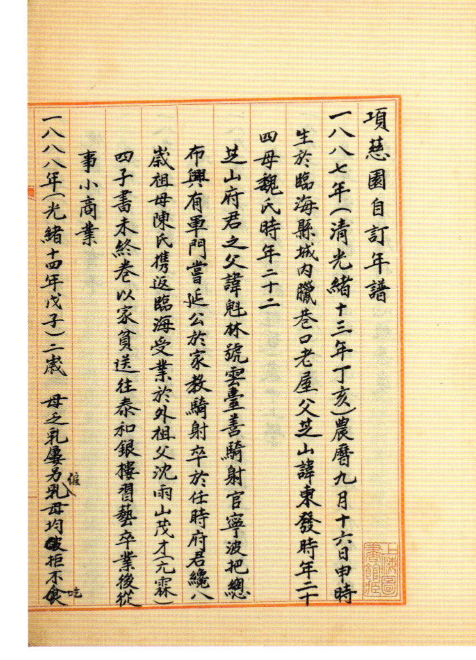

項慈園自訂年譜
一八八七年（清光緒十三年丁亥）農曆九月十六日申時
生於臨海縣城内臘巷口老屋父芝山諱東發時年二十
四母魏氏時年二十二
芝山府君之父諱魁林號雲臺善騎射官寧波把總
布興有軍門嘗延公於家教騎射卒於任時府君纔八
歲祖母陳氏携返臨海受業於外祖父沈雨山茂才（元霖）
四子書未終卷以家貧送往泰和銀樓習藝卒業後從
事小商業
一八八八年（光緒十四年戊子）二歲 母之乳屢易乳母均嘔吐拒不食

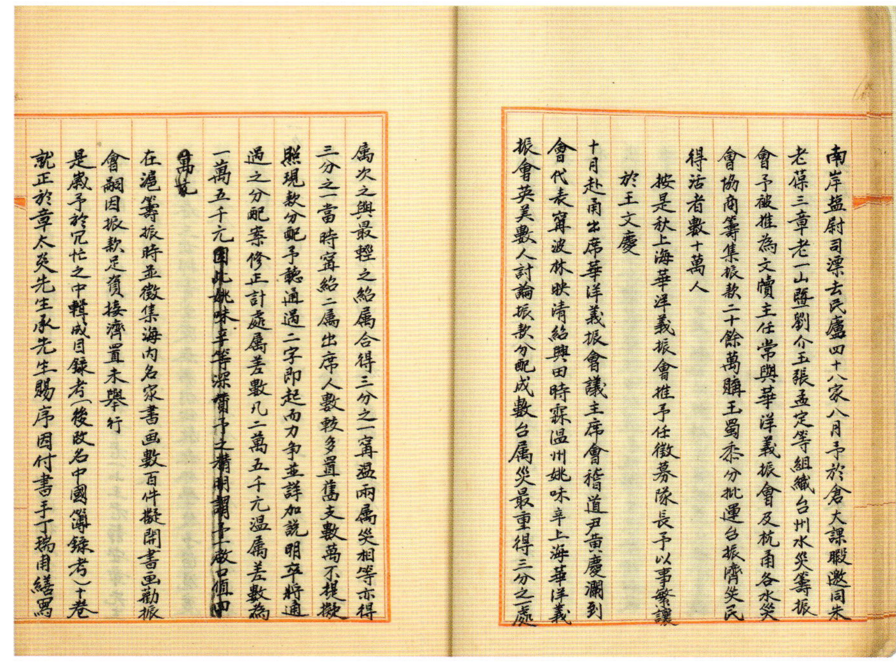

南岸鹽尉司漂去民廬四十八家八月予於倉大課暇邀同朱
老葆三章老一山醫劉介玉張孟定等組織台州水災籌振
會予被推為文牘主任常與華洋義振會及杭甬各水災
會協商籌集振款二十餘萬購王蜀黍分批運台振濟災民
得活者數十萬人
按是秋上海華洋義振會推予任徵募隊長予以事繁讓
於王文慶
十月赴甬出席華洋義振會議主席會稽道尹黄慶瀾到
會代表寧波林映清紹興田時霖温州姚味辛上海華洋義
振會英美數人討論振款分配成數台屬災最重得三分之一處

屬次之與最輕之紹屬合得三分之一寧温兩屬災相等亦得
三分之一當時寧紹二屬出席人數較多置舊屬支數萬不提擬
照現款分配予聽通過二字即起而力爭並詳加説明卒將通
過之分配案修正計處屬差數几二萬五千元温屬差數為
一萬五千元
在滬籌振時並徵集海内名家書画數百件擬開書画勸振
會嗣因振款足資接濟置未舉行
是歲予於冗忙之中輯成目録考（後改名中國簿録考）十卷
就正於章太炎先生承先生賜序因付書手丁瑞甫繕寫

四月購得邑内朱氏廌峯山館遺書多種蓋朱冠卿上舍
冕之舊藏也
四月十五日黄季寬紹竑率浙江縣政檢閲團團員來台謝
詩傳閬泉二生同為團員特來訪詢邑内政治情况
美飛機師斯密司因轟炸東京后飛經南田日暮遇大雨
觸山機墜被魚民援救送至恩澤醫院醫療近因痊愈至
回浦中學演講順便來訪據云係自夏威夷起飛云
六月二日時局緊張敵機二架飛本城投彈避居香嚴禹婿
常棣之寶嚴山房周君雲臺亦避亂是鄉來談詩
九月蕭仲劼(衡)自雁山響岩來函詢研究經書方法及參考

書目予覆書須從説文解字四庫總目提要及漢學
師承記等入手
同月購得紅牌門林氏留香吟館鄧巷朱氏知止書樂
舊藏書畫多件
十一月一日偕回浦中學高春二學生陸以德秦文清王中
鑫等二十餘人游南鄉穿雲洞並過甘家嶼訪朱伯賢長
史故居過東山謁秦叔厚内翰墓
一九四三年(民國三十二年癸未)五十七歲　一月介紹黄氏秋籟
閣藏書五百餘種借給臨海圖書館
購得秋籟閣碑搨百餘種字畫八十二種

解散予踉蹌入城稍將書冊檢點安放即渡靈江赴南鄉
暫避途次遇羅梅影等多人乘夜同至潘莊林婿義行家
中次日聞邑城淪陷偕梅影等轉往南山信宿又轉往香嚴
始與家人重聚二十五日聞日軍撤退寄存靈江隔岸之衣箱
等悉被地痞搶劫次日即返城中双親及傀媽等仍在家守护
藏書雖遭檢查幸未散毁
六月回浦中學復課業餘撰邑城淪陷始末記一卷七月民兒
考入浙江英士大學農學院冬小女松青回中肄業期滿
十一月叔岳包秀山病劇邀商定後事即買舟前往並于董
氏正誼堂得見郎仁圃太守遺書千餘卷

是年臨海日報社聘為特約撰述屈文六君乞撰屈氏三
賢祠碑記又於寒暑假繼續纂編臨海集
一九四二年(民國三十一年壬午)五十六歲　仍在回中任教國文
一月至黄溪謁黄子珍先生墓時黄敏夫卧病在床殷殷以
墓誌見屬
紹興張翼人仙居陳士文常來商討歷代畫人史實翼人之
尊人象玄先生並寄贈手繪梅花并告渝諸發見古物
經過
商准臨海縣政府莊強華縣長收購葛氏憶綠陰室所藏
武英殿聚珍版叢書歸臨海縣圖書館

一篇(載東南日報副刊)
九月至天寧寺聽静權法師講藥師經
十月浙江教育廳長許紹棣來訪叩詢地方文獻甚詳
浙江省第七區行政督察專員杜偉及臨海縣長莊強
華等發起舉行七區物產文獻展覽會予被推為文獻部
主任並起草各種章則十二月三十日籌備完成正式開幕浙
江省政府主席黄紹竑教育廳長許紹棣均到會參觀
十一月浙江省通志館館長余越園(紹宋)函勸出任省志編纂
並派包仲修(壽)前來敦促予念省志關係一省文獻勉允所請旋
由黄紹竑席主席提交浙江省政府一三三零次會議議決通過並寄聘書

十二月四日陪黄季寬主席許蒉如廳長至洪氏小停雲山館
觀覽舊藏書畫于周之冕花鳥長卷尤為愛賞次日黄
主席招宴小桃源行轅填謁金門詞二闋以贈
臨海縣政府召集教育人員座談會主席許紹棣廳長予
提議四項(一)私立學校教職員應同國立省立學校教職員
予以進修休養之優待(二)教界人士應養成勤學研究之習慣
(三)教育人員兼營商業應設法制止(四)學生之不良風習應
設法革除許廳長當場表示接受
臨海縣党部召集党員座談會予提下列四案(一)表揚邑内
有關抗倭之古蹟(二)保存革命先烈遺物(三)蒐集党史材料

種更多蔭甫傳經推獨步虎丘訪勝欲重過長生竹所淵
(明俞竹所先生享年一百五歲)源古特寫新詩把墨磨
二十七日因天氣漸暖檢清代各家詩集及總集並有關清詩
之各家批評應人民文學出版社之要託準備草擬清詩選
編選綱要及編選計划
十月一日賦國慶七律一章謹錄如下云五角星明丹桂香新
邦誕起國威揚嘉禾大植歌同德玉燭常調頌太康經濟改
觀欽偉略鞀鈴有備息猖梁人民此日歡聲動華國金甌引
興長

孙庵年谱

钱基厚编，民国三十二年铅印本。2 册 2 卷。谱前有《孙庵自订五十以前年表》1 卷。附录钱基博撰《潜庐自传》一卷。是谱纪事至民国二十五年（1936）。

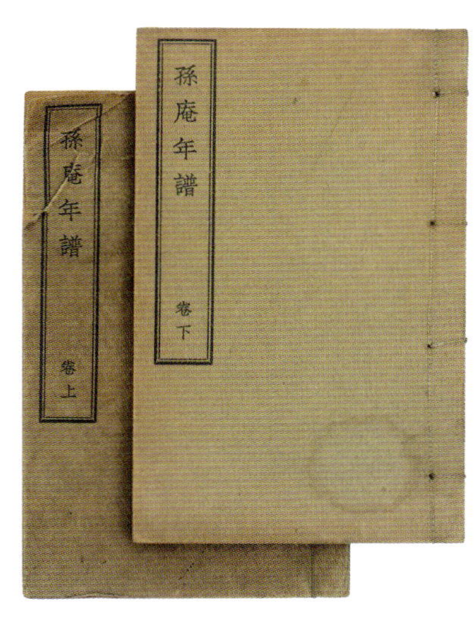

钱基厚（1888–1975），字孙卿，别字孙庵，江苏无锡人。民国任无锡县、江苏省议员，无锡商会主席等。建国后任江苏省政协副主席、江苏省民建副主任委员、江苏省工商联主任委员等。

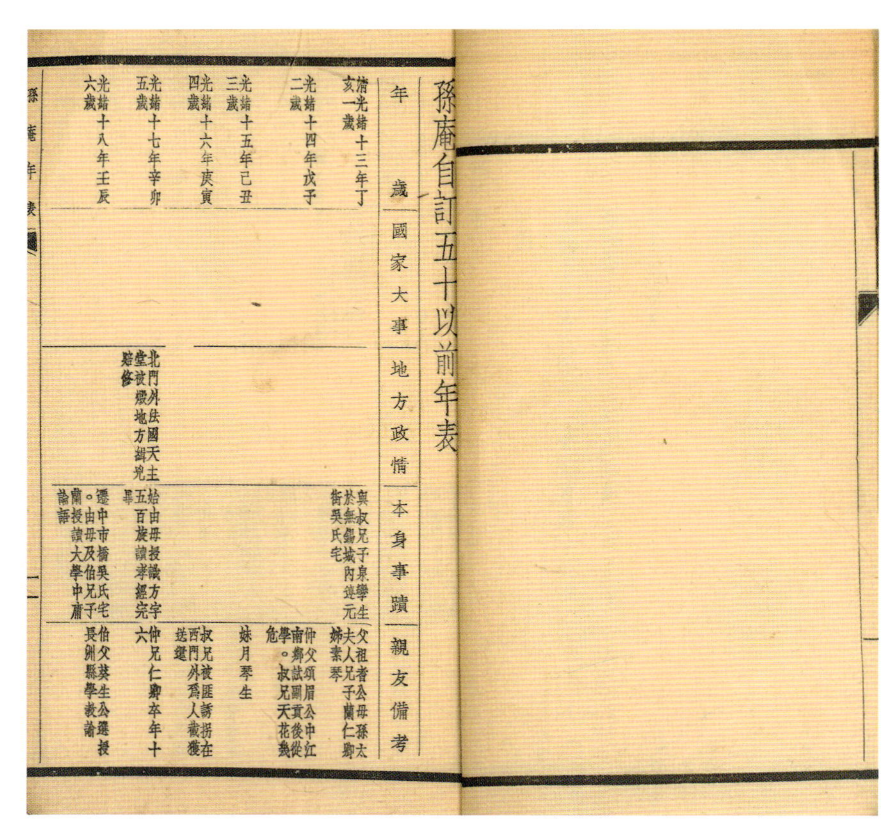

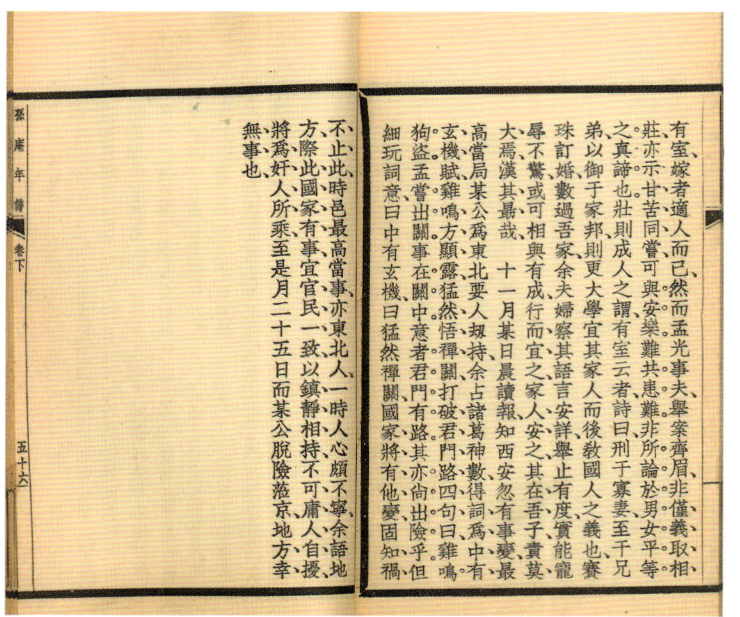

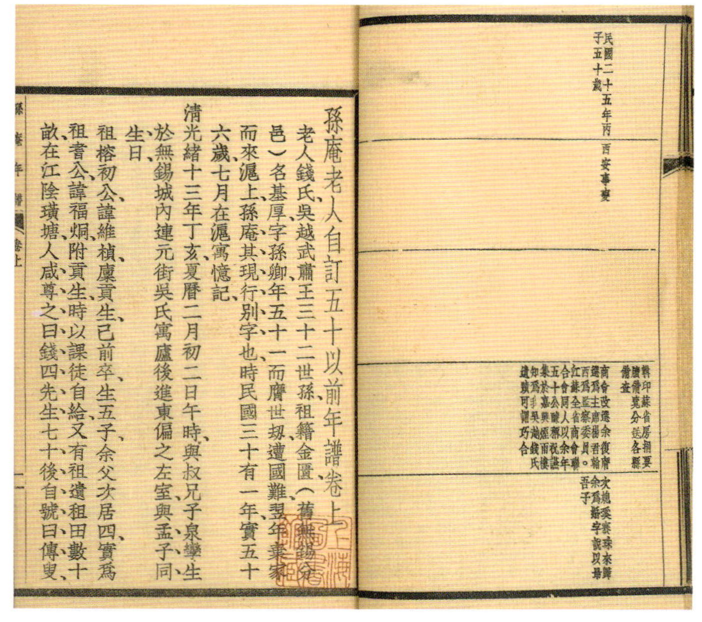

孙庵私乘

钱基厚编，秦翰才抄本。1 册 2 卷。是谱为钱基厚编《孙庵年谱》续编。纪事自民国二十六年（1937）至 1949 年。

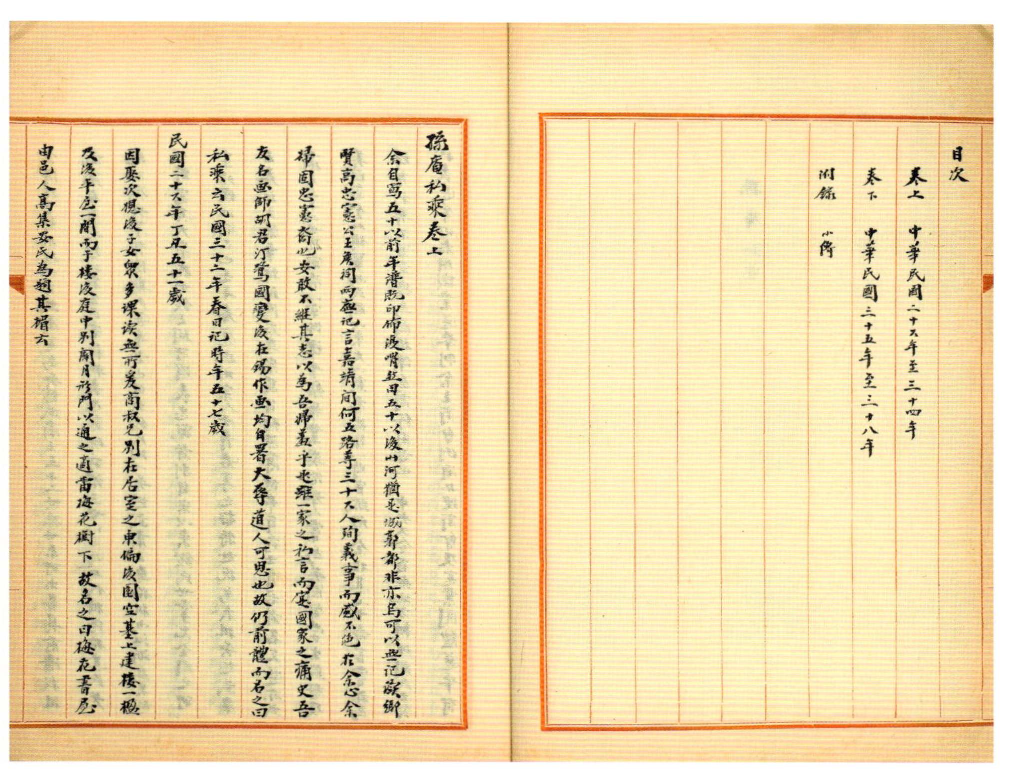

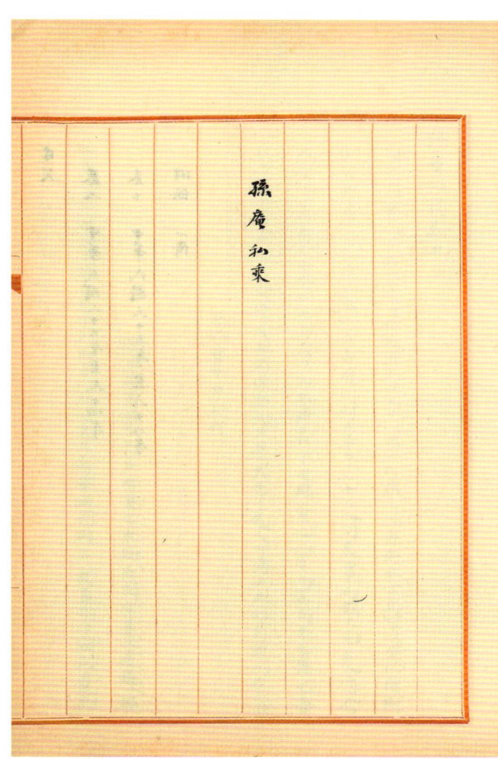

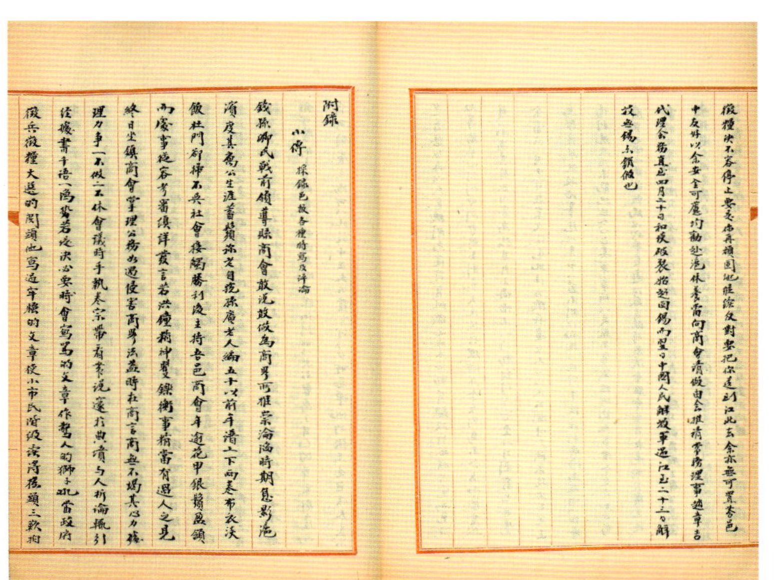

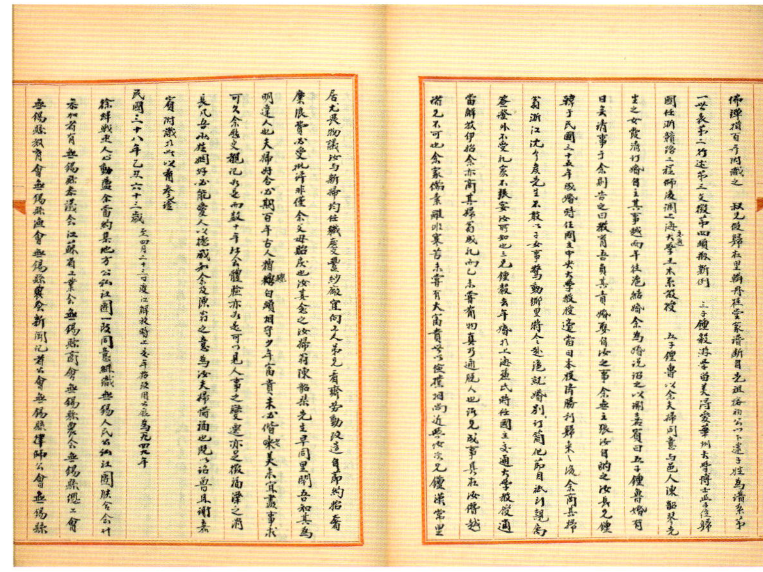

黄伯樵年谱初稿

秦翰才编，稿本。1 册 1 卷。是谱纪事自民国二十二年（1933）至二十六年（1937）。

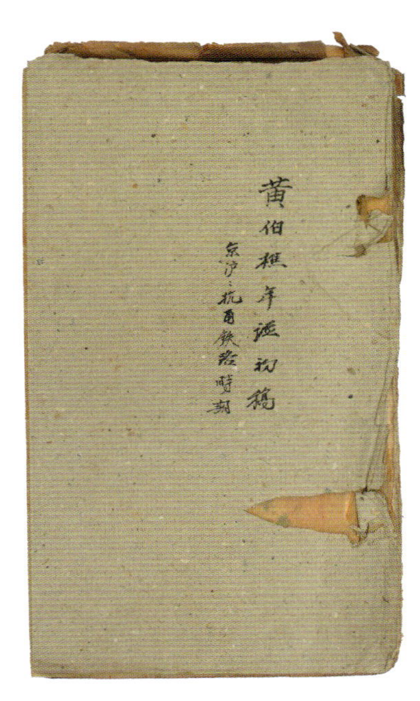

黄异（1890–1948），原名国祥，嗣改名异，字伯樵，江苏太仓人。毕业于上海同济医工专门学校。留学柏林工科大学。回国后历任陇海铁路汴洛局总务处长，交通部路政司总务科长，汉口市工务局长，上海电报传习所监督，杭州市工务局局长，京沪、沪杭两路铁路局局长，行政院驻沪办事处主任，上海市公用局局长，中国工程师学会总会会长等。编有《德华标准大字典》等。

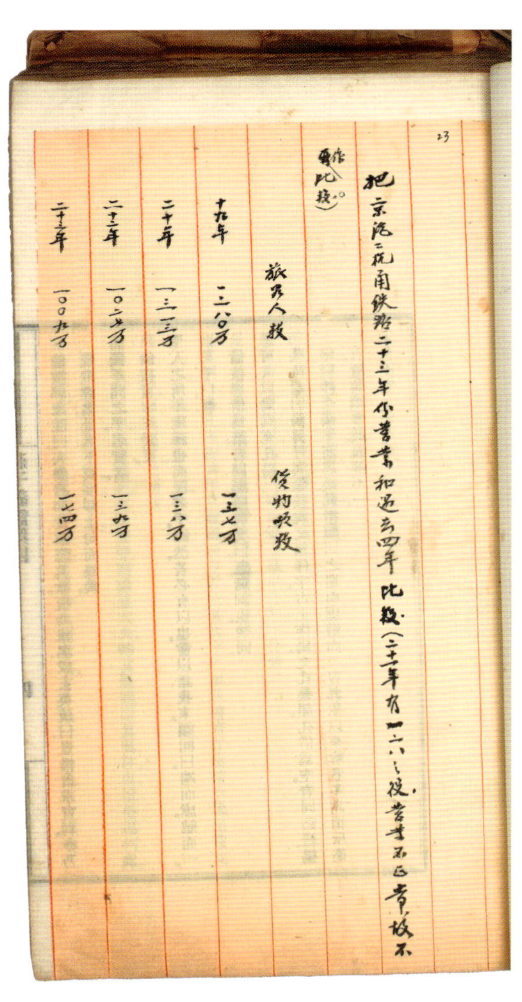

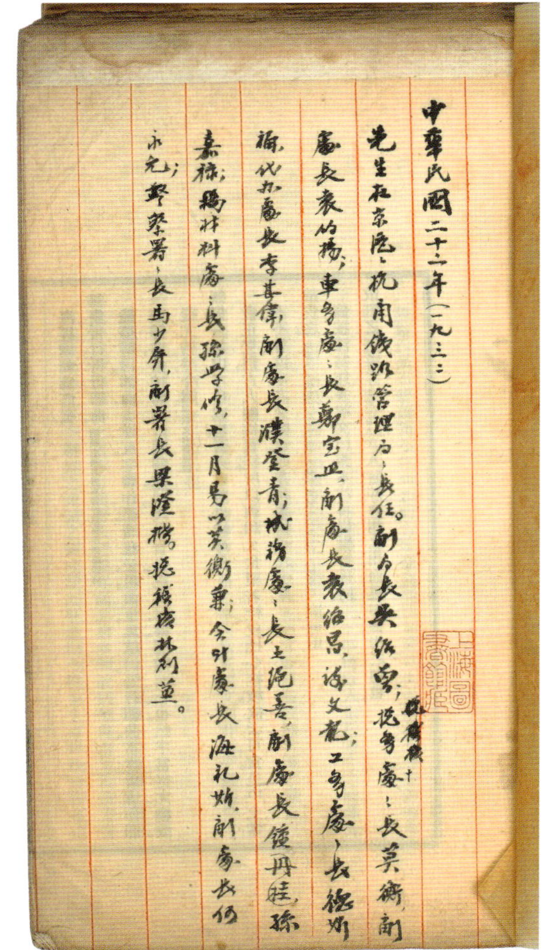

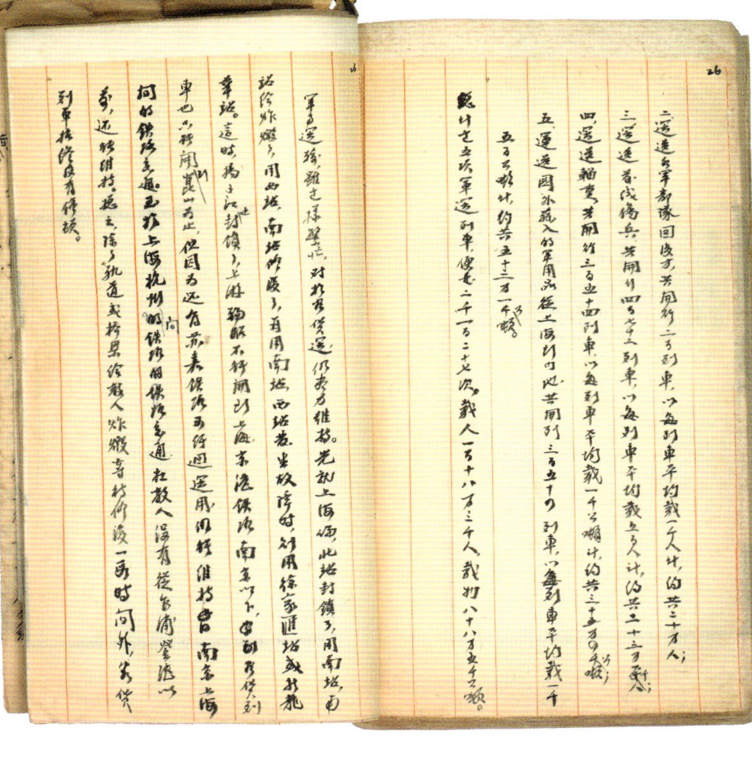

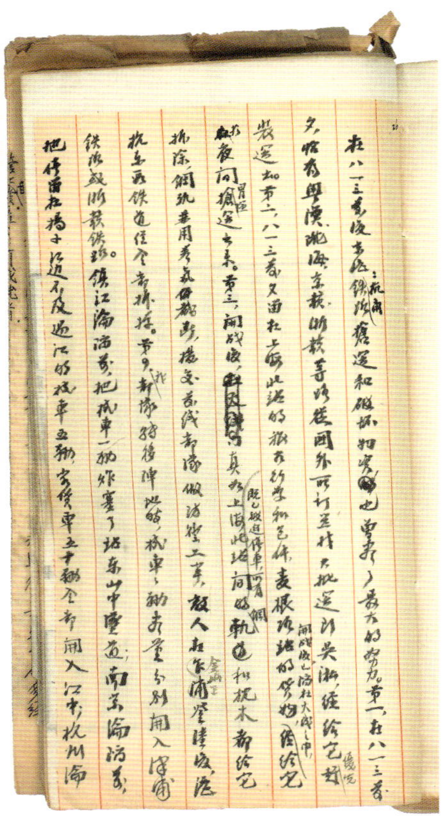

仰弇年谱

潘文安编，秦翰才抄本。1 册 1 卷。是谱纪事至 1965 年。

潘文安（1893–？），小名浩源，长字仰尧，江苏嘉定（今属上海）人。历任嘉定初级师范学校、宝山勤敏学校、南翔乡立第一小学、嘉定县立第二高等小学、中华职业学校、中华职业教育社上海职业指导所等。建国后任新中国法商学院校董、大成纺织七厂常务董事、徐汇区工商业联合会常务委员兼副秘书长等。著有《职业教育 ABC》等。

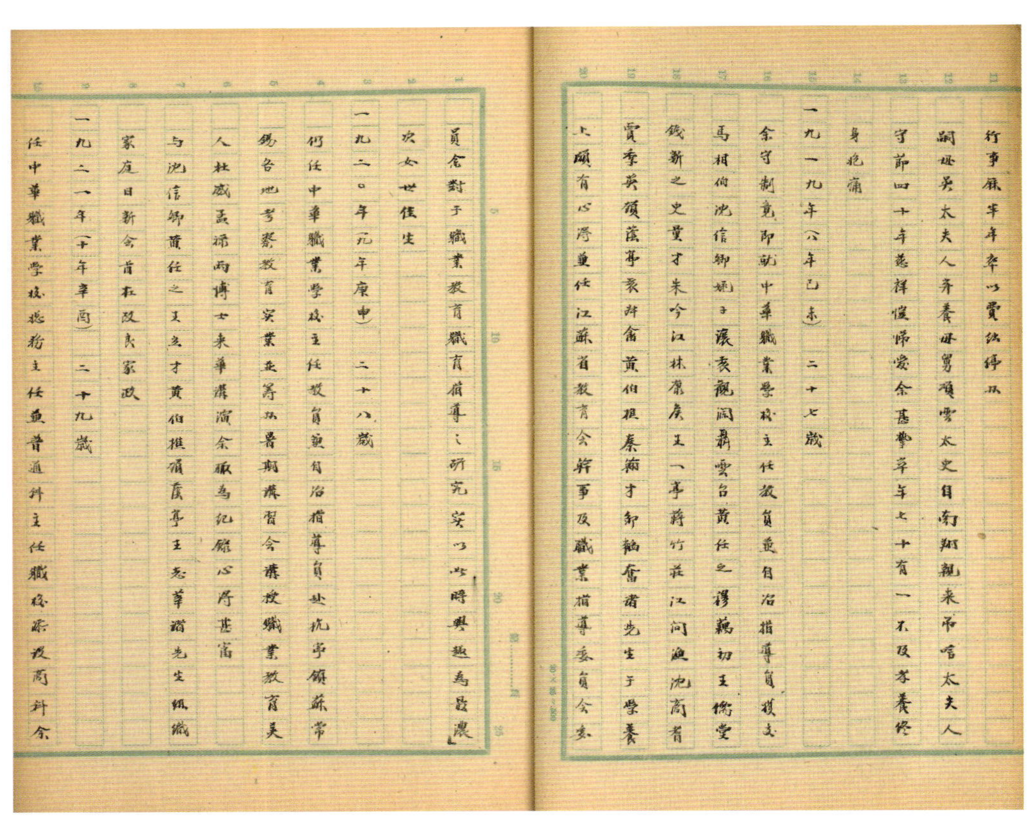

行事孫半年卒以覺然停頓
嗣母吳太夫人并養母舅頌雲太史自南翔親來弔唁太夫人
守節四十年慈祥愷悌愛余甚摯卒年七十有一不及孝養終
身抱痛
一九一九年（八年己未）　二十七歲
余守制竟即就中華職業學校主任教員兼自治指導員校友
馬相伯沈信卿姚子讓袁觀瀾聶雲台黃任之穆藕初王儒堂
錢新之史量才朱吟江林康侯王一亭蔣竹莊江問漁沈商耆
賈季英顧蔭亭蔣舜欽黃伯樵秦翰才鄒韜奮諸先生于學養
上頗有心得兼任江蘇省教育会幹事及職業指導委員会委
員余對于職業教育職業指導之研究實以此時興趣為最濃
次女世佳生
一九二〇年（九年庚申）　二十八歲
仍任中華職業學校主任教員兼自治指導員此抗爭領蘇常
錫各地考察教育實業並籌辦暑期講習会講授職業教育美
人杜威孟祿兩博士來華講演余職為記錄心得甚富
与沈信卿黃任之王立才黃伯樵顧蔭亭王志莘諸先生組織
家庭日新会首在改良家政
一九二一年（十年辛酉）　二十九歲
任中華職業學校總務主任兼普通科主任職校添設商科余

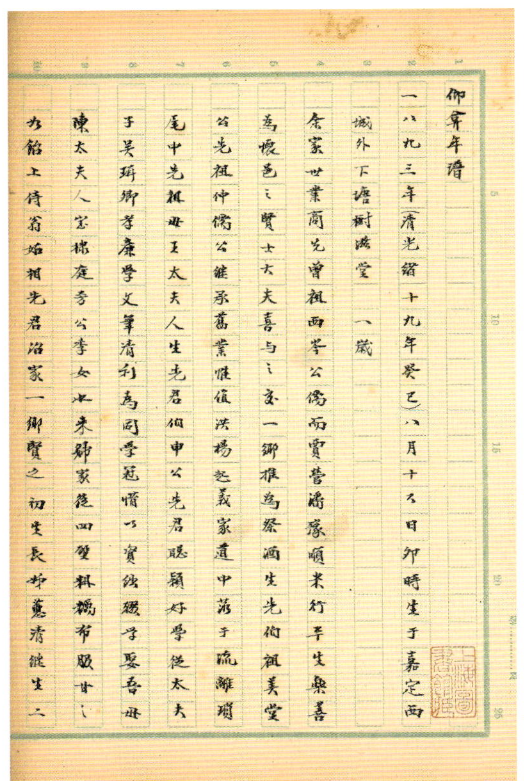

仰弇年譜
一八九三年（清光緒十九年癸巳）八月十六日卯時生于嘉定西
城外下塘樹滋堂　一歲
余家世業商先曾祖西岑公儒而賈營濟豫順米行平生樂善
為懷邑之賢士大夫喜与之交一鄉推為祭酒先祖美堂
公先祖仲儒公繼承舊業惟值洪楊起義家道中落于疏離瑣
屑中先祖母王太夫人生先君佩申公先君聰穎好學從太夫
子吳珩卿孝廉學文筆清利為同學冠惜以貧綴學娶吾母
陳太夫人宏棣庭李公季女也來歸家徒四壁料織布賦廿七
於館上侍翁姑相先君治家一鄉賢之初生長姊蕙清繼生二

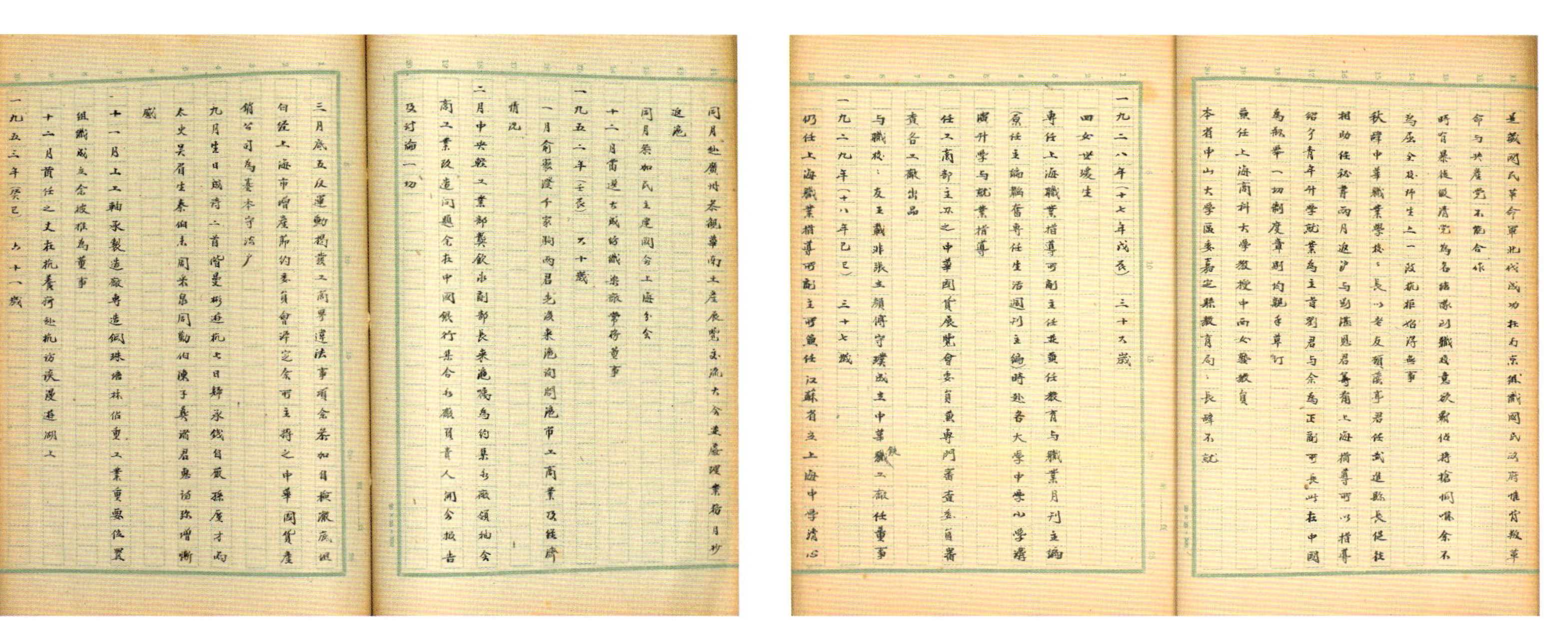

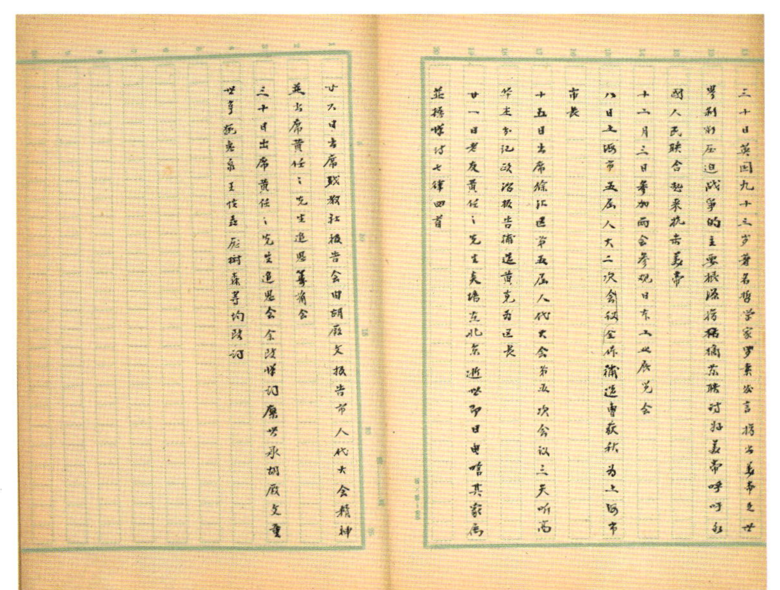

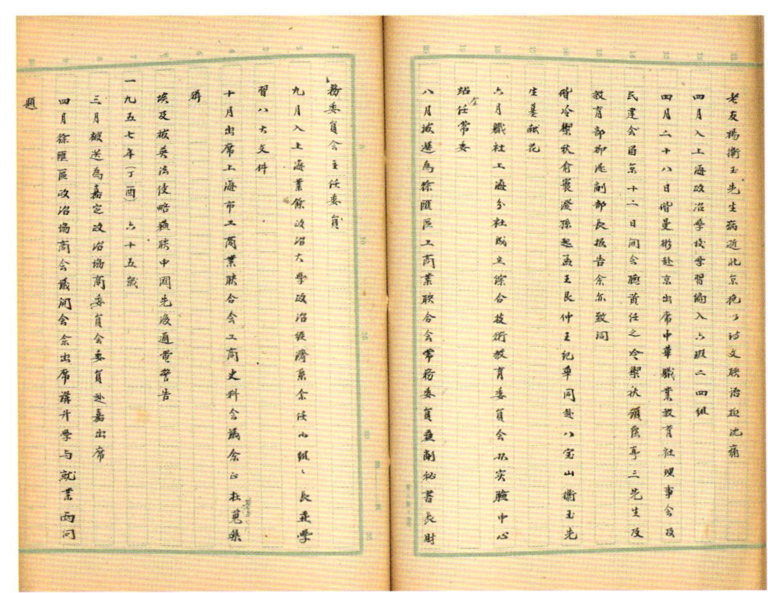

镇海丁方镇先生年谱

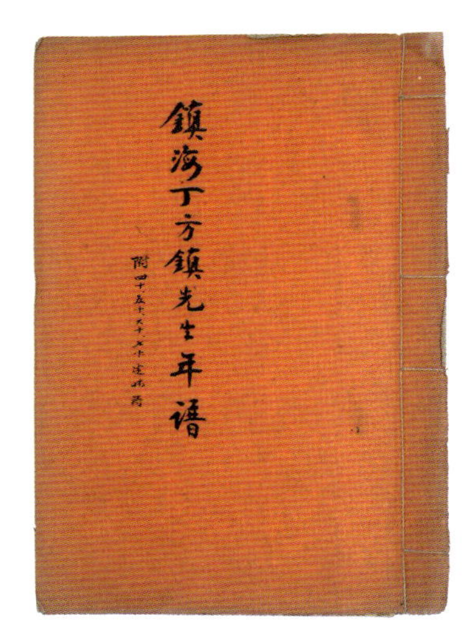

廉建中编，1963 年稿本。1 册 1 卷。是谱附《丁方镇先生四十、五十、六十、七十述怀诗》1 卷。

丁方镇（1894–1963），乳名奉亲，号健行，晚号知止，浙江镇海人。先任协祥布店总出纳，后开设宝大祥绸布店，并任总经理。建国后任上海市政协委员、上海市工商业联合会执行委员等。

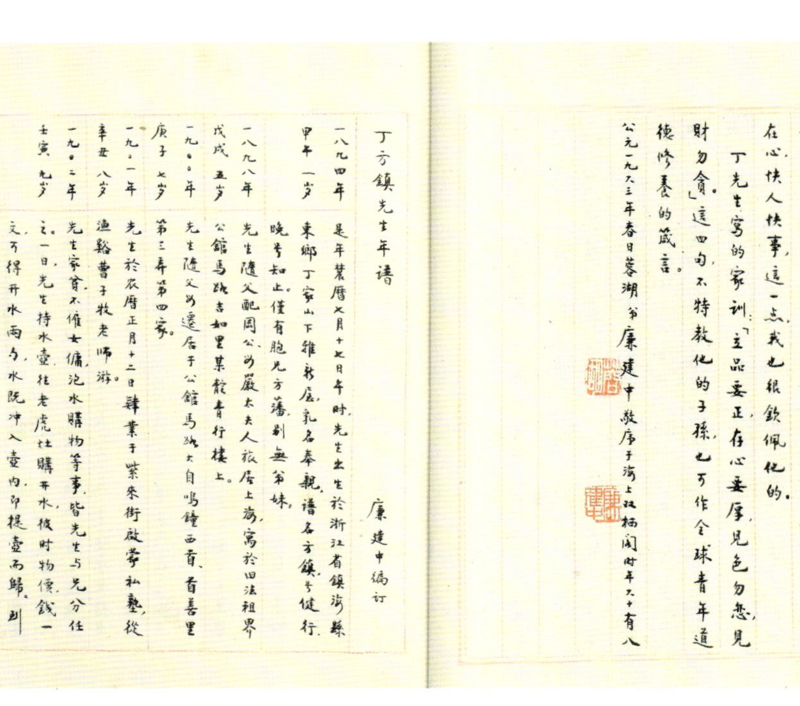

倆也要爭論，爭的是理。爭過了，仍舊和好如初，決無芥蒂在心，快人快事，這一点，我也很欽佩他的。

丁先生寫的家訓：「立品要正，存心要厚，見色勿戀，見財勿貪。」這四句，不特教他的子孫，也可作全球青年道德修養的箴言。

公元一九六三年春日葵湖翁廉建中敘序于海上栖閣，时年六十有八

丁方鎮先生年譜　廉建中編訂

一八九四年 甲午 一岁　是年農曆七月十七日午时，先生出生於浙江省鎮海縣東鄉丁家山下雅新屋，乳名奉親，譜名方鎮，号健行、晚号知止。僅有胞兄方藩，别無弟妹。

一八九八年 戊戌 五岁　先生隨父酡周公、母嚴太夫人旅居上海，寓於田法租界公館馬路吉如里某龍青行樓上。

一九〇〇年 庚子 七岁　先生隨父母遷居于公館馬路大自鳴鐘西首、香善里第三弄第四家。

一九〇一年 辛丑 八岁　先生於農曆正月十二日肄業于紫來街啟蒙私塾，從漁谿曹子牧老師游。

一九〇二年 壬寅 九岁　先生家貧，不僱女傭，泡水購物等事，皆先生与兄分任之。一日，先生持水壺往老虎灶購开水，彼时物價，錢一文可得开水两勺，水既冲入壺内，即提壺而歸。到

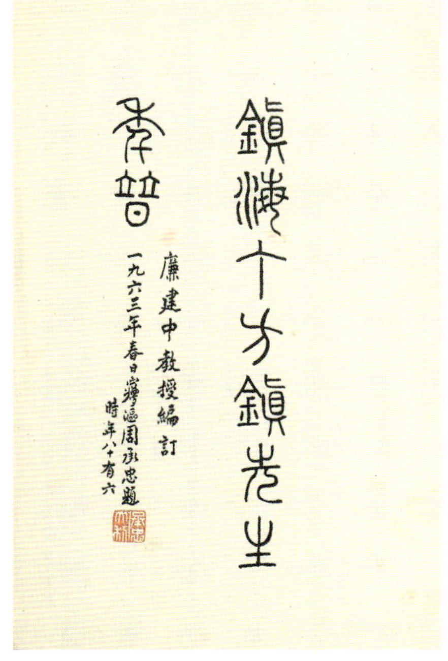

鎮海丁方鎮先生年譜

廉建中教授編訂

一九六三年春日瀞涵周承忠題　時年八十有六

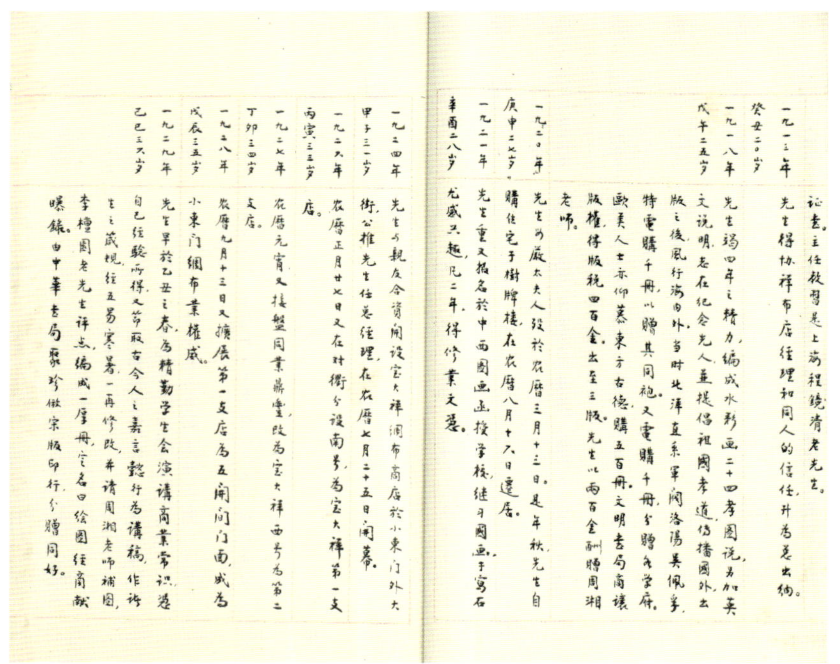

証書。主任教習是上海程鏡清老先生。

一九一三年 癸丑 二〇岁　先生得协祥布店经理和同人的信任，升為总出納。

一九一八年 戊午 二五岁　先生竭四年之精力，編成水彩画二十四孝圖說，另加英文說明，是在紀念先人並提倡祖國孝道，傳播國外。出版之後，風行海內外。当时北洋直系軍閥洛陽吳佩孚特電購千冊，以贈其同袍。又電購千冊，分贈各学府。歐美人士亦仰慕東方古德，購五百冊。文明書局商讓版權，得版税四百金。出至三版。先生以兩百金酬贈周湘老師。

一九二〇年 庚申 二七岁　先生母嚴太夫人歿於農曆三月十三日。是年秋，先生自購住宅于樹牌樓，在農曆八月十六日遷居。

一九二一年 辛酉 二八岁　先生重又报名於中西圖画函授学校，继习圖画。于寫石尤感興趣，凡二年，得修業文憑。

一九二四年 甲子 三一岁　先生与親友合資開設宝大祥綢布商店於小東门外大街，公推先生任总經理，在農曆七月二十五日開幕。

一九二六年 丙寅 三三岁　農曆正月廿七日又在对街分設南号，為宝大祥第一支店。

一九二七年 丁卯 三四岁　農曆元宵又接盤同業鼎豐，改為宝大祥西号，為第二支店。

一九二八年 戊辰 三五岁　農曆九月十三日又擴展第一支店為五開間门面，成為小東门綢布業權威。

一九二九年 己巳 三六岁　先生早於乙丑之春，為精勤学生会演講商業常识，選自己经驗所得，又節取古今人之嘉言懿行為講稿，作治生之箴規，经五易寒暑，一再修改，并請周湘老师補圖，李檀園老先生评点，編成一厚冊，定名曰绘圖经商獻曝錄。由中華書局聚珍做宋版印行，分贈同好。

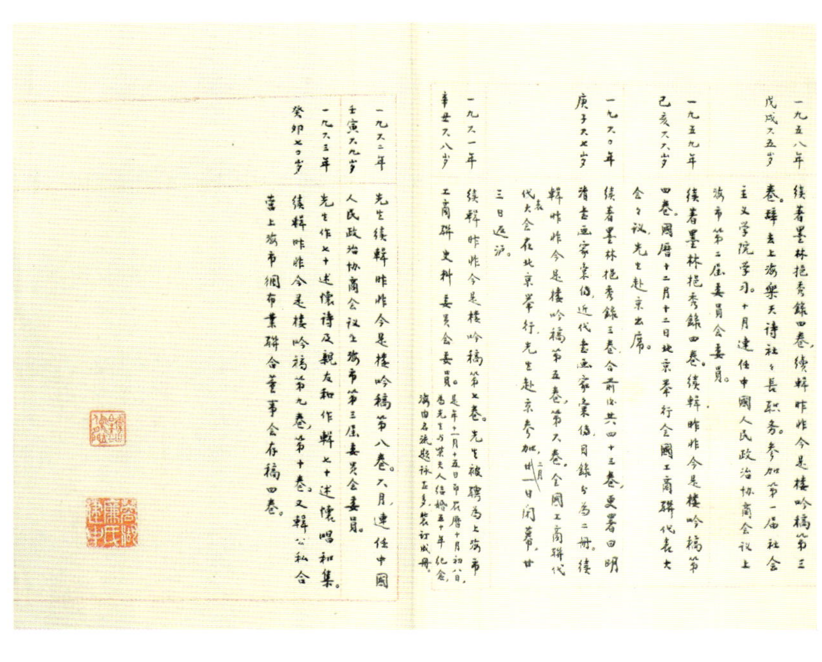

一九五八年 戊戌六五岁 续著墨林艳秀录四卷，续辑昨非今是楼吟稿第三卷。辞去上海乐天诗社社长职务。参加第一届社会主义学院学习。十月，连任中国人民政治协商会议上海市第二届委员会委员。

一九五九年 己亥六六岁 续著墨林艳秀录四卷。续辑昨非今是楼吟稿第四卷。国历十二月十二日北京举行全国工商联代表大会会议，先生赴京出席。

一九六〇年 庚子六七岁 续著墨林艳秀录三卷，合前共四十三卷，更署曰明清书画家汇传、近代书画家汇传，目录分为二册。续辑昨非今是楼吟稿第五卷，第六卷。全国工商联代表大会在北京举行，先生赴京参加，二月一日闭幕，廿三日返沪。

一九六一年 辛丑六八岁 续辑昨非今是楼吟稿第七卷。先生被聘为上海市工商联史料委员会委员。是年十一月十五日即农历十月初八日，为先生与宋夫人结婚五十年纪念，海内名流题咏至多，装订成册。

一九六二年 壬寅六九岁 先生续辑昨非今是楼吟稿第八卷。六月，连任中国人民政治协商会议上海市第三届委员会委员。

一九六三年 癸卯七〇岁 先生作七十述怀诗及亲友和作辑七十述怀唱和集。续辑昨非今是楼吟稿第九卷，第十卷。又辑公私合营上海市绸布业联合董事会存稿四卷。

宋慈抱年谱

宋炎编，稿本。1 册 1 卷。

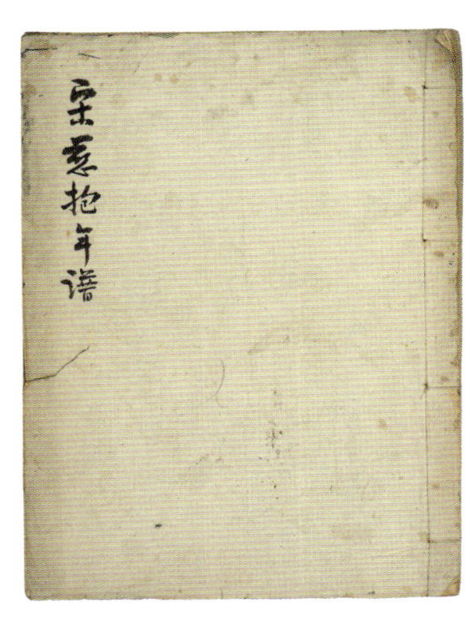

宋慈抱（1895–1958），字墨庵，自号悉甫、畏垒，别号谷斋，又号匏斋，浙江里安人。参与创办《瓯风杂志》，曾任里安县县志修志委员会委员、浙江省通志馆编纂。建国后任浙江省文史研究馆馆员。著有《两浙著述考》等。

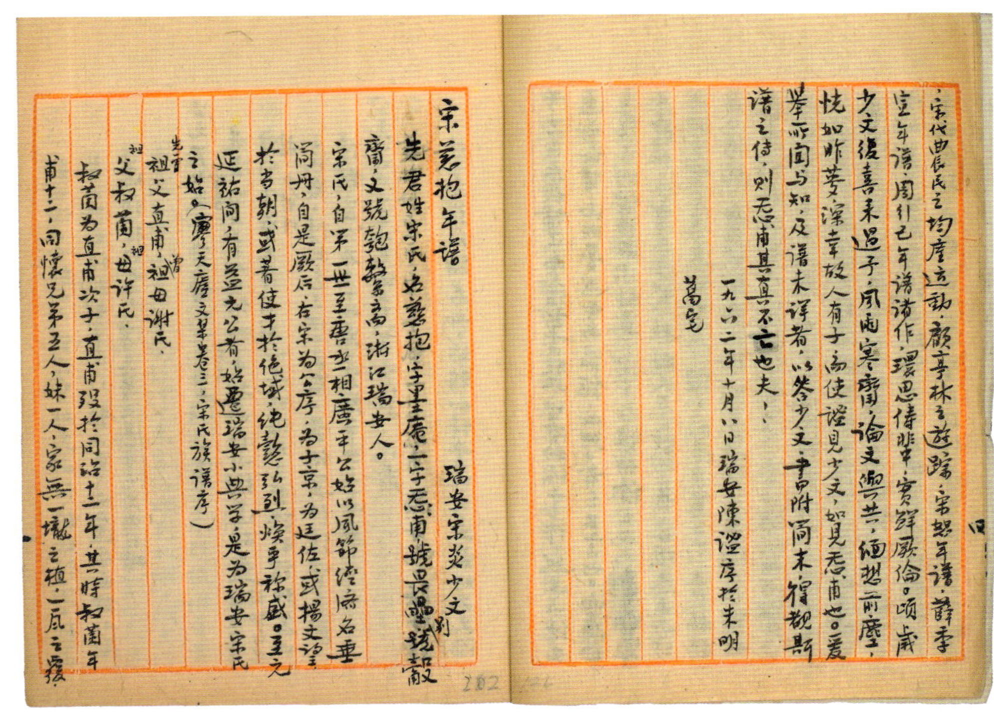

宋代曲氏之均度、道勳、顧亭林之遊蹤，宋恕年譜，薛季宣年譜，周行己年譜，諸作，環思倖輩，寡鮮厥倫。頃歲少文復喜來過予，風雨寒齋，論文與共，緬想前塵，恍如昨夢。深幸故人有子，而使譜見少文，如見悉甫也。爰舉所聞與知，及譜未詳者，以答少文，書附簡末，俾觀斯譜之侍，則悉甫其真不亡也夫！

一九六二年十月八日 瑞安陳謐序於未明

蒿宅

宋慈抱年譜

瑞安宋炎少文

先君姓宋氏，名慈抱，字墨庵，一字悉甫，號畏壘，別號穀齋，又號匏盦，浙江瑞安人。

宋氏自宋[illegible]一世至唐[illegible]相[illegible]，好以風節[illegible]名垂簡冊。自是厥后，在宋為[illegible]，為[illegible]，為廷佐，或揚文望於當朝，或著使才於絕域，[illegible]。至元延祐間，有[illegible]公者，始遷瑞安小典[illegible]，是為瑞安宋氏之始。（[illegible]文集卷三，宋氏族譜序）

先曾祖父直甫，祖母謝氏。

先祖父叔蘭，母許氏。

叔蘭為直甫次子，直甫殁於同治十一年，其時叔蘭年甫十二，同懷兄弟五人，妹一人，家無一壠之植，一瓦之覆

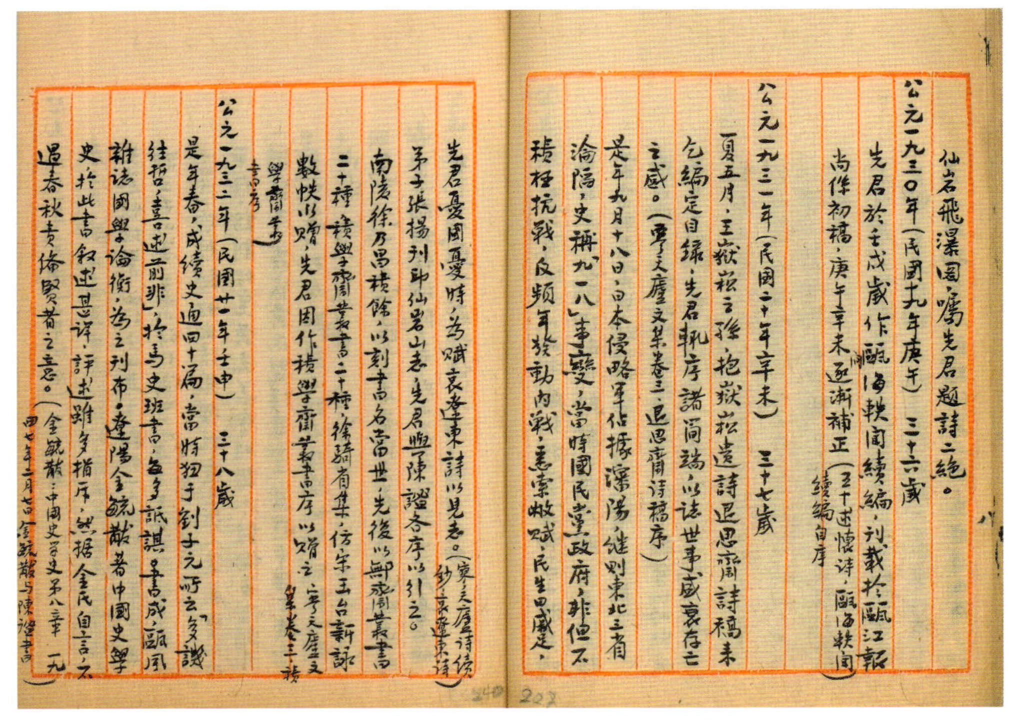

仙岩飛瀑圖，囑先君題詩二絕。

公元一九三〇年（民國十九年庚午） 三十六歲

先君於壬戌歲作甌海軼聞續編，刊載於甌江報，尚係初稿，庚午辛未，迺漸補正。（五十述懷詩，甌海軼聞續編自序）

公元一九三一年（民國二十年辛未） 三十七歲

夏五月，王嶽崧之孫抱嶽崧遺詩退思齋詩稿來乞編定目錄，先君輒序諸簡端，以誌世事盛衰存亡之感。（[illegible]文集卷三，退思齋詩稿序）

是年九月十八日，日本侵略軍佔據瀋陽，繼則東北三省淪陷，史稱「九一八」事變。當時國民黨政府非但不積極抗戰，反頻年發動內戰，患虐[illegible]賦，民生凋瘵。

先君憂國憂時，為賦哀遼東詩以見志。（[illegible]詩續鈔，哀遼東詩）

弟子張揚刊印仙岩山志，先君與陳謐各序以引之。

南陵徐乃昌積餘，以刻書名當世，先後以鄦齋叢書二十種、積學齋叢書二十種、徐瑋有集、仿宋玉台新詠數帙以贈，先君因作積學齋叢書序以贈之。（[illegible]文集卷三，積學齋叢書序）

公元一九三二年（民國廿一年壬申） 三十八歲

是年春，成續史通四十篇，當時獨于劉子元所云「多識往哲，喜述前非」，於馬史班書，每多詆諆，書成，甌風辨誌國學論衡，為之刊布。遼陽金毓黻著中國史學史於此書敘述甚詳，評述踰多推許，然據金氏自言，不過春秋責備賢者之意。（金毓黻：中國史學史第八章 一九四七年二月七日金毓黻與陳謐書）

140

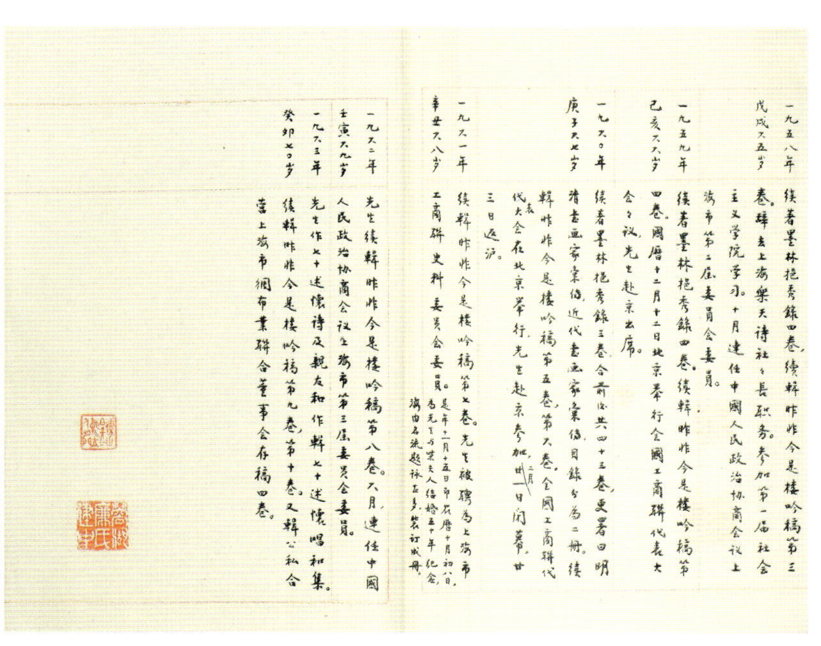

宋慈抱年谱

宋炎编，稿本。1 册 1 卷。

宋慈抱（1895–1958），字墨庵，自号炁甫、畏垒，别号谷斋，又号匏斋，浙江里安人。参与创办《瓯风杂志》，曾任里安县县志修志委员会委员、浙江省通志馆编纂。建国后任浙江省文史研究馆馆员。著有《两浙著述考》等。

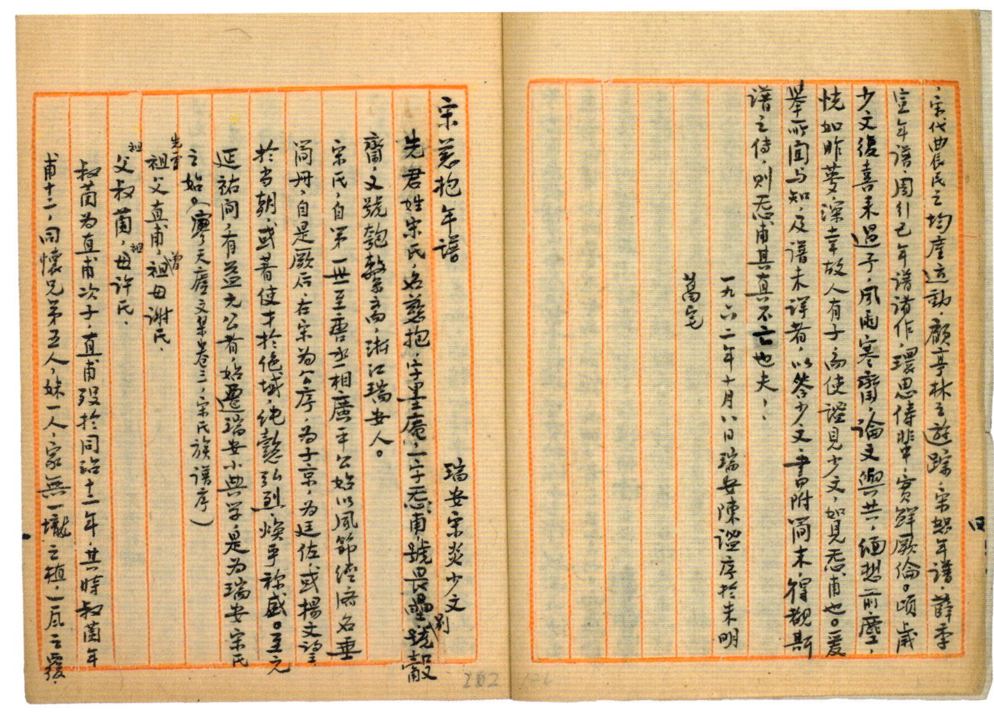

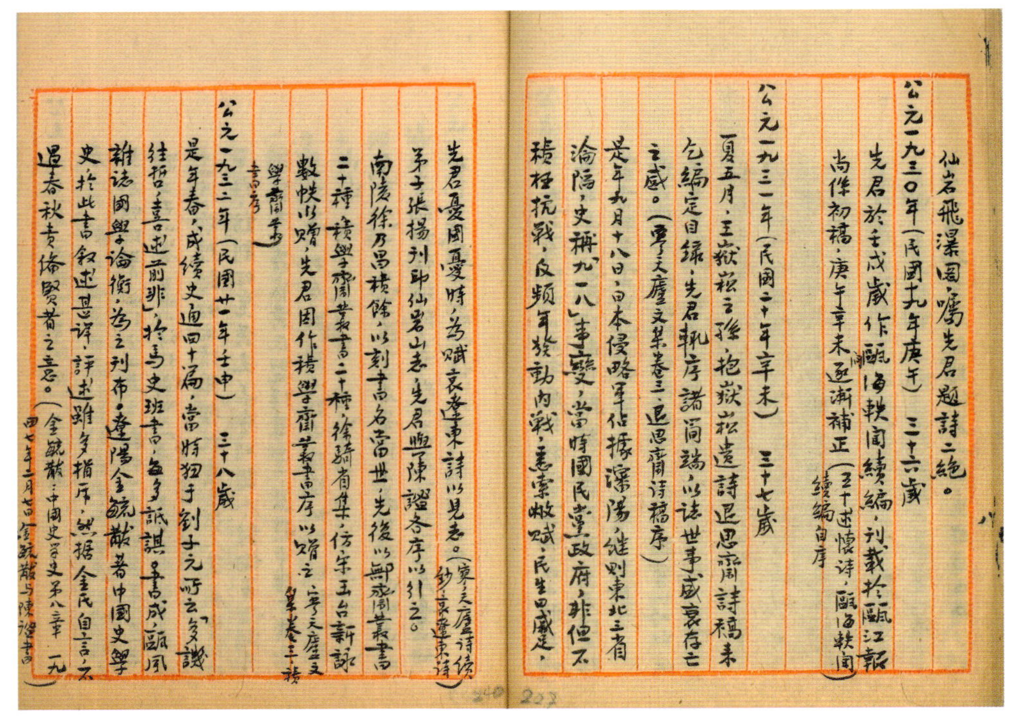

卷一 遷史 班書 范著 陳志 典午 劉宋 齋梁
陳隋 述李 評魏（內篇上）
卷二 嶽泰 李唐 五代 兩宋 契丹 女真 蒙古
朱明 勝清 近代（內篇下）
卷三 編年 紀事 三通 兩案 刪補 注釋 評論
義例 人物 典章（外篇上）
卷四 考獻 世傳 因時 度德 雜述 方志 開創
詁章 考異 傳疑

公元一九五五年（農曆乙未年） 六十一歲

聞章太炎先生歸葬西湖張蒼水墓畔，賦詩紀之，並次蘇州張松身之韻也。（剩稿）

四月得永和十一年晉磚有金石家方藥雨題字，紀以詩。（剩稿）

成叢齋雜記四卷，分經籍、詩詞、書畫、賞玩四類。
（叢齋雜記自叙）

公元一九五六年（農曆丙申年） 六十二歲

八月埃及為收回蘇彝士運河，力抗英法侵略，中國人民亦響應號召，支援埃及愛國運動，先君聞訊亦賦詩志感。（剩稿）

十月，成叢齋續記四卷，不分類，但每節加以目錄，以備查檢也。（叢齋續記前記）

子炎得伊墨卿隸書真跡，詩以張之。（剩稿）

聞張宗祥校正讀遷南明史名著「國榷」，行將出版，作詩奉懷，並承和詩絶句四首以答。（剩稿）（手迹四兩尺牘，張宗祥和作）

公元一九五七年（農曆丁酉年） 六十三歲

三月中共浙江省委員會宣傳部領導成立「科學研究規劃委員會」，制訂浙省十二年科學研究規劃，並成立浙江史學會，着手籌備地方誌資料之徵集工作。先君所纂之兩浙著述考，原為在浙江省通志館所編之志稿，解放后在家多年修訂，與往日志稿已大有補訂與修正，先君當時曾將著述考之叙例目錄，寄請省委宣傳部要求錄副，作為浙江省地方史資料參考之用，宣傳部當即通知省人民委員會，寄來人民幣三百元之作為抄錄費用。

四月，浙江省人民出版社，將兩浙著述考接受出版，來信與子炎聯系，當即將該稿寄往浙社。

公元一九五八年（農曆戊戌年） 六十四歲

四月廿五日，浙江人民出版社接受兩浙著述考出版條件，訂立稿約合同。

（陰曆）六月先君病益劇，先是任浙江省通志館編纂時，成兩浙著述考四十四卷，以用功過勤，心力交瘁，漸成肺疾，遂以六月二十九日子時卒，友人陳謐為作墓表，越四載，子炎為輯事跡成宗慈抱年譜一卷。

年谱

庚子六十岁十穗自述　十穗年表

《庚子六十岁十穗自述》系孔令谷编，《十穗年表》系秦翰才编，合1册，1965年复写本。

孔令谷（1898–？），乳名谷人，字君诒，号十穗，上海县陈行（今属上海闵行）人。任教于小学、中学、大学。其间曾在中央银行经济研究处编《说文月刊》，又任上海市社会局编审室主任、《正言报》董事会秘书等。治历史、文字学。

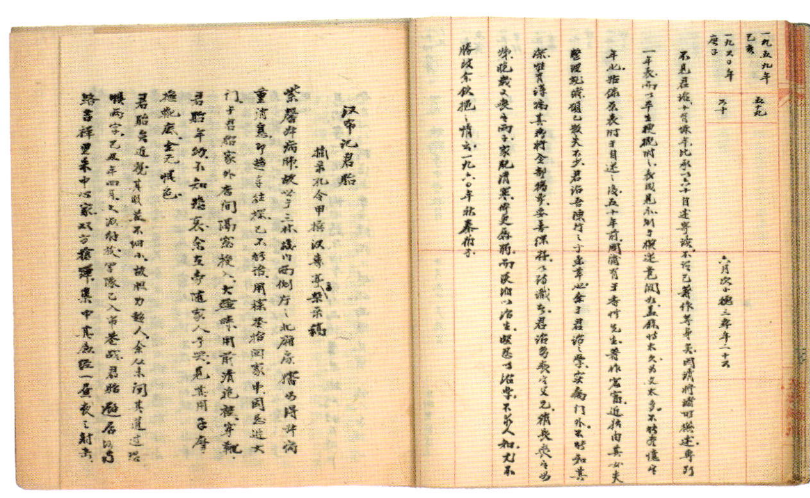

讣闻与寿序

生前身后——晚清民国讣闻漫谈

张　伟

文献本无大众小众之分，但知晓度有高低，应用的人更有多寡，如书、报、刊等，人人皆知，无人不用，当然可以说是最大众的文献；而档案、日记、书信等，私密性很强，原稿居多，显然更专业，收藏、保管也更严密，使用起来有一定限制，就属于比较小众的文献。而本文要说的讣闻哀启这类文献，可谓更加小众，年轻一些的甚至闻所未闻。讣闻哀启印行本来就少，存世更寡，即使是一些大型图书馆、档案馆，能系统收藏的也如凤毛麟角，如以收藏近代文物、文献驰名的上海历史博物馆这样的大型文博机构，讣闻收藏也仅以件数计，由此可见存世讣闻数量之少。[1]这些都影响了讣告这类文献在学术研究上的流通，遑论利用。

讣闻，又称讣告、哀启、家传、行述、行状、哀挽录、哀思录、荣哀录等等，或印成单张寄发，或刊登报纸告知，或出版厚册纪念，总之，是将逝者的死讯告诉逝者的亲戚、朋友以及上司下属。单张的讣告一般仅叙述逝者的生卒年月、简单履历、祭葬时间和地点等；成册的讣告出版时间会稍晚一些，除上述内容外，一般会有逝者行述、祭文、唁函、诔文、诔词、挽联、挽诗、挽幛等，考究的更有遗像、遗墨、遗嘱、生平照片、丧礼摄影、各地追悼照片、像赞、碑文、纪念文章、著作目录等等。

一

死者为大的观念在中国根深蒂固。人一旦逝去，根据死者地位高低、身份尊卑，有一整套严密的殡葬礼仪规范，不能僭越，也难以违抗；即使民间乡野，也会有相应的传统民俗制约。讣闻即是这种特殊礼仪中的一种，由来已久，据考，相传周公所作的《仪礼》和西汉典籍《礼记》中，即已有“讣（赴）”的记载。《仪礼・士丧礼》中讲：在确定逝者正式死亡后，“护丧者使人讣于有司及戚友”。“有司”即政府机关或管理部门，“讣于有司”就是向逝者的所在单位通告。《礼记・杂记》中言“凡讣于其君，曰：君之臣某死”。东汉郑玄注：“讣，或皆作赴；赴，至也。臣死，其子使人至君所告之。”古代社会，传媒业不发达，传达信息大致靠双腿行走，故人死了只能“奔走相告”，此即所谓“赴”也。随着社会发展进步，发明了纸和印刷术，“赴”就变成了“讣”。只是古代的“讣告”大都失传，今人所见，皆为清中期至民国年间的留存物，而事实上，这两百多年间，也的确是讣闻哀启泛滥之时。死者生前但凡稍有地位和影响的，逝后大都会有或详或略的讣闻印制刊布，刊布者不外家属、门生、同僚、乡谊等等，一为周知亲朋好友，感情有所寄托；其次为罗列收纳上司下属、亲朋好友等各界祷文，既是一种交代，也是对家族荣誉的一种强调。当然，也不可否认有为习俗所缚，不得不为之举。值得一提的是，和当时民间盛行的建祠堂、修家谱一样，刊布讣闻也有着强化家族观念、凝聚合家人心的作用。讣闻虽由逝者家属刊布，但列名者一般会包括叔伯兄弟等至近亲属，卷首家传、行述中且会强调家族的历史和伟绩，按序排列各位祖宗的名讳和官衔，有劣迹或被逐出家族者自然会失去资格，这在当时社会中足具震慑作用。丧仪的制定和执行，本就具有“联系与强化血缘和亲族关系的社会作用”，统治者还希望通过丧葬礼仪的等级分配来“制约社会风尚，强调等级序列”。[2]正如有的学者所强调的那样：“在长达几千年的中国封建社会中，丧葬文化的这一功能，

[1]　薛理勇《丧葬习俗》，上海文化出版社 2011 年，第 144 页。

[2]　徐吉君《长江流域的丧葬》，湖北教育出版社 2004，第 3-5 页。

对于维护封建伦理道德，强化封建秩序，起到了相当重要的作用。”[3]

讣闻既由来已久，长期以来便形成了一套相对固化的程式，因地位之高低、内容之多寡而详略不等，但一般都会有哀启、行述、像赞、挽联、挽辞、纪念文章等等。写挽联挽辞、纪念文章的，一般都是亲朋好友、同僚下属等，关系密切的，笔下自然情真意切，言语感人；而一般同僚，甚至生前政敌，下笔就不免言语艰涩，局外人往往不知所云。故讣闻哀启中，诗词辞赋为数不少，因其容易曲笔婉言，可以云天雾地。因为讣闻文体特殊，想写的往往不便写，可写的又不愿写，死者为大，人一死百仇俱解，如此自然只能敷衍成文了。2015年嘉德春拍，有一封章太炎20世纪20年代写给门生马宗霍的信。马宗霍请老师为一友人长者写寿序，章氏回信感叹："此种题目，无可铺叙，唯有翻空见奇耳。世言文章之难，莫难于寿序。真是识甘苦之言。文士以十百数寿序，竟无一篇可传颂者。此亦足证。至于铺叙功德、作台阁体一类文字，本不足齿数也。"[4] 章氏这里感叹难写的虽然是寿序，然挽文其实同理，长者为尊和死者为大，不过事物之正反两面也。兹以民初浙江都督朱瑞为例。

朱瑞（1883–1916），字介人，浙江海盐人。18岁时肄业于秀水中学校，后投考南洋陆师学堂，丁巳年毕业，在浙江军队中任职，后参与创办弁目学堂，训练军事人才，并与浙江光复会、同盟会有所联系。辛亥革命爆发，朱瑞率其所部在江浙一带出力甚多，在攻克杭州、江宁时英勇作战，贡献甚伟。浙江光复后，朱瑞任浙江都督兼民政长，授陆军上将衔陆军中将。民国三年六月改官兴武将军督理浙江军务。袁世凯复辟称帝期间，朱瑞积极支持，与拥护浙江独立人士大起争端，被逼出走上海，旋又因病前往天津，民国五年八月三日在津病逝，年三十有四。

朱瑞病逝后，浙江出版有《朱兴武将军哀挽录》，黎元洪、段祺瑞等一批政界要人和沈曾植、陶湘等一批文人都送了挽联。推翻他的一帮武将，如后任浙江督军兼省长的吕公望、浙江陆军第一师师长童保暄、浙江陆军第二师师长张载阳、浙江陆军独立第一旅旅长俞炜等也都率军祭奠并致送挽联，所谓生前不妨争斗，死后还需和睦。吕公望省长的祭文曰："公之遗爱，在浙西东，策定安危，志贯始终，引疾去位，公何从容。"文笔可谓皮里阳秋，将一场残酷的战争写得如此从容不迫，普通人哪里知道其中蕴藏着怎样的腥风血雨；张载阳师长的祭文也很有意味，曰："所生之不辰兮逢帝制之发生，欲安兵而不动兮奈民意之求伸，宁引疾而自避兮免创钜之痛深，暂避地于春申兮旋就医于析津，幸共和之再造兮期渐进于升平，乃积劳以致疾兮当中年而陨其身，骤闻噩耗能不悲哉！幸江山之如旧兮望魂气以归来，奠清酌与庶羞兮偕松菊以志哀，尚飨。"这种意既达而文不亏的表述，真难为了这位军人，也幸亏中国有辞赋这类体裁。故讣告类文献中人物的生平史料值得重视，而一些歌功颂德的文字则可能含有较多水分或背后另有隐情，需要斟酌辨析。

讣闻哀启中的文字多曲笔，还有一种比较常见的原因是为尊者讳或缘于时政的顾虑和拘束。光绪二十五年（1899），义和团运动爆发，翌年（光绪二十六年）春向京畿地区移动。当时慈禧决定废除光绪，独揽朝政，但遭到各国公使反对，于是决定利用义和团盲目排外的特点，以要挟洋人，迫使各国屈服。在6月16日慈禧主持的第一次御前会议上，端王载漪正式提出"请攻使馆"的动议。兵部尚书徐用仪、户部尚书立山、吏部左侍郎许景澄、内阁学士联元、太常寺卿袁昶等挺身直言，尤其反对围攻外国使馆，残杀外国公使，认为"攻杀使臣，中外皆无成案"。许景澄和袁昶并联名上《请速谋保护使馆，维护大局疏》，明确表明进攻使馆的严重性，认为这不但不合国际公法，而且势必激怒各国政府，导致"以一国而敌各国"的恶果。然而，此时慈禧已下定决心，在6月17日召开的第二次御前会议上，强行决定对外宣战；而徐用仪、许景澄、袁昶等人则因"勾结洋人，莠言乱政，语多离间"的罪名先后被杀，史称"庚子被祸五大臣"，又曰"庚子五忠"。时局的发展很快验证了徐用仪、许景澄等人的清醒并反衬出慈禧等人的愚昧和荒唐。光绪二十七年（1901），清廷为五大臣平反，开复原官。徐用仪、许景澄等人灵柩南下时，祭奠成市，万人瞻仰，道为之塞。此即所谓公道自在人间也！兵部尚书徐用仪（筱云）获平反后，其子借讣闻一吐怨气，出版《诰授光禄大夫赏戴花翎太子少保兵部尚书筱云徐公家传墓志》，卷首引"光绪上谕"以壮声势："光绪二十六年十二月廿五日奉上谕：本年五月间，拳匪倡乱，势日鸱张，朝廷以剿抚两难，迭次召见臣工，以期折衷一是，乃兵部尚书徐用仪、户部尚书立山、吏部左侍郎许景澄、内阁学士联元、太常寺卿袁昶，经朕一再垂询，词意均涉两可，而首祸诸臣遂乘机诬陷，交章参劾，以致身罹重辟。惟念徐用仪等宣力有年，平日办理交涉事件，亦能和衷，尚著劳绩，应即加恩。徐用仪、立山、许景澄、联元、袁昶均著开复原官，

[3] 霍巍、黄伟《四川丧葬文化》，四川人民出版社1992年，第7–8页。

[4] 《笔墨文章——近现代名人信札》拍卖图录，中国嘉德拍卖有限公司2015年5月。

该部知道。钦此。”此谕行文当然是秉承一贯的“皇帝英明，大臣昏庸”格式，但明眼人自一眼能看出其中的奥妙和曲笔所在。讣闻并引事发前徐用仪寄其弟徐用福家信，对一干皇亲庸臣的罪行作了控诉揭露：“此番变起仓促，实由贵亲数人不明利害，鲁莽从事，所调练军一到京城，即肆抢掠，杀人放火与盗贼无异，何能御敌？各国洋兵水陆齐来，欲以一弱敌众强，必不能支。甲午之役，咸以议和为诟病，此次恐欲言和而不易。一旦宗社震惊，生灵涂炭，发难诸臣悔无及矣！”（所谓“贵亲数人”，徐用仪在另一家信中直接点明，为：端郡王载漪、贝勒载濂、载滢、协办刚毅、尚书崇绮、启秀等。）钱应溥在撰《诰授光禄大夫太子少保兵部尚书筱云徐公家传》时也为好友鸣冤：“公早存殉国之心，特不死于联军已至之时，而死于联军未至之先；不死于临难捐躯，而死于乘机诬陷。”为顾忌时政，行文中自然还要顾及一下朝廷的面子“公与立、许、联、袁诸公之死非出上意”，而死于“首祸诸臣乘机诬陷”。这样既倾吐了怨气，又不致得罪当局。

二

讣闻的刊布在晚清达到高峰，民国期间，数量已有明显减少；且有一个现象值得关注，即新文化阵营的成员及接受此种文化熏陶的人士逝后刊布讣闻的更少。当然，新派人士的追悼活动其实并不草率，这里的所谓“更少”，是指以传统形式刊布印制的那种讣闻。新派人士逝后，较少由家属出面刊布讣闻，比较常见的是由逝者生前服务的或和逝者关系比较密切的团体机构出面举行追悼活动，然后印制发行纪念册（集），或在期刊报纸上刊登纪念特辑。这种纪念册（集）或纪念特辑在内容和形式上都有了更多的创新，在各方面都显然有别于传统讣闻，我们不妨称之为现代讣闻。

传统丧事的丧仪相当繁复，一般都有一整套办丧程序，虽然因逝者地位高低和家族权势大小，丧事的操办规模会有很大不同，但最基本的程序，如大殓、建灵、祭奠、吊唁、出丧、落葬等等，还是必须遵守的；而讣闻，只要稍有影响或薄有资财的人家，一般也都会印制刊布。进入近代以后，随着经济的发展和西方文明的传播，文化观念有了很大改变，这种改变势必会影响到社会的方方面面，包括家家户户都会遇到的丧仪，而走在社会变革最前列的新文化阵营人士，当然成为移风易俗，开风气之先的一群。

新式丧仪的改革首先体现在悼念仪式上，追悼会的举行成为例行的仪式。聚众悼念的形式虽然古已有之，但和近代的团体悼念仪式还是有很大的不同。其实追悼会只是外在的形式，追悼会前后的各种仪式才是以往丧仪中很少见到或绝无仅有的，这样的悼念形式主要还是接受了西方的影响，如成立筹备处操办具体事宜，再举行追悼会行悼念之实，会后可能还有一系列实事须落实，如出版讣闻、建立雕像、筹措资金成立纪念基金会等等。现谨举例说明，可能更为简明直观：

著名画家、社会活动家王一亭于1938年11月13日逝世，当时刊布有一本《王一亭居士事略》，除遗像外，主要即由秦锡田撰写的《吴兴王君事略》，书中另附有《王一亭先生追悼大会特刊》并《王一亭先生追悼会秩序》各一纸，后纸所列秩序，正好能说明新式追悼仪式和旧制之不同之处，抄列如下：

1、奏哀乐
2、致开会词
3、行追悼礼：全体肃立、献花、读祭文、三鞠躬
4、追悼歌
5、报告事略
6、致挽词
7、奏乐
8、追悼歌
9、报告久远纪念办法
10、家属致谢词
11、奏乐

这里还有一个例子：

1939年末，爱国老人马相伯以百岁高龄逝世于越南谅山，噩耗传来，举国悲哀，各方纷纷以各种形式

举行纪念活动。上海是马相伯长期居住的地方，虽然已成“孤岛”，受到各种限制，各方仍然非常重视。1940年1月27日，追悼大会在复旦大学举行，大会秩序如下：

1、奏哀乐
2、致开幕词
3、行追悼礼：1、主祭者虞洽卿就位 2、襄祭者闻兰亭、徐寄廎就位 3、全体肃立 4、袁履登献花 5、林康侯读祭文 6、行三鞠躬礼
4、唱追悼歌：陈光楣词曲，上海贫儿失学救济所唱
5、报告事略：姜可生
6、致挽词：福开森、许秋飏、赵晋卿、张寿镛
7、唱追悼歌：坤范女子中学
8、讨论永久纪念办法：江一平提议
9、家属致谢词：张充仁代表
10、奏哀乐
11、礼成

这样的悼念活动是庄严隆重的，既保留有传统的仪式，更融入近代的文明；出席人员来自各方，逝者生前影响愈大，出席者人数就愈众，在任职位也愈高，媒体也愈乐意介入，广而告之，成为双赢。

近代刊布的讣闻中还有一种现象值得注意，即刊布者与逝者似乎没有瓜连，甚至和逝者没有任何关系。但逝者是民族英雄，为国献身，功在全民，故提升到整个国家民族而言，又可以说和谁都有着莫大的关系。因此，为这样的人物举行悼念活动，出版讣闻，在民国期间并非罕事。如反对袁世凯复辟帝制的共和英雄蔡锷，因为国奔走，过度辛劳，1916年11月8日病逝于日本。当时，很多团体机构甚至民间个人都为之举哀，自发举行各种悼念活动，并出版各类专刊。这种专刊大都刊有蔡锷遗像、手迹、生平及当地悼念活动纪实、各界纪念文章等等，完全可将此视之为传统讣告之变种。嘉定县全邑各界当时也为蔡锷举行了悼念活动，并出版有《嘉定县追悼蔡公纪念》一册。纪念册中收录有县教育会代表俞泰临在纪念活动上的一篇讲演，对此有很精彩的说明：“吾嘉定人在明伦堂开追悼会不止一次，但是向来开追悼会总是追悼本地方有道德、有学问，或者于地方上作过公益事业之人，一般有关系之亲戚故旧纪念其好处，因而开会追悼，以志哀思。吾嘉定人与蔡先生并无一面之识，今日全县人因何开会追悼？大家试想，再造共和使吾中华民国仍得保存，人民仍得安享共和幸福，是何人之功？谁不知都是蔡先生一人所做到。吾嘉定亦是中华民国一部分之地方，吾嘉定人亦系中华民国一部分之人民，全国人民受其赐即吾嘉定人同受其赐。今蔡先生为救国故尽捐其心血，遂致一病不可救药。在人民失去一大恩德之人，在国家失去一最重要之人，所以今日吾嘉定人追悼蔡先生，是为公义非为私情。”无论是逝者还是祭者，这样的壮志和胸襟都令人肃然起敬。这样的例子还有孙中山、黄兴、张自忠等等。

早期讣闻的印制大都采用传统的雕版印刷，费时费力还费钱，出版周期也较长。19世纪80年代以后，采用石印、铅印的讣闻逐渐多了起来，并成为一时风尚，数量甚至超过雕印。但无论印刷技术怎样发展，单册书印制传播的速度还是远远赶不上杂志的发行；何况，讣闻的印制刊布，一般都由逝者的亲属、学生或其生前任职的团体机构承担，所谓名正言顺。而杂志出版纪念特辑则无须有人授权，也不必考虑自己和逝者的关系，心存敬意，有话要说，就可以在杂志上辟出篇幅出版纪念特辑。逝者名气越大、影响愈广，出版纪念特辑的杂志就愈多，民国期间，凡在某一领域享有盛名者辞世，几乎都有报刊推出纪念特辑表达哀思；而像孙中山、鲁迅这样得到全国各界一致敬仰的伟大人物逝世以后，各界出版纪念特辑的报刊数量之多几乎难以统计，甚至在很多年以后，还会出版“逝世某某周年纪念特辑”。这些纪念特辑，我们都可以视之为传统讣闻的近代变异。

现代讣闻和传统讣闻还有一个很大区别是摄影技术的广泛应用。传统讣闻也有图像，即请画师绘制的遗容，按照中国传统的叫法是“写照”。明清时期专门有这一行当——为死者造像的画师，他们善于捕捉人物脸部特征，局部刻画细致入微，尤其强调对像主眼睛的描摹，人物脸部阴阳凹凸感非常强烈，绘制的人物像往往形神兼备，当时稍有家财的人家，遇有逝者，一般都会请画师来写照。

在摄影术发明之前，人们一般主要用雕版镂刻或画师写照来表现人像（欧洲则进化为更细腻的铜版画）。即使摄影发明之后，因制版困难，早期一般也都是用版画技术来展示摄影画面，故各国在19世纪中后期

都有一个“摄影版画”的过渡期。摄影发明于1825年，1839年后开始进入商业领域，1843年始有第一张中国人的人像照出现，19世纪50年代大致传入中国沿海城市，一般大城市大约到60–70年代始有照相馆出现，中小城市则更晚一些。故在20世纪前，摄影技术几乎与一般民众绝缘，大户人家虽已尝鲜，但使用也并不普遍。首先是观念缺乏，其次制版技术也不支撑。摄影照片通过工业印刷能够大量展现在纸张上，在中国至早也发生在1900年之后了，故照片在讣闻上的使用一般已进入民国时期。然范例一开，即不可阻挡，20、30年代的讣闻，几乎都有照片，最少也有一张逝者的遗容，稍考究的会有逝者生平留影、追悼活动场景等等，少者十余张，多者几十张，如《哈同先生荣哀录》，煌煌十二巨册，其中就专门有一册是摄影集；再如曾任海军总长的程璧光，1918年2月被暗杀，一月后举行追悼会并出版《程璧光殉国记》一册，除哀思录例有的悼念文字外，刊出有照片37幅，述其一生主要经历，包括被暗杀的场景以及大量相关手迹、档案图片，堪称早期在讣闻上充分利用摄影技术的一个典型。还有的讣闻干脆直接以照片命名，如《阮玲玉遗影集》、《黄伯樵先生追悼会摄影》等等。最令人称奇的，是全本以摄影照片组成，从人逝大殓、搭建灵堂、家属祭奠，再到众人吊唁、出殡送殡、最后落土下葬，完整展现全套葬仪过程的《陈炳谦先生追悼大会纪念刊》，共收录照片60幅，可谓丧葬礼俗的形象图解，其特殊的文献价值堪称独一。

三

讣告文献在辨析人物生平史料方面也具有独特的价值。讣闻一般由逝者最亲近的家属亲友或逝者生前服务任职的机构团体出面印制刊布，由于这种特性，其在人物的籍贯故里、生卒年月、生平大事、来往亲朋等方面的记载无疑具有最大的权威性，除非有某种特殊隐情，一般在这些方面的记载不会有错讹之处，是比较可靠的第一手的文献来源，往往可补正史之缺或作文献辨析的重要参考。

徐乃昌是近代著名学人、藏书家、出版家，在众多论述他的文章中，有关其生卒年的记载却众说纷纭，莫衷一是，其生年和卒年都至少有三种不同的说法，如生年：1866、1868、1869；卒年：1943、1945、1946。后经多位学者努力，尤其是找到了徐乃昌的讣闻：《徐积余暨妻马氏赴告附哀启》，内记载有徐乃昌详细的生卒年月，即：生于同治七年（戊辰）十二月十一日，卒于癸未正月二十八日，于是这个难题才迎刃而解，徐乃昌的准确生卒年应该是：1869–1943年。

再如晚清上海著名巨商朱其昂（云甫），以经营沙船业闻名，是近代洋务运动中的重要人物。他的名字入载多种人物辞典，而其出生年几乎均付之阙如，以一个大大的问号“？”占据着位置。但在他的讣告《朱云甫讣闻》中对此却有着明确记载：“云甫府君痛于光绪戊寅年（1878）五月初一日辰时疾终天津招商局差次，距生于道光丁酉年（1837）四月二十五日午时，享年四十二岁。”可谓一本讣闻就解决了一个学术难题。

近代大军阀张作霖离世未逾百年，而有关他的面容相貌却似乎已“疑窦丛生”，前一阵网络上疯传他的肖像疑问，将他和另一军阀张作相混在一起，难辨真伪。其实，这个所谓“难题”只要翻开一册《张大元帅哀挽录》马上就能迎刃而解，在这本“哀挽录”里，张作霖的照片从肖像到生活照、军事作战照比比皆是，所谓“难题”本不成其为问题。

王国维是中国近现代相交时期享有国际声誉的著名学者，在多个学科领域都有杰出贡献。他于1927年6月2日投湖自尽，其时年仅51岁，正是一个学者厚积薄发的黄金时期，令人痛惜。至今，王国维先生长逝已近一个世纪，而他自杀的原因仍然是个谜。综合学界论述，关于王国维为何拖着辫子自沉昆明湖，后世臆测大致有六种之多：一为“愚忠殉清”说；二为“逼债”说（王曾与罗振玉合作做生意亏本，欠下巨债）；三为“惊惧”说（王国维自杀是怕自己这个前清遗老落入北伐军手中，蒙受耻辱）；四为“谏阻”说（以“尸谏”劝阻溥仪东渡日本避难）；五为“文化殉节”说；六为“妻妾出轨受辱”说。学界意见如此不统一，原因很多，一是因为王国维本人性格孤僻内敛，生前没有向任何人嘱托。二是其自杀方式如此干净利落，未留下任何痕迹（四十年后老舍的投湖自尽明显受其影响，也是至今成谜）。惟因如此，王国维自尽后由其友人出资印行的《王忠悫公哀挽录》一书格外值得我们重视，这是最接近逝者死期出版的文献，为之撰文的又是逝者生前来往最密切的亲朋好友，无论语境还是现场感都无疑最接近原始状态。该书除逝者遗像及遗嘱手迹外，共收文8篇，挽诗37首，挽联166幅，另附“海外追悼录”（日本，有祭文及挽诗）、“华侨哀挽录”（在日华侨，有诔文、挽诗、挽联）及“补遗”（挽诗4首、挽词1首、挽联5幅）、“续补”（文2篇）四部分。卷首金梁的《王忠悫公殉节记》一文，记述了王国维自杀前三日自己和他的会见及相谈，并记录了王国维自杀前后车夫、园丁、园警、邻居的见闻，是珍贵的第一手文献。其他如罗振玉、樊炳清、费行简等人悼文，从各自角度追述王国维的生平和贡献，其中自然也包含着各人对此问题的见解。挽联部分分量最重，多达166幅，这是文人的擅长，也因文体的特殊，措辞行文可以隐晦委婉，其实也隐约透露出各人对王国维自尽原因的看法，略取几幅，以见一斑：

罗振玉挽联：

故人慷慨多奇节，
书卷消磨绝可怜。

陈三立挽联：

学有偏长，与乾嘉诸老相抗；
死得其所，挟鲍屈孤愤同归。

金梁挽联：

访公于殉节前三日，忧辱同惊，孤愤已知怀必死；
念我与订交近卅年，表里如一，独行不愧为完人。

陈寅恪挽联：

十七年家国久魂销，犹余剩水残山，留与累臣供一死；
五千卷牙签新手触，待检玄文奇字，谬承遗命倍伤神。

吴宓挽联：

离宫犹是前朝，主辱臣忧，汨罗异代沉屈子；
浩劫正逢此日，人亡国瘁，海宇同声哭郑君。

徐乃昌挽联：

绝学迈千秋，生平考献徵文，远溯殷墟订书契；
招魂逢五月，太息怀芳履洁，哀同楚泽赋离骚。

这方面值得一提的还有《马君武先生纪念册》。马君武很早就投身革命，是国民党中著名元老之一。他1905年就参加中国同盟会，是该会资格最老的盟员；1911年辛亥革命爆发，他从德国赶回国内参战，并出任南京临时政府实业部次长。以后他又参加护法运动，担任过非常大总统府的秘书长。他也是一位出色的教育家，先后担任过中国公学、上海大夏大学和广西大学等高等学府的校长，门下桃李累累，为国家培养了很多杰出人才。马君武还是一位颇有造诣的科学家，他早年留学日、德等国十余载，攻读化学和冶金专业，是中国无烟火药的创始人。当然，很少有人知道他还是一位开创新风的文学家。马君武的文学创作主要开始于1901年他留学日本之后，当时，正是他大量阅读西方书籍，积极参加反清革命活动之时，故其诗作充满了豪情，与当时鸳蝴派文学的哀怨浓艳之情有天壤之别。其诗内容激进，语言通俗，好用古风歌行体，一派壮士气概。马君武还翻译了大量外国诗歌，如拜伦的《哀希腊》、胡德的《缝衣歌》等，在当时恰如空谷足音，开一时风气之先，并产生了很大反响。马君武的这些作品主要收集在1905年出版的《新文学》和1914年出版的《马君武诗稿》两书中。马君武的《新文学》因在日本编印发行，流传极其有限，柳亚子先生珍藏有一册，20世纪40年代即被人称之为"孤本"，以后屡经动乱，其下落至今已成为一个谜。1914年文明书局刊行《马君武诗稿》，据说印量极少，故此书屡屡被人提及乃至引用，而真正见过实物的人却少之又少。1940年8月1日，马君武在广西大学校长任内积劳成疾，不幸病逝，政府当局颁布政府令明文褒扬；广西省成立治丧处，下设三股七组，负责公祭和追悼会。公祭结束后编印出版了《马君武先生纪念册》。此书为大16开本，线装铅印，内容堪称丰富。最令人瞩目的是，纪念册辑录了《新文学》和《马君武诗稿》两书中所有的诗作和译诗，并另"补载今体诗二十三首"。所补诗大抵为民国成立后所作，如丙辰年（1916）的《读史杂感》、丙子年（1936）的《抗日纪事诗》等。当然，其中还包括当年曾引发很大风波的《哀沈阳》七绝二首。这样，马君武的诗作和译诗就被大致完整地集于一册，得以流传后世，此乃最好的纪念。纪念册中还收录了一些哀悼文章，执笔者多为马君武的老友，各自写自己所熟悉难忘的一段，娓娓谈来，既生动感人，又富于文献价值。如邓家彦的《故工学博士马君武少年轶事》，详细叙述了马君武当年遭清政府通缉从中国公学逃亡留德的一段往事；陆费逵的《海舶相逢》，回忆了民国初年两人在海轮上相逢，马君武提议卖稿给中华书局以资助其留学一事；李四光在《追念君武先生几件小故事》一文中，深情追忆了1905年在日本和马君武一起加入同盟会的情景。纪念册末尾还收录了部分祭文和挽词、挽诗、挽联，中共领导人的挽词也赫然在列，周恩来的挽词是“壹代宗师”。朱德和彭德怀这两位八路军的正、副司令联名送的挽词是“教泽在人”。《马君武先生纪念册》是内部发行物，不公开出版，印数既有限，赠送范围也比较窄，七十余年后的今天已很难得一见了，即使在很多大型图书馆的馆藏目录上也难见其踪影，其文献价值值得珍视。

类似的情况还有《聂耳纪念集》。20世纪30年代，聂耳因成功地创作了《大路歌》、《开路先锋》、《毕业歌》等一系列歌曲而蜚声艺坛。在此之前，中国艺坛一向只有学院派和偏重于民间小调的黎锦晖派，而聂耳却为中国音乐闯出了一条新路，替中华民族叫出了解放的呼声，给人以振聋发聩的感触。1935年4月，聂耳从上海赴日本留学，并在日本完成了著名的《义勇军进行曲》的谱曲。生活向他展开了一条广阔的光明大道，他要向更高的目标攀登。为此，他替自己在日本的学习制定了一个详细的计划，分三个时间段执行，每个时间段都是三个月：第一个三月计划是初步听懂日语；第二个三月计划是考察日本的音乐、戏剧、电影；第三个三月计划则是作留学欧洲的准备。7月17日这一天，聂耳和几个朋友结伴去鹄沼海滨游泳，一个多小时之后，年轻的聂耳竟然永远地消失在这异国他乡的波涛之中，成了不归之人。聂耳的死，在中国留学生中引起了强烈的震动，8月4日，在房州馆山北条町的中国留学生海的家内举行了聂耳的追悼会，张天虚、杜宣、蒲风、李华飞、杨式谷等五十余人参加了追悼会。会场中悬挂着由杜宣书写的横幅：追悼聂耳先生大会，大家合着聂耳作曲的《义勇军进行曲》齐声歌唱，在雄壮的歌声中，聂耳的音容笑貌在大家心中慢慢浮现了起来。就在这个追悼会上，留学生们一致决定，大家捐款出版《聂耳纪念集》。

《聂耳纪念集》为32开本，1935年年底在东京出版。除聂耳遗像、手迹和追悼会合影外，书中共收入文章19篇，诗歌14首，并刊出聂耳的代表作《义勇军进行曲》、《大路歌》、《开路先锋》、《毕业歌》等歌谱，其中《义勇军进行曲》是手稿。书中还首次披露了聂耳从抵达日本那天起一直到生命终结前一天的全部日记。画家黄新波为纪念集设计了封面。《聂耳纪念集》为非卖品，主要赠送给捐款者，为弥补出版费用的不足，另少量出售了一些。由于日本的侵略，中日之间很快爆发了战争，这本《聂耳纪念集》在日本自然成了违禁品；而因出版在日本，除了留学生回国时带回来一些，国内甚至不知有这样一本书。故虽然这本《聂耳纪念集》可谓研究聂耳最重要的第一手文献，但时隔八十年，此书存世已极罕，当以个位数来计，名副其实地成为近代讣闻中的珍本。

此外，讣闻哀启当中的书法艺术及名人题词特色也不容忽视。科举时代的文人书法本就出色，何况能为讣闻执笔的多为其中佼佼者，故书法神采奕奕，更为出彩。由于讣闻体例特殊，且逝者多和书者关系非同一般，或由名人托付，故书家书写时均格外认真。这些石印的讣闻家传，多由大家撰稿，名家书写，风格各异，神完气足，不少可以名帖视之，如《阮君墓志铭》，由李详撰文，曾熙书写；《翰林院编修盛公家传》，由陈三立撰文，刘凤起书写；《吴光禄家传》，由郑孝胥撰文并书写等。此外，讣闻哀启中，名人题词比比皆是，几乎无一例外，有的甚至单单题写挽辞的篇幅就能印成厚厚一册。逝者名气越大，题写的名流越多，故欲寻觅名人手迹，讣闻哀启可能是最完备齐全的宝库。

讣闻哀启之类，多为私家印制，印数有限，散发范围狭窄，有心保留甚至收藏的更少，也稀见有专门机构单列一类刻意保管的。故此类文献存世稀少，查阅不易，利用更难。上海图书馆由于前辈的睿智眼界，以及地域的优势和时代的机遇，藏有各类讣闻哀启数千种，可能是国内收藏此类文献最多最全的一家机构。有鉴于此，此次年度大展专门将此列为一个主要门类展出，以后并将择其重要陆续影印出版，以期引起大家注意，更希望得到学界重视。

最后必须交代的是，本辑的分类排序和“年谱”部分略有不同。“年谱”是按人物的生卒次序排序，我们则想根据讣闻的特点和其在近代形制有所变化的具体情况，按讣闻的内容和其不同载体，大致划分类别并按此排序，也算是一种尝试吧。特此说明。

从陈炳谦夫妇殡仪留影观民国丧葬风俗

严洁琼

俗话说“盖棺定论”，一个人的浮沉运命、功过是非，必要等尘埃落定后方能从头细说、赏罚臧否。是以，古来之人，向来对死生一事极为看重，凡家资丰厚者，必不惜重金，遵循古礼，倾心操办。近代以降，虽因移风易俗，程序有所精简和变化，但对葬礼的重视倒是丝毫不减，尤其工商巨贾，向来都是出手阔绰。赫赫有名的盛宣怀大出殡、黄楚九大出殡，甚至成为全城市民围观的盛事。可惜，因图像文献的匮乏，此中盛况多数只能在报道文字中体会。幸而，上海图书馆藏有《陈吴氏夫人殡仪纪念留影》、《陈公灿融殡仪纪念留影》两本影集，配合《陈炳谦先生追悼大会纪念刊》一书，不仅可对陈炳谦其人其事有所了解，更可管窥当时丧葬礼俗之一斑。

陈炳谦讳灿融，字炳谦，广东中山梅溪乡人，生于1862年，1938年卒于澳门。早年随伯兄来沪学做生意，以丝茶进出口起家，后任祥茂洋行高级买办。祥茂洋行由英商设立，主要从事进出口贸易，最著名的产品就是“祥茂”牌肥皂。陈炳谦自供职后，历50年兢兢业业，在进口洋货的推销中显示了出众的才能，同时对于丝绸、茶叶、鸡蛋、烟叶等国货的出口尤为尽心，积累了丰富经验，深得外商大班信任。除从事进出口工作，陈炳谦在南洋烟草公司、闸北水电公司、广东银行、联保保险公司、业广地产公司、公共汽车公司、怡和纱厂、橡皮股份公司等多家公司中均占有股份，实力不容小觑。另外，因负责祥茂洋行的房地产租售业务以及身为业广地产公司董事，他在虹口、闸北一带还拥有大量地产。据上海商业银行的信用调查，陈炳谦的个人财产约一百万元，足以厕身上海富商行列。

但陈炳谦之所以能成为20世纪20、30年代广受尊敬的粤商代表，并不仅仅因为他的个人财富，更因为其热心公共事业和慈善活动，做了许多便民惠民的善举。他是广肇公所和粤侨商业联合会的董事，两家皆为广东同乡会组织，而广东人又多居住在闸北北四川路桥一带，是以陈炳谦对闸北地区的事务参与最多。1910年，中国北方灾害不断，来沪灾民络绎不绝，陈炳谦便在闸北设立收养灾民的工艺所，还附设初小学，让灾民子女能够读书。他还曾投资20万元，支持闸北兴办水电厂，得到了闸北市民的普遍赞赏。

而陈炳谦最为人称道的义举，则是1919年由粤侨商业联合会牵头组织的一场粮食平调活动。是年年初，广州四乡遭遇百年未遇之严峻米荒，粤中慈善组织纷纷致电上海同乡组织请求援助。粤侨商业联合会接到灾情报告后，毫不迟疑，立即决定组织大规模的平调。所谓平调就是组织大批粮食输入灾区，以低价卖给百姓，不仅可缓和当地粮食紧张状况，更能防止米商肆意哄抬粮价。然而，组织平调需要有一大笔购粮资金，还需要募集一定的捐款，弥补购粮与卖粮之间的差价以及水路运输费用。这一任务就落在了陈炳谦任董事的粤侨商业联合会肩上，陈与其它董事分工协作，迅速筹集捐款和借款，在短短3个月内，筹集资金上百万元，共采办36万石苏皖大米，分14批运往广州，帮助乡民应对了这次百年不遇的米荒。

陈炳谦乐善好施、扶贫济弱的一贯作风，在其夫人的治丧活动中同样有所体现。1936年农历七月，陈吴氏病重逝世，陈炳谦哀痛之余，亲力为其操办身后之事，并倡议来宾送奠礼时宜用现金，以便集成一定规模后资助慈善机构，为此还特地嘱人在《申报》上著文声明：

> 吴太夫人秉性温恭，宅心仁厚，炳谦先生历年办理社会慈善事业，多由太夫人居中赞助，以底于成。此次同人致送奠礼，所有楮帛酒席祭幛，以及出殡仪仗路祭等件，多属循俗虚文，且未免涉于靡费。同人仰体太夫人生平慈惠，本旨拟一律量情致送现金，数目无拘多寡，俟集有成数分别拨助慈善机关永留。

除此之外，仪式也力主简洁而庄重，繁文缛节一概刈除，出殡前夕，在报上刊登出殡日期之余还不忘加一句“如有团体和亲友路祭，因天气炎热，概行辞谢”。所谓路祭，是亲友祭奠亡人的一种方式，即出殡之日在灵柩所过之处，搭棚设酒于道之左右，望见灵柩将至，便烧香倒酒，望柩拜哭。一般大户人家，为追求排场，常于沿途每若干里设一路祭，以显荣哀，陈炳谦主动要求亲友不必路祭，可见其简朴治丧之心。

虽是如此，整个殡葬程序仍是非常完整，合乎礼仪的。传统的殡葬礼仪一般包括初终、讣告、沐浴、为铭、吊丧、小殓、大殓、出殡、浮厝、入葬等多个程序。吴太夫人逝世于七月初九日，次日即登报讣闻；十一日举行大殓，遗体入棺；十九日出殡，厝于闸北张三桥北融圃；八月廿三日举行家奠；后择吉日葬于联义山庄。严格遵守了一般殡仪该走的程序，尤其结合《陈吴氏夫人殡仪纪念留影》中的六十余张照片，倒是了解彼时殡葬风俗的理想范本。

人死后的第一个重要仪式便是大殓，在民间又称为入室，即把尸体放入棺材内。一般在死后的第三天举行，《礼记》有云“以俟其生也。三日而不生，亦不生矣”，就是说三日后人死而不复生，便可以安然入棺了。大殓地点一般设在堂前的东阶上，亲友痛哭一番后，由主人“奉尸殓于棺”。接着举行大殓奠，将酒菜供奉于灵座之前，最后由主人送宾客离去，大殓仪式宣告结束。不过可能因为此仪式比较私密，涉及遗体遗容，是以影集中并没有收录相关照片。

影集中收录最多的照片是吴太夫人出殡之情形，同时这也是整个殡葬礼仪中最重要的一环，因为要抬着灵柩、捧着遗像从家宅一路走到墓地，经过重重闹市，极具仪式感，同时也最能显“孝”，是以向来为祭者所看重。吴太夫人出殡虽然辞谢了“路祭”，仍是声势浩大、庄重肃穆。举殡时间为七月十九日下午1时，从老靶子路（今武进路）陈宅发引，经过虬江路，一路走向闸北张三桥。从照片看来，送葬队伍长得望不见头尾，夹道旁观者密密麻麻。20多位轿夫抬着灵梓走在当中，遗像架在花车上缓缓驶过，队伍中有广东同乡鼓乐队、三段救火队、音乐队一起提振声势，亲友们则身着孝服，拉着孝帏跟在后面。据报道，当日“执绋者达千人，团体往送者，计有尚武体育会、聚胜和体育会，超然互助会等，由老靶子路发引，沿途观仪者，极为拥挤，一时交通为之断绝”。

灵柩抵达北融圃后，一路通过摆满花圈的甬道，停在园内设的祭堂中，并举行祭奠活动。祭堂布置庄重，梁上挂满“奠”字旗幡以及亲友赠送的挽联，众人一起诀别棺梓，焚化弥留时之遗物，礼成后家属换为常服。圃中另设有招待处和茶点处，以便宾客歇脚用膳。

不过灵柩下在北融圃只是暂时寄放，待到八月廿三日家奠完毕后，才另择吉日正式下葬于专葬广东籍人的墓地——联义山庄。家奠当日，陈宅门口竖起高高的“奠”字牌楼，亲友们赠送的冲锋、祭帐、挽联在通往祭堂的墙上一字排开，另有客厅布置一新做待客之用，这些在影集中均有所体现。

影集中有一张照名为“举行题旌及立灵时摄影”，亦是丧葬中的一个重要程序。旌为“铭旌”，为灵柩前的旗幡，用绛帛粉书。品官则借衔题写某官某公之柩，而士则称显考显妣。另纸书题者姓名，粘于旌下。平民百姓之丧，不用铭旌。大殓之后，用竹竿挑起，悬竖在灵前右方。葬时去掉竹竿及题者姓名，将旌放在灵柩上面。灵座亦称灵位，指新丧即葬，供奉神主的几筵。设于柩前，供祭奠用，并用绵绢结魂帛以依神。

还有几张照片题为“三虞致奠时留影”、“五虞朝梓时合影”，那么这三虞、五虞究竟是什么意思呢？原来按照儒家的丧葬礼仪，有虞祭之说。虞是安的意思，死者下葬以后，骨肉虽然归土，灵魂却没有归处，故行虞祭，即可使死者的灵魂得以安定。届时，家中要设真堂、灵帐，日夜祭奠。而据古礼，虞祭要举行三次，甚至五虞、六虞。第一次称初虞，在下葬这天举行。第二次称再虞，在初虞后的第一个柔日举行。按天干记日法，乙丁己辛癸日为柔日，甲丙戊庚壬日为刚日。如乙日下葬，则在丁日举行第二次虞祭。第三次虞祭称三虞，在再虞后的第一个刚日举行，以此类推。

《陈吴氏夫人殡仪纪念留影》中收录照片61张，从出殡至入葬，皆有清晰记录，从中可见殡葬仪序之繁琐而神圣，而待到1938年农历八月陈炳谦病逝于澳门，后人为其编制《陈公灿融殡仪纪念留影》时，也基本是按照此流程排列。陈炳谦八月初七日病逝于澳门宅邸，八月廿八日出殡，暂厝于镜湖医院，九月十八日举行家奠。影集中也着力展现了举殡、祭礼、家奠等几个重要仪式的活动场景，只是排场更为浩大，尤其出殡之时，僧道开路捧遗像登车，灵柩披上特备三层棺罩，执绋者数千，往观者更不可计数。

另外影集中还有两个陈吴氏影集中没有的程序。一为“请灵”。即由高士将灵位捧出孝堂，准备发引。一为“点主”。“主”即“神主”，本是古时为已死的君主、诸侯作的牌位。到后来，一般百姓的牌位亦称为“主”，牌上写有死者姓讳、身份、官职、封谥等，供人们祭奠。灵牌用墨笔书写，最后的“主”字，只写成“王”字，上面这点，则需请耆宿名流用朱砂点红，这一仪式便称为“点主”。

除《陈公灿融殡仪纪念留影》展现的丧仪之隆重外，因陈炳谦任粤商领袖，富甲一方，交游广阔，兼及乐善好施，历来为人所敬重，是以听闻噩耗后，往来吊唁者络绎不绝。沪上商界领袖虞洽卿与之素来交好，虽年逾古稀，仍精神矍铄，特约同沪商会长王晓籁，及上海名律师江一平，康元制罐港分厂经理阮维扬，及闻人毛和源、江卓云、陈志声、葛志奋、项康元等一行九人，由港专程过澳，祭吊陈氏。此外军政长官李宗仁、余汉谋、宋子文及广东省政府主席吴铁城，与陈氏交情素厚，对于陈氏之去世，尤深惋惜，均分别电唁及书赠挽联。

李宗仁总司令致挽云："溯公阅历一生，为国为乡无遗恨；叹我相交多载，式言式行难忘。"余汉谋总司令致挽云："伟望重鸡林，黄榜紫标娴货殖；惠声彰歇浦，义浆仁粟逮孤寒。"宋子文委员长为遗像送来题赞云："典型犹在。"吴铁城主席也发电报云："陈炳谦先生家属礼鉴，噩音传来，同深悲痛，特电吊唁，敬希鉴察。"另外，澳门督宪巴波沙博士，素来敬重陈氏之为人，也于大殓之日，偕其秘书及副官亲向灵前致吊，并为其默哀三分钟。澳门时报馆还编撰了一本《纪念陈公炳谦专刊》，收录生平行述及各界悼词悼文，以作缅怀。

除澳门各界为其沉重哀悼外，因陈炳谦常年活动在上海，去世前一年才回澳门休养，是以，上海各界同仁深感悲痛之余，决定为其举办追悼会。追悼会这一略为西化的默哀仪式在近代上海颇为流行，尤其是祭奠公众人物的首选。而为了此次追悼会顺利举行，还成立了一个陈炳谦先生追悼大会筹备处，专门负责此事。筹备会第一次会议于1938年12月7日下午在贵州路新新酒楼举行，选定正主任周清泉，副主任郭顺、冯炳南、杨梅南、郭仲良，总干事何权生，副总干事崔聘西、李泽。筹备处工作地址设在高乃依路广东旅沪同乡会，经费则由参加追悼会的团体和个人自由乐助，不足之数由粤侨商业联合会补足。

此后筹备处又于新新旅馆406号临时办公室开了四次处务会议，商议挽幛冲锋花篮花圈购置、大会司仪人选、信件拨发、纪念册编撰、纪念章制作、会场布置等事项。最后追悼会日期定于12月24日，开会仪式如下：

1、开会
2、主席团入席
3、家属入席
4、全体肃立
5、奏哀乐
6、献花
7、静默
8、恭读祭文
9、向陈炳谦先生遗像行三鞠躬礼
10、奏哀乐
11、主席团报告
12、亲友恭述行状
13、来宾演说
14、家属答词
15、奏哀乐
16、礼成

根据此仪式流程确定的人选则是主祭周清泉，陪祭郭顺、郭仲良，司仪戴玉冲，纠仪崔聘西，主席团报告人郭顺，亲友恭述行状徐致一，祭文宣读姜和椿。另外，上海粤侨商业联合会、番禺会馆、顺德会馆、泰和兴银公司、新新公司等团体俱派代表参加追悼会并宣读祭文，还有社会各界寄送来的诔辞、挽联、挽诗，都集成一册，出版了《陈炳谦先生追悼大会纪念刊》一书。此外，为了永久纪念陈炳谦先生，筹备处还提议成立陈炳谦先生纪念奖学金，并另组基金保管委员会负责办理此事，资金则除由陈公家属指拨专款外，另向社会人士募集。据募集启事中看，募款截止时间为1939年2月底，不知后来是否事成，不然倒也是美事一桩。

在近代上海活跃的粤籍商人的庞大队伍中，陈炳谦也许不是最出色的那一个，前有唐廷枢、徐润、郑观应等先驱者珠玉在前，同期也比民族企业中的佼佼者南洋烟草的简氏兄弟、永安百货的郭氏兄弟略逊色，但仍是20世纪20、30年代香山买办的一个重要代表。从《陈炳谦先生追悼大会纪念刊》中收录的行述、祭文、诔辞中不仅可以看到对其勤勉致富、热心公益的一生最早的完整记述，更可看到陈炳谦工作50多年来建立的人脉网络，留下的慈善事业，以及当世之人对其景仰之情，是了解陈炳谦生平不可多得的一手文献。而两部《殡仪留影》更将民国丧葬礼仪的各个细节巨细靡遗地展现出来，使这些原本枯燥的程序有了鲜活的影像文献可资参考，同时也是对陈炳谦一生的最后注脚。人生一世，不过从生到死的一段旅途，生前建功立业，死时备极荣哀，也算是画了个圆满的句号。

讣告文献中的爱俪园轶事

严洁琼

说起哈同夫妇以及他们那幢坐落于静安寺路深处的爱俪园，民国初年的上海人怕是无人不知、无人不晓。此园由著名僧人黄宗仰设计，历八载寒暑建成，园内池水环绕，山石错落，亭台楼阁，奇花异草，目不暇接，处处胜似仙境，有“海上大观园”之美誉。园景之美尚在其次，因哈同夫妇不比一般洋商多在洋人圈中交际、与华人只是点头之谊，他们尊崇中国传统文化，又热心慈善事业，是以出入其间之政商巨擘、文人骚客不胜枚举，留下了不少轶事佳话。1911 年 12 月，辛亥革命胜利伊始，孙中山从欧洲回到上海，便莅临爱俪园，接受了哈同夫妇及各路革命党人的盛情款待。1913 年 6 月 15 日，国学大师章太炎与才女汤国梨的婚礼也选择在爱俪园举行，一时成为街谈巷议的热点。若有心把爱俪园整部园史爬梳一遍，真不知有多少海上名流点缀其间。而在上海图书馆收藏的各类人物行状中，就有不少与爱俪园有着千丝万缕的联系。

首当其冲的自然是爱俪园的主人哈同夫妇，诸如《哈同先生荣哀录》、《戬寿堂百卅合庆寿言》、《慈淑太君寿言》、《慈淑罗太夫人年谱》等，对哈同及其夫人罗迦陵的生平都有详细记述。有鉴于此，在此不再赘述。要多说几句的则是这几本书的共同编辑者，也是爱俪园另一位重要人物——姬觉弥。

因罗迦陵信佛，爱俪园一直弥漫着浓郁的崇佛氛围，其实际掌舵者一前一后也是两个和尚，其先是设计者黄宗仰大师，自 1900 年罗迦陵于镇江金山寺与其一见如故、请其出山，至 1914 年两人渐行渐远、最终分道扬镳，一直为园内诸事宜出谋划策、鞠躬尽瘁。而继黄宗仰后起的便是姬觉弥，他于 1908 年来到爱俪园，那时他还不姓姬，也不是和尚，不过极会察言观色，很快便揣摩出女主人的喜好，不但认了她做师父，皈依佛门，把姓氏也改了，给自己重新取名，并渐渐地接过黄宗仰的班，成了爱俪园的大管家。

至于他的早年历史则一直成谜，姬觉弥执掌大权后对此也讳莫如深，只含糊地说起自己“童年走燕赵、出居庸关，驰骤大戈壁，由土耳其趋欧洲诸国。归而航海，居扶桑三岛，……倦而遄返，息辙海上，年甫逾冠也”。坊间则流传有多种版本，一说他早年参加过义和团，又说他曾被一宫内的太监收养，差点便净身进宫，还说他曾是某位周姨太的侍从，后被罗迦陵招揽至爱俪园……稍好点的说法是他流浪到上海时，因与教会人士相熟，通过一位教士的介绍，以擅长京话的优点被推荐进园。综合以上种种，再结合姬觉弥为自己父亲编撰的《睢宁潘杰三事略》，有几点是可以肯定的，他原名潘林，苏北睢宁县人，学名潘翥云，幼好武，童年即从戎，曾赴各地游历，尤以在京时间为久。

至于他的为人，从坊间流传的这些逸闻就可看出，实是声名狼藉。一些熟悉园中事务的人说起他来，也是毫不留情。比如高拜石在《爱俪园五十年兴亡记》中就说他“本性佻达，只会趋媚奉承的功夫” 。李恩绩在《爱俪园梦影录》中则说“姬觉弥有一个别人所没有的特长，是‘善体人意’，巧妙地选择对象，斟酌说什么话”，皮里阳秋地将其讽刺了一番。其余当时小报上登载的种种有关他的“奇闻异事”，更是不堪入目。小报当然难免夸张之嫌，但从姬觉弥自己编的这几本书看来，倒也可看出一些端倪。

首先，此人甚是喜欢往自己脸上贴金，比如在他撰写的《哈同先生兴业记》中，写到哈同与自己的结识时，这样说道“觉弥来游海上，去今岁几三十载矣。其时年甫冠耳，先生一见器之，即属囊行事，自以年少鲜阅历，尤不娴沪俗，辞弗敢任，先生不听且勖之曰：以子之敦厚则少年而老成，以子之敏达何待乎阅历？”借他人之口夸赞自己“敦厚敏达”，哈同“一见器之”，非寡廉鲜耻之人决做不到如此。给自己贴金不算，还要将祖上拔高，在为其父亲编撰《睢宁潘杰三事略》一书时，姬觉弥竭尽所能将这位普通商人加以美化，不仅私谥谥号“冲穆”，还凭借爱俪园的财大气粗请来沈曾植写碑铭、熊希龄写墓志、王国维写墓碣铭，溢美祖上之余也洗白了自己的出身。对自己是拼命吹嘘，对他人则是无情贬低，黄宗仰大师作为爱俪园的设计者以及第一任管家，其重要性不言而喻，然而在姬觉弥编写的几本书中，非但对此只字不提，还把由黄宗仰筹划创办的华严大学，也算作自己的功劳，可见其人之量狭。

不过，此人虽然品行不端，明明出身微贱、胸无点墨，却极爱附庸风雅，但因背靠爱俪园这棵大树，又舍得在崇古之事上砸钱，竟也被他做成了几桩事情。罗迦陵请黄宗仰造爱俪园之初本就欲与当时海上第一名园“张园”比肩，后来创办华严大学、翻刻《大藏经》，虽有礼佛之意，也是为了提高爱俪园的声誉及社会影响力。姬觉弥接任之后，自然懂得迎合主人的心意，只是把佛学换成了仓学。要说何为“仓学”？原来他在翻日历时，突然发现自己的生日和造字的仓颉是同一天，这仓颉是比孔子还古老的圣人，所造之字又如图腾一般具有神秘感，于是引为知己，大力发扬起仓学来。先是把停办的华严大学改名为仓圣明智大学重新招生，不仅学费全免，还提供膳食和住宿，加之重金聘请了一些颇有名望的学者为教师，倒也培养了一些优秀学生。其后又成立了专门研究仓颉的广仓学会，因其提倡古礼和旧学，颇得避居租界的遗老遗少们的青睐，会员人数有五六千人之多，广仓学会下面又分为广仓学古物陈列会、广仓耆老会、广仓学文会等，举办古物鉴赏、诗词征文等各类活动。

尤其值得一提的则是广仓学会的前身广仓学窘，这是一个设立在爱俪园内的机构，主要工作是组织广仓学会的各项活动，以及编辑两本刊物——《学术丛编》与《艺术丛编》。负责编撰《艺术丛编》的是杭州的金石学家邹景叔，1913 年姬觉弥陪罗迦陵游览杭州时与其相识，对其所收藏的金石拓本颇感兴趣，便邀请他到爱俪园来编印这些拓本，这也是设立广仓学窘的缘起。而负责编撰《学术丛编》的则是著名的国学大师王国维，一般人都只知王国维是清华四大导师之一，却不太了解其实他亦在爱俪园创办的仓圣明智大学供职过一段时间，还编撰了多本爱俪园出版物，而这些经历在上海图书馆藏的《王忠悫公哀挽录》中都有提到。

《艺术丛编》说是“艺术”，其实是有关文物学的刊物，邹景叔原就藏有许多古器墨本，只消编辑一下，再约另一位金石学家罗振玉补充一些，便可以了。《学术丛编》则没那么简单，这是一种有关经学、小学、史学的刊物，非在此领域功底深厚、素有名望者不可嘱托，邹景叔想来想去，唯有王国维可担此重任，遂将一纸邀书寄到了东瀛。当时，王国维已在日本待了六年，也是思乡心切，是以接到同乡的邀请后，便于1916 年 2 月携长子来到上海。

进入爱俪园后，虽听得旁人对管家姬觉弥之为人屡有非议，且几件小事接触之下，深感“唯有混蛋和骗子”才能与其相处，有辞却之心，但因报酬丰厚，且姬觉弥答应他不担任大学教务长职务，不迁入爱俪园，也不用坐班，且全权掌握《学术丛编》的编撰权，有相当大的学术自由，可以尽情发挥自己所长，因此还是留下了。然而，姬觉弥出尔反尔，第二年还是请王国维担任仓圣明智大学的经学教授，王国维答应了，只是提出要把课安排在上午，并备车接送。因此从 1918 年开始，王国维也开始给学生上课，甚至 1920 年《学术丛编》停刊后，他还受聘于仓圣明智大学，直到 1922 年大学停办。其间北京大学先后于 1917 年秋、1918 年夏和 1920 年底 3 次邀请王国维担任文科教授，都被他婉拒了。

从 1916 年到 1922 年，王国维在爱俪园一待就是七年，虽然仓圣明智大学声名不彰，甚至可以说是有点“臭”，比如郭沫若提到王国维曾在此授课时，就说：“假使当年知道了他会在这样一个大学里任教，说不定我从心里便把他鄙弃了！”但在王国维一生的学术研究中，这段时间也许是因为经济宽裕、生活安定，却是“著述益丰、成果累累”。

1916 年 5 月，他写了被梁启超誉为“一铭相当于一篇《尚书》”的《毛公鼎考释》，开创了历史学研究的“二重证据法”（即“纸上之材料”与“地下之新材料”相互印证）。其后，又再接再厉，将此方法深化，写出了被鲁迅称为“要谈国学，那才可以称一种国学的书”的《流沙坠简考释》。

1917 年，王国维又先后撰写了博得同时代学者众口称誉的《殷卜辞中所见先公先王考》及其《续考》，通过对安阳小屯甲骨辞的研究证实，《史记》中关于《殷本纪》的记载基本正确，又纠正了《殷本纪》在殷祖先次序排列上的一些错误，将甲骨研究与商史研究结合起来，取得了很大成绩，极大地提高了甲骨文的学术价值。

而在这些著述撰写期间，爱俪园除了提供相对安定的生活环境，还有就是丰富的藏书以及金石、甲骨收藏供王国维参考。1916 年冬，罗迦陵买到刘鹗所藏甲骨千片。刘鹗为晚清收藏甲骨第一人，总藏有5000 多片，1908 年逝世后，他的收藏散落各方。其中，约有 1000 片左右先归其表兄弟卞子休，后由卞转卖给罗迦陵。罗迦陵得到后，让姬觉弥转交王国维，王精选其中 605 片编写了《戬寿堂所藏殷墟文字》一书（不过该书出版时编者却署姬佛陀）。能与大量文物实物朝夕相处，或许也是王国维这段时间学术研究能够厚积薄发的原因之一。是以，他虽然对爱俪园种种管理之混乱有所不满，且时时要做些为他人做嫁衣的事情，却仍然在此逗留了七年之久。

在当时上海新文化运动浪潮的席卷中，爱俪园绝对算是一个异数，虽然主人哈同是犹太商人，夫人罗迦陵是中法混血，却极崇佛学以及以孔孟之道为代表的旧学，耗费巨资收藏了大量古籍、书画、古器、甲骨，并提供场地开办古物陈列会，请前清遗老们来园中赏玩。是以，一些国学硕儒如沈曾植、章太炎、王国维都是坐中常客。而其所创办的仓圣明智大学，课程也与当时时兴的新式学堂有所差异，除了一般都有的课程外，特别开设“小学”与“佛学” 。另外因为自古礼乐不分，古乐也是颇为重要的一项，尤其如“乡饮酒礼”、“乡射礼”等仪式究竟依何程序举行？是用些什么乐器？久已失传，凭借考据虽然能考证大概的轮廓，但具体如何操作以及教导学生还是需要懂音乐的内行。这人需精通弹古琴，兼通琵琶、胡琴等，最好还要通乐理与古礼，最后爱俪园通过多方推荐，聘请了古琴家郑觐文。

郑觐文（1872–1935），字光裕，江苏江阴人。12岁就能演奏普通丝竹乐器，17岁秋，赴省城南京参加“乡试”，考取可直接进入国子监读书的副贡生。在南京时，他购得一张明代古琴，回乡后拜古琴名家唐敬洵为师，逐渐形成了古朴、苍劲的演奏风格，所弹奏的《秋鸿》、《平沙落雁》、《龙翔操》、《梅花三弄》、《水仙操》等琴曲别具韵味。此后十余年，他通读经籍，悉心研究雅乐。1902年被推选为江阴庙堂音乐助教，因原有的古旧乐器不堪使用，遂历时数月制作新器。1915起任仓圣明智大学古乐老师。

对于郑觐文在爱俪园的这段经历，上海图书馆藏《郑觐文讣告哀启》中其子如此叙述：“民国四年受上海哈同花园明智大学之聘任担任国乐教授，凡韶乐、武乐、历史古舞以及乡饮乡射均得在校内次第试演，所用乐器均亲手制造，府君得此试演机会益以整理国乐为己任。”

据李恩绩在《爱俪园——海上的迷宫》中所说，爱俪园最先想请的是李子昭，李婉拒后推荐了郑，郑觐文原本就对古乐古礼颇感兴趣，自然是一口答应。来到爱俪园后，郑觐文的主要任务除了在仓圣明智大学教古乐课外，最重要的就是置办校内各类祭祀大礼时的器乐。仓圣明智大学每年在仓颉诞辰日也即姬觉弥校长生日那天，要举行祭奠仓颉的仪式，只是这祭奠仪式该如何举行，姬觉弥却没有主意。经人介绍，他找到一个当时在杭州办蒙养学堂、以前在丁祭局做过20年“通赞”的前清举人来筹备祭祀仪式，而置办古乐器的任务则交给了对此素有研究的郑觐文。

郑觐文拿了6000两银子前往南京，按照文庙丁祭簿里的样式，定制了钟、大鼓等古乐器，又定制了64件蓝色和粉红色各半的湖绉男女长衫，供祭祀仪式上男女学生跳八佾舞时穿着。佾是列的意思，八佾舞是指八列舞者执羽而舞，一列八人，八列共64人。这原本是天子祭太庙所用的人数，用在此处在以前可是犯忌的，不过此时已然民国，就变成了排场的炫耀以及古代礼乐的试演。

不过，有了这些操办经历后，郑觐文此后倒是越发对古乐器感兴趣了。1920年他发起创办旨在提倡国乐的“大同乐会”，曾仿制各种古乐器，有箜篌、五弦琵琶、忽雷、编钟等计164件。为了探索民族乐队建制，他还组成了32人的新型民族管弦乐队进行尝试。郑觐文又致力于中国音乐史研究，从1927年起耗时九载完成《中国音乐史》一书，记载了“上自远古雅乐，下至明清九宫的主要音乐事项”，为其多年调查研究民族音乐的成果，颇具学术价值。

其实，当时受聘或出入于爱俪园的还远不止以上几位，比如著名画家徐悲鸿也曾在仓圣明智大学教过美术课。只是恰好上海图书馆馆藏人物行状类中有这么几种，便略选几人，凑成一篇，聊表一说，而由此也可看出，爱俪园虽为外商之私家别墅，在长久的历史语境中也一直被视为殖民者对本国民众巧取豪夺的罪证之一，但它广收文物、创办学校、设立广仓学会，出巨资翻刻《频伽大藏经》，集众力翻译《古兰经》，又出版学术刊物《艺术丛编》、《学术丛编》，虽未免沽名钓誉之嫌，却着实为文化事业做了一番贡献，这是无论如何也不该否定的。

哀思录

孙中山先生葬事筹备处编，1925年出版，铅印本。共三册，其中第一册主要收录孙中山的遗像、遗嘱、遗墨、自传、由粤往津的过程、病逝经过以及医生报告和治丧报告；第二、三册分别记录了海外、海内各地的追悼情形。资料翔实，全面准确地反映了关于孙中山逝世、后事筹办及当时社会各界的热烈反响。

人物生平参见《孙中山年谱》条。

民國紀元前三年（在法巴黎）

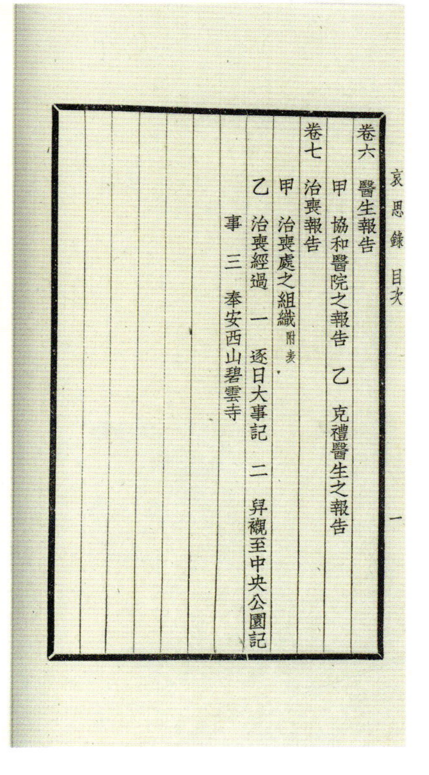

哀思錄 目次　一

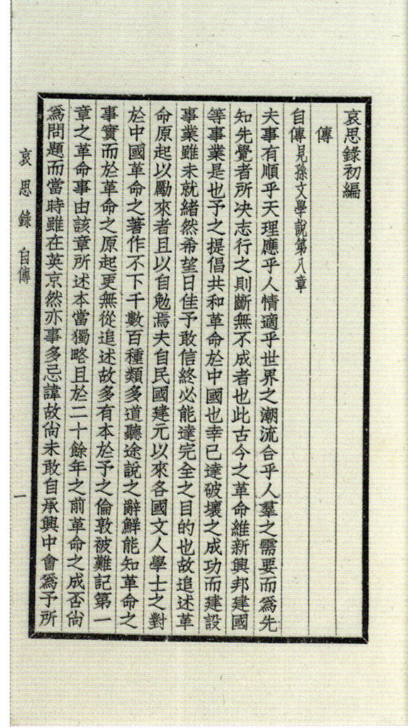

哀思錄初編

傳

自傳見孫文學說第八章

夫事有順乎天理應乎人情適乎世界之潮流合乎人羣之需要而爲先知先覺者所决志行之則斷無不成者也此古今之革命維新興邦建國等事業是也予之提倡共和革命於中國也幸已達破壞之成功而建設事業雖未就緒然希望日佳予敢信終必能達完全之目的也故追述革命原起以勵來者且以自勉焉夫自民國建元以來各國文人學士之對於中國革命之著作不下千數百種類多道聽途說之辭鮮能知革命之事實而於革命之原起更無從追述故多有本於予之倫敦被難記第一章之革命事由該章所述本當獨畧且於二十餘年之前革命之成否尚爲問題而當時雖在英京然亦事多忌諱故尚未敢自承興中會爲予所

哀思錄 自傳　一

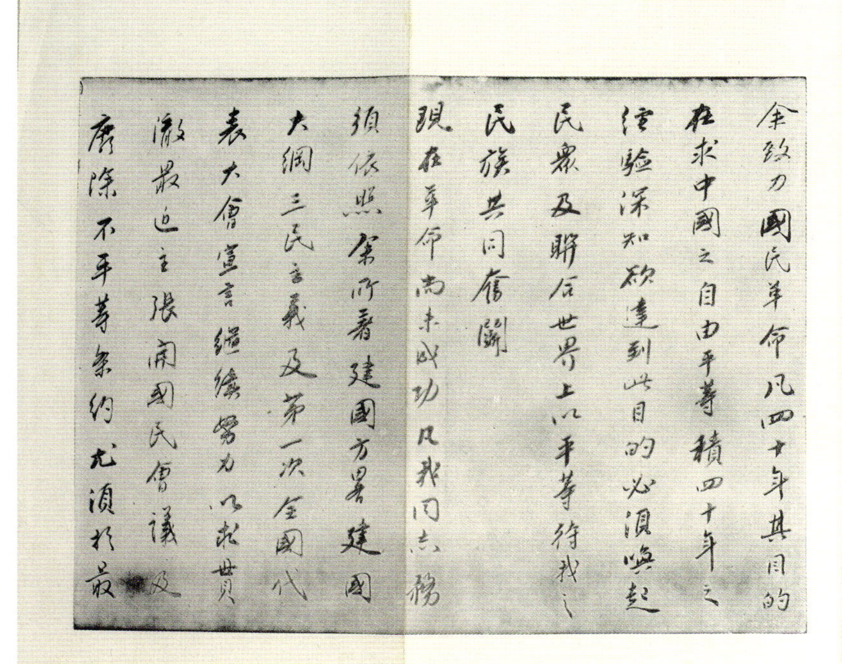

余致力國民革命凡四十年其目的在求中國之自由平等積四十年之經驗深知欲達到此目的必須喚起民衆及聯合世界上以平等待我之民族共同奮鬬

現在革命尚未成功凡我同志務須依照余所著建國方略建國大綱三民主義及第一次全國代表大會宣言繼續努力以求貫徹最近主張開國民會議及廢除不平等條約尤須於最

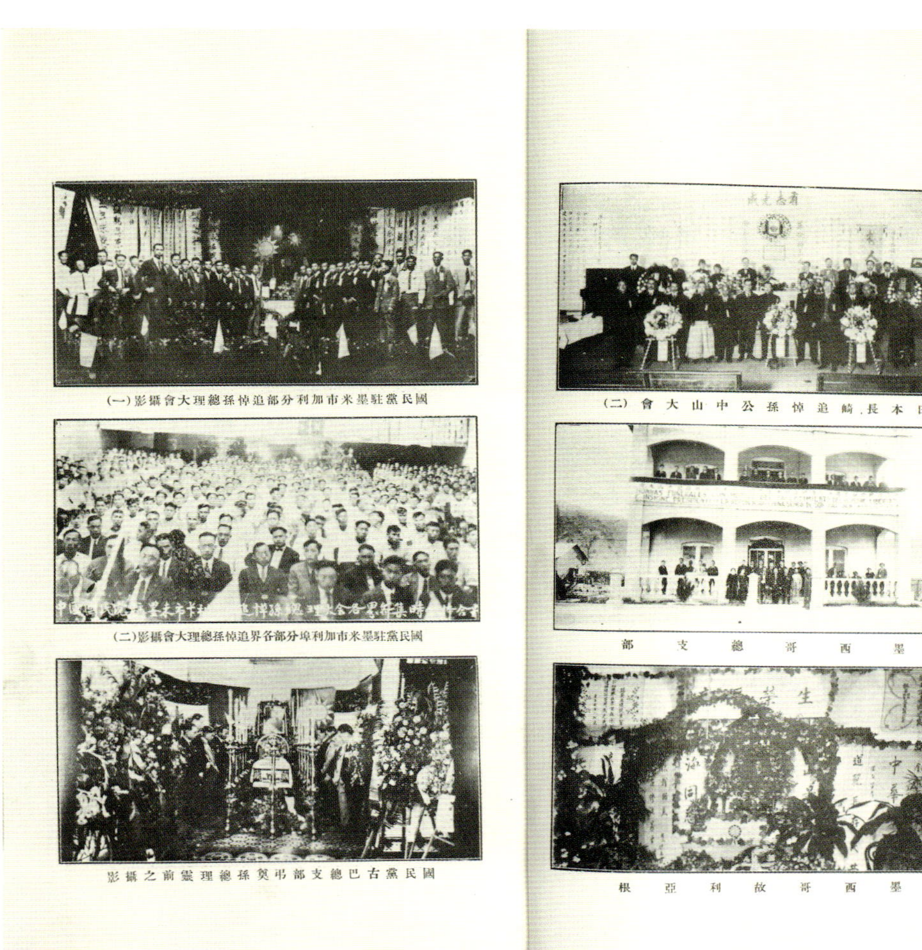

國民黨駐墨米市加利分部追悼孫總理大會攝影(一)

國民黨駐墨米市加利埠分部各界追悼孫總理大會攝影(二)

國民黨古巴總支部弔奠孫總理靈前之攝影

日本長崎追悼孫公中山大會(二)

墨西哥總支部

墨西哥故利亞根

江蘇南通(其二)

江蘇無錫

山東青島

四川重慶

黑龍江

江蘇南通(其一)

哈同先生荣哀录

姬觉弥辑，1932 年出版，铅印本。共 12 册 16 卷，各卷目录为：遗像、像赞、荣典、行述行状、兴业记、碑传、治丧景物摄影、诔文拟传等类、祭文、挽诗词、挽联及幛额、家祭文及联、姬觉弥祭文及联又通函、征文、银婚及寿序等、治丧纪事。此书费时一年，耗资 15 万完成，详细记述哈同丧葬盛况并收录各界闻人赠送之像赞、挽联、挽诗。

哈同（Silas Aaron Hardoon，1847—1931），生于巴格达，系伊拉克犹太人，到中国后入英国籍。1873 年到香港在沙逊洋行任职。1874 年被任为上海沙逊洋行经理。除供职沙逊洋行外，兼营鸦片、皮毛及外汇投机买卖。1901 年开设哈同洋行。曾任上海法租界公董局董事及公共租界工部局董事。在沪西有以其姓氏命名的哈同路（今铜仁路）和哈同花园（今上海展览中心），在园内还设立了“仓圣明智大学”。1931 年 6 月 19 日病死于上海。

敬啓者　哈同先生之喪辱荷
弔唁已由迦陵夫人率孤子等肅牋申謝計登
籤典竊念
惠錫祭輓義摯情隆感念平生彌見僑札之誼表揚芳烈益
傳陳郭之徽宜有紀錄以傳奕禩覺彌忝列石交責稟後死
謹從事纂輯附以蕪作分別部居務求翔實見已全書告成
特奉上一函計十二册敬祈
詧收藉備
覽觀卽請
台安不具　　姬覺彌謹啓

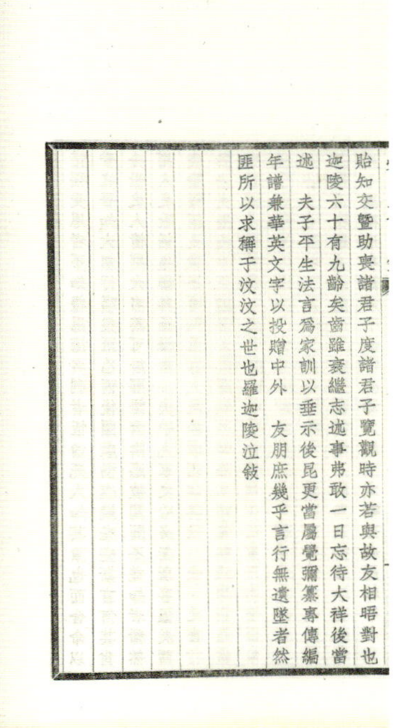

歐司愛哈同先生榮哀錄目錄

第一　遺像　遺像一　遺像二　跨鶴西歸圖　清代衣冠像

第二　像贊　題贊一百十四首

第三　榮典　陳列褒勳給章證書圖一　又一　勳一位證書　勳二位證書　一等大綬寶光嘉禾章證書　一等大綬嘉禾章證書　二等大綬寶光嘉禾章證書　二等嘉禾章證書　三等嘉禾章證書　四等嘉禾章證書　二等文虎章證書　三等文虎章證書　勳一位之章　勳二位之章　勳三位之章　寶光嘉禾章　大綬寶光嘉禾章　嘉禾章一　二　三　四　大綬嘉禾章一　又一　文虎章一　二　三　四　中國婦孺救濟會董事章　大總統贈額　端康皇太妃贈額　大總統題學校額　端康皇太妃贈書　又贈聯　宣統贈聯

第四　行述行狀　行述　行狀　軼事狀　行述書後

第五　興業記

第六　碑傳　墓誌銘　墓碑　神道碑　傳一　傳二

第七　治喪景物攝影　訃亭　治喪事務處　靈堂一　靈堂二　靈堂三　遺象及墓道　墓前花圃　來賓墓祭　墓旁樂亭　清眞教李芳孝諸君公祭　倉聖明智大學教員祭奠　夏午詒張幹卿公祭　何東爵士夫人祭奠　來賓公祭一　來賓公祭二　來賓公祭三　來賓公祭四　來賓公祭五　來賓公祭六　來賓公祭七

貽知交曁助喪諸君子度諸君子覽觀時亦若與故友相晤對也
迦陵六十有九齡矣齒雖衰繼志述事弗敢一日忘待大祥後當
述　夫子平生法言爲家訓以垂示後昆更當屬覺彌纂專傳編
年譜兼華英文字以投贈中外　友朋庶幾乎言行無遺墜者然
匪所以求稱于汶汶之世也羅迦陵泣敍

以金錢為世界文化努力是此老不朽事業也

哈同先生

于右任

跨鶴西歸圖

倉聖明智大學教職員祭奠

清真教李芳孝諸君公祭

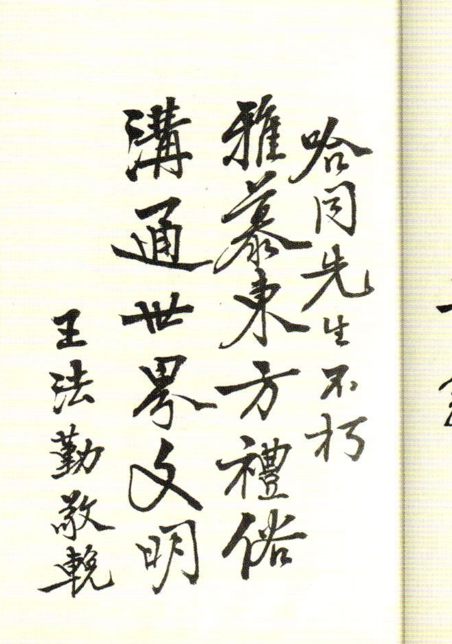
哈同先生不朽

雅慕東方禮俗

溝通世界文明

王法勤敬輓

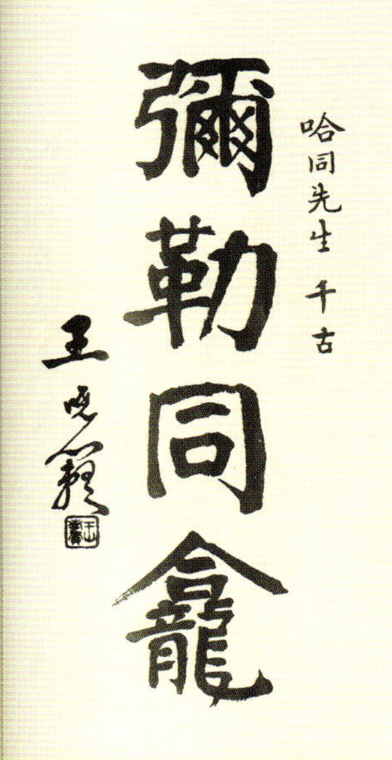
哈同先生千古

彌勒同龕

王一亭

张大元帅哀挽录

1928年出版，铅印本。分三编，共四册。第一编一册，收录遗像、遗墨、遗嘱、行状、丧礼摄影、各地追悼摄影；第二编一册，收录祭文、诔文、挽诗、碑文；第三编分上下两册，专录挽联。

张作霖（1875–1928），字雨亭，奉天省海城县（今辽宁省海城市）人。先后担任奉天督军、东三省巡阅使等，号称“东北王”，成为北洋军奉系首领。第二次直奉战争胜利后，打进北京，任陆海军大元帅，代表中华民国行使统治权，成为国家最高统治者。1928年因前线战事不利，被迫返回东北。1928年6月4日，乘火车被日本关东军预埋的炸药炸成重伤，史称皇姑屯事件，当日送回沈阳官邸后即逝世。

哀輓錄 目次

一

張大元帥遺像（一）
大元帥時期

張大元帥遺像（四）
師長時期

張大元帥遺像（五）
統領時期

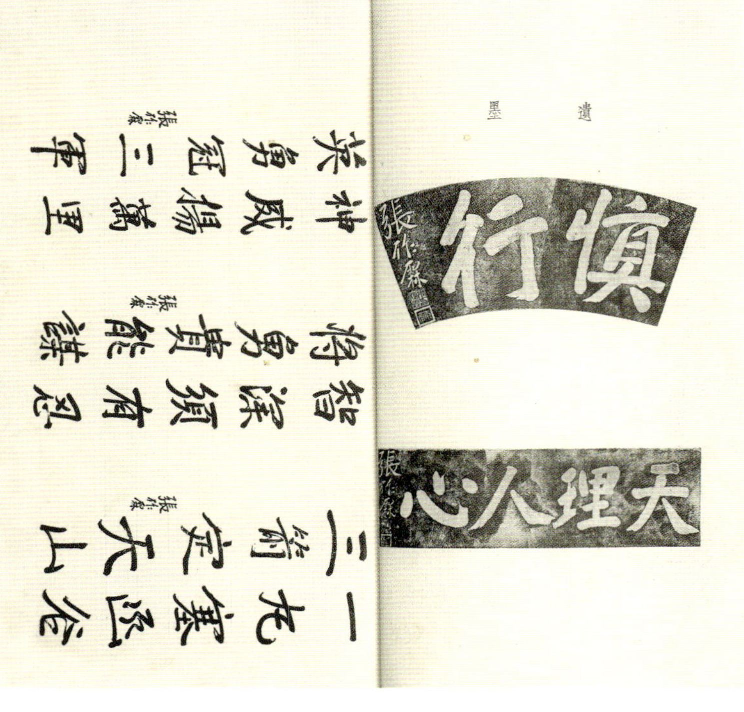

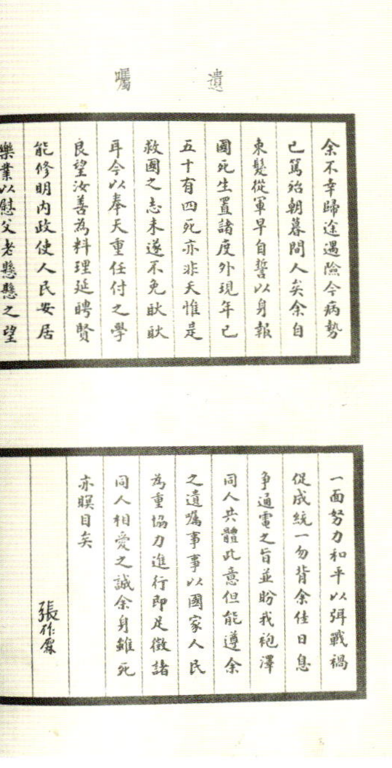
遺囑

余不幸歸途遇險今病勢已篤殆朝暮間人矣余自束髮從軍早自誓以身報國死生置諸度外現年已五十有四死亦非夭惟是救國之志未遂不免耿耿耳今以奉天重任付之學良望汝善為料理延聘賢能修明内政使人民安居樂業以慰父老懸懸之望

一面努力和平以弭戰禍促成統一勿背余佳日息爭通電之旨並盼我袍澤同人共體此意但能遵余之遺囑事事以國家人民為重協力進行即足徵諸同人相愛之誠余身雖死亦瞑目矣

張作霖

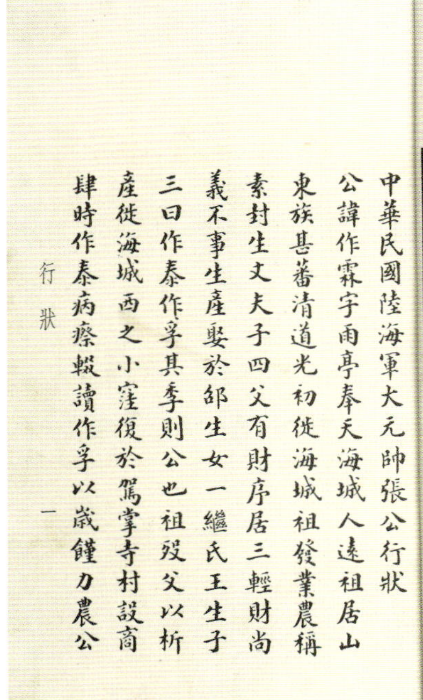
中華民國陸海軍大元帥張公行狀

公諱作霖字雨亭奉天海城人遠祖居山東族甚蕃清道光初徙海城祖發業農稱素封生丈夫子四父有財序居三輕財尚義不事生產娶於邰生女一繼氏王生子三曰作泰作孚其季則公也祖歿父以析產徙海城西之小窪復於駕掌寺村設商肆時作泰病瘵輟讀作孚以歲饉力農公

行狀 一

张南通先生荣哀录

许彭年、孔容照编，中华书局出版。铅印本。全四册。第一册收录寿序、寿诗；第二册收录寿联、颂词、唁电、唁函、祭文；第三册收录诔词、挽联；第四册收录挽联、挽幛。

人物生平参见《啬翁自订年谱》条。

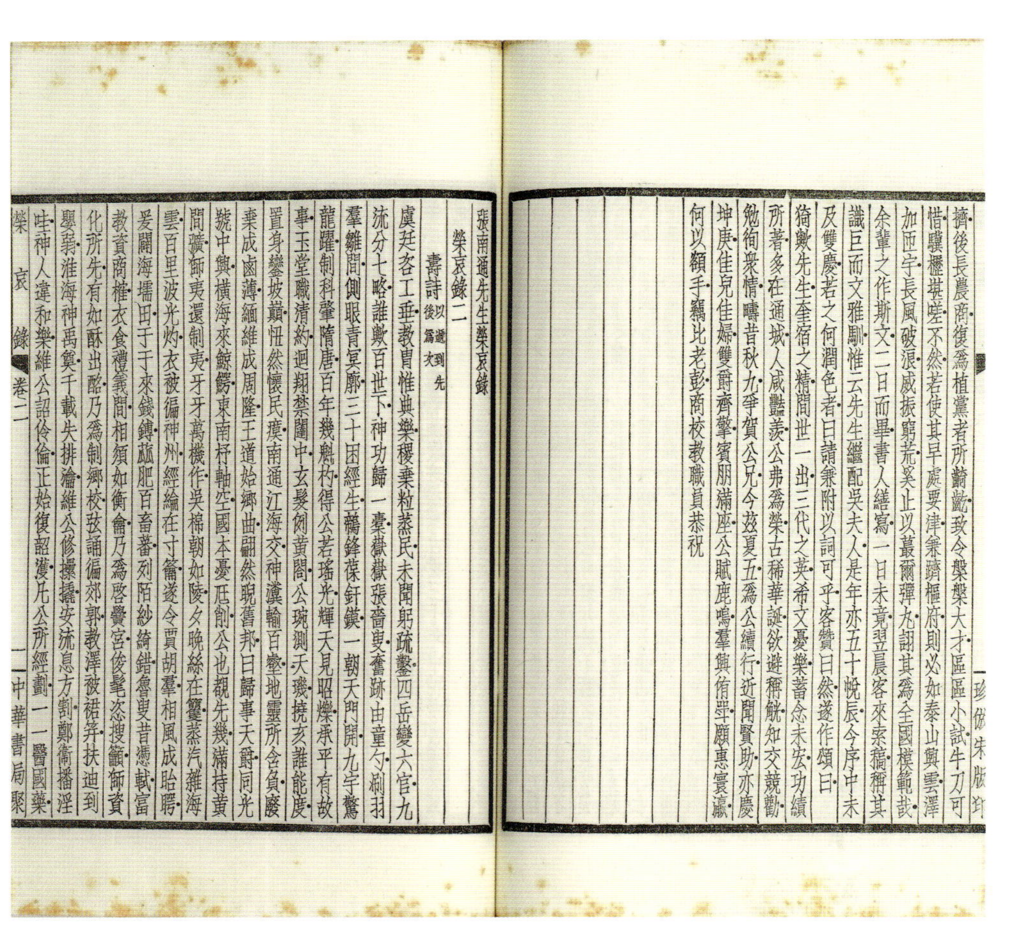

擠後長農商復爲植黨者所齮齕致令槃槃大才區區小試牛刀可惜驥櫪堪嗟不然若使其早處要津兼躋樞府則必如泰山興雲澤加匝宇長風破浪威振窮荒奚止以蕞爾彈丸詡其爲全國模範哉余輩之作斯文二日而畢書人繕寫一日未竟翌晨客來索稿稱其識巨而文雅馴惟云先生繼配吳夫人是年亦五十帨辰今序中未及雙慶若之何潤色者曰請兼附以詞可乎客贊曰然遂作頌曰

猗歟先生奎宿之精間世一出三代之英希文憂樂蓄念未宏功績所著多在通城人咸豔羡公弗爲樂古稀華誕欲避稱觥知交競勸勉徇衆情疇昔秋九爭賀公兄今茲夏五爲公續行近聞賢助亦慶坤庚佳兒佳婦雙爵齊擎賓朋滿座公賦鹿鳴羣與侑斝願惠寰瀛何以額手竊比老彭商校教職員恭祝

珍倣宋版印

張南通先生榮哀錄

榮哀錄二

壽詩 以遞到先後爲次

虞廷咨工垂教冑惟典樂稷棄粒蒸民未聞躬疏鑿四岳變六官九流分七略誰歟百世下神功歸一稾嶽嶽張嗇叟奮跡由童夘刷羽羣雛間側眼青冥廓三十困經生鶴鋒葆釬鏌一朝天門開九宇驚龍躍制科肇隋唐百年幾魁杓得公若瑤光輝天見昭爍承平有故事玉堂職清約迴翔禁闥中玄髮倒黃閣公琬測天璣撓亥誰能度置身鑾坡巔悵然懷民瘼南通江海交神瀵輸百壑地靈所含負廢棄成鹵薄緬維成周隆王道始鄉曲翩然睨舊邦曰歸事天爵同光號中興橫海來鯨鰐東南杼軸空國本憂阽削公也覩先幾滿持黃間彍飾夷還制夷牙牙萬機作吳棉朝如陵夕晚絲在籰蒸汽雜海雲百里波光灼衣被徧神州經綸在寸籥遂令賈胡羣相風成貽贈爰闢海壖田于于來錢鎛菰肥百畜蕃列陌紗綺錯魯叟昔憑軾富教資商権衣食禮義問相須如衡侖乃爲啓黌宮俊髦恣搜籲飾資化所先有如酥出酪乃爲制鄉校弦誦徧郊郭教澤被裙笄扶迪到嬰弱淮海神禹奠千載失排瀹維公修擴撬安流息方割鄭衞播淫哇神人達和樂維公詔伶倫正始復韶濩凡公所經劃一一醫國藥

榮哀錄 卷二 二 中華書局聚

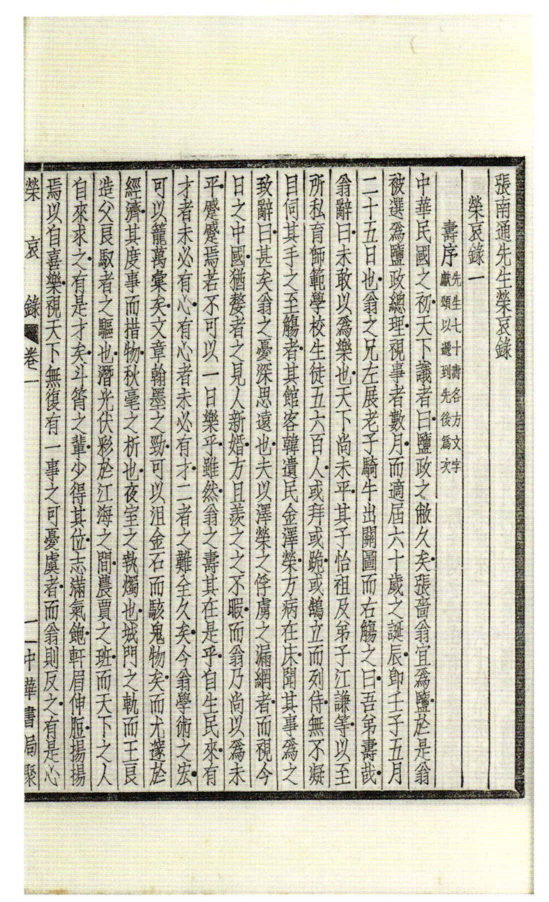

張南通先生榮哀錄

榮哀錄一

壽序 先生七十壽各方文字獻頌以遞到先後爲次

中華民國之初天下議者曰鹽政之敝久矣張嗇翁宜爲鹽於是翁被選爲鹽政總理視事者數月而適居六十歲之誕辰卽壬子五月二十五日也翁之兄左展老子騎牛出關圖而右觴之曰吾弟壽哉翁辭曰未敢以爲樂也天下尚未平其子怡祖及弟子江謙等以至所私育師範學校生徒五六百人或拜或跪或鵠立而列侍無不凝目伺其手之至觴者其館客韓遺民金澤榮方病在床聞其事爲之致辭曰甚矣翁之憂深思遠也夫以澤榮之俘虜之漏網者而視今日之中國猶嫠者之見人新婚方且羡之之不暇而翁乃尚以爲未平蹙蹙焉若不可以一日樂乎雖然翁之壽其在是乎自生民來有才者未必有心有心者未必有才二者之難全久矣今翁學術之宏可以籠萬彙矣文章翰墨之勁可以沮金石而駭鬼物矣而尤邃於經濟其度事而措物秋毫之析也夜室之執燭也城門之軌而王良造父良馭者之驅也潛光伏彩於江海之間農賈之班而天下之人自來求之有是才矣斗筲之輩少得其位志滿氣飽軒眉伸脰揚揚焉以自喜樂視天下無復有一事之可憂虞者而翁則反之有是心

榮哀錄 卷一 一 中華書局聚

上海各界追悼马公相伯大会特刊

马公相伯追悼大会筹备委员会编。一册。有目录：序言、铜图、大会概况、马相伯先生逝世后各方唁电、马相伯先生逝世后各方追悼情形、马相伯先生百岁年谱、各界文述、附录。

人物生平参见《马相伯先生年谱》条。

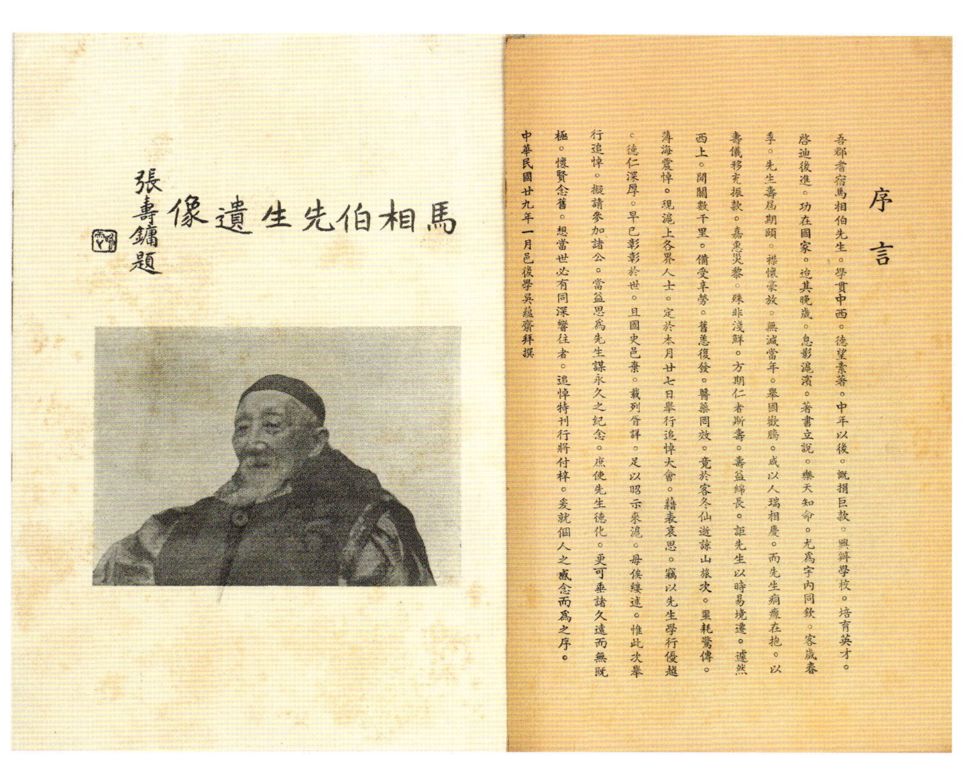

序言

吾郡耆宿馬相伯先生。學貫中西。德望素著。中年以後。慨捐巨款。興辦學校。培育英才。啓迪後進。功在國家。迨其晚歲。息影滬濱。著書立說。樂天知命。尤爲宇內同欽。客歲春季。先生壽屆期頤。襟懷豪放。無減當年。舉國歡騰。咸以人瑞相慶。而先生痌瘝在抱。以壽儀移充振款。嘉惠災黎。殊非淺鮮。方期仁者斯壽。壽益綿長。詎先生以時易境遷。遽然西上。間關數千里。備受辛勞。舊恙復發。醫藥罔效。竟於客冬仙逝諒山旅次。噩耗驚傳。薄海震悼。現滬上各界人士。定於本月廿七日舉行追悼大會。藉表哀思。竊以先生學行優越。德仁深厚。早已彰彰於世。且國史邑乘。載列綦詳。足以昭示來茲。毋俟縷述。惟此次舉行追悼。擬請參加諸公。當益思爲先生謀永久之紀念。庶使先生德化。更可垂諸久遠而無既極。懷賢念舊。想當世必有同深嚮往者。追悼特刊行將付梓。爰就個人之感念而爲之序。

中華民國廿九年一月邑後學吳蘊齋拜撰

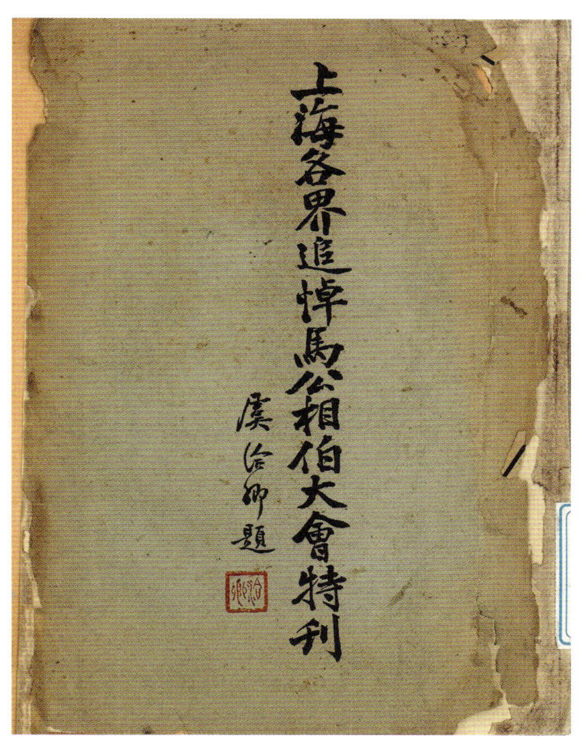

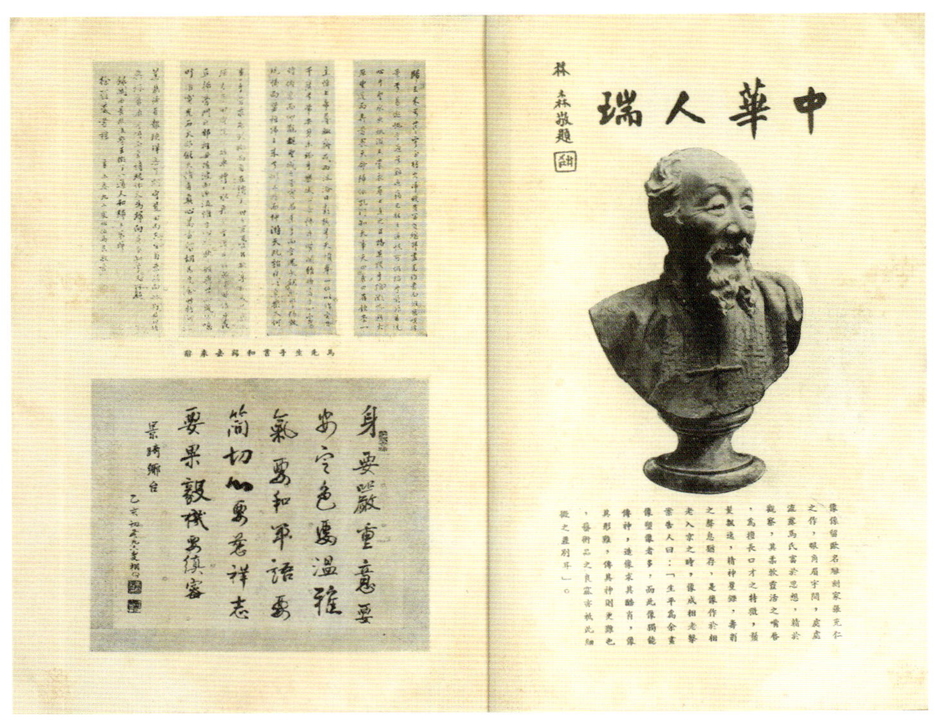

身要嚴重　意要安定　色要溫雅　氣要和平　語要簡切　心要慈祥　志要果毅　機要縝密

景琦仁弟

中華人瑞

林森敬題

像係留歐名雕刻家張充仁之作，眼角眉宇間，處處流露馬氏富於思想，精於觀察，其柔軟靈活之嘴唇，為擅長口才之特徵，髮鬚飄逸，精神矍鑠，壽前之聲息猶存，是像作於相老入京之時，像成相老擊案告人曰：「生平為余畫像塑像者多，而此像獨能傳神，遠像求其酷肖，像其形難，傳其神則更難也，藝術品之良窳實祇此細微之差別耳」。

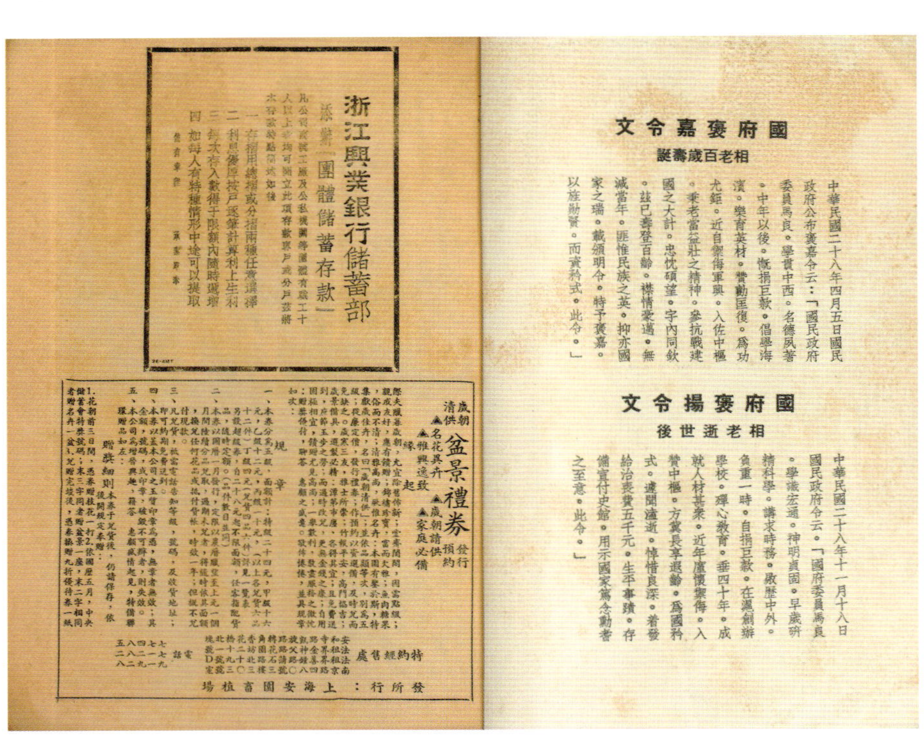

浙江興業銀行儲蓄部

添辦「團體儲蓄存款」

凡公司商號工廠及公私機關等團體有職工十人以上者均可開立此項存款專戶或分戶茲將本存款特點簡述如後

一　存摺用總摺或分摺兩種任意選擇

二　利息優厚按戶逐筆計算利上生利

三　每次存入數得于限額內隨時遞增

四　如每人有特種情形中途可以提取

歲朝清供　盆景禮券　發行預約

▲名花異卉　▲雅興逸致　▲歲朝清供　▲緣起

發行所：上海安國書報場

國府褒嘉令文

相老百歲壽誕

中華民國二十八年四月五日國民政府公布褒嘉令云：「國民政府委員馬良，學貫中西，名德夙著。中年以後，慨捐巨款，倡學海濱，樂育英材，贊勳匡復，為功尤鉅。近自禦侮軍興，入佐中樞，秉老當益壯之精神，參抗戰建國之大計，忠忱碩望，宇內同欽。茲已壽登百齡，襟情豪邁，無減當年，匪惟民族之英，抑亦國家之瑞，載頒明令，特予褒嘉，以旌勛賢，而資矜式。此令。」

國府褒揚令文

相老逝世後

中華民國二十八年十一月十八日國民政府令云：「國府委員馬良，學識宏通，神明貞固，早歲研精科學，講求時務，敭歷中外，負重一時，自捐巨款，在滬創辦學校，殫心教育，垂四十年，成就人材甚衆。近年廑懷禦侮，入贊中樞，方冀長享遐齡，為國矜式，遽聞溘逝，悼惜良深，着發給治喪費五千元，生平事蹟，存備宣付史館，用示國家篤念勳耆之至意。此令。」

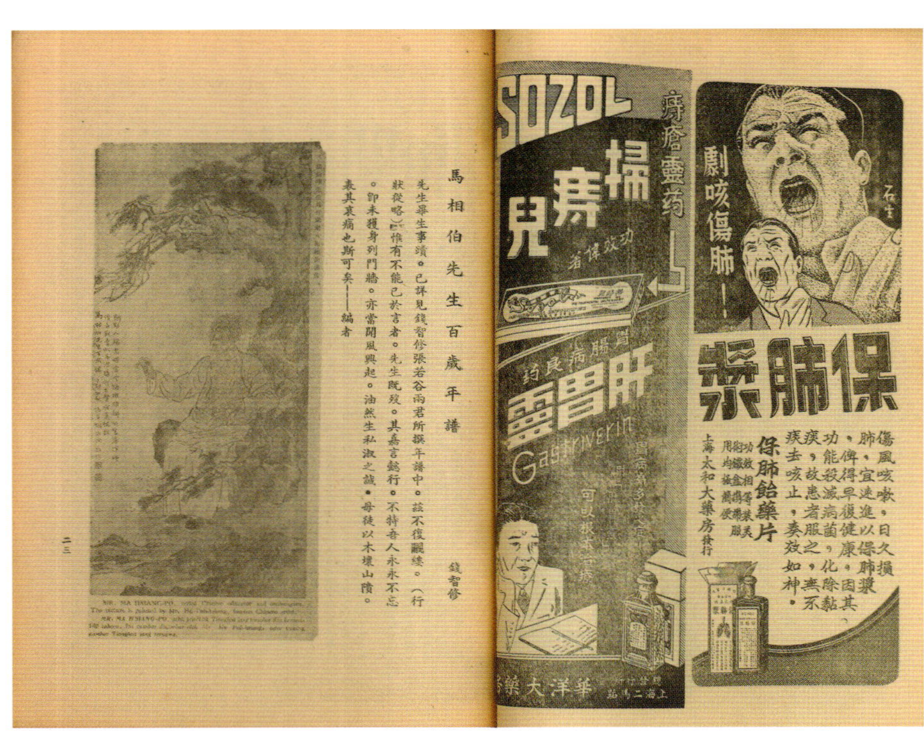

馬相伯先生百歲年譜

錢智修

先生畢生事蹟，已詳見錢智修張若谷兩君所撰年譜中，茲不復覼縷。（行狀從略）惟有不能已於言者，先生既歿，其嘉言懿行，不特吾人永永不忘，即未獲身列門牆，亦當聞風興起，油然生私淑之誠，毋徒以木壞山隤，表其哀痛也斯可矣。——編者

马相伯先生追思

《中华》第八十五期。1940 年 1 月出版。刊载马相伯生前留影多幅，遗墨一幅，以及张充仁为其塑像一张。

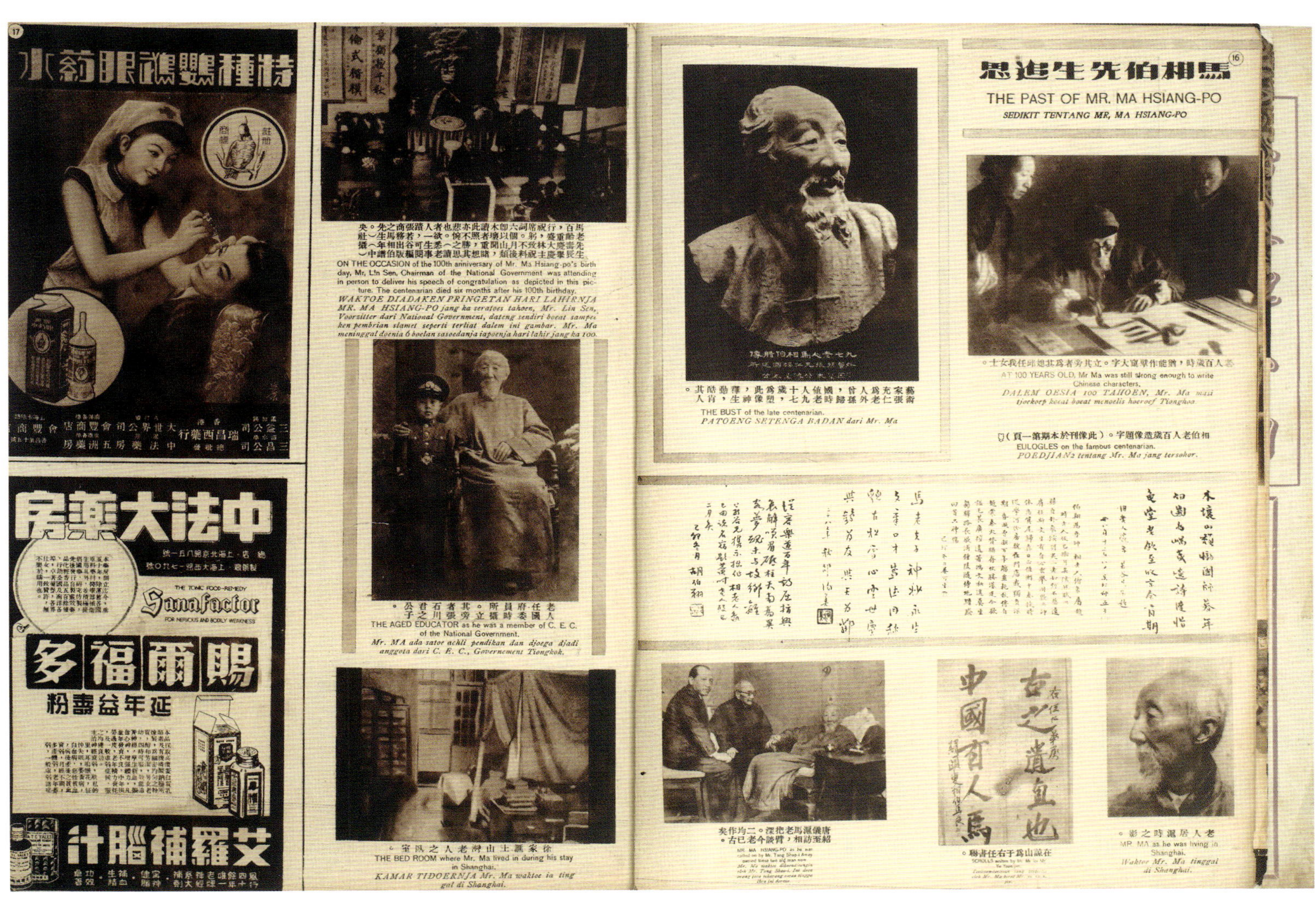
馬相伯先生追思

THE PAST OF MR. MA HSIANG-PO

SEDIKIT TENTANG MR. MA HSIANG-PO

ON THE OCCASION of the 100th anniversary of Mr. Ma Hsiang-po's birthday, Mr. Lin Sen, Chairman of the National Government was attending in person to deliver his speech of congratulation as depicted in this picture. The centenarian died six months after his 100th birthday.

WAKTOE DIADAKEN PRINGETAN HARI LAHIRNJA MR. MA HSIANG-PO jang ka seratoes tahoen, Mr. Lin Sen, Voorzitter dari National Government, dateng sendiri boeat sampeiken pembrian slamet seperti terliat dalem ini gambar. Mr. Ma meninggal doenia 6 boelan sasoedanja iapoenja hari lahir jang ka 100.

老人任國府委員時所攝。立其旁者張石川君之公子。

THE AGED EDUCATOR as he was a member of C. E. C. of the National Government.

Mr. MA ada satoe achli pendikan dan djoega djadi anggota dari C. E. C., Governement Tiongkok.

徐家匯土山灣老人之臥室。

THE BED ROOM where Mr. Ma lived in during his stay in Shanghai.

KAMAR TIDOERNJA Mr. Ma waktoe ia tinggal di Shanghai.

藝術家張充仁為老人外曾孫，歸國時値老人九十七歲，為塑此像，神情生動，酷肖其人。

THE BUST of the late centenarian.

PATOENG SETENGA BADAN dari Mr. Ma

老人百歲時，猶能作擘窠大字。立其旁者為其媳邱任我女士。

AT 100 YEARS OLD, Mr Ma was still strong enough to write Chinese characters.

DALEM OESIA 100 TAHOEN, Mr. Ma masi tjoekoep koeat boeat menoelis hoeroef Tionghoa.

相伯老人百歲造像題字。（此像刊於本期第一頁）

EULOGLES on the famous centenarian.

POEDJIAN2 tentang Mr. Ma jang tersohor.

唐紹儀至滬訪馬相老，把臂深談。今二老均已作古矣。

在諒山為于右任書聯。

老人居滬時之影。

MR. MA as he was living in Shanghai.

Waktoe Mr. Ma tinggal di Shanghai.

海日楼哀挽录

1922年出版，铅印本。共一卷。卷首列目次。收有谕旨、谕赐祭文、御笔匾额，并录祭文五篇、诔文一篇、挽诗八十四首、挽词一阕及挽联数百幅。有逝者官服照片一帧。逝者一代通儒，故《录》内文化学术精英之名，俯拾皆是，不一而足。

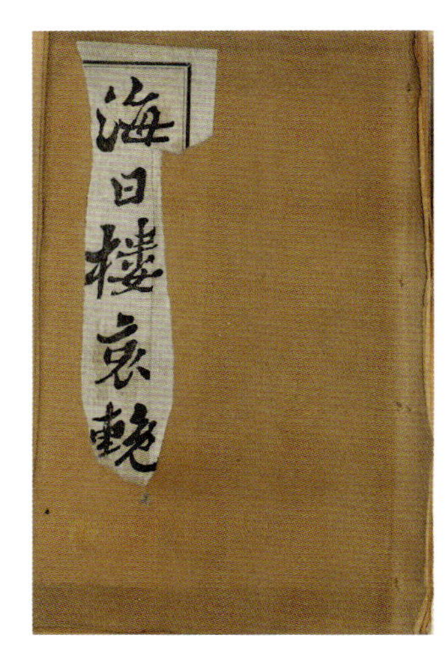

人物生平参见《沈寐叟年谱》条。

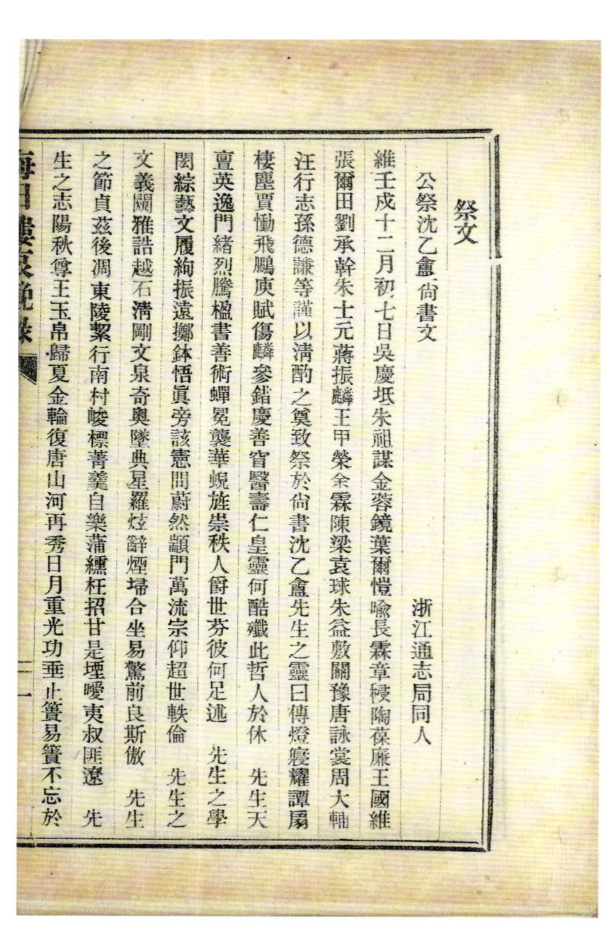

祭文

公祭沈乙盦尚書文　　浙江通志局同人

維壬戌十二月初七日吳慶坻朱祖謀金蓉鏡葉爾愷喻長霖章梫陶葆廉王國維張爾田劉承幹朱士元蔣振麟王甲榮余霖陳槃袁球朱益敷關豫唐詠裳周大輔汪行志孫德謙等謹以清酌之奠致祭於尚書沈乙盦先生之靈曰傳燈寢耀譚扇棲塵賈慟飛鵩庾賦傷麟參錯慶善窅醫壽仁皇靈何酷殲此哲人於休　先生天亶英逸門緒烈騰楹書善術蟬冕蟬聯華蜺旌崇秩人爵世芬彼何足述　先生之學閎綜藝文履絢振遠擲鉢悟眞旁該憲問蔚然顓門萬流宗仰超世軼倫　先生之文義闢雅詁越石淸剛文泉奇奧墜典星羅炫辭煙埽合坐易驚前良斯傲　先生之節貞茲後凋東陵絜行南村峻標菁蕘自樂蒲纆枉招甘是堙嘜夷叔匪遼　先生之志陽秋尊王玉帛歸夏金輪復唐山河再秀日月重光功垂止簣易簀不忘於

海日樓哀輓錄　二一

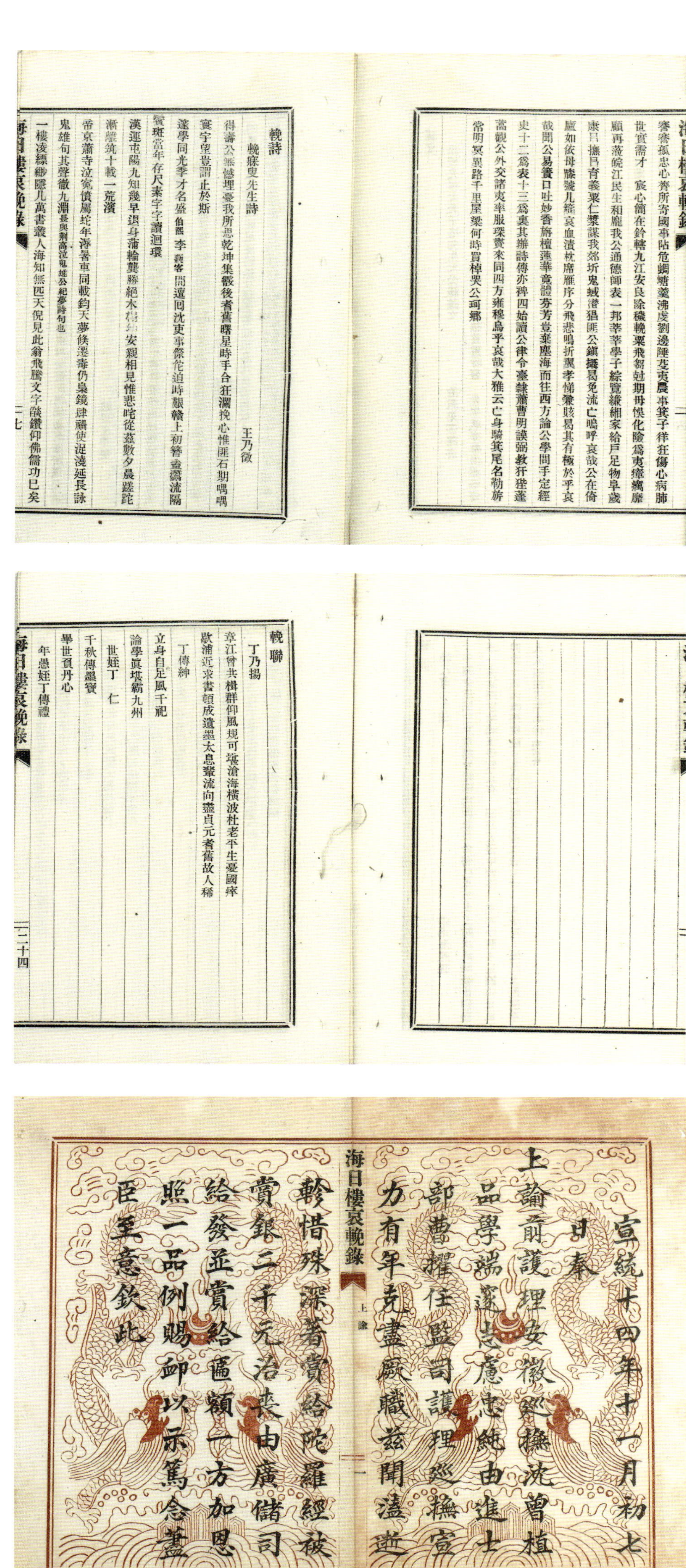

海日樓哀輓錄

饕餮孤忠心膂所寄國事阽危蜩螗羹沸虔劉邊陲芟夷農事箕子佯狂傷心病肺

世實需才　宸心簡在鈐轄九江安良除穢輓粟飛芻尅期毋悞化險爲夷瘴癘靡

願再涖皖江民生和龐我公通德師表一邦莘莘學子綜覽縑緗家給戶足物阜歲

康只撫吕育養粟仁漿謀我郊圻鬼蜮潛猖匪公鎮攝曷免流亡嗚呼哀哉公在倚

廬如依母膝號几繐哀血漬枕席雁序分飛悲鳴折翼孝悌兼賅曷其有極於乎哀

哉聞公易簀口吐妙香旃檀蓮華竟體芬芳豈棄塵海而往西方論公學問手定經

史十二爲表十三爲裏其辦詩傳亦稗四始讀公律令臺隸蕭曹明讞弼教犴狴蓬

蒿觀公外交諸夷率服琛賮來同四方雍穆烏乎哀哉大雅云亡身騎箕尾名勒旂

常明冥異路千里屋梁何時買棹哭公珂鄉

二

輓詩

輓寐叟先生詩　　王乃徵

得壽公無憾埋憂我所思乾坤集餕後耆舊曙星時手合狂瀾挽心惟匪石期喁喁

寰宇望豈謂止於斯

邃學同光季才名盛伯熙　李蒓客　閒邅回沈吏事傺侘迫時艱贛上初簪盍瀛流隔

鬢斑當年存尺素字字讀迴環

漢運屯陽九知幾早退身蒲輪龔勝絕木榻幼安親相見惟悲咤從茲數夕晨蹉跎

漸離筑十載一荒濱

帝京蕭寺泣寃憤屬蛇年溽暑車同載鈞天夢倏遷毒仍梟鏡肆禍使涅澆延長詠

鬼雄句其聲徹九淵長興荆高泣鬼雄公紀夢詩句也

一樓淩縹緲隱几萬書叢人海知無匹天倪見此翁飛騰文字𩒹鑽仰佛儒功已矣

海日樓哀輓錄　二七

輓聯

丁乃揚

章江曾共楫群仰風規可堪滄海橫波杜老平生憂國瘁

歇浦近求書頓成遺墨太息輩流向盡貞元耆舊故人稀

丁傳紳

立身自足風千祀

論學眞堪霸九州

世姪丁　仁

千秋傳墨寶

舉世負丹心

年愚姪丁傳禮

海日樓哀輓錄　二十四

宣統十四年十一月初七

日奉

上諭前護理安徽巡撫沈曾植

品學端邃志慮忠純由進士

部曹擢任監司護理巡撫宣

力有年克盡厥職茲聞溘逝

軫惜殊深著賞給陀羅經被

賞銀二千元治喪由廣儲司

給發並賞給匾額一方加恩

照一品例賜卹以示篤念藎

臣至意欽此

海日樓哀輓錄　上諭　一

硕儒沈子培先生行略

沈慈护编，全文誊录了辜鸿铭为沈曾植撰写的悼文。是沈曾植之子为其父制作的纪念册，卷首还有曾来沪拜访过沈曾植的俄国哲学家凯泽林像一张及其对沈的褒扬之词。

上海图书馆藏人物文献选刊

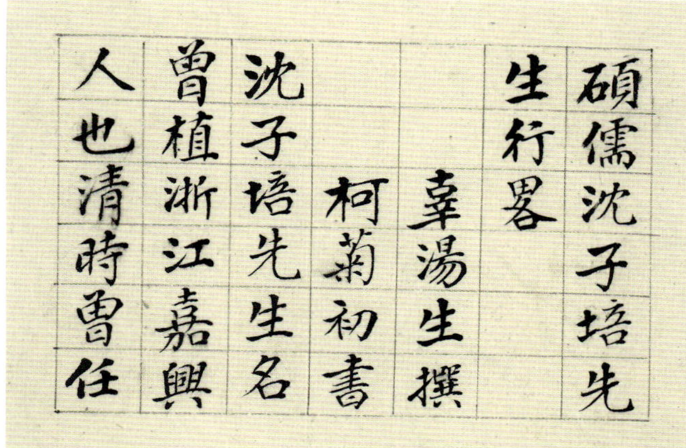
碩儒沈子培先生行畧

辜湯生撰

柯菊初書

沈子培先生名曾植浙江嘉興人也清時曾任

余之獲見先生蓋承辜鴻銘君公子之介紹進

謁於滬上某逆旅中先生精華朗照令人見肅然余

提學現代新進學者出其門下者亦甚多鼎革之前任安徽布政使鼎革後遂隱居滬濱杜門不出海内學者

追悼章太炎先生特刊

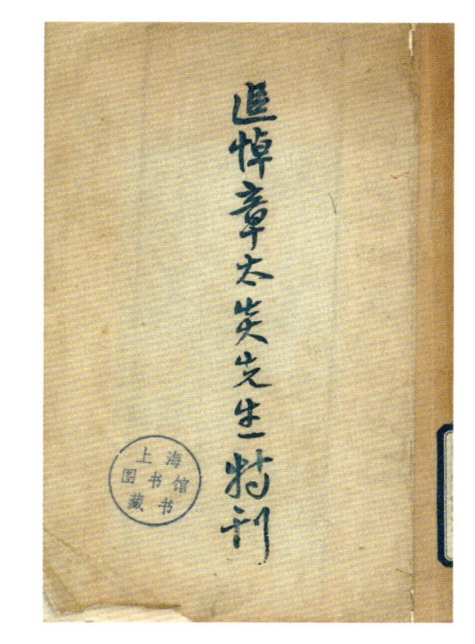

浙江省立图书馆编。有目次：章太炎遗像、遗墨、遗著、太炎先生行年小传、遗著辑目、悼余杭章先生、余杭先生与先征君、章太炎先生追悼会陈列遗物品目。

章太炎（1869–1936），初名学乘，字枚叔，后改名炳麟、绛，号太炎，浙江余杭人。清末民初民主革命家、思想家、著名学者，研究范围涉及小学、历史、哲学、政治等，著述甚丰。1903 年因发表《驳康有为论革命书》并为邹容《革命军》作序，触怒清廷，被捕入狱。1904 年与蔡元培等合作，发起光复会。1906 年出狱后，孙中山迎其至日本，参加同盟会，主编同盟会机关报《民报》，与改良派展开论战。1913 年宋教仁被刺后参加讨袁，为袁禁锢，袁死后被释放。1917 年脱离孙中山改组的国民党，在苏州设国学讲习会，以讲学为业。晚年愤日本侵略中国，赞助抗日运动。

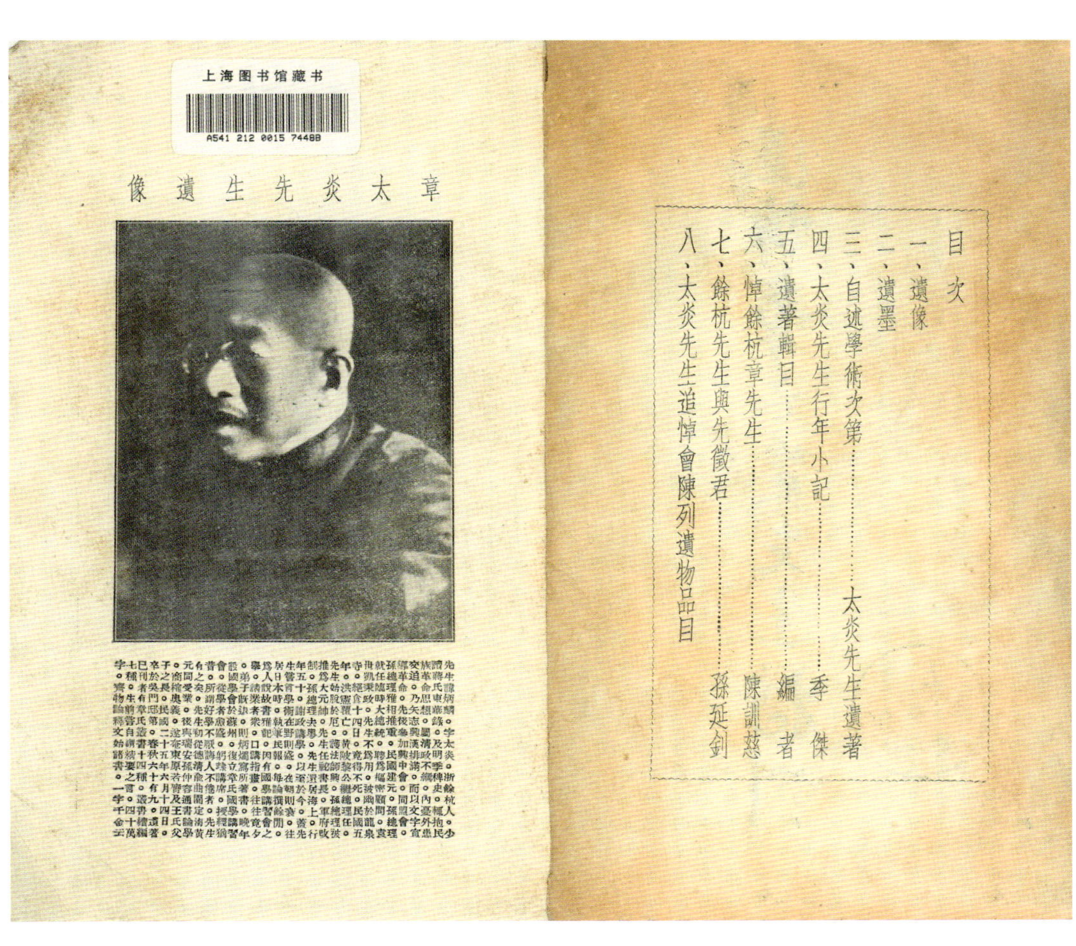

章太炎先生遺像

目次

太炎先生自述學術次第

余生亡清之末。少甚異族。未嘗應舉。故得汎覽典文。左右采獲。中年以後。著纂漸成。雖兼綜故籍。得諸精思者多。精要之言。不過四十萬字。而皆持之有故。言之成理。不好與儒先立異。亦不欲爲苟同。若齊物論釋文始諸書。可謂一字千金矣。晚更患難。自知命不久長。深思所窺。大畜猶衆。既以中身而隕。不獲于禮堂寫定。傳之其人。故略錄學術次第。以告學者。頃世道術衰微。煩言則人厭倦。略言又懼後生莫逑。昔休寧戴君。著書窮老。然多發凡起例。始立規模。以待後人愼采。其時墨守者有元和惠氏。倘奇者有長洲彭氏。皆非浮僞妄庸士也。人多博覽。亦知門徑。一身著述。既有不暇。則定凡例以俟後生。斯亦可矣。今者講誦浸衰。徒效戴君無益。要令舊術之龢亂者。引以成理。所謂提要鈎玄。妙達神恉。而非略舉大綱。爲鈔疏之業也。敢告諸生。亹亹不已。識大識小。弘之在人。

余少年獨治經史通典諸書。旁及當代政書而已。不好宋學。尤無意于釋氏。三十歲頃。與宋平子交。平子勸讀佛書。始觀涅槃維摩詰起信論華嚴法華諸書。漸近玄門。而未有所專精也。遭禍繫獄。始專讀瑜伽師地論及因明論唯識論。乃知瑜伽爲不可加。既東游日本。提倡改革。人事繇多。而暇輒讀藏經。又取魏譯楞伽及密嚴誦之。參以近代康德蕭賓訶爾之書。益信玄理無過楞伽瑜伽者。少雖好周秦諸子。于老莊未得統要。最後終日讀齊物論。知多與法相相涉。而郭象成玄英諸家悉含胡虛冗之言也。既爲齊物論釋。使莊生五千言。字字可解。日本諸沙門亦多慕之。適會武昌倡義。束裝欲歸。東方沙門諸宗三十餘人屬講佛學

追悼章太炎先生紀念刊

一

章太炎先生遺墨之一

太炎先生於明賢最心折靑田劉文成公。以其經濟抱負邁羣倫。佐明祖驅元建國。尤契素志也。民國四年。袁世凱柄政。先生被幽北京。自分必死。嘗語靑田劉觀鞏身後願得文成冢傍片地以葬。觀鞏爲杏其族人立山券予之。先生爰書此乞觀鞏刻碑立文成冢前。此其遺墨原蹟。特製圖印此。

章太炎先生遺墨之二——手寫終制原稿

太炎先生纪念专号

《制言》第二十五期。卷首有章太炎之遗像、遗墨、遗著，其后则有《太炎先生挽诗》、《章先生别传》、《余杭章先生事略》、《章先生学术述略》、《章太炎先生轶事》、《纪念太炎先生》、《吊太炎先生》、《太炎先生言行轶录》等记述生平、表达哀思的文章。

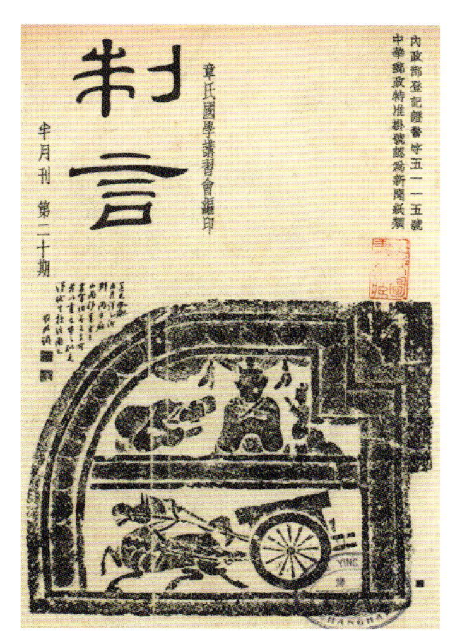

徵集

太炎先生遺著詩文論學書札以及零星遺墨平生軼事像片等件

收件處蘇州錦帆路制言半月刊社

（惠件需寄還者請先聲明）

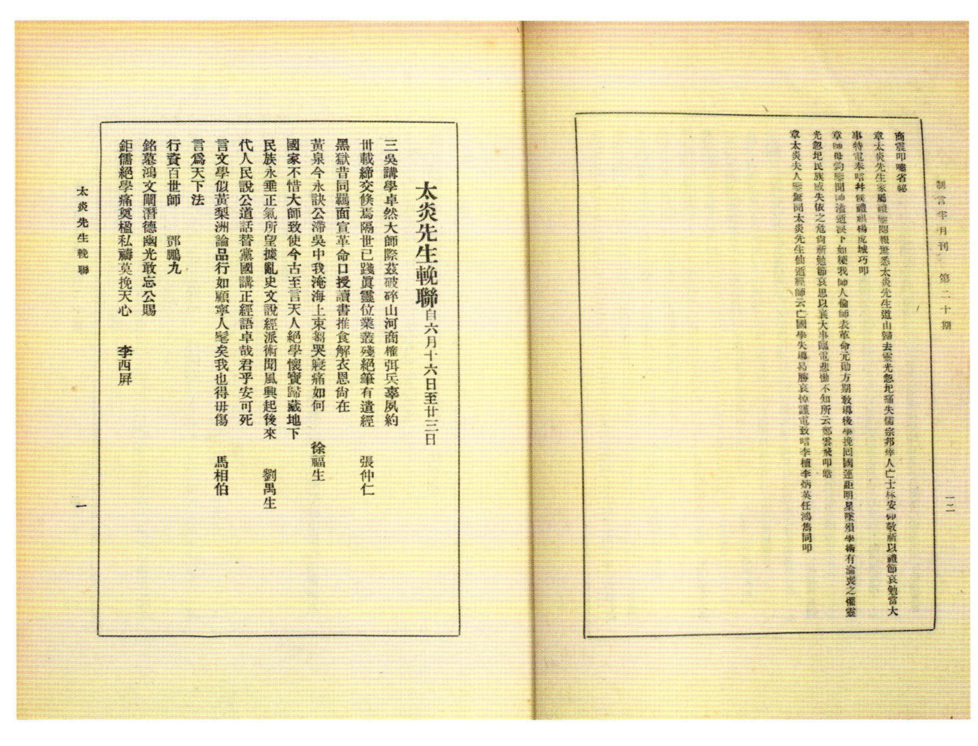

太炎先生輓聯（自六月十六日至廿三日）

三吳講學卓然大師際兹破碎山河商榷弭兵辜夙約
卅載締交倏焉隔世已踐眞靈位業叢殘絕筆有遺經　張仲仁

黑獄昔同羈面宣革命口授讀書推食解衣恩尙在
黃泉今永訣公滯吳中我淹海上東覩哭疑痛如何　徐福生

國家不惜大師致使今古至言天人絕學懷寶歸藏地下
民族永垂正氣所望撥亂史文說經派衛聞風興起後來　劉禹生

代人民說公道話替黨國講正經語卓哉君乎安可死
言文學似黃梨洲論品行如顧寧人髦矣我也得毋傷　馬相伯

言爲天下法
行資百世師　鄧鵬九

銘墓鴻文闡潛德幽光敢忘公賜
鉅儒絕學痛奠楹私禱莫挽天心　李西屏

太炎先生輓聯　一

曾公孟朴讣告

1935年出版。一册。讣告前有遗像一帧。讣告后依次收录哀文、祭文、挽辞、纪念文、挽诗挽词、挽联、附录。

曾朴（1872–1935），字孟朴，又字小木，籀斋，号铭珊，笔名东亚病夫，江苏常熟人。近代小说家。主张变法维新，通法文，笃好文学。1904年创办小说林书社，出版创作和翻译小说，并开始长篇小说《孽海花》的创作。1907年出版《小说林》月刊。1927年起，又开设真美善书店，创办《真美善》月刊，写作自传体小说《鲁男子》。在文学创作和出版事业上都有卓越成就。

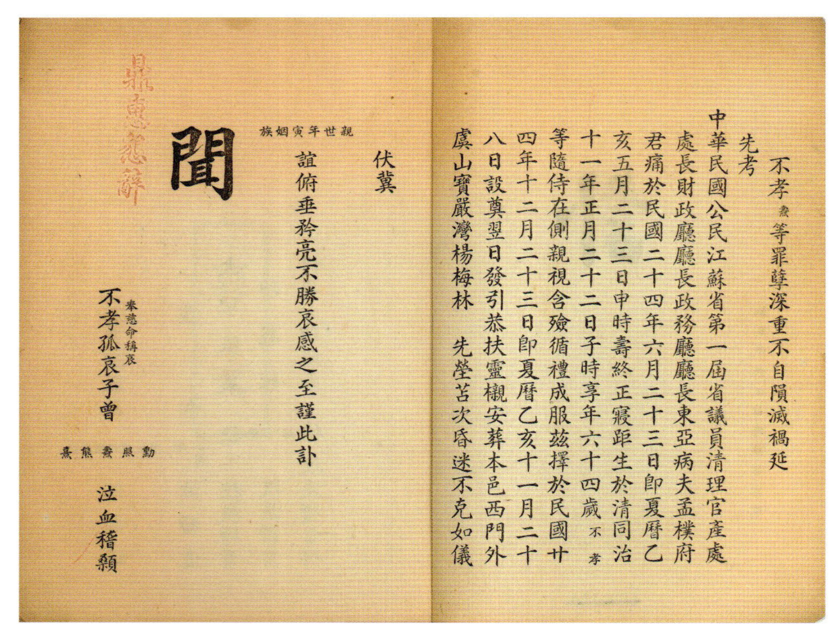

不孝燾等罪孽深重不自殞滅禍延
先考
中華民國公民江蘇省第一屆省議員清理官產處
處長財政廳廳長政務廳廳長東亞病夫孟樸府
君痛於民國二十四年六月二十三日即夏曆乙
亥五月二十三日申時壽終正寢距生於清同治
十一年正月二十二日子時享年六十四歲不孝
等隨侍在側親視含殮循禮成服茲擇於民國廿
四年十二月二十三日即夏曆乙亥十一月二十
八日設奠翌日發引恭扶靈櫬安葬本邑西門外
虞山寶巖灣楊梅林　先塋苫次昏迷不克如儀

伏冀
親世年寅姻族
誼俯垂矜亮不勝哀感之至謹此訃
聞

奉慈命稱哀
不孝孤哀子曾勳熙燾熊燾
泣血稽顙

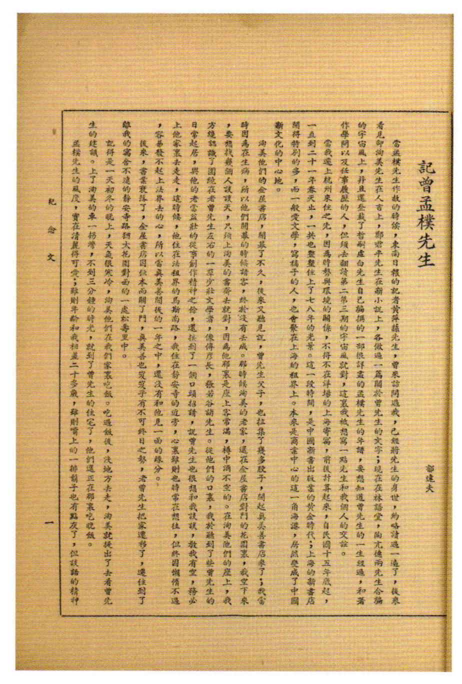

曾公孟朴纪念特辑

曾公孟朴纪念委员会编。一册。有遗像、遗墨、追悼文章、诗词、信笺等。

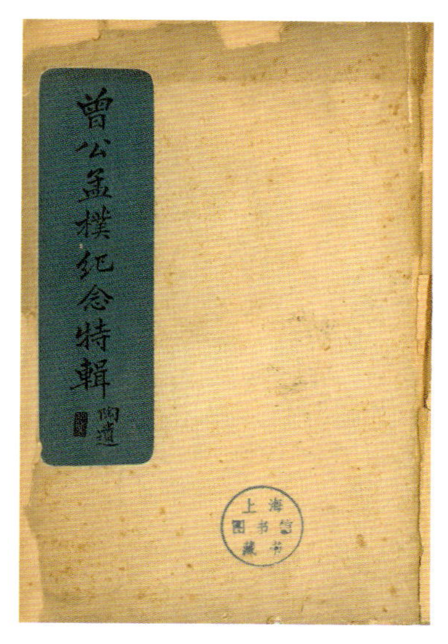

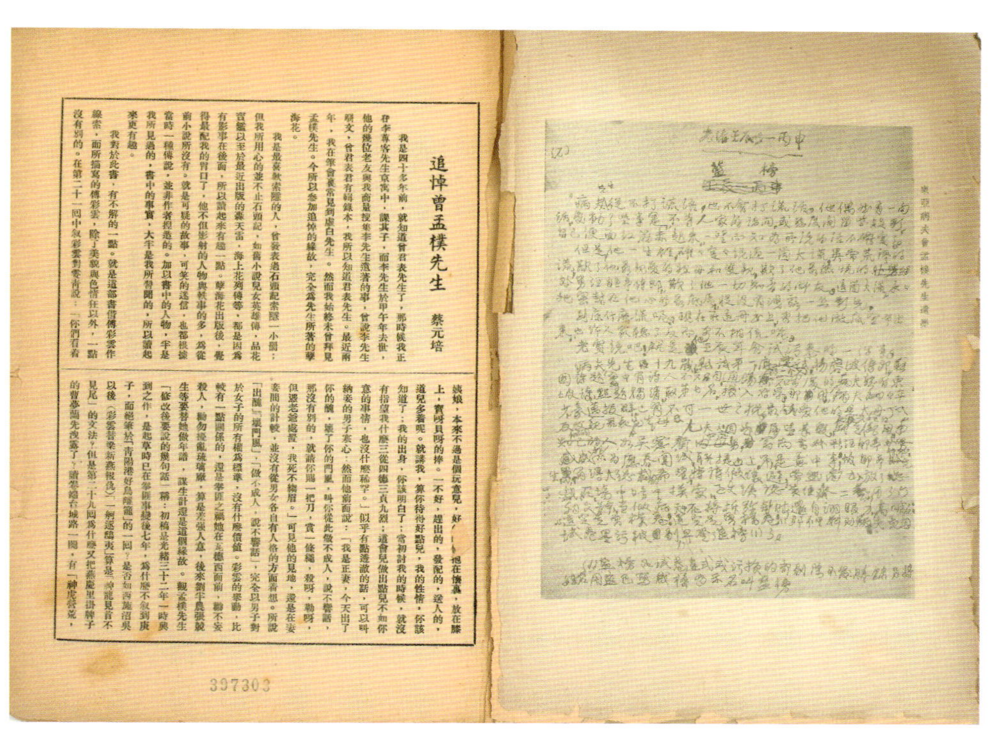

纪念曾孟朴先生特辑

《宇宙风》第二期。1935 年 10 月 1 日出版。登载有曾孟朴遗像与遗墨，蔡元培《追悼曾孟朴先生》、胡适《追忆曾孟朴先生》、陈陶遗《吾心坎中之孟朴》、黄炎培《纪念孟朴》等文，以及其子虚白编撰的《曾孟朴先生年谱》等。

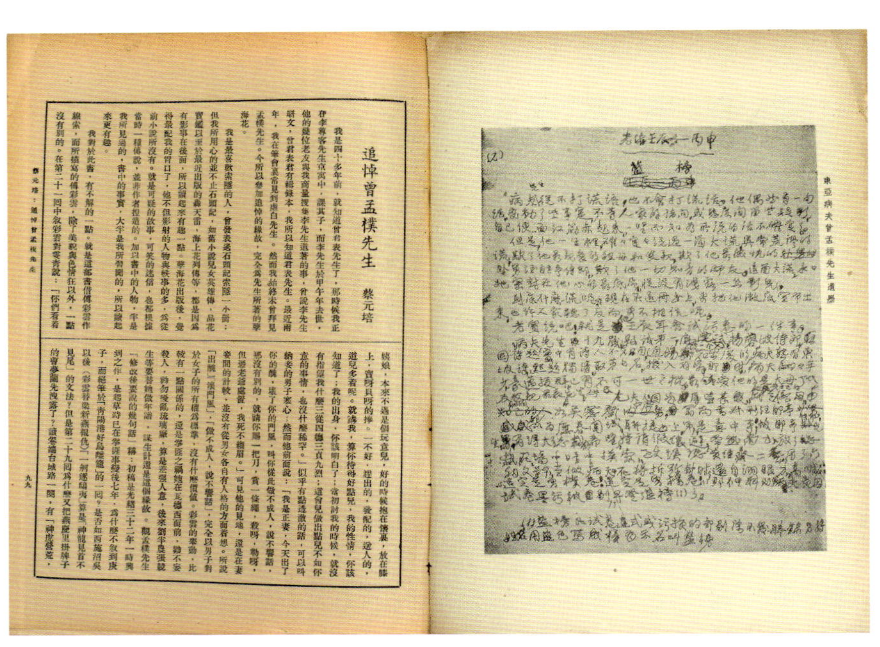

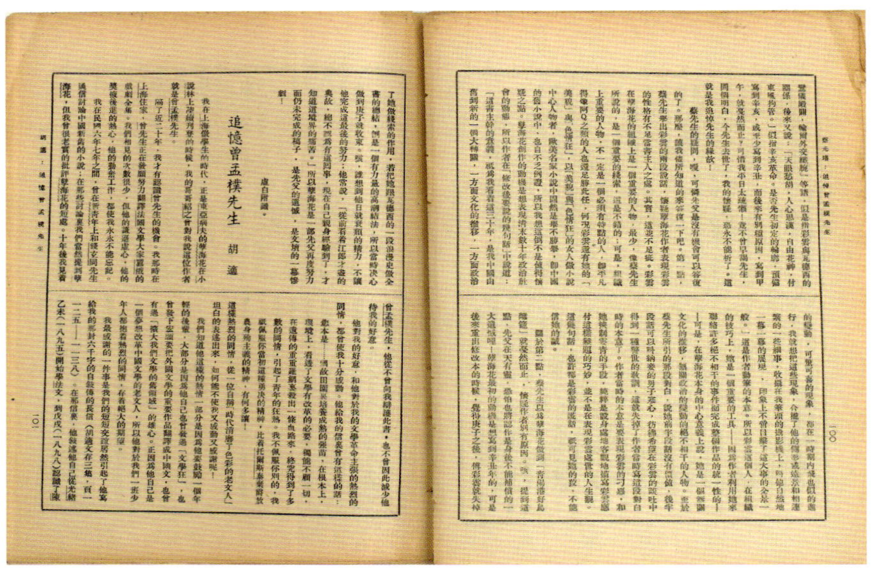

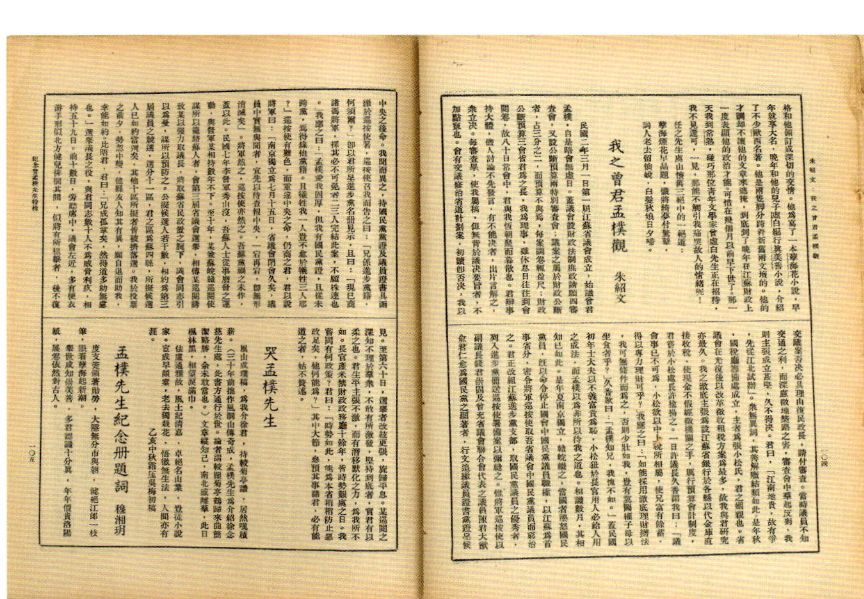

王忠悫公哀挽录

王高明辑，1927 年出版，铅印本。共一卷。卷首刊溥仪谕旨，继刊遗像，并有温肃题《王忠悫公像赞》。后附王国维遗书影印件。有丁卯八月沈继贤书序，收传记四篇、祭文三篇、挽诗三十七首、挽联一百六十六幅。后有海外追悼录，收追悼会小启一篇、祭文一篇、纪念册序一篇、挽诗九首；华侨哀挽录，收诔文两篇、挽诗四首、挽联两幅。卷末有补遗。

人物生平参见《王静安先生年谱》条。

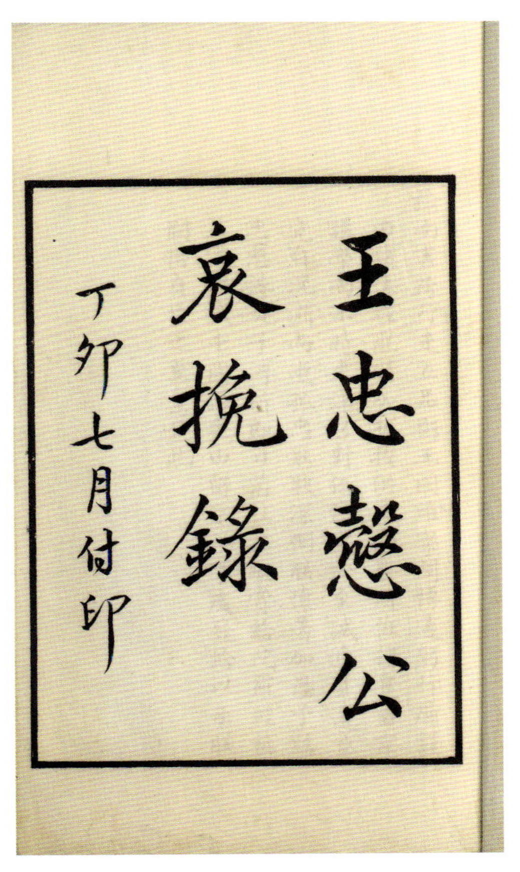

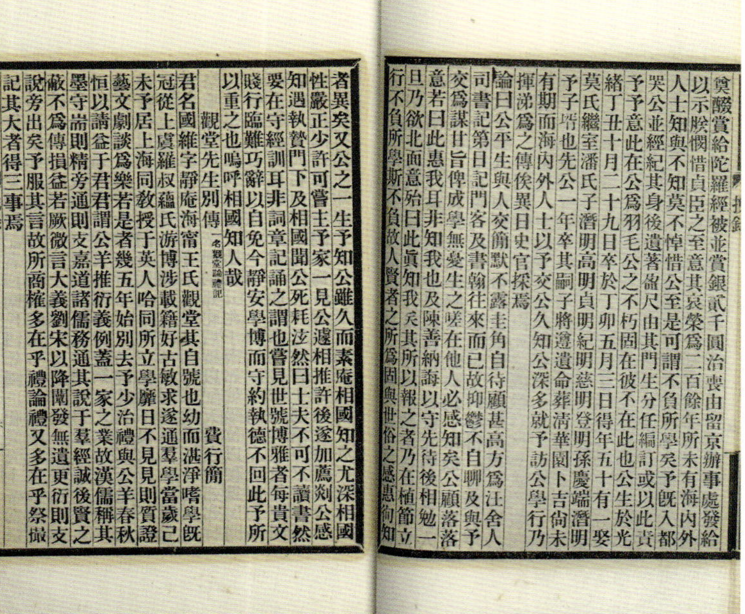

奠醱賞給陀羅經被並賞銀貳千圓治喪由留京辦事處發給以示眹憫惜貞臣之至意其哀榮爲二百餘年所未有海內外人士知與不知莫不悼惜公至是可謂不負所學矣予既入都哭公並經紀其身後遺著盈尺由其門生分任編訂或以此責予予意此在公爲羽毛公之不朽固在彼不在此也公生於光緒丁丑十月二十九日卒於丁卯五月三日得年五十有一娶莫氏繼室潘氏子潛明高明貞明紀明慈明登明孫慶端潛明予子壻也先公一年卒其嗣子將遵遺命葬清華園卜吉尚未有期而海內外人士以予交公久知公深多就予訪公學行乃揮涕爲之傳俟異日史官採焉

論曰公平生與人交簡默不露圭角自待顧甚高方爲汪舍人司書記第日記門客及書翰往來而已故抑鬱不自聊及與予交爲謀甘旨俾成學無變生之嗟在他人必感知矣公顧落落意若曰此惠我耳非知我也及陳善納誨以守先待後相勉一旦乃欲北面意殆曰此眞知我矣其所以報之者乃在植節立行不負所學斯不負故人賢者之所爲固與世俗之感惠徇知者異矣又公之一生予知公雖久而素庵相國知之尤深相國性嚴正少許可嘗主予家一見公遽相推許後遂加薦剡公感知遇執贄門下及相國聞公死耗泫然曰士夫不可不讀書然要在守經訓耳非詞章記誦之謂也嘗見世號博雅者每貴文賤行臨難巧辭以自免今靜安學博而守約執德不回此予所以重之也嗚呼相國知人哉

觀堂先生別傳 一名觀堂論禮記　費行簡

君名國維字靜庵海甯王氏觀堂其自號也幼而湛淨嗜學既冠從上虞羅叔蘊氏游博涉載籍好古敏求遂通羣學當歲己未予居上海同教授于英人哈同所立學黌日不見見則質證藝文劇談爲樂若是者幾五年始別去予少治禮與公羊春秋恒以請益于君君謂公羊推衍義例蓋一家之業故漢儒稱其墨守嵩則精旁通則支嘉道諸儒務通其說于羣經誠後賢之蔽不爲傳損益若厥微言大義劉宋以降闡發無遺更衍則支說旁出矣予服其言故所商榷多在乎禮論禮又多在乎祭撫記其大者得三事焉

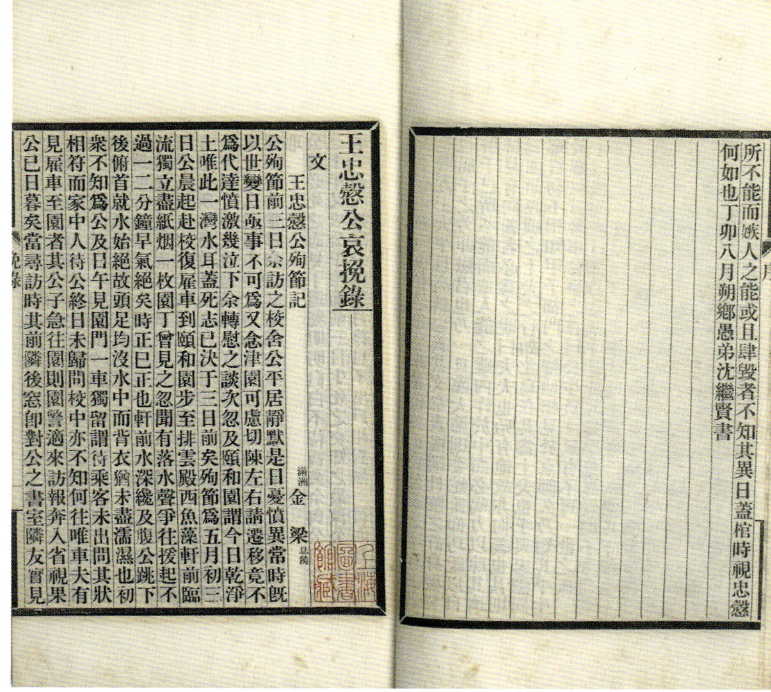

所不能而嫉人之能或且肆毀者不知其異日蓋棺時視忠慤何如也丁卯八月朔鄉愚弟沈繼賢書

王忠慤公哀挽錄

文

王忠慤公殉節記　滿洲 金梁 息侯

公殉節前三日余訪之校舍公平居靜默是日憂憤異常時既以世變日亟事不可爲又念津園可慮切陳左右請遷移竟不爲代達憤激幾泣下余轉慰之談次忽及頤和園謂今日乾淨土唯此一灣水耳蓋死志已決于三日前矣殉節爲五月初三日公晨起赴校復雇車到頤和園步至排雲殿西魚藻軒前臨流獨立盡紙烟一枚園丁曾見之忽聞有落水聲爭往援起不過一二分鐘早氣絕矣時正巳正也軒前水深纔及腹公跳下後俯首就水始絕故頭足均沒水中而背衣猶未盡濡濕也初衆不知爲公及日午見園門一車獨留詢待乘客未出問其狀相符而家中人待公終日未歸問校中亦不知何往唯車夫有見雇車至園者其公子急往園則園警適來訪報奔入省視果公已日暮矣當尋訪時其前鄰後窓即對公之書室鄰友嘗見

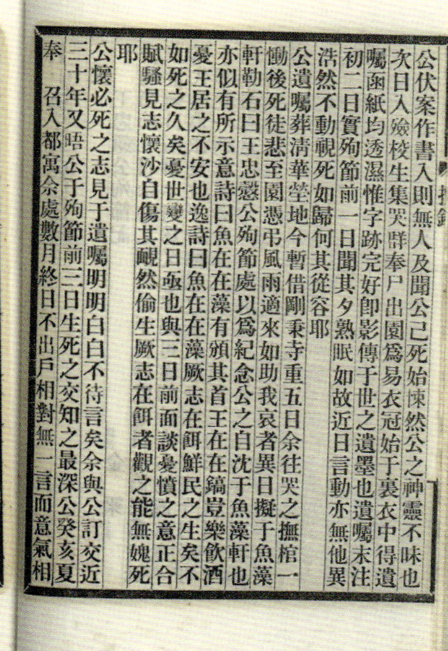

公伏案作書入則無人及聞公已死始悚然公之神靈不昧也次日入殮校生集哭舁奉尸出園爲易衣冠始于裏衣中得遺囑函紙均透濕惟字跡完好即影傳于世之遺墨也遺囑未注初二日實殉節前一日聞其夕熟眠如故近日言動亦無他異浩然不動視死如歸何其從容耶

公遺囑葬清華塋地今暫借剛秉寺重五日余往哭之撫棺一慟後死徒悲至園憑弔風雨適來如助我哀者異日擬于魚藻軒勒石曰王忠慤公殉節處以爲紀念公之自沈于魚藻軒也亦似有所示意詩曰魚在在藻有頒其首王在在鎬豈樂飲酒憂王居之不安也逸詩曰魚在在藻厥志在餌鮮民之生矣不如死之久矣憂世變之日亟也與三日前面談憂憤之意正合賦騷見志懷沙自傷其靦然偷生厥志在餌者觀之能無媿死耶

公懷必死之志見于遺囑明明白白不待言矣余與公訂交近三十年又晤公于殉節前三日生死之交知之最深公癸亥夏奉 召入都寓余處數月終日不出戶相對無一言而意氣相感歷久彌親公于時事不輕置可否于人不輕加毀譽而衆感其誠見者無不歎敬至于學問文章更無間中外新舊翕然同稱然皆不料遽至于此也嗚呼丁卯五月泣記

王忠慤公事略　山陰 樊炳清 少泉

公諱國維字靜安號觀堂浙之海甯人父諱迺譽能書畫嘗游幕溧陽値洪楊之亂乃棄幕就賈君生而穎異家貧攻苦讀書究經史大義不專事帖括弱冠游庠尋肄業杭州之敷文書院兩應鄉舉不售光緒戊戌（廿四年）錢塘汪穰卿舍人康年創時務報於上海邀上虞許默齋孝廉司書記君爲之代僅得薄資以養親時上虞羅叔言參事振玉設東文學社於上海延日本藤田博士豐八爲教授公來受學參事見其詠史詩大異之許爲大器力拔之于庸衆之中厥後所至公靡不從庚子既卒業明年秋留學日本物理學校年餘病脚氣歸國乃從藤田博士習英文始讀西人哲學文學書參事於戊戌在滬上創設農學報既而又刊教育雜誌君嘗助之編譯並爲社論者數年至廿七年辛丑春參事爲湖北農務學堂監督君偕往任譯述講義及農

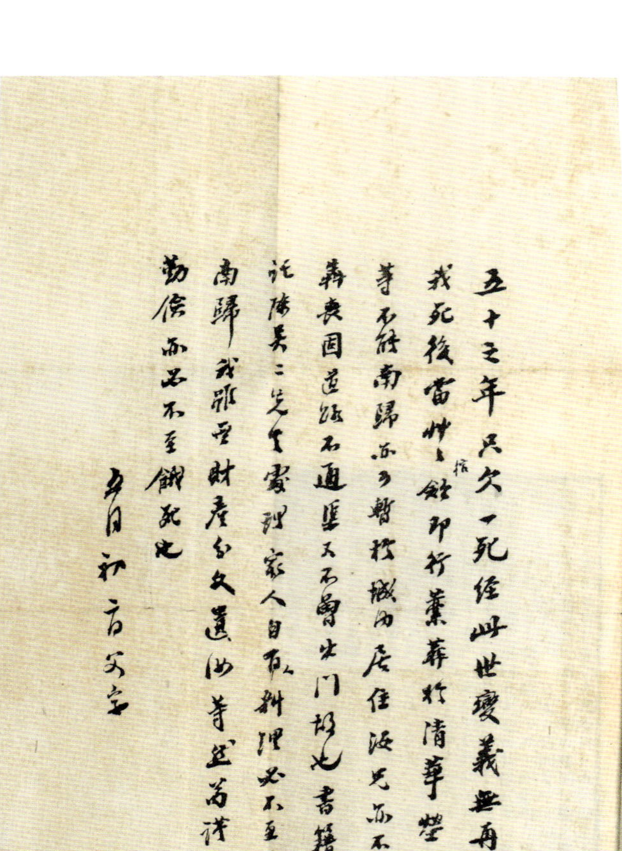

五十之年只欠一死經此世變義無再辱
我死後當草草棺斂即行藁葬於清華塋地汝
等不能南歸亦可暫於城內居住汝兄亦不必
奔喪因道路不通渠又不曾出門故也書籍可
託陳吳二先生處理家人自有人料理必不至不能
南歸我雖無財產分文遺汝等然苟謹慎
勤儉亦必不至餓死也
五月初二日父字

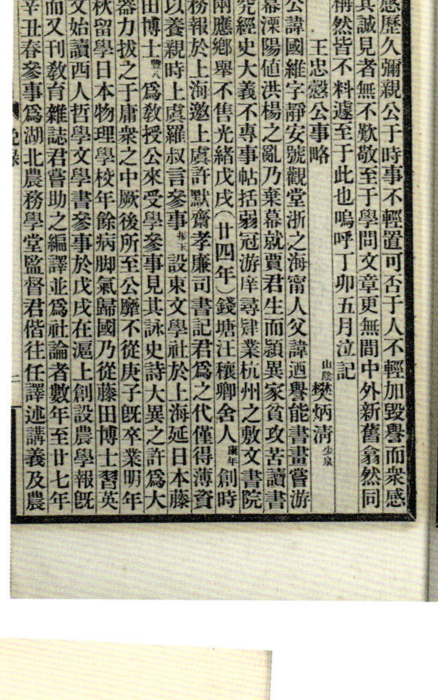

王忠慤公像贊

人誰不死赴機在勇後而失時鴻毛等重
范蠡有言主辱臣死公志如斯一瞑不視
清沘勺波王土是責化碧激周刎頸送魏
醜蔑有心原不在面吾聞史公貌寢節見

温肅拜題

王静安先生专号

《国学月报》第二卷第八、九、十号合刊。1937 年 10 月 31 日出版。卷首有遗像和遗墨，另登《古史新证》、《散氏盘铭考释》、《克鼎铭考释》等遗著，《王静安先生整理国学之成绩述要》、《王静安先生著述表》等学术成就综述，以及《我所知道的王静安先生》、《王静安先生年表》、《记王静安先生自沉事始末》等传略，另有挽词和补白诸篇。

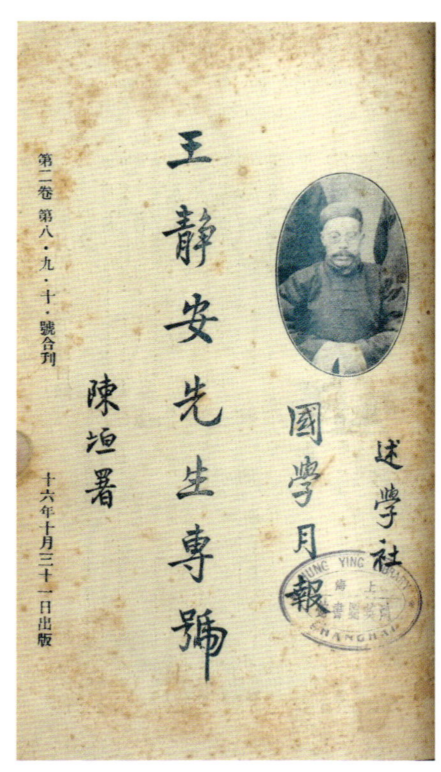

述學社

國學月報

王靜安先生專號

第二卷第八·九·十·號合刊

陳垣署

十六年十月三十一日出版

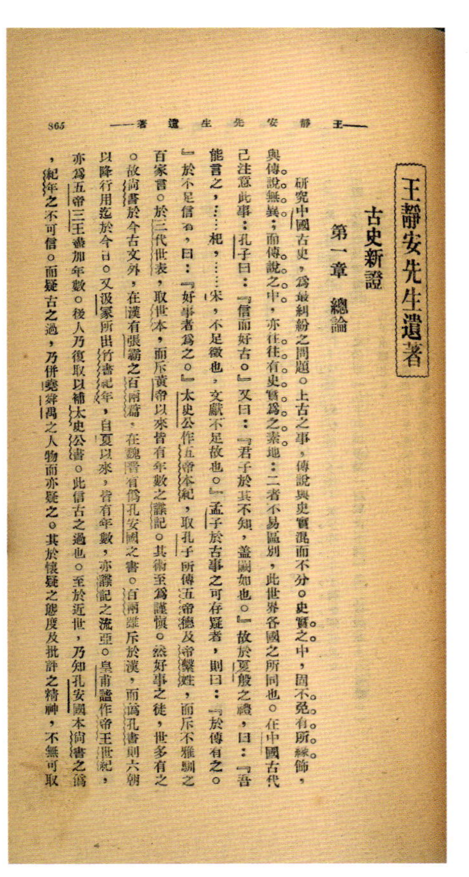

865 ——王靜安先生遺著——

王靜安先生遺著

古史新證

第一章 總論

研究中國古史，爲最糾紛之問題。上古之事，傳說與史實混而不分。史實之中，固不免有所緣飾，與傳說無異；而傳說之中，亦往往有史實爲之素地：二者不易區別，此世界各國之所同也。在中國古代已注意此事：孔子曰：『信而好古。』又曰：『君子於其不知，蓋闕如也。』故於夏殷之禮，曰：『吾能言之，……杞，……宋，不足徵也，文獻不足故也。』孟子於古事之可存疑者，則曰：『於傳有之。』於不足信者，曰：『好事者爲之。』太史公作五帝本紀，取孔子所傳五帝德及帝繫姓，而斥不雅馴之百家言。於三代世表，取世本，而斥黃帝以來皆有年數之諜記。其術至爲謹愼。然好事之徒，世多有之。故尚書於今古文外，在漢有張霸之百兩篇，在魏晉有僞孔安國之書。百兩雖斥於漢，而僞孔書則六朝以降行用迄於今日。又汲冢所出竹書紀年，自夏以來，皆有年數，亦諜記之流亞。皇甫謐作帝王世紀，亦爲五帝三王盡加年數。後人乃復取以補太史公書。此信古之過也。至於近世，乃知孔安國本尚書之僞，紀年之不可信。而疑古之過，乃併堯舜禹之人物而亦疑之。其於懷疑之態度及批評之精神，不無可取

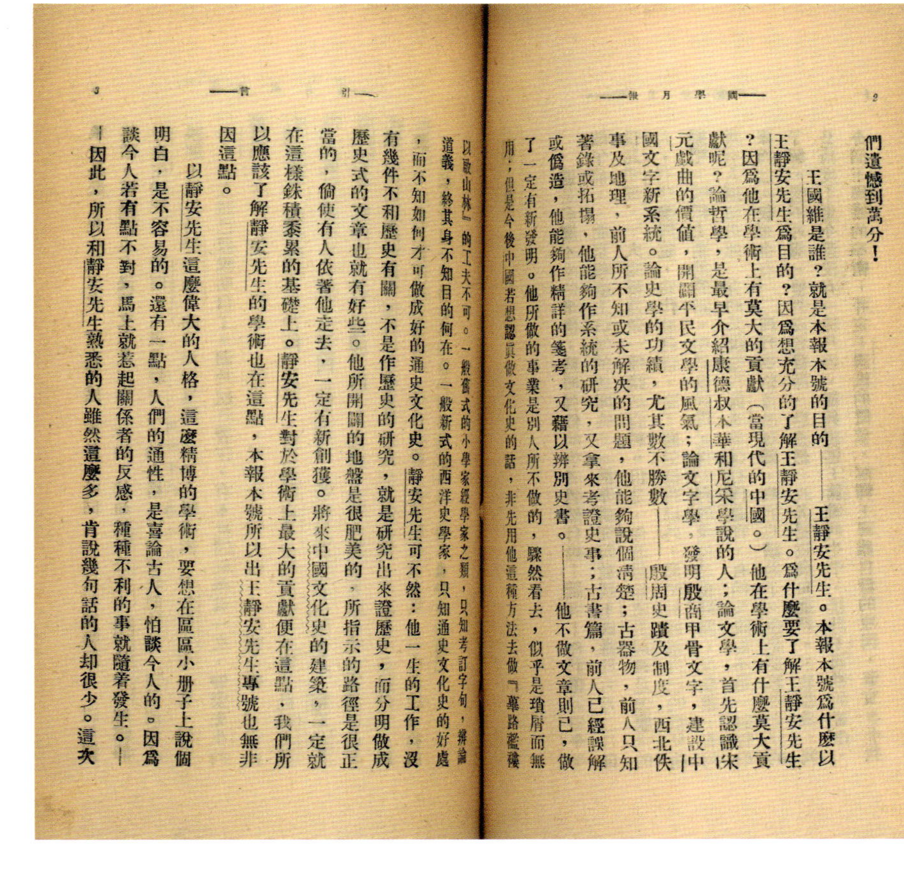

2 ——國學月報——

們遺憾到萬分！

王國維是誰？就是本報本號的目的——王靜安先生。本報本號爲什麼以王靜安先生爲目的？因爲想充分的了解王靜安先生。爲什麼要了解王靜安先生？因爲他在學術上有莫大的貢獻（當現代的中國。）他在學術上有什麼莫大貢獻呢？論哲學，是最早介紹康德叔本華和尼采學說的人；論文學，首先認識宋元戲曲的價值，開闢平民文學的風氣；論文字學，發明殷商甲骨文字，建設中國文字新系統。論史學的功績，尤其數不勝數——殷周史蹟及制度，西北佚事及地理，前人所不知或未解决的問題，他能夠說個清楚；古器物，前人只知著錄或拓搨，他能夠作系統的研究，又拿來考證史事；古書篇，前人已經誤解或僞造，他能夠作精詳的箋考，又藉以辨別史書。——他不做文章則已，做了一定有新發明。他所做的事業是別人所不做的，驟然看去，似乎是瑣屑而無用，但是今後中國若想認眞做文化史的話，非先用他這種方法去做『華路藍縷以啟山林』的工夫不可。一般舊式的小學家經學家之類，只知考訂字句，辨論道義，終其身不知目的何在。一般新式的西洋史學家，只知通史文化史的好處，而不知如何才可做成好的通史文化史。靜安先生可不然：他一生的工作，沒有幾件不和歷史有關，不是作歷史的研究，就是研究出來證歷史，而分明做成歷史式的文章也就有好些。他所開闢的地盤是很肥美的，所指示的路徑是很正當的，倘使有人依着他走去，一定有新創獲。將來中國文化史的建築，一定就在這樣銖積黍累的基礎上。靜安先生對於學術上最大的貢獻便在這點，我們所以應該了解靜安先生的學術也在這點，本報本號所以出王靜安先生專號也無非因這點。

3 ——引言——

以靜安先生這麼偉大的人格，這麼精博的學術，要想在區區小册子上說個明白，是不容易的。還有一點，人們的通性，是喜論古人，怕談今人的。因爲談今人若有點不對，馬上就惹起關係者的反感，種種不利的事就隨着發生。——因此，所以和靜安先生熟悉的人雖然這麼多，肯說幾句話的人却很少。這次

史量才先生讣告

史必恕辑，1934年出版，石印本。不分卷。讣告前有史量才先生遗像一帧，附一百二十六幅像赞，不乏政界要人所题。另有黄炎培所撰《史量才先生之生平》一篇。末有哀启。

史量才（1880–1934），名家修，江苏江宁人，生于上海。早年入杭州蚕桑学馆求学。1908年任上海《时报》主笔。1912年与张謇等合资收购《申报》，任总经理，并于1916年独资经营。后相继买下《时事新报》，购进《新闻报》大部分股权，成为中国最大的报界企业家。九一八事变后赞助抗战。1932年出任上海地方协会会长、上海临时参议会议长。反对内战，拥护中国民权保障同盟，主张言论自由、出版自由。1934年11月被国民党特务暗杀。

量才先生象贊

哲人其萎

蔣中正題

量才先生象贊

通識博聞

汪兆銘敬題

量才先生象贊

歲星再見

吳佩孚書

矯矯先生，高瞻遠矚。主持輿論，振世導俗。一紙推行，萬方披讀。更握金融，盈虛往復。事業蔚新，爛若朝旭。綿綿遠道，禍機潛伏。哲人云亡，如何可贖。

量才先生遺像

蔡元培敬贊

量才夫子千古

嗚呼世變日亟兮反復倉黃，文明競進兮融滙萬方。夫子先覺兮器識恢張，建樹輿論兮一紙風行，啟迪民智兮於國有光。賈其餘勇兮瘁力工商，浩彼赤子兮我佛心腸，億則屢中兮績舉未遑。齎志以歿兮魂返帝鄉，甘棠遺愛兮久而彌芳。夫子之節兮山高水長，忍泪賦此兮用誌心喪。

門人 徐采丞謹題

史量才先生之生平

余識量公三十年，初不意其罹此慘酷以終。就所聞見略加諮訪，寫此文以示世之未獲識公與識公而未獲詳悉其生平者。炎培謹志

史量才先生名家修，中年後以字行。祖籍江寧，父春帆遭洪楊之亂，經商上海西泗涇鎮，遂家焉。先生幼穎悟，師事耆儒戴葵臣，讀書過目不忘。泗涇屬松江府婁縣。清光緒二十五年考入婁縣庠為附生。時當戊戌政變後，先生慨滿清政治腐敗，弃舉子業，與松城雷繼興、龔鏡清輩研求日本文及理化等應用科學。光緒二十七年秋考入杭州蠶學館。年假歸，倡議興學，促地方父老籌經費，而泗涇米業養正小學以成，至今稱盛。先生既畢蠶學館業，應上海王氏育才學堂聘為理化教員，旋膺兵工學堂、務本女學、南洋中學各校教席。時科舉猶未廢也。先生故善詞令，嘗就養正小學演講，開發民智，強者坌涌，咸佩先覺。光緒三十年創女子蠶桑學堂於上海桂墅里，實為吾國女子蠶業教育之嚆矢。三十年來環太湖諸郡蠶桑業之興，先生與有力焉。此校旋遷蘇州滸墅關，即今之江蘇省立女子蠶桑學校也。光緒三十二年偕諸同志發起江蘇學務總會。未幾而蘇浙借英款築鐵路之議起，以湯蟄先、張季直、王丹揆諸老輩之提倡，群主集資自築，先生蓋為奔走宣力之一人。公司成立，被選為董事。時先生兼任時報主筆，已於新聞業深感興趣矣。後以暇發起全國農務聯合會於南京，被推總幹事。時南京開南洋勸業會，先生則集農學家參與審查研究。無何武漢革命軍起，各省響應，主江蘇者實為程雪樓、張季直、應季中諸公，先生蓋無事不參與商洽也。惟時人才雲集，而思慮之銳敏、治理之精覈，獨推先生。以故江海關款產棼如亂絲，設滬關清理處，而以先生主之；松江鹽政需整理，設松鹽局，而以先生

追悼史量才先生

追悼会筹备处辑。一册。目次：史先生之生平、史先生遇难照片、史先生与《申报》、史先生遇难始末记、史先生遗墨、史先生遗诗、祭文。

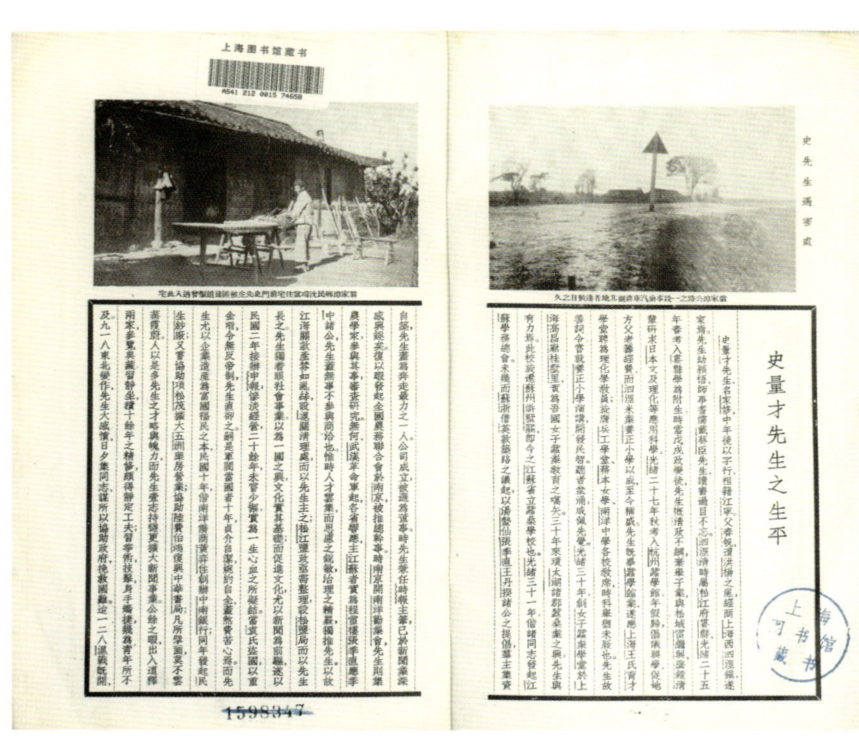

史量才先生之生平

史先生遇難始末記

史先生遺像

追悼史量才先生特辑

《申报》月刊第三卷第十二期。1934 年 12 月 15 日出版。刊有哀辞、同人纪念文、史先生遗墨、史先生击剑照片、史先生之生平、史先生遗诗和史先生遇难始末记等。七篇同人纪念文章中，以时任总编辑的张蕴和文为首，余为马荫良、赵尊狱、瞿绍伊、俞颂华、张梓生、钱伯涵等作。

追悼
史總經理
申報月刊社特輯

目次
哀辭
同人紀念文（七篇）
史先生遺墨
史先生擊劍照片
史先生之生平
史先生遺詩
史先生遇難始末記

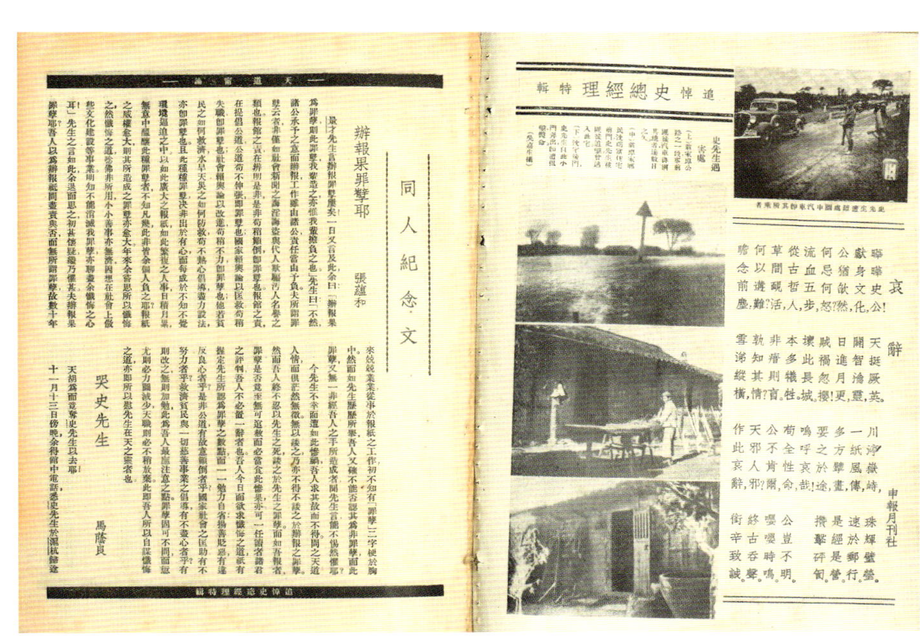
同人紀念文
辦報果罪孽耶 張蘊和
哭史先生 馬蔭良
哀辭
追悼史總經理特輯

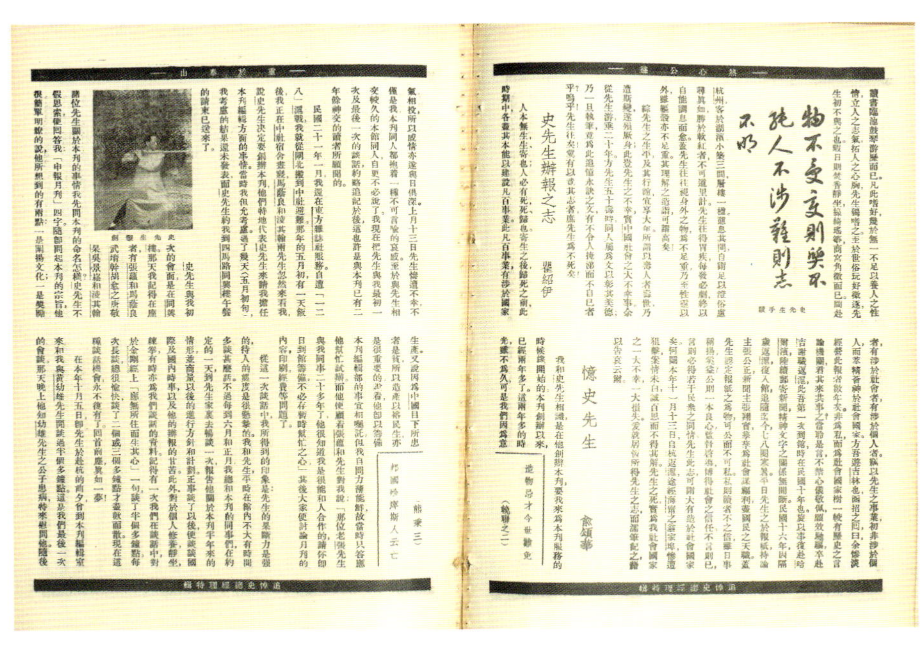
物不受變則無不有，人不涉難則志不明
史先生辦報之志 瞿紹伊
憶史先生 俞頌華
追悼史總經理特輯

鲍咸昌先生哀挽录

鲍府治丧事务所辑，1930 年出版，铅印本。共一卷，卷首开列目次，依次为图像、哀启、事略、哀辞、祭文、诔文、诗词、挽联、幛额、杂文。

鲍咸昌（1864–1929），字仲言，浙江鄞县（今宁波）人。基督教徒。幼年入教会学校，半工半读，学习印刷。成年后进入教会印刷机构美华书馆做排字工，后曾供职《北华捷报》馆。1897 年 2 月 11 日，与夏瑞芳等创办商务印书馆，协助胞兄鲍咸恩管理印刷所，其兄逝世后继任印刷所所长。1920 年至 1929 年间任商务印书馆总经理兼印刷所所长。在任期间，任人唯贤，锐意革新，热心公益，是商务印书馆重要的奠基人、开拓者。

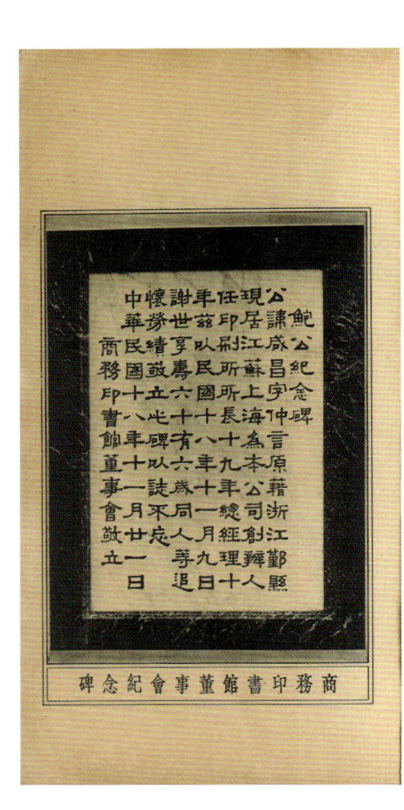
鮑公紀念碑
公諱咸昌字仲言原籍浙江鄞縣
現居江蘇上海為本公司創辦人
任印刷所所長十九年總經理十
年茲以民國十八年十一月九日
謝世享壽六十有六歲同人等追
懷勞績益立此碑以誌不忘
中華民國十八年十一月廿一日
商務印書館董事會敬立

商務印書館董事會紀念碑

鮑公遺像

創業同志念年紀念攝影

夏粹方先生哀挽录

铅印本。共一卷。卷首刊夏粹方先生遗像等图片三帧，继列目次，有事略一篇、记事一篇、传记两篇、诔词五篇、哀辞五篇、祭文十三篇、诗词歌七首、挽联三百五十一幅、挽幛三十四幅。蒋维乔为撰事略，孟森、蔡元培为写传，严复、李拔可、王季烈、林纾、傅增湘等文化名流为致挽联。

夏瑞芳（1871–1914），字粹芳，江苏青浦（今属上海市）人。幼年入教会小学，后升入清心书院半工半读。笃信基督教。1890 年入英商文汇报馆习西文排字，之后在《字林西报》等报馆做排字工人，后任头领。1897 年与鲍咸恩、鲍咸昌、高翰卿等集资创办商务印书馆，任经理，商务改组后任总经理。在位期间，注重吸收外资和先进技术，大力网罗人才，积极拓展业务，同时热心公益，对商务印书馆早期发展有卓越贡献。1914 年 1 月遇刺身亡。

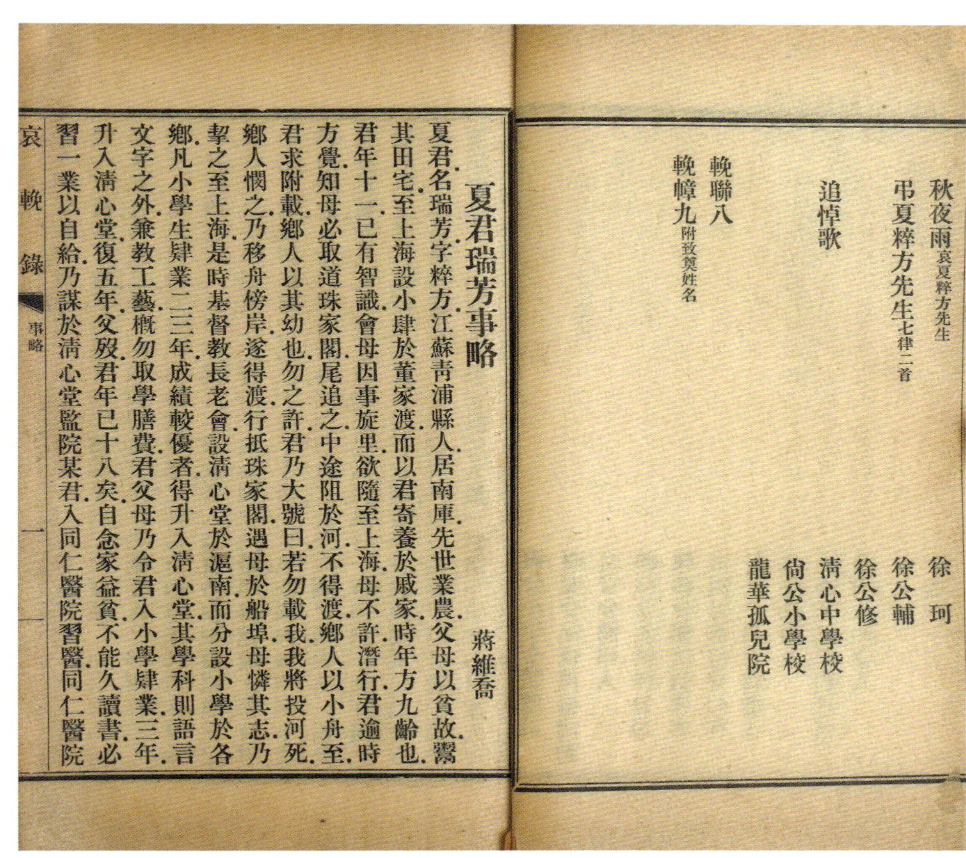

秋夜雨哀夏粹方先生 徐珂
弔夏粹方先生七律二首 徐公輔
徐公修
追悼歌 清心中學校
尚公小學校
龍華孤兒院
輓聯八
輓幛九附致奠姓名

夏君瑞芳事略 蔣維喬

夏君名瑞芳.字粹方.江蘇青浦縣人.居南庫.先世業農.父母以貧故.鬻其田宅.至上海設小肆於董家渡.而以君寄養於戚家.時年方九齡也.君年十一.已有智識.會母因事旋里.欲隨至上海.母不許.潛行.君逾時方覺.知母必取道珠家閣.尾追之.中途阻於河.不得渡.鄉人以小舟至.君求附載.鄉人以其幼也.勿之許.君乃大號曰.若勿載我.我將投河死.鄉人憫之.乃移舟傍岸.遂得渡.行抵珠家閣.遇母於船埠.母憐其志.乃挈之至上海.是時基督教長老會.設清心堂於滬南.而分設小學於各鄉.凡小學生肄業二三年.成績較優者.得升入清心堂.其學科則語言文字之外.兼教工藝.概勿取學膳費.君父母乃令君入小學肄業.三年.升入清心堂.復五年.父歿.君年已十八矣.自念家益貧.不能久讀書.必習一業以自給.乃謀於清心堂監院某君.入同仁醫院習醫.同仁醫院

哀輓錄 事略 一

张蟾芬先生哀挽录

张石麟辑，1936年出版。铅印本。共一卷。有遗像、葬礼、墓地等照片，收录墓志铭一篇、哀启一篇、诔文一百一十二篇、挽诗五十八首、挽联一百九十五幅、幛额一百九十四幅、唁电四通，末有附录。

张蟾芬（1869–1936），幼年入清心教会学校，半工半读。成人后考取电报局，又学习测量，曾兼任邮传部驻沪电报高等学堂教习。与夏粹方、鲍咸恩、鲍咸昌、高翰卿等人集资创办商务印书馆，任西书部主任，后改任出纳科主任。同时参与创办或投资五洲药房、浦东电气公司、冠生园糖果公司、沪闵长途汽车公司、上海女子储蓄银行、上海新新公司等多家实业。热心公益教育，笃信基督教。

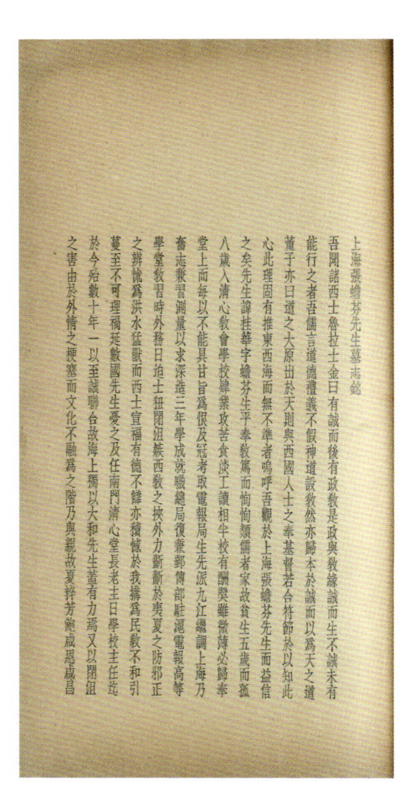
上海張蟾芬先生墓志銘

吾聞諸西士魯拉士金曰有誠而後有政教是政與教緣誠而生不誠未有能行之者吾儒言道德禮義不假神道設教然亦歸本於誠而以爲天之道董子亦曰道之大原出於天則與西國人士之奉基督若合符節於以知此心此理固有推東西海而無不準者嗚呼吾觀於上海張蟾芬先生而益信之矣先生諱桂華字蟾芬生平奉教篤而恂恂類儒者家故貧生五歲而孤八歲入清心教會學校肄業攻苦食淡工讀相半校有酬奬雖微薄必歸奉堂上而每以不能具甘旨爲恨及冠考取電報局生先派九江繼調上海乃奮志兼習測量以求深造二年學成就職總局復兼郵傳部駐滬電報高等學堂教習時外務日迫士狃閉阻嫉西教之挾外力斷斷於夷夏之防邪正之辨恍爲洪水猛獸而西士宣福有德不韙亦積憾於我構爲民教不和引蔓至不可理禍延數國先生憂之及任南門清心堂長老主日學校主任迄於今殆數十年一以至誠聯台故海上獨以大和先生蓋有力焉又以閉阻之害由於外情之梗塞而文化不融爲之階乃與親故夏粹芳鮑咸恩咸昌

張公遺像

張公生前闔家留影

我所认识的高梦旦先生

总一册。所收录的王云五撰《我所认识的高梦旦先生》、蒋维乔撰《高公梦旦传》及庄俞撰《悼高公梦旦》三篇文章，原刊载于《东方杂志》第三十三卷第十八号，因举行高梦旦追悼会，故抽印单行本，以作纪念。有高梦旦遗像一帧。

高梦旦（1870–1936），近代中国编辑新型教科书的创始人之一，教育事业家。名凤谦，福建长乐人。1902 年大学堂选派学生赴日，任留学生监督。重视教育，1903 年冬回国后应聘为商务印书馆国文部主任，主编初等小学国文教科书。继与张元济、庄俞、陆费逵等续编高等小学校用《修身》、《国文》、《地理》、《算术》等课本，另编教授法和评解，供教师参考。又筹划编印中学各科教科书。生平为文不留稿，仅有《十二个月历法》、《泰西格言集》行世。

高夢旦先生遺像

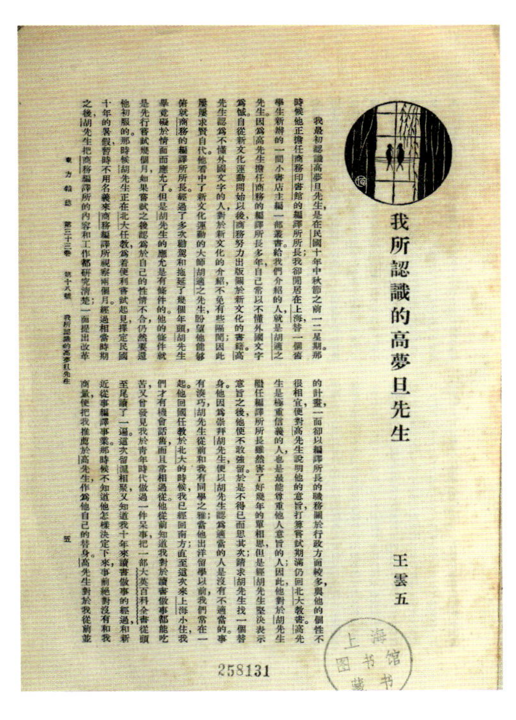
我所認識的高夢旦先生

王雲五

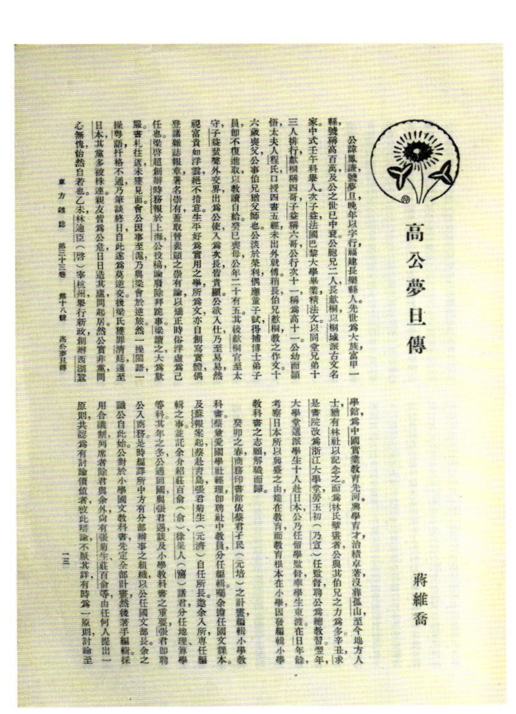
高公夢旦傳

蔣維喬

高奇峰先生荣哀录

中国图书大辞典编辑馆辑，民享印务股份有限公司1933年出版，铅印本。第一辑，不分卷。有目录，分别为：国民政府命令、奇峰先生病中与汪院长来往电、高奇峰先生遗念、奇峰先生遗画辑略、奇峰先生遗字辑略、奇峰先生学说略录、奇峰先生遗诗略录、行述、墓表、示疾记、国民政府暨各界之祭文挽章、录报、奇峰先生与画报、奇峰画院简章草案、奇峰图书馆简章草案、奇峰先生遗作之刊行、奇峰先生铜像之铸造。

高奇峰（1889–1933），原名山翁，字奇峰。广东番禺人。岭南画派的创始人之一。从小在兄长高剑父的指导下研习绘画。1907年，与剑父同去日本学画，师从田中赖璋，并在日本加入同盟会，开始从事民主革命活动。1911年与高剑父在上海创办审美书馆和《真相画报》。后历任广东工业学校美术及制版科主任、岭南大学名誉教授。在生命后期，因肺病在珠江边筑“天风楼”画室，颐养身体，埋头作画。1933年被任命为柏林中国艺术展览会专使，途经上海不幸病逝。

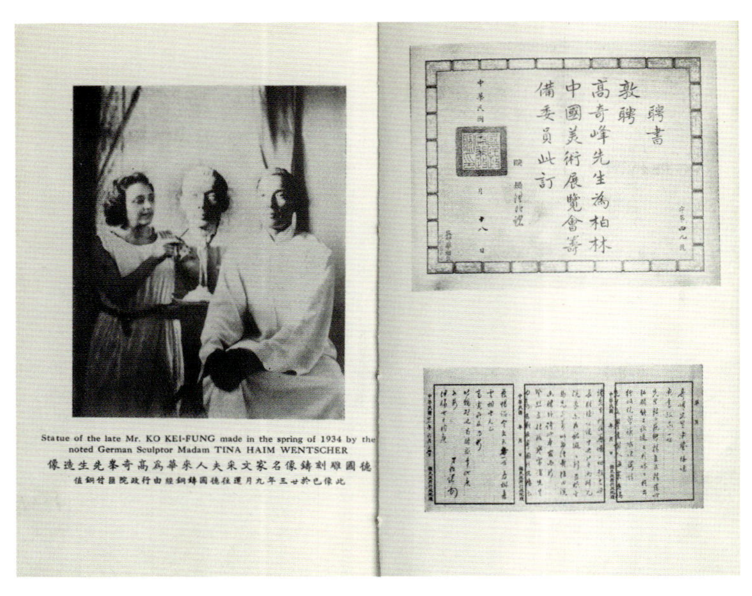

Statue of the late Mr. KO KEI-FUNG made in the spring of 1934 by the noted German Sculptor Madam TINA HAIM WENTSCHER

德國雕刻鑄像名家采夫人來華爲高奇峯先生造像

此像已於廿三年九月運往德國鑄銅經由行政院匯付銅值

聘書

敦聘高奇峯先生為柏林中國美術展覽會籌備委員此訂

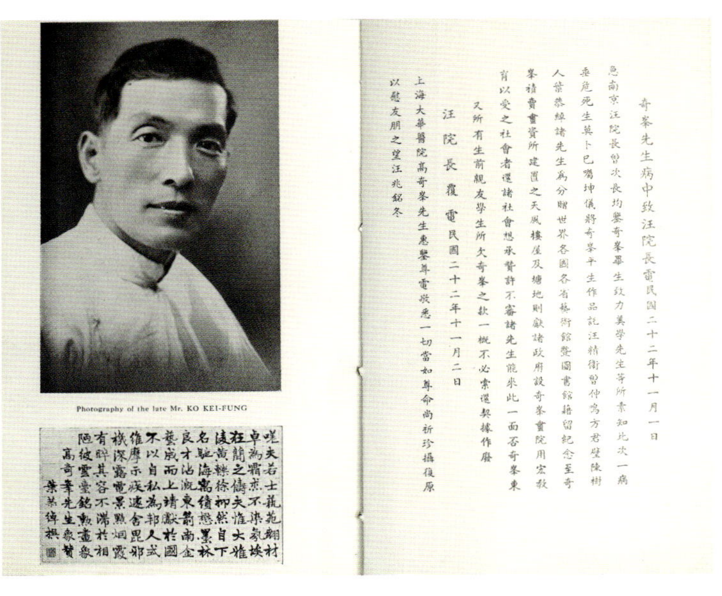

Photography of the late Mr. KO KEI-FUNG

奇峯先生病中致汪院長電民國二十二年十一月一日

急南京汪院長曾次長均鑒奇峯畢生致力美學先生等所素知此次一病垂危死生莫卜已囑坤儀將奇峯平生作品託汪精衛曾仲鳴方君璧陳樹人葉恭綽諸先生為分贈世界各國各省藝術館暨圖書館藉留紀念至奇峯積賣畫資所建置之天風樓屋及塘地則獻諸政府設奇峯畫院用宏教育以愛之社會者還諸社會想承贊許不審諸先生能來此一面否奇峯東

又所有生前親友學生所欠奇峯之款一概不必索還契據作廢

汪院長覆電民國二十二年十一月二日

上海大華醫院高奇峯先生惠鑒東電敬悉一切當如尊命尚祈珍攝復原以慰友朋之望汪兆銘冬

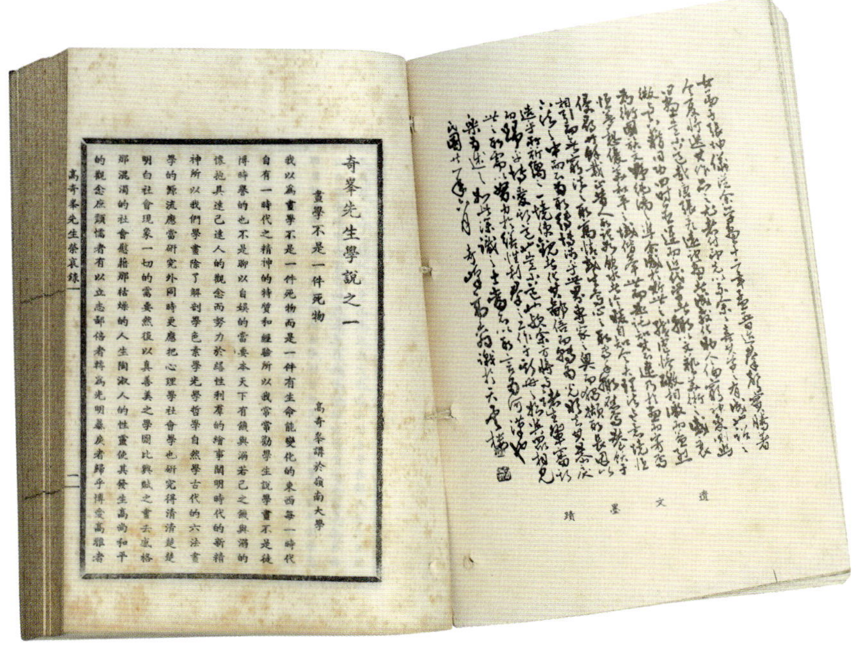

奇峯先生學說之一

畫學不是一件死物

高奇峯講於嶺南大學

我以為畫學不是一件死物而是一件有生命能變化的東西每一時代自有一時代之精神的特質和經驗所以我常常勸學生說學畫不是徒博時譽的也不是聊以自娛的當要本天下有饑與溺若己之饑與溺的懷抱具達己達人的觀念而努力於犧牲利羣的繪事闡明時代的新精神所以我們學畫除了解剖學色素學光學哲學自然學古代的六法畫學的源流應當研究外同時更應把心理學社會學也研究得清清楚楚明白社會現象一切的需要然後以真善美之學問比興賦之畫去感格那混濁的社會慰藉那枯燥的人生陶淑人的性靈使其發生高尚和平的觀念庶頑懦者有以立志鄙倍者轉為光明暴戾者歸乎博愛高雅者

高奇峯先生榮哀錄 二

玉岑词人悼感录

陆丹林编，1935 年 7 月出版，铅印本。共一卷，卷首有谢梦鲤序，继列目次，计录遗像一帧、遗画一幅、遗墨一幅、遗札一通、文录四篇、挽诗三十四首、挽词七阕、挽联六十一幅。逝者擅词，兼通书画，故《录》中多见文艺界名家巨擘，如邓散木、方介堪、龙榆生、叶恭绰、张大千、张善孖、王师子、谢公展、郑午昌等。

谢玉岑（1899–1935），名觐虞，号孤鸾，以字行。江苏常州人。谢稚柳长兄。精诗词，擅书画，时称江南才子。与张善孖、张大千昆仲为通家之好，尤与张大千过从甚密。其文人画被张大千誉为“海内第一”，书法以篆隶最工，字形奇丽，取法高古，用笔精到，方圆皆备。因妻早逝，哀毁过度而病殁。

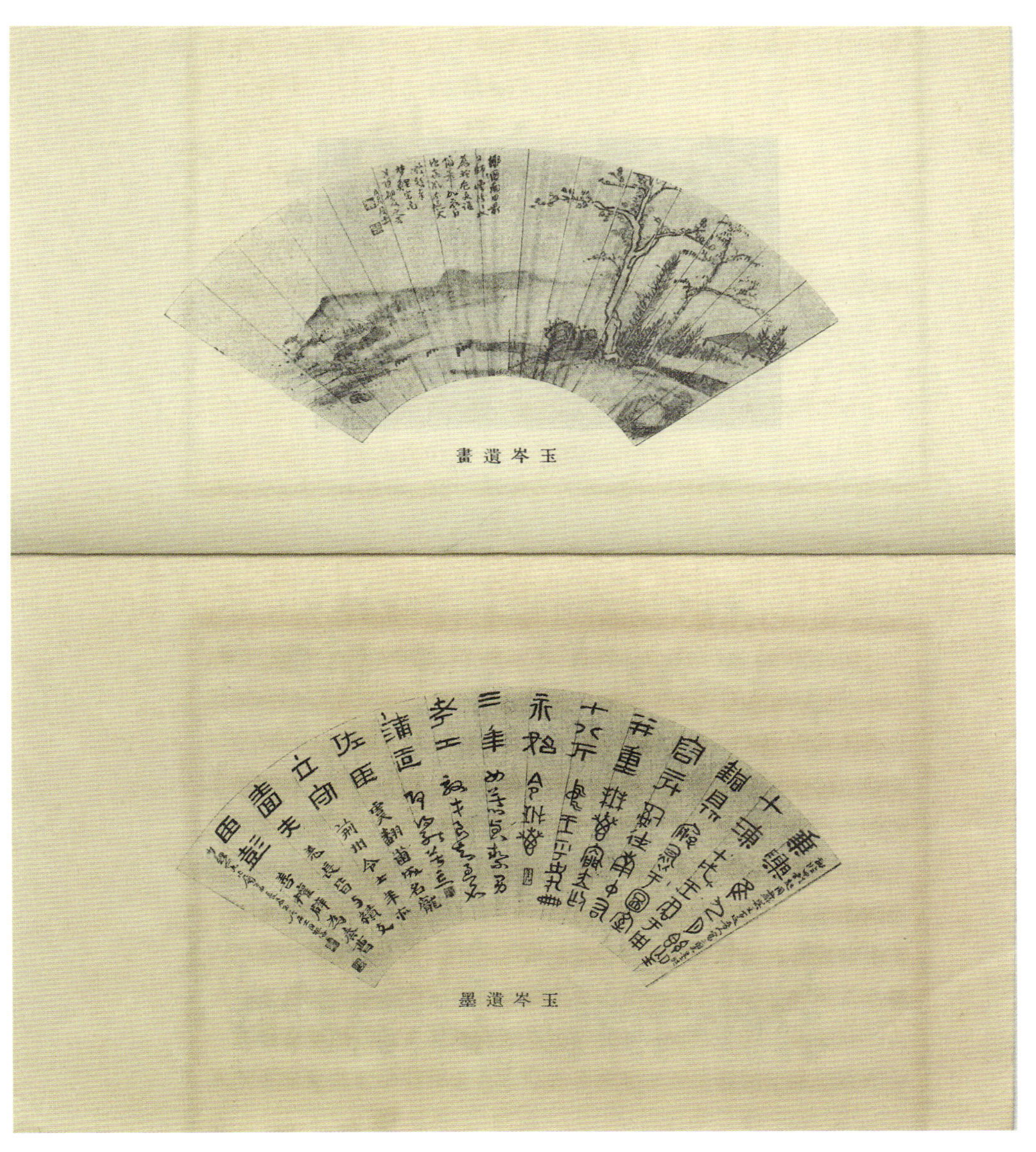
玉岑遺畫

玉岑遺墨

謝玉岑先生遺像

哈少甫先生讣告

哈国钧辑，铅印暨石印本。共一卷。讣告前收录遗像一幅，像赞十三篇，并有家传一篇，遗墨七叶。末附哀启。

哈少甫（1856–1934），近代书画家、鉴藏家。名麐，字少甫，一作少夫，一字韵松，号观叟、宝铁砚斋主、铁庐，晚号观津老人。祖上源出西域，生于江苏江宁（今南京）。以家道贫寒弃学经商，从事古玩业。勤奋好学多方请益，遂精通金石书画鉴别。因藏有宋赵忠毅铁砚、苏东坡铁如意奇物，以铁庐名其寓。曾两度赴日，广交日本朝野名流和文人雅士，以鉴定技术和信誉品德受到称誉。家世笃信伊斯兰教，晚年为振兴宗教开办启蒙教育，尽出生平珍贵藏品集款办学。

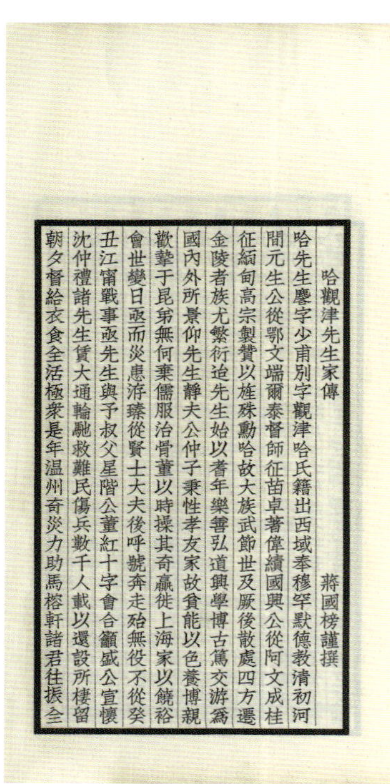

哈觀津先生家傳　蔣國榜謹撰

哈先生麐字少甫別字觀津哈氏籍出西域奉穆罕默德教清初河間元生公從鄂文端爾泰督師征苗卓著偉績國興公從阿文成桂征緬甸高宗製贊以旌殊勳哈故大族武節世及厥後散處四方遷金陵者族尤繁衍迨先生始以耆年樂善弘道興學博古篤交游爲國內外所景仰先生靜夫公仲子秉性孝友家故貧能以色養博親歡摯于昆弟無何棄儒服治骨董以時操其奇贏徙上海家以饒裕會世變日亟而災患洊臻從賢士大夫後呼號奔走殆無役不從癸丑江甯戰事亟先生與予叔父星階公董紅十字會合籲盛公宣懷沈仲禮諸先生賃大通輪馳救難民傷兵數千人載以還設所棲留朝夕督給衣食全活極衆是年溫州奇災力助馬榕軒諸君往振全

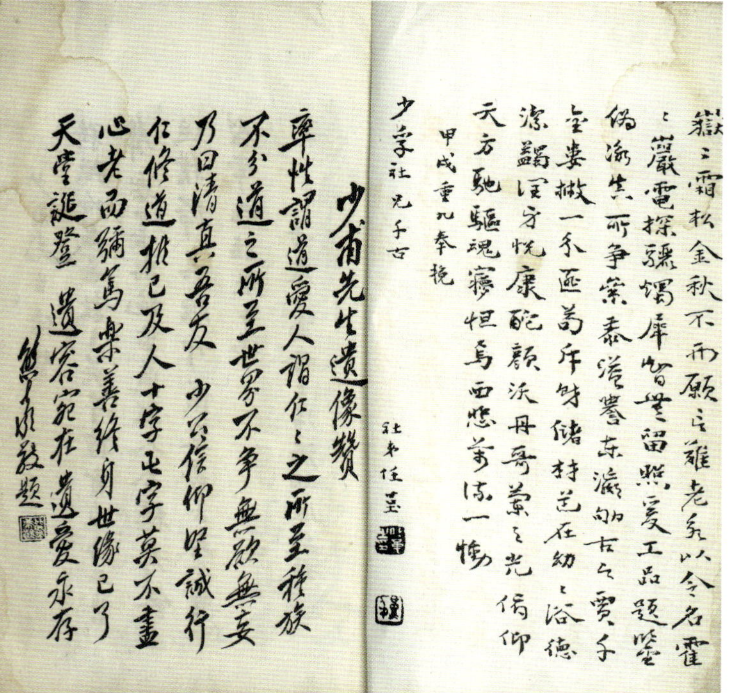

胡耀廷先生追思录

胡国梁辑，1940 年出版。铅印本。一册。卷首有弁言一篇、序一篇，录遗像一帧、追思会照片一帧，依次收录事略、像赞、诔文、挽诗、诔辞、挽联、挽幛、追思会公祭仪节等内容。

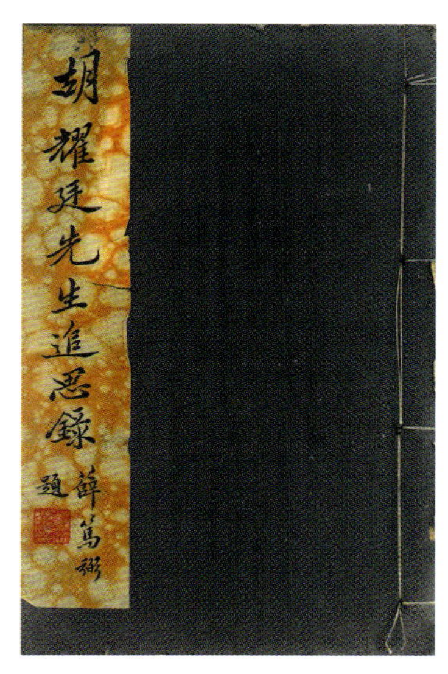

胡耀廷（1863–1937），名贵彰，字绪彪，耀廷其字，广东番禺人。十三岁赴新加坡经商，十五岁归国至沪，三年后入英商洋行任职，擢任华经理。后入美大洋行。资产渐丰后经营各种实业，并投身慈善，创办学校多所。1937 年 8 月病逝于沪。

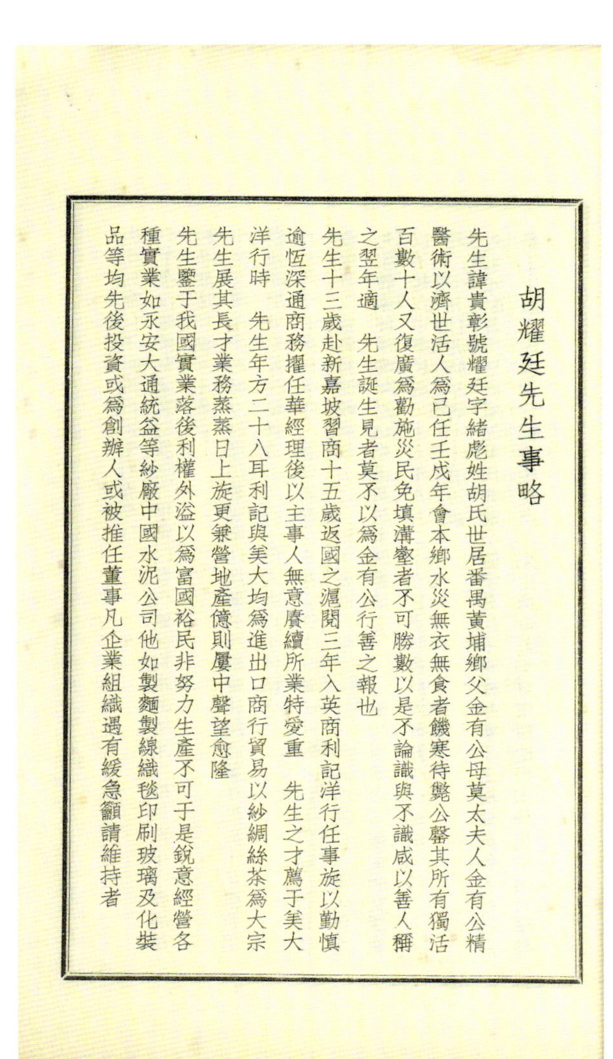

胡耀廷先生事略

先生諱貴彰號耀廷字緒彪姓胡氏世居番禺黃埔鄉父金有公母莫太夫人金有公精醫術以濟世活人爲己任壬戌年會本鄉水災無衣無食者饑寒待斃公罄其所有獨活百數十人又復廣爲勸施災民免填溝壑者不可勝數以是不論識與不識咸以善人稱之翌年適　先生誕生見者莫不以爲金有公行善之報也

先生十三歲赴新嘉坡習商十五歲返國之滬閱三年入英商利記洋行任事旋以勤慎逾恆深通商務擢任華經理後以主事人無意賡續所業特愛重　先生之才薦于美大洋行時　先生年方二十八耳利記與美大均爲進出口商行貿易以紗綢絲茶爲大宗先生展其長才業務蒸蒸日上旋更兼營地產億則屢中聲望愈隆

先生鑒于我國實業落後利權外溢以爲富國裕民非努力生產不可于是銳意經營各種實業如永安大通統益等紗廠中國水泥公司他如製麵製線織毯印刷玻璃及化裝品等均先後投資或爲創辦人或被推任董事凡企業組織遇有緩急籲請維持者

郁屏翰赴闻

郁锡璜等编，石印本。收录遗像、像赞、传、私谥公启、请褒扬呈文、褒扬状、褒额、碑、行状、诔词、哀词、祭文、挽诗、挽联、墓志、哀启。

郁怀智（1853–1918），字屏翰，号素痴。江苏上海县（今属上海市）人。肄业于上海广方言馆，经商致富后热心教育慈善，创办、资助学校多所。1911年上海光复后任沪军都督府副财政长。能诗，善书画，书宗颜、米。有《素痴老人遗集》。

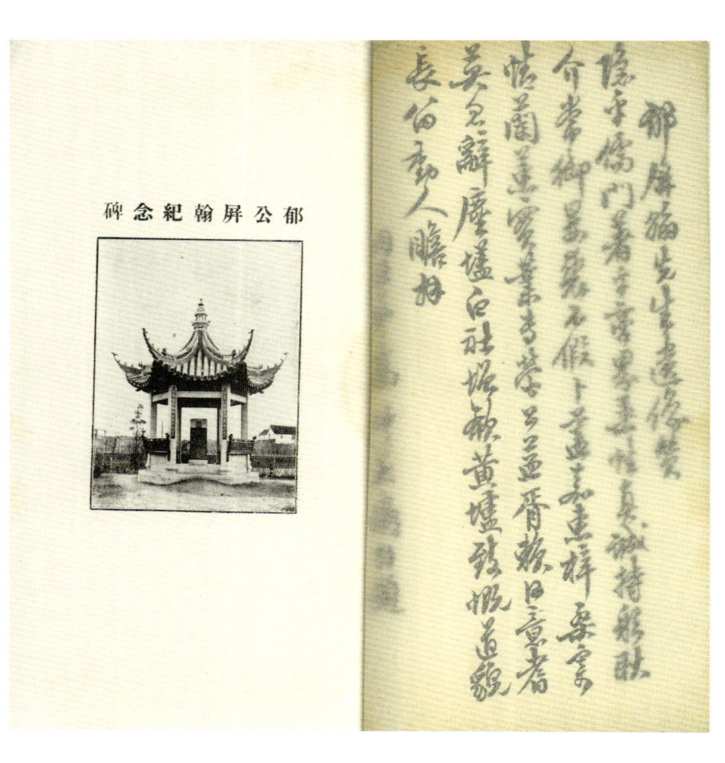

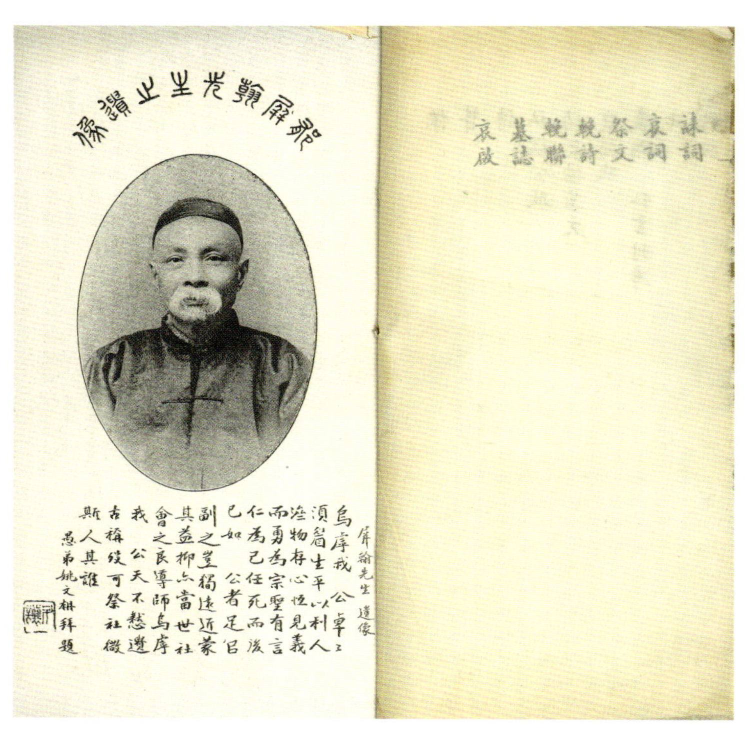

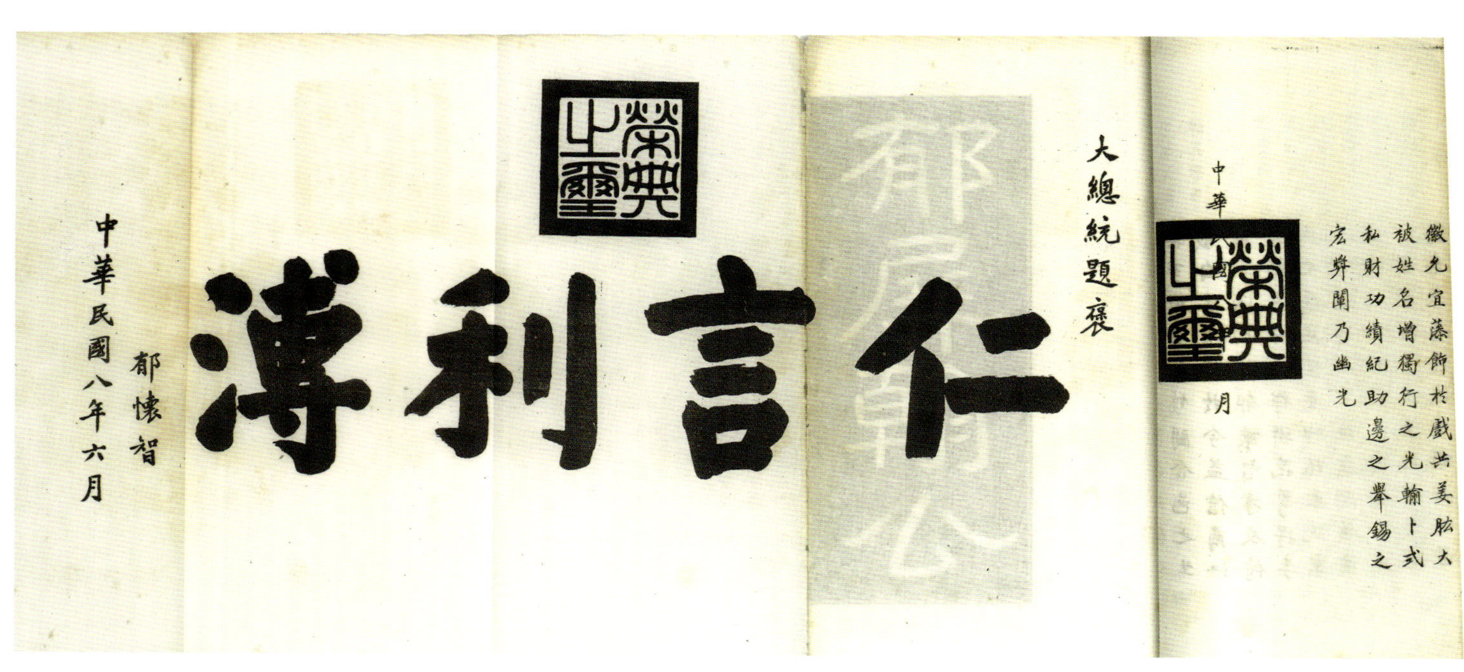

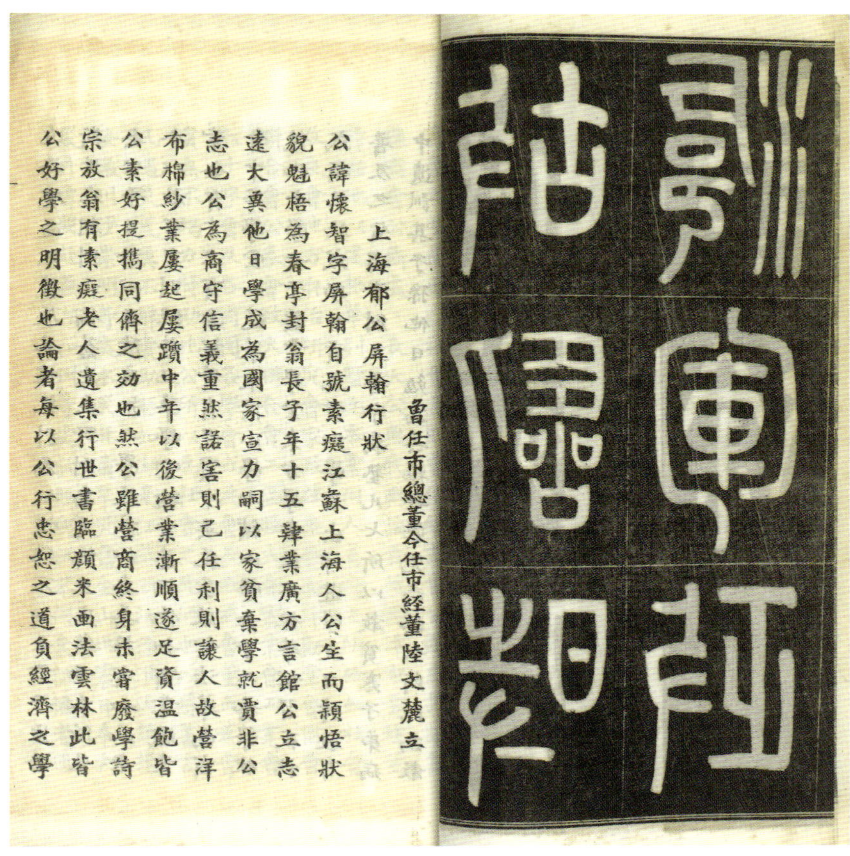

曾任市總董今任市經董陸文麓立

上海郁公屏翰行狀

公諱懷智字屏翰自號素癡江蘇上海人公生而穎悟狀貌魁梧為春亭封翁長子年十五肄業廣方言館公立志遠大異他日學成為國家宣力嗣以家貧棄學就賈非公志也公為商守信義重然諾害則己任利則讓人故營洋布棉紗業屢起屢躓中年以後營業漸順遂足資溫飽皆公素好提攜同儕之効也然公雖營商終身未嘗廢學詩宗放翁有素癡老人遺集行世書臨顏米畫法雲林此皆公好學之明徵也論者每以公行忠恕之道負經濟之學

郁公屏翰墓志銘

上海黃樹仁撰并書

餘杭褚德彝篆蓋

今夫人生則人皆敬仰之歿則人皆悼惜之悼惜之不已且欲為之建穹碑議私謚以志不忘則其德行之過人而合於輿論可知已嗚呼豈易言哉若郁公屏翰者其庶幾乎公諱懷智江蘇之上海人性孝友事親能得歡心有弟二懷恭懷儉懷儉多時家中失火不得出公冒火拔出之始免於厄親既歿二弟尚穉公提攜之扶植之以至於成人常以和財潤其弟及二弟歿公復撫其子俾皆有以自立其篤於倫紀有如此者公初肄業於廣方言館家貧不克卒業遂經商時則殊方畢集時會變遷公審其勢而順導之啓新法於未萌塞利源之將漏人皆倚以為重總商會南商會各業商會皆力舉公為總工程局及地方自治憲政鄉約實業等會亦群相徵聘或則會長或則會員賴公董督樞機者多至二十五處民國成立上海軍政府又延為財政次長公贊襄公務開拓鴻模細目畢張措施悉當蓋才本優而尤能捐除私念故人皆信服羣奉之以保護梓桑焉既又以人才之不振由於教育之未宏爰銳意致力於興學海上男女各學堂經其輔助而成立者都二十二所獨力自辦義務小學七所曰普一普二普三普四普五普六普七吾邑本產棉地而棉種不良不能紡細紗以供世用致利常外溢公迺設棉種改良社取美利堅棉子試種之譯刊植棉新法諸書廣為分送啓迪鄉農罔間不重蠶桑公以蠶桑利溥躬自植桑育蠶以倡率之且以桑贈人勸人種植居恒守儉約之訓蔬食布衣遇善舉則揮金不惜海上慈善社會亦眾矣而未經公輸助者實鮮尤殷殷於振務本國各省之災靡不竭力救濟更廣及於日本與美之舊金山嘗思常明放振遇瀆水跌足以渡蓋己飢己溺為心不自知其勞瘁也性耽風雅於山莊中鑿池疊石種竹蒔花暇以書畫自娛與希社求聲社同人迭相賡和刊有詩集行世公名不登於朝而不踰鄉里而鄉里利病之所在洞悉無遺興之革之咸受其惠古之鄉先生歿可祭於社者其在斯人歟宜鄉之人私謚之曰敦惠建碑於公共體育場以志遺愛也公生於清咸豐三年癸丑正月初一日歿於民國七年戊午十一月初六日年六十有六次年己未十一月十三日葬於法華先塋之昭向配潘夫人子錫璜孫元英曾孫慕屏銘曰

卓哉公為世所崇性情敦厚才識閎通好行其惠樂利咸蒙哲人往矣譽此幽宮垂之千載馬鬣常封

古吳黃鼎勒石

屏翰先生樂善不倦尤視興學為當務之急其在上海市區域以內可計數者光緒丁未開辦旦華小學費千二百圓訖改市立中正十年統計常費五千餘圓宣統庚戌以訖終九年止內創普字義學七所共費五千四百餘圓遺命子若孫賡續勿替其識量之遠赴義之果綜覈之審立心之恒皆所罕覯生平孝友忠信廉儉仁讓躬行君子足資矜式尤其本原所在勿諼之義謹為勒石庶幾來者式此芳型先生姓郁氏名懷智居上海縣治方濱之北屏翰其字也

中華民國八年九月姚文枬譔吳宗瑗書陸文麓立

郁公屏翰荣典录

1925 年出版，铅印本。共一卷，卷首刊遗像、墓碑、遗作等照片六帧。收录私谥公启、请褒扬呈文各一篇，并录纪念碑文一篇、祭文十篇、颂词五篇、挽诗九十三首、挽联四十六幅。

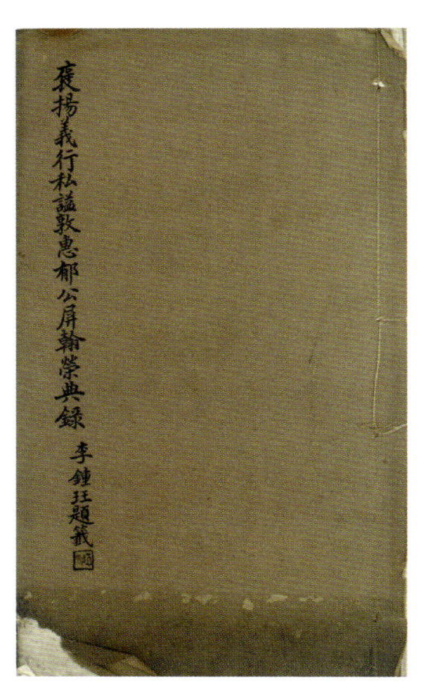

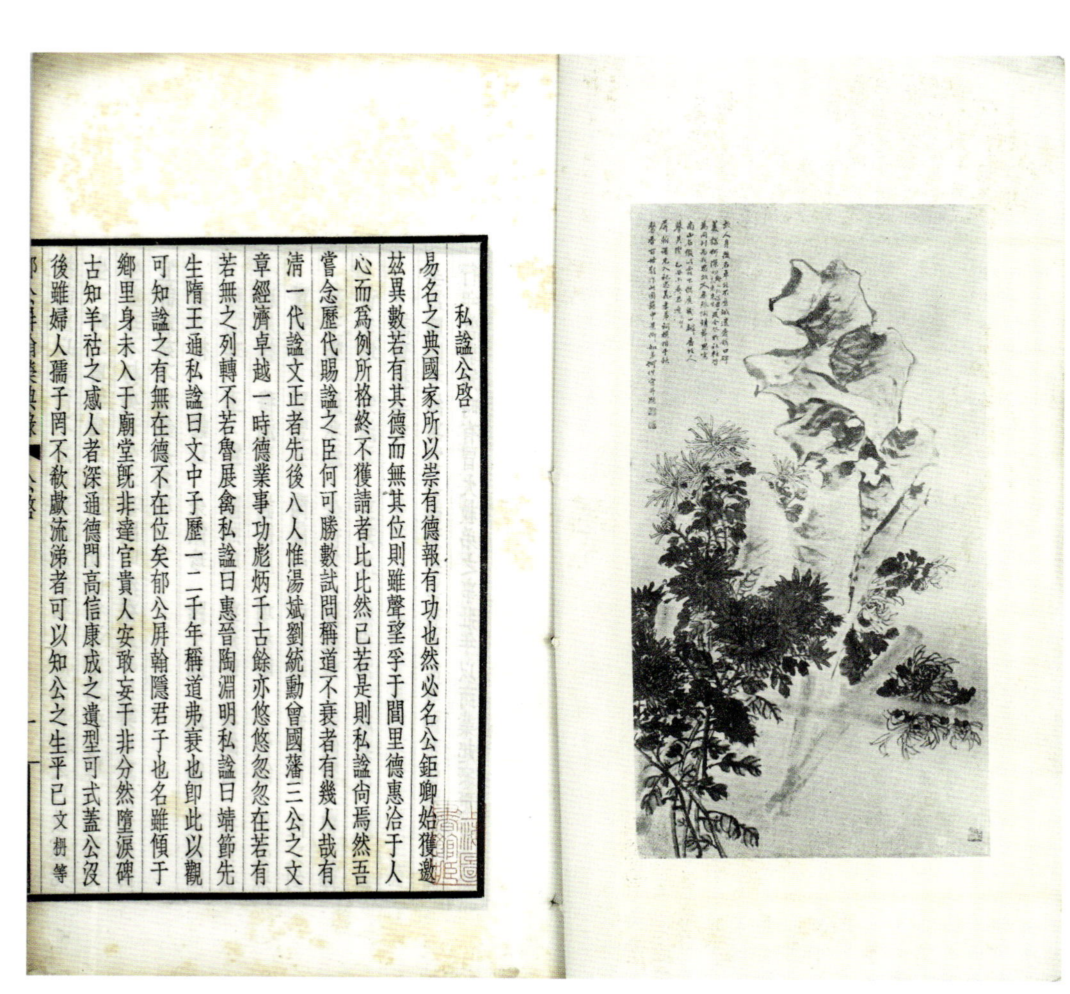

私謚公啓

易名之典國家所以崇有德報有功也然必名公鉅卿始獲邀茲異數若有其德而無其位則雖聲望孚于閭里德惠洽于人心而爲例所格終不獲請者比比然已若是則私謚尙焉然吾嘗念歷代賜謚之臣何可勝數試問稱道不衰者有幾人哉有清一代謚文正者先後八人惟湯斌劉統勳曾國藩三公之文章經濟卓越一時德業事功彪炳千古餘亦悠悠忽忽在若有若無之列轉不若魯展禽私謚曰惠晉陶淵明私謚曰靖節先生隋王通私謚曰文中子歷一二千年稱道弗衰也卽此以觀可知謚之有無在德不在位矣郁公屏翰隱君子也名雖傾于鄉里身未入于廟堂既非達官貴人安敢妄干非分然墮淚碑古知羊祜之感人者深通德門高信康成之遺型可式蓋公歿後雖婦人孺子罔不欷歔流涕者可以知公之生平已文枬等

祝兰舫先生讣告

祝际盛等辑，1926 年出版。石印本。一册。讣告前收有遗像一帧、像赞二十九篇、祭文一篇。讣告后有哀启。

祝兰舫（1856–1926），名大椿，字兰舫，江苏无锡人。1872 年到上海，在铁行当学徒。1885 年左右开设源昌号，经营煤铁五金商业。后又经营海运业，购买轮船多艘，来往于新加坡、上海、日本及所经沿海各港口，并在上海经营房地产。1898 年起陆续开办源昌机器碾米厂、源昌机器缫丝厂，合资开办华兴面粉公司、公益机器纺织公司、怡和源机器打包公司等。1900 年前后成为怡和洋行买办。1908 年因兴办实业，由清政府赏给二品顶戴。曾任上海商务总会董事、锡金商务分会总理。晚年任上海总商会董事。

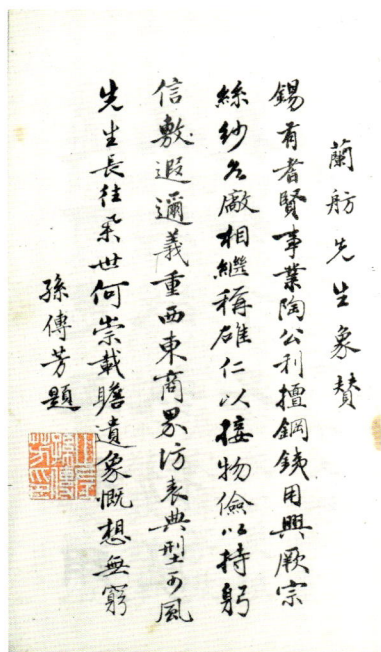

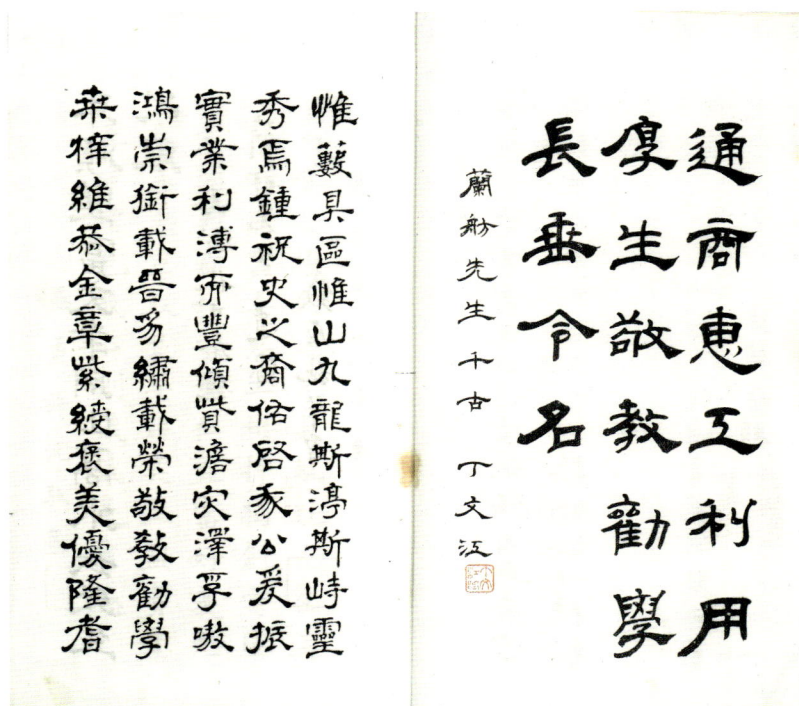

蘭舫先生象贊
錫有耆賢事業陶公利擅鋼錢用興厥宗
絲紗名廠相繼稱雄仁以接物儉以持躬
信敷遐邇義重西東商界仿表典型可風
先生長往永世何崇載瞻遺象慨想無窮
孫傳芳題

惟藪具區惟山九龍斯渟斯峙靈
秀焉鍾祝史之裔佸啓家公爰振
實業利溥而豐傾貲濬災澤孚嗷
鴻崇銜載晉豸黼黻榮敬敎勸學
桑梓維恭金章紫綬褒美優隆耆

通商惠工利用
厚生敬教勸學
長垂令名
蘭舫先生千古　丁文江

吴兴沈联芳先生讣告

沈毓琛等辑。铅印本。一册。收录像赞、讣告、行述、自挽、哀启。

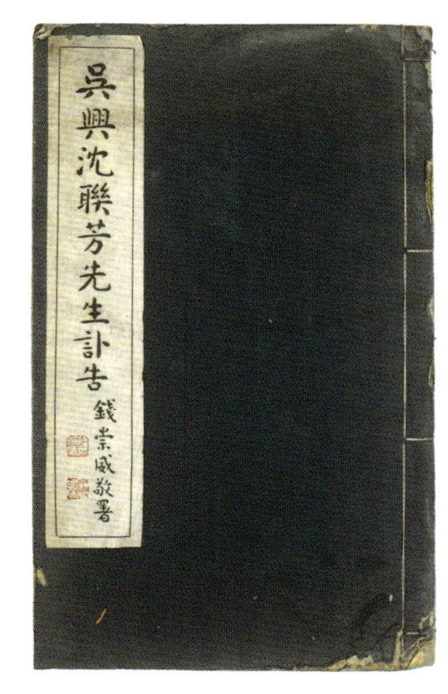

沈联芳（1870–1947），名镛，字联芳，吴兴（今湖州）人。1893 年到上海，在工厂当职员。1900 年任振纶洽记缫丝厂经理。后又开设恒丰丝号，并转向房地产经营，先后建造了上海恒丰里等多处里弄住房和恒丰大楼。1910 年任闸北商团会长等职。1915 年初，被推为苏浙皖丝厂茧业公所总理。又历任江阴利用纺织公司董事长，上海丰业保险公司董事长、中国丝业银行董事长、苏州太和面粉厂董事长与闸北水电公司、中法求新厂、中国合众蚕桑改良会董事、吴兴电器公司常务董事等职。1915 年 11 月当选为上海总商会副会长。1919 年五四运动时，有媚日之举，被迫于次年 6 月辞职。1932 年一·二八事变时，其在闸北的资产几乎全被日机炸毁。抗日战争期间，日本侵略者曾要他出任"上海特别市副市长"，遭拒绝。1947 年 11 月在上海病逝。

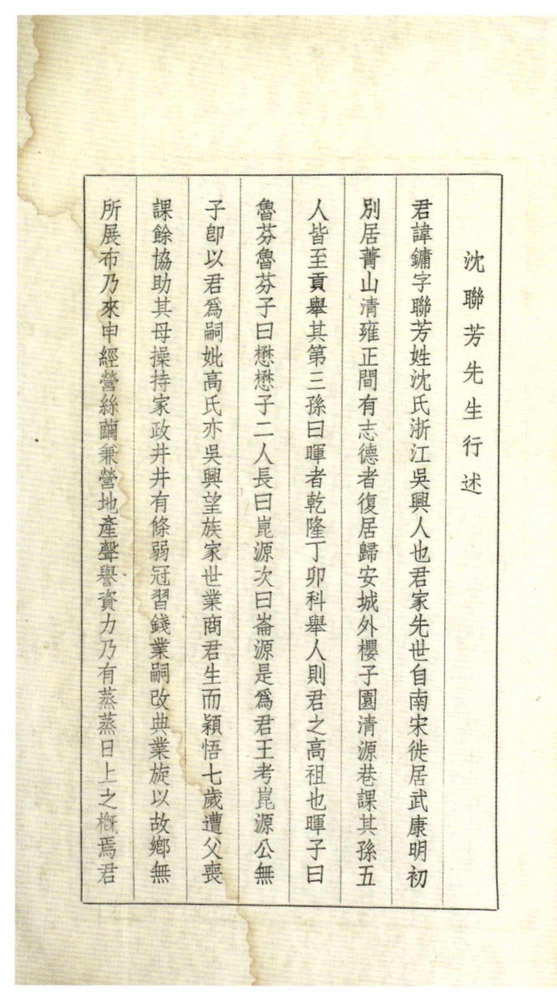

沈聯芳先生行述

君諱鏞字聯芳姓沈氏浙江吳興人也君家先世自南宋徙居武康明初別居菁山清雍正間有志德者復居歸安城外櫻子園清源巷課其孫五人皆至貢舉其第三孫曰暉者乾隆丁卯科舉人則君之高祖也暉子曰魯芬魯芬子曰懋懋子二人長曰崑源次曰崙源是爲君王考崑源公無子卽以君爲嗣妣高氏亦吳興望族家世業商君生而穎悟七歲遭父喪課餘協助其母操持家政井井有條弱冠習錢業嗣改典業旋以故鄉無所展布乃來申經營絲繭兼營地產聲譽資力乃有蒸蒸日上之概焉君

聯芳先生千古

行誼有則

蔣中正

荣德生讣告

铅印本。共一册。有遗像一帧，末附事略一篇。

人物生平参见《荣宗敬荣德生先生年表合编初稿》条。

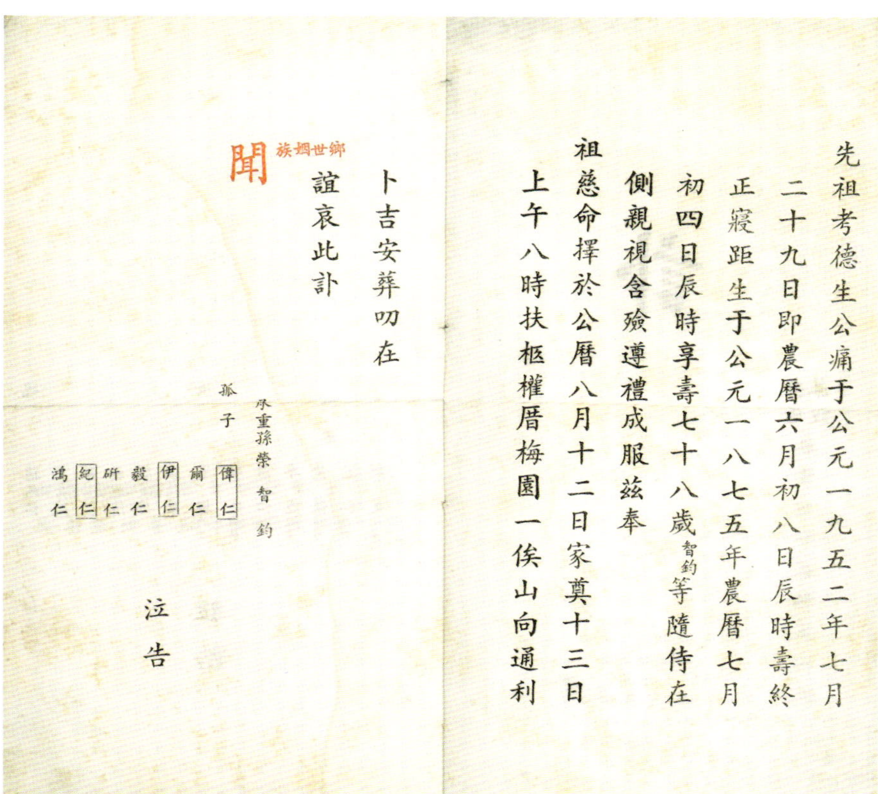

先祖考德生公痛于公元一九五二年七月二十九日即農曆六月初八日辰時壽終正寢距生于公元一八七五年農曆七月初四日辰時享壽七十八歲智鈞等隨侍在側親視含殮遵禮成服茲奉

祖慈命擇於公曆八月十二日家奠十三日上午八時扶柩權厝梅園一侯山向通利

卜吉安葬叨在

誼哀此訃

鄉世姻族 聞

承重孫榮智鈞

孤子 偉仁 爾仁 伊仁 毅仁 研仁 紀仁 鴻仁

泣告

先父德生公，諱宗銓，別號樂農。一八七五年農曆七月初四日，誕生於無錫榮巷。不幸於上月二十九日（農曆六月初八日）在無錫城中四郎君廟巷八號逝世，享年七十八歲。由於他一生歷史，是與中國民族工業建設和帝國主義、封建主義、官僚資本主義的艱苦鬥爭歷史分不開的；因此、他的一生，便始終與此三大敵人艱苦鬥爭，達成了中國工業革命所交付給他的歷史任務，而對中國人民有着一定的貢獻。因此，他老人家的逝世，在我們的心目中，不僅是失去了一個慈祥的父親，更是失去了一個建設事業的良好模範。

先父幼年，並沒有受過多大高深的教育，祇在私塾中讀了五六年書，不過讀完了論語孟子和幼學，以後就靠經常自修讀書。十五歲到上海錢莊習業，學成後，曾赴粵就三水常關的司帳職務，增加了他不少閱歷，對帝國主義的侵略面目，開始有了認識。廿二歲時，與先伯父宗錦公自行開設錢莊於滬錫兩地，兄弟分任一莊，這是兄弟在事業上合作的開始。此後，經營任何的企業，兄弟兩人，始終合作。其時，帝國主義已加緊向中國進行經濟侵略，先父看到洋參洋粉的進口無稅，認為非自救不足以挽危亡；因此在一九〇〇年開始集資，擬在無錫西門外太保墩，創設一麵粉廠，以挽回漏卮。一九〇一年，即清光緒二十七年，開始建廠時，就因為部份封建士紳，把持地方，歧視先父是一個鄉下的平民，又不願無錫有工業新興力量來打破他們的統治勢力，藉口工廠煙囪，妨礙了錫地的「文風」，向當時的官廳誣告先父侵佔公地，意圖阻撓。當時的縣官是仰承封建士紳的鼻息的，一再諭罪要遷移；但是先父不屈不撓，堅持繼續建築。官司直打到兩江總督處，由於先父理直氣壯，才得勝訴和解。這就是茂新的前身保興麵粉廠，為先父經營麵粉工業的開始，也是無錫工業革命力量衝破封建勢力的開始。一九〇五年，即清光緒三十一年，先父兄弟與同族瑞興先生等，集資創建振新紗廠；至一九〇七年方正式開工，由先父任經理，這是他經營紡織工業的開始。在他經營管理之下，僅歷三個年頭，振新所出棉紗，就和日本藍魚棉紗，並價齊賣，用花成本，在當時國人自營紗廠中是最低的，因此雖在外紗傾銷之下，仍獲相當的利潤，前後主持廠務達六年，把機器設備，從一萬二千錠，擴充到三萬錠。在一九一四年，先父力主繼續擴充，而董事會未予同意

王一亭先生讣告

王传熏辑，石印暨铅印本。共一册。讣告前收录国府褒扬命令、公谥、乡谥、遗像，末有行状、哀启。

王一亭（1867–1938），名震，字一亭，号海云楼主、白龙山人，浙江吴兴（今湖州）人。近代书画家。曾参加同盟会，负责上海机关财务工作，还出资支持《民立报》创刊。民国初年，出任上海军政府商务总长。政治活动之余，坚持书画研习，研读经史、诗词和训诂之学，且笃信佛教。经常发起书画义卖，从事慈善活动。曾任豫园书画善会会长。先后从任伯年、吴昌硕学艺。擅画人物、花卉、山水，尤长佛像，诗词题跋多取自佛教经典。亦工书法。著有《白龙山人诗稿》。

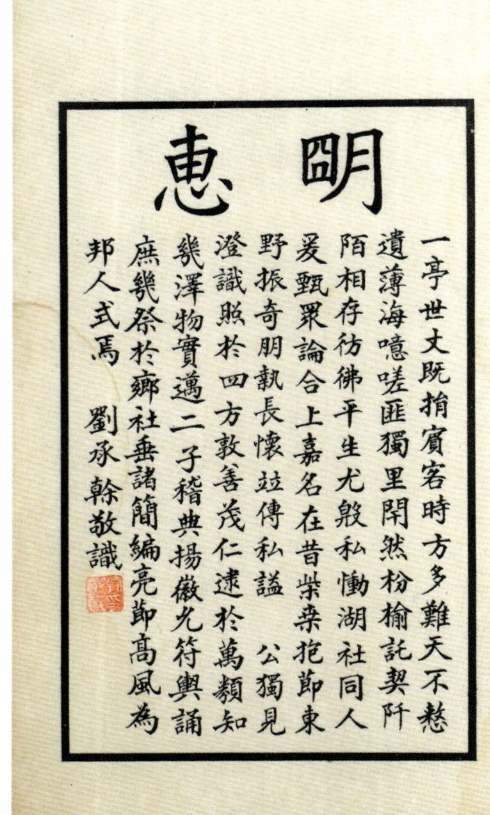

明惠

一亭世丈既捐賓客時方多難天不憖遺薄海噫嗟匪獨里閈然枌榆託契阡陌相存彷彿平生尤殷私慟湖社同人爰甄衆論合上嘉名在昔柴桑抱節東野振奇朋執長懷竝傳私謚 公獨見澄識照於四方敦善茂仁逮於萬類知幾澤物實邁二子稽典揚徽允符輿誦庶幾祭於鄉社垂諸簡編亮節高風為邦人式焉

劉承幹敬識

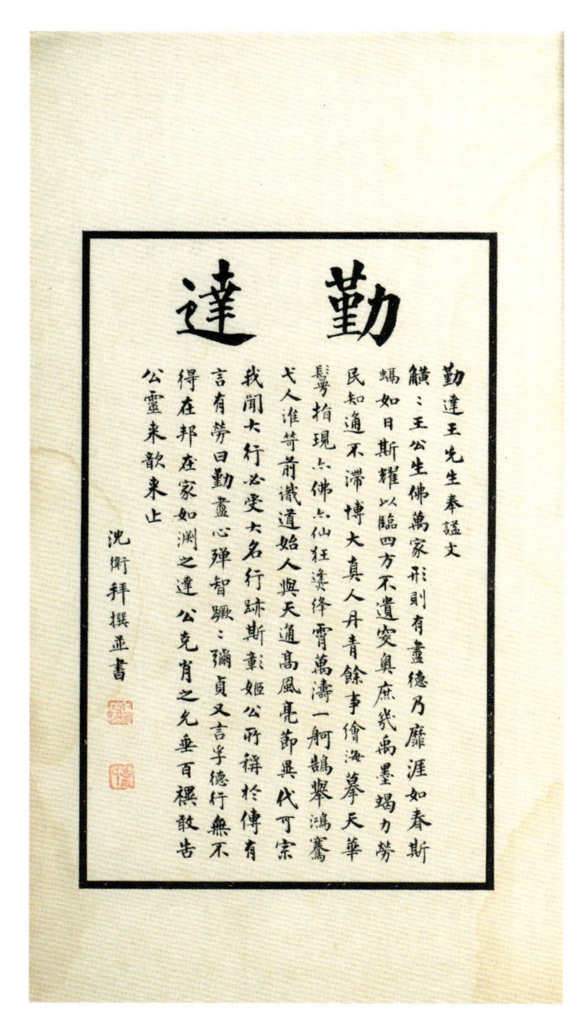

勤達

勤達王先生奉謚文

纘纘王公生佛萬家形則有盡德乃靡涯如春斯煦如日斯耀以臨四方不遺窔奧庶幾禹墨竭力勞民知通不滯博大真人丹青餘事繪海摹天華髮拈現亦佛亦仙狂瀾倖霄萬濤一舸鵠舉鴻騫弋人誰苟前識道始人與天通高風亮節異代可宗我聞大行必受大名行跡斯彰姬公所衍於傳有言有勞曰勤盡心殫智職職彌貞又言孚德行無不得在邦在家如淵之達公克肖之允垂百禩敢告公靈來歆來止

沈衡拜撰並書

上海图书馆藏人物文献选刊

王一亭居士事略

秦锡田撰，铅印本，共一册。有遗像一帧，收录《吴兴王君事略》一篇。

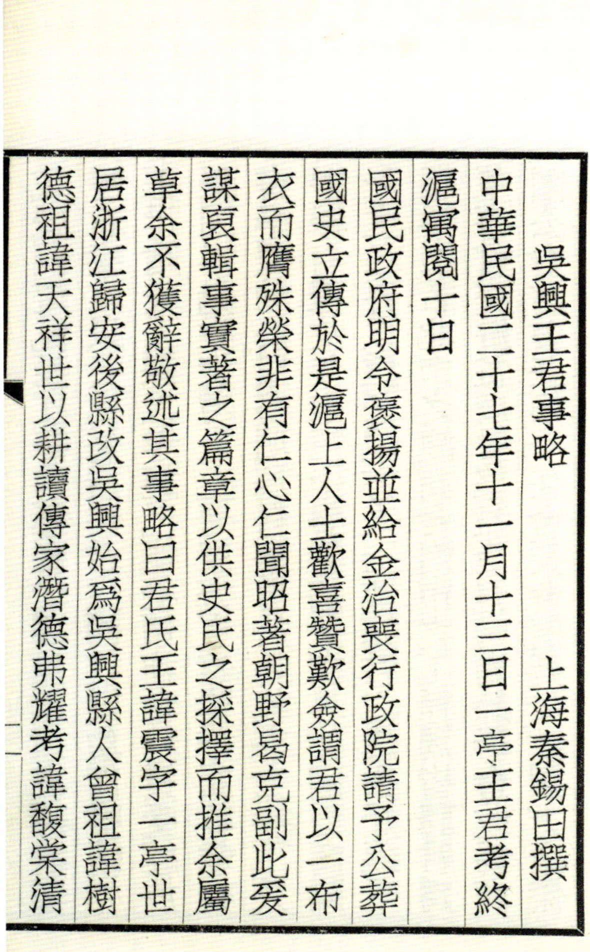

吳興王君事略　上海秦錫田撰

中華民國二十七年十一月十三日一亭王君考終滬寓閱十日

國民政府明令褒揚並給金治喪行政院請予公葬國史立傳於是滬上人士歡喜讚歎僉謂君以一布衣而膺殊榮非有仁心仁聞昭著朝野曷克副此爰謀裒輯事實著之篇章以供史氏之採擇而推余屬草余不獲辭敬述其事略曰君氏王諱震字一亭世居浙江歸安後縣改吳興始爲吳興縣人曾祖諱樹德祖諱天祥世以耕讀傳家潛德弗耀考諱馥棠清

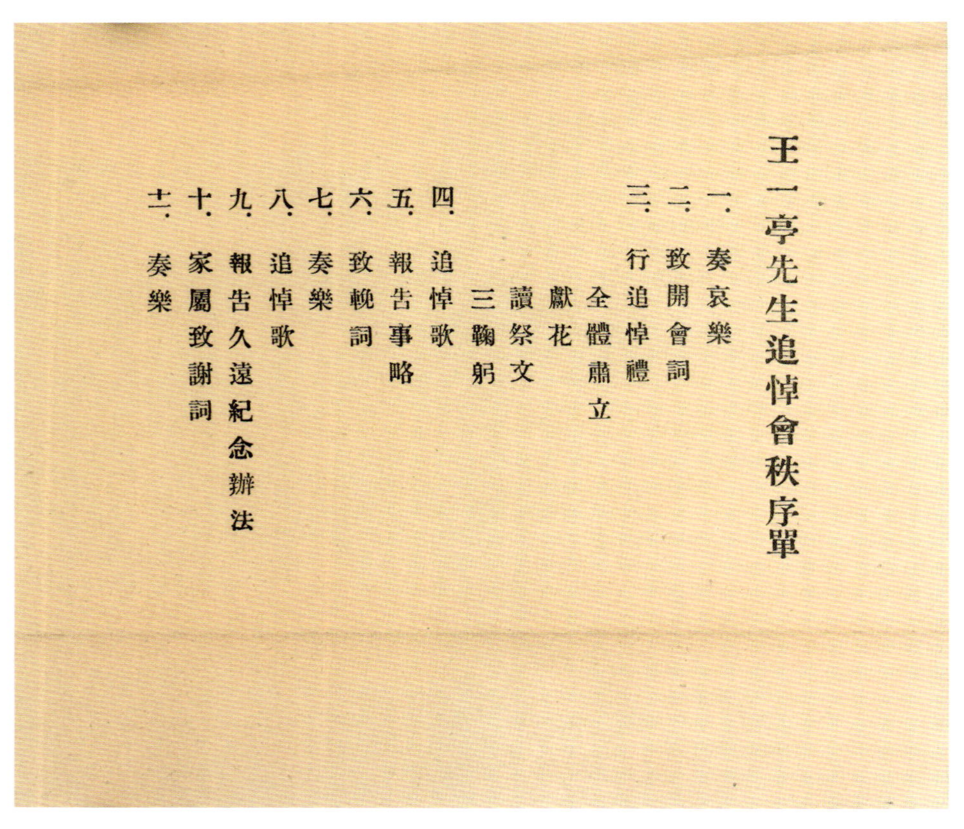

王一亭先生追悼會秩序單

一、奏哀樂
二、致開會詞
三、行追悼禮
　全體肅立
　獻花
　讀祭文
　三鞠躬
四、追悼歌
五、報告事略
六、致輓詞
七、奏樂
八、追悼歌
九、報告久遠紀念辦法
十、家屬致謝詞
十一、奏樂

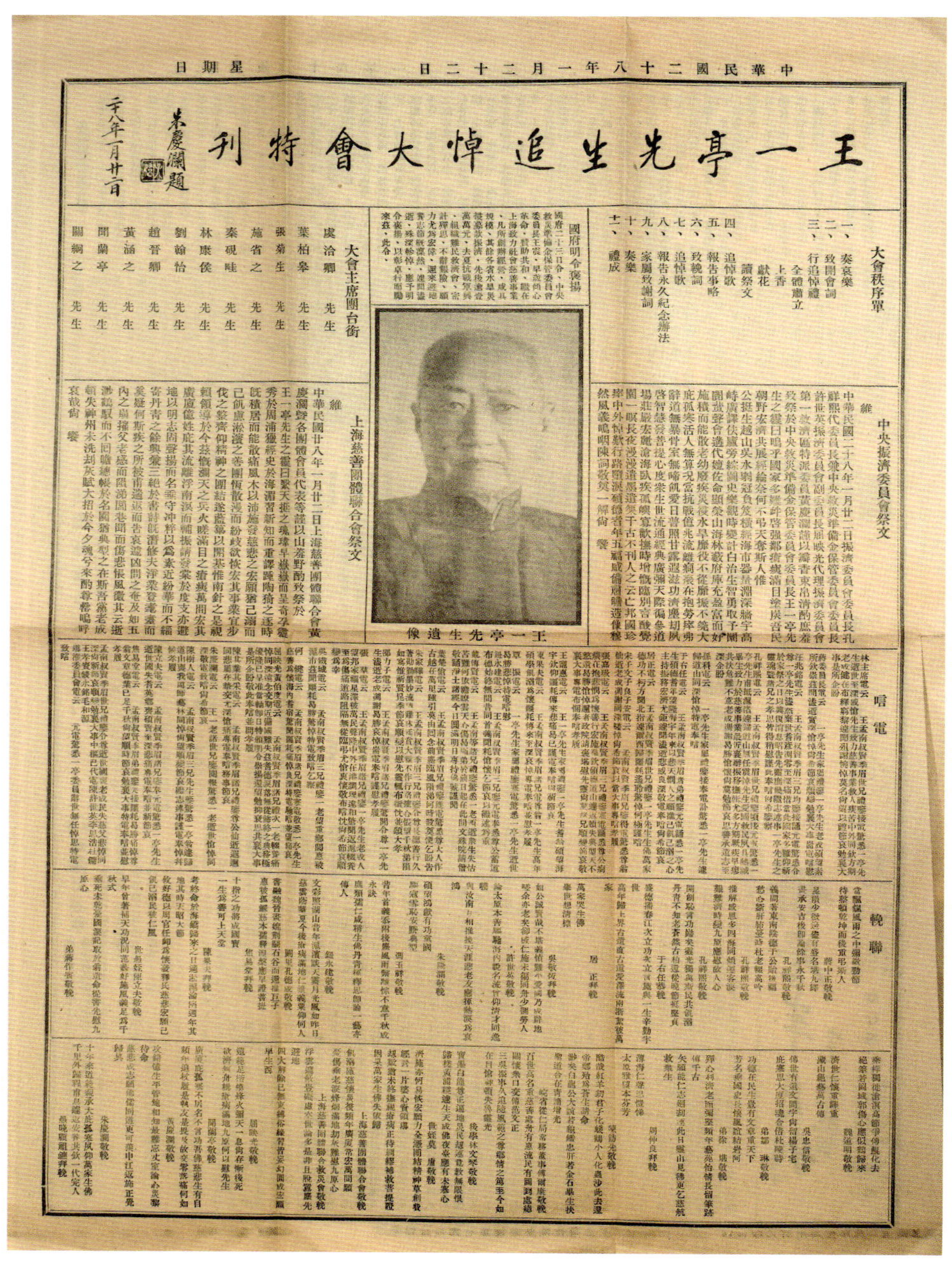

中華民國二十八年一月二十二日　星期日

王一亭先生追悼大會特刊

朱慶瀾題　二十八年一月廿二日

大會秩序單

一、奏哀樂
二、致開會詞
三、行追悼禮
　全體肅立
　上香
　獻花
　讀祭文
四、追悼歌
五、報告事略
六、致輓詞
七、追悼歌
八、報告永久紀念辦法
九、家屬致謝詞
十、奏樂
十一、禮成

國府明令褒揚

大會主席團台銜

虞洽卿先生
葉柏皋先生
張菊生先生
施省之先生
秦硯畦先生
林康侯先生
劉翰怡先生
趙晉卿先生
黃涵之先生
聞蘭亭先生
關絅之先生

中央振濟委員會祭文

上海慈善團體聯合會祭文

王一亭先生遺像

唁電

輓聯

程听彝讣告

程知非等辑，上海惠众印书馆印。铅印本。此本为致叶恭绰者。

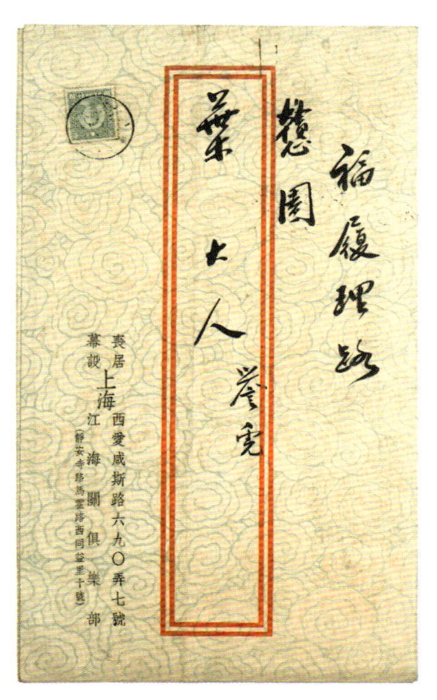

程听彝（1863–1943），名祖福，以字行，号定夷，顺天大兴（今北京市）人。中国近代水泥工业最早的两家水泥厂之一——大冶湖北水泥厂的创始人。担任过福建存记道、吉林省官银号驻沪分号总办。在上海创办清华实业公司，担任总经理，数年经营，颇有成效。

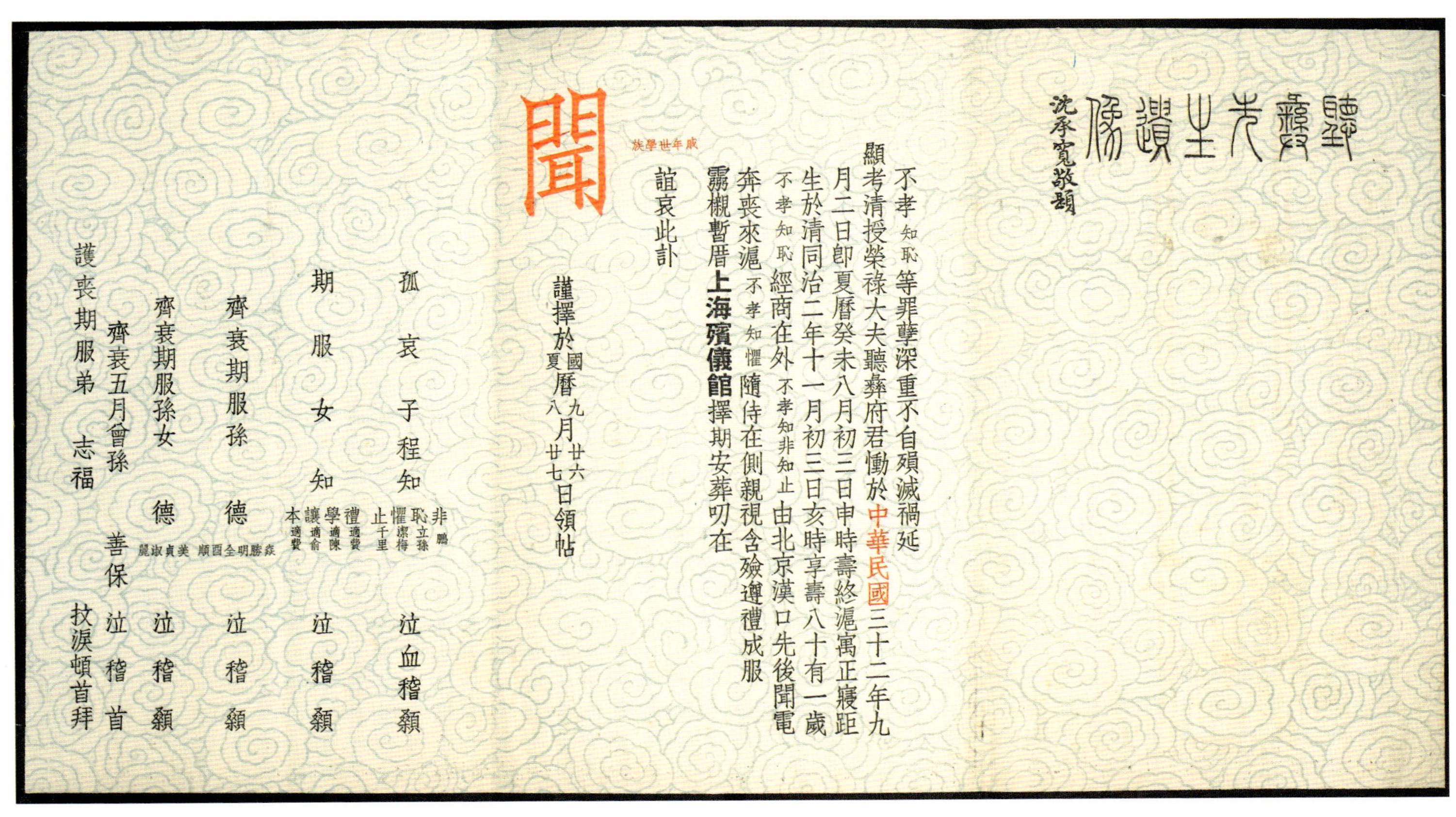

聽彝先生遺像

沈承寬敬題

不孝知恥等罪孽深重不自殞滅禍延
顯考清授榮祿大夫聽彝府君慟於中華民國三十二年九
月二日卽夏曆癸未八月初三日申時壽終滬寓正寢距
生於清同治二年十一月初三日亥時享壽八十有一歲
不孝知恥經商在外不孝知非知止由北京漢口先後聞電
奔喪來滬不孝知懼隨侍在側親視含殮遵禮成服
霧櫬暫厝上海殯儀館擇期安葬叨在
戚年世學族誼哀此訃
聞

謹擇於國曆九月廿六日 夏曆八月廿七日領帖

孤哀子程知非（孫鵬立）恥懼（孫潔梅）止（孫千里）禮（適費）學（適陳）讓（適俞）本（適費）泣血稽顙
期服女知 泣稽顙
齊衰期服孫德森勝明全酉順 泣稽顙
齊衰期服孫女德美貞淑麗 泣稽顙
齊衰五月曾孫善保 泣稽首
護喪期服弟志福 抆淚頓首拜

陈莱青先生讣告

陈琴华辑，铅印本。此本为致顾廷龙者。

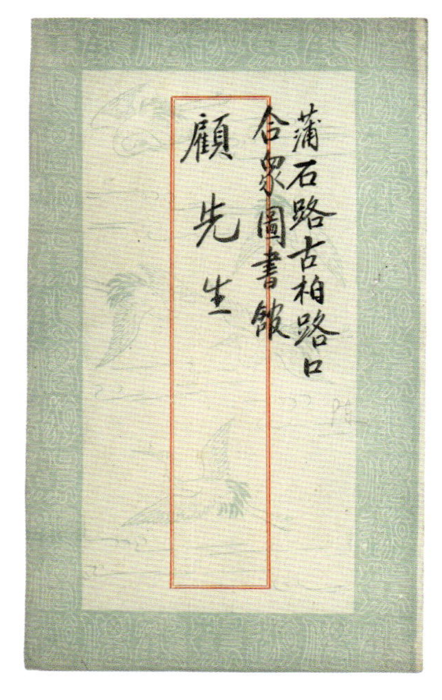

陈莱青（1873–1945），曾入山西巡抚赵尔巽幕。民国后曾任浙江实业银行理事。1941年合众图书馆草创，捐款法币五万元。1945年病逝于上海。

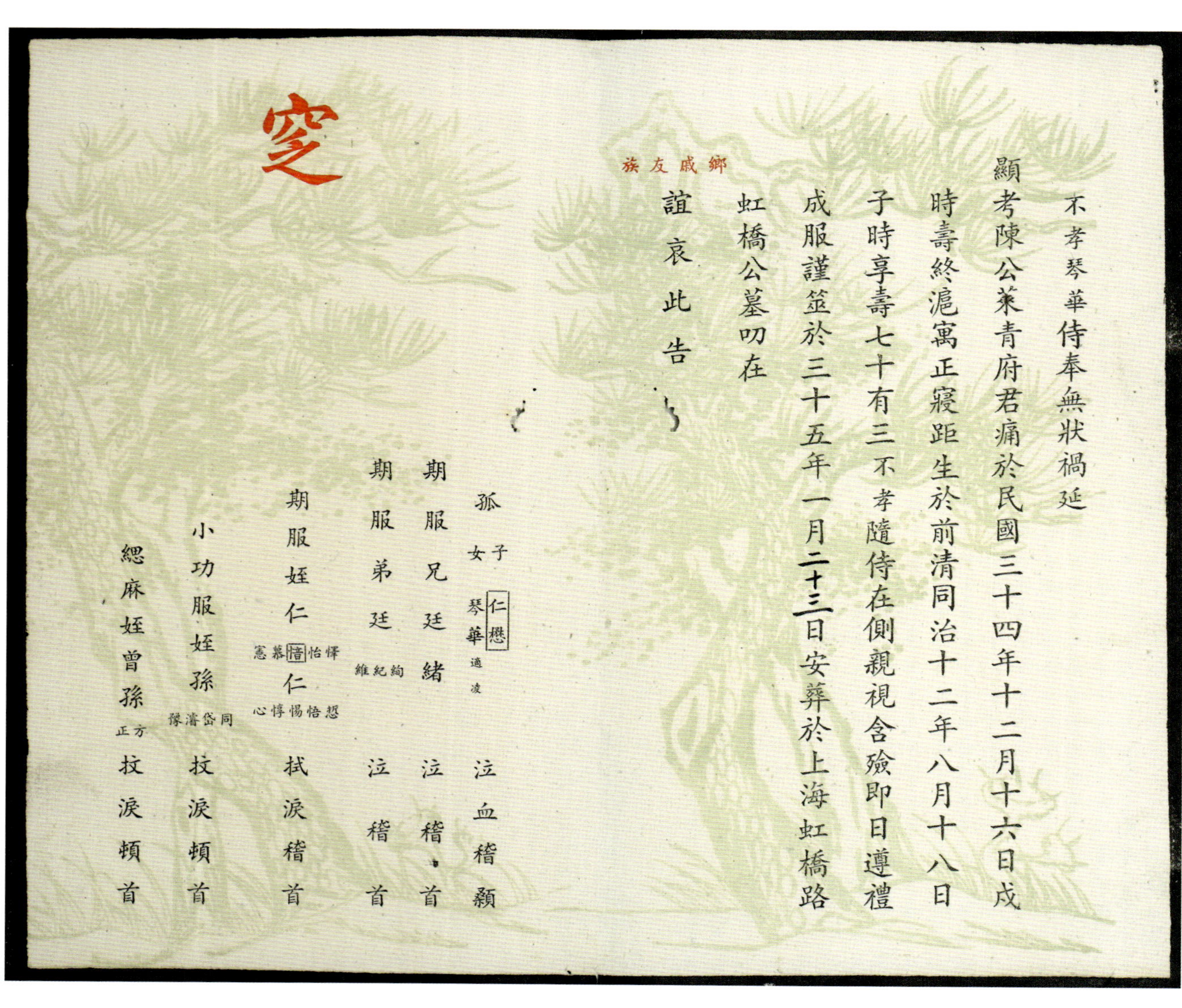

窆

不孝琴華侍奉無狀禍延
顯考陳公萊青府君痛於民國三十四年十二月十六日戌
時壽終滬寓正寢距生於前清同治十二年八月十八日
子時享壽七十有三不孝隨侍在側親視含殮即日遵禮
成服謹筮於三十五年一月二十三日安葬於上海虹橋路
虹橋公墓叨在
鄉戚友族
誼哀此告

孤子仁懋 女琴華 適 淩 泣血稽顙
期服兄廷緒 泣稽首
期服弟廷絢紀維 泣稽首
期服姪仁懌怡愭慕憲 仁愬悟惕惇心 拭淚稽首
小功服姪孫同岱濬祿 抆淚頓首
緦麻姪曾孫方正 抆淚頓首

孙鹰若先生讣告

有遗像一帧，并像赞。此本为致潘景郑者。

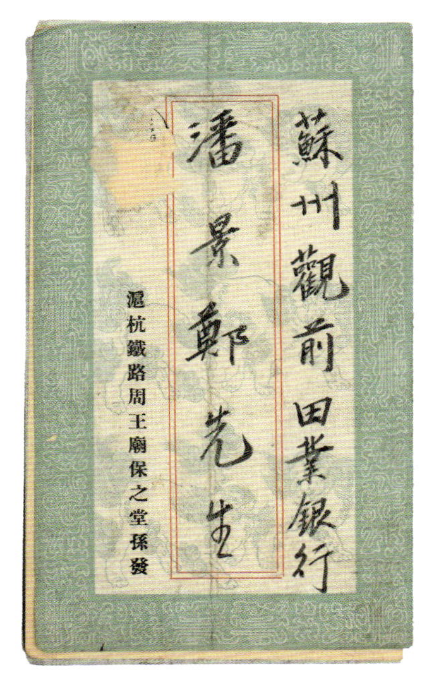

孙鹰若（1895–1947），名世扬，号鹰若，浙江海宁人。自幼聪敏，肄业于北京大学。师从黄侃，研究小学、文学，淹通经史，旁及诸子。后拜章太炎为师。因体弱多病，又学习中医。抗战爆发后，在上海召集门人，恢复章氏国学讲习会，创办太炎文学院，复刊《制言》。抗战胜利后，任教南京临时大学、国立安徽大学。

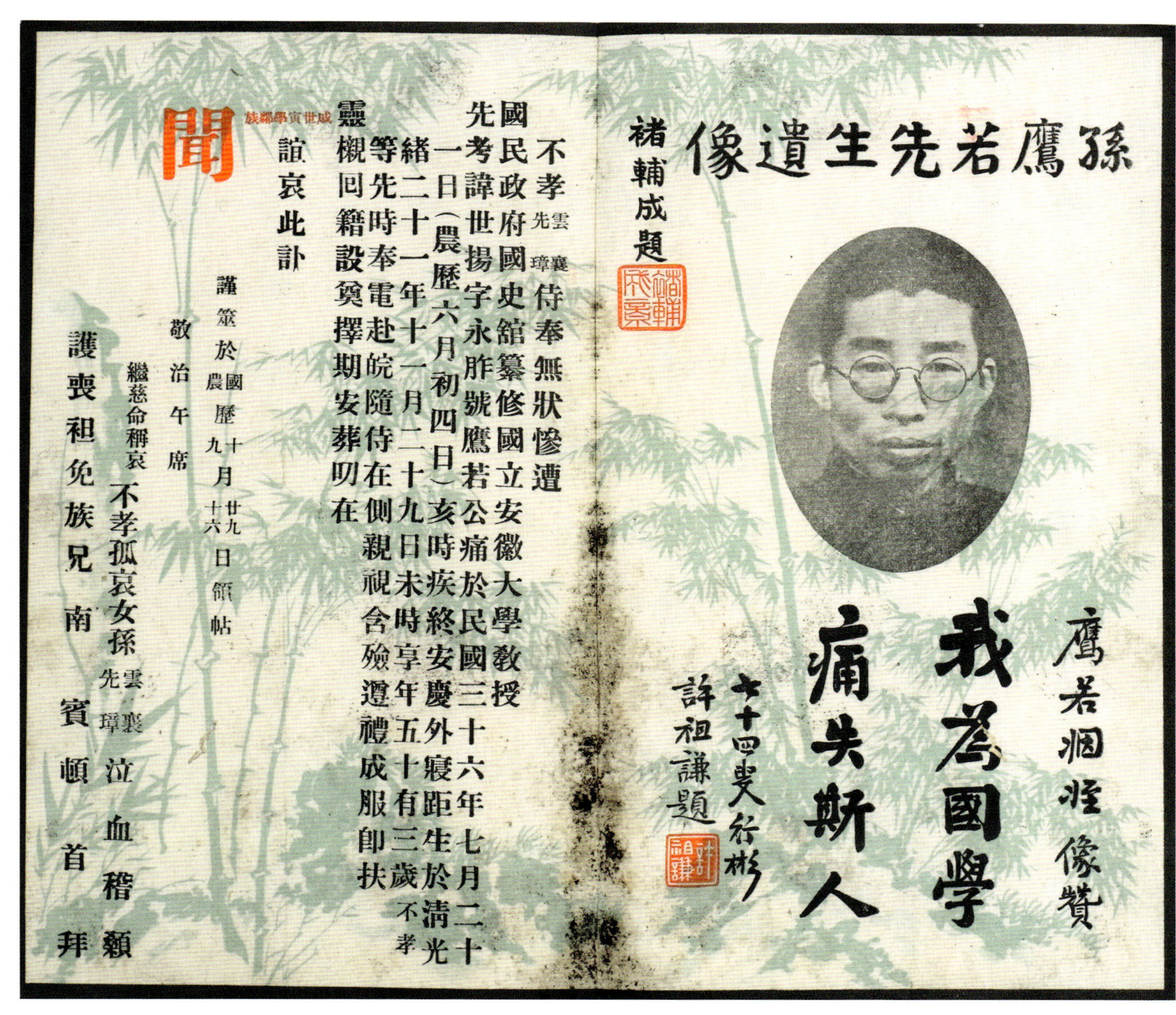

孫鷹若先生遺像

褚輔成題

鷹若姻姪像贊

我為國學痛失斯人

七十四叟

許祖謙題

不孝先雲璋襄侍奉無狀慘遭

國民政府國史館纂修國立安徽大學教授

先考諱世揚字永胙號鷹若公痛於民國三十六年七月二十一日（農歷六月初四日）亥時疾終安慶外寢距生於清光緒二十一年十一月二十九日未時享年五十有三歲於不孝等先時奉電赴皖隨侍在側親視含殮遵禮成服即扶櫬回籍設奠擇期安葬叨在

戚世寅學鄉族

誼哀此訃

聞

謹筵於國歷十月廿九日
農歷九月十六日領帖

敬治午席

繼慈命稱哀 不孝孤哀女孫 先雲璋襄 泣血稽顙

護喪祖免族兄 南賓 頓首拜

陈炳谦先生追悼大会纪念刊

追悼会筹备处编，1938年出版。铅印本。共一册。目次：陈先生遗像、大会仪式、陈先生行状、公祭祭文、各团体祭文、诔词汇录、挽联汇录、挽诗汇录、舆论一斑、大会筹备处会议纪录、陈先生为募集讲学纪念金启事。

陈炳谦（1862–1938），名灿融，广东中山人。幼年随亲族至沪经营丝茶业。任祥茂洋行华经理达五十年，和易近人，廉明公正，在沪上商界享有威望。事业涉及金融、烟草、公共事业、百货多方面。热心公益，广行慈善。1938年病逝于澳门。

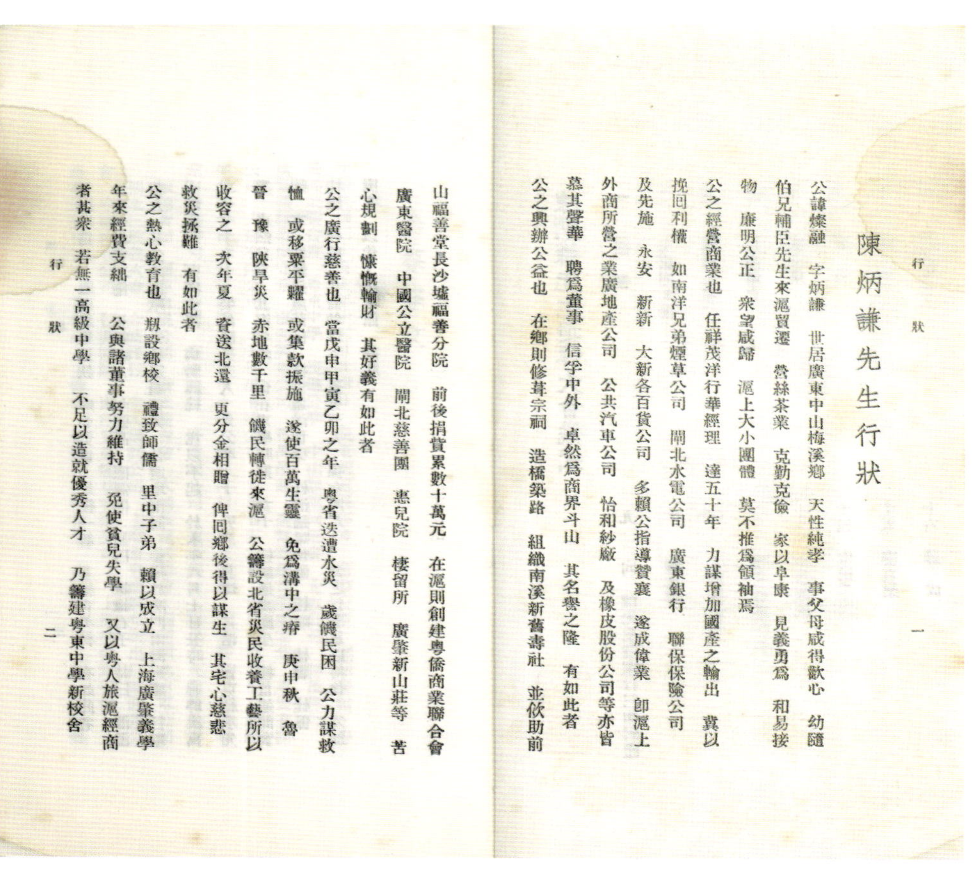

陳炳謙先生行狀

公諱燦融　字炳謙　世居廣東中山梅溪鄉　天性純孝　事父母咸得歡心　幼隨伯兄輔臣先生來滬貿遷　營絲茶業　克勤克儉　家以阜康　見義勇爲　和易接物　廉明公正　衆望咸歸　滬上大小團體　莫不推爲領袖焉

公之經營商業也　任祥茂洋行華經理　達五十年　力謀增加國產之輸出　冀以挽回利權　如南洋兄弟煙草公司　閘北水電公司　廣東銀行　聯保保險公司及先施　永安　新新　大新各百貨公司　多賴公指導贊襄　遂成偉業　卽滬上外商所營之業廣地產公司　公共汽車公司　怡和紗廠　及橡皮股份公司等亦皆慕其聲華　聘爲董事　信孚中外　卓然爲商界斗山　其名譽之隆　有如此者

公之興辦公益也　在鄉則修葺宗祠　造橋築路　組織南溪新舊壽社　並佽助前山福善堂長沙墟福善分院　前後捐貲累數十萬元　在滬則創建粵僑商業聯合會廣東醫院　中國公立醫院　閘北慈善團　惠兒院　棲留所　廣肇新山莊等　苦心規劃　慷慨輸財　其好義有如此者

公之廣行慈善也　當戊申甲寅乙卯之年　粵省迭遭水災　歲饑民困　公力謀救恤　或移粟平糶　或集款振施　遂使百萬生靈　免爲溝中之瘠　庚申秋　魯晉豫陝旱災　赤地數千里　饑民轉徙來滬　公籌設北省災民收養工藝所以收容之　次年夏　資送北還　更分金相贈　俾回鄉後得以謀生　其宅心慈悲救災拯難　有如此者

公之熱心教育也　籌設鄉校　禮致師儒　里中子弟　賴以成立　上海廣肇義學年來經費支絀　公與諸董事努力維持　免使貧兒失學　又以粵人旅滬經商者其衆　若無一高級中學　不足以造就優秀人才　乃籌建粵東中學新校舍

行狀　一

行狀　二

陈公灿融殡仪纪念留影

绿色布面封面材质，内部贴照60帧。影集尺寸为39×31×10（厘米）。影集内照片尺寸基本为21×28或22×28（厘米）。该影集为陈灿融（陈炳谦）葬礼过程照片，陈于1938年8月7日病逝于澳门宅邸，影集中着重展现了出殡、祭礼、家奠等几个重要仪式的活动场景。

特備棺罩

舉殯三

儀仗七

儀仗壹

陈吴氏夫人殡仪纪念留影

陳吳氏夫人殯儀紀念留影
民國廿五年
陳燦貽堂誌

绿色布面封面材质，内部贴照61帧。影集尺寸为39×31×10（厘米）。影集内照片尺寸基本为21×28（厘米）或22×28（厘米）。该影集为陈灿融（陈炳谦）夫人吴氏逝世后编辑整理的葬礼过程照片，传统殡葬礼仪包括的几个程序，如为铭、出殡、浮厝、家祭、虞祭、入葬等都有所体现，是了解彼时殡葬风俗的理想范本。

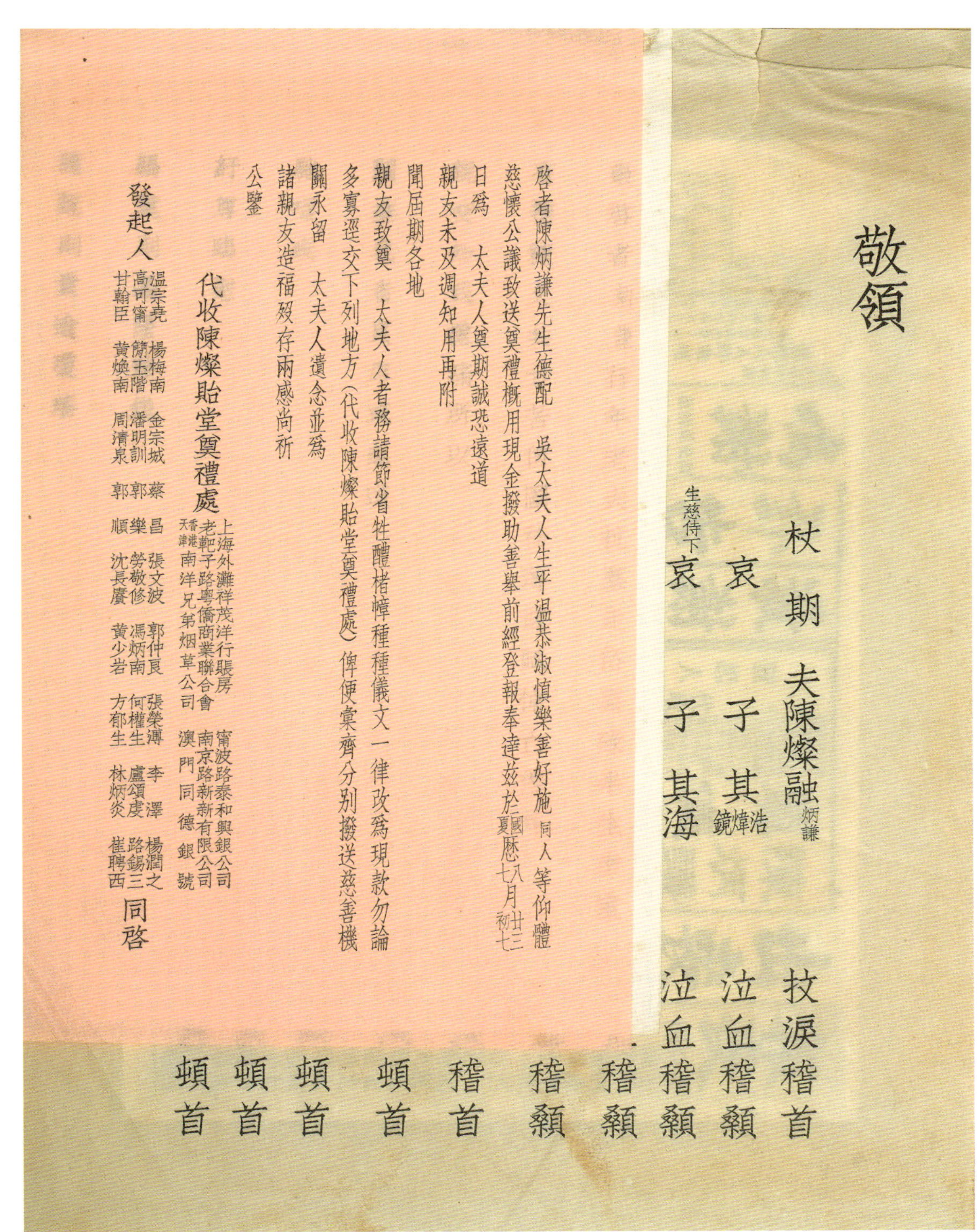

敬領

杖期夫陳燦融（炳謙）拉淚稽首
哀子 其（鏡煒浩）泣血稽顙
生慈侍下 哀子 其海 泣血稽顙

稽顙 稽顙 稽首 頓首 頓首 頓首 頓首

啓者陳炳謙先生德配 吳太夫人生平溫恭淑慎樂善好施同人等仰體
慈懷公議致送奠禮概用現金撥助善舉前經登報奉達茲於國曆七月廿三夏曆八月初七
日爲 太夫人奠期誠恐遠道
親友未及週知用再附
聞屆期各地
親友致奠 太夫人者務請節省牲醴楮幛種種儀文一律改爲現款勿論
多寡逕交下列地方（代收陳燦貽堂奠禮處）俾便彙齊分別撥送慈善機
關永留 太夫人遺念並爲
諸親友造福歿存兩感尚祈
公鑒

代收陳燦貽堂奠禮處

上海外灘祥茂洋行賬房
老靶子路粵僑商業聯合會
香港天津南洋兄弟烟草公司
甯波路泰和興銀公司
南京路新新有限公司
澳門同德銀號

發起人
溫宗堯 高可甯 甘翰臣
楊梅南 簡玉階 黃煥南
金宗城 潘明訓 周清泉
蔡昌 郭樂 郭順
張文波 勞敬修 沈長賡
郭仲良 馮炳南 黃少岩
張榮溥 何權生 方郁生
李澤 盧頌虔 林炳炎
楊潤之 路錫三 崔聘西
同啓

民國念四年五月念九日攝影

陳母吳太夫人遺像

音樂隊

參與出殯之三段救火會

期杖生別櫬時之戚容

黄伯樵先生追悼会特辑

黄伯樵先生追悼会筹备委员会编，黄伯樵先生追悼会筹备委员会 1948 年 4 月出版。共一册。收录遗像、黄伯樵先生事略、黄伯樵先生追悼会程、公祭黄伯樵先生文、黄伯樵先生追悼会发起机团题名、黄伯樵先生追悼会主祭团题名、黄伯樵先生追悼会筹备委员会职务表。

人物生平参见《黄伯樵年谱稿》条。

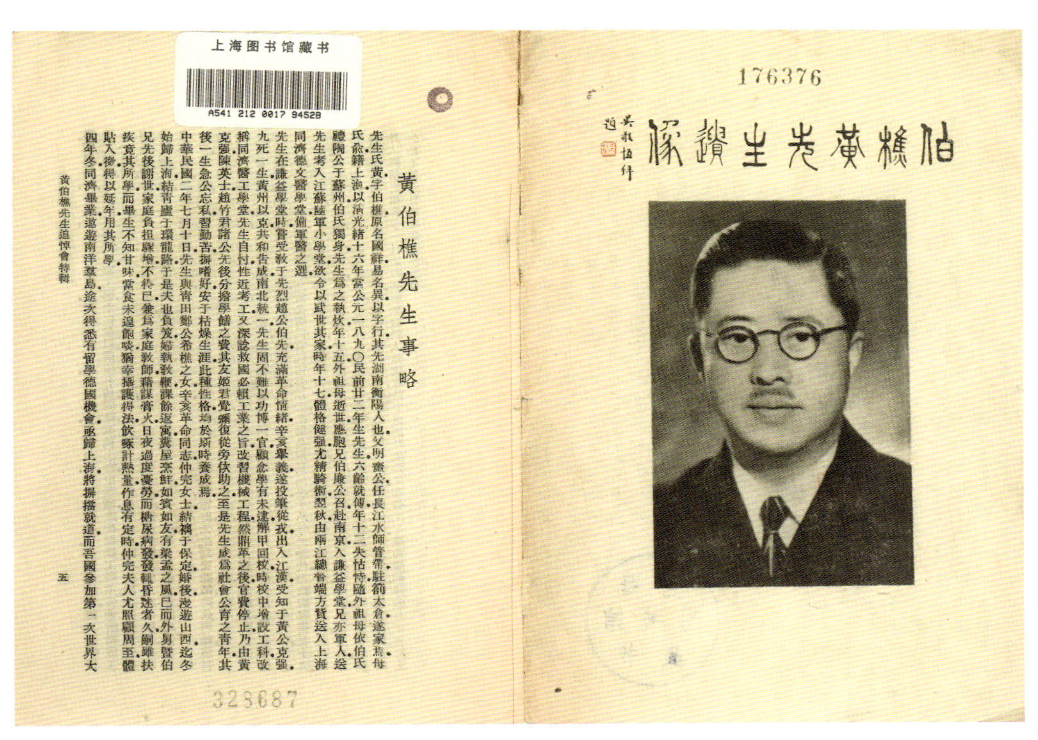

黃伯樵先生事略

先生氏黃．字伯樵．原名國祥．易名巽．以字行．其先湖南衡陽人也．父明齋公．任長江水師管帶．駐箚太倉．遂家焉．母氏兪．籍上海．以淸光緒十六年當公元一八九〇民前廿二年生先生．六齡就傅．年十二失怙恃．隨外祖母依伯氏禮陶公于蘇州．伯氏獨身．先生爲之執炊．年十五．外祖母逝世．應胞兄伯廉公召．赴南京．入謙益學堂．兄亦軍人．送先生考入江蘇陸軍小學堂．欲令以武世其家．時年十七．體格健強．尤精騎術．翌秋由兩江總督端方賛送入上海同濟德文醫學堂．備軍醫之選．

先生在謙益學堂時．嘗受教于先烈趙公伯先．充滿革命情緒．辛亥舉義．遂投筆從戎．出入江漢．受知于黃公克強．九死一生．黃州以克．共和告成．南北統一．先生固不難以功博一官．顧念學有未逮．解甲回校．時校中增設工科．改稱同濟醫工學堂．先生自忖性近考工．又深諗救國必賴工業之旨．改習機械工程．然鼎革之後．官費停止．乃由黃克強．陳英士．趙竹君諸公先後分擔學饍之費．其友姬君覺彌復從旁佽助之．至是先生成爲社會公育之青年．其後一生急公忘私．習勤苦．摒嗜好．安于枯燥生涯．此種性格．均於斯時養成焉．

中華民國二年七月十日．先生與靑田鄭公希樵之女辛亥革命同志仲完女士．結褵于保定．婚後．漫遊山西．迄冬始歸上海．結靑廬于環龍路．于是夫也負笈．婦執教鞭．課餘返寓．糞屋烹鮮．如賓如友．有梁孟之風．已而外舅暨伯兄先後謝世．家庭負担驟增．不得已．兼爲家庭教師．藉謀膏火．日夜過度憂勞．而糖尿病發．發輒昏迷者久．嗣雖扶疾竟其所學．而畢生不知甘味．嘗食未遑飽啖．猶幸攝護得法．飲啄計熱量．作息有定時．仲完夫人尤照顧周至．體貼入微．得以延年．用其所學．

四年冬．同濟畢業．遨遊南洋羣島．途次得悉有留學德國機會．亟歸上海．將摒擋就道．而吾國參加第一次世界大

黃伯樵先生追悼會特輯　五

176376

伯樵黃先生遺像

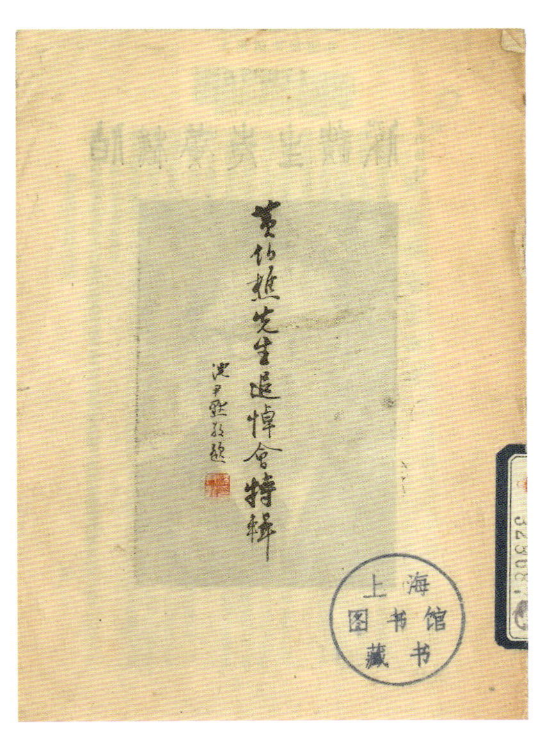

黄伯樵先生追悼会摄影

1948 年出版。共一册。收录追悼会现场照片二十三帧。有照片目录。

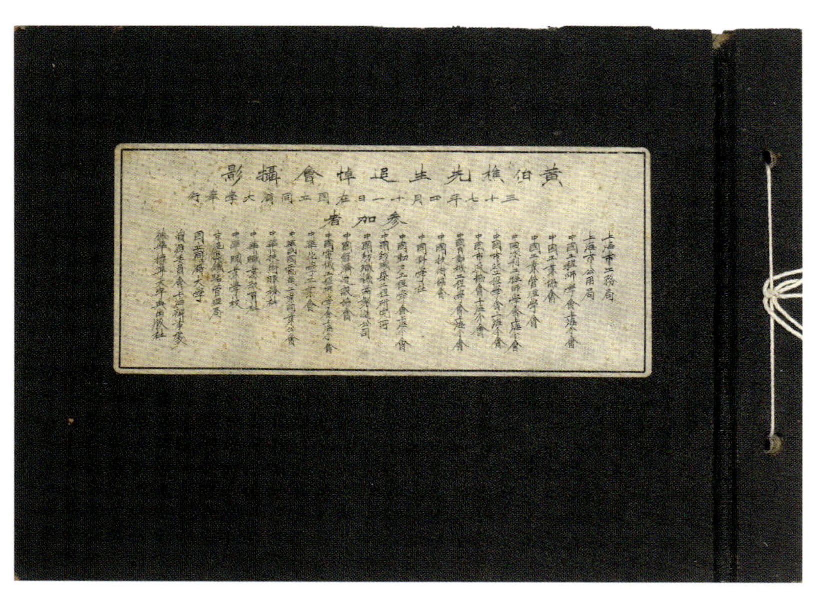

艺人阮玲玉女士荣哀录

联华影业公司编，1935年出版。共一册。收录各界人士悼念阮氏文章、挽联、新诗及照片，排版富于艺术特色。

阮玲玉（1910–1935），原名阮凤根，生于上海，祖籍广东香山（今中山市）。中国无声电影时期著名影星。父亲早逝，自孩童时期随母亲为人帮佣，生活贫寒。1926年，为自立谋生奉养母亲，考入明星影片公司，开始电影艺术生涯，出演《野草闲花》、《神女》、《新女性》等多部影片。成名后陷于同张达民和唐季珊的名誉诬陷纠纷案，因不堪舆论诽谤，于1935年妇女节当日服安眠药自尽，震惊各界。

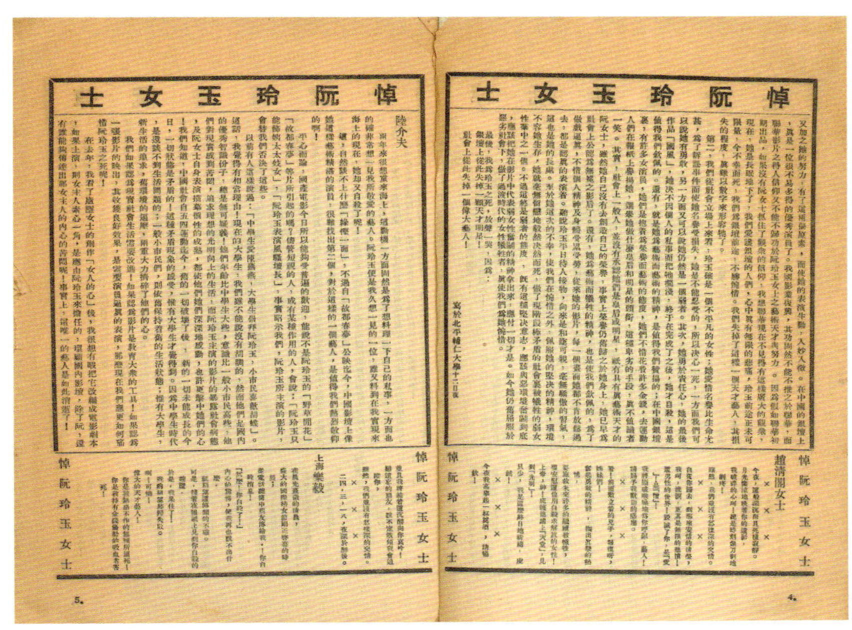

悼阮玲玉女士

悼阮玲玉女士

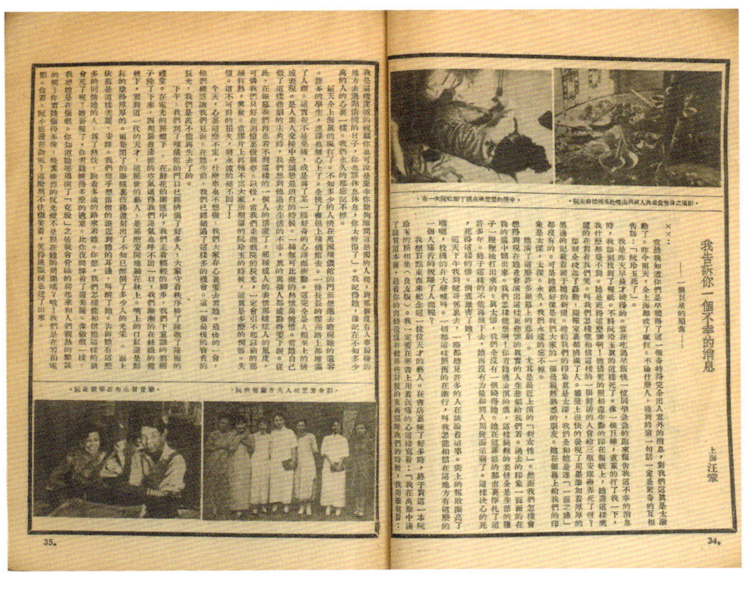

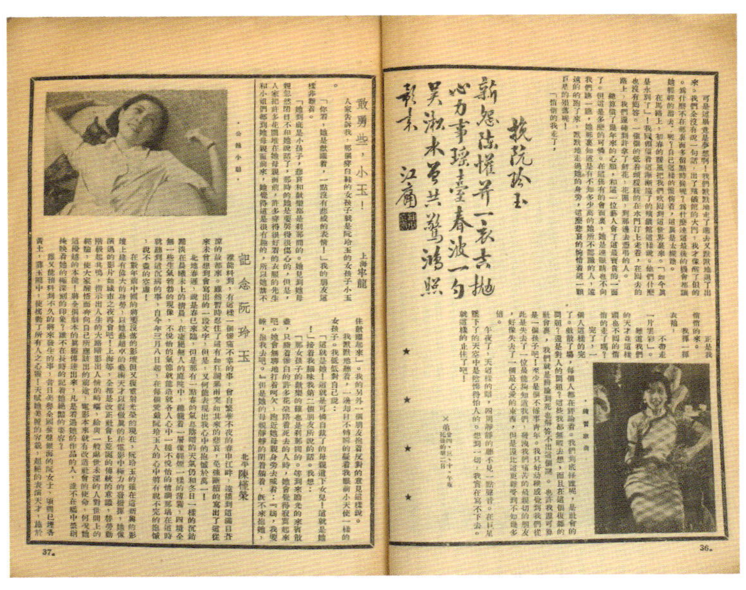

挽阮玲玉

阮玲玉女士遗影集

商美社1935年3月出版。共一册。卷首有小言一篇，略述阮氏生平行谊。收录照片大小数十帧，全为阮氏人像照。

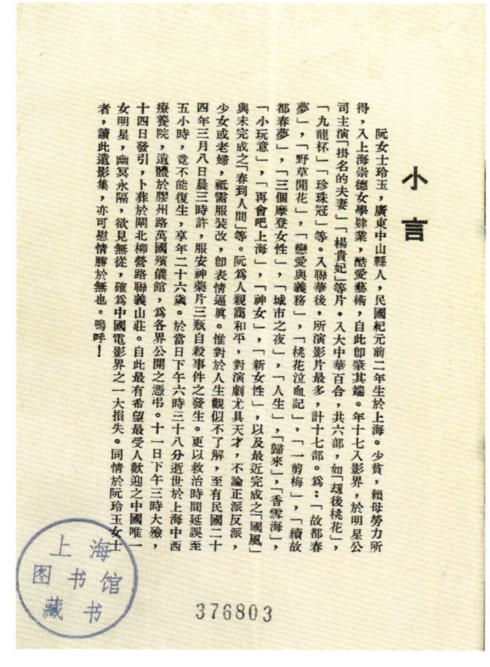

小言

阮女士玲玉，廣東中山縣人，民國紀元前二年生於上海。少貧，賴母勞力所得，入上海崇德女學肄業，酷愛藝術，自此卽肇其端。年十七入影界，於明星公司主演「掛名的夫妻」「楊貴妃」等片。入大中華百合，共六部，如「刧後桃花」，「九龍杯」「珍珠冠」等。入聯華後，所演影片最多，計十七部。爲：「故都春夢」，「野草閑花」，「戀愛與義務」，「桃花泣血記」，「一剪梅」，「續故都春夢」，「三個摩登女性」，「城市之夜」，「人生」，「歸來」，「香雪海」，「小玩意」，「再會吧上海」，「神女」，「新女性」，以及最近完成之「國風」與未完成之「春到人間」等。阮爲人親藹和平，對演劇尤具天才，不論正派反派，少女或老婦，祇需服裝改，卽表情逼眞。惟對於人生觀似不了解，至有民國二十四年三月八日晨三時許，服安神藥片三瓶自殺事件之發生。更以救治時間延誤至五小時，竟不能復生，享年二十六歲。於當日下午六時三十八分逝世於上海中西療養院，遺體於膠州路萬國殯儀館，爲各界公開之憑弔。十一日下午三時大殮，十四日發引，卜葬於閘北柳營路聯義山莊。自此最有希望最受人歡迎之中國唯一女明星，幽冥永隔，欲見無從，確爲中國電影界之一大損失。同情於阮玲玉女士者，讀此遺影集，亦可慰情勝於無也。嗚呼！

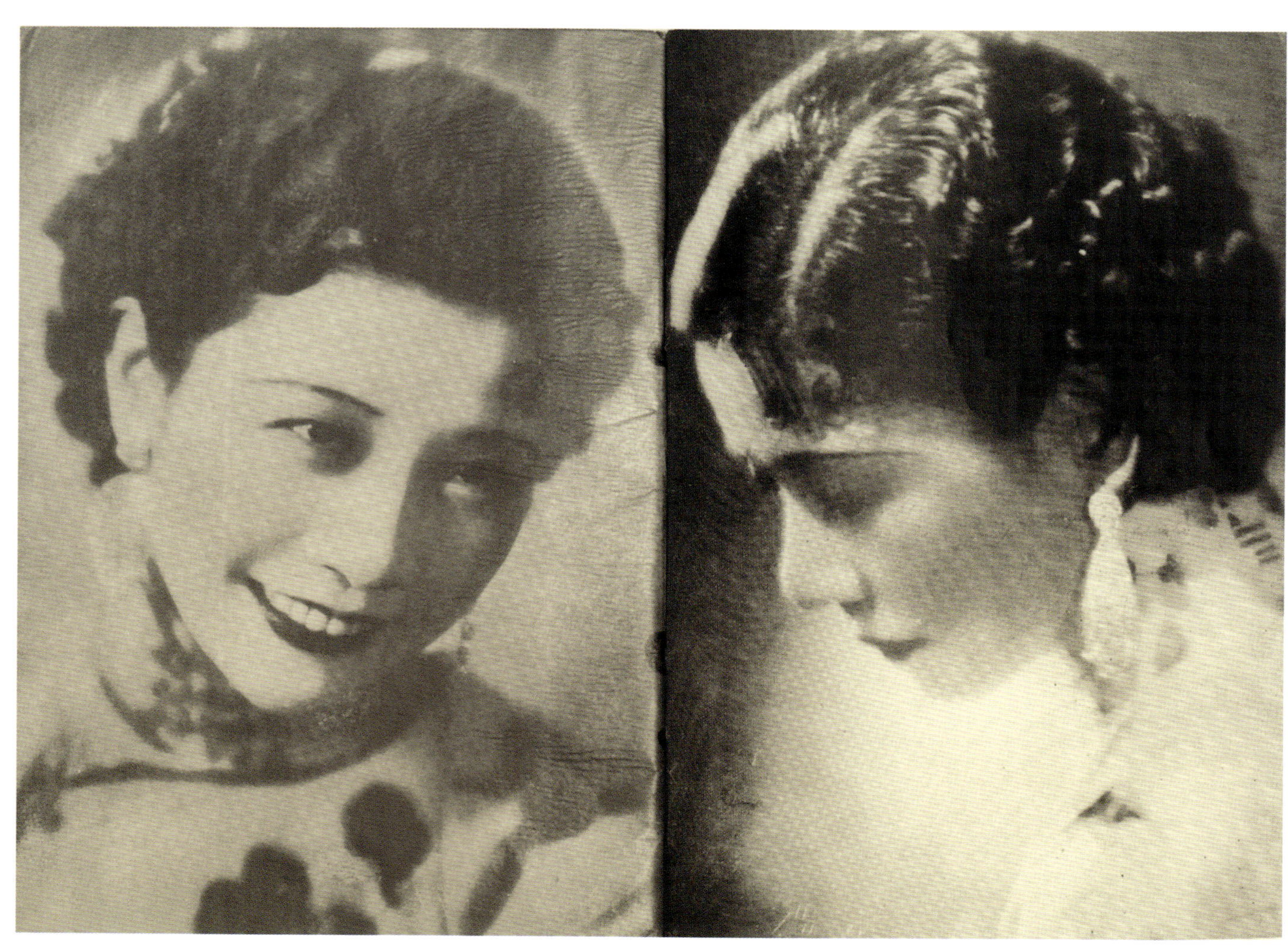

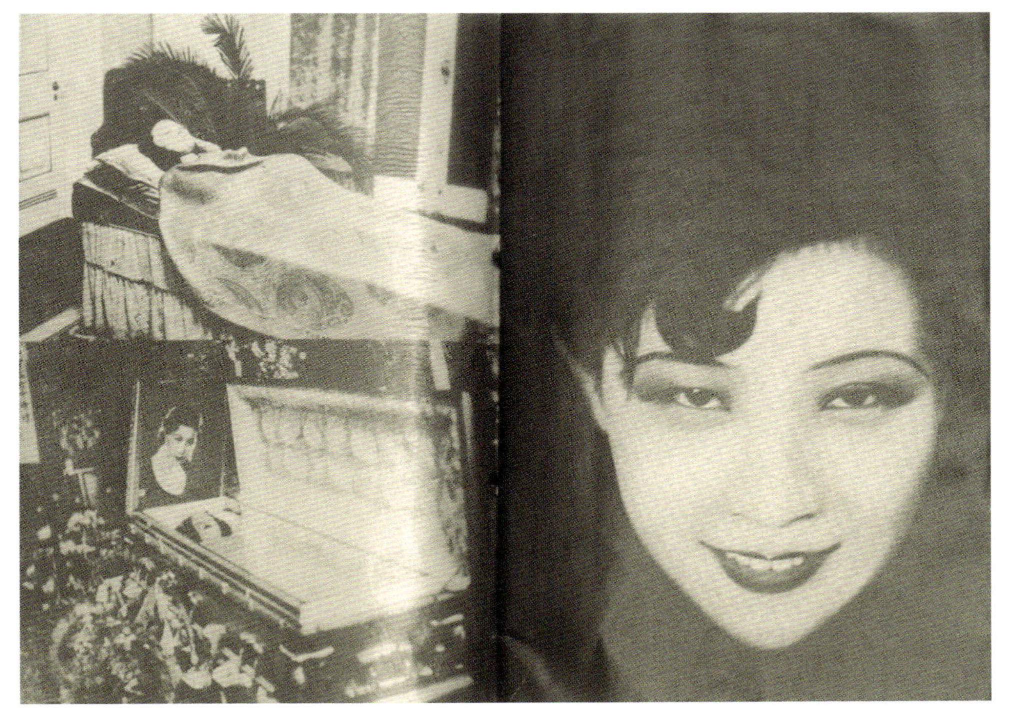

国殇张在森上尉纪念册

张志鹏辑。一册。有遗像，录文两篇：黄炎培撰《国殇张在森君传》、寐叟撰《哭幼子在森》。

张在森（1923–1942），江苏川沙（今属上海浦东）人。曾就读于上海私立正始中学，15 岁时瞒着家人参军投身抗日。1942 年 5 月任陆军第 105 师第 314 团第 2 营迫击炮排长，参加金衢会战，开始受挫后退，后反攻收复江山、衢州、龙游，并与日军对抗于金华城郊白龙桥。当年 9 月 25 日中秋之际，被日军包围，自杀殉国，年仅 19 岁。

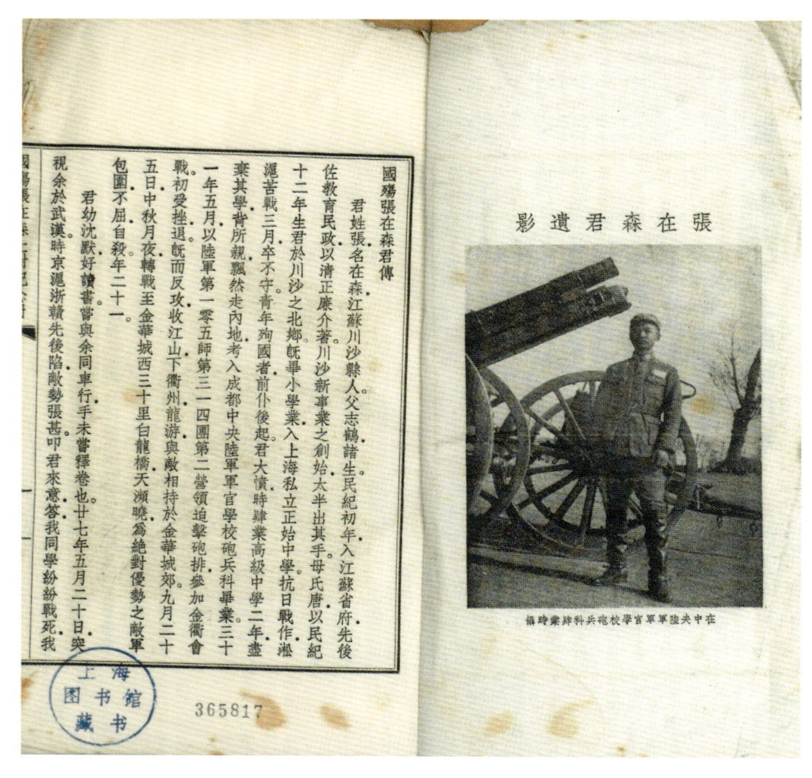
張在森君遺影

在中央陸軍軍官學校砲兵科肄業時攝

國殤張在森君傳

君姓張．名在森．江蘇川沙縣人。父志鶴．諸生。民紀初年．入江蘇省府．先後佐教育民政．以清正廉介著。川沙新事業之創始．太半出其手。母氏唐．以民紀十二年生君於川沙之北鄉。既畢小學業．入上海私立正始中學。抗日戰作．淞滬苦戰三月．卒不守。青年殉國者．前仆後起。君大憤．時肄業高級中學二年．盡棄其學．背所親．飄然走內地．考入成都中央陸軍軍官學校砲兵科畢業。三十一年五月．以陸軍第一零五師第三一四團第二營領迫擊砲排．參加金衢會戰。初受挫退。既而反攻．收江山．下衢州．龍游．與敵相持於金華城郊。九月二十五日中秋月夜．轉戰至金華城西三十里白龍橋．天瀕曉．爲絕對優勢之敵軍包圍．不屈．自殺．年二十一。

君幼沈默．好讀書。嘗與余同車行．手未嘗釋卷也。廿七年五月二十日．突視余於武漢。時京滬浙贛先後陷敵．勢張甚。叩君來意．答．我同學紛紛戰死．我

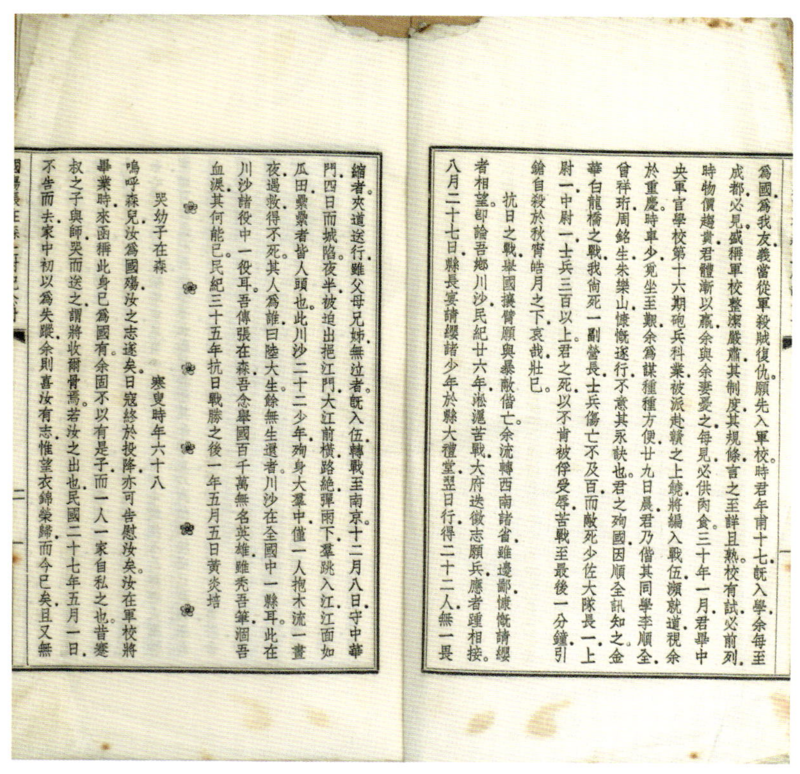
爲國。爲我友。義當從軍殺賊復仇。願先入軍校。時君年甫十七。既入學．余每至成都．必見。盛稱軍校整潔嚴肅．其制度．其規條．言之至詳且熟。校有試．必前列。時物價趨貴．君體漸以羸．余與余妻憂之．每見必供肉食。三十年一月．君畢中央軍官學校第十六期砲兵科業．被派赴贛之上饒．將編入戰伍．瀕就道．視余於重慶。時車少覓坐至艱．余爲謀種種方便。廿九日晨．君乃偕其同學李順全．曾祥珩．周銘生．朱樂山．慷慨遂行．不意其永訣也。君之殉國．因順全訊知之。金華白龍橋之戰．我尙死一副營長．士兵傷亡不及百．而敵死少佐大隊長一．上尉一．中尉一．士兵三百以上。君之死．以不肯被俘受辱．苦戰至最後一分鐘．引鎗自殺於秋宵皓月之下．哀哉壯已。

抗日之戰．舉國攘臂願與暴敵偕亡。余流轉西南諸省．雖邊鄙．慷慨請纓者相望。卽論吾鄉川沙．民紀廿六年淞滬苦戰．大府迭徵志願兵．應者踵相接。八月二十七日．縣長宴請纓諸少年於縣大禮堂．翌日行得二十二人．無一畏縮者。夾道送行．雖父母兄姊無泣者。既入伍．轉戰至南京。十二月八日．守中華門．四日而城陷。夜半．被迫出挹江門．大江前橫．路絕．彈雨下．羣跳入江。江面如瓜田．纍纍者皆人頭也。此川沙二十二少年．殉身大羣中．僅一人抱木流一晝夜．遇救得不死。其人爲誰．曰陸大生。餘無生還者。川沙在全國中一縣耳．此在川沙諸役中一役耳。吾傳張在森．吾念舉國百千萬無名英雄．雖禿吾筆．涸吾血淚．其何能已。民紀三十五年抗日戰勝之後一年五月五日黃炎培

哭幼子在森　　寒叟時年六十八

嗚呼森兒．汝爲國殤．汝之志遂矣。日寇終於投降．亦可告慰汝矣。汝在軍校將畢業時．來函稱此身已爲國有。余固不以有是子．而一人一家自私之也。昔蹇叔之子與師．哭而送之．謂將收爾骨焉。若汝之出也．民國二十七年五月一日．不告而去．家中初以爲失蹤．余則喜汝有志．惟望衣錦榮歸．而今已矣．且又無

浙江省保安团队抗敌阵亡将士追悼会启

浙江省纪念保安团队抗敌阵亡将士筹备委员会编。1937 年 11 月至 1940 年，浙江省保安团队参与抗日战役历时三年，在富阳、武瓶、武柏等地展开激战，伤亡惨重，为国牺牲者达一千五百余人，剩余大部分则奉令改编入国军。1940 年 12 月 5 日在金华为捐躯烈士举行追悼会，此为追悼会之启事。

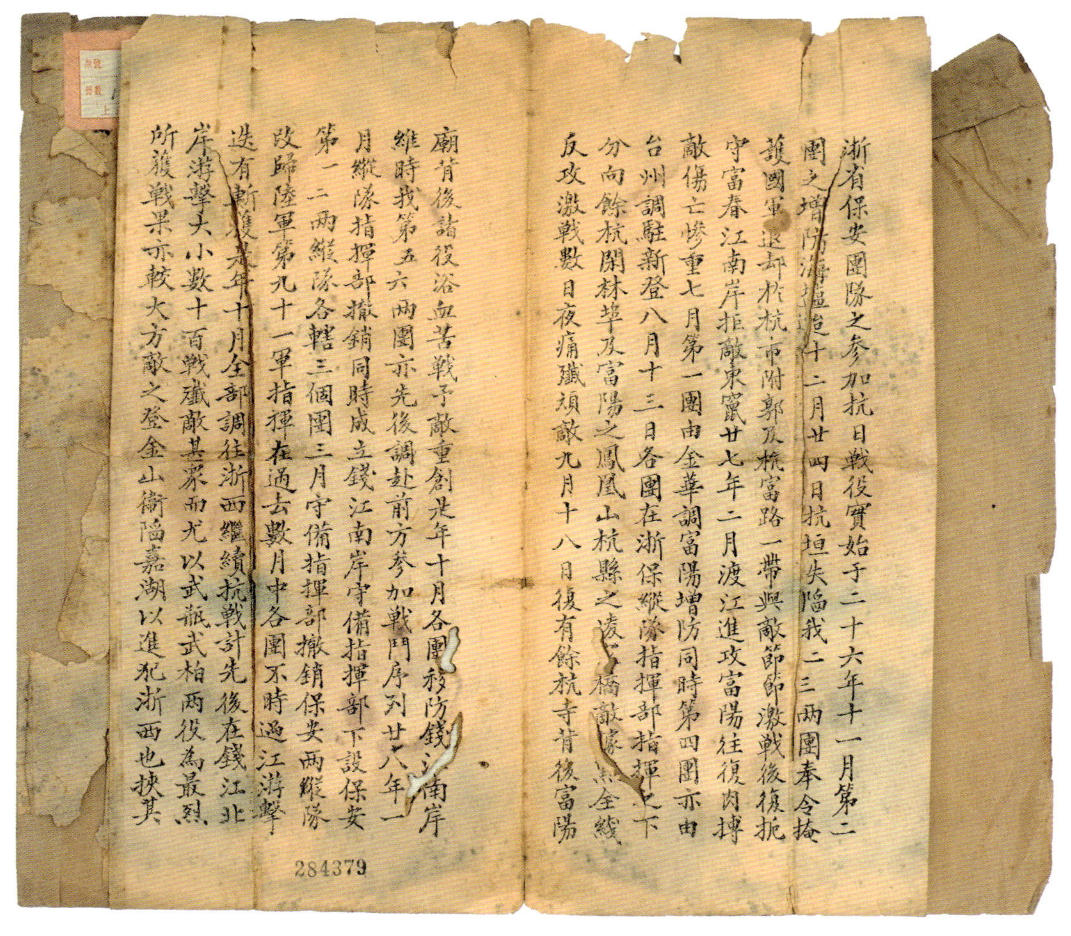

浙省保安團隊之參加抗日戰役實始于二十六年十一月第二
團之增防海塩迨十二月廿四日抗垣失陷我二三兩團奉令掩
護國軍退卻於杭市附郭及杭富路一帶與敵節節激戰後復扼
守富春江南岸拒敵東竄廿七年二月渡江進攻富陽往復肉搏
敵傷亡慘重七月第一團由金華調富陽增防同時第四團亦由
台州調駐新登八月十三日各團在浙保縱隊指揮部指揮之下
分向餘杭閑林埠及富陽之鳳凰山杭縣之[illegible]橋敵據[illegible]全綫
反攻激戰數日夜痛殲頑敵九月十八日復有餘杭寺背後富陽
廟背後諸役浴血苦戰予敵重創是年十月各團移防錢江南岸
維時我第五六兩團亦先後調赴前方參加戰鬥序列廿八年一
月縱隊指揮部撤銷同時成立錢江南岸守備指揮部下設保安
第一二兩縱隊各轄三個團三月守備指揮部撤銷保安兩縱隊
改歸陸軍第九十一軍指揮在過去數月中各團不時過江游擊
迭有斬獲是年十月全部調往浙西繼續抗戰計先後在錢江北
岸游擊大小數十百戰殲敵甚眾而尤以武瓶武柏兩役為最烈
所獲戰果亦較大方敵之登金山衛陷嘉湖以進犯浙西也挾其

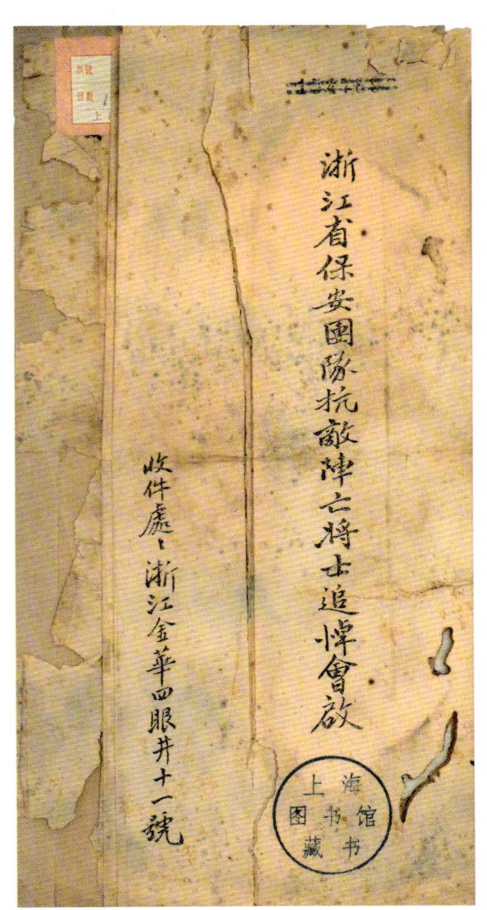

浙江省保安團隊抗敵陣亡將士追悼會啟

收件處：浙江金華四眼井十一號

追悼空军殉国烈士特刊

广东各界追悼空军烈士大会编印，1938年4月22日出版。一册。刊载中国空军十一位烈士之遗像和事迹，并收录纪念缅怀及与抗战相关文章多篇。

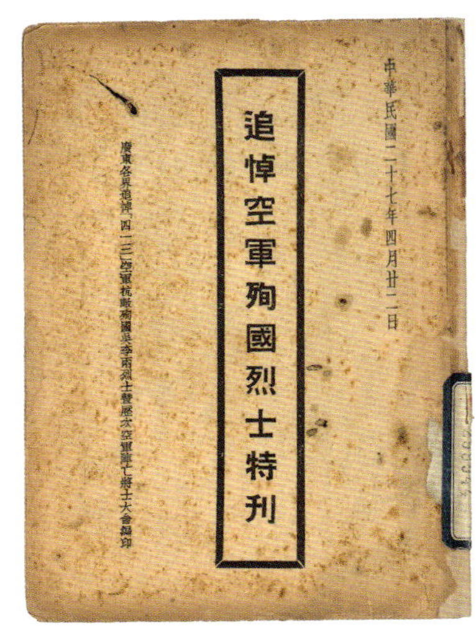

追悼空軍殉國烈士特刊

中華民國二十七年四月廿二日

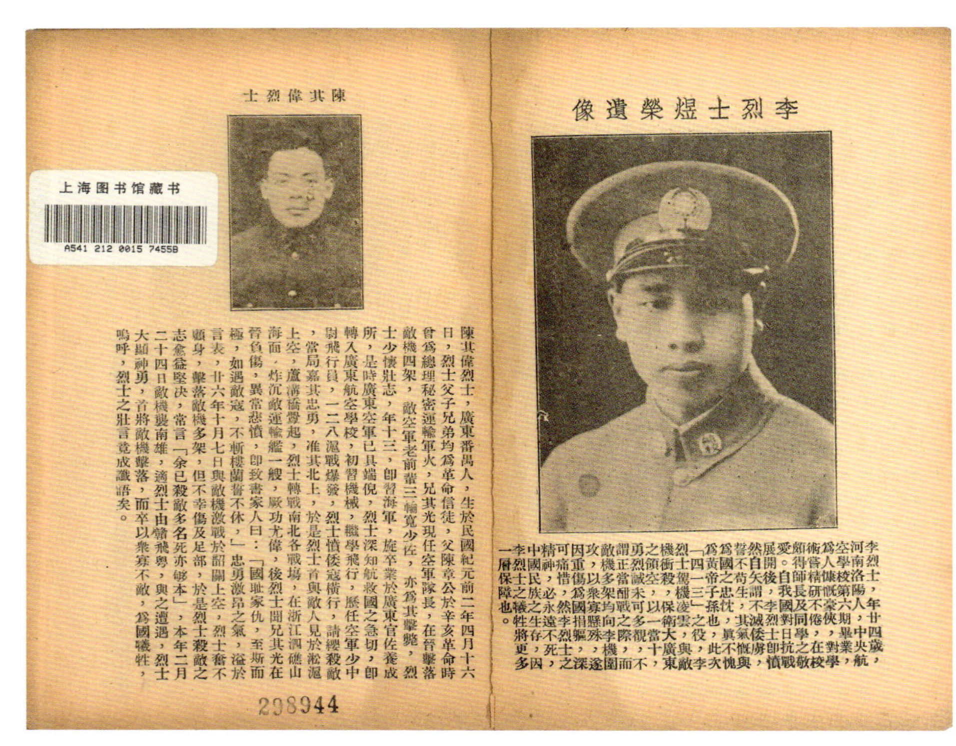

陳其偉烈士

陳其偉烈士，廣東番禺人，生於民國紀元前二年四月十六日，烈士父子兄弟均爲革命信徒，父陳章公於辛亥革命時曾爲總理秘密運輸軍火，兄其光現任空軍隊長，在晉擊落敵機四架，敵空軍老前輩三輪寬少佐，亦爲其擊斃，烈士少懷壯志，年十三，卽習海軍，旋卒業於廣東官佐養成所，是時廣東空軍已具端倪，烈士深知航救國之急切，卽轉入廣東航空學校，初習機械，繼學飛行，歷任空軍少中尉飛行員，一二八滬戰爆發，烈士憤倭寇橫行，請纓殺敵，當局嘉其忠勇，准其北上，於是烈士首與敵人見於淞滬上空，盧溝橋釁起，烈士轉戰南北各戰場，在浙江泗礁山海面，炸沉敵運輸艦一艘，厥功尤偉，後烈士聞兄其光在晉負傷，異常悲憤，卽致書家人曰：「國耻家仇，至斯而極，如遇敵寇，不斬樓蘭誓不休，」忠勇激昂之氣，溢於言表，廿六年十月七日與敵機激戰於韶關上空，烈士奮不顧身，擊落敵機多架，但不幸傷及足部，於是烈士殺敵之志愈益堅决，常言「余已殺敵多名死亦够本」，本年二月二十四日敵機襲南雄，適烈士由贛飛粵，與之遭遇，烈士大顯神勇，首將敵機擊落，而卒以衆寡不敵，爲國犧牲，嗚呼，烈士之壯言竟成讖語矣。

李烈士煜榮遺像

李烈士，年廿四歲，河南洛陽人，中央航空學校第六期畢業，爲人慷慨豪俠，對學術嘗精研不倦，在校頗得師長及同學之敬愛。自我國對日抗戰展開後，李烈士卽憤然自矢謂不滅倭虜，誓不苟生，其氣慨與爲國之忠忱，眞不愧爲黃帝子孫也，此次「四一三」之役，李烈士駕機淩雲，與敵機衝殺，保衛大廣東之領空，以一當十，勇烈誠未可多覩，不謂正當酬戰之際，而敵機多架均向李機圍攻，以衆寡懸殊，遂因重傷爲國捐軀，深可痛惜，然李烈士之精神，必永遠不死，中國民族之生存，因李烈士之犧牲將更多一層保障也。

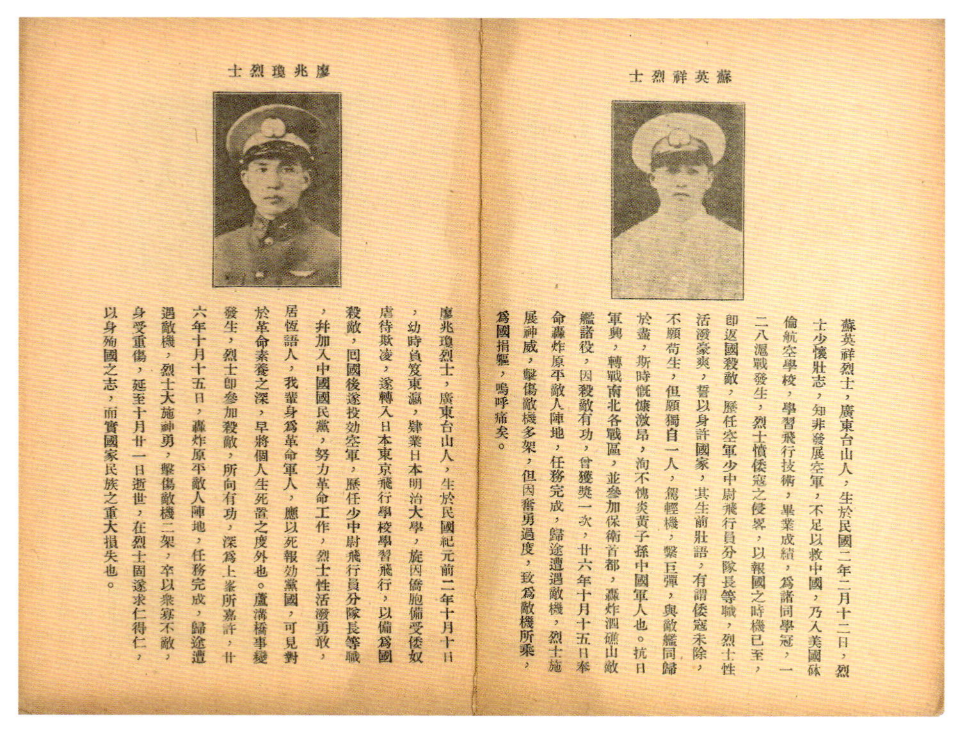

廖兆瓊烈士

廖兆瓊烈士，廣東台山人，生於民國紀元前二年十月十日，幼時負笈東瀛，肄業日本明治大學，旋因僑胞備受倭奴虐待欺淩，遂轉入日本東京飛行學校學習飛行，以備爲國殺敵，回國後遂投効空軍，歷任少中尉飛行員分隊長等職，并加入中國國民黨，努力革命工作，烈士性活潑勇敢，居恆語人，我輩身爲革命軍人，應以死報効黨國，可見對於革命素養之深，早將個人生死置之度外也。盧溝橋事變發生，烈士卽參加殺敵，所向有功，深爲上峯所嘉許，廿六年十月十五日，轟炸原平敵人陣地，任務完成，歸途遭遇敵機，烈士大施神勇，擊傷敵機二架，卒以衆寡不敵，身受重傷，延至十月廿一日逝世，在烈士固遂求仁得仁，以身殉國之志，而實國家民族之重大損失也。

蘇英祥烈士

蘇英祥烈士，廣東台山人，生於民國二年二月十二日，烈士少懷壯志，知非發展空軍，不足以救中國，乃入美國砵倫航空學校，學習飛行技術，畢業成績，爲諸同學冠，一二八滬戰發生，烈士憤倭寇之侵畧，以報國之時機已至，卽返國殺敵，歷任空軍少中尉飛行員分隊長等職，烈士性活潑豪爽，誓以身許國家，其生前壯語，有謂倭寇未除，不願苟生，但願獨自一人，駕輕機，繫巨彈，與敵艦同歸於盡，斯時慨慷激昂，洵不愧炎黃子孫中國軍人也。抗日軍興，轉戰南北各戰區，並參加保衛首都，轟炸泗礁山敵艦諸役，因殺敵有功，曾獲奬一次，廿六年十月十五日奉命轟炸原平敵人陣地，任務完成，歸途遭遇敵機，烈士施展神威，擊傷敵機多架，但因奮勇過度，致爲敵機所乘，爲國捐軀，嗚呼痛矣。

瞿犊、王进烈士纪念集

瞿王烈士纪念委员会编，1940 年 7 月出版。一册。收录两烈士遗像、追悼会摄影、追悼歌、遗著、祭文、传略以及相关纪念文章数十篇。

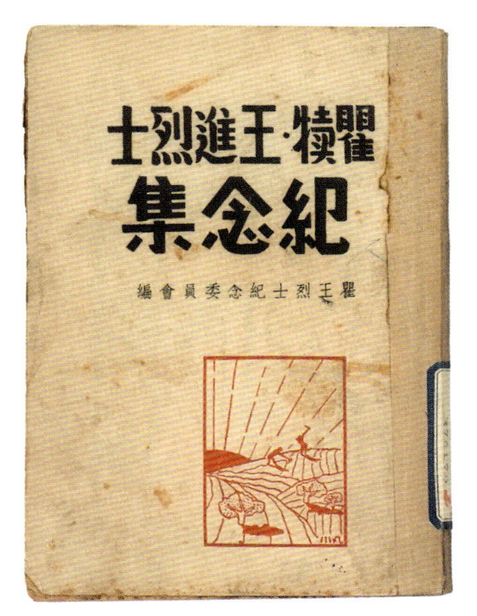

瞿犊（1913–1939），江苏崇明（今属上海市）人。出生于绅士家庭。1927 年中学毕业后入无锡国学专修馆攻读。1929 年考入吴淞中国公学大学部中国文学系读书，在校受到共产主义思想的熏陶，积极参加学生运动。1932 年在上海民华职业中学任教，翌年接办私立振德中学，并任校长，在校积极从事抗日宣传活动。1937 年八一三淞沪抗战爆发后不久，他到启东一带开展抗日救亡活动，组建了苏北第一支抗日部队。1939 年 1 月，遭国民党海门县常备支队张能忍部绑架杀害。

王进（1920–1939），又名余庆，字玉珑，山西祁县人。中国共产党党员。1937 年七七事变后到上海沪江大学附设社会科学讲习所学习。其间为《战声三日刊》写抗战报导。次年，接受中共江北特委委派，到瞿犊部队负责政治工作，任抗日民主政权崇明县行政公署副主任。1939 年 1 月在合兴镇附近遭国民党军伏击被害。

瞿烈士遺像

瞿犢·王進烈士紀念集　6

王進烈士的精神……遠功　一四三
瞿王烈士一週年紀念的雜感……靜哉　一四四
慘痛的回憶……莫明　一四六
瞿犢王進烈士死難經過檢討……F Z　一五一
瞿犢王進烈士追悼會追記……嘉熹　一五六
瞿王烈士週年紀念追悼會……世瑋　一六一
瞿犢王進烈士殉國週年紀念座談會記……史之冬　一六五
Minzu Giefang di Zhandouyan, Sin Wenz Yrdung di Siafungdui Wang Zin……　一七〇
Girian Wang Ylung tuⁿgzh……　一七三
瞿王烈士輓聯集……梁士純·胡愈之等　一七五
瞿犢王進（玉瓏烈士紀念基金勸募緣起……　一八〇
瞿犢王進烈士紀念委員工作報告紀要……　一八二
編後……　一八四

王烈士遺像

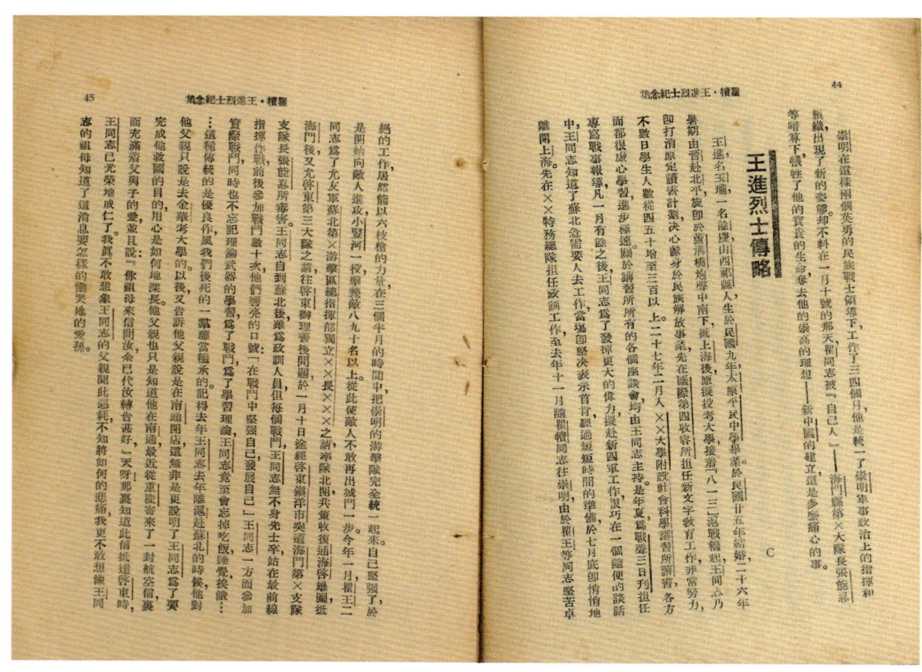

崇明在這樣兩個英勇的民族戰士領導下，工作了三四個月，他並統一了崇明軍事政治上的指揮和組織，出現了新的姿態。抑不料在一月十號的那天，瞿同志被『自己人』——海門縣第×大隊長張能忍等暗算下，犧牲了他的實貴的生命，奪去他的崇高的理想——新中國的建立，還是多麼痛心的事。

王進烈士傳略

王進，名玉瓏，一名餘慶，山西祁縣人，生於民國九年太原平民中學畢業。於民國廿五年結婚，二十六年暑假由晉赴北平，旋即於蘆溝橋炮聲中南下，抵上海後，原擬投考大學，接着「八一三」滬戰繼起，王同志乃即打消原定讀書計劃，決心獻身於民族解放事業，先在國際第四收容所担任新文字教育工作，非常努力，不數日學生人數從四五十增至三百以上。二十七年二月入××大學附設社會科學講習所讀書，各方面都很虛心學習，進步極速。關於講習所所有的各個座談會，均由王同志主持。是年夏爲戰鬥三日刊担任專寫戰事報導。凡一月有餘之後，王同志爲了發揮更大的偉力，擬赴新四軍工作，很巧在一個隨便的談話中，王同志知道了蘇北急需要人去工作，當場即堅決表示首肯，經過短短時間的準備，於七月底即悄悄地離開上海。先在××特務總隊担任政訓工作，至去年十一月隨瞿犢同志往崇明，由於瞿王等同志堅苦卓

C

絕的工作，居然能以六枝槍的力量，在三個半月的時間中，把崇明的游擊隊完全統一起來，自己堅強了，於是開始向敵人進攻，小豎河一役，擊斃敵八九十名以上，從此使敵人不敢再出城門一步。今年一月，瞿王二同志爲了允友軍蘇北第×游擊區總指揮部獨立××長×××之請，率隊北開，共策收復通海啓雖圖，抵海門後，又允啓東第三大隊之請，往啓東辦理善後問題，於一月十日途經啓東鎮洋市，突遭海門第×支隊支隊長張能忍所毒害。王同志自到蘇北後，雖爲政訓人員，但每個戰鬥，王同志無不身先士卒，站在最前線指揮作戰，前後參加戰鬥數十次，他們響亮的口號：「在戰鬥中堅強自己，發展自己」。王同志一方面參加實際戰鬥，同時也不忘記理論武器的學習，爲了戰鬥，爲了學習理論，王同志竟至會忘掉吃飯，睡覺，挨餓……這種傳統的是優良作風，我們後死的一輩應當繼承的。記得去年王同志去年離滬赴蘇北的時候，他對他父親只說是去金華考大學的，以後，又告訴他父親說是在南通開店，這無非是更說明了王同志爲了要完成他救國的目的，用心是如何地深長。他父親也只是知道他在南通，最近從重慶寄來了一封航空信，裏面充滿着父與子的愛，並且說：『你祖母來信問汝，余已代汝轉告甚好。』天呀，那裏知道此信抵達啓東時，王同志已光榮地成仁了。我眞不敢想像王同志的父親聞此噩耗，不知將如何的悲痛，我更不敢想像王同志的祖母知道了這消息要怎樣的慟哭她的愛孫。

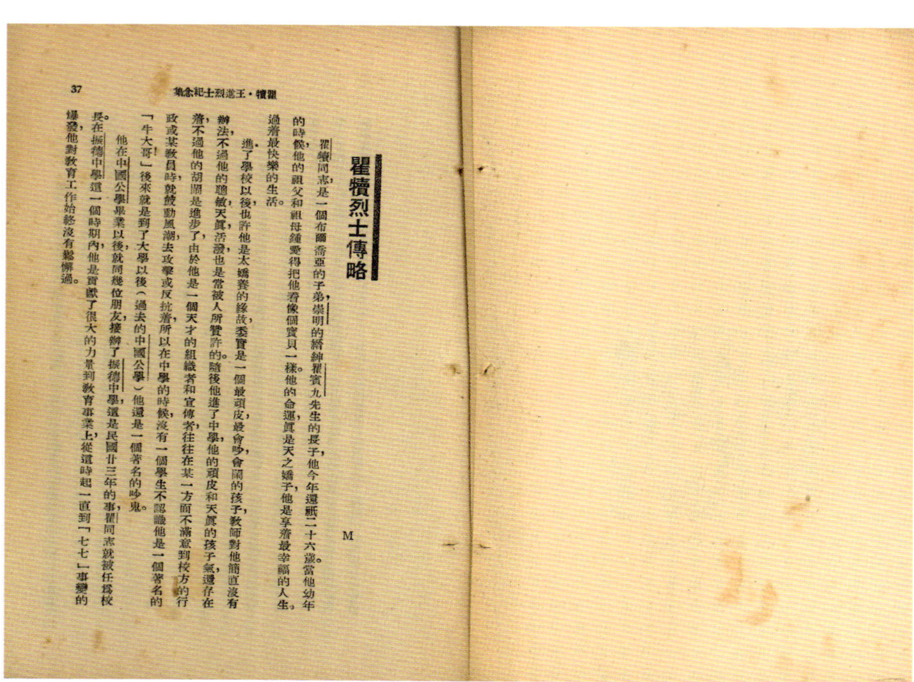

瞿犢烈士傳略

瞿犢同志，是一個布爾喬亞的子弟，崇明的縉紳瞿賓九先生的長子，他今年還祇二十六歲。當他幼年的時候，他的祖父和祖母鍾愛得把他看像個寶貝一樣。他的命運眞是天之驕子，他是享着最幸福的人生，過着最快樂的生活。

進了學校以後，也許他是太嬌養的緣故，委實是一個最頑皮，最會吵會鬧的孩子，教師對他簡直沒有辦法，不過他的聰敏，天眞，活潑，也是常被人所贊許的。隨後他進了中學，他的頑皮和天眞的孩子氣，還存在着，不過他的胡鬧是進步了，由於他是一個天才的組織者和宣傳者，往往在某一方面不滿意到校方的行政或某教員時，就鼓動風潮，去攻擊或反抗着，所以在中學的時候，沒有一個學生不認識他是一個著名的「牛大哥」！後來就是到了大學以後（過去的中國公學）他還是一個著名的吵鬼。

他在中國公學畢業以後，就同幾位朋友，接辦了振德中學，這是民國廿三年的事，瞿同志就被任爲校長。在振德中學這一個時期內，他是貢獻了很大的力量到教育事業上，從這時起一直到「七七」事變的爆發，他對教育工作始終沒有鬆懈過。

M

无名英雄墓揭幕纪念册

印本。一册。有目录：无名英雄墓照相、无名英雄墓揭幕题词、创建无名英雄墓募捐启、创建无名英雄墓筹备经过、无名英雄墓墓堂建筑及园景布置、无名英雄墓举葬情形、无名英雄墓揭幕典礼筹备经过、编者感言。

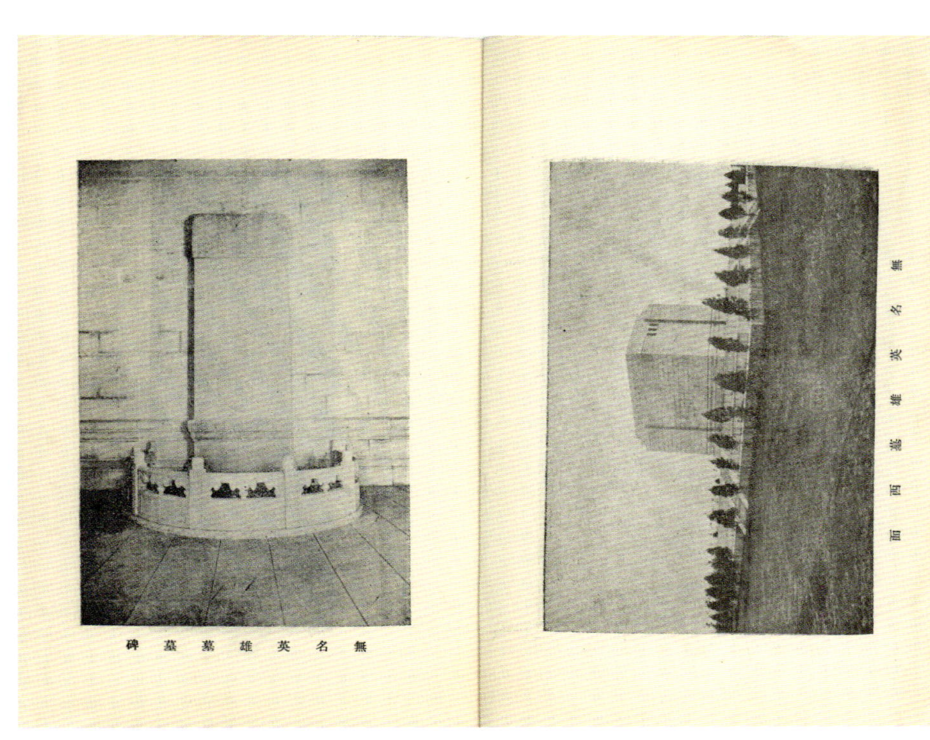

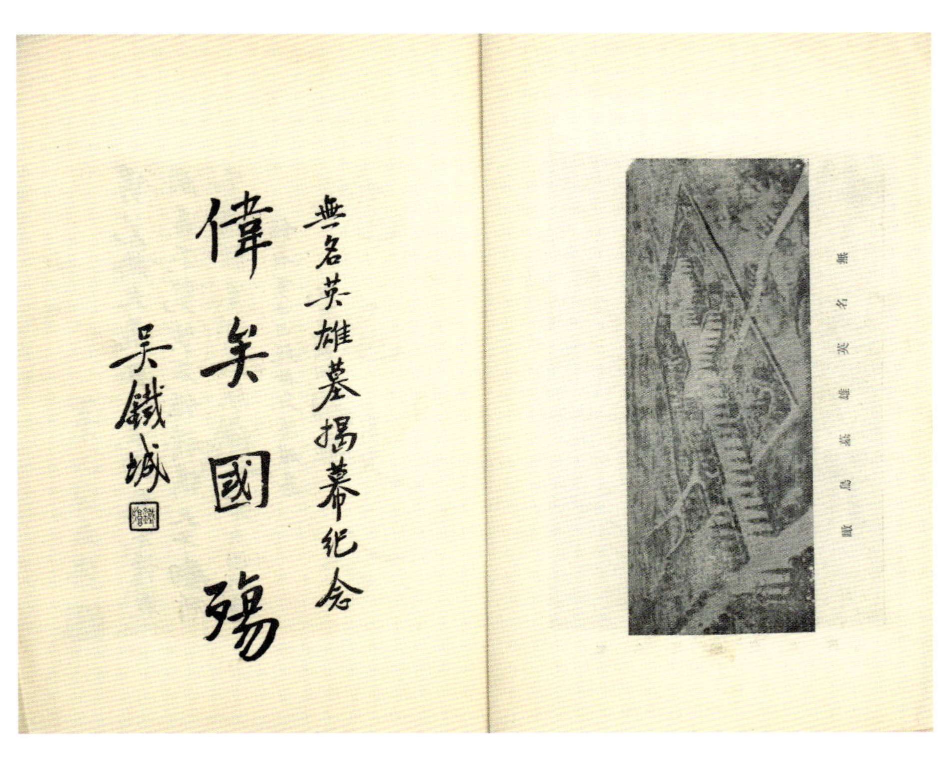

邱养吾悼启

邱镜吾辑，1939 年出版。铅印本。有遗像、像赞、悼启、事略、传、祭文。

邱养吾（1909–1939），原名祖培，以字行，江苏崇明（今属上海市）人。初习商，1927 年参加国民革命军，翌年随军北伐，后任第三教导团机关枪连特务长。后考入中央陆军军官学校武汉分校炮兵科。毕业后任少尉，后晋升至上校。1939 年于桐梓县车祸身亡。

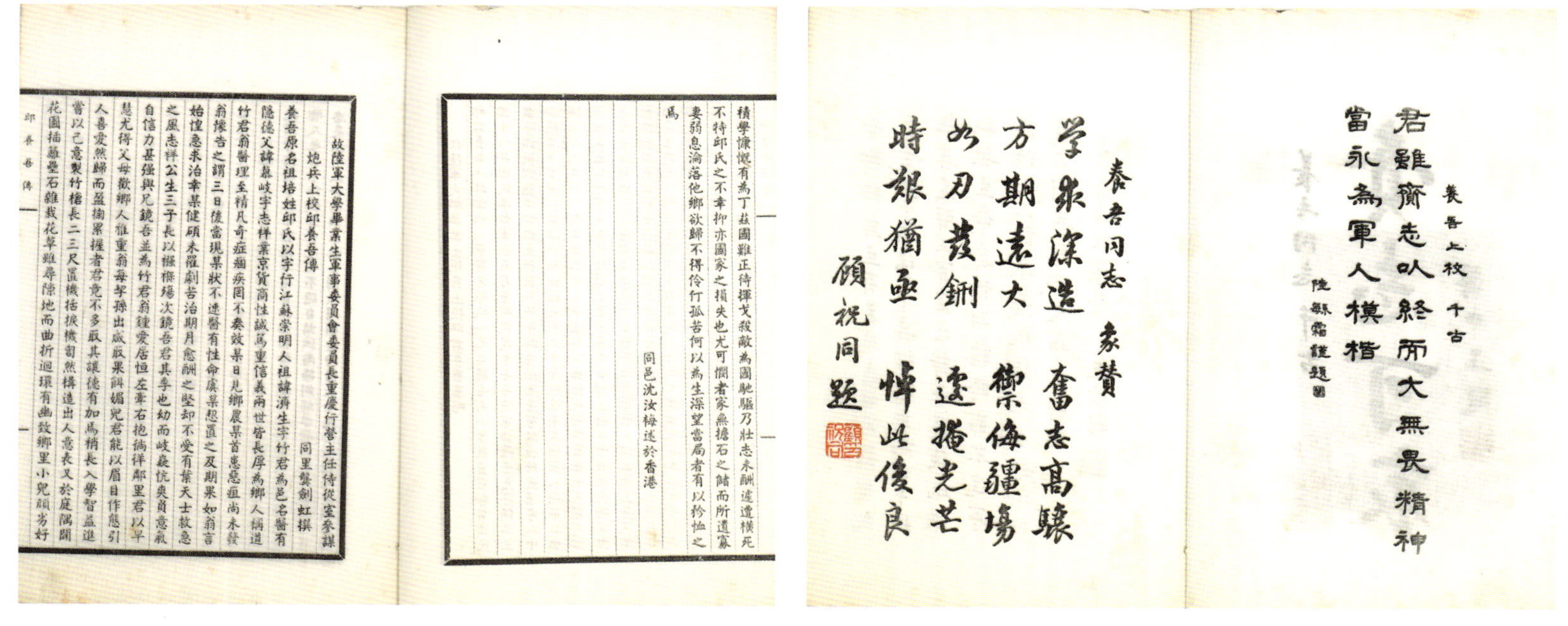

张上将自忠画传

张上将自忠传记编纂委员会编印，1947 年 5 月出版。收录张自忠相关照片十八帧。有中英文目录。

张自忠（1891–1940），字荩忱，山东临清人。1911 年考入天津法政学堂，后投笔从戎，先后效命于冯玉祥和蒋介石。1931 年后历任师长、军长、集团军司令等职。抗战爆发后率部抗击日军，表现活跃。1940 年 5 月，与日军力战殉国。

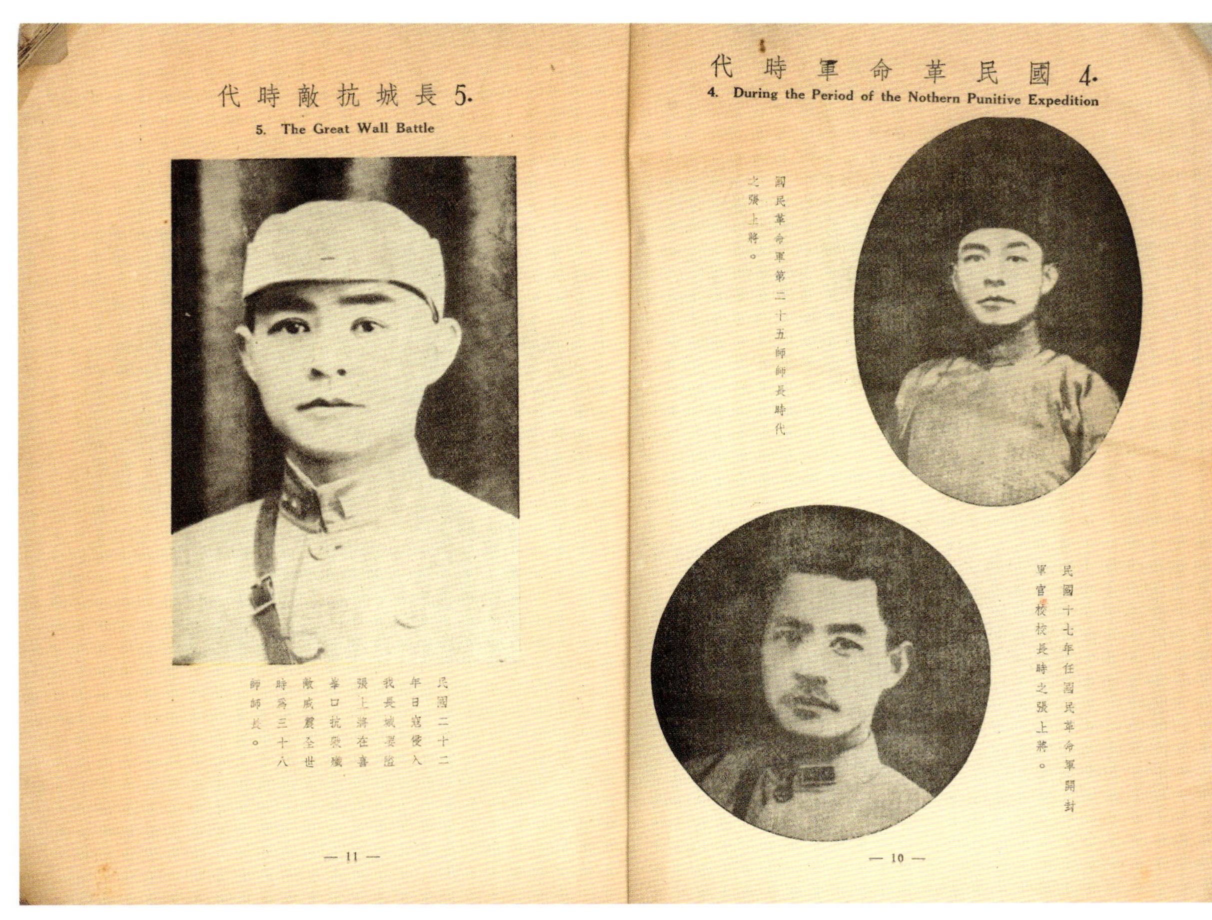

4. 國民革命軍時代

4. During the Period of the Nothern Punitive Expedition

國民革命軍第二十五師師長時代之張上將。

民國十七年任國民革命軍開封軍官校校長時之張上將。

— 10 —

5. 長城抗敵時代

5. The Great Wall Battle

民國二十二年日寇侵入我長城要隘張上將在喜峯口抗戰殲敵威震全世時爲三十八師師長。

— 11 —

张将军二十六年春偕女公子康雲姪女公子廉瑜遊於北平西山八大處。

— 21 —

9. 田園生活鱗爪

9. Leisure Hours at Home

張上將二十五年秋季在天津曾家花園

七七事變前華北日寇虎視眈眈審無故藉端尋釁不可終日張將軍於軍事佈署完成後嘗偕友漫遊山水閒放示無備。

— 20 —

張上將民國二十八年赴渝述職晉[謁]委員長召見後。

— 25 —

11. 保衛鄂西

11. Gave Life to the Defence of Western Hupeh

張上將任三十三集團軍總司令時代二十八年鄂西大捷在荊門前綫接受中國婦女慰勞自衛抗戰將士總會錦旗（按張上將生前抗敵告捷迭獲全國各地民衆團體贈送錦旗多至數百面迨殉國後靈櫬移渝途中工友不慎遺落宜昌江心者兩大箱刻存梅花山墓塋者尚有數十面）

— 24 —

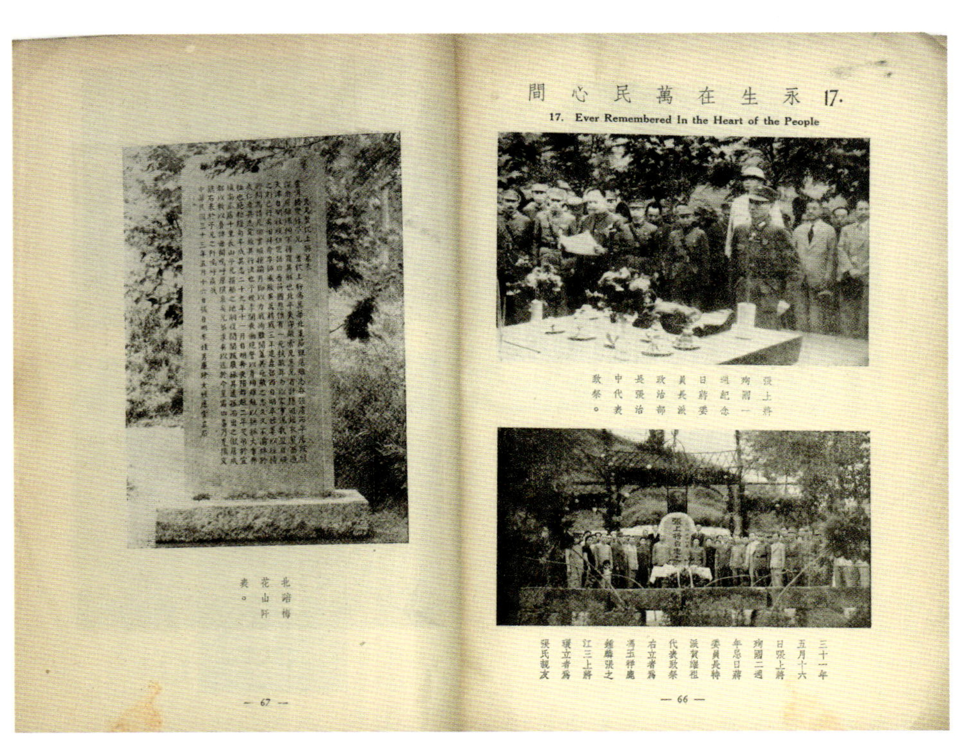

北碚梅花山阡表。

— 67 —

17. 永生在萬民心間

17. Ever Remembered In the Heart of the People

張上將殉國一週紀念日蔣委員長派政治部長張治中代表致祭。

三十一年五月十六日張上將殉國二週年忌日蔣委員長特派賀耀祖代表致祭右立者爲馮玉祥鹿鍾麟張之江三上將環立者爲張氏親友

— 66 —

上海图书馆藏人物文献选刊

张自忠的故事

吴组缃编文，汪刃锋绘图，张上将自忠传记编纂委员会1948年出版。一册。目次：遗像、遗墨、编者的话、正文、张自忠简传。其中正文含故事一百二十一篇。

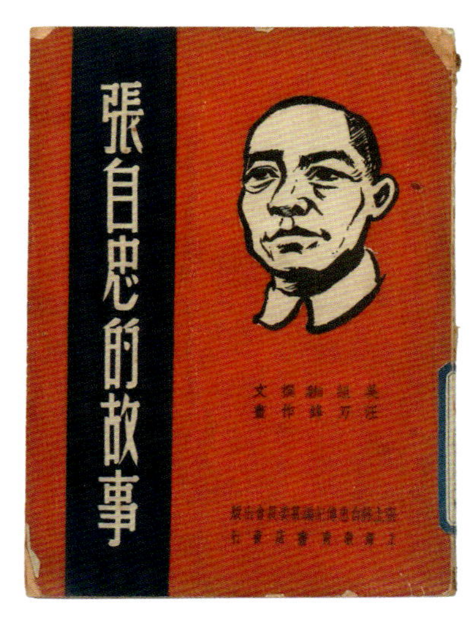

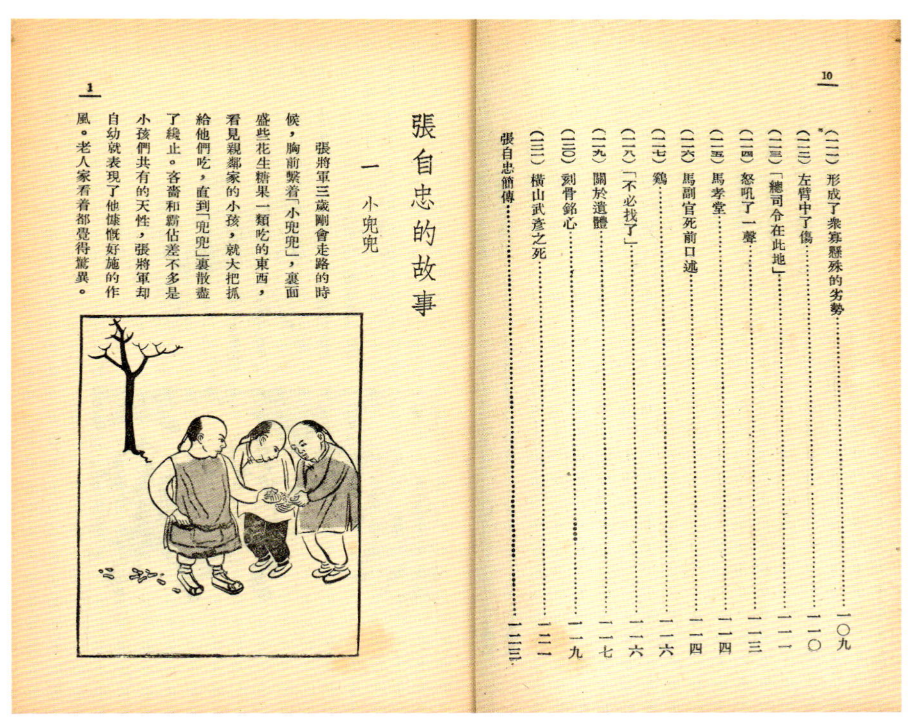

10

1

張自忠的故事

一 小兜兜

張將軍三歲剛會走路的時候，胸前繫着「小兜兜」，裏面盛些花生糖果一類吃的東西，看見親鄰家的小孩，就大把抓給他們吃，直到「兜兜」裏散盡了纔止。吝嗇和霸佔差不多是小孩們共有的天性，張將軍却自幼就表現了他慷慨好施的作風。老人家看着都覺得驚異。

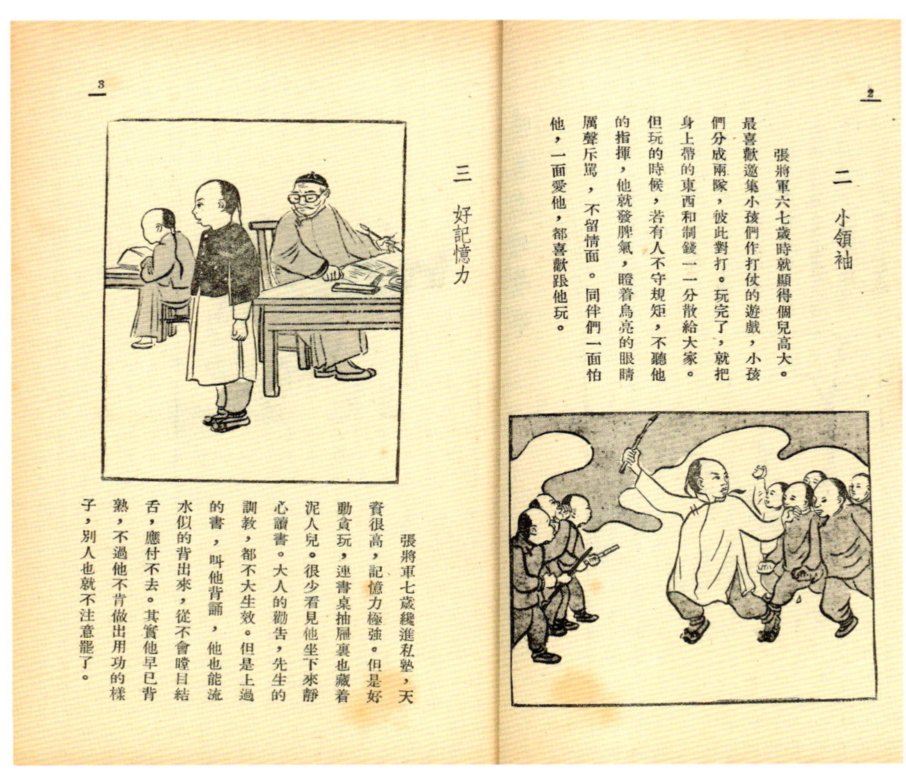

2

二 小領袖

張將軍六七歲時就顯得個兒高大。最喜歡邀集小孩們作打仗的遊戲，小孩們分成兩隊，彼此對打。玩完了，就把身上帶的東西和制錢一一分散給大家。但玩的時候，若有人不守規矩，不聽他的指揮，他就發脾氣，瞪着烏亮的眼睛厲聲斥駡，不留情面。同伴們一面怕他，一面愛他，都喜歡跟他玩。

3

三 好記憶力

張將軍七歲纔進私塾，天資很高，記憶力極強。但是好動貪玩，連書桌抽屜裏也藏着泥人兒。很少看見他坐下來靜心讀書。大人的勸告，先生的訓教，都不大生效。但是上過的書，叫他背誦，他也能流水似的背出來，從不會瞠目結舌，應付不去。其實他早已背熟，不過他不肯做出用功的樣子，別人也就不注意罷了。

多玛先生纪念册

国际劳工局中国分局辑，1932 年出版。铅印本。有王人麟撰发刊词一篇、遗像等照片三帧、挽词三十篇、纪念文章四篇、传略一篇、来华聘问之回溯及附录。

亚尔培·多玛（Albert Thomas, 1878–1932），法国人。肄业于巴黎米希勒中学。1898 年入高级师范学校攻读史学，后获巴黎大学文学学位。1902 年获法国政府奖学金，游学德国。1904 年任《人道报》社会与劳工栏编辑，同年当选为地方参议。1910 年当选下院议员，后在议会表现活跃，历任多职。1917 年任驻俄公使兼大使。1919 年当选为国际劳工局局长。任内致力于劳工局发展，勤勉不懈。为人精明强干，交游广阔。1928 年 11 月 16 日至 12 月 3 日来华访问，途经北京、汉口、南京、无锡、上海等处，接触政商各界，并发表演讲，颇有影响。

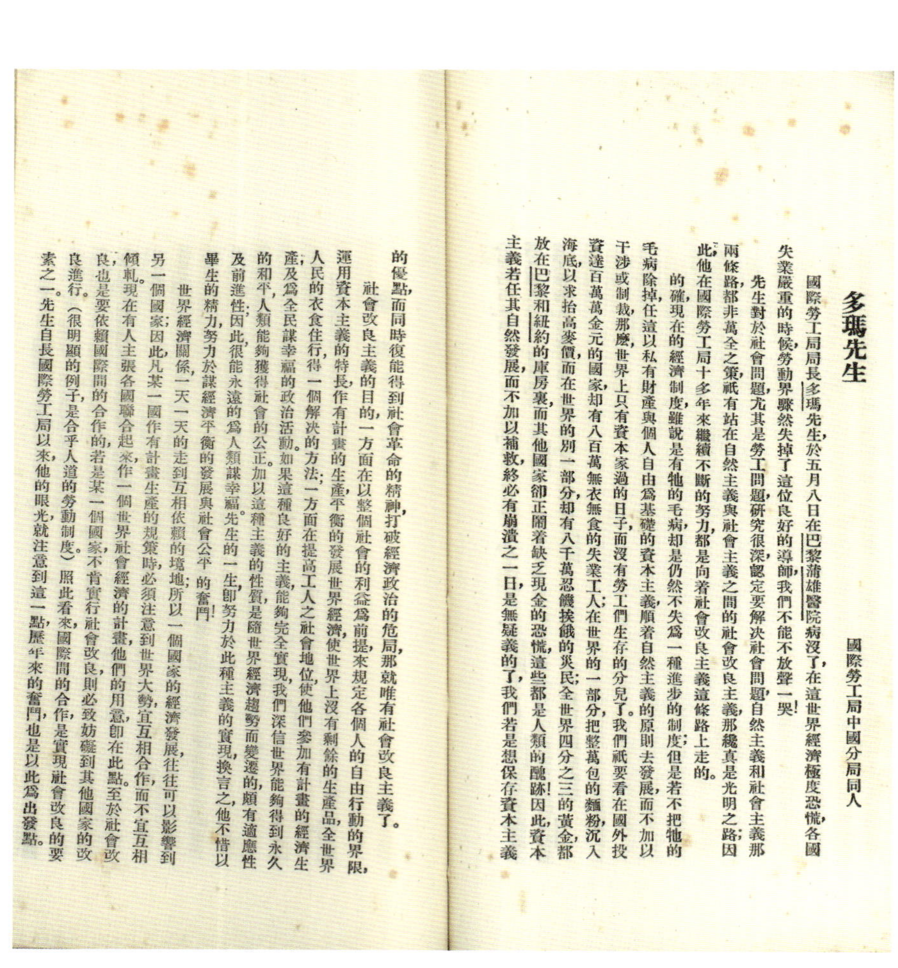

多瑪先生

國際勞工局中國分局同人

國際勞工局局長多瑪先生，於五月八日在巴黎蒲雄醫院病沒了，在這世界經濟極度恐慌，各國失業嚴重的時候，勞動界驟然失掉了這位良好的導師，我們不能不放聲一哭！

先生對於社會問題，尤其是勞工問題研究很深，認定要解決社會問題，自然主義和社會主義那兩條路，都非萬全之策，祇有站在自然主義與社會主義之間的社會改良主義，那纔真是光明之路；因此，他在國際勞工局十多年來繼續不斷的努力，都是向着社會改良主義這條路上走的。

的確，現在的經濟制度，雖說是有牠的毛病，却是仍然不失爲一種進步的制度；但是若不把牠的毛病除掉，任這以私有財產與個人自由爲基礎的資本主義，順着自然主義的原則去發展，而不加以干涉或制裁，那麼，世界上只有資本家過的日子，而沒有勞工們生存的分兒了。我們祇要看在國外投資達百萬萬金元的國家，却有八百萬無衣無食的失業工人；在世界的一部分，把整萬包的麵粉，沉入海底，以求抬高麥價，而在世界的別一部分，却有八千萬忍饑挨餓的災民；全世界四分之三的黃金，都放在巴黎和紐約的庫房裏，而其他國家卻正鬧着缺乏現金的恐慌，這些都是人類的醜跡！因此，資本主義若任其自然發展，而不加以補救，終必有崩潰之一日，是無疑義的了，我們若是想保存資本主義的優點，而同時復能得到社會革命的精神，打破經濟政治的危局，那就唯有社會改良主義了。

社會改良主義的目的，一方面在以整個社會的利益爲前提，來規定各個人的自由行動的界限，運用資本主義的特長，作有計畫的生產，平衡的發展世界經濟，使世界上沒有剩餘的生產品，全世界人民的衣食住行，得一個解決的方法；一方面在提高工人之社會地位，使他們參加有計畫的經濟生產，及爲全民謀幸福的政治活動。如果這種良好的主義，能夠完全實現，我們深信世界能夠得到永久的和平，人類能夠獲得社會的公正。加以這種主義的性質，是隨世界經濟趨勢而變遷的，頗有適應性及前進性；因此，很能永遠的爲人類謀幸福。先生的一生，即努力於此種主義的實現，換言之，他不惜以畢生的精力，努力於謀經濟平衡的發展與社會公平的奮鬥！

世界經濟關係，一天一天的走到互相依賴的境地；所以一個國家的經濟發展，往往可以影響到另一個國家；因此，凡某一國作有計畫生產的規策時，必須注意到世界大勢，宜互相合作，而不宜互相傾軋。現在有人主張各國聯合起來，作一個世界社會經濟的計畫，他們的用意，即在此點。至於社會改良，也是要依賴國際間的合作的，若是某一個國家，不肯實行社會改良，則必致妨礙到其他國家的改良進行。（很明顯的例子，是合乎人道的勞動制度。）照此看來，國際間的合作，是實現社會改良的要素之一。先生自長國際勞工局以來，他的眼光，就注意到這一點，歷年來的奮鬥，也是以此爲出發點。

The Late Director of
The International Labour Office

已故國際勞工局局長

多瑪氏

上海特別市英美烟工會歡迎
國際勞工局局長杜瑪先生

上海特別市浦東區各工會歡迎國際勞工局局長杜瑪先生

欧特曼教授哀思录

同济大学辑，南京国华印书馆1934年出版。铅印本。共一卷。有欧特曼教授遗像一帧。收录张元济撰序言一篇、滕固撰德文序言一篇、魏以新撰《欧特曼教授传》一篇，后有各界要人所题哀辞诔文共四十五篇，并有挽联十六幅、挽词一阕、诔幛三幅。

威廉・欧特曼（Wilhelm Othmer, 1882–1934），德国人。学者。自幼酷爱语言、史地。1900年转学入柏林大学，攻读语言学、文学、哲学等多门学科。1904年获博士学位。1907年夏入东方研究院学习中文，同年至北京主持中德学校校务。1909年9月至青岛任德华特别高等专门学校讲师。一战爆发后从军，为日军所俘。1920年自日本返回青岛。同年至上海，担任同济大学中学部教务长。1934年1月7日于德国病逝。博闻强识，醉心学术，热爱中国文化，译著颇丰，为中德文化交流做出重要贡献。

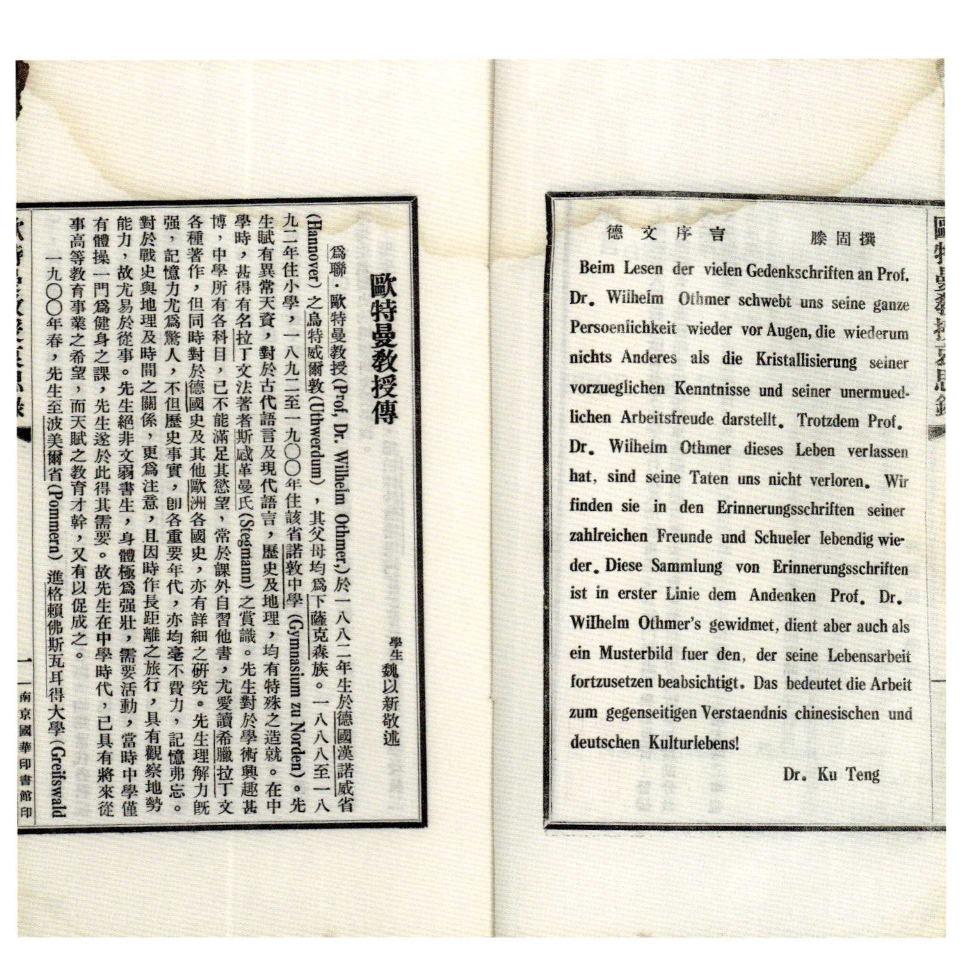

歐特曼教授傳

學生 魏以新敬述

爲聯・歐特曼教授(Prof, Dr. Wilhelm Othmer,)於一八八二年生於德國漢諾威省(Hannover)之烏特威爾敦(Uthwerdum)，其父母均爲下薩克森族。一八八八至一八九二年住小學，一八九二至一九〇〇年住該省諾敦中學(Gymnasium zu Norden)。先生賦有異常天資，對於古代語言及現代語言，歷史及地理，均有特殊之造就。在中學時，甚得有名拉丁文法著者斯戚革曼氏(Stegmann)之賞識。先生對於學術興趣甚博，中學所有各科目，已不能滿足其慾望，常於課外自習他書，尤愛讀希臘拉丁文各種著作，但同時對於德國史及其他歐洲各國史，亦有詳細之研究。先生理解力既强，記憶力尤爲驚人，不但歷史事實，卽各重要年代，亦均毫不費力，記憶弗忘。對於戰史與地理及時間之關係，更爲注意，且因時作長距離之旅行，具有觀察地勢能力，故尤易於從事。先生絕非文弱書生，身體極爲强壯，需要活動，當時中學僅有體操一門爲健身之課，先生遂於此得其需要。故先生在中學時代，已具有將來從事高等教育事業之希望，而天賦之教育才幹，又有以促成之。

一九〇〇年春，先生至波美爾省(Pommern)進格賴佛斯瓦耳得大學(Greifswald

一　南京國華印書館印

德文序言　滕固撰

Beim Lesen der vielen Gedenkschriften an Prof. Dr. Wilhelm Othmer schwebt uns seine ganze Persoenlichkeit wieder vor Augen, die wiederum nichts Anderes als die Kristallisierung seiner vorzueglichen Kenntnisse und seiner unermuedlichen Arbeitsfreude darstellt. Trotzdem Prof. Dr. Wilhelm Othmer dieses Leben verlassen hat, sind seine Taten uns nicht verloren. Wir finden sie in den Erinnerungsschriften seiner zahlreichen Freunde und Schueler lebendig wieder. Diese Sammlung von Erinnerungsschriften ist in erster Linie dem Andenken Prof. Dr. Wilhelm Othmer's gewidmet, dient aber auch als ein Musterbild fuer den, der seine Lebensarbeit fortzusetzen beabsichtigt. Das bedeutet die Arbeit zum gegenseitigen Verstaendnis chinesischen und deutschen Kulturlebens!

Dr. Ku Teng

歐特曼教授遺像

雷鸣远司铎追悼会纪念册

方豪述编，1940 年出版。一册。收录国民政府褒扬令、遗像、遗墨、雷故司铎鸣远事略。

雷鸣远（Frédéric Vincent Lebbé, 1877–1940），字振声，比利时人。清末来华的天主教传教士。1895 年入巴黎遣使会。光绪二十七年（1901）来华，在北京学习中文。次年升神父，奉派往北直隶传教。1912 年移居天津，创立中华公教进行会。1916 年因反对法国公使无理要求中国政府出让土地，而触怒法人，被迫南下。在绍兴设立学校，创办贫民工厂，进行传教。1920 年返欧，为旅居法国、比利时的中国留学生募捐筹款，设暑期法文补习所。1927 年再度来华，并加入中国籍，以久居天津，称天津人。创立耀汉、德来男女二修会。七七事变后，率教友组织救护队，支持中国军队抗日。1938 年任华北战地督导民众服务团主任。1940 年病逝于重庆。

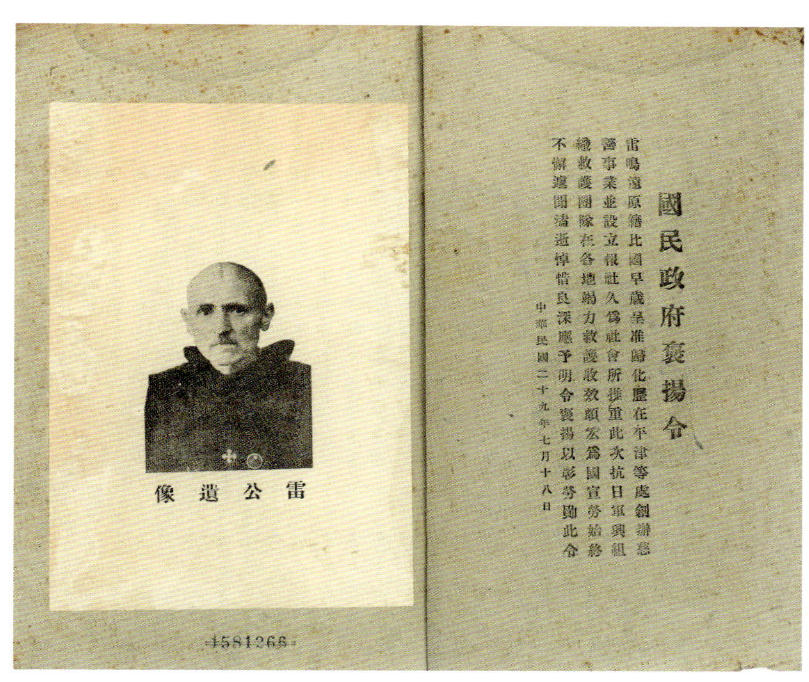

雷公遺像

1581266

國民政府褒揚令

雷鳴遠原籍比國早歲呈准歸化歷在平津等處創辦慈善事業並設立報社久為社會所推重此次抗日軍興組織救護團隊在各地竭力救護敷教顯宏為國宣勞始終不懈遽聞溘逝悼惜良深應予明令褒揚以彰勞勩此令

中華民國二十九年七月十八日

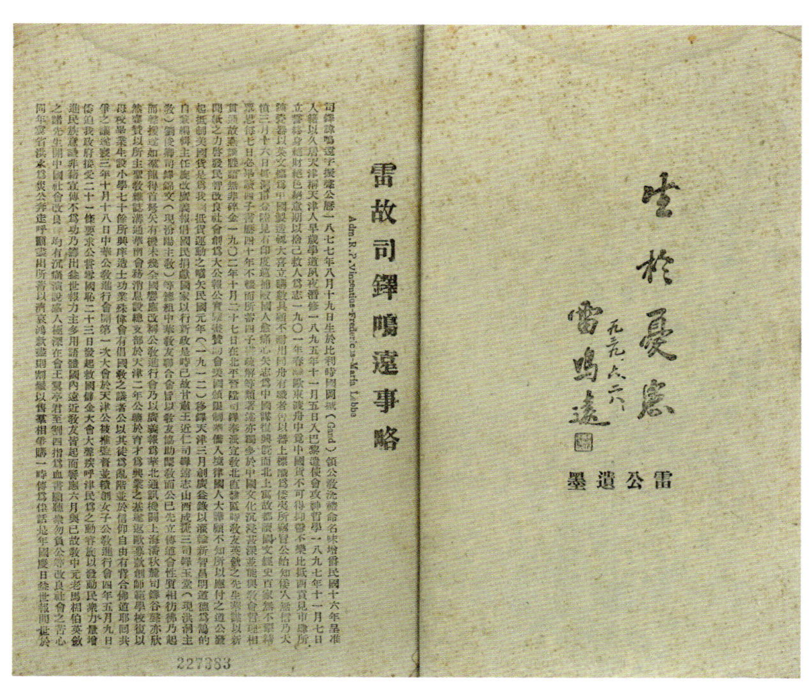

雷故司鐸鳴遠事略

Adm. R. P. Vincentius-Fredericus-Maria Lebbe

雷公遺墨

227383

哀悼鲁迅先生特辑

《光明》第一卷第十期。1936 年 11 月 25 日出版。载有魏金枝《我们年青人只有惭愧》、杨骚《切身的哀感》、艾芜《悼鲁迅先生》、沙汀《哀悼之辞》、王统照《噩耗》、周木斋《社会的心丧》等纪念文，另有任钧作词、星海作曲的《挽歌》一首。

鲁迅（1881–1936），原名周樟寿，后改为周树人，字豫山、豫亭，以笔名鲁迅闻名于世，浙江绍兴人。鲁迅先生青年时代曾受进化论、尼采超人哲学和托尔斯泰博爱思想的影响。作品包括杂文、短篇小说、评论、散文、翻译作品，重要的有杂文集《华盖集》、《而已集》、《且介亭杂文》，散文集《野草》和短篇小说集《呐喊》、《彷徨》等。对于“五四运动”以后的中国文学产生了深刻的影响。

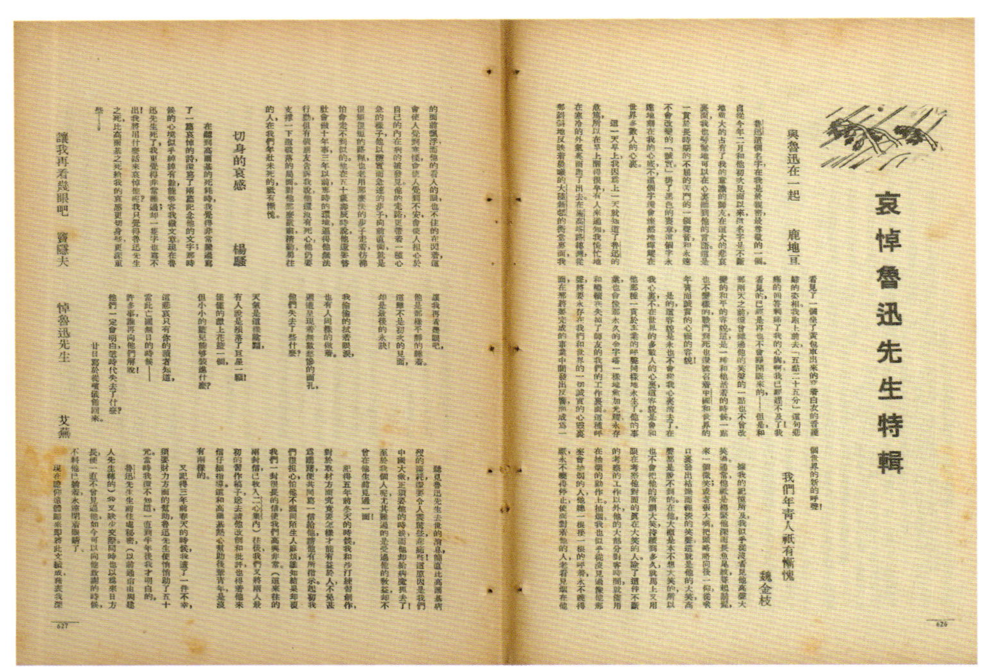

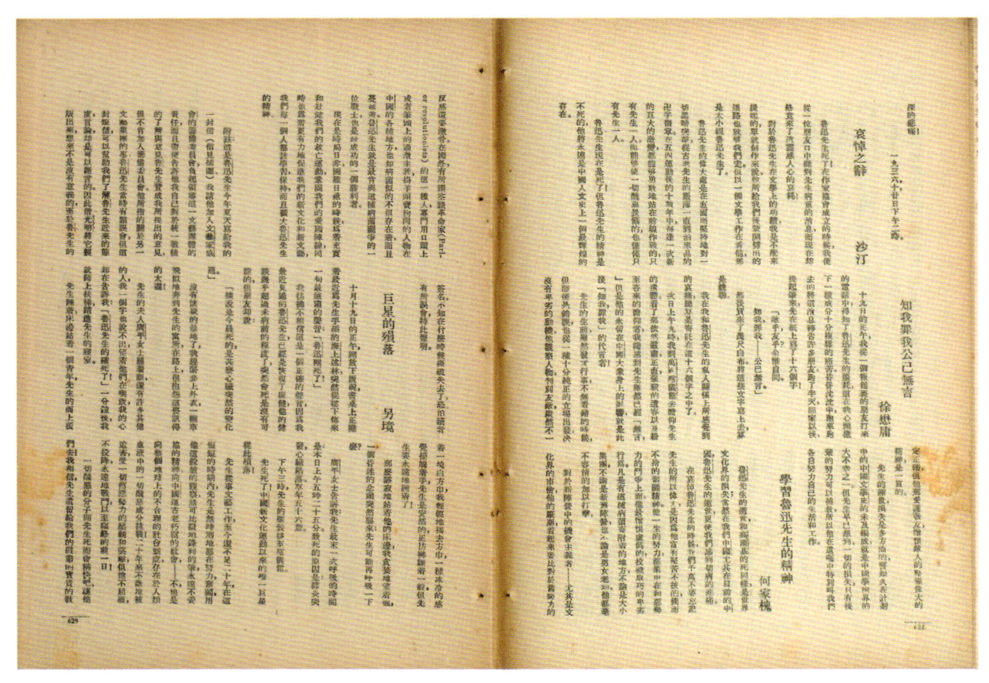

阮玲玉纪念专号

《联华画报》第五卷第七期。为哀悼“联华”台柱演员阮玲玉逝世之专号，刊登了《阮玲玉女士小传》、《艺人阮玲玉女士年表》、《忆阮琐记》、《埋玉记》等细述阮生前死后的数据，以及罗明佑的《阮事感言》、孙瑜的《悼玉》、黎民伟的《最后一次宴会》等“联华”同人的怀念文章，并发表阮玲玉的遗书和“联华”、“明星”等公司祭文，选录阮玲玉生前收到的观众信件，还以大量篇幅摘载了沪上各大报纸的评论。

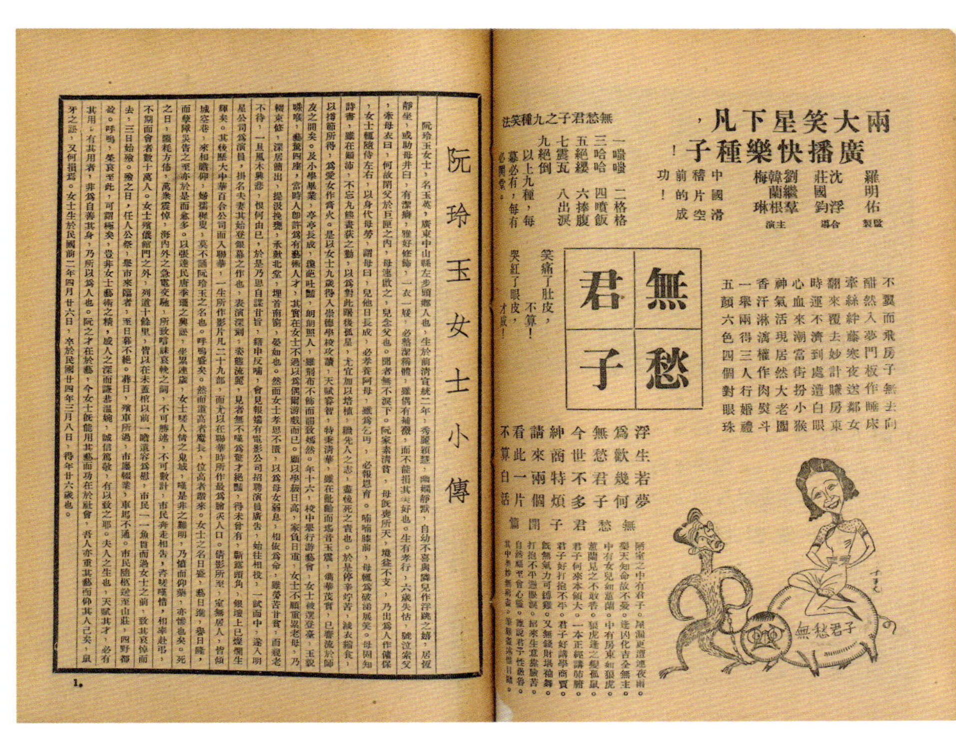
阮玲玉女士小傳

兩大笑星下下凡
廣播快樂種子！

無愁君子

追悼茅丽瑛女士特辑

《上海妇女》第四卷第一期。1939 年 12 月 25 日出版。为纪念著名妇女工作者茅丽瑛女士的特辑，刊载有《我所知道的茅女士》、《关于茅丽瑛的死》、《悼我们的丽瑛》、《几段回忆》等记叙茅丽瑛女士生平及其遇害前后事迹的文章。

追悼茅麗瑛女士特輯

我所知道的茅女士

茅丽瑛（1910–1939），浙江杭州人。1918 年就读于上海启秀女校。1930 年考入东吴大学法律系，后辍学。1931 年进上海江海关任英文打字员。1935 年参加上海中国职业妇女会。1936 年 11 月参加中共领导的群众组织乐文社。七七事变后，被推为上海海关慰劳组负责人，致力于抗日宣传、募捐工作。1938 年参与筹建上海职业妇女俱乐部，任主席。同年 5 月加入中国共产党。1939 年 12 月在沪被特务暗杀。

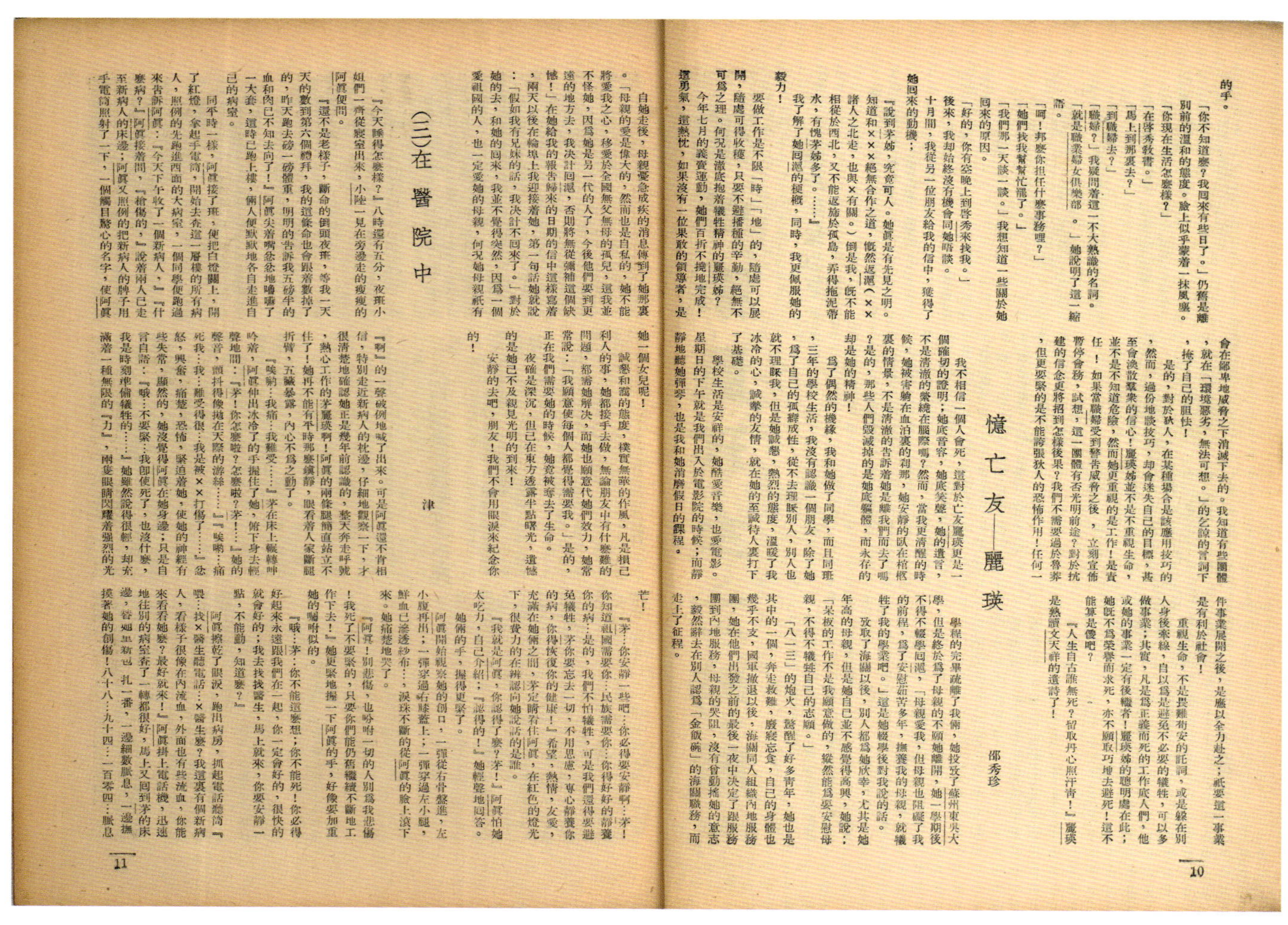

憶亡友——麗瑛

(三)在醫院中

丁文江先生纪念号

《地质评论》第一卷第三期。1936年6月出版。卷首有多幅工作照及《丁文江先生地质调查区域路线图》。又有《追念丁在君先生》、《我对于丁在君先生的回忆》、《追念丁师在君先生》、《丁在君先生在地质学上的工作》等纪念诗文。

丁文江（1887–1936），字在君，江苏泰兴人。地质学家，地质教育家，中国地质科学事业奠基人之一。1936年1月在湖南长沙谭家山煤矿考察时，因煤气中毒逝世。1907–1911年获格拉斯哥大学地质学、动物学双科学士学位。1911年回国后在滇、黔等省调查地质矿产。1913年他与章鸿钊、翁文灏一起创办并主持了中国第一个培养地质学人才的农商部地质研究所——中国地质调查所，领导了中国早期地质调查与科学研究工作；又在该调查所推动了中国新生代、地震、土壤、燃料等研究室的建立。

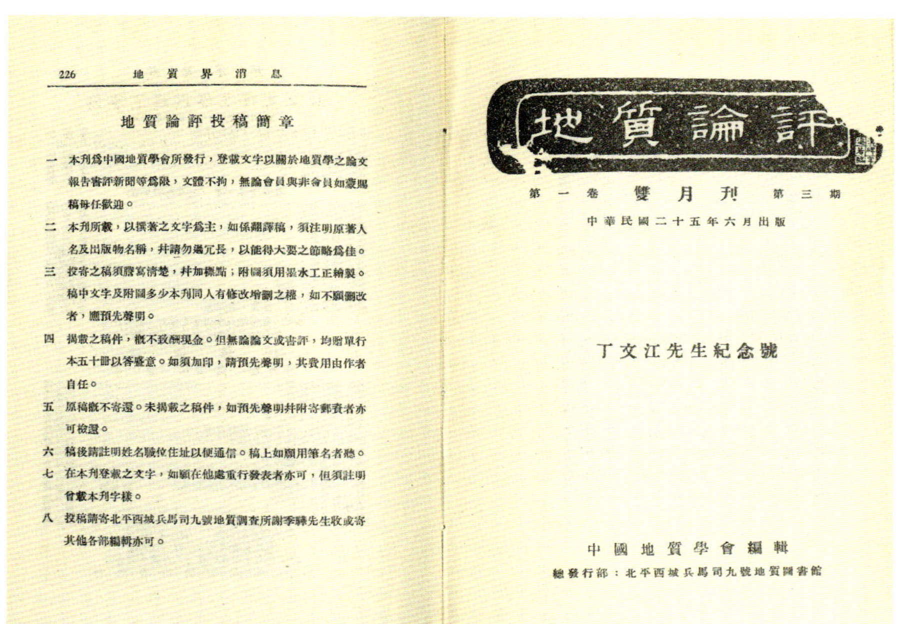

226 地質界消息

地質論評投稿簡章

一 本刊爲中國地質學會所發行，登載文字以關於地質學之論文報告書評新聞等爲限，文體不拘，無論會員與非會員如蒙賜稿每任歡迎。

二 本刊所載，以撰著之文字爲主，如係翻譯稿，須注明原著人名及出版物名稱，并請勿過冗長，以能得大要之節略爲佳。

三 投寄之稿須謄寫清楚，并加標點；附圖須用墨水工正繪製。稿中文字及附圖多少本刊同人有修改增刪之權，如不願刪改者，應預先聲明。

四 揭載之稿件，概不致酬現金。但無論論文或書評，均贈單行本五十冊以答盛意。如須加印，請預先聲明，其費用由作者自任。

五 原稿概不寄還。未揭載之稿件，如預先聲明并附寄郵資者亦可檢還。

六 稿後請註明姓名職位住址以便通信。稿上如願用筆名者聽。

七 在本刊登載之文字，如願在他處重行發表者亦可，但須註明曾載本刊字樣。

八 投稿請寄北平西城兵馬司九號地質調查所謝季驊先生收或寄其他各部編輯亦可。

地質論評

第一卷 雙月刊 第三期

中華民國二十五年六月出版

丁文江先生紀念號

中國地質學會編輯

總發行部：北平西城兵馬司九號地質圖書館

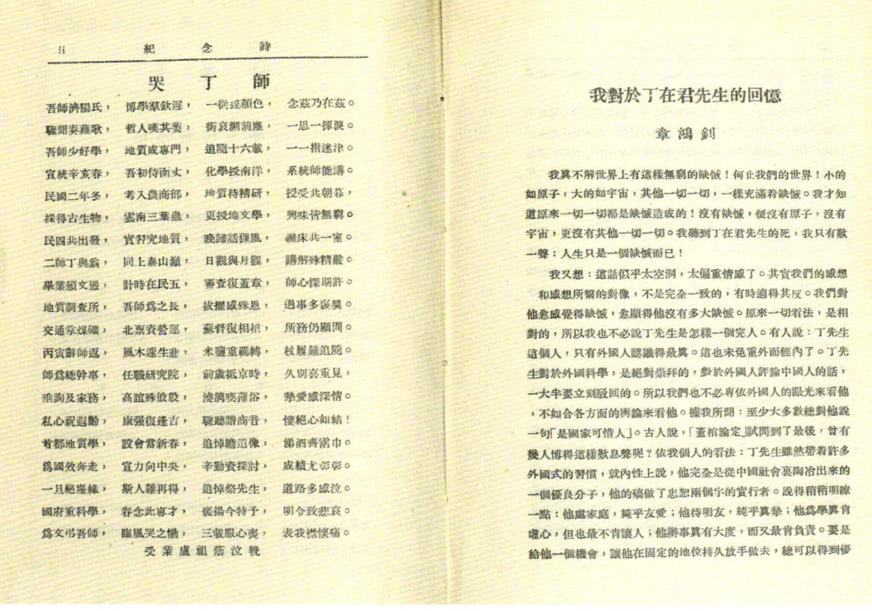

ii 紀念詩

哭丁師

吾師濟陽氏，博學罕欽遲，一從違顏色，念茲乃在茲。
驟聞奏薤歌，哲人嘆其萎，銜哀溯前塵，一思一揮淚。
吾師少好學，地質成專門，追隨十六載，一一指迷津。
宣統辛亥春，吾初侍函丈，化學授南洋，系統師能講。
民國二年冬，考入農商部，地質待精研，授受共朝暮，
採得古生物，雲南三葉蟲，更授地文學，興味皆無窮。
民四共出發，實習究地質，晚歸話傑風，聯床共一室。
二師丁與翁，同上泰山巔，日觀與月觀，講解殊精嚴。
畢業頒文憑，計時在民五，審查復蓋章，師心深期許。
地質調查所，吾師爲之長，拔擢感殊恩，遇事多褒獎。
交通掌煤礦，北票資營運，蘇杭復相招，所務仍顧問。
丙寅辭師返，風木運生悲，米鹽重羈縛，杖履難追隨。
師爲總幹事，任職研究院，前歲抵京時，久別喜重見，
垂詢及家務，高誼殊殷殷，澆漓嘆薄俗，摯愛感深情。
私心祝遐齡，康強復逢吉，驟聽謂商音，悽絕心如結！
首都地質學，設會當新春，追悼瞻遺像，涕泗齊霑巾。
爲國效奔走，宣力向中央，辛勤資探討，成績尤彰彰。
一旦絕塵緣，斯人難再得，追悼祭先生，道路多感泣。
國府重科學，眷念此專才，褒揚今特予，明令致悲哀。
爲文弔吾師，臨風哭之慟，三載服心喪，表我襟懷痛。

受業盧祖蔭泣輓

我對於丁在君先生的回憶

章鴻釗

我眞不解世界上有這樣無窮的缺憾！何止我們的世界！小的如原子，大的如宇宙，其他一切一切，一樣充滿着缺憾。我才知道原來一切一切都是缺憾造成的！沒有缺憾，便沒有原子，沒有宇宙，更沒有其他一切一切。我聽到丁在君先生的死，我只有歎一聲：人生只是一個缺憾而已！

我又想：這話似乎太空洞，太偏重情感了。其實我們的感想和感想所繫的對像，不是完全一致的，有時適得其反。我們對他愈感覺得缺憾，愈顯得他沒有多大缺憾。原來一切看法，是相對的，所以我也不必說丁先生是怎樣一個完人。有人說：丁先生這個人，只有外國人認識得最眞。這也未免重外而輕內了。丁先生對於外國科學，是絕對崇拜的，對於外國人評論中國人的話，一大半要立刻駁回的。所以我們也不必專依外國人的眼光來看他，不如合各方面的輿論來看他。據我所聞：至少大多數總對他說一句「是國家可惜人」。古人說，「蓋棺論定」試問到了最後，曾有幾人博得這樣歎息聲呢？依我個人的看法：丁先生雖然帶着許多外國式的習慣，就內性上說，他完全是從中國社會裏陶冶出來的一個優良分子，他的確做了忠恕兩個字的實行者。說得稍稍明瞭一點：他處家庭，純乎友愛；他待朋友，純乎眞摯；他爲學眞肯虛心，但也最不肯讓人；他辦事眞有大度，而又最肯負責。要是給他一個機會，讓他在固定的地位持久放手做去，總可以得到優

丁在君先生遺像
(1887—1936)

志摩纪念号

《诗刊》第四期。1932 年 7 月 30 日出版。登载徐志摩节译的《罗密欧与朱丽叶》、遗留的短篇二首，以及孙大雨、饶孟侃、方玮德、邵洵美、胡适、陈梦家、朱湘、宗白华等人写的哀悼诗。

徐志摩（1897–1931），原名章垿，字槱森，浙江海宁人。现代诗人、散文家。1918 年赴美国留学，1921 年赴英国剑桥大学留学。在剑桥两年深受西方教育的熏陶及欧美浪漫主义和唯美派诗人的影响，开始创作新诗。回国后，参与发起成立新月社，创办《新月》杂志。先后游历苏、德、意、法等国。后在北京主编《晨报》副刊，与闻一多、朱湘等人开展新诗格律化运动。同年移居上海，任光华大学、大夏大学和南京中央大学教授。1931 年因飞机失事而遇难。

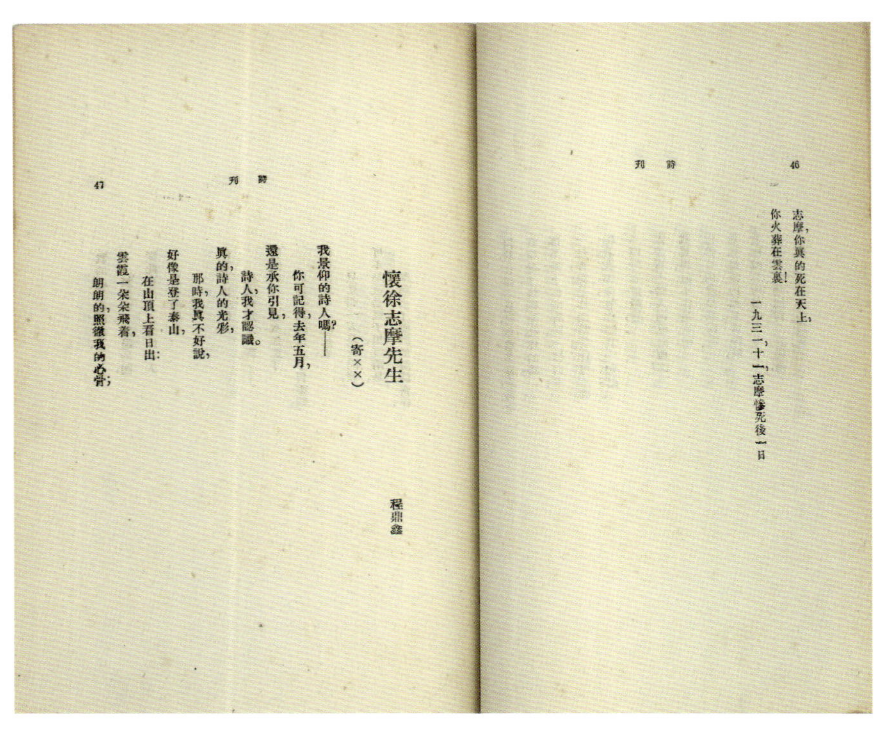

46　詩刊

志摩，你真的死在天上，
你火葬在雲裏！

一九三一，十一，志摩慘死後一日

詩刊　47

懷徐志摩先生

（寄××）

程鼎鑫

我景仰的詩人嗎？——
你可記得，去年五月，
還是承你引見，
詩人，我才認識。
真的，詩人的光彩，
那時，我真不好說，
好像是登了泰山，
在山頂上看日出：
雲霞一朵朵飛着，
朗朗的，照徹我的心骨；

志摩遺像

胡明复博士纪念刊

大同大学数理研究会1928年出版。一册。有目录：发刊词、序、纪念胡明复博士、遗像、哭明复、胡明复博士略传、亡弟明复的略传、遗著。

胡明复（1891–1927），生于江苏桃源县（今泗阳县）。中国数学家。曾就读于上海商业学校，1910年毕业于南京高等商业学堂，同年考取了第二届庚子赔款赴美留学生。1914年，毕业于美国康奈尔大学，获学士学位，1917年获哈佛大学哲学博士学位。后回国任上海大同大学数学系教授，并主持数学系工作，还曾任国立东南大学、南洋大学、上海商科大学教授。1927年6月回无锡为婶母奔丧时，溺水身亡。

胡明復博士紀念刊

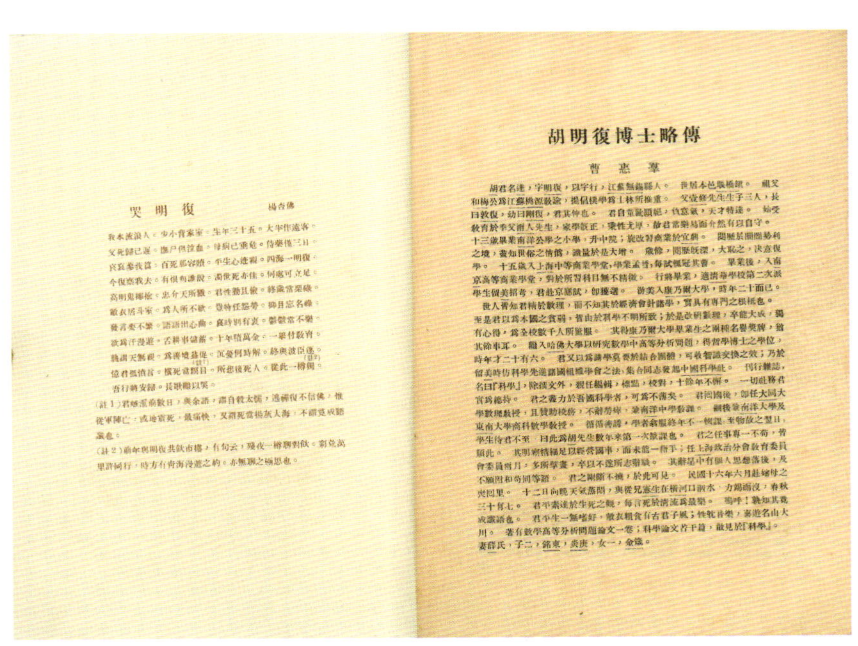

哭明復

胡明復博士略傳

曹惠羣

聂耳纪念集

东京聂耳纪念会编，1935年出版。一册。有目录：传记、评论、纪念文、诗、编后、捐款友人名录、封面。目录前有遗像、追悼会留影、聂耳手迹、遗作等照片。

聂耳（1912–1935），原名守信，号子义（一作紫艺），出生于云南玉溪。作曲家。1931年任联华歌舞团小提琴师，1933年加入中国共产党。此后积极从事左翼音乐、戏剧、电影、创作及评论活动。主要从事歌曲的创作，写出一大批脍炙人口的歌曲。代表作品有：《开矿歌》、《饥寒交迫之歌》、《卖报歌》、《走出摄影场》、《一个女明星》、《雪飞花》、《小野猫》、《打砖歌》、《码头工人>、《苦力歌》、《毕业歌》、《大路歌》、《开路先锋》、《飞花歌》、《告别南洋》、《春回来了》、《慰劳歌》、《梅娘曲》、《逃亡曲》、《塞外村女》、《打长江》、《采菱歌》、《铁蹄下的歌女》、《义勇军进行曲》等。还创作有民族器乐合奏曲《金蛇狂舞》等四首，舞台剧《扬子江暴风雨》一部。

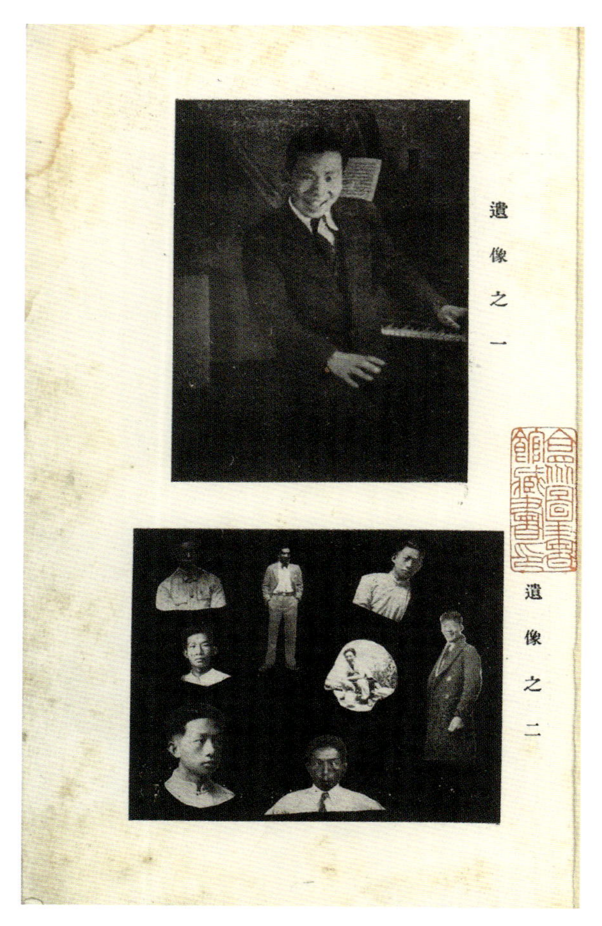

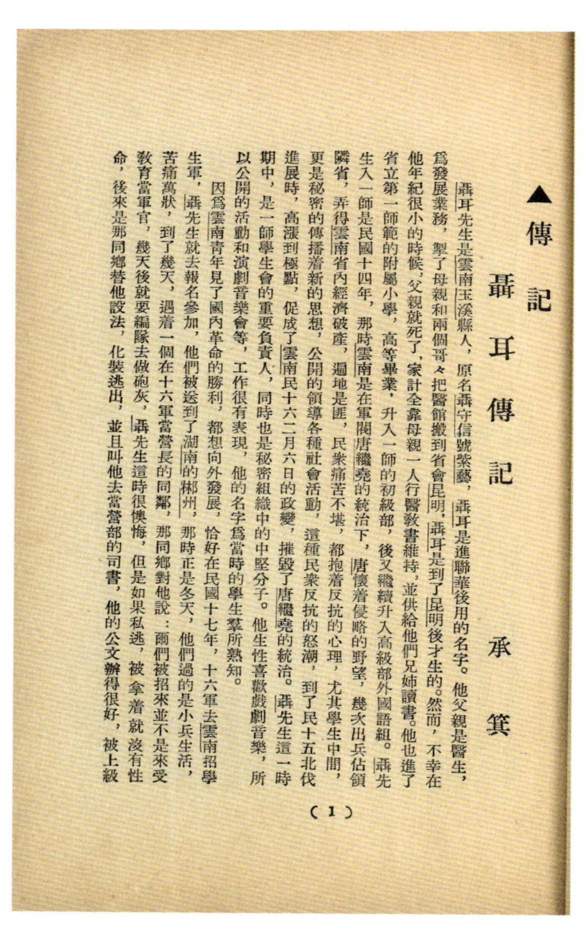

▲傳記

聶耳傳記　承箕

聶耳先生是雲南玉溪縣人，原名聶守信號紫藝，聶耳是進聯華後用的名字。他父親是醫生，為發展業務，挈了母親和兩個哥々把醫館搬到省會昆明，聶耳是到了昆明後才生的。然而，不幸在他年紀很小的時候，父親就死了，家計全靠母親一人行醫敎書維持，並供給他們兄姉讀書。他也進了省立第一師範的附屬小學，高等畢業，升入一師的初級部，後又繼續升入高級部外國語組。聶先生入一師是民國十四年，那時雲南是在軍閥唐繼堯的統治下，唐懷着侵略的野望，幾次出兵佔領隣省，弄得雲南省內經濟破產，遍地是匪，民衆痛苦不堪，都抱着反抗的心理，尤其學生中間，更是秘密的傳播着新的思想，公開的領導各種社會活動，這種民衆反抗的怒潮，到了民十五北伐進展時，高漲到極點，促成了雲南民十六二月六日的政變，摧毀了唐繼堯的統治。聶先生這一時期中，是一師學生會的重要負責人，同時也是秘密組織中的中堅分子。他生性喜歡戲劇音樂，所以公開的活動和演劇音樂會等，工作很有表現，他的名字為當時的學生羣所熟知。

因為雲南青年見了國內革命的勝利，都想向外發展，恰好在民國十七年，十六軍去雲南招學生軍，聶先生就去報名參加，他們被送到了湖南的郴州，那時正是冬天，他們過的是小兵生活，苦痛萬狀，到了幾天，遇着一個在十六軍當營長的同鄉，那同鄉對他說：爾們被招來並不是來受教育當軍官，幾天後就要編隊去做砲灰，聶先生這時很懊悔，但是如果私逃，被拿着就沒有性命，後來是那同鄉替他設法，化裝逃出，並且叫他去當營部的司書，他的公文辦得很好，被上級

（1）

胡咏骐先生纪念册

上海市保险业同业公会、宁波旅沪同乡会等多家团体联合编辑兼发行。1941 年 7 月 15 日出版。卷首有遗像、遗墨及胡咏骐留美、旅欧时遗影。其后则有《鄞县胡咏骐先生传略》、《胡咏骐先生与中华基督教青年会全国协会》、《胡先生与上海沪江大学》、《胡先生之立业时代》等文及各界悼词、唁电、诔词等。

胡咏骐（1898–1940），字志昂，浙江鄞县人，定居上海。历任中华基督教青年会全国协会书记、上海基督教青年会董事和上海市保险业同业公会主席等职。1937 年八一三事变后，胡咏骐会同上海保险界进步的中上层人士谢寿天、杨经才、郭雨东等人，积极筹划救亡工作，于同年 7 月成立了“保险业战时服务团”，各保险公司的职工 300 多人参加，开展劝募经费、战地慰劳、救济难胞、宣传抗日等活动。

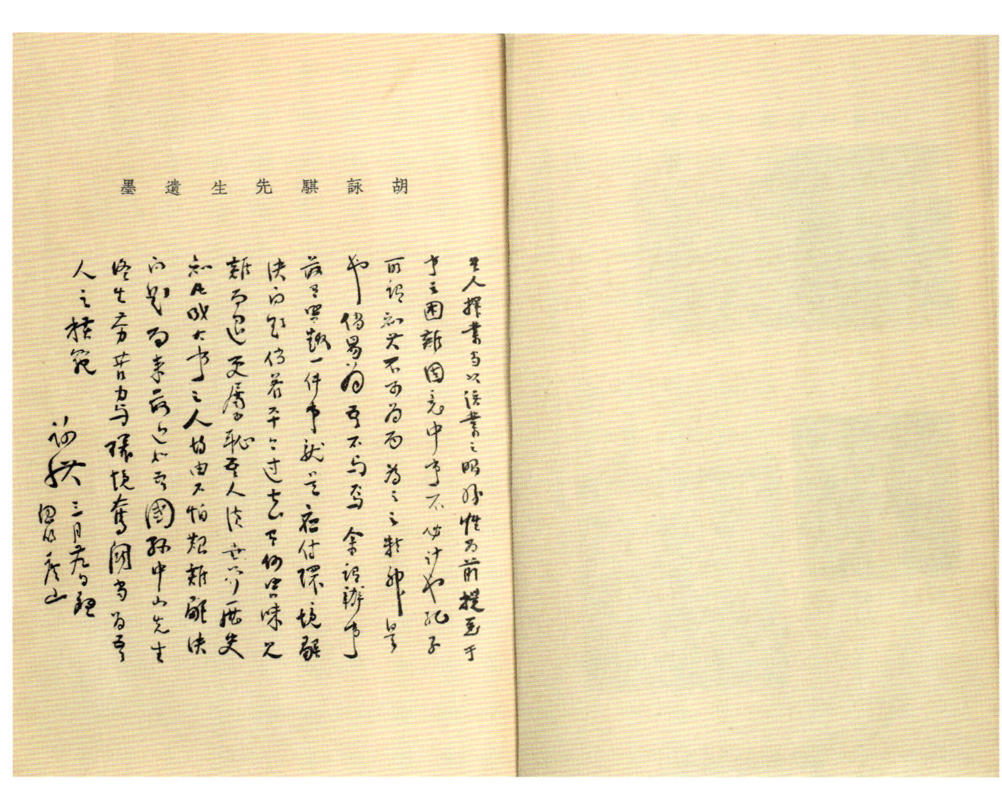
胡詠騏先生遺墨

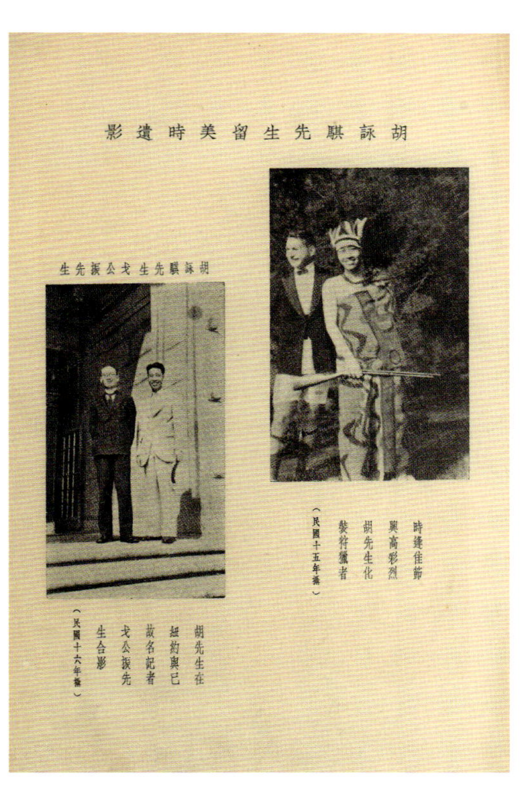
胡詠騏先生留美時遺影

胡詠騏先生　戈公振先生

胡先生在紐約與已故名記者戈公振先生合影（民國十六年攝）

時逢佳節興高彩烈胡先生化裝狩獵者（民國十五年攝）

黄庞周年纪念册

中共中央马克思列宁斯大林著作编译局辑，1958 年出版，油印本。目录为：卷头语、特载、题词、弁言、论文、诗、剧、日记、黄庞一周纪念之各地纪念式、附录、附图。

黄爱（1897–1922），原名正品，号建中，湖南常德人。1919 年考入天津直隶专门工业学校。其间积极参加“五四”爱国学生运动，并被吸收为周恩来等发起成立的进步团体“觉悟社”的第一批社友。11 月在毛泽东、何叔衡等支助下，与庞人铨等一起在长沙发起组织湖南劳工会，并被选为该会教育部主任兼驻会干事。1921 年 4 月，因发动领导罢工斗争而被捕。6 月经长沙各界人士声援营救获释。1922 年 1 月被军阀杀害。

庞人铨（1897–1922），字寿纯，笔名龙庵，湖南湘潭人。1913 年考入长沙湖南甲种工业学校织染科，与黄爱成为挚友。1917 年从工校毕业后，到湘潭织布厂当技工。其后参加湘军，在陈嘉佑部当副官。1920 年 6 月退伍回家。9 月，在长沙遇见黄爱，决定共同发起组织劳工会。12 月，与黄爱等共同组织湖南工界举行反对帝国主义的太平洋会议的游街大会，并任大会总指挥。1922 年 1 月被军阀杀害。

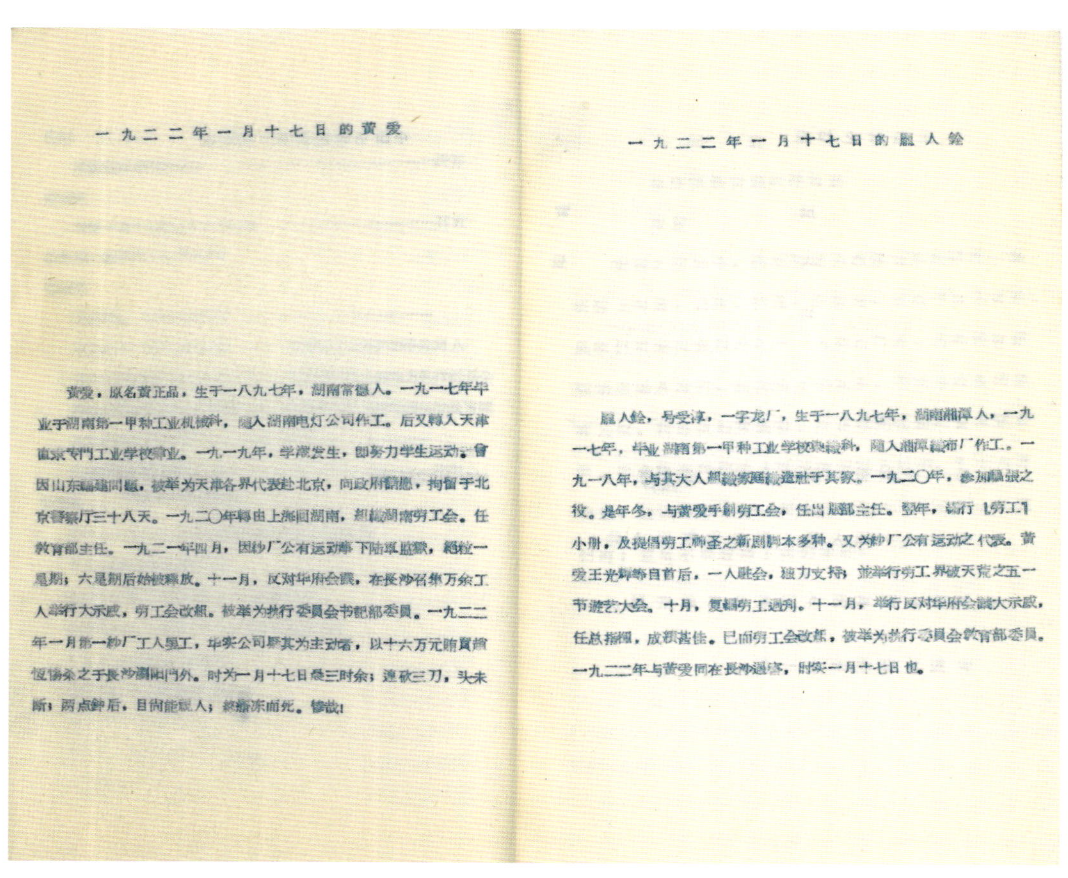

一九二二年一月十七日的黄爱

黄爱，原名黄正品，生于一八九七年，湖南常德人。一九一七年毕业于湖南第一甲种工业机械科，遂入湖南电灯公司作工。后又轉入天津直隶专門工业学校肄业。一九一九年，学潮发生，即努力学生运动。曾因山东福建問題，被举为天津各界代表赴北京，向政府請愿，拘留于北京警察厅三十八天。一九二〇年轉由上海回湖南，組織湖南劳工会。任教育部主任。一九二一年四月，因纱厂公有运动事下陆軍监獄，絕粒一星期；六星期后始被释放。十一月，反对华府会議，在長沙召集万余工人举行大示威，劳工会改組。被举为执行委員会书記部委員。一九二二年一月第一纱厂工人罢工，华实公司誣其为主动者，以十六万元賄買趙恒惕杀之于長沙瀏陽門外。时为一月十七日晨三时余；連砍三刀，头未断；两点鍾后，目倘能視人；終僵凍而死。慘哉！

一九二二年一月十七日的龐人銓

龐人銓，号受淳，一字龙厂，生于一八九七年，湖南湘潭人，一九一七年，毕业湖南第一甲种工业学校染織科，随入湘潭織布厂作工。一九一八年，与其大人組織家庭織造社于其家。一九二〇年，参加驅張之役。是年冬，与黄爱手創劳工会，任出版部主任。翌年，編行【劳工】小册，及提倡劳工神圣之新剧脚本多种。又为纱厂公有运动之代表。黄爱王光輝等自首后，一人駐会，独力支持；並举行劳工界破天荒之五一节游艺大会。十月，复編劳工週刊。十一月，举行反对华府会議大示威，任总指揮，成績甚佳。已而劳工会改組，被举为执行委員会教育部委員。一九二二年与黄爱同在長沙遇害，时实一月十七日也。

黄庞二周纪念册

湖南劳工会编，1924 年出版。一册。目录为：论文、杂感、诗。

黄庞三周纪念册

湖南劳工会编，1925 年出版。一册。目录为：插图、卷头语、纪念词、黄庞事略、论文、戏剧、诗、特载。

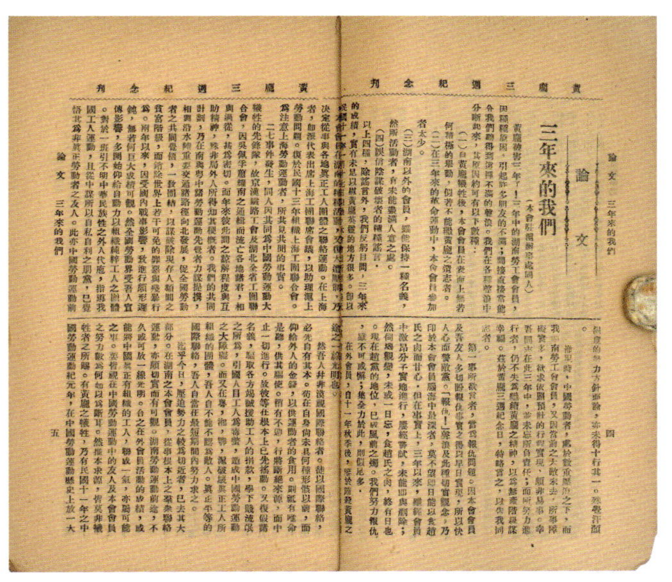

黄庞四周纪念册

湖南劳工会编，1926 年出版。一册。目录为：插图、黄庞事略、卷头语、纪念辞、论文、诗歌、特载。

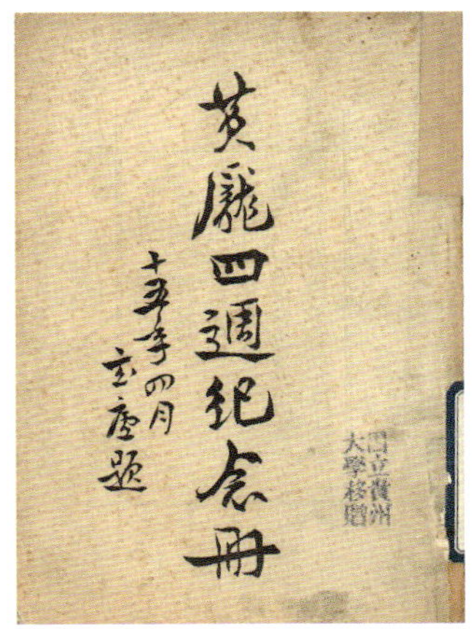

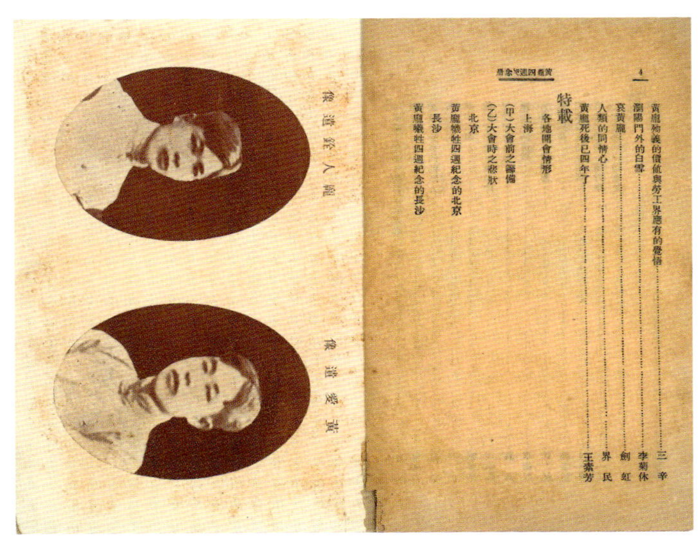

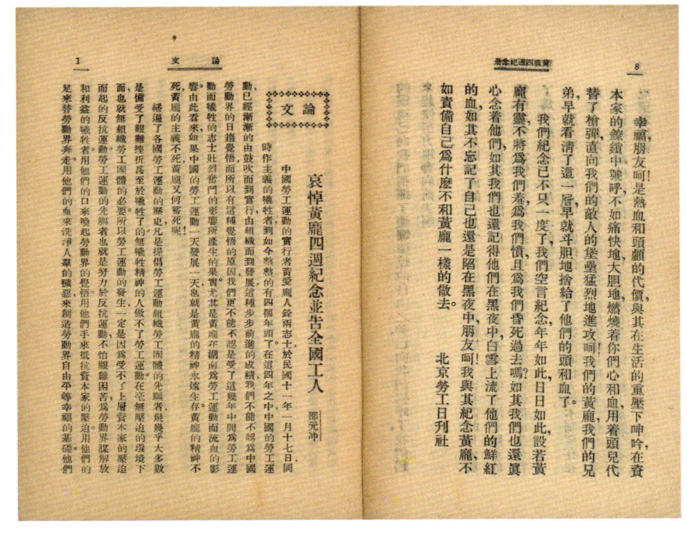

郭肇原暨蒋孺人行述

郭心廙撰，清光绪二十一年（1895年）东埭草堂木活字印本。记述郭肇原及其妻蒋孺人之生平。

郭肇原（1831–1895），名本恭，字怀初，一字复亭，号东埭居士。才逾弱冠，诗名已振。年二十七始受知学使周公，补博士弟子员，赴乡举屡试不中，弃去一切，专心著书，故以岁贡生终。

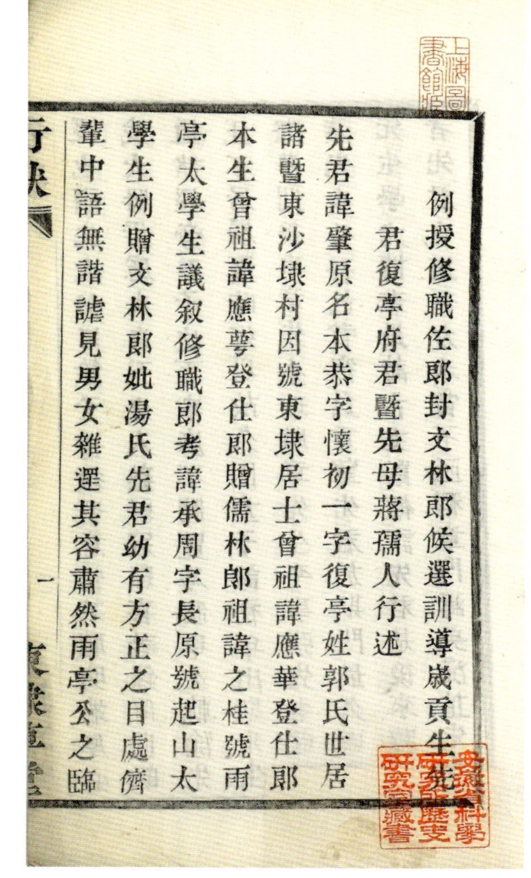

例授修職佐郎封文林郎候選訓導歲貢生先
君復亭府君暨先母蔣孺人行述
先君諱肇原名本恭字懷初一字復亭姓郭氏世居
諸暨東沙埭村因號東埭居士曾祖諱應華登仕郎
本生曾祖諱應蕚登仕郎贈儒林郎祖諱之桂號雨
亭太學生議叙修職郎考諱承周字長原號赳山太
學生例贈文林郎妣湯氏先君幼有方正之目處儕
輩中語無諧謔見男女雜遝其容肅然雨亭公之臨

行狀 一 東埭草堂

歿也謂先大父曰餘子皆須留意惟某聰明端厚必
成大器毋慮也自五歲入塾弱冠即喜著錄傳世既
通諸經旁及子史百家靡不關覽爲制舉文軏涂先
正不屑屑饜時好以故久困童子試初年出斯先生
際華門後事章先生瑞麟章先生卒事張先生世緒
諸先生皆吾邑耆宿負重望先君於斯門最久而章
先生學尤博兼長詩古文辭顧謂先君是後來勝己
者先君自道得力未嘗不亟稱章門焉吳沅芷先生

杰工於詩赳山公老友也嘗往謁呈詩五十韻一見
奇賞之語人曰當今此事吾必以郭某爲第一時先
君纔逾冠詩名已振年二十七始受知學使周公補
博士弟子員累試高等即食廪餼赴鄉舉幾得而失
者屢矣晚而棄去一切顓意著書故以歲貢生終先
君至性過人赳山公素嗜酒每寒夜飲先君必侍立
肌顫顫粟赳無倦容公性曠達不喜藥餌咸豐癸丑
病且劇醫勸服藥拒之先君數泣諫始得進凡起居

行狀 二 東埭草堂

黄庞二周纪念册

湖南劳工会编，1924 年出版。一册。目录为：论文、杂感、诗。

黄庞三周纪念册

湖南劳工会编，1925 年出版。一册。目录为：插图、卷头语、纪念词、黄庞事略、论文、戏剧、诗、特载。

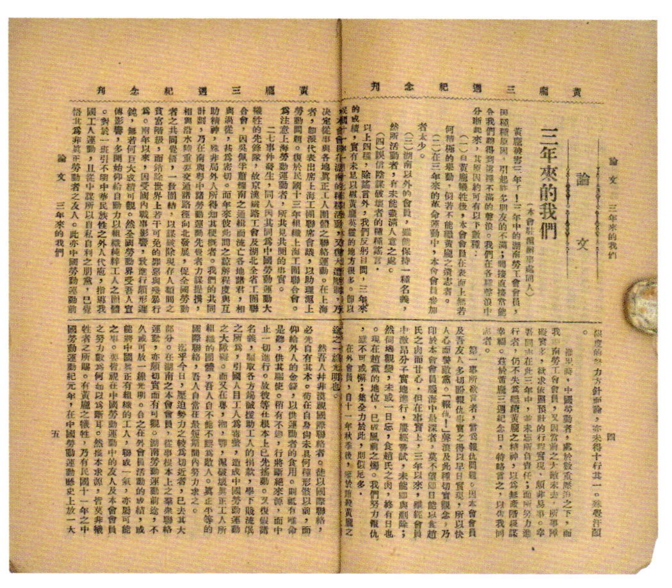

黄庞四周纪念册

湖南劳工会编，1926 年出版。一册。目录为：插图、黄庞事略、卷头语、纪念辞、论文、诗歌、特载。

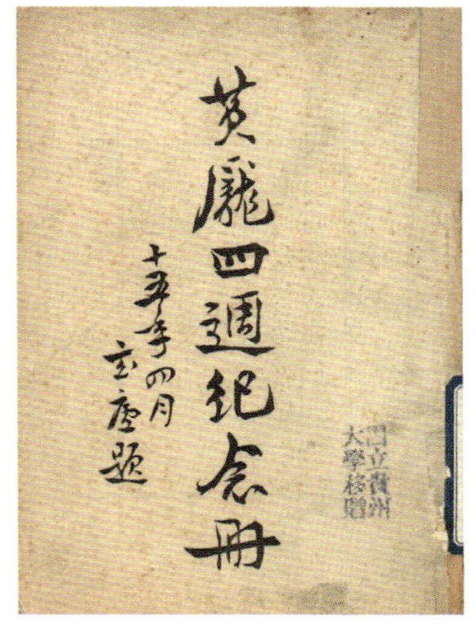

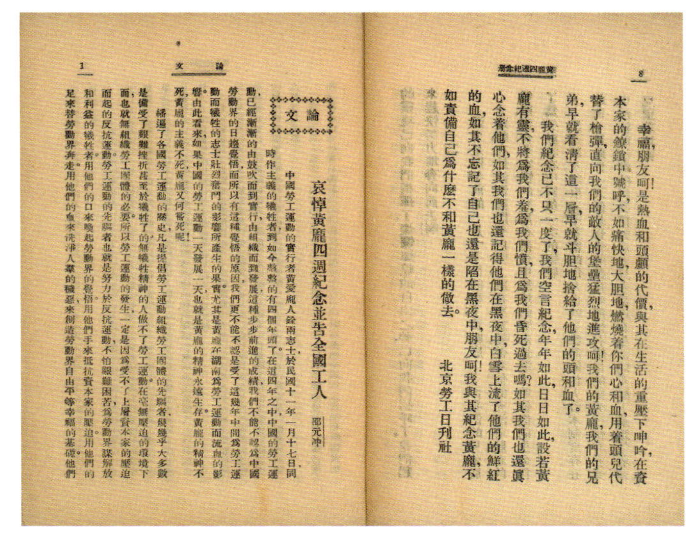

郭肇原暨蒋孺人行述

郭心廣撰，清光绪二十一年（1895年）东埭草堂木活字印本。记述郭肇原及其妻蒋孺人之生平。

郭肇原（1831–1895），名本恭，字怀初，一字复亭，号东埭居士。才逾弱冠，诗名已振。年二十七始受知学使周公，补博士弟子员，赴乡举屡试不中，弃去一切，专心著书，故以岁贡生终。

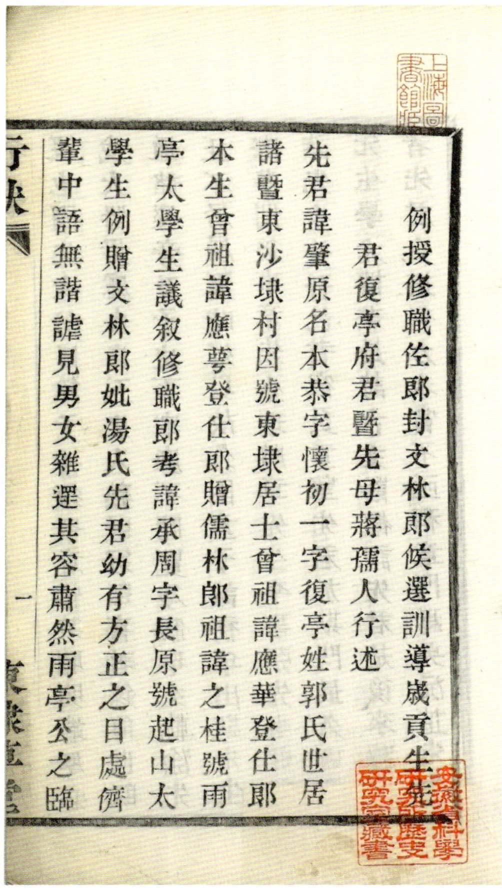

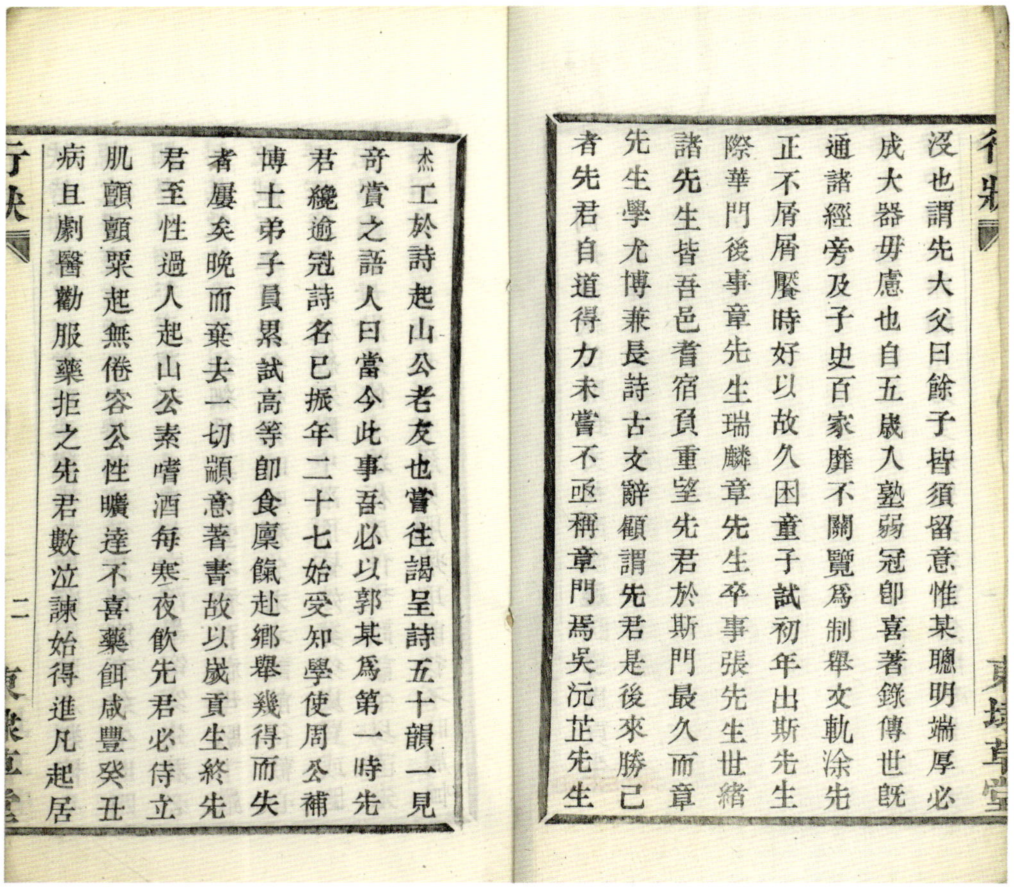

阮君墓志铭

李详撰，曾熙书。石印本。为清故江苏候补通判署理阜宁县知县阮本炎之墓志铭。

阮本炎（1848–1906），字晋朋，浙江余姚人。同治十二年（1873）任兴化县令张振镛的幕僚。后张去职，阮奉调以通判身份代理阜宁县令。在阜政绩卓著，素有干练之名。

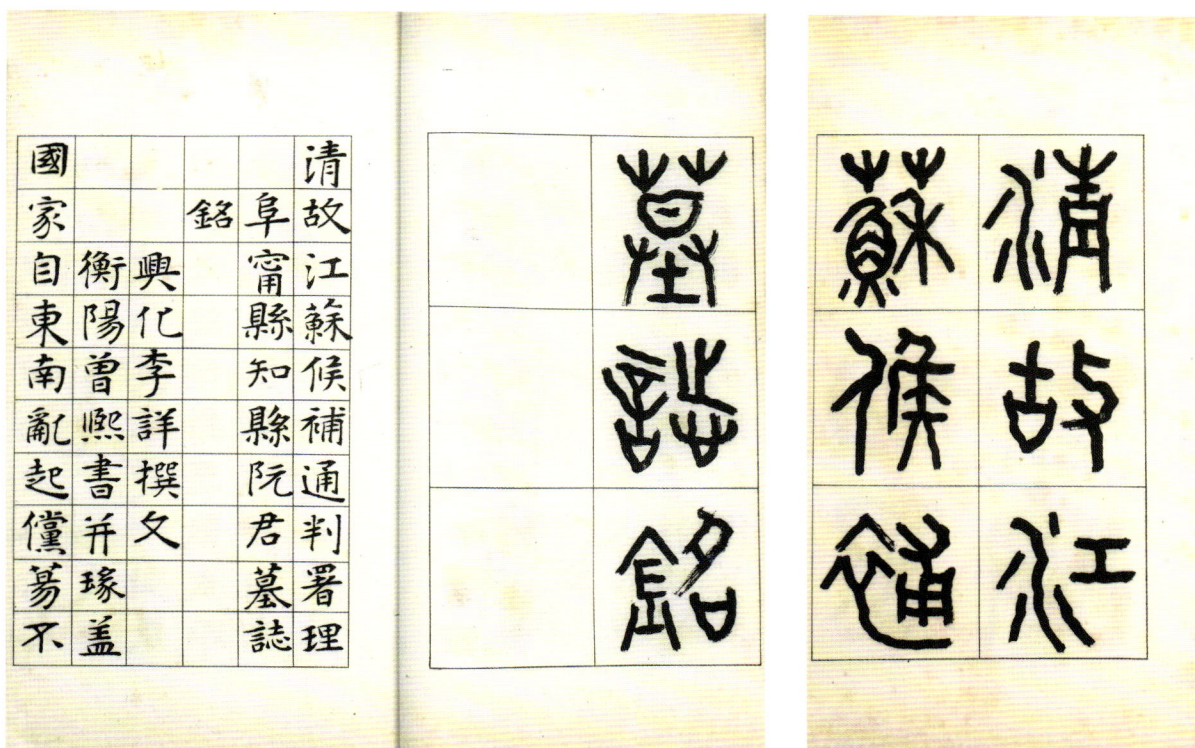

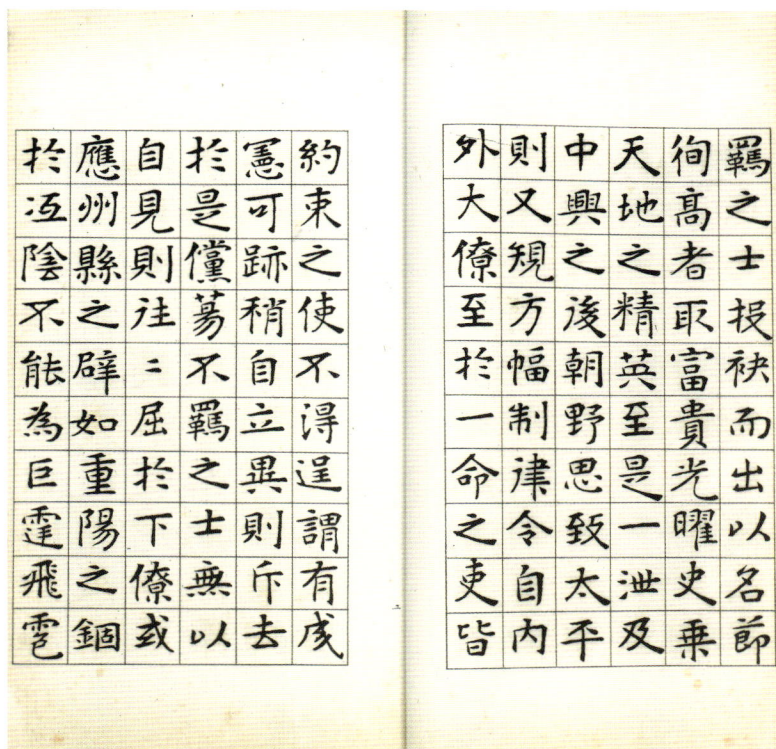

清故江蘇候補通判署理阜甯縣知縣阮君墓誌銘

興化李詳撰文

衡陽曾熙書并篆蓋

國家自東南亂起儻蕩不

覊之士投袂而出以名節徇高者取富貴光曜史乘天地之精英至是一泄及中興之後朝野思致太平則又規方幅制律令自內外大僚至於一命之吏皆約束之使不得逞謂有戍憲可跡稍自立異則斥去於是儻蕩不覊之士無以自見則往往屈於下僚或應州縣之辟如重陽之錮於冱陰不能為巨霆飛雹

湖北安襄郧荆兵备道盛公家传

陈三立撰，刘凤起书。石印本。共一卷。内收盛植型家传一篇。

盛植型（1829–1887），字钧士，号蓉洲，浙江镇海人。咸丰六年（1856）进士，以主事分发吏部。光绪元年（1875）任预修《穆宗实录》详校官。书成，升吏部员外郎，曾掌吏部考功司印，补吏部文选司员外郎。在京以“清、慎、勤”自励，布衣蔬食，步行上衙。后外放授湖北安襄郧荆兵备道，为地方兴利除弊，勤政爱民，以疾卒于任上。

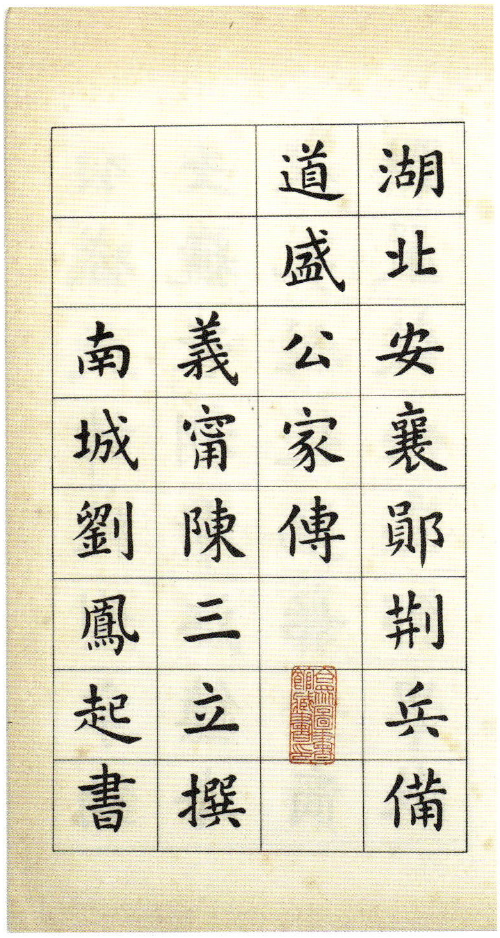

湖北安襄鄖荆兵備道盛公家傳
義甯陳三立撰
南城劉鳳起書

公盛氏諱植型字鈞士號蓉洲浙江鎮海人也父廷勛始業商性嚴毅疾惡鄉里敬憚之公幼溺於學伺父寢輒潛起篝鐙讀文譽日著舉咸豐乙卯鄉試丙辰成進士

翰林院编修盛君家传

陈三立撰，刘凤起书。石印本。共一卷。内收盛植型次子盛炳纬家传一篇。

盛炳纬（1856–1931），字省传，又字养园，浙江镇海人。肄业于国子监，1879年中举，次年殿试中进士，选庶吉士，授翰林院编修。1885年提督四川学政，严格考核，杜绝冒滥。1891年任江西学政，继又兼江西乡试监官，勉励诸生研究经史，调各县高材生一百余人入省城经训书院肄业，捐赠藏书万卷。后奉母辞官回乡，察时度势，深悉培育人才重要，热心创办和发展家乡教育。善书，楷书端庄工整，行书宗晋唐，流畅秀雅。

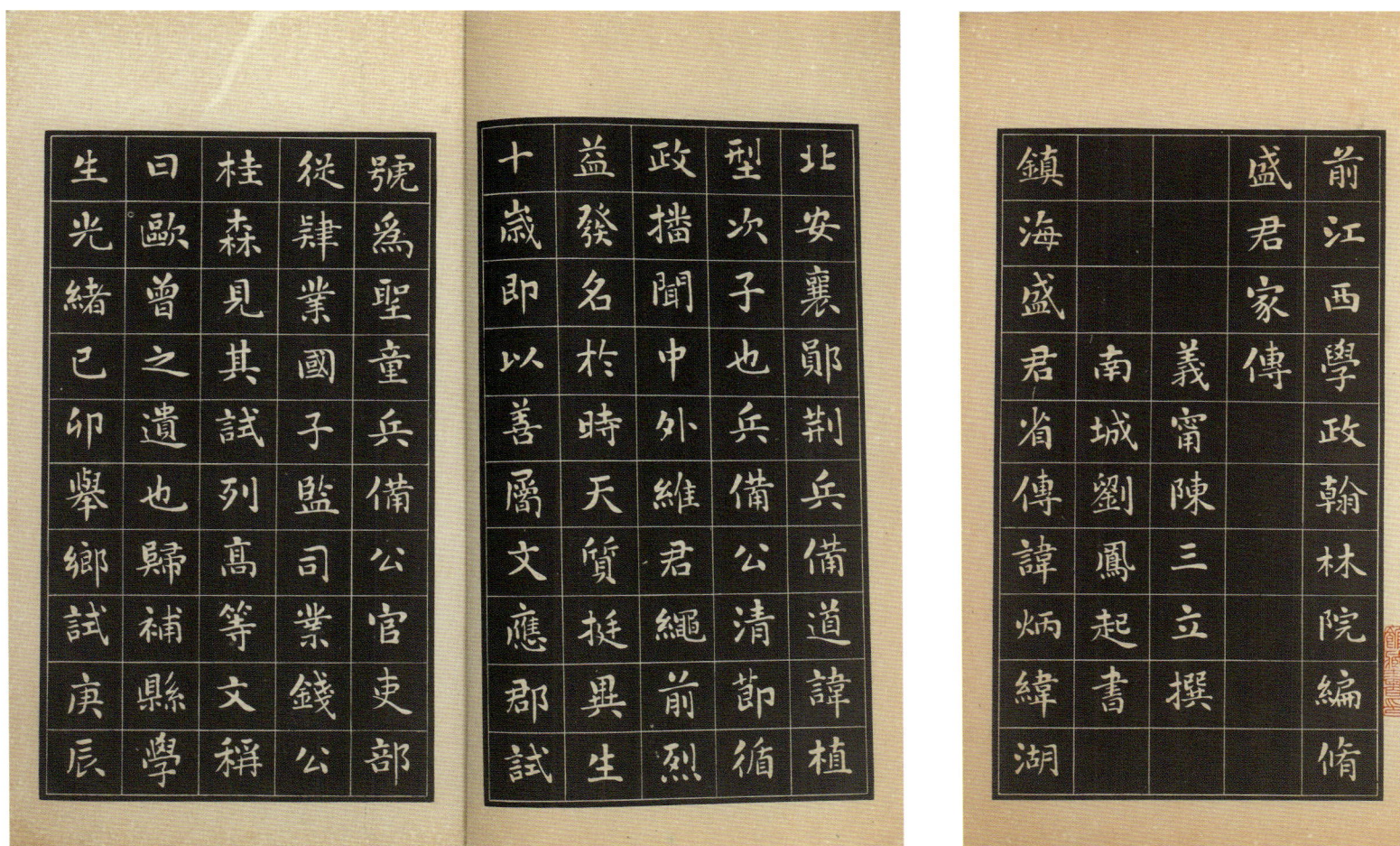

前江西學政翰林院編脩

盛君家傳

義甯陳三立撰

南城劉鳳起書

鎮海盛君省傳諱炳緯湖北安襄鄖荆兵備道諱植型次子也兵備公清節循政擢聞中外維君繩前烈益發名於時天質挺異生十歲即以善屬文應郡試號爲聖童兵備公官吏部從肄業國子監司業錢公桂森見其試列高等文稱曰歐曾之遺也歸補縣學生光緒己卯舉鄉試庚辰

清署理福建巡抚光禄寺卿吴公家传

郑孝胥撰书。石印本。内收吴赞诚家传一篇。吴之次女学芳印行。

吴赞诚（1823–1884），字春帆，一字存甫，安徽庐江人。清咸丰元年（1851）以拔贡朝考一等授知县，分发广东，先后任湖南永安知县，补广东德庆州知州，顺德、虎门同知。后调天津机器局，升顺天府尹，光绪二年（1876）调任福建船政大臣。次年，奉命赴台湾筹办防务。光绪四年，以光禄寺卿任福建巡抚，仍兼理船政。光绪六年，应李鸿章之邀督办天津水师学堂。不久因病辞归，1884年病卒。

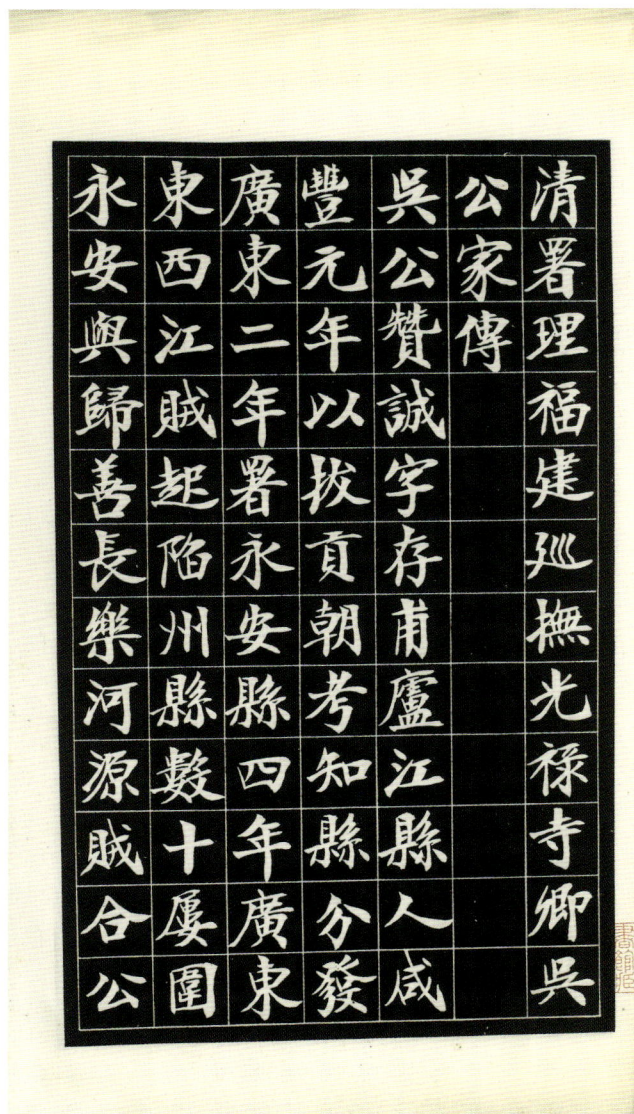

清署理福建巡撫光祿寺卿吳
公家傳
吳公贊誠字存甫廬江縣人咸
豐元年以拔貢朝考知縣分發
廣東二年署永安縣四年廣東
東西江賊起陷州縣數十屢圍
永安與歸善長樂河源賊合公

氣與人相搏番社來謁咸受約
束然吏卒死亡過半存者皆病
公亦染瘴僅乃得返光緒四年
以光祿寺卿署福建巡撫臺灣
加禮宛巾老耶兩社抗撫戕官
九月冊渡海攻平之遂自臺北
入內山撫輯諸番建設壘堡貫

吴容甫公家传

叶尔恺撰，郑孝胥书。石印本。内收吴佐家传一篇。卷首有像两幅。

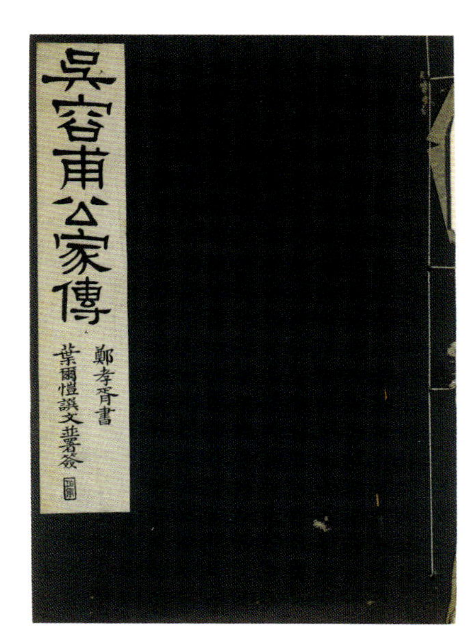

吴佐（1843–1914），字公辅，号容甫（一作容普），又号庸叟。世居江苏阳湖，后随先祖迁于山东历城。幼年侨居贵州，及长，因剿匪有功，擢同知直隶州加孔雀翎晋知府，后改督四川潼川、重庆、夔州等府。在任勤政爱民，屡有建功。宣统三年（1911），以疾去官。

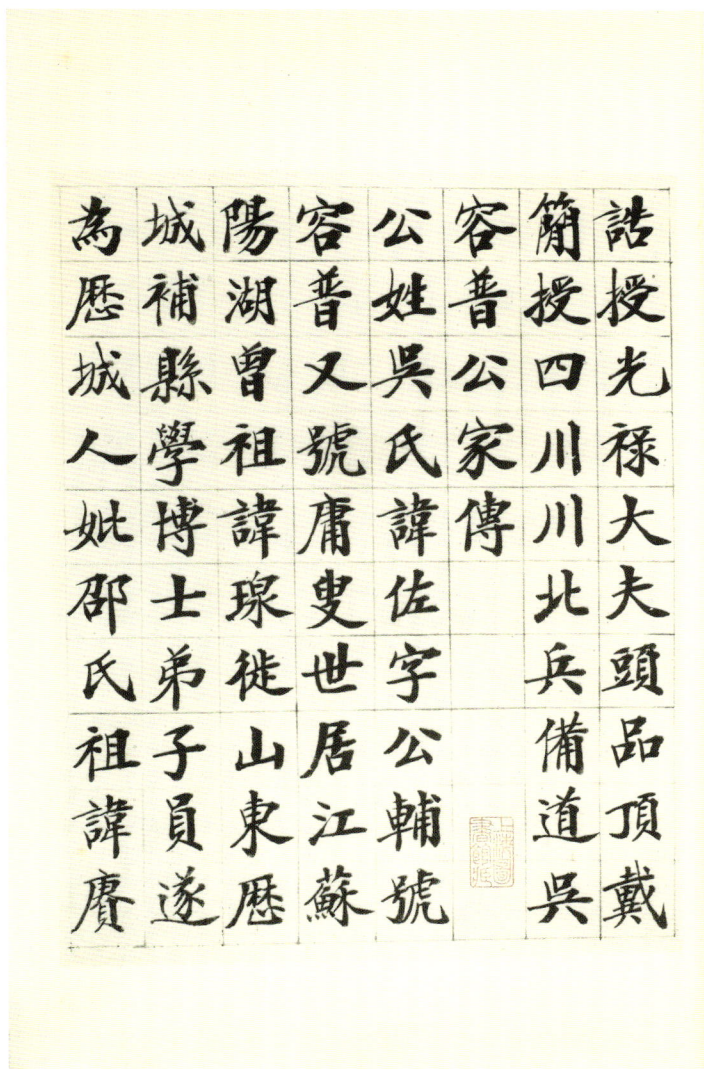

誥授光祿大夫頭品頂戴
簡授四川川北兵備道吳
容普公家傳
公姓吳氏諱佐字公輔號
容普又號庸叟世居江蘇
陽湖曾祖諱琛徙山東歷
城補縣學博士弟子員遂
為歷城人妣邵氏祖諱賡

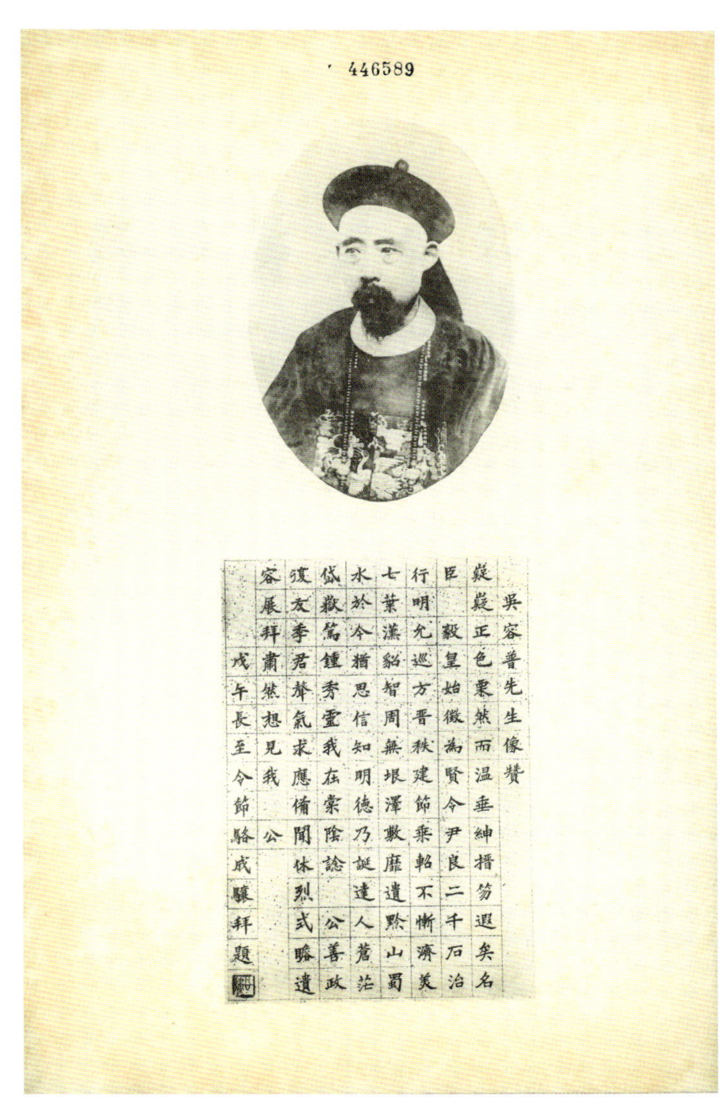

吳容普先生像贊
嶷嶷正色粟然而温垂紳搢笏退奂名
臣　毅皇始徵爲賢令尹良二千石治
行明允巡方晋秩建節乘軺不惭濟美
七葉潢谿智周無垠澤敷靡遺黔山蜀
水於今猶思信知明德乃誕達人蒼茫
岱嶽篤鍾秀靈我在棠陰諗　公善政
復友季君聲氣求應備聞休烈式瞻遺
容展拜肅然想見我　公
戊午長至令節駱成驤拜題

项松茂先生讣告

项隆汉等辑。石印本。内有遗像一张、遗墨一幅，于右任、章炳麟题像赞，陶镛撰诔辞，并有黄炎培撰《项松茂先生传》一篇。

项松茂（1880–1932），名世澄，号渭川，浙江宁波人。清光绪二十六年（1900）入上海中英药房任会计，后去汉口。宣统三年（1911）任上海五洲药房总经理。1920 年购入德商固本肥皂厂，将五洲药房改名为五洲固本药皂厂，发展民族工业。1931 年与人合组宁波实业银行。曾任上海租界华人纳税会理事、上海市商会议董、华商皂业公会主席委员、中国红十字会特别委员等。九一八事变后，在厂内编组一营抗日义勇军，自任营长。1932 年一·二八事变后，积极增加军用药品生产，支持抗日。后被日军拘捕杀害。

廖味容先生挽辞

油印本。不分卷。有奉贤廖君味容略历、挽辞、挽联、幛额。

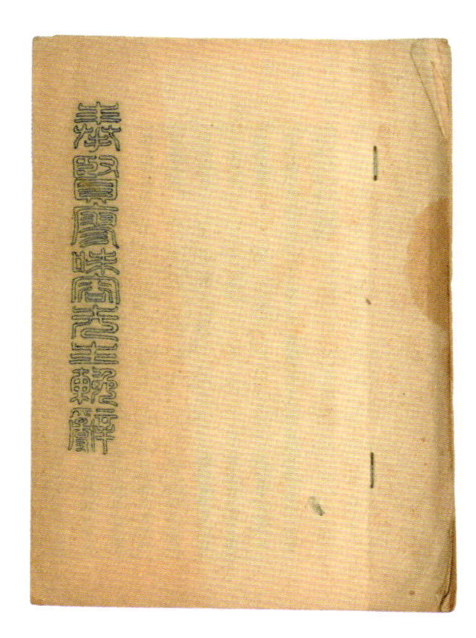

廖味容（1879–1955），名麟年，奉城（今上海奉贤）人。自幼喜诗文、书法，曾为南社社员，有《青村营都司刘化彪事迹》书帖印行传世。光绪后期，东渡日本弘文师范学校就读，回国后曾当选县众议院议员。后长期闲居家中，积聚家财，遂成奉城首屈一指的大地主。抗战爆发后避居沪上。1955 年病逝。

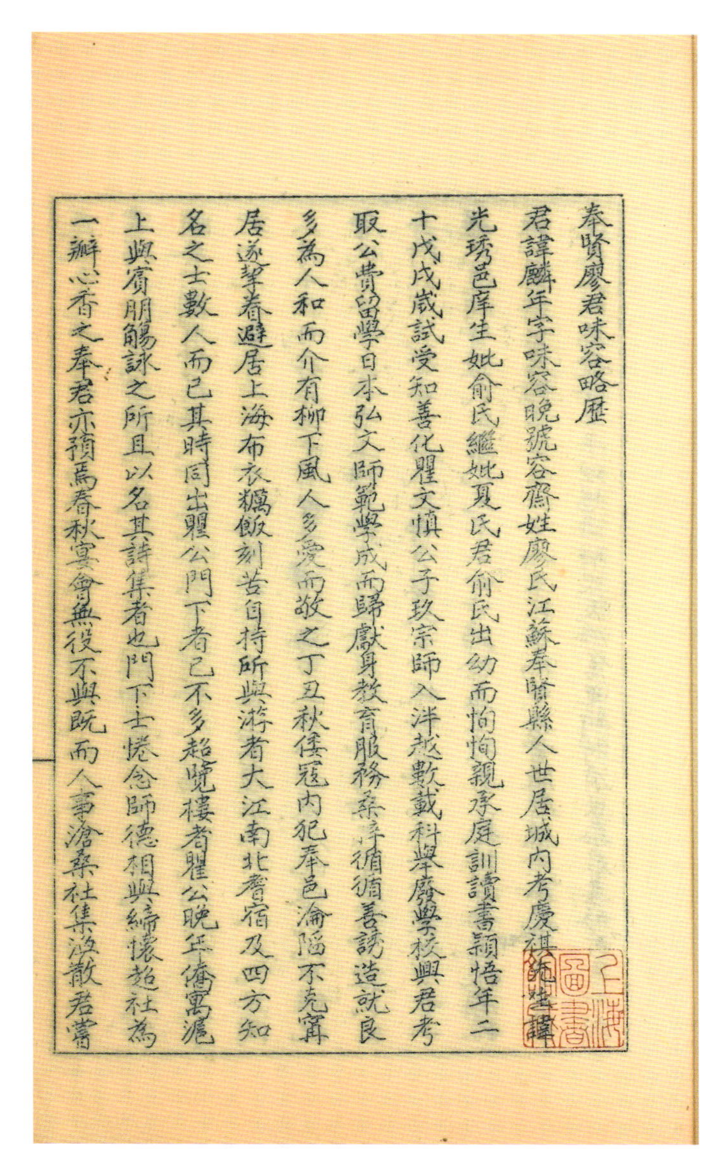

奉賢廖君味容略歷

君諱麟年字味容晚號容齋姓廖氏江蘇奉賢縣人世居城內考慶祖光琇邑庠生妣俞氏繼妣夏氏君俞氏出幼而恂恂親承庭訓讀書穎悟年二十戊戌歲試受知善化瞿文慎公子玖宗師入泮越數載科舉廢學校興君考取公費留學日本弘文師範學成而歸獻身教育服務桑梓循循善誘造就良多為人和而介有柳下風人多愛而敬之丁丑秋倭寇內犯奉邑淪陷不堪竄居遂挈眷避居上海布衣糲飯刻苦自持所與游者大江南北耆宿及四方知名之士數人而已其時同出瞿公門下者已不多超覽樓者瞿公晚年僑寓滬上與賓朋觴詠之所且以名其詩集者也門下士惓念師德相與締懷趨社為一瓣心香之奉君亦預焉春秋宴會無役不與既而人事滄桑社集渙散君嘗

江上峰博士哀挽集

油印本。共一卷。有遗像、像赞、悼词、诔辞、挽诗、挽词、挽联、行述、集后记、遗诗。

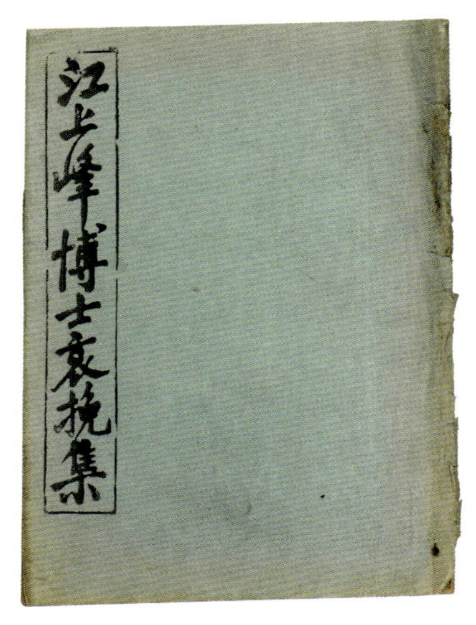

江上峰（1894–1965），又名声峰，福建建瓯人。1923 年于上海圣约翰大学取得硕士学位，1925 年获哈佛大学医学博士学位，继而当选美国医学院士。回国后创办医院，参加新四军从事医务。北平解放后担任中央卫生研究院首任院长。

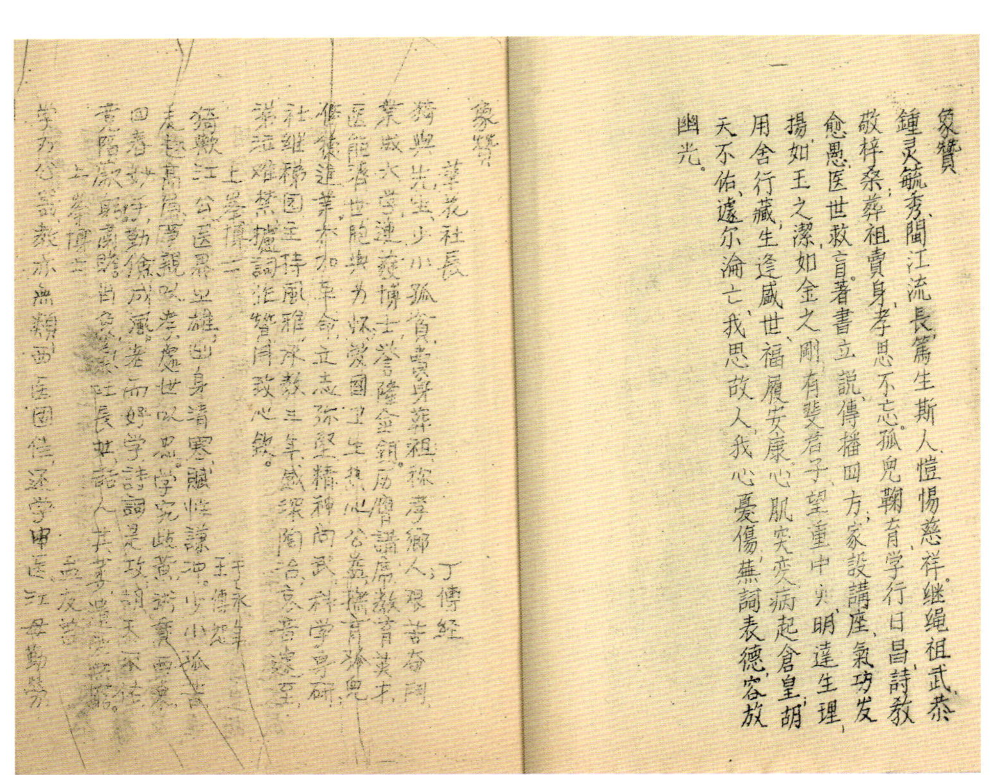

一

象贊

鍾灵毓秀，閩江流長，篤生斯人，愷惕慈祥。继绳祖武，恭敬梓桑，葬祖賣身，孝思不忘。孤兒鞠育，学行日昌，詩教愈愚，医世救盲。著書立說，傳播四方，家設講座，氣功发揚。如玉之潔，如金之剛，有斐君子，望重中央。明達生理，用舍行藏，生逢盛世，福履安康。心肌突变，病起倉皇，胡天不佑，遽尔淪亡。我思故人，我心憂傷，蕪詞表德，容放幽光。

陶焕卿先生行述

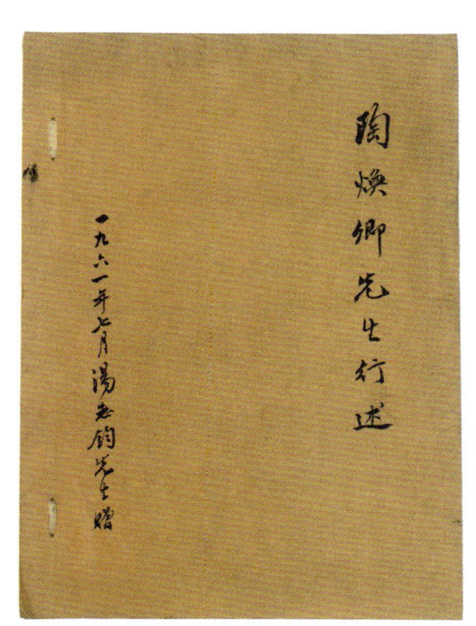

打字本。魏兰 1912 年撰，汤志钧 1961 年赠。记叙陶焕卿颠沛流离、奔走革命之一生，尤其对其被暗杀之前因后果述之甚详。

陶成章（1878–1912），字焕卿，号陶耳山人，浙江绍兴人。民主革命家，光复会创立者之一。积极参与革命活动，曾先后两次赴京刺杀慈禧太后未果，后只身东渡日本学习陆军。民国创立后，他力辞接任浙督，积极准备北伐，设北伐筹饷局、光复军司令部，任总司令。1912 年 1 月被暗杀于上海广慈医院，年仅 35 岁。

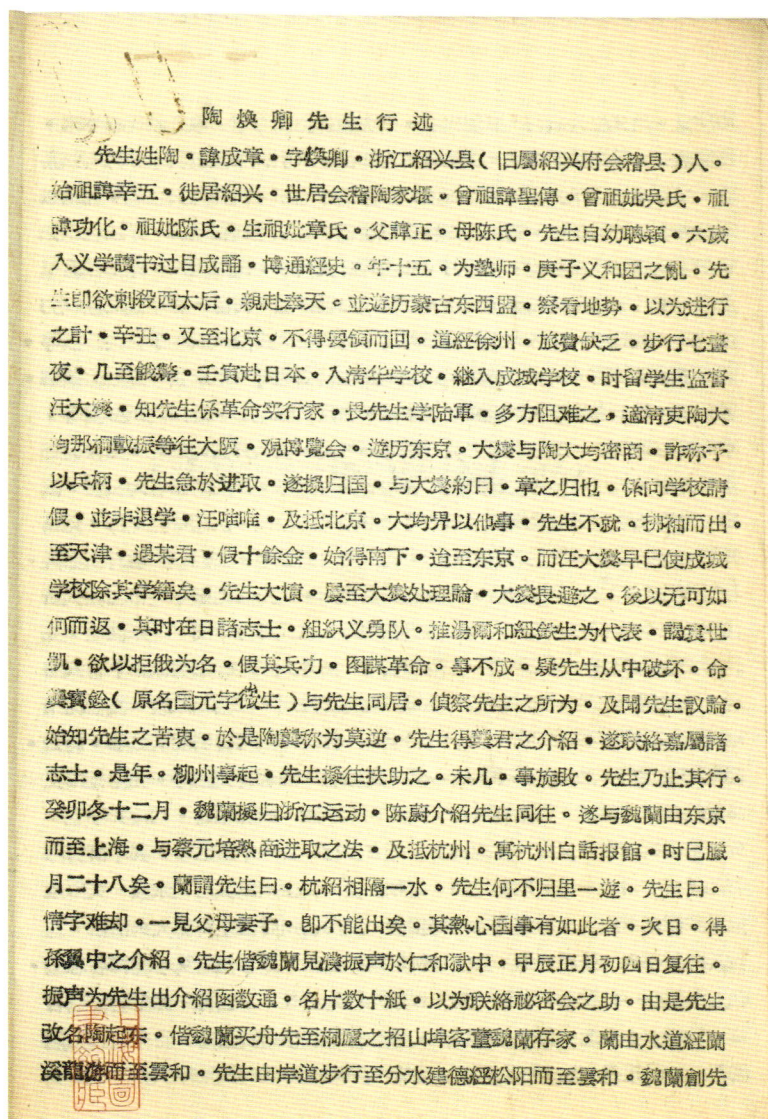

陶焕卿先生行述

先生姓陶•諱成章•字煥卿•浙江紹兴县（旧屬紹兴府会稽县）人•始祖諱幸五•徙居紹兴•世居会稽陶家堰•曾祖諱聖傳•曾祖妣吳氏•祖諱功化•祖妣陈氏•生祖妣章氏•父諱正•母陈氏•先生自幼聰穎•六歲入义学讀书过目成誦•博通經史•年十五•为塾师•庚子义和团之亂•先生即欲刺殺西太后•親赴奉天•並遊历蒙古东西盟•察看地勢•以为进行之計•辛丑•又至北京•不得要領而回•道經徐州•旅費缺乏•步行七晝夜•几至餓斃•壬寅赴日本•入清华学校•継入成城学校•时留学生监督汪大燮•知先生係革命实行家•畏先生学陸軍•多方阻难之•適清吏陶大均那桐載振等往大阪•观博覽会•遊历东京•大燮与陶大均密商•詐称予以兵柄•先生急於进取•遂擬归国•与大燮約曰•章之归也•係向学校請假•並非退学•汪唯唯•及抵北京•大均畀以他事•先生不就•拂袖而出•至天津•遇某君•假十餘金•始得南下•迨至东京•而汪大燮早已使成城学校除其学籍矣•先生大憤•屢至大燮处理論•大燮畏避之•後以无可如何而返•其时在日諸志士•組织义勇队•推湯爾和紐鉄生为代表•謁袁世凱•欲以拒俄为名•假其兵力•图謀革命•事不成•疑先生从中破坏•命龔寶銓（原名国元字微生）与先生同居•偵察先生之所为•及聞先生議論•始知先生之苦衷•於是陶龔称为莫逆•先生得龔君之介紹•遂联絡嘉屬諸志士•是年•柳州事起•先生擬往扶助之•未几•事旋敗•先生乃止其行•癸卯冬十二月•魏蘭擬归浙江运动•陈蔚介紹先生同往•遂与魏蘭由东京而至上海•与蔡元培熟商进取之法•及抵杭州•寓杭州白話报館•时已臘月二十八矣•蘭謂先生曰•杭紹相隔一水•先生何不归里一遊•先生曰•情字难却•一見父母妻子•即不能出矣•其熱心国事有如此者•次日•得孫翼中之介紹•先生偕魏蘭見濮振声於仁和獄中•甲辰正月初四日复往•振声为先生出介紹函数通•名片数十紙•以为联絡秘密会之助•由是先生改名陶起东•偕魏蘭买舟先至桐廬之招山埠客董魏蘭存家•蘭由水道經蘭溪龍游而至雲和•先生由岸道步行至分水建德經松阳而至雲和•魏蘭創先

陶模行述补编稿

秦翰才编，稿本。共二册。收有序一篇、陶公神道碑文一篇、各类传记三篇、行述补编提纲、年谱。

陶模（1835–1902），字方之，又字子方，浙江秀水（今嘉兴）人。清同治七年（1868）进士，改翰林院庶吉士。初任甘肃文县、皋兰知县，光绪元年（1875）冬任秦州知州。十年署甘肃按察使，次年擢直隶按察使。十四年迁陕西布政使，护理陕西巡抚。十七年迁新疆巡抚，后署陕甘总督。二十六年调两广总督。二十八年九月病逝于穗，归葬嘉兴郊区荷花乡顾店桥。

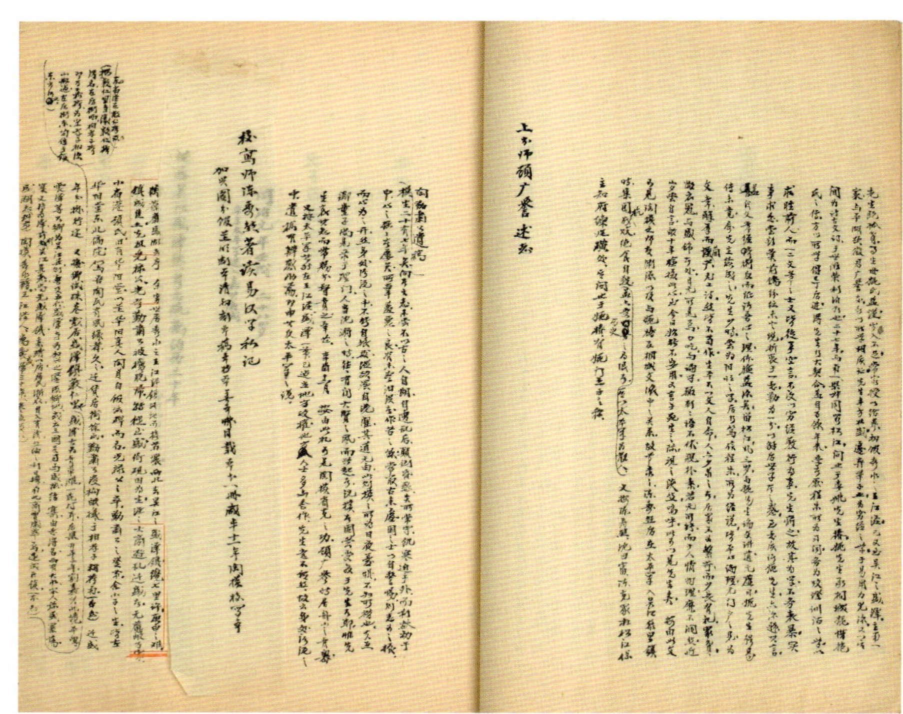

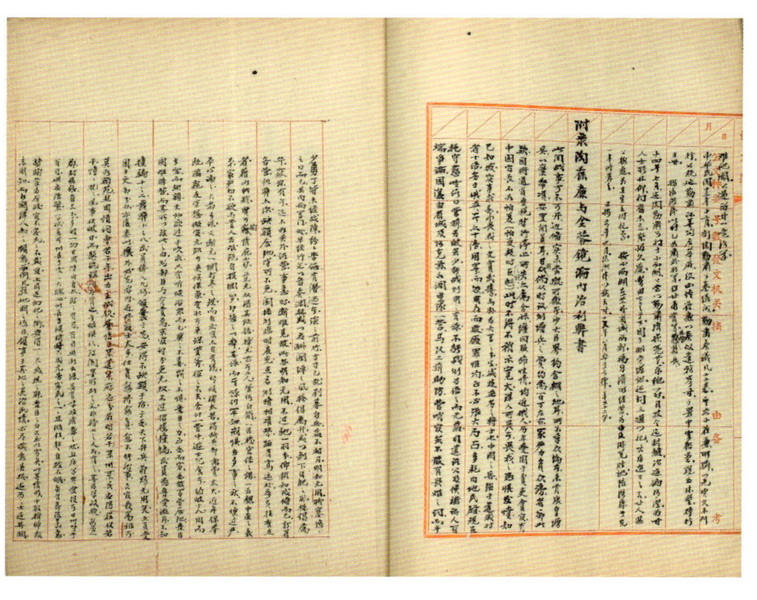

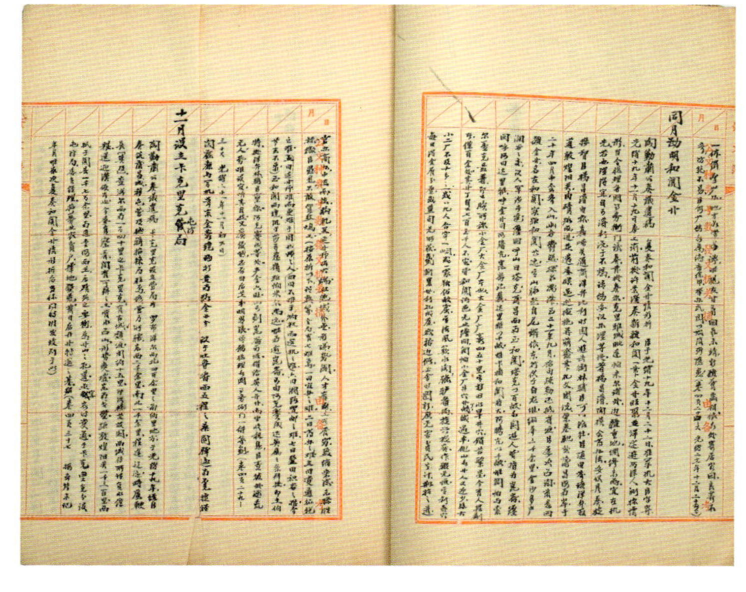

鉴湖女侠墓碑附有关资料

抄本。不分卷。全册行体小字，点画秀挺。抄录《鉴湖女侠秋君墓碑》一篇、《徐自华传》一篇、《杨旭东传赞》一篇，并录题名《左园》七言绝句两首。

秋瑾（1875–1907），原名闺瑾，字璇卿，号竞雄，别署鉴湖女侠、秋千等，浙江山阴（今绍兴）人。性豪侠，喜男装，习文练武，蔑视礼法。1904年东渡日本留学，在东京积极投身革命活动，创刊《白话》杂志。1907年回绍兴任大通学堂督办，联络反清志士，组织光复军，与徐锡麟酝酿起事，事败被捕，慷慨就义。所作诗文笔力雄健，豪放激昂。著有《秋瑾集》。

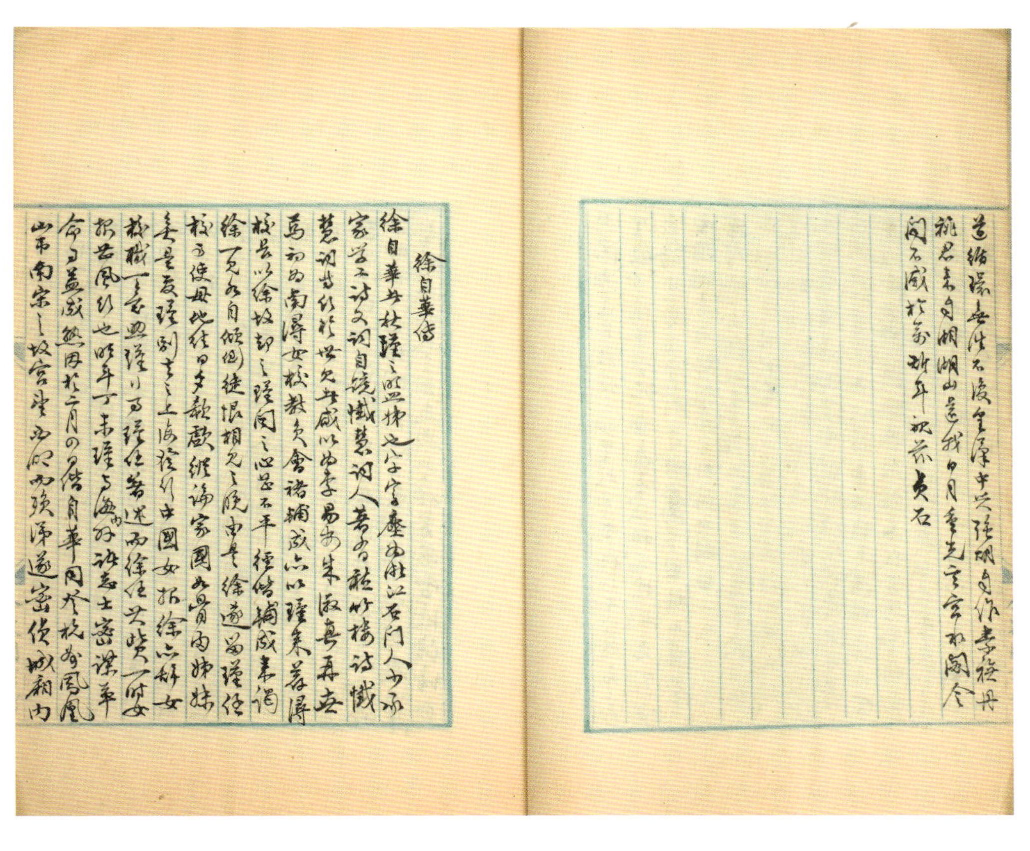

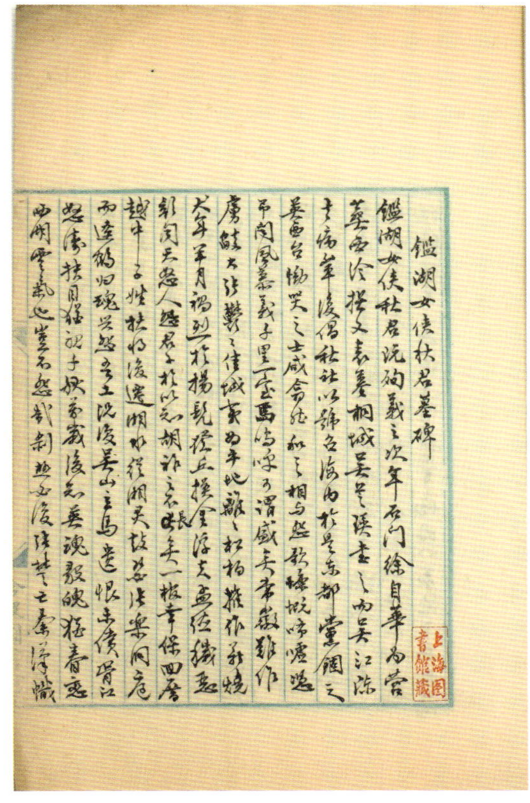

云间碑传录

抄本。不分卷，共一册。内有云间碑传录目录、云间列女碑传录目录，涵括自三国东吴至清代历史人物墓志铭、行述、史传等近三百篇。

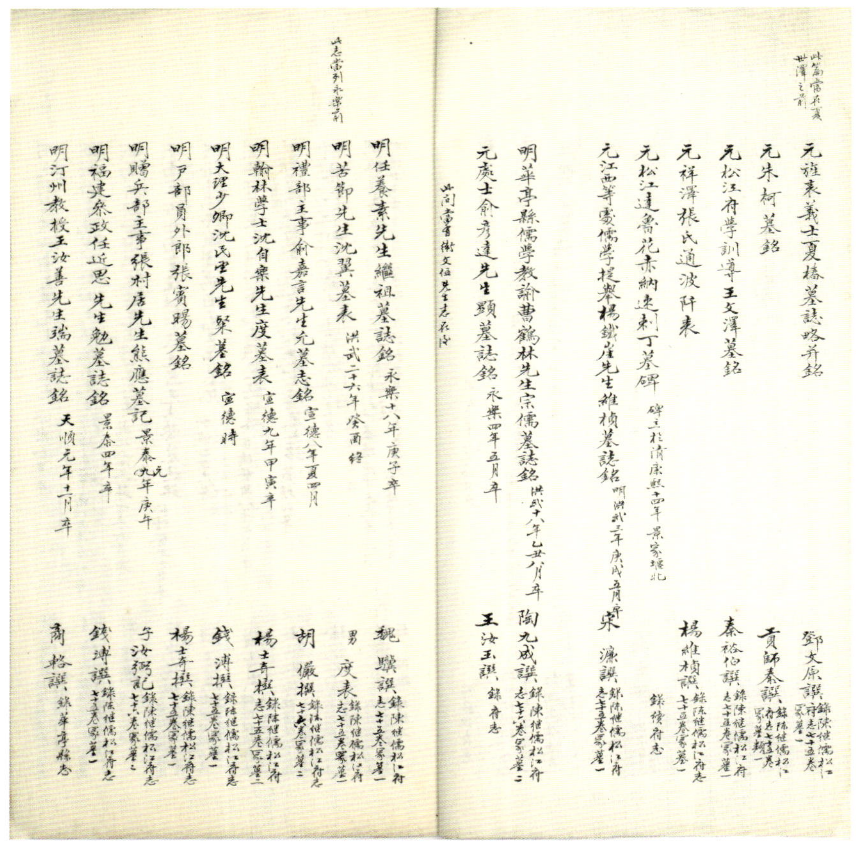

此篇當在夏世澤之前

元旌表義士夏椿墓誌畧并銘　鄧文原撰 錄陳繼儒松江府志七十五卷冢墓一

元朱柯墓銘　貢師泰撰 錄陳繼儒松江府志七十五卷冢墓一

元松江府學訓導王文澤墓銘　秦裕伯撰 錄陳繼儒松江府志七十五卷冢墓一

元祥澤張氏通波阡表　楊維楨撰 錄陳繼儒松江府志七十五卷冢墓一

元松江達魯花赤納速剌丁墓碑 碑立於清康熙十四年 景家墳北　錄續府志

元江西等處儒學提舉楊鐵崖先生維楨墓誌銘 明洪武三年庚戌五月卒　宋濂撰 錄陳繼儒松江府志七十五卷冢墓一

明華亭縣儒學教諭曹鶴林先生宗儒墓誌銘 洪武十八年乙丑八月卒　陶九成撰 錄陳繼儒松江府志七十六卷冢墓二

元處士俞彥達先生顯墓誌銘 永樂四年五月卒　王汝玉撰 錄府志

此間當有衛文節先生志在內

此志當列永樂前

明任養素先生繼祖墓誌銘 永樂十八年庚子卒　魏驥撰 錄陳繼儒松江府志七十五卷冢墓一

明苦節先生沈翼墓表 洪武二十六年癸酉終　男度表 錄陳繼儒松江府志七十五卷冢墓一

明禮部主事俞嘉言先生允墓志銘 宣德八年夏四月　胡儼撰 錄陳繼儒松江府志七十六卷冢墓二

明翰林學士沈自樂先生度墓表 宣德九年甲寅卒　楊士奇撰 錄陳繼儒松江府志七十五卷冢墓二

明大理少卿沈民望先生粲墓銘 宣德時　錢溥撰 錄陳繼儒松江府志七十五卷冢墓一

明户部員外郎張賓暘墓銘　楊士奇撰 錄陳繼儒松江府志七十五卷冢墓一

明贈兵部主事張村居先生熊應墓記 景泰元年庚午　子汝弼記 錄陳繼儒松江府志七十六卷冢墓二

明福建參政任近思先生勉墓誌銘 景泰四年卒　錢溥撰 錄陳繼儒松江府志七十五卷冢墓一

明汀州教授王汝善先生瑞墓誌銘 天順元年十二月卒　商輅撰 錄華亭縣志

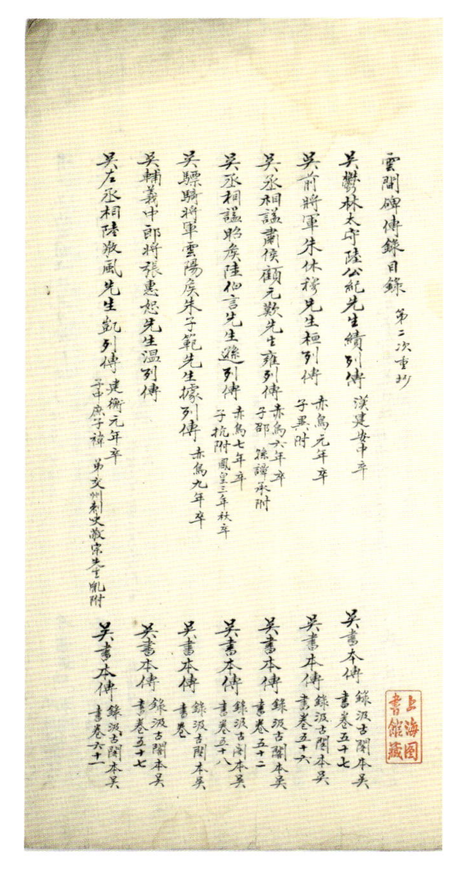

雲間碑傳錄目錄　第二次重抄

吳鬱林太守陸公紀先生績列傳 漢建安中卒　錄汲古閣本吳書卷五十七

吳前將軍朱休穆先生桓列傳 赤烏元年卒 子異附　錄汲古閣本吳書卷五十六

吳丞相謚肅侯顧元歎先生雍列傳 赤烏六年卒 子邵 孫譚承附　錄汲古閣本吳書卷五十二

吳丞相謚昭侯陸伯言先生遜列傳 赤烏七年卒 子抗附 鳳皇三年秋卒　錄汲古閣本吳書卷五十八

吳驃騎將軍雲陽侯朱子範先生據列傳 赤烏九年卒　錄汲古閣本吳書卷

吳輔義中郎將張惠恕先生溫列傳　錄汲古閣本吳書卷五十七

吳左丞相陸敬風先生凱列傳 建衡元年卒 子中庶子禕 弟交州刺史敬宗先生胤附　錄汲古閣本吳書卷六十一

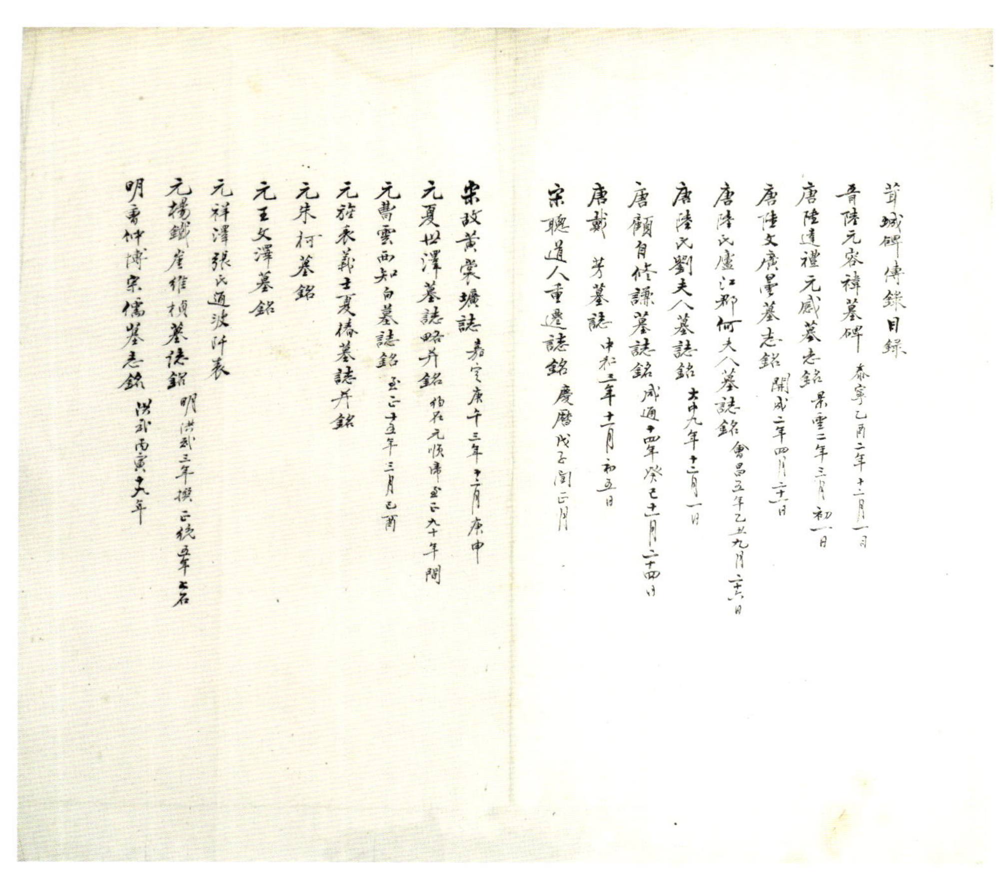

華城碑傳錄目錄

晉陸元容禕墓碑 泰寧乙酉二年十二月一日

唐陸遵禮元感墓志銘 景雲二年三月初一日

唐陸文廣量墓志銘 開成二年四月二十一日

唐陸氏廬江郡何夫人墓誌銘 會昌五年乙丑九月二十六日

唐陸氏劉夫人墓誌銘 大中九年十二月一日

唐顧自佐謙墓誌銘 咸通十四年癸巳十二月二十四日

唐戴芳墓誌 中和三年十二月初五日

宋聽道人重遷誌銘 慶曆戊子閏正月

宋故黃案壙誌 嘉定庚午三年十二月庚申

元夏世澤墓誌略并銘 約在元順帝至正九十年間

元曹雲西知白墓誌銘 至正十五年三月己酉

元旌表義士夏椿墓誌并銘

元朱柯墓銘

元王文澤墓銘

元祥澤張氏通波阡表

元楊鐵崖維楨墓誌銘 明洪武三年撰 正統五年立石

明曹仲博宗儒墓志銘 洪武丙寅十九年

上海图书馆藏人物文献选刊

林公行状

稿本。恽彦彬撰。记叙林国柱之生平事略。

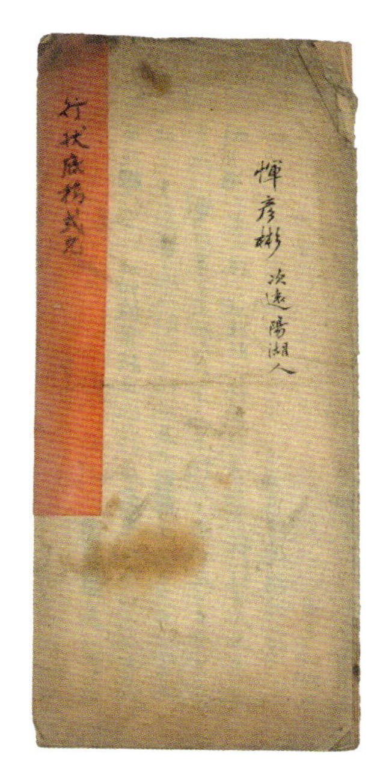

林国柱（1846–1895），字笃甫，号瑾生，浙江萧山县人。辛未考取进士，入翰林院。己卯，奉命督学贵州。

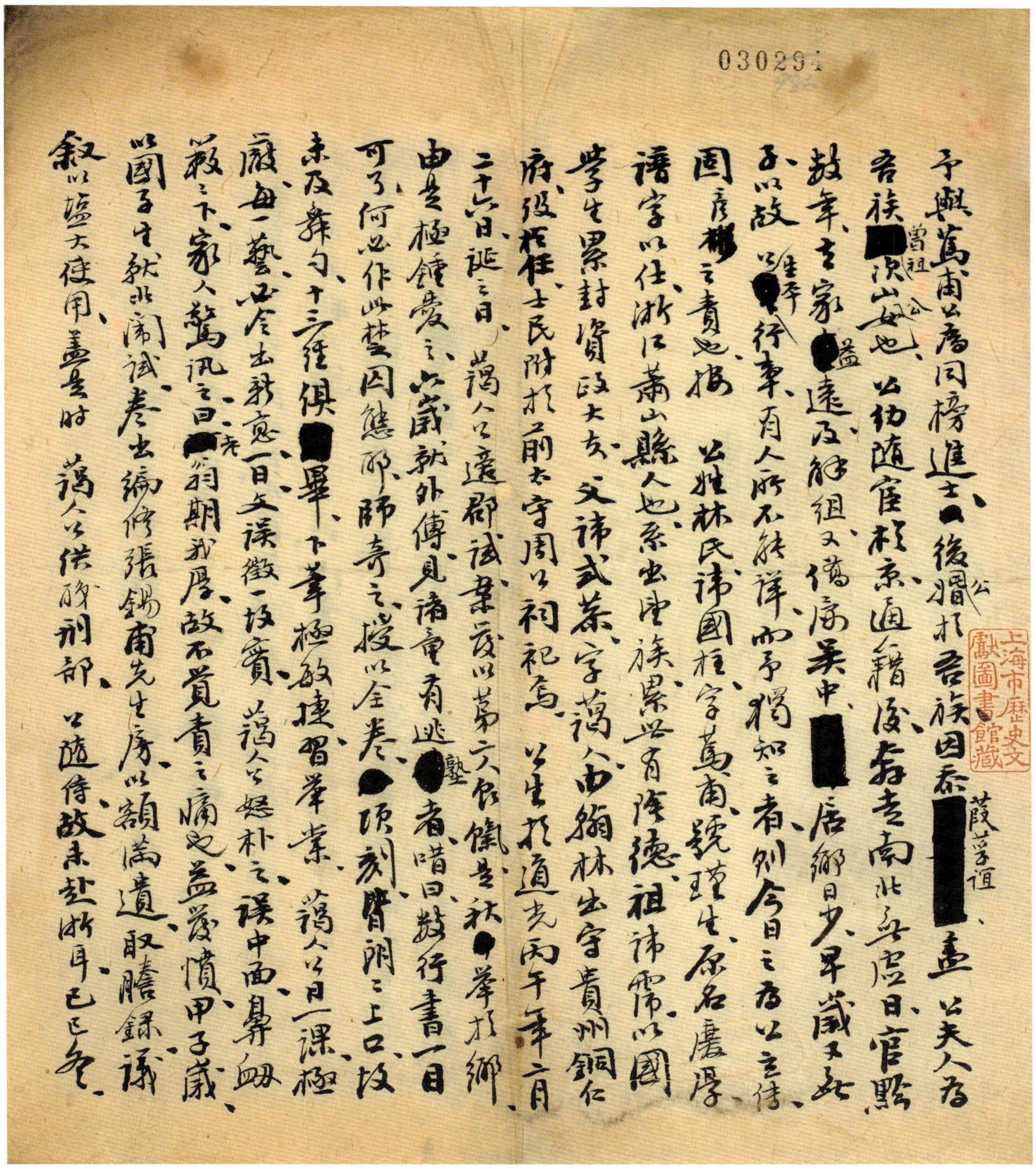

戬寿堂百卅合庆寿言

1922 年爱俪园铅印本。共八册。是书之作，乃为哈同与夫人罗迦陵一百三十岁合庆，时哈同七十一岁，罗迦陵五十九岁。内有两人摄影，端康皇贵太妃联额，宣统皇帝楹联，章梫、冯煦、孙允熙、左孝同、沈曾植、徐乃昌、周梦坡、赵时棡、刘承干、吴昌硕、蒋汝藻等各界名流题词、赠画，及各界友人所赠诗词、对联。由爱俪园总管姬觉弥汇集一编，于次年印毕成书。有图版多幅。

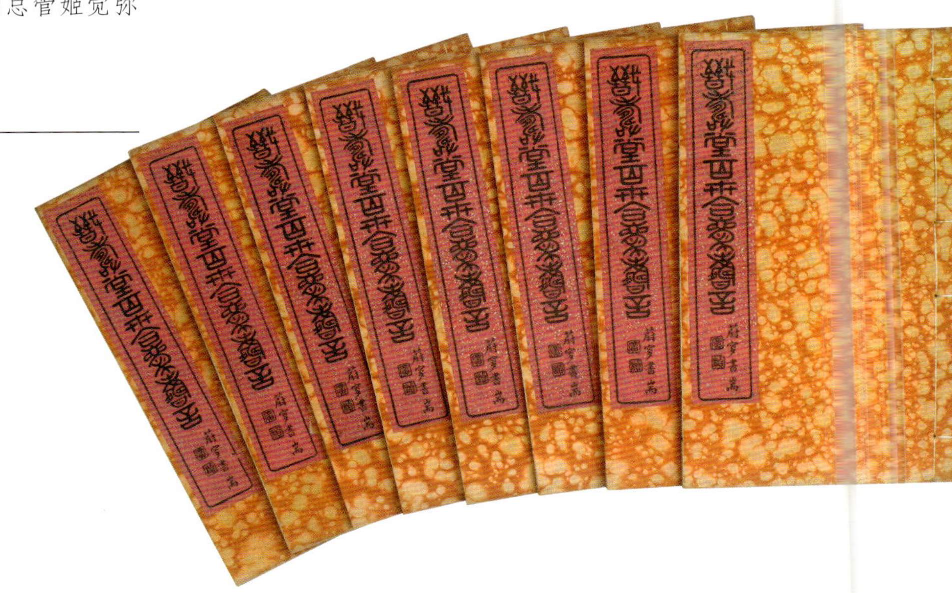

人物生平参见《哈同先生荣哀录》条。

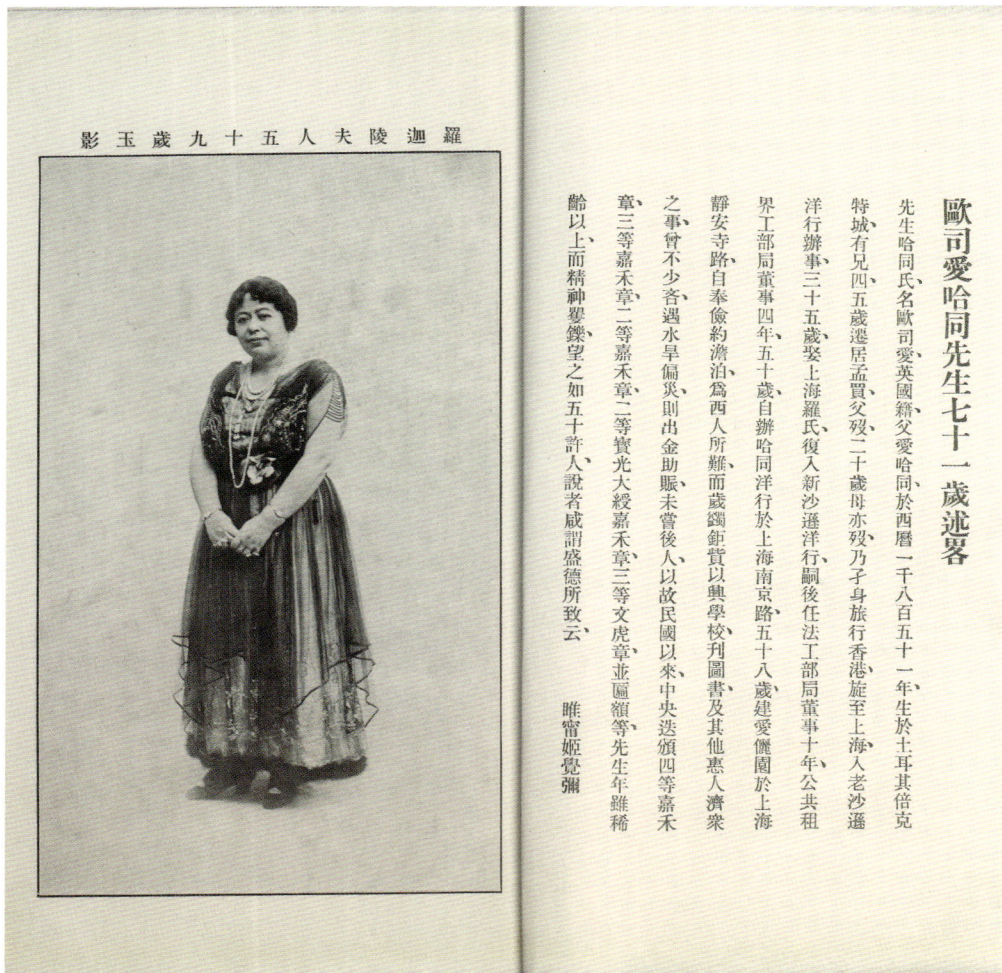

羅迦陵夫人五十九歲玉影

歐司愛哈同先生七十一歲述畧

先生哈同氏、名歐司愛、英國籍、父愛哈同、於西曆一千八百五十一年、生於土耳其倍克特城、有兄四、五歲遷居孟買、父歿、二十歲母亦歿、乃孑身旅行香港、旋至上海、入老沙遜洋行辦事、三十五歲、娶上海羅氏、復入新沙遜洋行、嗣後任法工部局董事十年、公共租界工部局董事四年、五十歲、自辦哈同洋行於上海南京路、五十八歲、建愛儷園於上海靜安寺路、自奉儉約澹泊、爲西人所難、而歲蠲鉅貲以興學校、刊圖書、及其他惠人濟衆之事、曾不少吝、遇水旱偏災、則出金助賑、未嘗後人、以故民國以來、中央迭頒四等嘉禾章、三等嘉禾章、二等嘉禾章、二等寶光大綬嘉禾章、三等文虎章、並匾額等、先生年雖稀齡以上、而精神矍鑠、望之如五十許人、說者咸謂盛德所致云

睢甯姬覺彌

歐司愛哈同先生七十一歲玉影

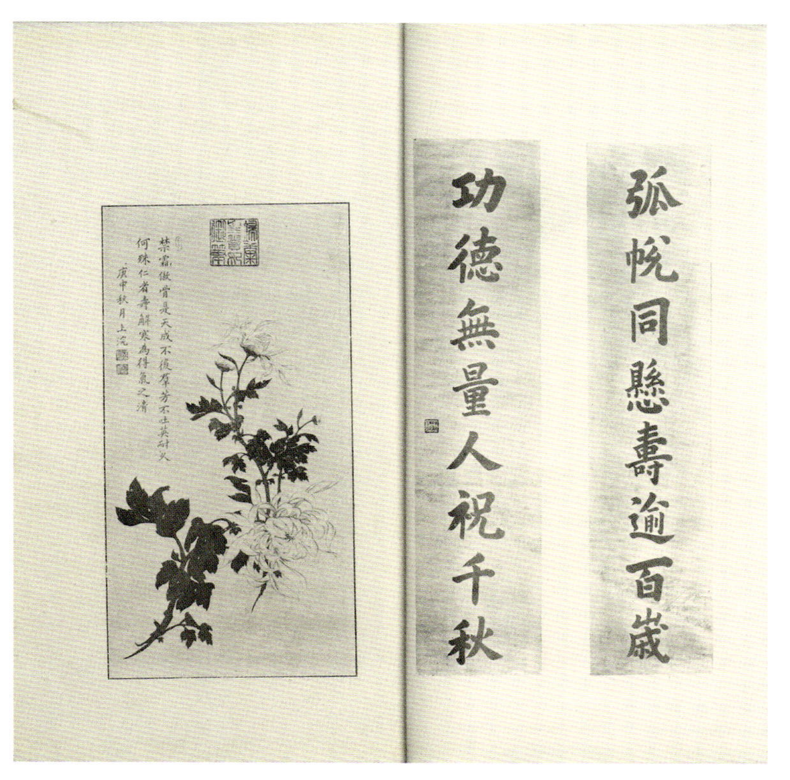

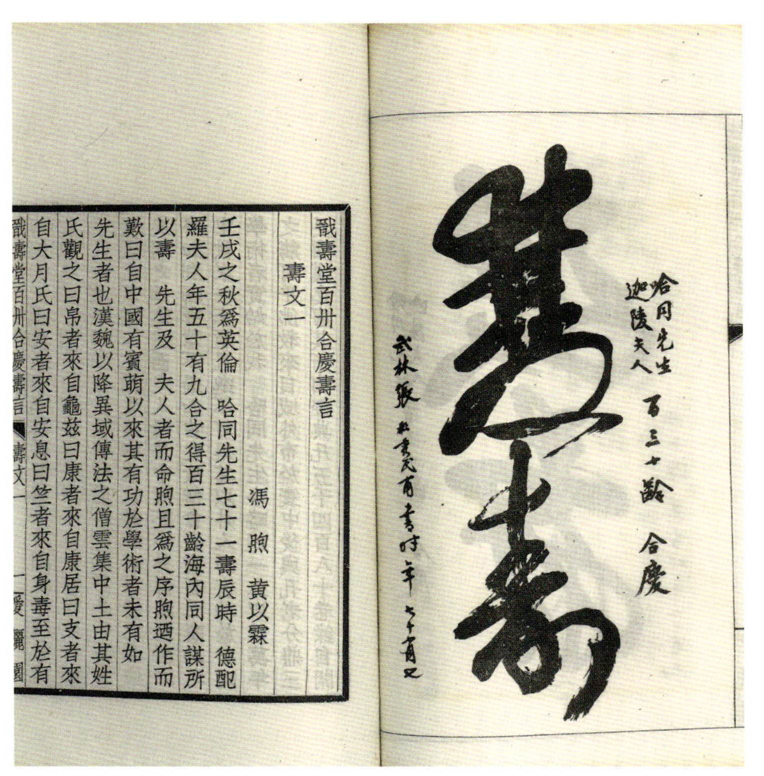

戩壽堂百册合慶壽言

壽文一

馮煦 黃以霖

壬戌之秋爲英倫 哈同先生七十一壽辰時 德配羅夫人年五十有九合之得百三十齡海內同人謀所以壽 先生及 夫人者而命煦且爲之序煦迺作而歎曰自中國有賓萌以來其有功於學術者未有如先生者也漢魏以降異域傳法之僧雲集中土由其姓氏觀之曰帛者來自龜茲曰康者來自康居曰支者來自大月氏曰安者來自安息曰竺者來自身毒至於有

戩壽堂百册合慶壽言 壽文一 一

合肥相国七十赐寿图

共三册。是书为庆贺李鸿章七十生辰纪念册。书中收录图版，描绘李鸿章寿庆时宏大场面，并录御赐匾额、字图、器物与李鸿章谢恩折子以及大小官员祝寿贺词。

李鸿章（1827–1901），字少荃，道光进士，安徽合肥人。1853年在安徽办团练，抵抗太平军。后来投靠曾国藩。1863年，配合洋枪队攻占太平军重要战略据点苏州、常州，天京陷落后，清廷封他为一等肃毅伯。此后，继曾国藩镇压捻军。从1870年起，任直隶总督兼北洋大臣，掌管清政府的内政、外交、军事大权，并成为洋务派首领。先后开办了江南制造总局、上海轮船招商局、开平矿务局、上海机器织布局等企业，并建立北洋海军。在对外交涉中，因签订《烟台条约》、《马关条约》、《辛丑条约》等不平等条约而被诟卖国。遗著辑为《李文忠公文集》。

壽堂圖

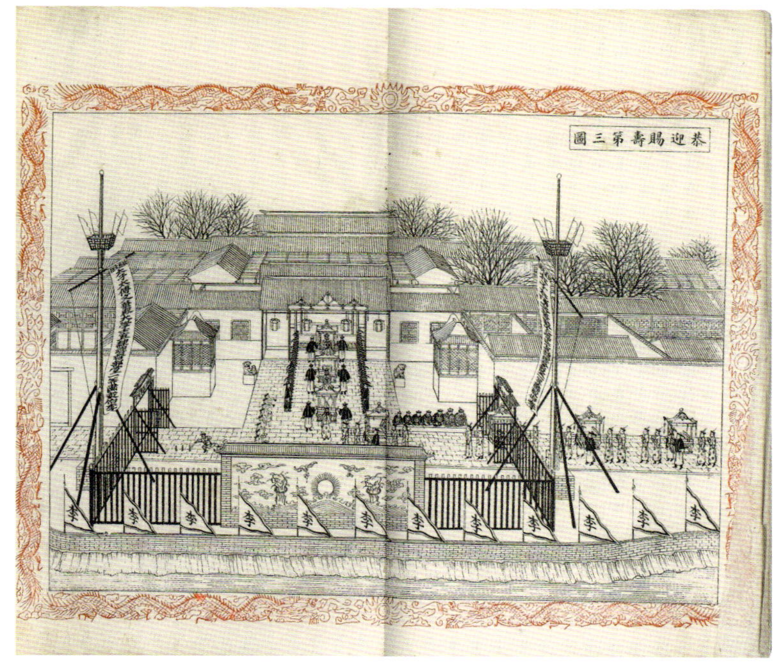
恭迎賜壽第三圖

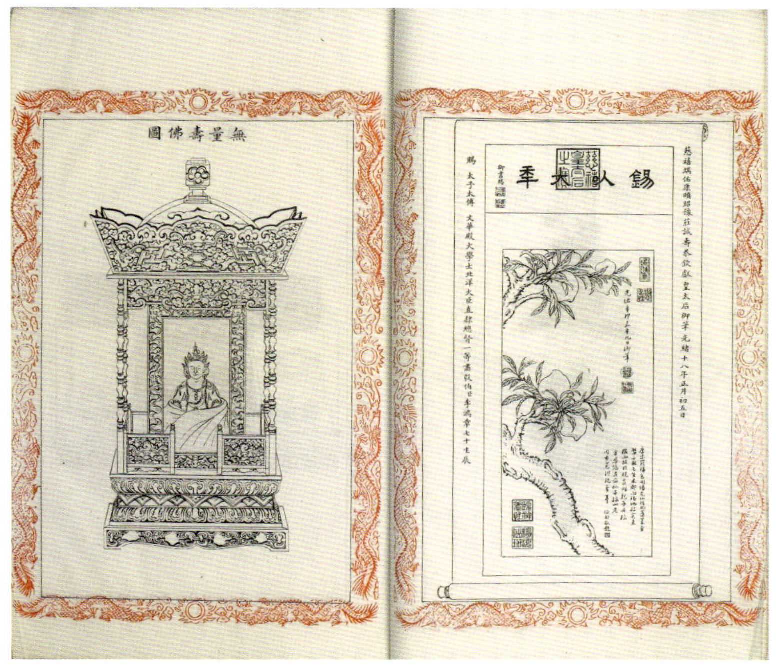
無量壽佛圖

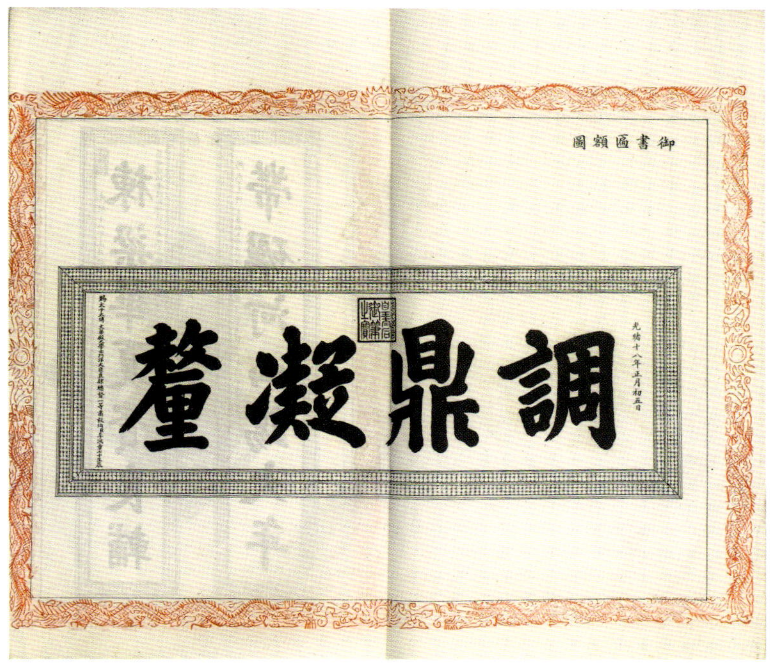
御書匾額圖
調鼎凝釐

杜月笙先生六十寿言

叶恭绰撰并书，1947 年石印本。全帙朱笔行楷，点画灿然。

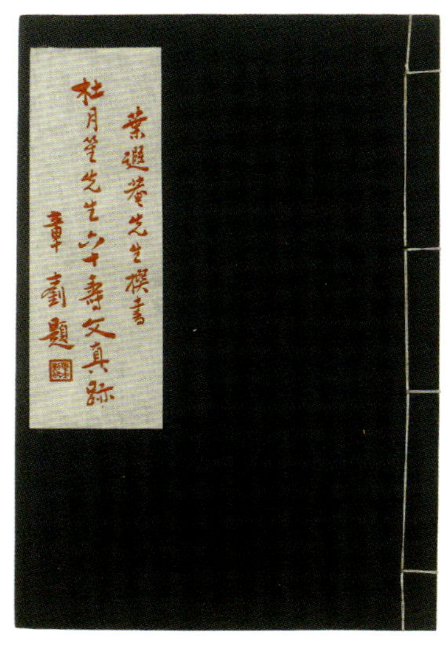

杜月笙（1888–1951），原名月生，后改名镛，号月笙，江苏川沙（今上海浦东）人。1925 年任法租界商会总联合会主席兼纳税华人会监察。南京国民政府建立，因功被蒋介石任命为海陆空军总司令部顾问、军事委员会少将参议和行政院参议。同年 9 月，由法租界当局任命为公董局临时华董顾问。1946 年 4 月，任国民党上海市参议会副议长。1949 年 4 月逃亡香港。1951 年病死。

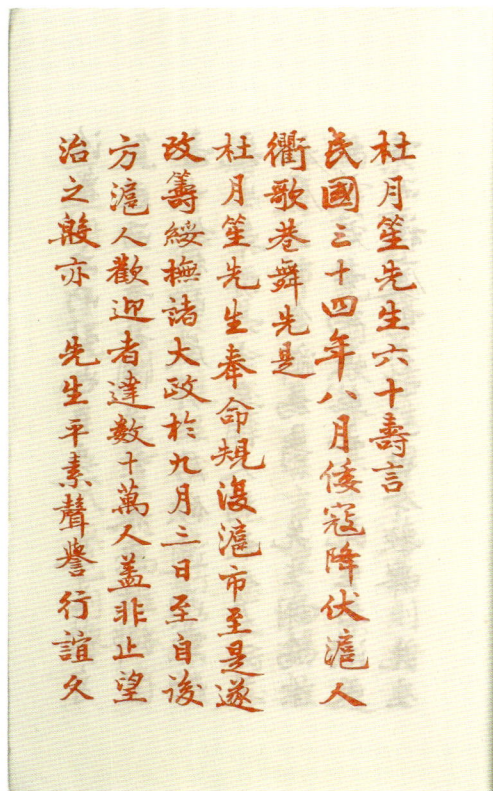

杜月笙先生六十壽言
民國三十四年八月倭寇降伏滬人
衢歌巷舞先是
杜月笙先生奉命規復滬市至是遂
改籌綏撫諸大政於九月三日至自後
方滬人歡迎者達數十萬人蓋非止望
治之殷亦 先生平素聲譽行誼久

以降言道者家有其說而赫格爾闡盈
虛往復之理尤於老易為近千百年來
由學說演成事實雖典型萬變而因
果略同凡主執者之措施其能善巧方
便而納于軌物者罔不通反是者罔不
塞且政治之力基乎社會尤其阽危之
際形勢錯雜扞格齟齬政權有所不逮

而衆志所向隱然有其是非好惡之公
此乃無形之力所以成其趨之大勢者
當此之時則羣倫中必有通敏之士因
勢利導平亭消息以達于寧謐夫惟無
權位之爭故雖敵處不疑惟其所行者
為民所望故能乘必趨之勢而沛然莫
禦此徵于古今事實為可攷放之農業

宋子文先生五十诞辰颂

俞飞鹏、钱大钧撰于1943年。内录《外交部宋部长五十诞辰颂并序》一篇，工笔小楷，法度谨严。

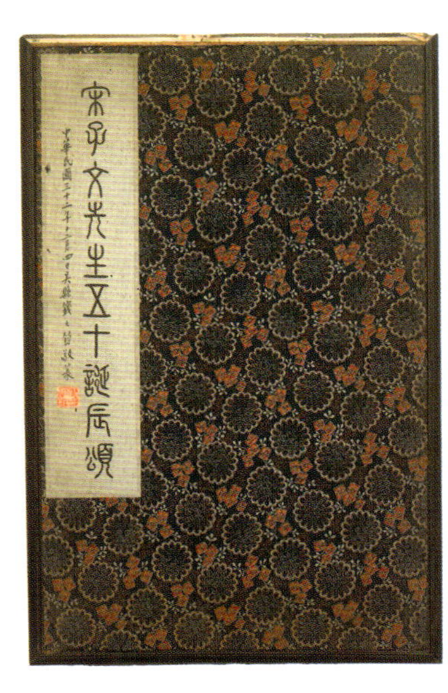

宋子文（1894–1971），宋庆龄之弟，民国时期的政治家、外交家、金融家。广东文昌县（今属海南）人。1925年任国民政府财政部长。1928年至1930年间通过谈判收回关税自主权，使中国有权确定关税税率和监督税收。1942年担任国民政府外交部长后曾与美国国务卿赫尔签订中美抵抗侵略互助协议，次年与外国谈判收回各国在华的治外法权。1945年出席联合国大会任中国首席代表，同年6月去莫斯科与斯大林会谈，8月签订中苏友好条约。1949年去香港，后移居美国纽约。1971年4月卒于旧金山。

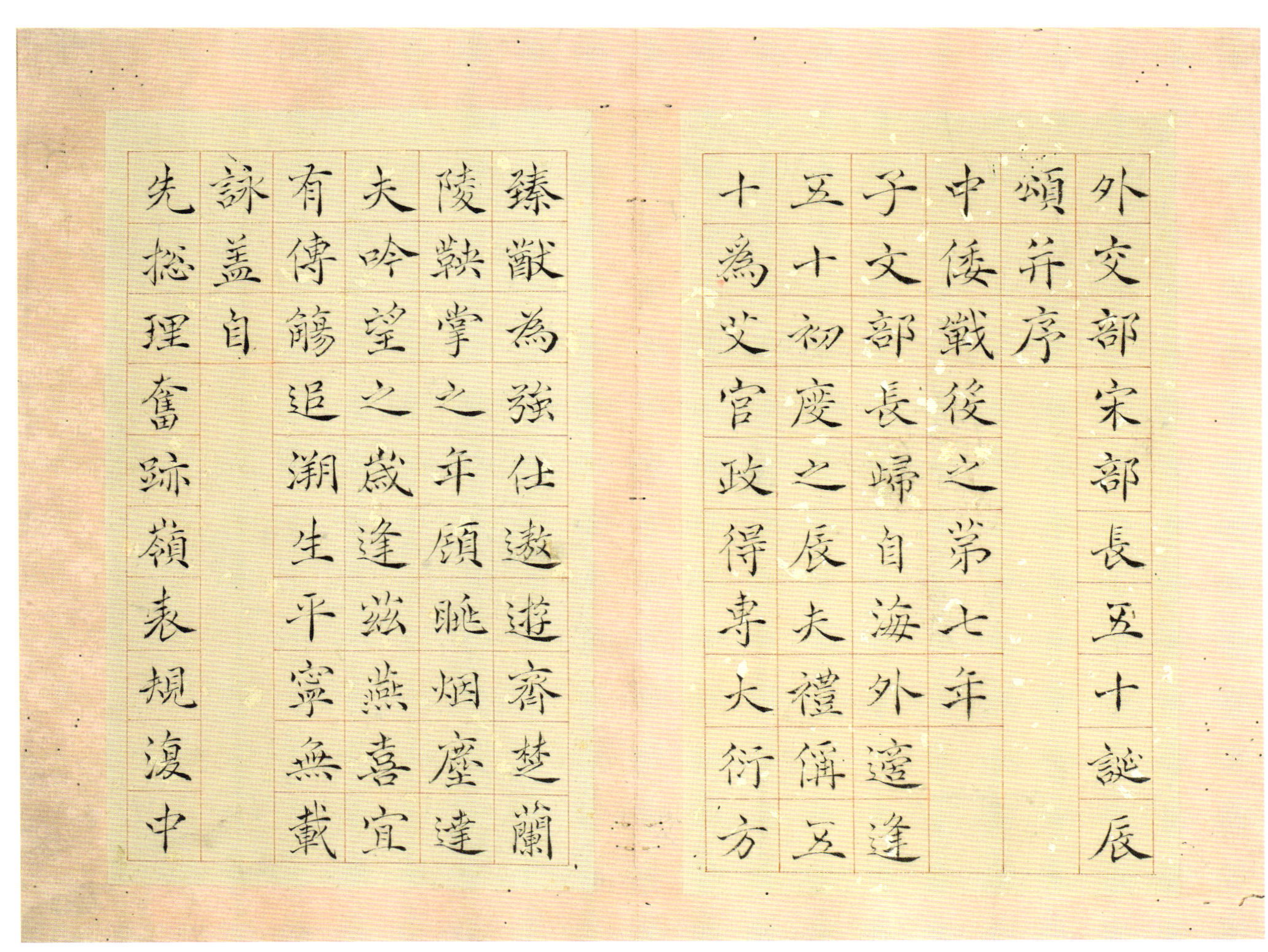

外交部宋部長五十誕辰
頌并序
中倭戰後之第七年
子文部長歸自海外適逢
五十初度之辰夫禮稱五
十為艾官政得專大衍方
臻獻為強仕遨遊齊楚蘭
陵歎掌之年頫眺烟塵達
大吟望之歲逢茲燕喜宜
有傳觴追溯生平寧無載
詠蓋自
先捴理奮跡嶺表規復中

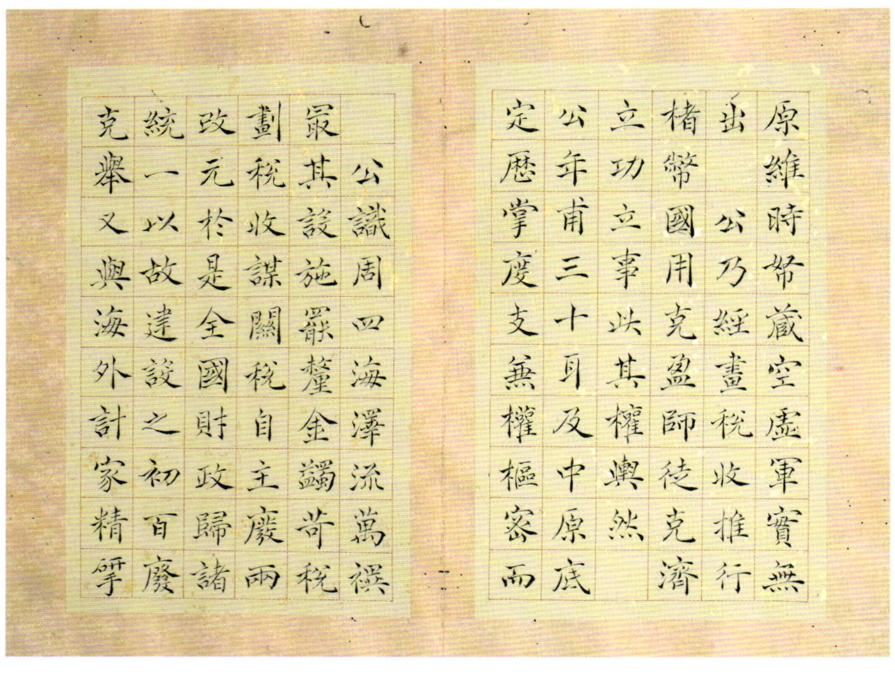

原維時帑藏空虛軍實無出　公乃經畫稅收推行楮幣國用克盈師徒克濟立功立事此其權輿然公年甫三十自及中原底定歷掌度支兼權樞密而

公識周四海澤流萬禩衆其設施罷釐金蠲苛稅劃稅收謀關稅自主廢兩改元於是全國財政歸諸統一以故建設之初百廢克舉又興海外計家精孚

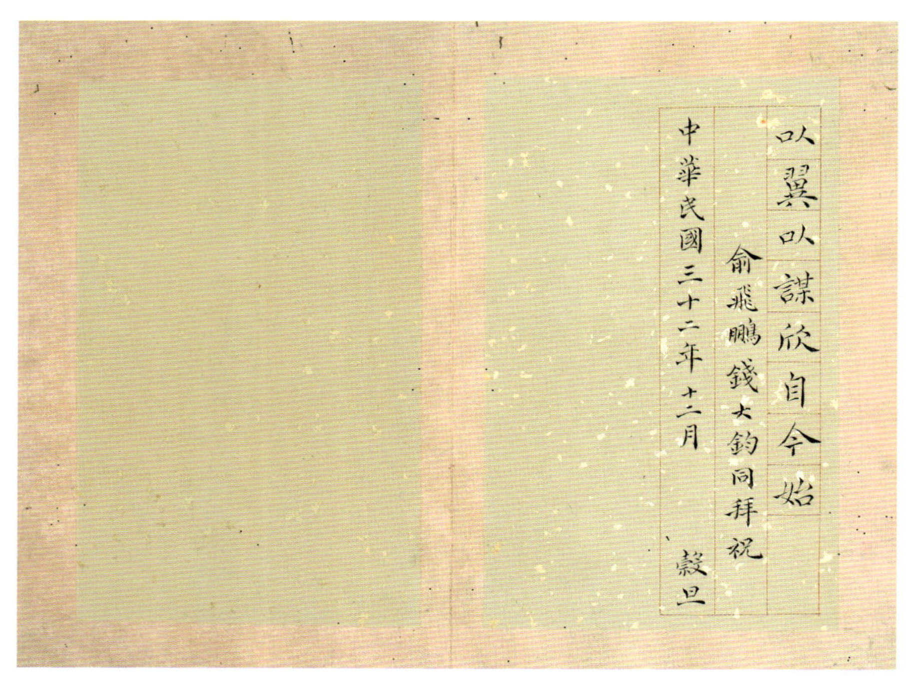

以翼以謀欣自今始

俞飛鵬　錢大鈞同拜祝

中華民國三十二年十二月　穀旦

亹亹宋公維國之楨阜民興國是經是營維此經營肇基嶺海交會既通師徒無餒豈曰能賢是壹是蠲制民有經如解倒懸瞻彼鯨鯢肆虐罔悔嘉猷入告

聞聲震駭東海波掀席不及溫大邦對越洶沫相存曰中與美休戚所在鞭撻梟寇視此壁壘鼎鼎其年煌煌其功如山之巍如日之中稱彼兕觥匪宴斯喜

张菊生先生九十生日纪念册

1956 年 10 月，张元济（菊生）先生九十寿诞，商务印书馆同人发起邀请文化界和社会知名人士撰写祝词、赋诗、献画，以示庆贺。先后征集到诗文、书画作品一百一十二篇（幅），精工装裱成《张菊生先生九十生日纪念册》两巨册，作为寿礼呈献先生。纪念册上、下册分别由陈叔通、黄炎培题签。其中大部分作品未经发表，具有较高的文献史料价值。

张元济（1867—1959），号菊生，浙江海盐人。清末进士，翰林院庶吉士，总理衙门章京，戊戌政变中被革职，后长期主持商务印书馆，著名出版家。解放后，担任上海文史馆馆长，继任商务印书馆董事长。著有《校史随笔》等。1959 年 8 月 14 日在上海逝世。

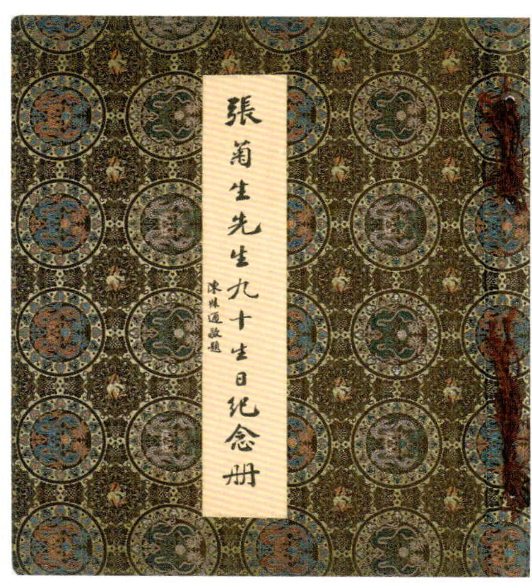

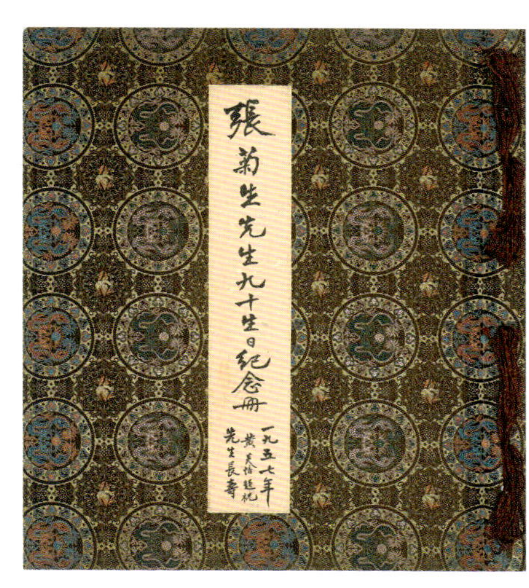

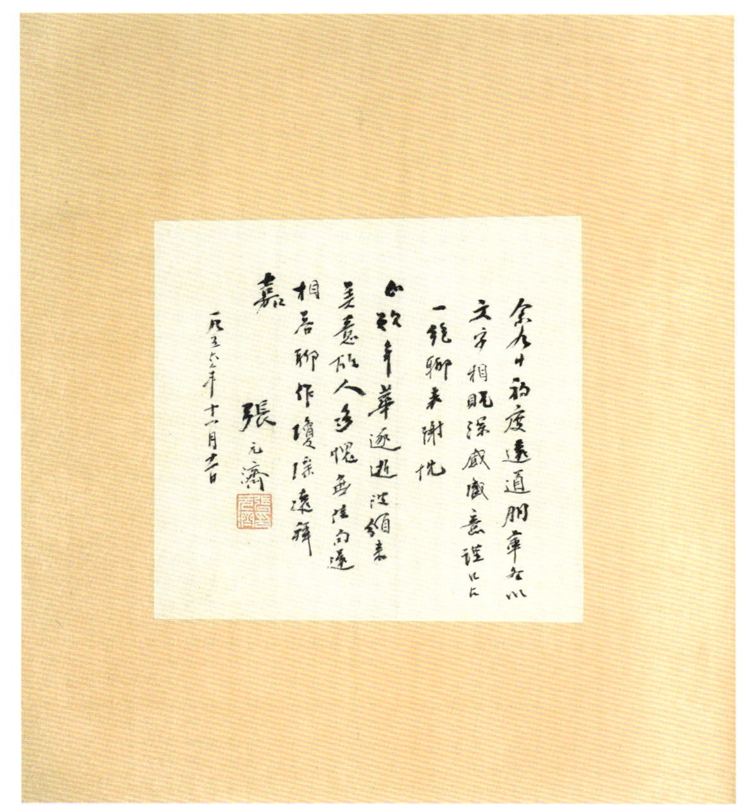

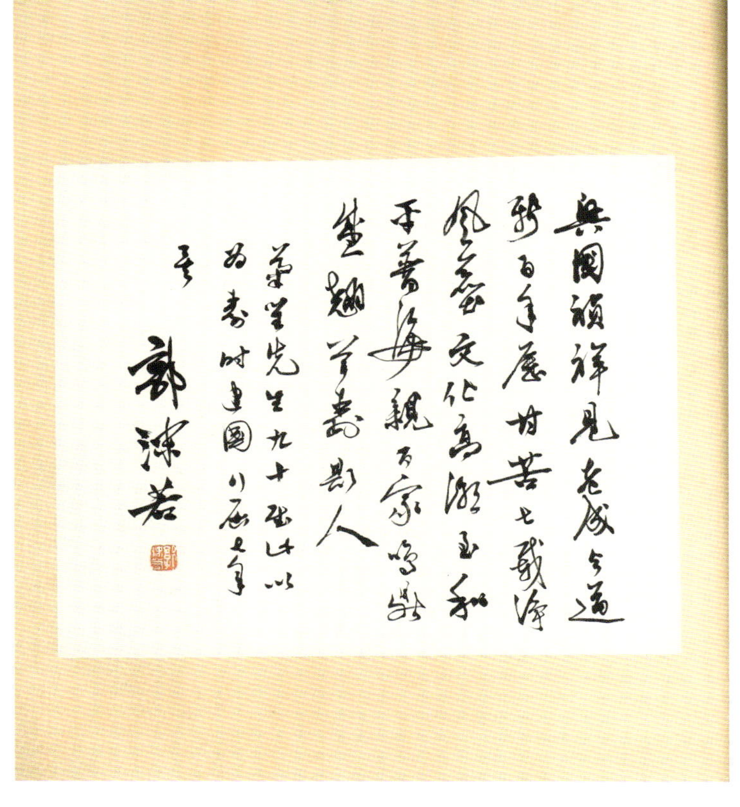

慶祝張菊老九十生日攝影
一九五六年
十月三十一日

碑志及其他

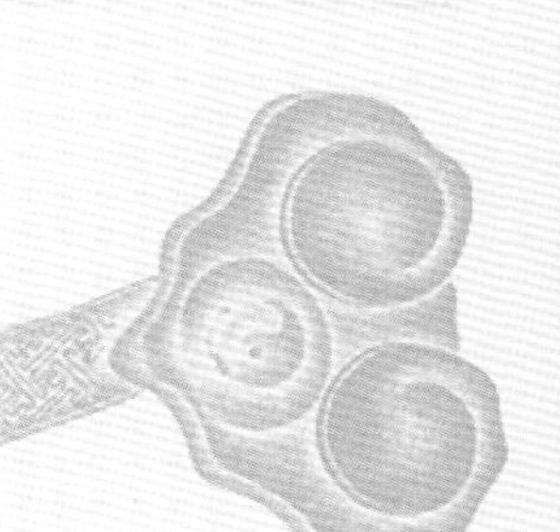

墓志的缘起

仲　威

在中国丧葬文化中，最具文献史料价值者，除了讣告外，不能不谈墓志。

墓志是最重要的祔葬品，墓志大多为方形及长方形，少数也有长条形（刻帖式），一般多采用石、砖，少数亦有铁铸品、陶瓷品。墓志的形状大多是盝顶盒式，或称“覆斗形”。分为志身、志盖两部分。志身多方形，用来书写墓志铭，志盖多呈盝顶状，其顶部平面称为“盝”，用来刻写墓志的题名，题名外侧斜面（四面）称为“杀”，“杀”上多刻青龙、白虎、朱雀、玄武四灵图、十二生肖图、天干地支、八卦符等等图案或花纹。斜面以下为侧，四侧刻对称云纹等。入葬时，志盖覆盖在志身之上，起到保护志身铭文作用，一并埋入墓室中或墓门口，亦有置于甬道中。少数墓志志盖上安装铁环铁链，固定在四角或斜对角上。

关于这种盝顶盒式墓志的起源有四种不同说法：

1、魏晋禁碑促使墓碑小型化，并由地面转入地下，直接诱发了墓志的产生。

汉代以后天下殡葬事越发靡费奢侈，多作石室、享堂，刊刻壁画、碑铭，大讲排场，劳民伤财。魏晋之际，天下凋弊，魏武帝、晋武帝出于维护自身统治和遏制侈靡的社会风气的需要，曾先后诏令废弃厚葬，严禁树碑。禁碑的原因主要是立碑“妄媚死者，增长虚荣，而且浪费资财，为害甚烈”，其次，禁碑可以遏制豪门大族的势力与影响，巩固自身统治。建安十年（205）曹操以天下凋弊，下令不得厚葬，又禁立碑。从存世曹魏碑刻来看，这次禁碑取得很大成效，仅有少数几块碑版破例刊刻：一是为魏王曹丕代汉大造舆论的《上尊号奏》；一是记载汉献帝“禅让”，曹丕顺应天意建立魏国，自称魏皇帝的《受禅表》；一是记载封孔子21世孙——孔羡为鲁县百户宗圣侯，修缮孔子旧庙，兴师重教的《孔羡碑》；一是刻立于洛阳太庙的儒家经典《正始石经》；其他尚有《曹真碑》、《范式碑》等。

两晋沿袭魏制，未弛立碑禁令。晋武帝司马炎看到禁碑能遏制世家大族势力的扩张，抑止其影响的扩大，于咸宁四年（278）下诏禁碑，曰：“碑表私美，兴长虚伪，莫大于此，一禁断之。”严厉的行政命令虽然使盛行一时的墓碑从地面上消失，但是它并不能从根本上改变民间丧葬习俗，更无法改变世家大族想使死者的名字与“功德”传之久远的愿望，于是乎，新的变通方法应运而生，墓碑逐渐从地面转入地下，从大碑演变成小碑，出现了替代墓碑的变异刻石。如：晋永平元年（291）《徐君夫人管氏墓碑》，碑高59厘米，宽25厘米，额题“晋侍诏中郎将徐君夫人管氏之墓碑”三行，额题偏右，螭首有晕，碑阳刻志文七行，碑阴刻铭文十一行。又如：洛阳出土的西晋墓志《张永昌神柩刻石》、《天水赵氏墓石》，这两种墓石均为碑形，圭首无题额，高27厘米，宽10厘米，碑额减地阳刻双兽图，碑身铭文二三行，两侧各刻一侍女。随后小墓碑又从直立圹中改为平卧，再从有碑额无志盖（碑式）发展到无额有盖（盝顶盒式），最终出现了包含首题、志文、铭文三者完整形式的墓志。现存刻于西晋建兴三年（315）《南阳王妃墓志》可能是最早的具有完整形式的墓志，墓志首题“晋故以左丞相都督诸军事南阳王妃墓志铭并序”，志文十二行，满行十九字，志石最后刻有铭文四行。

由此可见，汉代墓碑形制与文体直接影响了后世墓志的出现，魏晋时期是墓碑向墓志发展的一个变异转型期，而南北朝时期是墓志发展的成熟定型期。至此以后的一千五百年间，墓志非但没有消失，反而更加普及，其文体与形制也没有什么大的改变，往往既在墓前树立墓碑，又在墓中埋设墓志。墓碑铭文重点在于颂扬功德，墓志铭文则偏重于交代祖先世系、姓氏来源等。

2、发源于墓室刻石

西汉后期，墓室建筑逐渐开始精致化，尤其到了东汉，在墓室中刊刻人物、车马、鸟兽、花木、建筑、神怪等画像，有时还会在画像边侧刊刻说明文字称为“题榜”，少数墓室刻石还会刊刻墓主姓名、籍贯、官职、卒葬年月以及简单事迹、哀悼祈愿文字等，如冯孺久墓室的石柱上刊刻有：“郁平大尹冯君孺久始建国天凤五年（18）十月十七日癸巳葬，千岁不发。”又如：郭稚文墓门画像石左侧刻有“圜阳西乡榆里郭稚文万岁室宅”，右侧刻有“永元十五年（103）三月十九日造作居”。此外，四川地区发现的大量东汉时期崖墓，墓室石壁一般刻有死者姓名、卒葬年月、造墓大小及价值。最后由这些墓葬连体刻石发展到单设的墓志。

3、发源于秦、汉刑徒葬砖

1979年在陕西临潼秦始皇皇陵西侧赵背户村出土一批秦朝刑徒瓦文，共得瓦文18件，内容极其简单，仅刻地名、人名、刑名、爵名，最少者仅刻三字，多者亦不过九至十字，志文都是用刀直接刻划在筒瓦上，不经书丹，字体属小篆但极为潦草，刻写格式亦不统一。刻写这些刑徒砖的主要目的在于，标识死去刑徒的埋葬地，以便它日家人认领尸骨回乡迁葬。

东汉凡死去的刑徒大多由官方负责埋葬，刑徒砖一般由官家统一制造，统一放置，记录内容也较秦朝刑徒砖更为详尽，故习惯上将汉代刑徒砖称为“葬砖”、或“墓砖”。此类“葬砖”大多是利用劳役工程中废弃的残砖，稍加打磨，再用毛笔书丹，然后镌刻，亦有先刻字然后再涂描朱色者。1964年在洛阳南郊发掘到522座东汉刑徒墓，总共出土葬砖820余块，每座墓中一般加放“标识姓名”两块内容相同的墓砖，很可能一块放在墓中，相当于墓志，一块放在墓上，相当于墓碑。亦可能一块放在葬棺之上，一块放于葬棺之下。葬砖上刻有姓名、部属、职别、狱名、郡县名、刑名、死亡日期等等。两块葬砖的情况在六朝墓葬中亦时有发现，如：东晋刘剋墓志、刘頵之妻徐氏墓志、南朝蔡冰墓志。东晋刘庾之墓志则有3块墓砖，孟府君墓志更有5块大小、铭文相同的墓志分置墓室四角及棺前。

4、发源于先秦丧具——明旌

早在周代就已经用“明旌”作为出丧队伍的幡信，扬举在棺柩前，入葬时覆盖在棺柩之上一并埋入圹中，“明旌”作为一种特殊的丧具，一直沿用到近现代。20世纪50年代，在甘肃武威汉墓群中先后出土数幅西汉时期的明旌，多为丝、麻材质，用朱或墨笔书写死者的姓名、籍贯等，如“姑臧北乡阉道里壶子梁之柩”、“平陵敬事里张伯升之柩，过所毋哭”。后人可能受到覆盖在棺柩上的明旌启发，将明旌文字移刻到石棺、石椁上，以便长存永久。如：晋代《乐生柩记》，石棺两头刊刻铭文，一头刻“阳平乐生之柩”，另一头刻“元康三年八月十七日阳平乐生年七十”字样。此类棺铭、椁铭很可能直接诱发了后世单设墓志的出现，故早期墓志的题额、首题习惯上仍称“某某之柩”。

在以上四种墓志起源说共同作用下，产生了正规的单设墓志。现存最早的墓志雏形实物是东汉延平元年（106）九月十日《贾武仲妻马姜墓记》，墓石高46厘米，宽58.5厘米，志文180余字，内容类似于同期的墓碑碑文。随着墓志的出现，上述小墓碑、墓室题刻、刑徒葬砖、石棺柩铭渐次消失。墓志成为后世“石刻家族”中最为显赫的一员。

墓志真正的成熟普及是在南北朝时期，其中北魏墓志存世数量最多，尤以孝文帝迁都洛阳以后，埋设墓志的风气极为普遍。现存西安碑林的历代墓志共有869件，其中北魏墓志就达152件，占总数的17.5%。此外，在王壮弘《六朝墓志检要》一书中，所收北魏墓志就多达380种，西魏、东魏总共才56种，北齐、北周共67种。此外，北魏墓志绝大多数是方形或长方形的，但也有极少数是小碑形。北魏延昌二年（513）《元显儁墓志》还出现了龟形墓志，志盖（龟背）与志身（龟身）相合刻成一个逼真生动的龟形，该墓志将墓碑中碑额、碑身、龟趺三部分巧妙地融合入一盒墓志上，刻制新颖奇诡，为历代墓志中少见。（按：龟形墓志尚有1973年在陕西三原陵前公社出土的《李寿墓志》，李寿是唐太宗李世民的叔父，此志刻于唐贞观四年［630］，初出土时志石全身彩绘贴金，富丽堂皇，雕刻技艺优于《元显儁墓志》。今年又在山西出土一盒刻于隋大业三年［607］的《浩喆墓志》龟形墓志。）。此时加盖墓志已经十分流行，墓志盖上多刻朝代名称、死者官爵与姓氏，一般用篆书或楷书；志身铭文一般前冠有墓志题名，次记死者家世、生平、卒年、葬年、葬地、夫人子女情况，最后附以铭文颂辞，大多数为楷书，一般无撰书人题名。随着时代变迁，墓志的称呼亦不同，出现了许多别称，如：墓碣、墓记、墓版文、阴堂文、灵舍铭、玄堂文、玄堂志、埋铭、圹志等等，但形制、文体始终没有改变。

墓志的大小、文字的多寡、雕刻纹饰的精粗与墓主的身份地位有关。一般来说，墓志基本依照封建等级礼制，地位越高者拥有形制较大的墓志，其铭文字数较多，志盖雕刻纹饰亦较精美繁复。墓志的文体大多程式化，不外乎墓主的名讳、籍贯、世系、官职、生平、卒年、葬年、铭文等。墓志绝大多数是由墓主同时代的人撰写，所以除去那些“谀墓”之词，墓志记载的事实都具有更为真切的史料价值，同时又是书法艺术品。就书法价值而言，北魏墓志当推第一。

世俗之人死后均筑坟安葬，而僧人则多效仿西域风俗起塔埋骨。塔是一种古印度佛教建筑，最初专门用来埋存佛祖的骨灰、舍利、牙、发等遗体，成为佛教徒崇拜的对象。佛教在汉代传入中国后，僧人、佛教信徒受到西域建塔安葬佛祖遗骨的启示，将西域的佛塔转化为东土的葬塔，其外形也从印度的覆钵形（下方上圆）转变为中国的楼阁式、亭阁式、密檐式等。一般葬塔均有石刻铭文，称为“塔铭”，或嵌置在塔上，或埋放于塔下地宫。塔铭的文体、内容及埋设目的均与世俗墓志相近，区别仅在于：无盖，不加刻图案装饰，且石板多为长方形。塔铭亦有多种别称，如：塔下铭、灵塔铭、身塔铭、像塔铭、龛铭、塔记、石室铭等等。

《坡公铁如意全形拓》哈少甫藏本

仲　威

如意起源于古时爪杖，后又演变为生活器物，实际就是一种挠痒工具，俗称“不求人”。据《稗史类编》载“如意者，古之爪杖也。或用竹木削作人指爪，柄长可三尺许，或背脊有痒，手不到，用以搔爬，如人之意”，因称“如意”。同时，如意还是一种佛教法器，梵文译为阿那律陀。后来，如意逐渐分化衍生出象征吉祥的传统工艺品，一般用来欣赏、把玩和珍藏，大的有一尺多长，小的仅可握于掌心，其材质或翡翠、或紫檀、或翠玉、或琉璃，大多镶金嵌玉，雕琢精美。

《坡公铁如意拓本》哈少甫旧藏，拓本为卷轴装，三段式，中段拓片宽 56 厘米，高 36 厘米；上段题跋记宽 56 厘米，高 28.5 厘米，下段题记宽 56 厘米，高 25.5 厘米。馆藏号：Z2439。此件藏品属于名家收藏之珍器，其全形拓本技艺精湛，有见拓本如见原器之感，卷轴中前贤题跋诗句满布，洵为珍稀善本。民国十二年（1923）秋，哈少甫还曾拿出影印出版。但是，解放后此件藏品却一直下落不明，不料它却静卧上海图书馆书库数十年，锁在深闺无人识。今日之重新发现，距离此件藏品第一则吴昌硕题刻的时间，已历百年之久。

从本卷铁如意的全形拓本观之，其长约 51 厘米，手柄中段原刻阳文题记两行，约二十字，但上部文字已漫漶，仅见下截“惟金玉”、“东坡制”楷书六字，因号为“东坡铁如意”。铁如意全形拓上方的吴昌硕诗刻拓片，或出自于存放铁如意木匣之题刻。

哈少甫（1856–1934），名哈麟，字少甫，一作少夫，少孚、绍甫，号观叟、宝铁砚斋主、铁庐，晚号观津老人。祖上源出西域，回族，生于江苏南京。早年家贫而弃学经商，后发迹成为 20 世纪初上海工商界巨子，又从事古玩业，精通金石书画鉴别。因藏有宋赵忠毅铁砚、苏东坡铁如意，故以“铁庐”颜其斋。1910年上海书画研究会成立，李平书为总理，哈少甫、毛子坚为协理。1912年在杭州西湖孤山集资建题襟馆。1915 年海上题襟馆书画会会长汪洵去世后，吴昌硕继任会长，哈少甫为副会长。1915 年以古玩精品参加美国在巴拿马举办的万国博览会展出，获美国和中国工商部奖章。著有《宝铁砚斋书画》、《丙寅东山游记录》。

《坡公铁如意全形拓本》卷轴，外有吴昌硕题签：“铁如意拓本，观津藏，老缶书。”内有民国元年（1912）吴昌硕诗刻拓片以及民国十年（1921）至民国十二年（1923）何维朴、冯煦、曾熙、朱祖谋题诗题字。当年哈少甫就曾将卷轴整幅影印出版，并在印刷品的下端注明“器重库平二十八两，长工部营造尺一尺六寸，上端二寸三分，下端九分，厚二分”。影印出版以后，卷轴中还在不断地添加名家题诗题记，如：民国十二年（1923）十一月、十二月，在卷轴的上方又先后添加仇继恒题跋和伊立勋题诗，民国十六年（1927）至民国十七年（1928）年间，在卷轴的下方又添入程颂万、金蓉镜、黄宾虹题诗句。一卷在手，民国初年寓居沪上的晚清遗老、诗词领袖、艺坛宗匠尽在其中。现将本件藏品的大致内容介绍如下：

一、卷轴中段

1、铁如意全形拓片

2、吴昌硕（缶翁）诗刻拓片

东坡铁琴篆蝌蚪，东坡如意落君手。

铭辞铁铸辨八九，小印银嵌磨不朽。
既不褫奸魄扫群丑，又不珊瑚七尺轻一掊。
如意如意尔何有？
或者诗囊笠屐劳长负，琼台儋耳先生偶。
或者朝云拂拭离尘垢，禅意眉间偈在口。
请君寿我酒一斗，我试舞之不落公孙剑器后。
丧心病狂碌碌数谁某，击杀一例如击狗。
君作旁观毋掣肘，然后如意铁琴永保守。
东坡铁如意歌为少孚先生作，辛亥（1911）岁寒吴俊卿。

3、何维朴（诗孙）题字

宋苏文忠公铁如意，宝铁砚斋珍藏。辛酉（1921）小春之初为少孚先生题。维朴。

何维朴（1842 -1922），字诗孙，号盘止、盘叟、秋华居士、晚遂老人，何绍基之孙，湖南道县人。同治六年（1867）乡试副贡，历官内阁中书、协办侍读、江苏候补知府等。善书画，其画宗娄东派，其书摹其祖何绍基。辛亥革命后，寓上海盘梓山房。有《何诗孙手书诗稿》印行。

4、冯煦（蒿叟）题诗

古铁斑驳篆蝌蚪，昔年曾握东坡手。
不如意者且八九，独此铮铮能不朽。
荆公变法肆狂丑，曷不持此奋一掊。
不乃乌台一狱莫须有。
万里投荒呼负负，嗟尔如意亦与刘锸杜铲偶。
甘以坚白蒙衣垢，击节高歌挂人口。
续有诗名齐岱斗，西台谢东林赵亦有如意视此瞠乎后。
君不见台省衮衮哀谁某，供人蹴蹋如刍狗。
犹丧黄金印悬肘，输君如意长相守。
壬戌（1922）二月晦，赋东坡铁如意歌用昌硕韵，观津先生属题。八十老人煦。

冯煦（1842–1927），字梦华，号蒿庵、蒿叟、蒿隐，江苏金坛人。光绪十二年（1886）进士，授翰林院编修，历官安徽凤阳府知府、四川按察使和安徽巡抚。辛亥革命后，寓居上海以遗老自居。冯煦工诗、词、骈文，尤以词名世。著有《蒿庵类稿》、《蒿叟随笔》等。

5、曾熙（农髯）题记

髯苏笔力道，屈铁亦如意。
历劫土花斑，犹认东坡制。
癸亥（1923）夏五月，少孚先生属题。农髯曾熙。

曾熙（1861–1930），字子缉，号俟园，晚号农髯，湖南衡阳人。清光绪二十九年（1903）进士，官兵部主事、提学使、弼德院顾问，先后主讲衡阳石鼓书院、汉寿龙池书院，后任湖南教育会长。工诗文，擅书画。书法自称南宗，与李瑞清的北宗颉颃，世有“北李南曾”之说。1915年后移居上海，成为海派书画领军人物。

6、朱祖谋（孝臧）题记

雷雷斑驳，八百年来谈柄握。散发桄榔，携向南天舞一场。
指挥若定，箕口难回磨蝎命。犹胜西台，朱鸟声中击节来。
减兰。孝臧为少孚先生题。

朱祖谋（1857—1931），原名孝臧，字藿生，又字古微，号沤尹，晚号彊村，浙江归安人。光绪九年（1883）进士，历官礼部侍郎、广东学政。辛亥革命后，隐居上海。与郑文焯、樊增祥、况周颐同为晚清四大词家。时人尊之为“词坛宗匠”，誉为唐宋到近代数百年来万千词家之殿军。著有《彊村词》、《彊村语丛》。

二、卷轴上段

1、仇继恒（涞之）题跋

此铁如意，遗自坡公，与君铁砚，俨若两雄，形貌不一，坚刚则同，并寿文房，传之无穷。
奉题少孚先生宝铁砚斋所藏《坡公铁如意图》，即乞鉴正。癸亥（1923）十一月，赘园仇继恒。

仇继恒（1855-1935），字涞之，号赘园、赘叟，江苏上元人。光绪十二年（1886）进士，曾任陕西城固县知县。光绪三十年（1904）创办陕西省第一所高等学堂（现西北师院前身），任监督。善书法，书似翁同龢。著有《陕境汉江流域贸易稽核表》。

2、伊立勋（峻斋）题诗

秦皇宝器闻胡综，铜匣埋藏奚足重。
世间奇物易消沉，孰若东坡竞传诵。
非玉非犀亦非竹，铮然铁骨惊凡目。
缅想孤忠元祐时，相携谈柄随迁逐。
至今寿世已千年，配以铁砚同贞坚。
先后咏歌认图象，摩抄文字留雕镌。
我家亦守东坡砚，得自丰湖识真面。
人生翰墨有良缘，滋愧题词逊黄绢。
癸亥（1923）嘉平月奉题少孚仁兄先生所藏《东坡铁如意图》，峻斋伊立勋时年六十有八。

伊立勋（1857-1940），字熙绩，号峻斋、石琴，别署石琴老人、石琴馆主，福建宁化人，伊秉绶后人。清光绪年间任无锡知县，辛亥革命后，移居上海鬻书，民国时期著名书法家。著有《石琴吟馆题跋》。

三、卷轴下段

1、程颂万（十发）题诗

砚材尚铁古则名，石砖晶玉瓦并称。
畏庵何许镌以铭，其中凹然其外羸。
千灌万辟百什耕，传之哈翁守百城。
东坡如意藏铿铿，与砚相击歌相并。
翁兮无怀铁无争，窗风摇摇闲秋声。
况与竹石添寒盟，我歌此图翁起听，更挟如意招坡灵。
丁卯（1927）重九前五日，过少孚先生斋头观所藏坡公铁如意及畏庵所铭铁砚。逾日，翁以《宝铁砚斋图》属题，即希正句，十发居士颂万。

程颂万（1865-1932），字子大，一字鹿川，号十发居士，湖南宁乡人。因屡试未第而反感科举制度，遂热心新学。曾任湖北自强学堂（武汉大学前身）提调，后任湖北高等工艺学堂监督，兼管湖北工艺局，创办广艺兴公司、造纸厂等，还曾发明宽窄两用铁木织布机，提高织机工效。工诗词，善书法，晚年寓居上海。著有《鹿川诗集》、《石巢诗集》、《楚望阁诗集》。

2、金蓉镜（香岩）题诗

忠毅如意篆蝌蚪，谁知早落苏公手。
或遭荆舒或阳九，两家嵚崎同不朽。
李定舒亶掉百丑，诗案澜翻工击掊。
此时如意竟何有？
只如惠州秀才亦无负，归来阳羡信云偶。
浴此铁汉本无垢，平生恩怨不挂口。
玉局一星悬北斗，即论新诗不在李杜后。
后来如意舞谁某，不是妖狐即功狗。
岂如君家吉祥卧，晴窗拂拭辨跗肘。
宝章砚山鹁鸽金盆，但说博学而孱守。
戊辰（1928）四月次吴昌硕韵作歌，奉题绍甫先生铁如意拓本，即请正字。嘉兴金蓉镜书。

金蓉镜（1855-1929），又名殿丞，字学范，号殿臣、甸丞、潜庐、香严居士。光绪十五年（1889）进士。历官湖南郴州、靖州直隶州知州、永州府知县等。诗文书画皆渊雅，与陈曾寿、夏敬观、宣古愚同被誉为“近代文人画四大家”。著有《潜庐全集》、《香严庵笔记》。

3、黄宾虹（宾鸿）题句

星精耿景，玄冥效灵，乾坤正气，指挥文英。
少孚先生属正。黄宾虹题。

黄宾虹（1865-1955），初名懋质，后改名质，字朴存，号宾虹、宾鸿，别署予向、虹叟、黄山山中人，安徽歙县人。擅画山水，为山水画一代宗师。著有《黄山画家源流考》、《虹庐画谈》、《画法要旨》等。

是如意拓本，也是哈少甫朋友圈的联络图，更是一幅生动的民国初年文人间书画、金石、雅玩的精神生活场景图。群贤题诗距今已近百年，拓本卷轴又在上海图书馆尘封数十年之久，今日重现，令人欣喜。虽然她已面目全非，布满褶皱，但前贤的诗文书迹依然鲜活，仍在字字传神，句句含情，怎不教人感慨，神思无尽。

一张有故事的洪宪月份牌

张　伟

最早知道世上有“洪宪月份牌”此物，是读刘成禺的《洪宪纪事诗本事注》。那时还是在徐家汇藏书楼，读的是这部名著的首刊——1936年从第5期开始连载的《逸经》。刘成禺这组纪事诗1918年曾在北京《戊午》杂志刊发过，但有诗无注。关于这组诗的来源，刘成禺自己有过说明：“禺也少孤，未尝学问，年弱冠，远走重洋，十余年间，耳目往还皆自右至左、自左至右之文，父师所授，殆忘之矣。辛亥归国，奉事都门，世变既多，诵读亦废。寅巳之际，退处城南，僦孙退谷故宅居之，槐窗闲日，间理旧籍，时项城锐意称帝，内外骚然，朝野新语，日不暇给，遂举所闻所见，随笔记录，曰《后孙公园杂识》，存实事也。近二年来转徙广海，长夏居珠江水阁，与张君瑞玑、时君功玖、胡君衍鸾诸人间为文酒之会，偶检严遂成《明史杂咏》、厉樊榭等《南宋杂事诗》阅之。有人曰：盍仿此例为《洪宪纪事诗》若干首，附以《后孙公园杂识》，亦一代信史也。禺是其言，成诗二百余章，携归沪渎，呈王师胜之、陈师介安，及章先生太炎，均劝其详注刊行，昭明真伪；诸老辈亦多索此稿者。昔孔云亭撰《桃花扇传奇》，行间诗词，多经当代名人大半涂改。成禺此本，大雅所讥，既经老辈宏奖，后来复勘正钞，应加勒白，先刊诗二百余章，敢奉前贤，用代墨楷，得荷批审，是所锡幸。民国七年五月武昌刘成禺自记。”[1]

诗成后，刘成禺曾以此请教过章太炎，章颇为欣赏，特为作序：“禺生者，当袁氏乱政时处京华，久习闻其事，以为衰乱之迹，率自稗官杂录志之。然见之行事不如诗歌之动人也，于是为洪宪纪事诗几三百篇，细大皆录之。诗成示余，其词瑰玮可观，余所知者略备矣，后之百年，庶几作史者有所摭拾，虽袁氏亦将幸其传也。”[2]以后，孙中山也看过这组作品，有“鉴前事之得失，示来者之惩戒”[3]的中肯评语。1936年《逸经》重刊此作，由著者加注，可谓锦上添花，更显精彩。编者也颇为重视，主编谢兴尧特地在首刊的第5期“编者按”《逸话》中推荐：“刘成禺先生的《洪宪纪事诗本事注》是极名贵的诗史，久已誉满艺林。现由著者自注，陆续在本刊发表，对于洪宪伪迹，朝野秘闻，均载于此，洵为搜辑洪宪史者之难得资料[4]。”我从第5期开始，一期一期追着翻阅，看得津津有味。有一期写的正是“洪宪月份牌”：

帝岁盘龙气象佳，当今万寿字横排。圣容楹语书推戴，新旧历颁月份牌。

查书江苏图书馆，不获，馆长柳翼谋先生手示“洪宪月份牌”曰：吾子可谓射獐得鹿矣！项城出殡后，予入新华宫，诸物搬毁无遗。壁间贴有元年月份牌未毁，即撕怀而出。最名贵者，有当今皇后万寿生辰，书中华帝国元年而不书洪宪也。纸幅与常牌同，四围盘五彩龙花，上横列新旧历对照表，次横列中华帝国元年，旧历岁次丙辰，再次横列中华帝国皇帝陛下，再次中刊项城帝容。容左直联云：听四百兆人巷祝衎歌，恍亲见汉高光、唐贞观、明洪武。容右直联云：数二十世纪武功文治，将继美俄彼得、日明治、德威廉。左联之左横列当今皇上万寿，下横列小字：新历九月十六日。右联之右横列当今皇后万寿，下横列小字：新历十月二十二日。皇上万寿下横列春夏秋冬四节，自小寒至夏至。皇后万寿下横列自小暑至冬至，初中末伏日蚀。再次一长列一月至十二月。再次排代行立法院决定君宪推戴今大总统为皇帝咨文、全国国民大会总代表第一次推戴书、全国国民大会总代表第二次推戴书，三种全文。按元年元旦宣布洪宪帝号，月份牌刊布于元旦前，故只书中华帝国元年。此种月份牌宫内刊用，外间绝少流传。丙子四月二日成禺记｛丹

[1] 载1934年《禺生四唱》之《洪宪纪事诗》尾记。

[2] 章太炎《洪宪纪事诗题辞》，载1934年《禺生四唱》。

[3] 孙中山《洪宪纪事诗跋》，载1934年《禺生四唱》。

[4] 《编者按》，载1936年5月5日《逸经》第5期。

徒柳诒徵阅证}。[5]

诗歌这种体裁，决定了它言不尽意，贵有余韵的特点，而“纪事诗”因历史赋予的丰富内涵，更难言明说清。故“纪事诗”这类作品，读者看重的往往是诗后的注，也即诗外附带的情节说明：本不知道的藉此增长知识，原先知晓的体味故事背后的奥妙，有兴趣研究的则从中发掘宝藏；或言一般人欣赏的是其中的故事，而研究者则对其中的史料更感兴趣，视之为第一手文献。刘成禺的《洪宪纪事诗》虽然有名，但若无注，其价值则大打折扣。以此篇而言，诗仅平常，注则出色，非亲历者不能言，其中细节颇可玩味。诗注不但简述了“洪宪月份牌”的来历和柳诒徵得到此牌的经过，还绘声绘影描摹了月份牌的形状和内容，让读者如临其境。文中制版有这幅月份牌的照片，虽然图是黑白的，印得也有些模糊，但总算得以一睹“洪宪皇帝的御容”，算是开了眼界。后来又有机会读到《洪宪纪事诗本事注》的初版单行本[6]，抗战期间于重庆由京华印书馆刊行，虽因条件限制未能附图，但对这幅被刘成禺称为“外间绝少流传”的“洪宪月份牌”印象却更深了。

得陇望蜀可能是人的天性，自看了《洪宪纪事诗本事注》后，一直惦记着能一睹这幅月份牌的真容。近三十年来古董摊和拍卖会跑了不少，相关月份牌的专著和图录也几乎一本没落下，但这样的机会不仅一次没有，就连相关的叙述也踪迹全无。期望似乎变成了奢望，但既然柳诒徵和刘成禺早在八十年前就说过此物“外间绝少流传”，八十年后这样的机会当然就更少了，我只能这样安慰自己。谁知近日福缘突降，我的两位年轻同事黄薇和徐锦华在整理近代基督教文献时，意外在航头书库徐家汇藏书楼旧藏中发现了此物，拿来给我看，见之不禁喜出望外；更令人惊喜的是上面竟然还有名人题跋，似乎喜事真的讲究成双作对。

这张“洪宪月份牌”上的字迹是一个叫“渔珊”的人题写的，共有两段，分别题写在月份牌的两边。先将他的题跋抄录于下：

> 此表于民国五年五月中旬由北京马公相伯寄来，据说本为袁世凯登极分赠大小官员之物。不幸自洪宪纪元历八十二日之久（一月元旦起至三月二十三日止），帝制竟行取消，此表已在消除禁品之内。马公寄至本汇藏书楼，命璜珍藏之，以为后世纪念品之希有物云。渔珊识。

> 袁世凯自帝制取消后因各省纷纷独立，忧郁成病，六日午前十时四十五分，以患尿毒症暴卒。噫！帝制之自害害人，卒得如此结局，是谁之过欤？

熟悉天主教会在华历史的人一看就知这位“渔珊”即曾担任过徐家汇藏书楼主任的张璜，他也是天主教会的神父。

张璜（1852–1929），字渔珊。耶稣会士，上海徐家汇天主教堂司铎，曾任《圣心报》副主编，徐家汇藏书楼主任等职。张璜圣名玛弟亚，故其法文著作署名为 Mathias Tchang。其学问渊博，但生平事迹少为人知，方豪《中国天主教史人物传》虽列有张璜小传，惟多系其著作的简介，关于他的生平则几未涉及，甚至于他的籍贯，也仅言“不详，似系江苏人”，引为憾事。所幸法国汉学家伯希和（Paul Pelliot，1878–1945）曾用法文介绍过张璜的简历，据此可知他生于 1852 年（清咸丰二年）2 月 24 日，1893 年（光绪十九年）9 月 1 日入耶稣会，曾参加上海土山湾孤儿工艺院的工作，卒于 1929 年 5 月 3 日，享年 78 岁。在江南教区耶稣会中国籍司铎中，张璜堪称其中佼佼者，当时的汉学家无人不知他的大名。张璜著有《欧亚纪元合表》（或译为《中国纪年》）、《吴历渔山》（或译作《墨井书画集》，与 Simon A. Cunba 神父合著）等，而以《梁代陵墓考》影响最大，被学界认为是最早真正以现代学术方法对南朝陵墓神道石刻进行研究的一部开拓性著作，对卫聚贤、维克多·谢阁兰（Victor Segalen, 1878–1919, 法国汉学家）等中外著名学者都产生过重要影响[7]。张璜的上述三部著作在《汉学丛书》中编号为第 24 号、第 33 号、第 37 号，分别于光绪三十一年（1905）、民国元年（1912）、民国三年（1914）出版，均为法文著作，由土山湾印书馆出版；其中《梁代陵墓考》一书 1930 年由李卓译为中文。此外，还有《明孝陵志》、《土话书》、《圣女婴孩耶稣德肋撒传略》等书行世。

[5] 刘成禺在《逸经》上刊出的这首诗经过修改，几乎重写，1934 年《禺生四唱》上这首诗是这样的：重颁正朔万民瞻，帝貌庄严卷首添。里巷传呼收旧历，中华五色改题签。

[6] 刘成禺《洪宪纪事诗本事注》单行本改名为《洪宪纪事诗本事簿注》，抗战期间在重庆出版，由京华印书馆刊行。

[7] 参见王志高《南朝陵墓神道石刻研究的开山之作——张璜〈梁代陵墓考〉评介》，载《南京史志》2010 年第 1 期。

在张璜所有著作中，名声最著的却是一本名为《徐汇纪略》的小册子，今天，张璜的名字之所以还屡被人提起，可能多半是拜此书所赐。此书 1914 年 9 月由土山湾印书馆出版，专记上海徐家汇地区的历史渊源及天主教堂和周边地区附属机构的沿革情况。全书初分十一节，后屡经增补，成二十余节，1933 年重版，今人所见，多为这个增补本。《徐汇纪略》文字简洁，材料详实，且每节均附有照片，今日谈徐家汇、土山湾者，材料多征引自此书。

方豪猜测张璜“似系江苏人”，可能曾经就此打听过，笔者不能确证。这个猜测实有道理，张璜可以说是江苏人，但因江苏和上海之间特殊的历史渊源关系，他又可以说是一个地地道道的上海人。张璜曾自称“铁沙渔珊”，铁沙系川沙（今上海浦东新区东南）之别称。川沙镇历史上一直属于江苏省南汇县，辛亥革命后始设置川沙县。1958 年 12 月，川沙从江苏省划出，改属上海管辖。1993 年，川沙县建制撤消，并入新成立的浦东新区；而南汇则在 2001 年撤县建区，并于 2009 年 5 月亦并入浦东新区。

马相伯不愧为大学者，目光敏锐，视野广阔，一眼就看到了此物的价值：一是能作为一时代之佐证实物；二是存世极罕，具有文物价值。此即所谓“以为后世纪念品之希有物”也。他亲手将这张“洪宪月份牌”从北京寄回上海，指定由徐家汇藏书楼收藏，并叮嘱藏书楼主任张璜好好保管；而张璜不但不辱使命，且亲笔题跋，将此物流传过程记述下来，留下了一段历史珍闻。

笔者供职于图书馆，平时有讲究版本的职业习惯。这次也未能免习，在将藏书楼和柳诒徵所藏两幅月份牌对比之后不禁大吃一惊，两幅月份牌居然也有版本差异，月份牌四周的“五彩龙花”有异还是小事，两幅月份牌上的袁世凯“御容照”并非同一张，而且脸部朝向居然是相反的，柳诒徵藏本朝左，马相伯得到的那张朝右。这就令人费解了，难道这里面也有什么玄机不成？笔者百思不得其解，在此请教高手。

有人认为，这张洪宪月份牌是袁世凯复辟帝制的铁证，很重要。我倒觉得不必说什么铁证。袁世凯复辟帝制，欲当皇帝，本身就是事实存在，似乎也没有人否认，故根本就不需要什么铁证来证明。只是任何一件事总需要一些物化的东西来支撑，需要细节来丰富，这就是文献的功能了，而这张洪宪月份牌就是这样一件难得的文献，而且由于存世罕见，上面还有名人题跋，细述详由，所谓流传有序，当然就更显其价值了。

《坡公铁如意全形拓》哈少甫藏本

“东坡铁如意”为名家收藏之珍器，其全形拓本技艺精湛，有见拓本如见原器之感，卷轴中前贤题跋诗句满布，洵为珍稀善本。铁如意全形拓上方的吴昌硕诗刻拓片，或出自于存放铁如意木匣之题刻。民国十二年（1923）秋，哈少甫曾经将其影印出版。

人物生平参见《哈少甫先生讣告》条。

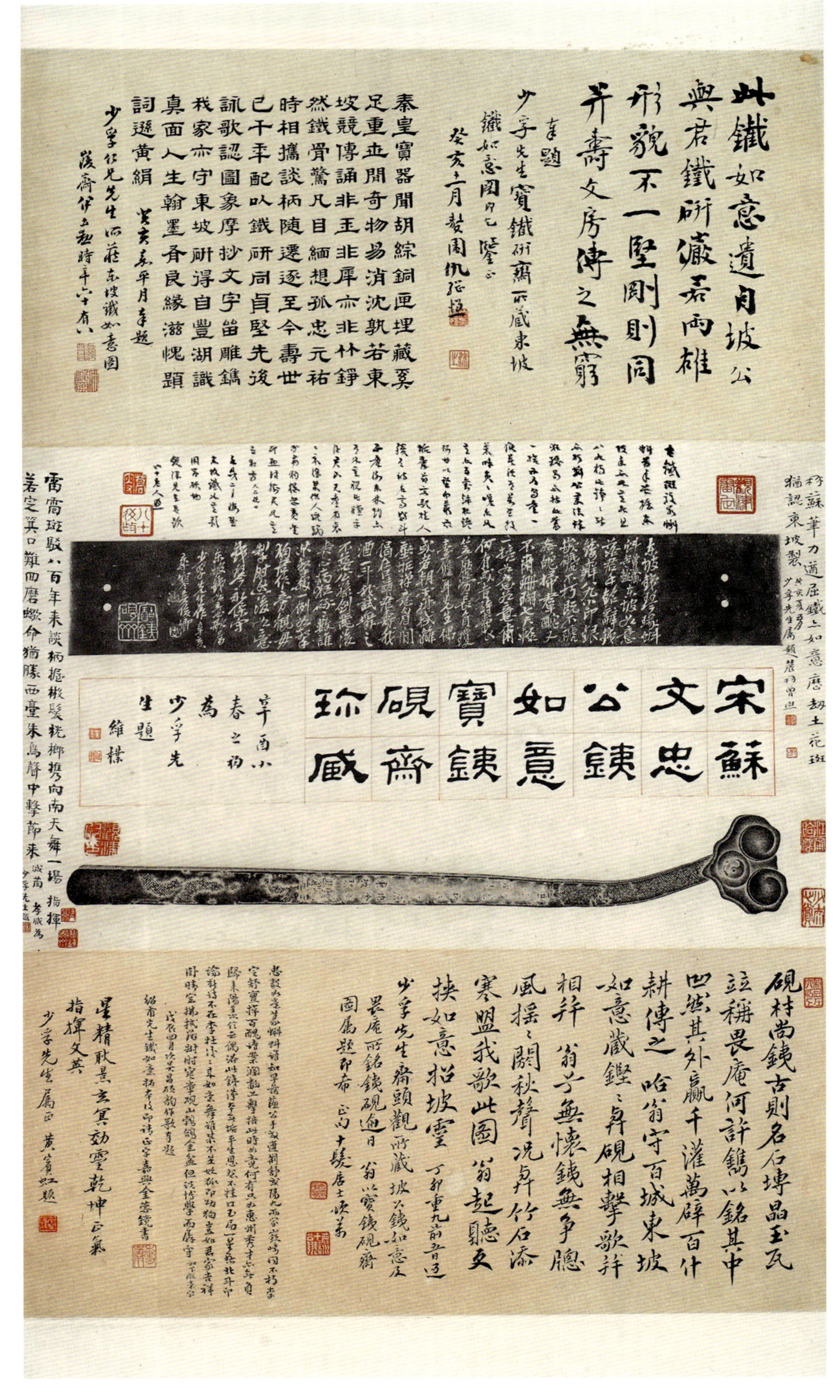

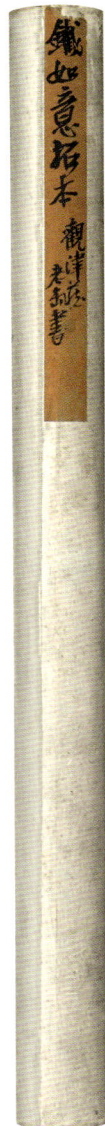

李鸿章神道碑

《李文忠公神道碑》，吴汝纶撰文，于式枚楷书，俞樾篆额，杨中孚刻碑。光绪二十九年（1903）二月十八日刻立于合肥。中国近代史上最具争议、最具影响的晚清军政重臣的“盖棺论定”，尽在其中。

人物生平参见《合肥相国七十赐寿图》条。

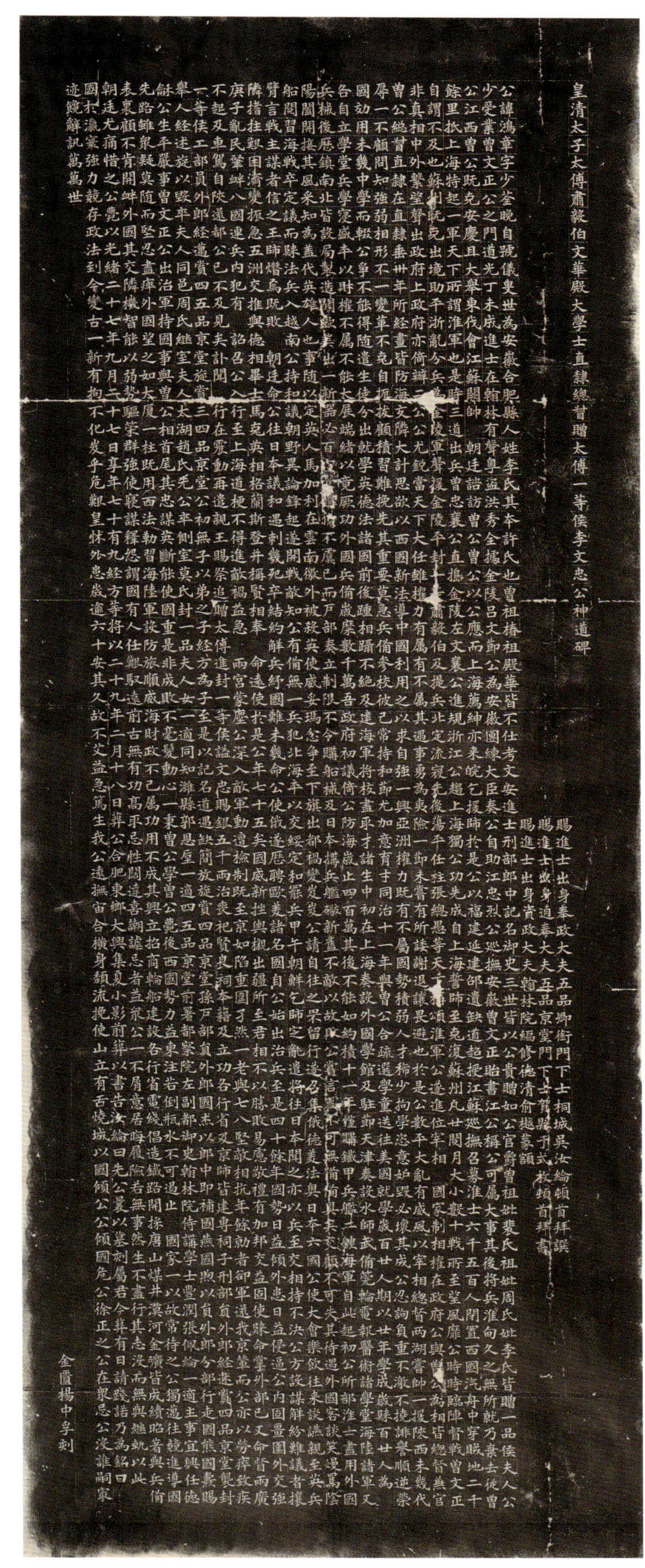

皇清太子太傅肅毅伯文華殿大學士直隸總督贈太傅一等侯李文忠公神道碑

金匱楊中孚刻

皇清太子太傅肅毅伯文華殿大學士直隸總督贈太傅一等侯李文忠公神道碑

賜進士出身奉政大夫五品
賜進士出身通奉大夫五品
賜進士出身資政大夫翰林

公諱鴻章字少荃晚自號儀叟世為安徽合肥縣人姓李氏其本許氏也曾祖椿祖殿華皆不仕考文安進士刑部郎中記名御史三
少受業曾文正公之門道光丁未成進士在翰林有聲粵盜洪秀全據金陵吕文節公為安徽團練大臣奏公自助江忠烈公巡撫安
公江西曾公既克安慶且大舉東伐會江蘇闔帥 朝廷詔訪曾公曾公以公應而上海薦紳亦來皖乞援師於是公以福建延建
餘里抵上海特起一軍天下所謂淮軍也是時三道出兵曾忠襄公直擣金陵左文襄公進規浙江公趨上海獨公功先成自上海誓
自謂不及也蘇州既克出境助平浙亂分兵為金陵軍聲援金陵平封一等肅毅伯及提兵北定流寇先後蕩平任柱張總愚等天
非真相中外繫望聲出政府上政府亦倚辦二公公尤銳當天下大任雖權力有屬有不屬其遇事勇為夷險一節未嘗有所諉謝退
曾公總督直隸在直隸垂卅年所經畫皆防海交隣大計思欲以西國新法導中國利用之以求自強一興亞洲權力既有不屬國勢
辱一不顧問知強弱相形不一變革不免自拒拔顧積習難挽先其重要莫急兵備參校彼己常持和節尤加意育才同治十一年與
國効用未幾中學而輟公爭不能得隨遣生徒分出就學英德法諸國前後踵相躡不絕及建海軍將校盡取才諸生中初在上海奏設
各自立學堂兵學寖盛率以財權不屬不能大展端緒以竟厥功外國兵備歲糜數千萬吾政府初議倚公防海歲止四百萬其後不能
兵械後歷鎮南北皆設局製造聞歐美出一新器必百[illegible]營[illegible]備不虞已而戶部奏立制限不令購船械及日本搆兵艦礮新舊不敵以
陽闔開接其風采知為蓋代英雄人也事隨以定英人馬加利在雲南徼外被殺英使威妥瑪忿爭至下旗出都禍變岌岌公請自往
船閱習海戰卒定議而肄法兵入越 南公持和議朝野異論鋒起遂開戰敵知公有備無一兵犯北海卒以交綏定和罷兵甲午朝鮮
臂言戰主謀者信之王師熸焉既敗 朝廷命公往日本議和遇刺幾死卒結約解兵紓國難未幾命公使俄遂歷聘歐美諸名國自
隣措拄艱困濟變振急五洲交推與德相畢士馬克英相格蘭斯登并稱賢相奉 命遠使於是公年七十五矣國威新挫輿櫬出疆
庚子亂民肇衅八國連兵內犯有 詔召公入行至上海道梗不得進敵禍益急 兩宮蒙塵公深入敵軍動遭撿制既至京如陷重
不起及車駕自陝還都公已不及見矣訃聞 行在震動再遣親王賜祭追贈太傅進封一等侯謚文忠賜銀五千兩治喪祀賢良祠
一等侯工部員外郎經邁賞四五品京堂旋賞三四品京堂公初無子以弟之子經方為子至是以記名道遇缺簡放旋賞四品京堂
舉人經述旋以毀卒夫人同邑周氏繼室夫人太湖趙氏先公卒側室莫氏封一品夫人女一適同知灘縣郭恩垕一適四五品京堂
龢公生平嚴事曾文正公出治軍持國事與曾公相首尾其忠謀英斷能使國重是非成敗不毫髮動心一秉曾公學曾公薨後西國
先路雖眾疑莫隨而堅忍盡瘁外國望之如大廈一柱既用西法勒習海陸軍設防旅順威海財政不己屬功用不成其興立招商輪
表裏顧不肯開衅外國其交隣機智能以弱勢驅策群強使寢謀釋怨謂國有人任艱馭遠前古無有功高取忌性闊達喜謿詆忌者
朝廷尤痛惜之公薨以光緒二十七年九月二十七日享年七十有九經方等將以二十九年二月十八日葬公合肥東鄉大興集夏
國於瀛寰強力競存政法到今變古一新有拘不化岌乎危艱皇怵外患嵗逾六十安其久故不艾益急篤生我公遠撫宙合橫身頽
迹饒辭訊萬萬世

忠公神道碑

賜進士出身奉政大夫五品卿銜門下士桐城吳汝綸頓首拜譔
賜進士出身通奉大夫五品京堂門下士賀縣于式枚頓首拜書
賜進士出身資政大夫翰林院編修德清俞樾篆額

也曾祖椿祖殿華皆不仕考文安進士刑部郎中記名御史三世皆以公貴贈如公官爵曾祖妣裴氏祖妣周氏妣李氏皆贈一品侯夫人公
金陵呂文節公為安徽團練大臣奏公自助江忠烈公巡撫安徽曾文正貽書江公稱公可屬大事其後將兵淮甸久之無所就乃棄去從曾
公以公應而上海薦紳亦來皖乞援師於是公以福建延建邵遺缺道超授江蘇巡撫召募淮士六千五百人閒置西國汽舟中穿賊地二千
攜金陵左文襄公進規浙江公趨上海獨公功先成自上海誓師至克復蘇州凡廿閱月大小數十戰所至望風靡公時時臨陣督戰曾文正
十□肅毅伯及提兵北定流寇先後蕩平任柱張總愚等天下稱頌淮軍公遂進位宰相 國家制相權在政府公與曾公為相皆總督兼官
雖權力有屬有不屬其遇事勇為夷險一節未嘗有所諉謝退讓畏避也於是公數平大亂有威風以宰相總督兩湖嘗帥一援陝西未幾代
新法導中國利用之以求自強一興亞洲權力既有不屬國勢積弱人才稀少拘學恣意妒毀必壞其成公忍詬負重不激不撓誹譽順逆榮
要莫急兵備參校彼己常持和節尤加意育才同治十一年與曾公合疏選學童送往美國就學歲百廿人期以廿年學成歲肄百廿人為
前後踵相躡不絕及建海軍將校盡取才諸生中初在上海奏設外國學館及駐節天津奏設水師武備笎輪電報醫術諸學堂海陸諸軍又
兵備歲糜數千萬吾政府初議倚公防海歲止四百萬其後不能如約積十一年僅購鐵甲兵艦二艘海軍自此起初公所部淮士盡用外國
已而戶部奏立制限不令購船械及日本構兵艦礮新盡不敵以故敗公嘗言國不可無備備具矣交顧不可失其待遇外國客談笑嫚罵陰
徼外被殺英使威妥瑪忿爭至下旗出都禍變岌岌公請自往之眾留行遂召集俄德美法與日本六國公使大會樂飲往來談讌親至英兵
戰敵知公有備無一兵犯北海卒以交綏定和罷兵甲午朝鮮乞師定亂遣將往日本聞之亦以兵至交相持不決公方設謀解紛難議者攘
死卒結約鮮兵紓國難未幾命公使俄遂歷聘歐美諸名國自公始出治兵至是四十餘年國勢日益傾外患日益侵逼公內固疆圉外交強
擁賢相奉 命遠使於是公年七十五矣國威新挫與櫬出疆所至君相不以勝敗易慮敬禮有加邦交益固使歸命掌外部已又命督兩廣
敵禍益急 兩宮蒙塵公深入敵軍動遭檢制既至京如陷重圍孑然一老與七八堅敵相抗年餘勍者卻軍還我京輦而公亦以勞瘁致疾
宗追贈太傅進封一等侯謚文忠賜銀五千兩治喪祀賢良祠本籍及立功各行省及京師皆建專祠子刑部員外郎經進賞四品京堂襲封
以弟之子經方為子至是以記名道遇缺簡放旋賞四品京堂孫戶部員外郎國杰以郎中即補國燕國煦以員外郎分部行走國熊國壽賜
吳氏封一品夫人女一適同知濰縣郭恩垕一適四五品京堂前署都察院左副都御史翰林院侍講學士豐潤張佩綸一適主事宜興任德
服使國重是非成敗不毫髮動心一秉曾公學曾公薨後西國勢力益東注若倒瓶水不可遏止 國家一以故常待之公獨邁往競進導國
海陸軍設防旅順威海財政不己屬功用不成其興立招商輪船建設各行省電綫倡造鐵路開採唐山煤井漠河金礦皆成績昭著與兵備
請國有人任艱馭遠前古無有功高眾忌性闊達喜謿謔忌者益眾公一不屑意居晦履險若無事然生不盡行其志沒而無與繼軌以此
經方等將以二十九年二月十八日葬公合肥東鄉大興集夏小影前葬以書告汝綸曰先公曩以墓刻屬君今葬有日請踐諾乃為銘曰
忠歲逾六十安其久故不艾益急篤生我公遠撫宙合橫身頹流挽使山立有舌燒城以國傾公公傾國危公徐正之公在眾忌公沒誰嗣家

金匱楊中孚刻

秋瑾墓表

《鉴湖女侠秋君墓表》，徐自华撰文，吴芝瑛楷书。光绪三十三年（1907）十一月刻立于杭州西泠桥侧。“人生处世，当匡济艰危，以吐抱负，宁能米盐琐屑终其身乎”的豪言壮语，至今回荡在中华大地。

人物生平参见《鉴湖女侠墓碑附有关资料》条。

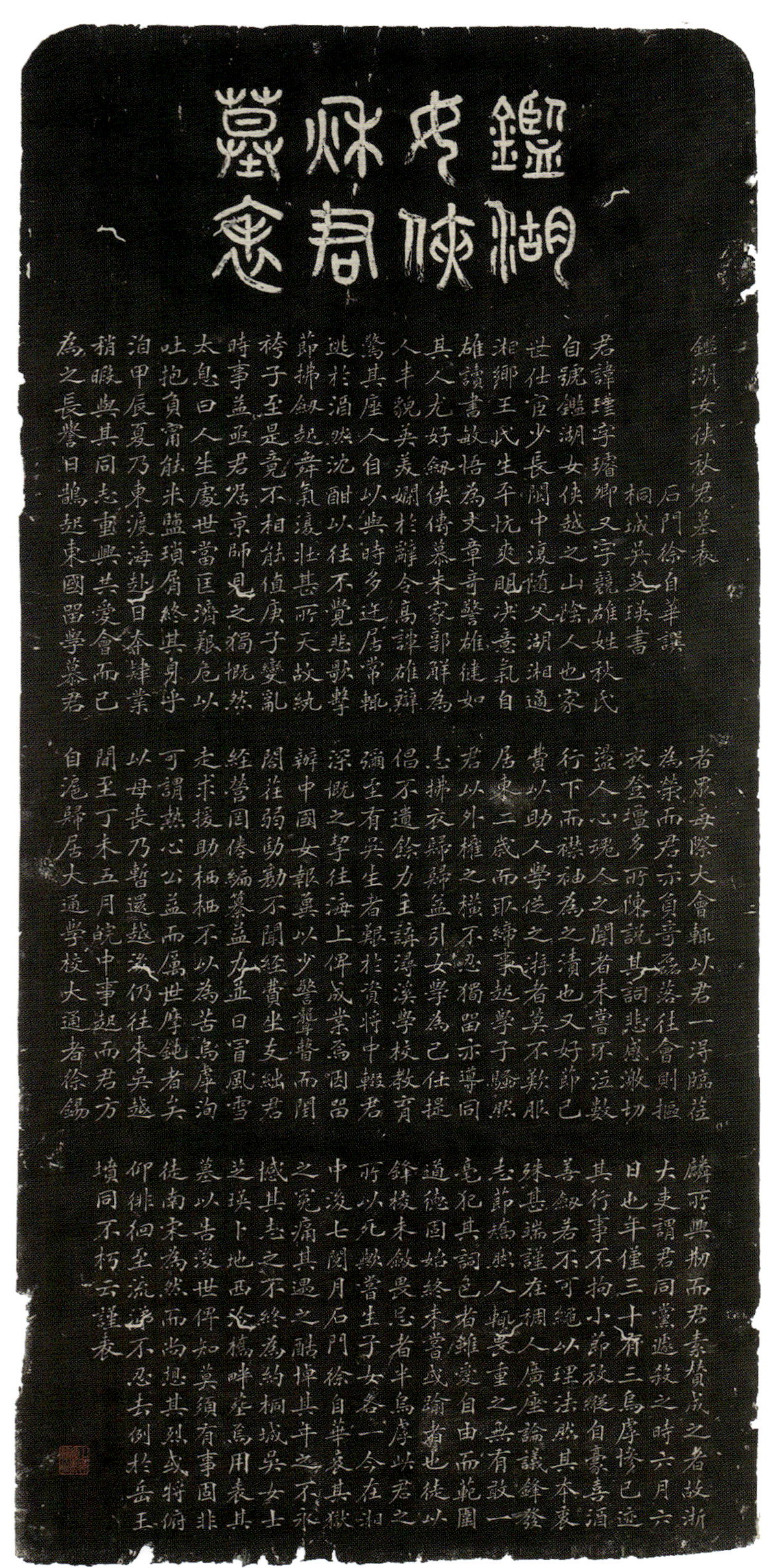
鑑湖女俠秋君墓

鑑湖女俠秋君墓表

石門徐自華撰　桐城吳芝瑛書

君諱瑾字璿卿又字競雄姓秋氏自號鑑湖女俠越之山陰人也家世仕宦少長閨中隨父湖湘適湘鄉王氏生平伉爽明決意氣自雄讀書敏悟爲文章奇警雄健如其人尤好劍俠傳慕朱家郭解爲人善貌美姿嫺於辭令高談雄辯驚其座人自以與時多迕居常輒逃於酒然沈酣以往不覺悲歌擊節拂劍起舞氣浚壯甚所天故紈袴子至是竟不相能值庚子變亂時事益亟君居京師見之獨慨然太息曰人生處世當匡濟艱危以吐抱負寧能米鹽瑣屑終其身乎洎甲辰夏乃東渡海赴日本肄業稍暇與其同志重興共愛會而已爲之長譽日鵲起東國留學界慕君者衆每際大會輒以君一得臨蒞爲榮而君亦負奇爲落往會則抵衣登壇多所陳說其詞悲感激切盪人心魂人之聞者未嘗不泣數行下而襟袖爲之漬也又好節己貴以助人學徒之將者莫不歎服居東二歲而取締事起學子騷然君以外權之横不忍獨留亦導同志拂衣歸歸益引女學爲己任提倡不遺餘力主講潯溪學校教育彌至有吳生者艱於資將中輟君深慨之挈往海上俾成業爲固留辦中國女報冀以少警聾聵而閨閣荏弱動勤不聞經費坐支絀君經營周備編纂益力且日冒風雪走求援助栖栖不以爲苦爲摩洵可謂熱心公益而屬世摩鈍者矣以母喪乃暫還越後仍往來吳越間至丁未五月皖中事起而君方自滬歸居大通學校大通者徐錫麟所興辦而君素贊成之者故浙大吏謂君同黨遽殺之時六月六日也年僅三十有三嗚呼慘已逆其行事不拘小節放縱自豪喜酒善劍若不可繩以理法然其本衷殊甚端謹在祖人廣座論議鋒發志節嶠然人輒畏重之無有敢一毫犯其詞色者雖愛自由而範圍道德固始終未嘗或踰者也徒以鋒棱未斂畏忌者半嗚呼此君之所以死歟嘗生子女各一今在湘中後七閱月石門徐自華哀其獄之冤痛其遇之酷悼其年之不永憾其志之不終爲約桐城吳女士芝瑛卜地西泠橋畔產爲用表其墓以告後世俾知莫須有事固非徒南宋爲然而尚想其烈或將俯仰徘徊至流涕不忍去例於岳王墳同不朽云謹表

中山陵墓奠基石

奠基石上刻“中华民国十五年三月十二日中国国民党为总理孙先生陵墓行奠基礼”。由谭延闿楷书。1926年3月12日，既是孙中山先生逝世一周年纪念日，又是中山陵举行奠基典礼的日子。下午3时，宋庆龄、孙科以及社会各界代表共约3000人出席。大家一同高呼：“孙先生不死！”“孙先生主义万岁！”

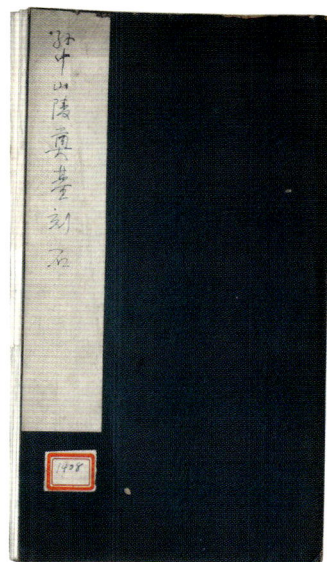

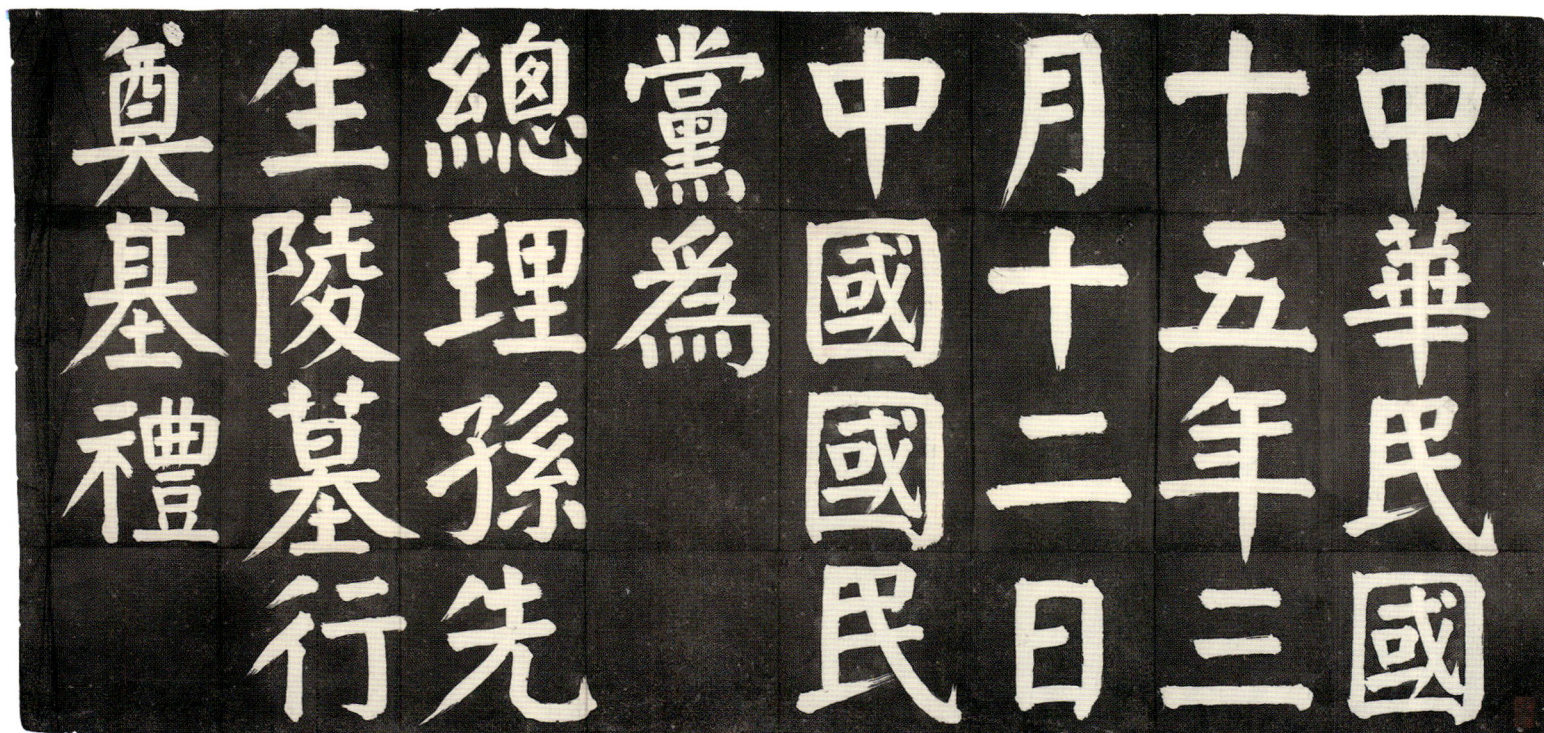

人物生平参见《孙中山年谱》条。

中華民國十五年三月十二日中國國民黨為總理孫先生陵墓行奠基禮

王国维墓志

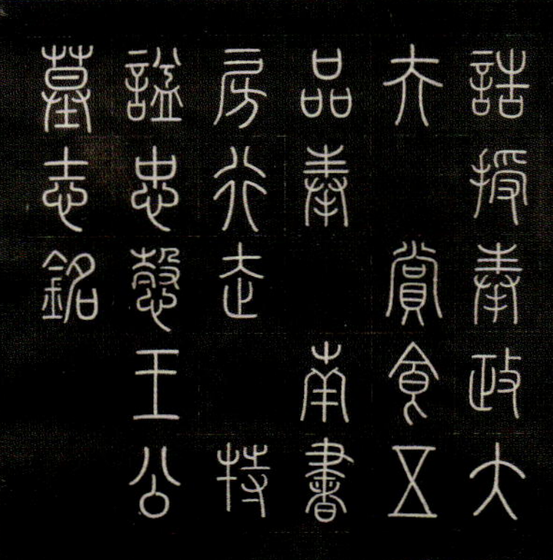

《忠悫王公墓志铭》，杨钟羲撰文，袁励准楷书并篆盖，宋德裕刻石。民国十六年（1927）七月十七日葬于北京海淀区清华园。杨钟羲在王国维自沉之次晨，首至颐和园鱼藻轩望尸而哭，挽诗亦沉痛。凡一种文化值衰落之时，为此文化所化之人必感苦痛，其表现此文化之程量愈宏，则其所受之苦痛亦愈甚。

人物生平参见《王静安先生年谱》条。

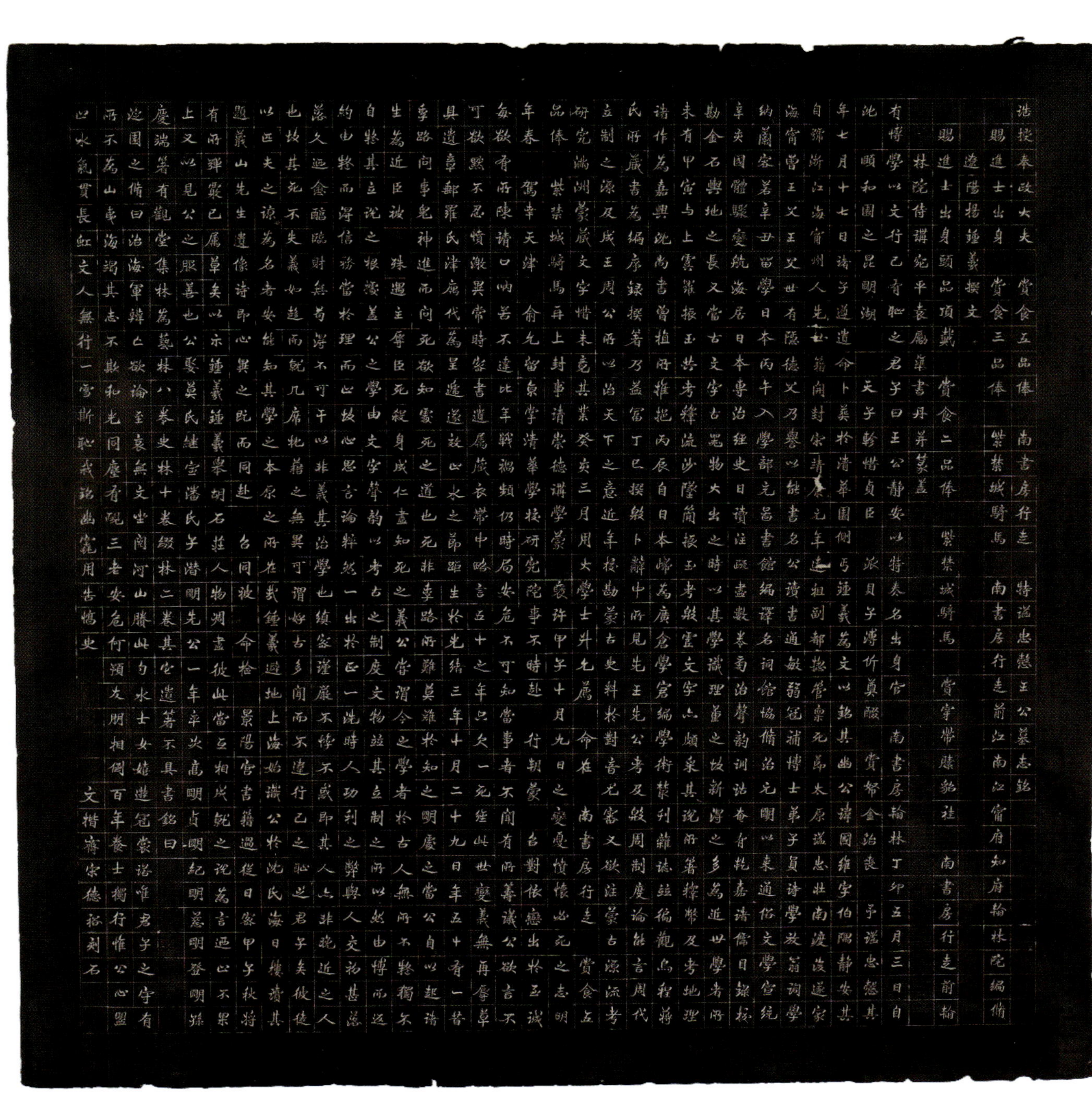

史量才墓志

《史君墓志铭》，章炳麟撰文，陈陶遗楷书，沈恩孚篆盖，孙仲渊刻石。民国二十五年（1936）葬于杭州天马山。章太炎以“史氏之直，肇自子鱼，子承其流，奋笔不纡”来赞誉其“办报治史”的担当与独立。

人物生平参见《史量才先生讣告》条。

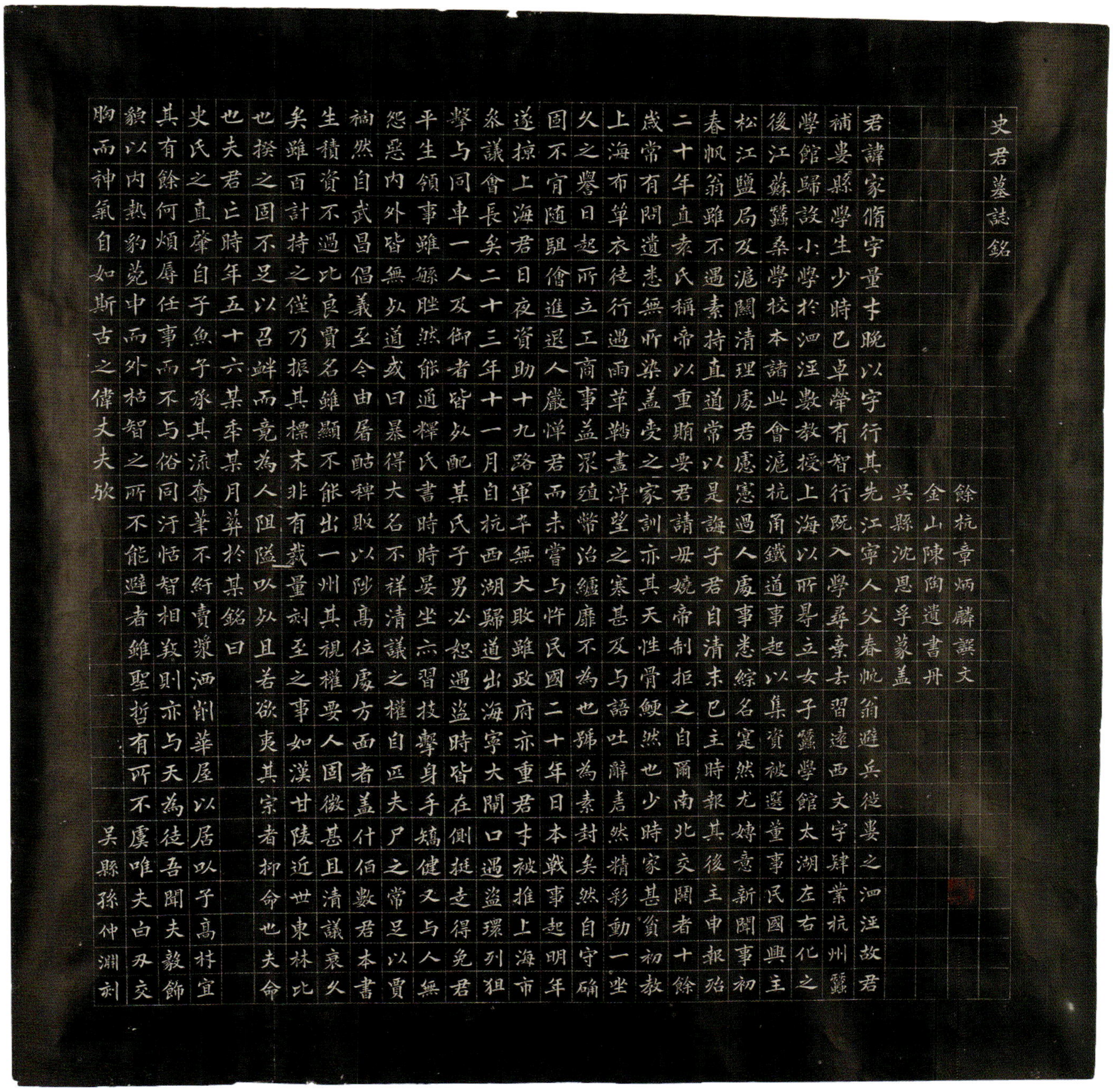

史君墓誌銘
餘杭章炳麟譔文
金山陳陶遺書丹
吳縣沈恩孚篆蓋
君諱家脩字量才晚以字行其先江寧人父春帆翁避兵徙婁之泗涇故君
補婁縣學生少時已卓犖有智行既入學棄去習遠西文字肄業杭州蠶
學館歸設小學於泗涇數教授上海以所得立女子蠶學館太湖左右化之
後江蘇蠶桑學校本諸此會滬杭甬鐵道事起以集資被選董事民國興主
松江鹽局及滬關清理處君慮憲過人處事悉綜名寔然尤婞意新聞事初
春帆翁雖不遇素持直道常以是誨子君自清末已主時報其後主申報殆
二十年直袁氏稱帝以重賄要君請毋嬈帝制拒之自爾南北交鬨者十餘
歲常有聞遺悉無所染蓋受之家訓亦其天性骨鯁然也少時家甚貧初教
上海布單衣徒行過雨革鞜盡淖望之寒甚及與語吐辭者然精彩動一坐
久之譽日起所立工商事益眾殖帑治纏靡不為也豨為素封矣然自守确
固不宥隨騶儈進退人嚴憚君而未嘗與忤民國二十年日本戰事起明年
遂掠上海君日夜資助十九路軍卒無大敗雖政府亦重君才被推上海市
參議會長矣二十三年十一月自杭西湖歸道出海寧大閘口遇盜環列狙
擊與同車一人及御者皆死配某氏子男必恕遇盜時皆在側挺走得免君
平生領事雖繇胜然能通釋氏書時時晏坐亦習技擊身手矯健又與人無
怨惡內外皆無以道或曰暴得大名不祥清議之權自匹夫尸之常足以貫
禍然自武昌倡義至今由屠酤稗販以陟高位處方面者蓋什佰數君本書
生積資不過比良賈名雖顯不能出一州其視權要人固微甚且清議衰久
矣雖百計持之從乃振其標末非有裁量刻至之事如漢甘陵近世東林比
也揆之固不足以召衅而竟為人阻隘以死且若欲夷其宗者抑命也夫命
也夫君亡時年五十六某季某月葬於某銘曰
史氏之直肇自子魚子承其流奮筆不紆賁漿洒削華屋以居以予高抃宜
其有餘何煩辱任事而不與俗同汙恬智相羲則亦與天為徒吾聞夫毅飾
貌以內熱豹蒞中而外枯智之所不能避者雖聖哲有所不虞唯夫白刃交
胸而神氣自如斯古之偉丈夫歟
吳縣孫仲淵刻

张謇荷锄图

单林绘制《张季子荷锄图》，题跋者有翁同龢、沈曾植、黄绍箕、丁立钧、郑孝胥、陈三立、徐乃昌、蒋锡绅等，皆一时之选。1948 年，此图由铁笔高手黄怀觉刊刻入石。名画，名题，名刻，堪称“三绝”。翁同龢诗曰：“平生张季子，忠孝本诗书。每饭常忧国，无言亦起予。才高还缜密，志远转迂疏。一水分南北，劳君独荷锄。”最具定评。

人物生平参见《啬翁自订年谱》条。

新旧历对照表

1915 年 12 月，袁世凯预备称帝，并宣布次年为洪宪元年，此表本为袁世凯登极日分赠各大小官员之物，不想洪宪纪元历八十二日夭折，帝制取消，此表亦遭销毁，存世稀少。

人物生平参见《袁世凯年谱》条。

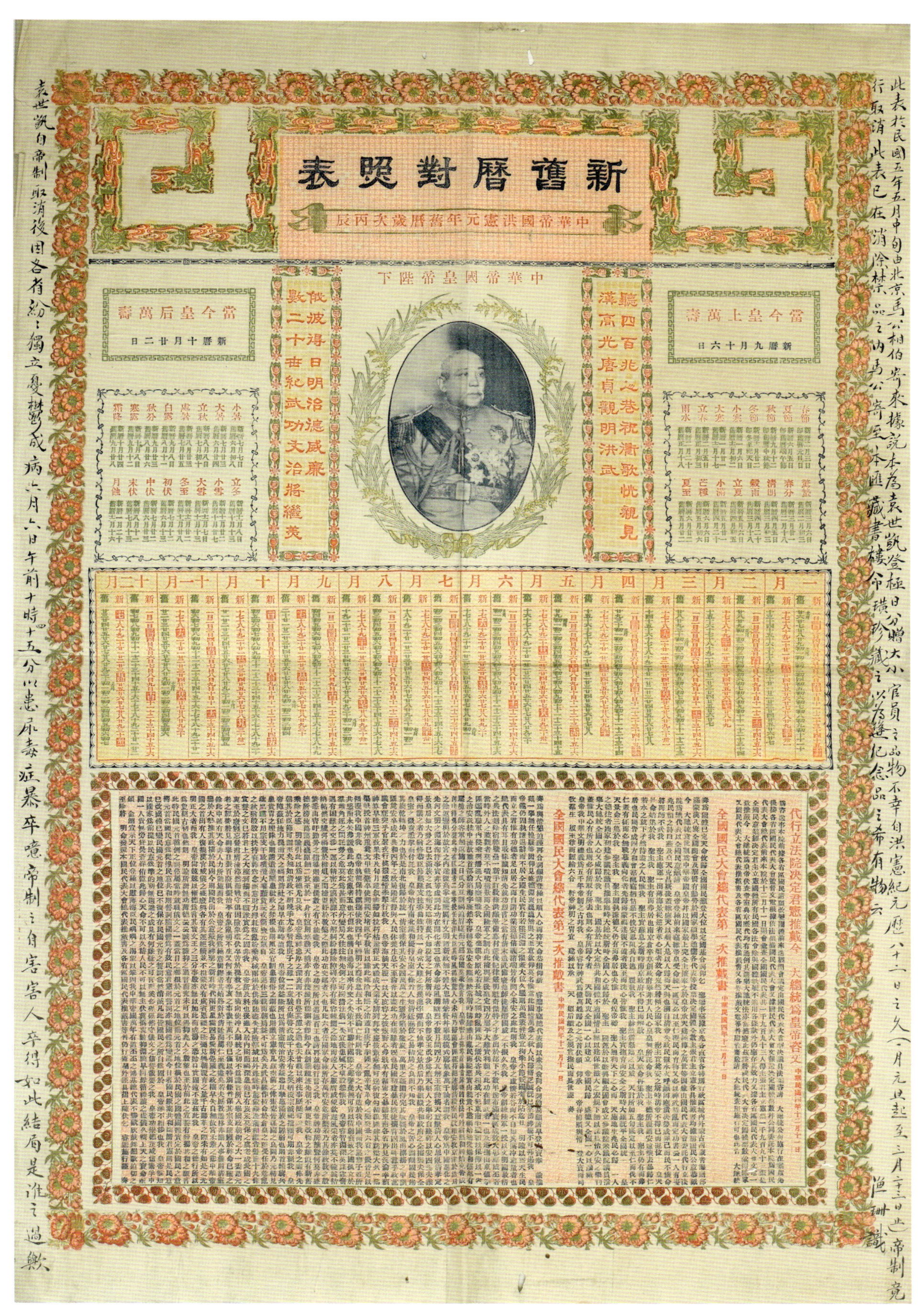

袁世凯与中华民国

白蕉编著，人文月刊社 1936 年出版。一册。为袁世凯传记，笔墨着重于民国初年传主的政治生涯。目录为：绪论、辛亥革命起后至任大总统时之袁世凯、二次革命前后之袁世凯、洪宪帝制前后之袁世凯、余论、江东阿斗志、后记。前有沈若婴序和黄炎培序。

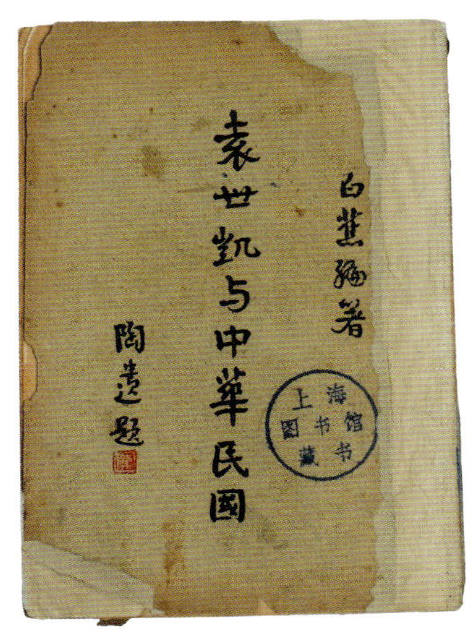

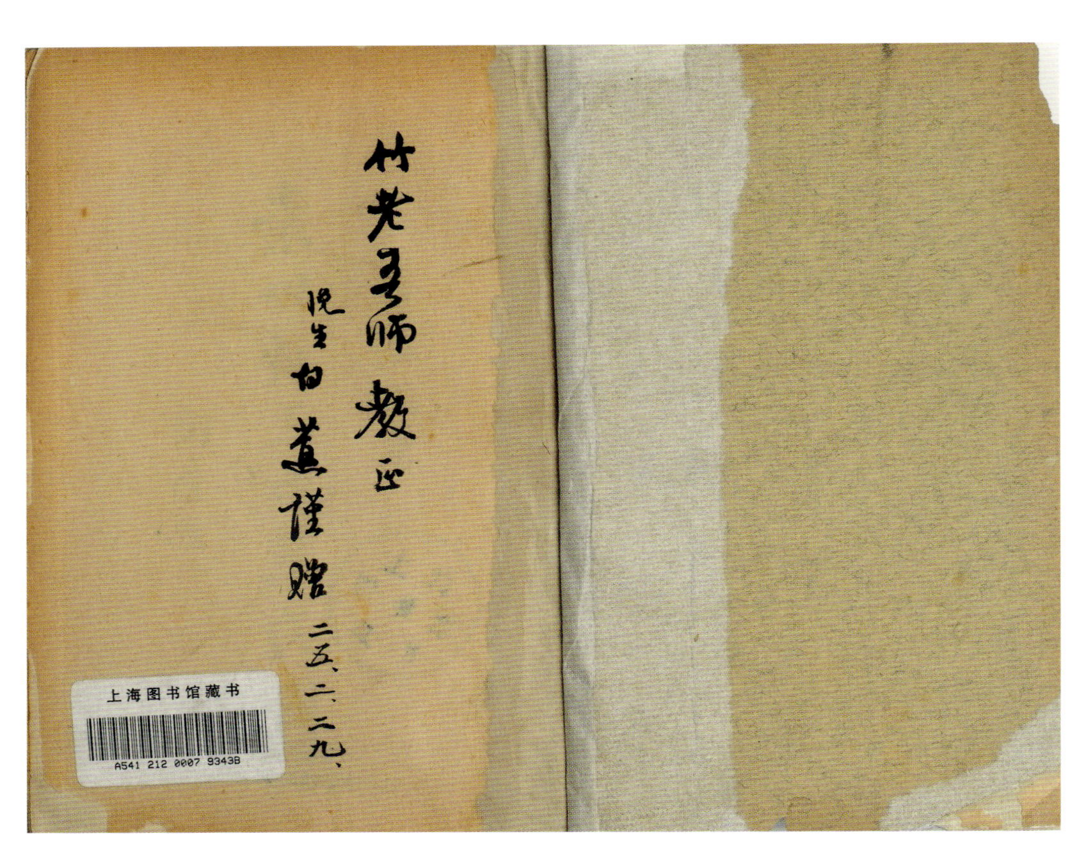

禺生四唱 逸经

洪宪纪事诗本事簿注

1918 年，刘成禺因不满袁世凯称帝，撰《洪宪纪事诗》以抒愤懑，凡七绝二百首。1934 年作者自题绝句四首，将《洪宪纪事诗》与《广州杂咏》合并一起，以《禺生四唱》之名付印。1936 年刘氏将旧作七十六首加以校订增补，命名为《洪宪纪事诗本事注》，陆续发表在《逸经》半月刊第五至廿四期。抗战时作者加注二十二首，合印为《洪宪纪事诗本事簿注》，前列孙文、章炳麟旧序，有京华印书馆校印本。

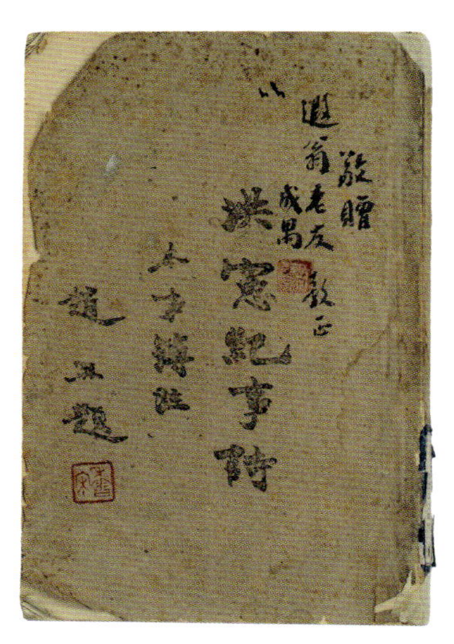

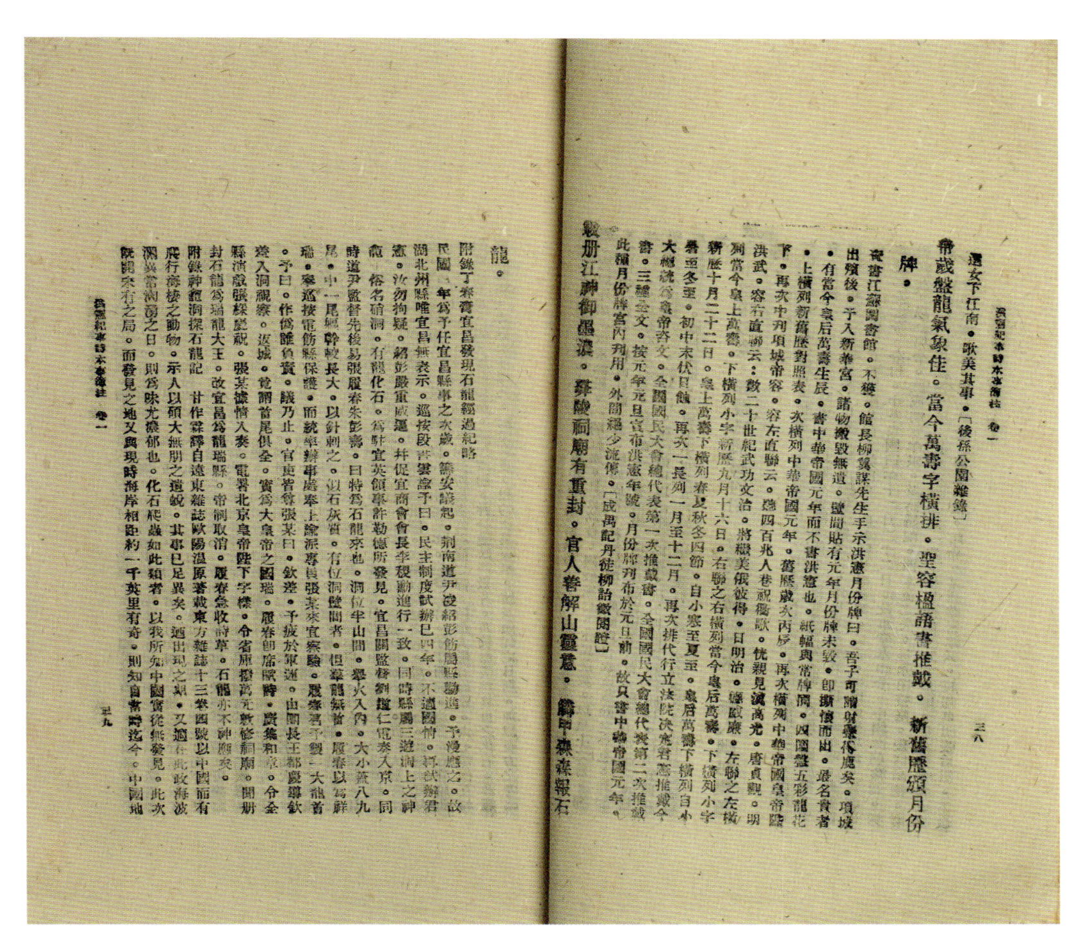

洪憲紀事詩本事簿注　卷一　　三八

選女下江南。歌美其事。〔後孫公園雜錄〕

帝歲盤龍氣象佳。當今萬壽字橫排。聖容楹語書推戴。新舊歷頒月份牌。

寄書江蘇圖書館。不變。館長柳翼謀先生手示洪憲月份牌曰。吾子可贈射雅傳世矣。項城出殯後。于入新華宮。諸物搬毀無遺。壁間貼有元年月份牌未毀。即撕懷而出。最名貴者。有當今皇后萬壽生辰。書中華帝國元年而不書洪憲也。紙幅與常牌同。四圍盤五彩龍花。上橫列新舊歷對照表。次橫列中華帝國元年。舊歷歲次丙辰。再次橫列中華帝國皇帝臨下。再次中列項城帝容。容左直聯云。爲四百兆人巷祝衢歌。恍親見漢高光。唐貞觀。明洪武。容右直聯云：數二十世紀武功文治。將繼美俄彼得。日明治。德威廉。左聯之左橫列當今皇上萬壽。下橫列小字新歷九月十六日。右聯之右橫列當今皇后萬壽。下橫列小字新歷十月二十二日。皇上萬壽下橫列春夏秋冬四節。自小寒至夏至。皇后萬壽下橫列自小暑至冬至。初中末伏日蝕。再次一長列一月至十二月。再次排代行立法院決定君憲推戴今大總統爲皇帝咨文。全國國民大會總代表第一次推戴書。全國國民大會總代表第二次推戴書。三體合文。按元年元旦宣布洪憲年號。月份牌刊布於元旦前。故只書中華帝國元年。此種月份牌宮內刊用。外間絕少流傳。〔成禺記丹徒柳詒徵閱證〕

嶽册江神御蟲濃。彝陵祠廟有重封。官人替解山靈意。鱗甲森森罷石龍。

附錄丁森齊宜昌發現石龍經過紀略

民國一年爲予任宜昌縣事之次歲。籌安議起。荊南道尹段紹彭飭屬縣勸進。予漫應之。故湖北州縣唯宜昌無表示。巡按段芝貴諭予曰。民主制度試辦已四年。不適國情。亟試辦君憲。汝勿拘疑。紹彭殿重威逼。并促宜商會會長李稷勳進行一致。同時縣屬三游洞上之神龕。俗名硝洞。有龍化石。爲駐宜英領事許勒德所發見。宜昌關監督劉道仁電奏入京。同時道尹監督先後易張履春朱彭壽。曰特爲石龍來也。洞位半山間。舉火入內。大小凡八九尾。中一尾軀幹較長大。以針刺之。似石灰質。有位洞壁間者。但尋龍無首。履春以爲祥瑞。密巡按電飭縣保護。而統率辦事處奉上諭派專員張某來宜察驗。履春語予鑿一大龍首。予曰。作僞誰負責。議乃止。官吏皆尊張某曰。欽差。予被於軍送。由關長王都慶導欽差入洞視察。返城。覺爾首尾俱全。實爲大皇帝之國瑞。履春即席賦詩。賡集和章。令全縣演戲張樑慶祝。張某據情入奏。電署北京皇帝陛下字樣。令省庫撥款修祠廟。開册封石龍爲瑞龍大王。改宜昌爲龍瑞縣。帝制取消。履春急收詩草。石龍亦不神廟矣。

附錄神龍洞探石龍記　甘作霖譯自遠東雜誌歐陽溫原著載東方雜誌十三卷四號

以中國而有飛行海棲之動物。示人以碩大無朋之遺蛻。其事已足異矣。適出現之期。又適在此政海波瀾興當洶湧之日。則爲咪尤發郁也。化石爬蟲如此類者。以我所知中國實從無發見。此次餞歸來有之局。而發見之地又與現時海岸相距約一千英里有奇。則知自當時迄今。中國地

洪憲紀事詩本事簿注　卷一　　三九

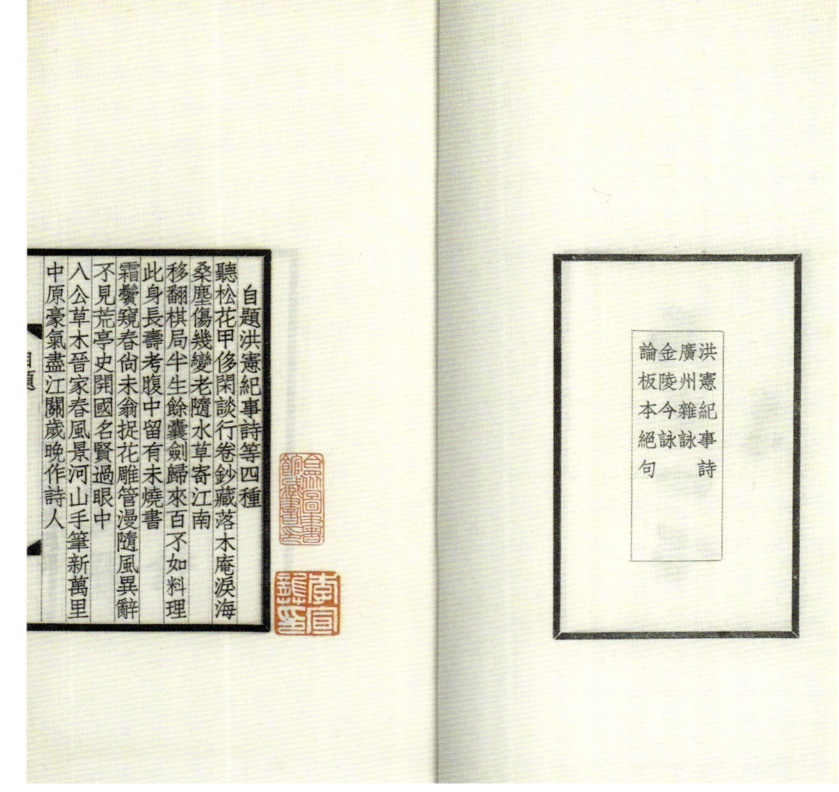

洪憲紀事詩
廣州雜詠
金陵今詠
論板本絕句

自題洪憲紀事詩等四種
聽松花甲侈閑談行卷鈔藏落木庵淚海
桑塵傷幾變老隨水草寄江南
移翻棋局半生餘囊劍歸來百不如料理
此身長壽考腹中留有未燒書
霜鬢窺春尚未翁捉花雕管漫隨風巽辭
不見荒亭史開國名賢過眼中
入公草木晉家春風景河山手筆新萬里
中原豪氣盡江關歲晚作詩人

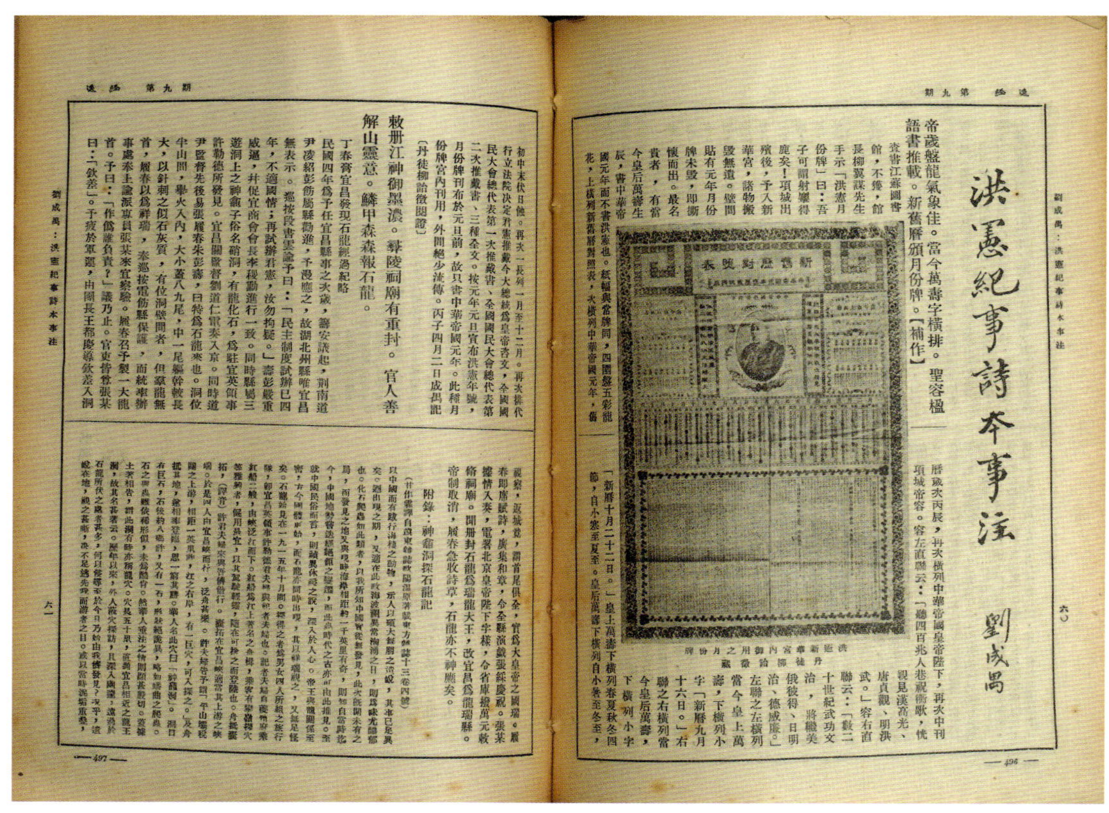

洪憲紀事詩本事注

劉成禺